U0154757

尉素秋教授八秩榮慶

論文集

安平久客九十一翁朱玖瑩

尉素秋教授近影

同登耄耋的任卓宣尉素秋伉儷

諸　生　問　學

（宋鼎宗　劉清泉　吳榮富　尉素秋）

尉老師返校擔任
鳳凰樹文學獎評審

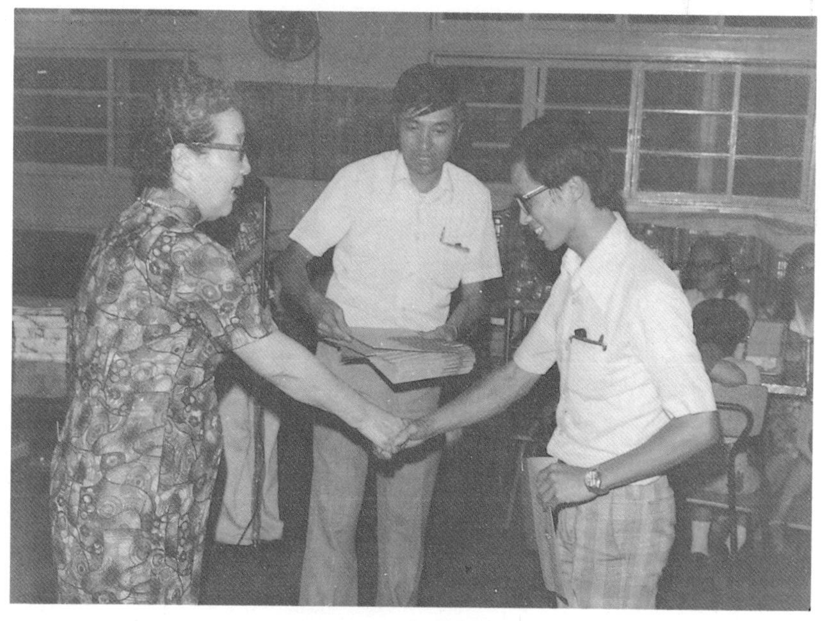

爲得獎學生頒獎

尉老師與諸生餐敘

桃李園春

尉教授素秋八秩嵩壽祝嘏論文集序

古代才女，史有書者，爲數至尠，若漢之班氏、晉之謝氏、宋之李氏，胥皆名著於一時，品學兼稱、文辭傳後，百世仰之。洎近緣西潮，男女同受教，其新舊文學，可稱爲才女者，而爲數匪尠。厥以詩餘名者，惟蘇之尉氏素秋，文思敏慧，紹兩宋之美，著秋聲詞集，爲女中才子，譽揚學苑。尉氏世居碭山尉屯，首開風氣，民初，進小學，而中學，入中央大學，受業吳瞿安大師，耆譜長短句，雅麗俊邁，嘗鳩同學數人，結詞社，漫遊山水間，倚聲爲趣，一闋既成，幾不可易一字，工穩自然，時人莫及，偶撰小品文，亦清雋可喜，學成，與名政論家任卓宣先生結褵，隨國府入川，主婦女教育，來臺，任中央大學教授，民六十後；應聘成功大學中國文學系主任。一生任教，近四十年，視諸生若子女，呵護愛念，儼如慈親，人亦母氏奉之。中文系系友會初成，公推爲名譽會長，茲逢眉壽，卓先生亦年踰九十，極婺聯輝，儒林稱慶，系友忻相傳告，乃聚而謀曰、吾師，詞才之美，何遜古人，當有以爲賀，以紓孺慕，於是各出論文都五十萬言，輯印成册，賫以爲壽。爰綴數語，槩其行履，介於集耑，亦仰止之意云。

尉素秋教授八秩榮慶論文集

國立成功大學中國文學系全體受業仝仁敬賀
中華民國七十七年八月廿九日江蘇許景重拜譔

尉素秋教授八秩榮慶論文集目次

壽聯

詩

詞曲

小品

一個平凡的教書人

——與成大中文系系友閒往日

尉素秋

一、前言

國立成功大學中國文學系的系友們，擬將近來的研究心得寫成專文，都爲一集，出版問世。他們畢業以後，分散在各行各業，工作之餘，不忘研究寫作，其敬業精神誠屬可貴。尤其難得的，是這本集體創作之中，蘊含着一股濃厚而且眞摯的感情。

算到目前，本系已畢業二十九屆。自從系友會成立以來，經各屆的會長與幹部們的努力，校方與系內師長的重視與鼓勵，陣容日漸壯大。經常有以文會友的盛擧，達成以友輔仁的目的。於是各屆畢業同學之間；畢業同學與在校同學之間；師生之間；感情的交融與精誠的凝聚，達到了成熟要求表現的程度。這本集體創作的誕生，就是成大中文系所結的一顆碩果。凡是中文系的一份子，都將會分享到一份喜悅的。

本人忝爲系友會的名譽會長，雖退休多年，這個名譽職銜，卻一直延續下去，現在願藉這裡的篇幅，將自己介紹給各位，聊作筆談。

二、我的求學里程

我幼時在家中不受重視。出生時上邊已經有三個姐姐。又因眼睛染疾失醫，視力受損，原不打算送我入學讀書。後雖隨着兄、姊進了小學，其間又三次中輟，直到民國十三年，考進江蘇省立第三女子師範，纔踏上坦途。

在這以前，江蘇省只有兩所女子師範學校。一女師在南京，二女師在蘇州，都遠在江南，我們不敢存此奢望。後來徐州開辦省立第三女師，我就懸一終極目標，要達成師範畢業的志願，將來作一個小學教師終此一生。

三女師距家僅一百多里，享受公費待遇，對我是一步穩定的踏脚石，恩同再造。在前期師範三年中，曾因蘇浙戰爭、軍閥蟠據及北伐戰役的影響，三度停課，時間長達一年幾個月。後期師範三年，全國已告統一，我們的校名改成徐州女子中學，我後來持高中師範科的畢業證書，考進國立中央大學。

徐州是歷史上的古戰場，又值鐵路交通的衝要，兵家必爭之地。每當戰事發生，交通中斷，外地人往往置身危境，欲歸無路。因此，我的母校教師陣容與江南各校比較，可能稍遜。但事亦有不盡然者。有兩位老師，我特為在這裡提出，她們是我在求學路上的光，永銘不敢忘。

一位是校長倪亮先生，字朗若，國立東南大學畢業。教育家吳俊升先生的夫人。民國十四年夏，接錢用和校長的遺缺來長母校。當時她是二十幾歲的未婚女青年，精力旺盛。聘請的教師，個個教學認眞。國文和英文老師，規定學生每課都背誦，習作篇數增加，數學老師更以嚴厲著稱。我對國、英、算三門功課，在這段時間打下堅實基礎，就憑這三門得分，考進中央大學，而且是母校前後各屆畢業生中唯一考進中大者。

另一位是倪校長聘來的數學老師徐曼英先生。某次，在幾何學的課堂上，她發下測驗習題，見我很快交了卷，在坐位上無聊，等候下課。她叫我去個別談話，遞給我一本厚厚的書，說：『制度埋沒天才，你應該可以多學些。這是一册溫德華氏幾何學中譯本，中間很多習題，我指定幾題你拿回去證。後面有題解，你不可翻看。』我奉命唯謹，下課後別人都去休息或運動，我獨自留在教室，對着黑板證習題。第二天早晨上課，把證好的習題呈上，她立刻再指定幾題給我。一學期下來，我比同學們多學了不少。此後我們的學校在北伐期間停頓了年餘，彼此分散，消息隔絕。直到我進中央大學，她也回中大數學系擔任教職，我們又再度相聚。

她親切的對我說：『我們是先後同學了，別再稱我老師吧！』但我始終執弟子禮，稱她『徐先生』，寫信則稱她『豪師』。因爲她的字是『子豪』。民國三十八年，南京淪陷於共產黨，我失業窮困，處境艱危，她多方接濟我。近來可以和大陸親友間接通郵，我託人打聽她的近況，得到她次女的回信，說她已於數年前作古了。倘沒有她當年額外的教誨，我決不能跨進大學的門檻，又那裡會有今日？在敍述我的求學里程時，不能不特別紀念她。

踏進中央，碰上「九、一八」事變，大伙兒為救國運動奔走，不時「走上街頭」。接着上海「一二八」戰事發生，學生被疏散回家，四月份再召回來上課，未幾又因特殊事故，學校被當時的行政院長汪精衛嚴令解散。第二學年度開始，對全校學生來一次「甄別考試」。進大學經過兩度考試，也是異數。這一年的寶貴光陰，就這樣打發掉了。直等到羅家倫校長接任，纔趨於安定。

當時中大中文系師資的陣容，是一時之選。而我們實際獲益的，則靠幾位認眞負責的老師。吳梅先生字瞿安，號霜崖，是詞與曲的泰斗。他督促我們勤作，凡不能按時交卷的人，往往當衆指名責難。間或用僻調、險韻逼得人苦思冥索以至失眠。他說：『射人先射馬，擒賊先擒王。』為學要先下苦功，不可畏難苟安」。我們經過這番磨練，以後就不以塡詞為苦事了。在二年級下學期，我與沈祖棻約了高班次的三位女同學，組織一個詞社——梅社，兩週聚集一次，五人輪流作東出題，互相觀摩作品，再彙集起來呈老師批改。老師不但不嫌麻煩，還鼓勵有加，助長我們的興趣。祖棻畢業後，繼續追求研究，擔任詞學教師，才華橫溢。作品傳誦甚廣。我本人自民國三十五年起，在大學國文系講授詞學，已有門下弟子多人成為當今的詞學教授。當年的嚴師益友，雖先後凋謝，他們在詞的領域內耕耘灌溉的功勞，是值得懷念的。

汪東先生字旭初，號寄庵，是當時中大文學院長兼中文系主任。學識淵博，書和畫都臻絕技，但他自認應以詞傳世。汪師在系中開課講詞，鞭辟入裡，直透詞心，使人浸潤在詞的境界裡獲得高度享受。我對詞的嗜好且以之為樂，是從此開始。

此外，我還選修了哲學系的許多學分，有兩位老師，對我的思想和人生境界，有導正和提升的作用。

臨川李證剛先生，我在大三時修讀他開的老莊哲學。就在這一年中，我連遭兄、姊之喪。手足之情，死別之悲，令我痛徹五內。回到學校，我讀書無心，也不接受別人的勸慰。凡耳目所及，都會觸發我的鴒原之慟。有一首北曲「人月圓」，可以說明那時的心情：

十年前事腸千轉，最難禁、生死兩悠悠。浮名誤我，深恩負盡，夙願難酬。故園回首，綠窗寂寞，鳳去秦樓。離群顧影，對長天過雁，空憶前遊。

為此，我謁證剛師尋求指示。我傾訴『我父母早逝，年邁的祖母領着未成年的孫輩。二姊早殤，大姊和大兄對祖母完盡孝道，對弟、妹負責培植。這些，都超過他們應該付出的。我打算畢業之後，一定要對兄、姊有所回饋，那知師範尚未畢業，大姊先去。而最近數月之中，三姊大兄又相繼作古。他們對我付出的太多，我涓埃未報。我等於欠了債無法清償了，一種負罪感積壓心頭，無所逃於天地之間……。』李師說：『對死去的人欠債，無需也無法償還，他們也不需要了。你周圍現在許多人，還給他們吧。他們才有需要。欠一個，還十個、百個、千個……，趁他們活着。這樣，心頭的壓力會相對減輕，再不會留下不可彌補的遺憾。廣種福田，多結善緣，是取之不盡、用之不竭的快樂源泉。』我立刻如醍醐灌頂，覺悟到自己吃的，不是自己種的，穿的，不是自己織的。我們對社會百工，對歷史文化，時時處處都在負債，就應該在有生之日，鞠躬盡瘁去償還補報，盡可能的償還才是。

這時我又選修了哲學系主任宗白華先生的「人生之型式」。他用文化心理學把人生分爲六型。第五型是社會型。像慈善家、宗教家、墨子的摩頂放踵以利天下一類。其基本精神是愛。普通人所說的愛，愛其對象已呈現出的價値。例如愛其美、有用、可以滿足其慾望等。這種愛，含有佔有、自私的成分。在時間中容易破滅，所以現實價値多變，沒有永恒性。但上帝創造一切，沒有一樣不賦予價値的，只是價値蘊藏於內，須待發掘纔能表現。人可以將可能價値變爲現實價値，這是愛的眞諦。我聽了之後，領會到大宇宙中的可能價値無限，人身一小宇宙也，都蘊含着光——智慧；熱——同情；亟待使之表現出來。遷善改過，使人性走出黑暗，趨向光明，當屬教育家的神聖任務。「使貪夫廉，懦夫有以立」，不是不可能。

往時，我因爲視力方面的缺陷，經常自怨自艾；又爲兄姊們未屆三十歲的盛年早故而哀傷。經哲人指點後，提振精神，恢復健康，直到如今，生命中仍有不盡的源頭活水在灌注着。

三、教師生活初階

大學畢業之後，與任卓宣君結婚。我們能互相尊重，雖然有個家，卻未妨礙我工作的自由。他從事研究寫作，離不開書房中的參考資料，因而他不肯離開家。雖然我的家簡單到無以復加，被好友徐品玉評爲「住宿舍、吃包飯，進圖書館三者相加」，但總有些不能免俗的「家累」。因此我工作的地點，喜歡選離家較遠的地方。這樣，纔可將全副時間和精力投注於工作上。在接到學校聘書時，就欣然就道，開始我的教師生活。下面分別介紹民國二十五年到三十八年之間的點滴。

1. 江蘇公立南菁中學：這所學校既非省立、縣立，亦非私立。在全國學校中，有其悠久歷史和光榮傳統。遜清光緒九年，江蘇學政黃體芳在江陰縣城內建南菁書院，由官方撥給江岸沖積的沙田為其固定基金來源。後改為學校，人材輩出。黨國元老吳稚暉、鈕永建等都曾肄業於此。為保持南菁之名，不肯改為省立。我擔任該校女子部主任兼國文地理。在上第一次國文課之前，一位同事跑來說：「你的一班學生，清一色的選手。」原來四班初一，寒假後淘汰的人編入一個班，全是留級生。開始時，秩序不易維持。經我徐徐誘導，鼓勵他們爭取榮譽，不久就上了軌道。女生宿舍比男生宿舍整潔，受到校方重視。校長多次引人來參觀，博得來賓的嘉許。二十六年夏，孫校長辭職，校董會透過同事，留我繼續任教，我將衣物留些在學校，不久「八、一三」全面抗戰爆發，江陰要塞及城區慘遭轟炸，我的一些書籍用具，隨學校一同化為灰燼。從此可愛的南菁，只能向記憶中搜尋了。

2. 四川萬縣女子中學：萬縣濱臨長江，是川東重鎮。我入川避亂，被聘為訓導主任。到任後，先設法使整個團體的興趣提高。德育訓練最怕落於空言口號。時值戰時，教育當局規定各校一律用禮、義、廉、恥、四字作校訓。這四個字在「新生活運動」已有定詁：禮是規規矩矩的態度，義是正正當當的行為，廉是清清白白的辨別，恥是切切實實的覺悟。戰時又增加了新的內容：禮是嚴嚴整整的紀律，義是慷慷慨慨的犧牲，廉是實實在在的節約，恥是轟轟烈烈的奮鬥。為實踐這個德目，我以野外露營考查行動時的紀律；舉行義賣，各人拿出自己心愛的物品，籌款宣慰出征壯丁的家屬，以表現愛國與自我犧牲；爲實踐節約，大家不穿襪子，當時物質短缺，藉此省錢；用班級間球賽強化奮鬥意志。我鼓勵她們，她們的勤奮合作，也給了我鼓勵。譬如我懸一個價値目標，大家齊心奔赴，我估量她們可能向前跑到十步，結果居然跑出十二步。只這兩步等於給了我精神的營養，使我忘記了疲勞。暑假後，我被國立二中的女高中部拖去，作了一個學期的訓育組長。萬女中千呼萬喚要我回來。我也因爲北碚屢遭敵機空襲，夜晚常要帶着學生到田野躱警報，不及疏散到山村中的萬女中來得安適幽靜，乃趁着女高中部遷往合川之際，又回到萬縣河口場天元寺——萬女中的校園。

快樂的日子過得眞快，瞬間又到暑假。女中的郭校長調長男中，推荐我補這個遺缺。全校師生、學生家長、地方人士一致支持，但外子任卓宣不同意。因他已接了國立中正大學的聘，要我一起去江西泰和。秋風起時，我又踏上征途，經過貴州、廣西、湖南三省，到了江西的戰時省會——泰和。

三十五年初，抗戰已勝利結束，爲處理女青年軍提前退役問題，我再度到萬縣。住在青年軍二〇四師師部，前後十天。萬女中的舊同事和校友們，又得歡然聚會，暢敍離衷。民國四十年我到了台灣，有些寄給我的函件留置着，其中有幾封是萬女中的校友寫的。按着地址加以聯絡，會面時縱談往事，我們的心，又回到了五十年前。

3. 參與青年軍的訓練與教育：民國三十三年秋天，抗日戰事逆轉。國民政府蔣主席發表文告，號召知識青年從軍。從軍的女青年，成立一個「女青年服務總隊」。爲了配合作戰需要，分別授以專業訓練。我雖未報名參加從軍熱潮，也被羅致擔任一名文化股少校股長，參與青年軍的訓練工作。

訓練原是由軍方派專人負責：通訊隊、經濟家、救護隊分別由通訊署、軍需署、中央衞生實驗院供給師資、器材，很快都上了軌道。剩下了文化隊，軍方推說他們沒有這種人材，要總隊部自行解決，總隊長則要文化股拿計劃來。文化是多方面的，總隊部的一切條件決難勝任。我想起磁器口有一所四川省立教育學院，其中的社會教育系（簡稱社教系）有完全的設備和師資，暑假快到，能借這地方設一個文化訓練班，則一切困難都可迎刃而解。這個計劃承編練總監部核准，並撥給經費，我們捧着總監羅卓英將軍的公文，謁見教育學院顏實甫（歆）院長，商請暑假中借用校舍。承鼎力相助，一切順利解決，文化隊遂遷出總隊部的克難營房，喬遷到寬敞幽靜的校園。

這段期間我住在班中，中秋節日的假期也不回家，中午聚餐時大家對酒高歌，入夜賞月晚會中忘形的歡樂，總不讓情緒低沈，場面冷落。回想起來，偶爾也會發生些小問題，但在師生間的親愛精誠感格之下，都可能獲致「金石為開」之效。下面的兩例，應該在此一述。

學生的程度不整齊，考試的成績有差距。在結業考試前夕，有人鼓動罷考。說『前五名早已內定了，你們去陪榜去吧』，果然有不少人請了病假，不肯起來。我探望她們，詢問病情後，說：『沒有什麼嚴重，快起來考試！』一個個爬起來走向教室。其中有一人不聽勸，未參加考試，得了零分。分發服務前編班，班長是中士，隊員一律下士，獨此人仍然是二等兵。另一次是女青年提前退役，行前舉行惜別晚會，向二〇四師的官兵話別。在「野人舞」節目中，扮演公主的領隊突然打退堂鼓不肯出場。其時適值我因公來萬縣，對她勸慰幾句，問題就解決了。所謂『養兵千日，用在一時』，在養與用之間，平時培植的感情，勝於命令。

在文化訓練班結訓前，天外飛來大喜信——日本無條件投降了！我們爲着慶祝勝利，舉行講演會，出刊壁報，大忙特忙。我的一首「滿江紅」詞，在慶祝大會上合唱。顏院長（當時兼班主任）聽了，約我到教育學院教書。這是我在大學教書的開始。那一首詞引導我一直教詞到八十歲，應該把它抄在下面，留個紀念。

苦戰年年，灑多少英雄碧血。終換取河山光復，中興事業。倭寇乞降新俯首，中華重奮舊威烈。着指日，雄師駐東京，仇盡雪。公理振，強暴歇，和平立，分爭滅。動千家鐘鼓，萬人行列。秋送征鴻來朔漠，心隨江水到蘇浙。倩長風，送我入京華，朝陵闕。

女青年軍退役不久，十萬男青年接着於六月三日奉命退役。國家爲分發各大學的一批人，辦了青年軍大學補習班。我被聘教兩班國文，文組理組各一。雖在酷熱的炎夏，學生的求知心不稍懈怠。就在這時，報上公佈公教人員待遇調整，同人要求跟進。班主任因該班時間僅止三個月，經費是一次撥下的，調整有些礙難。翌晨我下課時，同事老遠地招呼我說：『你吃虧了，我們已經罷了教。』我當時表示，爭待遇我贊成，罷教我有意見。主任不答應調整，但學生不是主任的兒子，再說教育事業是受尊敬的，讓學生知道老師爲了幾個錢，放棄神聖任務，將作何感想？我贊成繼續爭取，不贊成罷教。其實教師中不都是要罷教的，怕別人「噓」他，不敢發表意見。經我一番說明，立刻有人響應。這一天，上課的自上，罷教的自罷。班主任趕快請來「青年軍退役管理處」的軍方負責人員和教師代表當面談判，我也居代表之一，結果待遇獲得調整，問題也順利地解決了。

三十五年秋我住到教育學院，該校經分發來的男女青年軍學生，組織了聯誼會，也常與沙磁區各大學的青年聯誼、聚餐，總歡迎我參加。

我對於每一個舊曾遊處，總覺未能忘情，每想去憑弔一番。三十五年春天，在桃花盛開時，我去過女青年軍集中的總隊部；秋後，也曾去復興關（原名浮圖關），有兩首「清平樂」詞記事。

其一

柳營春色，壯士誇巾幗。駿馬琱鞍白玉勒，馳騁綠楊阡陌。明駝負女還家，空庭日暮啼鴉，人面而今何處？淒涼前度桃花。

其二

荷香半畝，風定日當午。宛轉絃歌消困暑，壯士聞雞思舞。雄關高踞渝州，雙江捲浪東流。寂寞潮回時節，蜀山千里清秋。

到民國六十年，我重回台南成功大學，當時鐵路交通擁擠，火車一票難求。無意中發現台北火車站站長是青年軍第一大學補習班我教過的同學，解決了我這幾年的交通困難。其他男同學也都白了少年頭，女同學有幾位已作了祖母。寫到這裡，不禁停筆低徊。

4.四川省立教育學院：初次踏進大學講堂，眞是誠惶誠恐。第一是缺乏參考資料可資運用。這時是抗戰勝利的第二年，家中書籍辭典之類，早已裝箱運往南京。更重要的是我缺乏自信。緣於其中我到中大師範學院看望好友柳定生，當時她在歷史系擔任講師。適巧她的父親柳詒徵（字翼謀）老先生也在，談到有關教書的問題，他望着女兒說：『現在你都在教大學，大學生可倒了霉啦。』這句話對於我，眞是一記沉重的「當頭棒喝」。想想自己也正要教大學而且是擔任三四年級合班的詞選。回想當年教我詞選的老師，都是學識淵博，望重一時。今天我也來教詞，大學生可不是倒霉了嗎？想到這裡，不能不令人氣短。

因念勤能補拙，我要竭盡緜薄，自強不懈。缺乏參考資料，就少從「詞外」如作者生平等歷史考據方面多講，直接進入「詞內」，領會詞的超妙境界。把一首詞作爲一個有生命的東西看待，注意它的血脈氣息的暢通流轉；再從長吟遠慕之中與古人創作時的詞心相會合。先對每首範詞下一番苦功，然後逼着學的人動作；教的人勤改。改後共同研究某字某句所以改換的理由，以提高其比較能力與習作興趣。一年過後，成效可觀，不但奠下師生間深厚的情誼，也掃除了我信心的危機。這要從兩度送別的作品中得到驗證。

我自從抗戰初期，離別故鄉親友，到這時整整十年，暑假中擬乘江船東下。同學們在一個月白風清之夜，僱了一葉扁舟，在嘉陵江上作送別之會。我用蘇東坡「大江東去」的牌調先寫一闋惜別的歌詞，大家依韻和作，大有李太白桃花潭水之概。詞抄如后：

嘉陵江上，問幾人似我，扁舟如葉、天際浮雲風捲盡，皎皎一輪孤潔。斷岸迴旋、中流容與、萬象俱澄澈。扣舷歌罷，浪痕搖蕩空濶。誰信畫裡山河、望中雲水、過眼成輕別。回首絃歌酬唱地，一一從頭難說。漫析垂楊、但傾樽酒、羞賦銷魂闋。杜鵑聲裡，遽憐歸去時節。

他們的和作，有些被我收入「秋聲集」中，其傾訴離衷之處，眞切感人。例如：『那堪皓魄流輝，德音在耳，泛月成催別。指點樓船東下處，蜀道重遊頻說。野逐金戈，原馳鐵馬，難賦清平闋。瓣香遙祝，送師歸去時節。』；『爲問斷岸垂楊、灘頭沙鳥，爭信從今別？指顧嘉陵形勝地，聚散匆匆難說。』及今重讀，猶令人回味無窮。

我回到南京休息了幾個月，又代表外子卓宣，回四川南充的鄉間一行，經過重慶，當然要在磁器口小住幾天，和那些同學們歡聚。就在這時收到卓宣來信，內附剪報一方，上面的大字標題：「今日顏常山——尉鳳徵烈士壯烈殉國」。內容報導我惟一尚存的胞弟，在戍守故鄉碭山縣城的戰役中被俘不屈，遭共匪殘酷殺害。同學又選在嘉陵江畔置酒送行。時値初冬，江邊的寒風襲人，加上座中諸人嚴肅悲壯的同仇敵愾，宛似「易水送別」歷史悲劇重演。後來我在白市驛候機返京時，曾把當時的心情寫入一首「水龍吟」，寄給他們。他們各有和作，只可惜在戰亂流徙中全部遺失，未免可惜。只有把那首「水龍吟」寫在下面聊以存眞。

夕陽遠水長天，倦遊人似離群雁。西風勁疾、千山木落、飄零何限。橘綠橙黃、一年佳景、這番重見，奈蕭蕭易水，衣冠滿座，荊卿去，豪情換。　難忘翠陰庭院，趁清輝夜涼開宴；春江一曲、蘭橈載酒，錦箋寫怨。渺渺予懷，飄然歸去，江南池舘。剩夢魂夜夜、關河萬里、逐鵑聲斷。

5.社會部首都實驗救濟院：民國三十七年新歲開始，我又回到南京。其時政府對剿共的戡亂戰爭，由膠着而轉爲劣勢，戰區的難民，潮水般一波跟一波地渡江南下，造成嚴重的社會問題。社會部長谷正綱先生，爲此籌設「首都實驗救濟院」於南京孝陵衞，我受命擔任婦女教養所所長。救濟院包括安老所、育幼所、習藝所和婦女教養所。前二者是院外救濟，補助其生活費用；後二者則收容男女青少年，施以技藝訓練，使能有一技之長。出院以後，不但謀生有術，而且作守法負責的良好公民。因此在生活教育方面也佔相當的比重。

這一年時間多變，先是谷正綱先生辭職，社會部併入內政部；接着蔣總統引退，政府遷到廣州辦公。救濟院也積極遣散員工，我的助手先後離去。這時我反而更加鎭定，知道能離開地域，卻離不開時代。出了南京，自己就變成難民，茫茫前途，誰來收容我？只有照常處理工作，與院友（受救濟人的稱謂）更覺親近。舊曆除夕之夜，外邊冷冷清清，行人絕跡，我則和這批青少年作歲首年終的集會，以歡笑驅走嚴寒。下面的兩件事，値得在此一提。

升起最後的一面國旗—三十八年四月十八日，卓宣從上海回來說：『和談註定破裂，局勢險惡。你是教書人，走與不走原可聽便。但我是共產黨思想的死敵，你必受我的連累。現在就一起同我走。』我告以『我決定二十二日的夜快車去上海，因爲四川青年李君，二十四日在上海結婚，我答應代表他的家長作主婚人。已向院方請了三天事假。』又帶點幽默地說：『你在報上一再伸論防守長江，自古「長江天塹」，守個十天半月，該不成問題吧？』他知我不會就走，只好自己先走了。

二十二日早晨，男女院友按時集中在廣場，目送青天白日滿地紅的國旗冉冉上升。我講述歷史上「驕兵必敗」的例證，批評共產黨的驕悍無禮。當晚我趕到下關，車站擠滿了成千成萬候車的男女老幼。十點以後，不見快車開來，原來這班火車早被撤退的砲兵在路上截住，強迫開回上海了。黎明時，共軍開進南京，首都淪陷。從那時起，再見不到一面國旗升起。我升起的那面國旗，多値得紀念啊！

再談一件近乎奇蹟的事：

一架收音機與近千斤麵粉——三十七年秋冬天，中央黨部配售中央委員每人一部原裝的飛歌收音機，卓宣說他不需要。有人來告訴我說：『這種收音機外面花錢買不到，價錢如此便宜，爲什麼放棄呢？』我帶了錢去買，辦事的人說：『你們已經買過了。』經我一再詰問，最後仍讓我照原價買回。那知卓宣堅持不準開，說嫌聲音擾亂他的文思。我知道救濟院的孩子正需要這個，帶去必受歡迎。果然他們如獲至寶，圍繞唱呀，跳呀，十分過癮。忽然緊急情況臨到，催促全體人員火速到城區社會部，每人只準帶一套洗換衣服。院友們抱着這部收音機，在暗夜中踏進中山門。我那邊因爲十時的火車脫班，直等到深夜三點鐘，擠上一班慢車。正慶幸已逃出危城，不料車到常州，停頓不前。突然槍聲大作，大家都棄車而逃。二十四日午後，我到無錫，共軍又先我佔領了無錫。五月下旬我從無錫回到南京，救濟院早爲共黨派人接收。知道那部收音機仍安然無恙，託同事某君給我帶回來。據他告說：『你的情形特殊，不能還給你。』我也請他傳言說：『我的情形特殊，收音機並不特殊，請來給我辦個手續。』後來終於索回。我知道保留著可能賈禍，立刻到拍賣行換了二十個袁大頭（銀元），到米糧店買十袋二十二公斤裝的上等麵粉。再貼少許錢換成二十袋三等粗糙麵粉。一公斤合兩市斤，這八九百斤麵粉寄存在米店中，直吃到三十九年十一月我離開鐵幕時，尚有剩餘。

救濟院在三十八年五月底結束，院友分發工人學校，職員發給一紙遣散證明，同事幫我拿一張來，憑此納入南京的戶口。因爲有失業公務員的身份，免去了不少盤查。三十九年以後，管制加嚴，知道陷區不能久居。我也與在台家人取得聯絡，便設法先到香港，四十年元月來到台灣，定居於台北縣的中和鄉，直到今天。

四、來到成功大學中文系

我來到成功大學中文系任教，可以說至今未曾離開。校園內的芬芳泥土、一草一木、晦明風雨、花落花開，都清晰地印入我的記憶中。至於同事間的善意合作，青年學子的心靈感通，都鑄成美麗的畫幅，保留在我的生命册頁之中，每一翻閱，精神便感到無限的愉悅。這種享受的得來，固然是緣份的遇合，但緣份沒有人力與以促成，則這段漫長的時間，可能是不着一字的空白。因此在敍述正文之前，要對兩位關鍵人物，表達我由衷的感謝。

首先我要感謝台大醫院的陳正言醫師。民國四十四年春天，我因左膝骨傷，引起風濕關節炎，由陳醫師治療。後來情形惡化，住進台大醫院。化驗結果，據說被細菌侵入，針、葯都不克奏效，只有把左膝以下鋸掉以策安全。這時就連我家中的人，都勸我犧牲病腿保全性命，惟獨主治大夫陳正言醫師特別慎重，認爲未到絕望的時間，後來從脛部開刀，經他負責地維護與治療，我終於保全肢體、雙足出院。這是四十六年夏秋之際的事。

其次要感謝丁作韶博士。民國四十七年春季，我深怕再蹈過去三年的舊轍，入夏以後左足就不敢着地。懷疑臺北的氣候對我不宜，極想遷地療養，曾到臺中三總醫院住了三個月。出院之前，從X光片上顯示，左膝蓋骨的一隅缺一小塊，疑似結核菌侵蝕。再到臺大醫院抽液培養，雖否定了骨結核症，但因先服防癆藥物以致影響了聽覺。只有遵照醫囑限制活動，回家靜養。

寒假期間，成大訓導長丁作韶先生北來，說要介紹我到成大中文系教課，我以健康不佳辭謝。他苦苦勸說：『人要有勇氣戰勝疾病，切莫讓疾病來制服。否則這一生不就完了？』又說『臺南氣候乾燥塏爽，對你有益，易地療養，可能不藥而癒。』開學後我鼓勇前來兼任，兩週一往還，上課時寄住於丁府，承熱誠的丁夫人照顧起居。果然健康情形日漸好轉，得與成大中文系結下不解之緣，直到今日。

現在把我與中文系的一段緣份，從時間上分成兩個階段來敍述。第一階段從民國四十八年到五十八年。

1、詞作豐收—第一、二兩屆同學的詞選課，都是選修，合班上課。到了第三屆就改成必修，每週三小時。此時我也由兼任改成專任，住校的時間多。爲豐富作品的內容，常乘課餘之暇，偕同學們投向大自然的懷抱裡，遠離塵囂侵擾，呼吸乾坤清氣。回來把山水竹木的清芬，寫入雅潔詞句之中。

每次團體活動，都使師生間的距離拉近，同學間互信互愛增加，激起愛團體、爭榮譽的向上心。所以他們的作品，逐漸走向成熟，而且言之有物。一、二兩屆的作品，由蔡清吉油印出來，分發各人保存。第三屆更見進步，詞的長調與北曲散套都很可觀。由葉政欣油印裝釘成册，普獲好評。臺北大華晚報「瀛海同聲」專欄樂爲登載，評其『有眞哀樂』。第五屆同學急起直追，編印「成功大學中文系學生詞選」一册，收詞一百九十餘闋。保留了本系文藝活動的眞面目不少。第六屆同學也不甘落後，五十三年的暑假期間他們創辦一次有聲有色的聚會，以當時在成功嶺受軍訓的男生爲主題，全班同學齊集於成功嶺下的溪湖糖廠，師生同樂，盛況空前。事後各人加以追記，寫成「憶舊遊」一首，「踏莎行」三十六首，印成一册，題名爲「成功嶺夏日雅集詞。」是謳歌軍訓的集體創作。總括以上的詞作，流傳在各大學的中文系，使成大同學的塡詞能力，受到各方面的肯定。

2、評估操行、提升品質—我曾經擔任兩屆導師工作，學年終了時，導師要評定學生的操行成績，給以適當的分數。這事看來容易，如何能把握到斤兩悉稱的程度，確是一個難題。俗語說：『知人知面不知心』，萬一批出的分數，「過」或「不及」，都有失公平。怎樣能使自己的評判合乎實際、達到客觀的境地呢？輾轉思維，覺得：人在一個特定的時間空間之中，只能有一個主要的任務。試問一個大學生在這四年當中，主要的任務是什麼？國家、社會、家庭和學校對他的期許是什麼？不都是希冀他求得充實的知識學問和嫻熟的技藝嗎？要達成這點，不勤奮努力能夠倖致嗎？所以「勤」是第一要求。再說國家興辦高等教育，希望培育出急公好義、公正無私、有爲有守的好公民。因而我們訓練時代青年，要求他具有廓然大公的器度。將來服務社會，不會徇私害公。標榜「勤」與「公」兩大德目考查人的行爲，都有事實可按，是顯而易見無可遁形的。足以作操行評分的尺度。

可是作一個導師不是打了操行分數就算盡了責任，還要輔導學生提升品質，使能遷善改過，達於日新又新之境。這要動員師友付出智慧和愛心。我製定一種表格，上有全班同學的姓名，每人名下擁有三個空格，要大家在空格中寫出此人的優點、缺點和自己對他的建議，塡表的人不用記名。導師收回後加以統計，瞭解每個人的性向，隨時利用機會加以輔導。使其發揮優點，糾正缺點。於個別談話中，囑其自我提升與自我矯正。一年下來，覺得自己的學生增加些書卷氣，減少些世俗態，變得更加可愛。這就是做導師的一種精神慰藉和特殊享受。

3、再改兼任與短暫的離開－我專任三年之後，爲什麼又改成兼任呢？寫到這裡我有很多感觸。第一我家住臺北，外子年事已高，家『無應門五尺之童』，僱用的工人去來無定，我長住臺南，遭各方責難。此時中國文化學院來聘，該校創辦人張其昀先生是我母校中央大學的老師，中文系主任是我的同學高仲華（明）學長，使我很難推却。接着又是徐復觀先生要我來東海大學兼課。我安排每週的前三天在文化，五六兩天，成大和東海隔週一往；週四則留在縱貫鐵路的火車上消磨。五十七學年度開始，師大的國文系主任李曰剛學長要我到該校專任，我只得把其它的兼任辭去，只保留成大一處。五十八年開始，中央大學在中壢復校，召我回去。就在這時，成大羅雲平校長派教務長周肇西先生北來，要我回去作中文系主任，我當時十分爲難。我的本心願回成大，那裡的人與地，對我都有濃郁的對羅校長，也因實際上的困難不能兼顧。感情，只是中大的應聘書既已簽覆，勢難反悔，成大的兼課，我深感內疚。至於師大方面，允我辭去專任，兼任則到七十六年才把聘書退掉。

在中大的兩年期間，曾兩度來到成大。前一次是在五十九年的青年節，另一次是六十年二月，國防部邀大專教師到軍中訪問，歸途中應訪問臺中的軍事設備，我却犧牲這次機會，竟自在臺南下車，訪問成大。因適值假期，僅得與女同事們歡聚。她們像歡迎遊子還鄉般的熱烈；我則重踏校園泥土，也彷彿充了電的感受。談及此後南來機會無多，不禁相對黯然。眞未料到能再回來，一直到退休。

回顧我初來成大之時，是個衰病不振的人，這裡的人與地給予我的，充滿愉快與恢復健康。我來到臺灣數年，在教育界沒沒無聞，臺北市幾個大學中教詞的人，名聲都比我響亮，是成大把我安置在中文系。我默默耕耘，絕不外騖，沒料到成大的學生，在詞章方面居然超前他校。北中部各大學對我的禮遇，是我的學生給我的光榮。因此，我與成大中文系的關係，不是時間空間可以隔斷的。

第二階段，從民國六十年到六十五年。

民國六十年的暑假，成功大學由省立升格為國立，工學院的倪院長卓群（超）發表為國立成功大學首任校長。他接篆後，來臺北約見我，談起整頓中文系的計劃，勸我再回成大來幫忙。我躭心外子不會同意，他瞬屆八十高齡，我再度遠行，這個家又將像魯賓孫居住的荒島。及我轉述倪校長的一段話，他反加以鼓勵，說『校長遠來邀請，誠意可感，你就試試看吧！』迨我退中大聘書時，却遭遇到困難，因為有兩門功課需要我繼續擔任一年。為了這六個小時，我常常要搭乘夜間的火車北來，到中壢尚未黎明，披戴着晨星曉月趕赴中大。

回到成大，因係熟人熟地，不會感到陌生。只是比前者多了一份責任，有臨深履薄之感。因念只看守原來的攤子，校長又何必遠道找我回來？既來了，就要對準此時此地的需要，審慎的向前推動。應興辦的事要勇於擔當，不必瞻顧；應改革的地方也要劍及履及，不要遷就。至於系中例行的事務，有公忠勤愼的陳怡良助教，是我三年中得力的助手，應該提及。下面簡述幾項有關的措施：

1、學生活動紀要—先把民國六十二年三月十五日「中文系報」第四期中的文字抄錄幾段，以見一斑：

這一年來，我們辦過成大最成功的講演會，創辦開成大風氣的「中文系報」，出刊別開生面的校慶壁報，定期舉辦獨樹一格的學術研究會，也曾集體訪問作家。還有各班自行策劃的班刊與讀書會等等。（起飛的中文系）

首屆文學院聯合運動會圓滿的結束了。中文系的健兒們獲得十二項冠軍，成績可謂斐然。……我們應瞭解付出與參與，是義務亦是權利。身爲中文系的一分子，就該積極地樂意的去求改進，以爲是自己的責任，更何況我們所要學的不僅只課本，尚有屬課本之外的無限。確實，較之以往，中文系是在起飛中，雖然尙待努力之處仍多。我們應飛的更高更遠，冷靜、理智而且有擔當（院運・中文系）

本系鳳凰樹文學獎選拔優秀作品之消息，經本報報導後，中文系系友紛紛來函並捐款支持。

目前共收到款項共四千三百三十元，已由本報轉交鳳凰樹文學獎委員會收存。（鳳凰樹文學獎）由上面所引的一鱗一爪，足以反映當時同學們對本系的向心力。我們爲了鼓勵寫作，栽植的一棵鳳凰樹苗，如今已成爲葉茂花繁的大樹。至於「中文系報」和「文心」系刊等，當年播下的種子，諒都在繼續成長茁壯中。但不知在運動場上揚威奪標的人物如江萬壽、林韻笙者，又輩出了幾人？

2、整頓系幹事會——過去系會在選出總幹事後，由總幹事出來組織幹事會。但工作表現不夠積極，在全校各系中居於弱勢。我認爲任何團體，領導的核心最關緊要。總幹事的人選如果是賢與能、勤與公，則他所物色的工作同伴組成的幹事會，必然能積極合作，付上代價，爲團體的榮譽幹一番的。在平時，我留意觀察各人的言行，鼓勵夠份量的人出來競選。候選人由各班推出，也允許個人自由參選，但必須發表競選演說，提出前瞻性的工作計劃。當選的人應謙遜地向同學謝票，落選的人更要保持風度，向勝利者誠懇祝賀，一切遵循民主成規。幹事會提出的工作項目，要保證其逐一兌現。經費的來源，是全體同學繳納的會費，爲保證其公開有效，全部存入實習銀行。支用時由系主任監督，按月公佈明細帳目，以昭大信。制度建立之後，杜絕了浮濫開支招致物議之可能；系會的舉措，更普受全體同學的支持參與，獲致豐碩的成果。無怪他們自負的說：『這一年來，我們的確已變被動爲主動，變消極爲積極。我們要主動積極地追求光明與眞理，那才是眞正人性的尊嚴。』（見中文系報）同時也博得別系師生的讚佩。

3、成立系友會——成大中文系的畢業生，對母校母系極富感情。記得民國五十四年初夏，五三級的男生正在軍中服役，忽然趁着假期相約返校。他們穿着陸、海、空、勤各式軍服，精神飽滿，約我一同攝影留念。我曾經作過他們的導師，遂帶他們去晉見羅校長和施主任獻花致敬。承校長以佳果招待，訓詞嘉勉。這天適值本系同仁在招待所聚餐，邀他們同席共享。下午舉行一個小型座談會，聽他們敍述營中的緊張生活，直到天色向晚才回營銷假。五四級同學，在畢業後的第二個暑假，曾在北部的陽明山公園集會，男女同學各說出這一年中最得意和最難應付之事各一件，交換經驗，都留下深刻印象。此外，我曾經應畢業同學的邀請，到過斗六、嘉義、彰化、臺中等處，當地各屆系友都來聚集，建立了縱的聯繫。民國六十年我又回成大來，系友集體返校的機會也增加，多由系幹事會發動在校學生負責接待。年長的校友與在校的學弟學妹接席談笑，相對忘年，打破了班次之間的疎隔。在我退休的前夕，大家都感到應把這種不定期的聚會組織化、定型化，於是留校服務的各位，約集其他系友，制定章程，推舉會長及各項工作負責幹部，中文系系友會遂正式成立。蒙系友們厚愛，推我爲永久名譽會長。有了這個有形的組織，退休多年的我，自覺仍歸屬於這個系。因而能不時前來，重溫當年美夢。只是我垂垂老矣，機能衰退，遲鈍的枯筆，表達不出多年蘊積的感情。

五、篇後餘音

我這平凡的一生，感謝上帝安排我在教育的崗位上，得與廣多的青少年爲伍，豐富了生命內容。因念人的生命，是一個小宇宙，蘊含無限價值，須待有人來加以開發。開發出來則莊嚴華麗不可限量。

教師就是開發生命價值的工程師，是一種神聖高貴的事業。耶穌當年說過：『我是好牧人，我來了是要羊（人）得生命，而且得的更豐盛。……若是僱工，不是牧人，羊也不是他自己的。』僱工的目的是賺工錢，圖的是利，不能滿足其利欲，便把羊棄置不顧。所以耶穌復活之後，三次叮嚀其門徒彼得說：『你餵養我的羊。』聖經上另一句重要的話：『兒女是上帝賜給的產業。』我擴充其含意，說『學生是上帝賜給教師的產業。』我們不是僱工，切莫輕看自己。羊被病菌汚染，牧人有責任清除汚染，使他得生命並且得的更豐盛。這又不僅教育這一行爲然，社會上各行各業，同樣有價値，同樣尊貴，使之發揚光大。就能提升自己、擴大生命。願我們的系友們，朝着這條路努力奔赴。

論臥佛像應更正爲佛入線盤像

蘇雪林

佛教傳入中國後，經典、佛像、儀式、法器等陸續傳入不必論，建築也傳入了。建築便是佛寺和堵窣波（塔），不過傳入我國後，形式當然要中國化，比印度原來樣子要優美得多。就像佛寺和塔就是。

印度有一種臥佛像，說是釋迦牟尼如來佛睡眠之像。其像是微微側身而臥，曲一臂爲枕，雙目瞑合。像甚長大，有長至數丈者，有長至兩楹殿宇始能容者。此像在魏晉南北朝時，似甚普遍。世說新語言語篇：「庾公嘗入佛圖，見臥佛，曰：『此子疲於津梁。』時以爲名言。」

庾公就晉名臣庾亮，圖即佛寺，津梁即橋縣。庾亮是說釋迦佛一生說法，普渡衆生，使登覺岸，就如橋梁之接人渡水一般，因他接引多人過於疲倦，所以要睡覺了。

印度錫蘭島有個臥佛像，甚有名。明史外國傳：「錫蘭山，或云即古之狼牙修，梁時曾通中國。自蘇門答剌順風十二晝夜可達。山下僧寺有釋迦眞身，側臥牀上，旁有佛牙及舍利，相傳佛涅槃處也。其寢座以沈香爲之，雜以諸色寶石，莊嚴甚於王所居。」

薛福成出使英義比四國日記：「庚寅正月二十七日午正，抵錫蘭島之克倫伯。錫蘭一島，長二百五十英里，濶百五十英里，周圍得二萬五千方英里。開來南廟，距岸七英里，全與翻譯隨員等乘馬車往遊焉。廟有如來眞像一尊，長二丈外，僧云：百五十年前所塑。又侍者坐佛二尊，其一云二千四百年所塑。入廟者，皆脫帽獻花爲禮。此地當即古之獅子國，當即釋迦如來佛成道之所，或即涅槃之所，而非釋氏生長之地也。」

黃遵憲（公度）人境廬詩草有「錫蘭島臥佛」一詩，乃是一首二千字的五古，歷敍釋迦誕生、出家、成道、敷化及佛教盛傳其後又式微之形況，極其詳盡，其內容之淵博、結構之嚴謹、辭采之壯麗，可謂頓挫抑揚、聲容並茂、開闔動盪、元氣淋擒，是中國舊詩界絕後空前的偉大作品。初刊南洋某報，梁任公在日本辦新民叢報附有飲冰室詩話，即收入詩話中，加以評語道：

「希臘詩人荷馬，（舊譯和美耳）古代第一文豪也。其詩爲今日考據希臘史者，獨一無二之祕本，每篇輒萬數千言。近世詩家，如莎士比亞、彌兒登、田尼遜等，其詩亦動輒數萬言，偉哉！勿論文藻，即其氣魄固已奪人也。中國事事落他人後，惟文學似差可頡頏西域，然長篇之詩，最傳誦者，惟杜之北征，韓之南山，宋人至稱爲日月爭光。然其精深盤鬱，雄偉博麗之氣，尚未足也。古詩孔雀東南飛一篇，千七百餘字，號稱古今第一長詩，詩雖奇絕，亦只兒女語，於世運無影響也。中國積習，薄今愛古，無論學問文章事業，皆謂古人爲不可幾及，余生平最惡聞此言。竊謂自今以往，其進步之遠軼前代，固不待著龜；即並世人物，即何處讓於古所云哉？生平論詩，最傾倒黃公度，恨未能寫其全集。頃南洋某報，錄其舊作一章，乃煌煌二千餘言，眞可謂空前之奇構矣。荷莎彌田諸作，余未能讀，不敢妄下比驚；若在震旦，吾敢謂有以來，所未有也。以文名名之，吾欲題爲印度近史，欲題爲佛教小史，欲題爲地球宗教史，欲題爲宗教政治關係說，然是固詩也，非文也，有詩如此，中國文學界，足以豪矣。因亟錄之，以餉詩界革命之青年。

任公這篇關於黃氏此詩的評論，眞是好極了，再也沒人能加乎其上了。現不論此詩其他方面的各種議論，單將他描寫臥佛像的一大段引之於次：

中有臥佛像，丈六金身堅，右疊重累足，左握光明拳。雖具堅牢相，軟過兜羅綿。水田脫淨衣，鬈雲堆華鬘 大青髮屈蠡，圍金耳垂環。就中白毫光，普照世大千，八十種好相，一一功德圓。是誰攝巧匠，上登忉利天，刻此牛頭檀，妙到秋毫顚？或言佛涅槃，波羅雙樹間，此即荼維地，俗語原訛傳；獨怪如來身，不坐千葉蓮？既付金縷衣，何不一啓顏？豈眞疲津梁，老矣倦欲眠，如何沈沈睡，竟過三千年？

民國十年，筆者考上了吳稚暉、李石曾兩先生在法國里昂成立的中法學院。乘海輪赴法留學，經過錫蘭島，因讀過飲冰室詩話裡所刊黃公度這首詩，非常敬羨，既到錫蘭，當然要去瞻仰瞻仰。遂與同學數人僱車前往。於那個僧寺中，果見臥佛像。見了之後，大失所望，原來那個臥佛雖甚長大，刻工却非常粗陋，並未見如明史所言有許多珍寶裝飾，說富麗過於王宮，只見紅綠藍黃顏色的塗抹，那座僧寺也陳舊頽敗，並未見什麼二千四百年所塑侍者像和佛舍沙。不過我那時是認這個臥佛是眞的如庾亮公所說是釋迦睡覺的像，未疑及他。

這尊佛像刻工既如此俗不可耐，難道就是薛福成、黃公度所見的那一尊嗎？考薛福成奉命出使英法義比四國，是在清光緒十五年己丑，他日記庚寅二字是第二年即光緒十六年（公元一八九〇）黃公度是以參贊的職位，和薛一道放洋的。我赴法的民國十年爲公元一九二一，距離不過三十一年，說這個臥佛像已換過，非公度當日所見，似不可能。我想明史外國傳所言及公度等所見的就是我所見的這尊。

那麼，公度爲什麼把這尊粗陋不堪的臥佛像描寫得這麼莊嚴妙美呢？他難道竟沒有審美觀？或者故意以欺騙世人爲樂？詩人神經靈敏，感覺細膩，就是不曾從事美術的研究，天然都會有一種審美觀念，則我前說不能成立。說他故意說誑，以欺騙世人爲樂，則要請問他爲什麼要如此？如此對他自己又有什麼好處，則我後說更不能成立。

我想這也是他不得已的辦法，他這首氣象萬千，沈博絕麗的長詩，原以這尊臥佛爲對象，若對象醜陋，則詩亦將爲之減色，所以只好將它美化。

我現在不提這尊臥佛刻工的事，只說臥佛是不是釋迦如來睡覺的紀念品，還是有其他的意義。蓋喫飯睡覺乃人生日常生活之事。而其事則極其平凡而瑣碎，並不值得塑刻其像以爲紀念。我想臥佛並非紀念佛的睡覺，實則紀念佛的涅槃。只有涅槃才是大事，才値得紀念。

釋迦牟尼佛誕生於希馬拉郎山山脚靠近今尼伯爾的一個部落，出家成道，當亦在其國境之內，惟其死亡則在印度的錫蘭島，屍體荼毗亦在斯處。

何以知他涅槃於錫蘭島　魏書釋老志：「釋迦年三十成佛，導化衆生四十九載，乃於拘尸那城安羅雙樹間，以二月十五日而入大般涅槃。涅槃澤云『滅度』，或言『常樂我淨』，明無遷謝及諸苦樂也。」就是從此脫離輪迴之苦，入了不生不死，不寂不滅的永恒之境。拘尸那城一名角城，又名茅城，又名獅子洲。錫蘭城爲牛角，又其地盛產獅子，故有此名。安羅樹又名「牛角安羅」。名牛角者或此樹僅產錫蘭，他處不多見，故以錫蘭城爲牛角而名之。又安羅之義爲堅固、高遠，想此樹甚高大。大般涅槃經正是記述釋迦入涅槃時的記載，經云：「安羅樹林，四雙八隻。西方一雙，在如來前。東方一雙，在如來後，北方一雙，在如來首，南方一雙，在佛之足。爾時世尊，安羅林下，寢臥寶牀，於其中夜，入茅四禪，寂然無聲，於是時刻，便般涅槃。入涅槃己，其安羅林，東西一雙，合爲一樹。南北二雙，合爲一樹，垂覆寶林，盖於如來。」佛經又言佛入涅槃時是側身曲肱而臥，我們所見錫蘭臥佛像正是這樣的一個形像。況玄應經義二十一，及涅槃會疏也曾明言拘尸那揭羅，譯言「角城」「茅城」，是佛入滅處。明史外國傳也說錫蘭山是佛涅槃處。即薛福成出使日記也有或言此島是佛涅槃處，雖屬疑似之詞，也必是當時廟中僧曾告以此語。

有此諸證，則佛祖涅槃於錫蘭島，後人遂於此島建廟造像以爲紀念，乃當然之事。爲此，則庾亮所見臥佛及黃公度所咏錫蘭島臥佛並非是佛祖睡覺像而是佛祖涅槃像，毫無疑義了。

我知讀者，或要問：既爲此，何以佛涅槃像到了中國竟變爲臥佛呢？且佛祖涅槃於錫蘭，即拘尸那城，乃是驚天動地的大事，何以今日我們的佛教各種辭典於拘尸那條並無文字的記載？若問一般佛教徒佛祖究竟涅槃何處，恐不知所答者十人而九，這又是什麼原因？鄙見推測，是有兩端：

第一、錫蘭島譯名太複雜。魏書稱之爲「拘尸那」明史外國傳則稱之爲「狼山修」還有「俱尸那」「拘夷那揭」「究思拘那竭」「拘尸那揭羅」「錫崙」「獅子洲」「獅子國」「角城」「茅城」，五花八門，看得人眼光撩亂，自然搞不清楚了。

第二、我們中國人最諱言「死」字，雖佛祖入涅槃是大喜慶，總是一個死。塑刻其像，總屬不祥，叫入廟參禮的善男信女看見，知他們所參禮者乃佛祖屍體，豈不驚駭？而且佛祖涅槃像是照印度傳來的比例，佛身長至二三丈，這樣大的一具佛屍，更叫人嚇煞了。而且佛徒求佛，但望佛能明察，能垂听，滿足各人之所祈，若佛爲死人，則求之何益？所以中國僧人改之爲臥佛，說是佛祖睡覺的像，傳之既久，昧厥本源，便眞的變成臥佛了。

這種臥佛像，魏晉南北朝，似尚普遍，其後則絕少。我想佛像之立者坐者向空發展，不佔空間，臥佛長至數丈，須數楹殿宇始容得下，所佔地面面積太大，不經濟，所以不多造。惟岩刻則尚有之。四川偏遠縣份有名「大足」者，近代學者發現縣之某處有岩刻，偶像之精美，不在敦煌、雲岡之下。岩刻中有一臥佛，長數丈。

黃公度臥佛詩說「此即荼毗地，俗語原訛傳」「如何沈沈睡，竟過三千年？」黃氏之所謂「訛傳」

者，正是「眞實」，所謂「沈睡」者乃是「涅槃」，我想以黄氏學問之淵博及對佛教研究之透徹，未嘗不知錫蘭這個臥佛乃是佛涅槃像，不過他要借此詩大發其感慨與議論，遂強改之罷了。

論語諷道之辭例

王禮卿

論語之成書、作者、及其名義，漢儒所述者並同。漢書藝文志云：「論語者、孔子應答弟子、時人、及弟子相與言而接聞於夫子之語也。當時弟子各有所記，夫子既卒，門人相與輯而論篹，故謂之論語」。論語集解序引劉向云：「魯論語二十篇，皆孔子弟子記諸善言也」。邢昺論語正義引鄭玄周禮注云：「答述曰語。以此書所載，皆仲尼應答弟子及時人之辭，故曰語。而在論下者，必經論撰，然後載之，以示非妄謬也」。準此，是皆以論語一書，乃記孔子及弟子之言行，爲孔門弟子所論篹。其書非出於一人，非著於一時。所謂門人弟子者：有七十子及其弟子，或再傳弟子，而統以門人或弟子稱之。漢志所謂「當時」者：蓋謂聞於夫子、或接聞之時，非必孔子所言時也，後儒並從此說，無何異義。於著書之人，或稍有差池，而要歸於弟子所錄，則其所大同也。按之本書，其說可信。是書既經論輯，故爲依類編次，頗具義例之書。雖篇目、稱謂、間有出入，未盡齊一；然其通例可得而詳。如鄉黨篇專記孔子素行，他章中間記孔子及弟子行事，若子之燕居章、子路有聞章等，皆爲記事之文，故無「某曰」之辭。其餘各章記孔子或弟子、時人之言者，爲記言之文，皆冠以「子謂」「子曰」「

孔子曰」「某子曰」「某曰」「某問曰」之辭。其敘事論人諸章，亦必有孔子之言，弟子之問，而冠以如上之「曰」辭。此全書之通例也。

惟季氏篇「邦君之妻」章、微子篇「柳下惠爲士師」章、「大師摯適齊」章、「周公謂魯公」章、「周有八士」章，堯曰篇「堯曰」章，既非記孔子制行，又無孔子或弟子之論，塊然突出於各章，與通例皆無所合。說者多疑其非孔子之言，謂爲記者所采錄；淺測者至謂後人所附益，或出於錯簡；疑不能明，迄無有徵之釋。然論語爲有義例精義之經，不容雜采古人之言及軼事，若檀弓之類。即或因魯論、齊論、古論之授受分合，奕世傳承之譌附錯出，亦不至如是之多，此必有其故矣。愚嘗據諸家之說，準全書之例，依各章之義，參證而深求之，知漢儒謂爲孔子之言，近是。而柳子厚論語辯謂堯曰章爲孔子諷道之辭，最有卓識深致。推其義於其餘五章，亦無不合。於是知此各章、皆弟子接聞孔子所諷道之言，有深意寓乎其間，故論篹者輯而存之，與孔子及弟子言行並列。不冠之以子曰者，所以嚴立其區別。此論語記孔子諷道之辭之特例也。謹逐章考證於左，以明斯例。以本文據柳說爲論證，故先之以堯曰章，季氏篇微子篇各章次爲。

堯曰篇：

堯曰：「咨爾舜。天之歷數在爾躬，允執其中。四海困窮，天祿永終」。舜亦以命禹。曰：「予小子履，敢用玄牡，敢昭告于皇皇后帝。有罪不敢赦。帝臣不蔽，簡在帝心。朕躬有罪，無以萬方：萬方有罪、罪在朕躬」。周有大賚，善人是富。「雖有周親，不如仁人。百姓有過，在予一人」。謹權量，審法度，修廢官，四方之政行焉。興滅國，繼絕世，舉逸民，天下之民歸心焉。所重民：食、喪、祭。寬則得衆，信則民任焉。敏則有功，公則說。

正義云：此章明二帝三王之道，凡有五節：初、自堯曰，至天祿永終，記堯命舜之辭也。二、自舜以命禹一句，舜亦以堯命己之辭命禹也。三、自曰予小子，至罪在朕躬，記湯伐桀告天之辭也。四、自周有大賚，至在予一人，言周家受天命及伐桀告天之辭也。五、自謹權量，至公則說，此明二帝三王政化之法也。

柳宗元論語辯云：論語之大，莫大乎是也，是乃孔子常常諷道之辭云爾。彼孔子者，覆生人之器也。上之無堯舜之遭而禪不及己，下之無湯武之勢而已不得爲天吏，生人無以澤其德，日視聞其勞死怨呼，而已之德涸焉無所依而施，故於此常常諷道云爾。此聖人之大志也，無容問對於其間。弟子或知之，或疑之，不能明，相與傳之。故於其爲書也，卒章之首，嚴而立之。

集注引楊氏曰：論語之書，皆聖人微言，而其徒傳守之，以明斯道者也。故於終篇，具載堯舜咨命之言，湯武誓師之意，與夫施諸政事者，以明聖學之所傳者，一於是而已。所以著明二十篇之大旨也。孟子於終篇，亦歷敘堯舜湯文孔子相承之次，皆此意也。

正義云：此章有二帝三王之事，錄者採合以成章。檢大禹謨、湯誥、與泰誓、武成，則此章其文略矣。

案：公羊傳宣十七年何注引興滅國節文，昭三十二年何注引謹權量節文；及漢書律曆志引同節文；說苑君道敬愼兩篇引興滅國，繼絕世，擧逸民；漢書藝文志引所重民食；並冠以孔子曰。是以此章爲孔子所言，漢人說如此。漢人去古未遠，其學皆有師承；而諸家胥同，說當可據。以此證之，子厚之說不爲無徵。惟漢人但謂孔子之言，而不言其義，及所以不冠「子曰」之故。子厚此論，謂孔子有感於無堯舜之遭，無湯武之勢，生人無以被其澤，己德無所依而施，故常諷此文以寄志。最足闡孔子諷道此辭之深意，亦最得輯錄者列此章於篇末之微旨。蓋此乃聖人之大志，亦孔門明斯道之心傳，故無容問對於其閒，而惟嚴立於終篇。又此章皆節取古書之辭意，非孔子告語或答問之辭，故不冠以「子曰」，而示其爲諷道之辭之變例。以全書義例比而勘之，柳說得其要矣。楊氏擧孟子之卒章，以證斯章之義，足爲柳氏論孔子微旨之明證。且謂「所以著明二十篇之大旨」，則又足明聖學一貫之本，及論孟兩書體例之同，實與柳論相發。今更徵之莊子天下篇，歷論道術之分，而歸宿於莊子之學，隱然示道之有在。其旨趣體例，亦與論孟略同。亦可爲此章列末篇義例之一證，皆所以統一書之大旨也。楊說亦得之。若邢疏謂爲「錄者採合以成章」，則有三不合焉。此章首明天命之原，執中之道；繼言湯武奉天執中之誠；末述二帝三王奉天執中之政化。語雖約采古籍，義則精深一貫。本末備具，體用兼賅。苟非聖人造道之極，孰克擷二帝三王道化之精醇，一以貫之？此豈輯錄之弟子輩所能爲哉！此其一。其中湯伐桀告天之辭，見於今文尚書湯誥，墨子引湯誓略同。雖有周親四句，見於今文尚書泰誓。以此推證，則堯舜相命之文，（僞古文尚書著入大禹謨）謹權量以下各語，當亦尙書百篇中之文，或其他古籍之語。是此章節引尙書及古籍而成，固可顯見。然若錄者所采合，則二帝三王之法，可采合者，當不止此，何以僅此一節？此其二。論語爲記孔子言行之書，若此與孔子之意無涉，採合古書中先王行事，參入其中，其義何居？得毋自亂其例乎？既經研論，抉擇必精，決無如是淩亂之筆，此其三。由是觀之，知邢解非是，而柳說不可易也。

季氏篇：

邦君之妻，君稱之曰夫人。夫人自稱曰小童。邦人稱之曰君夫人。稱諸異邦，曰寡小君。異邦人稱之，亦曰君夫人。

集解：孔曰：當此之時，諸侯嫡妾不正，稱號不審，故夫子正言其禮也。

皇疏：當時禮亂，稱謂不明，故此正之也。

集注引吳氏曰：凡語中所載如此類者，不知何謂？或古有之，或夫子嘗言之，不可考也。

案：孔注謂孔子「正言其禮」，皇疏謂「禮亂故正之」，是卽以爲孔子所稱之禮辭。吳氏謂「或古有之」，卽謂古禮；「或夫子嘗言之」，卽謂諷道之辭。其說皆是也。考禮稱夫人爲「女君」，與此「君夫人」義類。春秋書「小君」；禮記雜記稱「夫人訃於他國，曰寡小君不祿」；與此「寡小君」合。而曲禮謂「夫人自稱於諸侯曰寡小君」，夫人豈可自稱君，是則後儒誤記，與此乖違。以此諸書違合證之，具見此文之當。是此章皆古禮之辭也。孔子所以諷道之者：葵邱之會，齊桓公命諸侯曰：「無以妾爲妻」，而桓公內嬖如夫人者，六。則春秋時「諸侯嫡妾不正，稱號不審」，正如孔注所言。故孔子諷道禮文，以「正言其禮」，「故此正之」。是卽孔子正名之義，亦卽易首乾坤、詩始關雎之義，見之於論事者。第舉禮文，正名之意自見於言外，略同詩陳古刺今之體。不爲譏時君之論者，又春秋微言之例也。錄者知其意，故著其辭，與正名之義相發，爲諸侯配匹不正之戒。以其語出禮典，故不冠以子曰，與堯曰章義例同。然禮典之文多矣，若非孔子所諷道，錄者何以特錄此文乎？故知此亦諷道之辭之例也。其所以以此章殿季氏篇者：正義云：「此篇論天下無道，政在大夫。故孔子陳其正道，揚其衰失，明君子之行，正夫人之名」。其輯次之義，蓋如是云。

微子篇：

柳下惠爲士師，三黜。人曰：「子未可以去乎」？曰：「直道而事人，焉往而不三黜；枉道而事人，何必去父母之邦」。

集注引胡氏曰：此必有孔子論斷之言，而亡之矣。

案：胡氏蓋準上節「微子去之，箕子爲之奴，比干諫而死。孔子曰：殷有三仁焉」。謂兩節皆敍古人事，文例略同，彼有論斷，則此亦當有。不知上節敍事，乃錄者爲聖論注脚。蓋所重者、爲聖人論三仁德行，故必有孔子論斷之言，以爲全章之主。此節敍事，乃孔子諷道柳下之言，因推本其言之所以發，並及其事。其所重者、爲柳下之言，卽以其言爲全章之主。以其義已明，故無孔子論斷之語，非亡之也，文例與上節異也。孔子所以誦美其言者：蓋直道爲孔子所重，嘗數言之。證之本書：舉直錯枉，嘗兩言其仁智民服之效；直哉史魚，嘗極歎其如矢之操；舉人生而歸之直；稱三代胥行直道；是性善由直，道不可枉，爲聖人出處語默之大本，故孔子極重之。孟子力持枉尺直尋之辨，意亦同此。柳下惠爲聖之和，而此言則堅持大本，不容少撓。朱子謂其「辭氣雍容。然其不能枉道之意，則有確乎其不可拔者。是則所謂必以其道、而不自失者也」。是其語有符道本，深契聖心，足與孔子論直道相發，故孔子常諷道之也。錄者知其意，爰著其辭於編，其例亦與堯曰章同。若非孔子所諷道，則古人之讜言多矣，何獨錄此，以自違本書之例乎？故知此亦諷道之辭之例也。

大師摯、適齊。亞飯干、適楚。三飯繚、適蔡。四飯缺、適秦。鼓方叔、入於河。播鼗武、入於漢。少師陽、擊磬襄、入於海。

集解：孔曰：魯哀公時、禮壞樂崩，樂人盡去。

皇疏：自此（大師摯）以下，皆魯樂人名也。

集注云：大師、魯樂官之長。襄、卽孔子所從學琴者。此記賢人之隱遯，以附前章，然未必夫子之言也。

案：孔注言「魯哀公時，樂人盡去」；皇疏謂「皆魯之樂人名」；集注亦謂「魯樂官」，「襄卽孔子所從學琴者」；是皆以八人爲魯國樂官，孔子同時人。據本書泰伯篇孔子稱「師摯之始」，與此師摯正合，則孔皇朱說是也。「周禮盡在魯矣」，「魯一變至於道」，故公羊家謂春秋「新周，故宋，王魯」，此殆夫子之志也。今魯「禮壞樂崩，樂人盡去」，傷夙志之難冀，感祖國之陵夷，故於所去之人，所適之地，一一誦而道之，以致其低徊惋惜之情。與鳳鳥不至之感略同。而魯衰道熄之意，自見於言外，有類變風中達變懷俗詠歎之體。不爲論斷之言者，亦春秋微言之例也。錄者以夫子所道，乃著錄其語，故此亦諷道之辭之例也。朱子謂「未必夫子之言」，或疏於本書義例之攷求歟！

唯史記禮書云：「周衰，禮廢，樂壞。仲尼沒後，受業之徒，沉湮而不舉，或入齊楚，入于河」。張守節正義引此經說之。然史公謂諸人爲受業之徒，攷之本書孔子稱師摯，鄭康成謂「師摯爲魯大師之名」。本書有「子語魯大師曰」，可證鄭注之當。諸書及史記弟子列傳，皆不言其爲孔子弟子。家語辯樂謂「孔子學琴於師襄」。則師襄尤非弟子。據摯襄以推餘六人，當亦魯之樂官，故前引諸說皆云然。而史公言周衰樂壞，而不及魯，則顯與此章不合。據此以推，所謂諸人他適、在孔子沒後者，當亦可疑。太史公雜采衆說，或不無異辭，不足據以難本例也。

周公謂魯公曰：君子不施其親。不使大臣怨乎不以。故舊無大故，則不棄也。無求備於一人」。

正義云：此一章記周公戒魯公之語也。魯公，周公之子伯禽。封於魯，將之國，周公戒之也。

集注引胡氏曰：此伯禽受封之國，周公訓戒之辭。魯人傳誦，久而不忘也。其或夫子嘗與門弟子言之歟！

案：胡氏謂「夫子嘗與門弟子言之」，其說是也。此蓋周公戒伯禽之辭，君人南面之術，爲任人之要義。魯之先所以致盛也。孔子既傷魯之衰，述樂人之雲散；復溯魯之所以盛，誦周公垂戒之辭。以其爲開國承家之所懍，亦「魯一變，至於道」之所由也。第誦其辭，則其致盛之由，自見於言外；而傷魯今之不能，亦微溢於詞端；亦略同夫陳古刺今之詩體已。故錄者次上章之後，屬而著之。是亦諷道之辭之例也。

周有八士：伯達、伯适、仲突、仲忽、叔夜、叔夏、季隨、季騧。

集解：包曰：周時四乳生八子，皆爲顯士。

王應麟曰：周書和寤解：尹氏八士。注：武王賢臣。晉語：文王詢於八虞。賈逵云：周八士，皆在虞官。據此，則此經八士，當在文王時。

或引春秋繁露郊語篇，引詩言文王多福，謂傳曰：「周國子多賢，蕃殖至於駢孕男者四，四乳而得八男，皆君子雄俊」。

正義云：此章記異也。

集注引張子曰：此記善人之多也。

案：國語、繁露、所述，則八士當在文王時。鄭康成謂成王時，劉向馬融謂宣王時，似不及前者之可信。此蓋孔子以周初賢才之盛，至於四乳八子，且皆爲顯士，尤足爲美談，故時諷道其名。卽泰伯篇稱「舜有臣五人」，「武王有亂臣十人」，「唐虞之際，於斯爲盛」；及堯曰篇「周有大賚，善人是富」之義。所謂士者，卽王安石所謂「得一士焉」之士，不必復爲論斷之言，稱譽之意自著。而第舉其名與數，周初人才之盛亦見。然前引泰伯堯曰各章，並意主稱美；此章雖稱周初人才之盛，實傷春秋時周之無才，略同陳古刺今之詩體焉。知其然者：以此章次「大師摯」、「周公謂魯公」二章之後，大師摯章述樂人盡去，傷魯道之微；周公謂魯公章若稱魯開國之盛，實傷其後世之衰。以彼準此，則此章亦若稱周初人才之盛，而實傷其後世之乏才，體例正同。皆不著一字，而寄託遙深，得於詩法者也。錄者知其意，故以三章連類著之。其序秩然，其義則婉而成章，皆諷道之辭之例也。若非孔子所嘗道，而無微旨奧義之存，則文王疏附先後之臣著於載籍者正多，篡者何僅記此八士？謂其徒記善人之多歟？則罣漏之譏，正所不免。謂其徒爲記異歟？卽不同左氏之巫，山經之詭，亦何可廁諸論輯聖言之經乎！是二解者，似尚未能盡其眇旨也。其所以列此四章於微子篇者：正義云：「此篇論天下無道，禮壞樂崩。君子仁人，或去或死；否則隱淪巖野，周流四方」。集注云：「此篇多記聖賢之出處」。詳柳下之言，樂人之散，卽仁人君子之或黜或去。此二章正言之也。周公戒魯公，爲任人之大法，傷今之不然，則仁人君子無以立於其間矣。周初八士皆顯，傷今之才難，則仁人君子不著於無道之世矣。此二章反言之也。凡此，皆述聖賢出處，人才盛衰之感。故與三仁、孔子、接輿、沮溺、丈人、逸民、各章義同，是以彙記於此篇也。若周公及八士章非反言見義，而爲記周魯之盛，則戾於本篇之義例，故知其爲反言之體也。

論東坡之母程太夫人

黃振民

吾國家庭，就教導子女而言，影響子女最大者，不在父親，而在母親，試觀史籍所載教子有成者，以賢母最多，而賢父爲少。蓋因吾國自古以男子治外，女子主內，子女成長，與母親關係至爲密切，母親賢否，影響子女將來至深且巨之故。

古史之中，若簡狄之生商契，姜嫄之生周稷，其傳說雖屬神話，然其教養其子，使其各成其德，似應無庸置疑。

其後，太妊之於文王，太姒之於武王，亦無不以賢德著稱，而孟子之母，斷織以教恒，岳飛之母，刺字以勸忠，其賢明之行，更屬爲人周知之事。

它如孫叔敖之母，以叔敖殺埋兩頭蛇，因教之以積德爲善，柳仲郢之母，和熊膽爲丸，令仲郢嚼之以勵勤苦，歐陽修之母，畫荻以教字，蔣士銓之母，鳴機以課讀，亦皆爲人所讚美之懿行。

考史書所載，凡爲賢母者又多爲賢妻。凡能教子有成者，又多能輔佐其夫，使其德業恢宏光大。若周太王之太姜，周文王之太姒，漢明帝之馬皇后，唐太宗之長孫皇后等，蓋無不屬吾國歷史上下教其子，上助其夫，賢妻良母之最佳楷模也。

吾國古文作家，向以唐宋八家著稱，而八家之中，蘇氏父子，竟佔其三。考蘇氏父子之所以有此驚人成就，固由其先天秉賦，後天努力所使然，但與蘇母程太夫人聰明有識，畢生辛勤，上勉其夫，下教其子，使其父子爲學，務底於成，亦不無極大關係。因後人對夫人之爲人，所知不多，而作者近與諸生講授東坡古文，介紹東坡家世，適論及夫人，故特就當時文獻所載有關夫人之生平爲人，爰加蒐集究考，詳爲申述，寫成此文，俾後人得以明白三蘇父子之所以以文學著稱於世，其來有自，並使凡爲人妻母者，亦知有所取法焉。

按夫人，姓程氏，眉山人，爲大理寺丞文應之女。

司馬光蘇主簿夫人墓誌銘云：「夫人姓程氏，大理寺丞文應之女。」

歐陽修覇州文安縣主簿蘇君墓誌銘云：「君娶大理寺丞文應之女。」

其家人，除其父外，事跡多不可考。僅知其祖父名仁覇，以仁厚信於鄉里，後爲攝錄參軍，曾以直盜之寃，解職，積陰德，福其子孫。

東坡書外曾祖程公逸事云：「公諱仁覇，眉山人，以仁厚信於鄉里。蜀平，中朝士大夫，憚遠宦，官闕，選士人有行義者攝，公攝錄參軍。眉山尉有得盜蘆菔根者，實竊而所持刃誤中主人，尉幸賞，以刼聞。獄掾受賕，掠成之。太守將錄囚，囚坐廡下泣涕，衣盡濕。公適過之，知其寃，許謂盜曰：『汝寃盍自言，吾爲汝直之』。盜果稱寃，移獄。公既直其事，而尉，掾爭不已。復移獄，竟殺盜。

公坐賕囚，罷歸。不及月尉，掾皆暴卒。後三十餘年，公晝日，見盜拜庭下曰：『尉、掾未伏，待公而決。前此地府欲召公暫對，我叩頭爭之，曰不可以我故驚公，是以至今。公壽盡今日，我爲公荷擔而往暫對，卽生人天，子孫壽祿，朱紫滿門矣。』公具以語家人，沐浴衣冠，就寢而卒。軾幼時聞此語，已而，外祖父壽九十，舅氏始貴顯，壽八十五，曾孫皆仕，有聲，同時爲監司者，三人，玄孫宦學益盛，而尉、掾之子孫微矣。或謂盜德公之深，不忍煩公暫對可也；而獄久不決，豈主者亦因以苦尉，掾也歟。紹聖二年，三月九日，軾在惠州讀陶潛作外祖孟嘉傳云：『凱風寒泉之思，實鍾厥心。』意悽然悲之，乃記公之逸事，以遺程氏，庶幾淵明之心也。」

又知夫人有兄名濬，與明允仲兄渙，同時登朝，其子正輔，曾娶夫人幼女，東坡之姊，爲妻。

東坡次韻正輔表兄江行見桃花詩合注云：「按正輔乃公舅程濬之子，公姊嫁之，此時提刑粤中」。

李廌師友談記云：「（東坡）又曰：『祖父嗜酒甘與村父箕踞，高歌大飲。忽伯父封告至，伯父登朝而外氏程舅亦登朝。』」

夫人十八歲歸於蘇氏，共有子女六人，其四人早亡，存者僅軾、轍二人。

司馬光蘇主簿夫人墓誌銘云：「生十八年而歸蘇氏……凡生六子，長男景山（按「景山」爲「景先」之誤）及三女皆早夭。」

明允祭亡妻文云：「有子六人，今誰在堂？唯軾與轍，僅存不亡。」

又極樂院造六菩薩記云：「始余少時，父母俱存，兄弟妻子備具，……不知有死生之悲。自長女之夭，不四五年而丁母夫人之憂。……其後五年而喪兄希白。又一年而長子死，又四年而幼姊亡，又五年而次女卒。至丁亥之歲，先君去世，又六年而失其幼女。」

歐陽修覇州文安縣主簿蘇君墓誌銘云：「生三子曰景先，早卒，軾，今爲殿中丞直史館，轍，權大名府推官。三女皆早卒。」

程家富有，蘇家極貧。夫人嫁至蘇家，孝恭勤儉，從無富家小姐驕倨之態，是以族人共賢之。

司馬光蘇主簿夫人墓誌銘云：「生十八年歸蘇氏。程氏富而蘇氏極貧，夫人入門，執婦職孝恭勤儉，族人環視久，無絲毫鞅鞅驕倨可譏訶狀，由是共賢之。」

時祖姑猶在堂，年老，性嚴苛，家人服事，甚難合其意，然夫人獨能順適其志，得其歡心。

司馬光蘇主簿夫人墓誌銘云：「時祖姑猶在堂，老而性嚴。家人過堂下，履錯然有聲，已畏獲罪。獨夫人能順適其志，祖姑見之，必說。」

夫人秉性剛毅，爲一有志氣女子，以爲人處貧困，應當自力更生，不能完全依賴別人。當其嫁至蘇家之後，因蘇家極貧，生活艱困，曾有勸夫人向其母家索取錢財，以紓貧困者，夫人當卽力予拒絕。

司馬光蘇主簿夫人墓誌銘云：「或謂夫人曰：『君父母非乏於財，以父母之愛，若求之，宜無不應者，何爲甘此蔬糲，獨不可以一發言乎？』夫人曰：『然，以我求於父母，誠無不可，萬一使人謂吾夫爲求於人以活其妻子者，將若之何？』卒不求。」

夫人以富家千金而甘受貧寒之苦，決不陷其夫於不義，婦人有此操守，實屬難能可貴。

正因爲夫人有此堅強志節，故當明允一旦發奮努力，專志爲學，不能兼顧家計時，夫人卽毅然決然「罄出服玩，鬻之以治生」，以一弱女子之身，單獨肩負全家生活重擔而不辭。此種果決勇敢作爲，卽令求之鬚眉，亦不易得。

司馬光蘇主簿夫人墓誌銘云：「府君年二十七猶不學，一旦慨然謂夫人曰：『吾自視今猶可學，然家待我而生，學且廢生奈何？』夫人曰：『我欲言之久矣，恶（惡）使子爲因我而學者。子苟有志，以生累我可也。』卽罄出服玩，鬻之以治生。不數年，遂爲富家。府君由是得專志於學，卒成大儒。」因夫人精明有才幹，故其「治生」能不數年，一變貧窮而爲富有，使明允得以專志向學，卒成大儒。

夫人「治生」，究「治何生」？今已不可考知，惟就下引東坡志林所敍推測，其可能係因經營紗縠生意而致富。

東坡志林云：「昔我先君夫人，僦宅於眉，爲紗縠行。一日二婢子懸帛陷於地，視之，深數尺，有大甕，覆以烏木板。」

因文中「爲沙縠行」句，可作「經營紗縠行」或作「爲經營紗縠行」解，而下文又接敍婢子懸帛之事，以上下文加以比對，故推測其可能係因經營紗縠生意而致富。

宋承五季之後，道佛思想，瀰漫社會，明允夫婦受其影響尤爲深亘。據說明允爲祈求能夠獲生貴子，曾聽從玉局觀道院卜師無礙子之言，迎請張仙畫像，懸掛家中供奉。其後不久，果生酷愛讀書之東坡。明允因見張仙之靈驗，更對無礙子之說，深信而不疑。

明允題張仙畫像云：「洵嘗於天聖庚午九日至玉局觀無礙子卦肆中，見一畫像，云張仙也，有感必應。因解玉環易之，旦必露香以告。逮數年，得軾，性嗜書。乃知眞人，急於接物；而無礙子之言，不妄也。」

由於明允深迷道士之說，是以東坡八歲卽被送往天慶觀北極院就讀，而拜道士張易簡爲師，並曾獲易簡及矮道士李伯祥之稱讚。

東坡志林云：「吾八歲入小學，以道士張易簡爲師，師獨稱吾與陳太初者。」

東坡衆妙堂記云：「眉山道士張易簡教小學，常百人，予幼時亦與焉。居天慶觀北極院，予蓋從之三年。謫居南海，一日夢至其處，見道士如平昔。」

東坡記陳太初尸解事云：「吾八歲入小學，以道士張易簡爲師，弟子幾百人，師獨稱吾與陳太初者，眉山市井人子也。予稍長，學日進益，遂第進士制策，而太初乃爲郡小吏」。

東坡題李伯祥詩云：「眉山矮道士李伯祥好爲詩，詩格亦不甚高，往往有奇語，如『夜過修竹寺，醉打老僧門。』之句，皆可愛也。余幼時，嘗見而歎曰：『此郎君，貴人也。』不知其何以知之？」

明允不僅對道士之言，迷信如此之甚，卽對佛家造像邀福之說，亦深信不疑。此可由其妻死後，明允爲其亡故家人塑造六菩薩像事看出。

明允極樂院造六菩薩記云：「始余少年時，父母俱存，兄弟妻子備具，終日嬉遊，不知有死生之悲。自長女之夭，不四五年而丁母夫人之憂，蓋年二十有四矣。其後五年，而喪兄希白，又一年而長子死，又四年而幼姊亡，又五年而次女卒。至于丁亥之歲，先君去世，又六年而失其幼女。服未旣，而有長姊之喪。悲憂慘愴之氣，鬱積而未散，蓋年四十有九而喪妻焉。嗟夫三十年之間而骨肉之親零落無幾。逝將南去，由荆楚走大梁，然後訪吳越，適燕趙，徜徉於四方以忘其老。將去，慨然顧墳墓，追念死者，恐其魂神精爽滯於幽陰冥漠之間而不復曠然遊乎逍遙之鄉。於是造六菩薩並龕座二所，蓋釋氏所謂觀音、勢至、天藏、地藏、解寃結、引路王者，置於極樂院阿彌如來之堂。庶幾死者有知或生於天或生於四方，上下所適如意，亦若余之遊於四方而無繫云爾。」

因明允對道佛二教相信如此之深，妻受夫影響，何況婦人本較男子易受二教迷惑，可以推知，夫人對此二教，自必更加崇信。

明允夫婦，對此二教，雖均崇信頗深，然比較言之，其崇信佛教似又較道教爲甚。此可由其夫婦歿後，東坡兄弟或爲塑造彩畫佛像，或爲恭寫佛偈或爲親作頌佛之詩，常以此呈獻寺廟，爲祈冥福，得到證明。

東坡與辯才禪師書云：「某與舍弟某，捨絹一百疋，奉爲先君覇州文安縣主簿，累贈中大夫，先妣武昌郡太君，程氏，造地藏菩薩一尊，幷座及侍者二人。菩薩身之大小如中形人，所費盡以此絹而已，若錢少卽省鏤刻之工可也。造成，專求便船迎取，欲京師寺中供養也。」

東坡四菩薩閣記云：「長安有故藏經龕，唐明皇帝所建。其門四達八版，皆吳道子畫。陽爲菩薩，陰爲天王，凡十有六軀。廣明之亂，爲賊所焚。有僧忘其名，於兵火中，拔其四版以逃。旣重不可負，又迫於賊，恐不能全，遂竅其兩版以受荷。西奔於岐，而寄死於烏牙之僧舍，版留於是，百八十年矣。客有以錢十萬得之以示軾者，軾歸其直而取之，以獻諸先君。先君之所嗜百有餘品，一旦以是四版爲甲。治平四年，先君沒於京師，軾自汴入淮，泝於江，載是四版以歸。旣免喪，所嘗與往來浮屠人，惟簡誦其師之言，教軾爲先君捨施必所甚愛與所不忍捨者。軾用其說，思先君之所甚愛，軾之所不忍者，莫若是版，故遂以與之。簡以錢百萬度爲大閣以藏之，且畫先君像其上。軾助錢二十之一，期以明年冬，閣成。熙寧元年，十月二十六日，記。」

東坡阿彌陀佛頌云：「錢塘圓照律師，普勸道俗歸命西方，極樂世界，阿彌陀佛。眉山蘇軾，敬捨亡母，蜀郡太君程氏遺留簪珥，命工胡錫，采畫佛像，以薦父母冥福。」

東坡跋所書圓通偈云：「軾遷嶺海七年，每遇私忌，齋僧供佛，多不能如舊。今者北歸，舟行豫章，彭蠡之間，遇先妣成國太夫人程氏忌日，復以阻風滯留，齋薦尤不嚴具，敬寫楞嚴經中文殊師利法王所說圓通偈一篇，少伸追往之懷。行當過廬山，以施山中有道者。」

東坡事類引詩目云：「圓通禪院，先君舊游也。四月二十四日晚，至宿焉。明日先君忌日也，乃手寫寶積獻蓋頌佛一偈，以贈長老仙公，仙女撫掌笑曰：『昨夜夢寶蓋飛下，著處輒出火。豈此祥乎？』乃作是詩。院有蜀僧宣逮事訥長老，識先君云。」

夫人由於奉佛虔誠，深受佛說影響，故特樂善好施。

司馬光蘇主簿夫人墓誌銘云：「始夫人視其家財旣有餘，乃歎曰：『是豈所謂福哉？不已，且愚吾子孫。』因求族姻之孤窮者，悉爲嫁娶振業之。鄉人有急者，時亦賙焉。比其沒，家無一年之儲。」而其對非分之財，更絕不貪取苟得。

東坡志林云：「昔吾先君夫人僦宅於眉，爲紗縠行。一日二婢子懸帛，足陷於地。視之，深數尺，有大甕，覆以烏木板。先夫人急命以土塞之，甕有物如人咳聲，凡一年乃已。人以爲此有宿藏物，欲出也。夫人之姪之問者，聞之，欲發焉。會吾遷居，之問遂僦此宅。掘丈餘，不見甕所在。其後，某官於岐下，所居大柳下，雪方尺，不積雪。晴，地墳起數寸。軾疑是古人藏丹藥處，欲發之。亡妻崇德君曰：『使吾先姑在，必不發也。』軾愧而止。」

其爲人仁愛慈惠，待下有恩，若東坡乳母任氏，子由保母楊氏，皆因感夫人待其恩深，終生不願離開蘇家他去（任氏之事，見東坡任氏墓誌銘。楊氏之事，見東坡楊氏墓誌銘）。而其深懷慈悲之心，時以不殺生爲念，常嚴禁童僕捕取鳥獸，更使一般鳥雀亦被其大恩。

東坡記先夫人不殘鳥雀云：「吾昔少年時，所居書室前，有竹柏雜花叢生滿庭，衆鳥巢其上。武陽君，惡殺生，兒童婢僕皆不得捕取鳥獸。數年間，皆巢於低枝，其鷇可俯而窺也。又有桐花鳳，四五日翔集其間。此鳥羽毛至爲珍異，難見而能馴擾，殊不畏人。閭里間見之，以爲異事。此無他？不忮之誠，信於異類也。」

夫人出身富家，其兄讀書有成，列官於朝。夫人因深受家庭影響，故亦極愛讀書屬文。

司馬光蘇主簿夫人墓誌銘云：「夫人喜讀書，皆識其大義。」

又云：「幼女有夫人之風，能屬文。」

夫人旣喜愛讀書爲文，而又具有剛毅好善「見賢思齊」之本性，目睹母兄及明允仲兄，爲學皆有所成，自不願已夫及子落於人後，因此勉夫子之志，凛然而生。是以夫人終其一生，茹苦含莘，竭盡所能，幫助其夫、其子，努力向學，務期將來亦能學有所成。

明允遊學四方，夫人督教東坡兄弟讀書之事，見於宋史及它書記載者頗多。尤其夫人常引古人名節之事以策勵其子，更爲世人所稱道。司馬溫公甚而以爲東坡兄弟之所以有日後之成就，蓋卽基於夫人教子有方，平素對其兄弟勗勉有加所致。

宋史本傳云：「生十年，父洵，遊學四方，母程氏親授以書，聞古今成敗，輒能語其要。程氏讀東漢范滂傳，慨然太息。軾請曰：『軾若爲滂，母許之否乎？』程氏曰：『汝能爲滂，吾顧不能爲滂母邪？』」

蘇子由東坡先生墓誌銘云：「公生十年而先君宦遊四方，太夫人親授以書，問古今成敗，輒能語其要。太夫人讀東漢史，至范滂傳，慨然太息。公侍側曰：『某若爲滂，夫人亦許之否？』曰：『汝能爲滂，吾顧不能爲滂母耶？』公亦奮厲有當世志，太夫人曰：『吾有子矣。』」

司馬光蘇主簿夫人墓誌銘云：「夫人喜讀書，皆識其大義。軾轍之幼也，夫人親教之，常戒曰：『汝讀書勿效曹耦，止欲以書自鳴而已。』每稱引古人名節以勵之曰：『汝果能死直道，吾無戚焉。』

已而，二子同年登進士第，又同登賢良方正科目。宋興以來，唯故資政殿大學士吳公育與軾制策入三等，轍所對語尤切直驚人，由夫人素勗之也。若夫人者可謂知愛其子矣。」

夫人撫育子女辛苦，對二子期盼之殷，課讀之勤，爲明允所目睹，知之尤爲深切。

明允祭亡妻文云：「我獨悲子，生逢百殃。有子六人，今誰在堂？惟軾與轍，僅存不亡。咻叫撫摩，既冠既昏。教以學問，畏其無聞。晝夜孜孜，孰知子勤？」

是以當明允受夫人重託，提攜東坡兄弟東去應試之時，心情極爲沈重，而東坡兄弟亦深知母氏爲己勞苦，對己期盼之殷，故亦皆願盡最大努力，爭取最高榮譽以不辜負母氏厚望。結果，經過千辛萬古，最後，皇天不負苦心人，終於「文驚群公」，南宮奏捷。是時，東坡兄弟深感學已有成，母願得償，曾不禁爲之歡躍不已。

明允祭亡妻文云：「提攜東去，出門遲遲。今往不捷，後何以歸？二子告我，母氏勞苦。今不汲汲，奈將後悔。大寒酷熱，崎嶇在外。亦既薦名，試于南宮。文字煒煒，歎驚群公，二子喜躍。我知母心，非官實好，要以文稱。」

未料，當明允，獲有成果，不辱夫人所托，携子西歸告慰夫人之時，夫人竟突然去世。就明允父子當時處境而言，人間慘事，實無更過於此者。

明允祭亡妻文云：「我今西歸，有以藉口。故鄉千里，期母壽考。歸來空堂，哭不見人。傷心故物，感涕殷勤。」

明允少時，不喜讀書，其後始發憤力學，聲名大著，卒顯於世。此事見於當時文集筆錄者亦多。

東坡事類引蘇廷評行狀云：「軾之先人，少時，獨不學。已壯，猶不知書，公未嘗問。或以爲言，公不答。久之，曰：『吾兒當憂其不學邪？』既而，果自憤發力學，卒顯於世。」

東坡事類引紀年錄云：「明允少不喜學，年二十有七，始發憤讀書。六年而大究六經、百家之書。」

東坡事類引澠水燕談錄云：「眉山蘇洵少不喜學，壯歲猶不知書。年二十七始發憤讀書，舉進士，又舉茂才，皆不中。曰：『此未足爲吾學也。』焚其文，閉戶讀書，五六年乃大究六經、百家書說。嘉祐初，與二子軾、轍至京師。歐陽公獻其書於朝，士大夫爭持其文。二子舉進士，亦皆在高等。於是父子名動京師，而蘇氏文章，擅天下，目其文曰三蘇。蓋洵爲老蘇，軾爲大蘇，轍爲小蘇也。」

羅大經鶴林玉露云：「高適五十始作詩，爲少陵所推，老蘇三十始讀書，爲歐公所許，功深力到，無早晚也。聖賢之學亦然，東坡詩云：『貧家淨掃地，貧女巧梳頭。下士晚聞道，聊以拙自修。』朱文公每借此句作話頭，接引窮鄉晚學之士。」

明允少時不知努力，後始發憤向學，卽其本人亦不諱言此事。

明允送石昌言使北引云：「昌言舉進士時，吾始數歲，未學也。憶與群兒戲先君側，昌言從旁棗栗啖我，家居相近，又以親戚故，甚狎。昌言舉進士，日有名。吾後漸長，亦稍知讀書，學句讀，屬對聲律未成而廢；昌言聞吾廢學，雖不言，察其意甚恨。後十餘年昌言及第，第四人，守官四方，不相聞。吾以壯大，乃能感悔，摧折復學。」

明允第一次上歐陽內翰書云：「洵少年不學，生二十五歲，始知讀書，從士君子遊。」

明允祭亡妻文云：「昔予少年，遊蕩不學。」

考明允之所以能折節改過，立志向學，除由於其自我覺悟，自動自發外，最主要者仍係夫人在旁協助，作無言之敦勸勉勵所致。

明允祭亡妻文云：「昔予少年，遊蕩不學。子雖不言，耿耿不樂。我知子心，憂我泯沒。感歎折節，以至今日。嗚呼死矣，不可再得。」

而尤其當明允一旦決心改過，立志專心向學之時，夫人爲免其分心，竟毅然決然「罄出服玩，鬻之以治生」（見前所引東坡志林），代爲主持家務，助成其事，更使明允得到莫大鼓舞。是以明允於夫人亡故之後，感覺無限悲痛，而有「內失良朋」「有過誰箴」之浩歎。

明允祭亡妻文云：「自子之逝，內失良朋。孤居終日，有過誰箴？」

夫人所具之德，若其孝恭和順，勤儉持家，樂善好施，仁愛慈惠，已非常人所及，而其剛毅聰明有識，勉夫教子，使蘇氏父子，德行昭著，皆以文學名垂後世，更屬一般女子所難爲。司馬溫公論夫人之爲人，以其以一女子之身，所作所爲而有如此成果，卽置諸古人所稱，閨門中其行有關乎家國興衰者之林，亦無遜色。

司馬光蘇主簿夫人墓誌銘云：「嗚呼！婦人柔順足以睦其族，智能足以齊其家，斯已賢矣。況夫人能開發輔導成就其夫子，使皆以文學顯重於天下，非識慮高絕能如是乎？古之人稱有國有家者，其興衰無不於閨門，今於夫人益見古人之可信也。銘曰：貧不以汚其夫之名，富不以爲其子之累。知力學可以顯其門，而直道可以榮於世。勉夫教子，底于光大。壽不充德，福宜施於後嗣。」

此評洵爲至當，非虛譽也。

夫人一生身歷百艱，而最傷心之事，莫過幼女嫁於外家，遭遇婚變，不幸早亡，因而導致程蘇二家反親成仇事。

按夫人幼女，生有母風，（見前所引蘇主簿夫人墓誌銘）後嫁其舅程濬之子，之才正輔爲妻。姑表結婚，親上加親，理應公婆憐惜，夫婦恩愛有加才是。未料，此女嫁後不久，竟因家庭失和，「不得志」而早死。致使兩家產生怨隙，反親爲仇。從此斷絕關係，不相往來。惟此事在三蘇著作中，已難加以考知，僅能在周密齊東野語及東坡詩註中略見其梗概。

周密齊東野語云：「老泉族譜亭記言鄉俗之薄起於某人而不著其姓名者，蓋與其妻黨程氏大不咸，所謂某人者其妻之兄弟也。老泉有自尤詩，述其女事外家不得志以死，其辭甚哀，則怨隙不平也久矣。其後東坡兄弟以念母之故相與釋憾。程正輔於坡爲表弟，坡之南遷，時宰聞其先世之隙，遂以正輔爲本路憲，將使之甘心焉。而正輔反篤中外之義，相與周旋之者甚至，坡詩往復唱和中亦可概見也。」

東坡詩施注云：「東坡母，成國夫人，程氏眉山著姓。其姪之才，字正輔，第二；之元，字德孺，第六，卽楚州；之邵，字懿叔，第七。正輔初娶東坡女（按此作「東坡女」有誤），早亡。」

王文誥蘇文忠公詩編註集成云：「誥案：成國之祖，爲程仁霸，攝錄參軍。眉山尉爭寃獄，坐逸四歸。有隱德，年九十。仁覇之子，曰文應，始貴顯，官大理丞。文應之子曰濬，卽某人也。濬之子曰之才，字正輔，是爲成國之姪，又婿也。又有之問者，不仕，之邵字懿叔，之元字德孺與正輔並貴，爲監司，皆公中表兄弟。其怨隙之事，雖由於其父濬而正輔亦傾險。數十年中，兩公與懿叔、德孺中表如故，而正輔則絕不聞問，其有宮師治命可知。後正輔在嶺南與公釋憾。公報書云：『今吾老兄弟不相從，四十二年矣。』此書作於紹聖二年乙亥。由是年逆數四十二年，是爲至和元年甲午。以合六菩薩記丁亥歲後又六年，失亥之說考之，事在皇祐五年癸巳，而計其不相從之歲，正四十二年也。其自尤詩老泉全集不載。」

考明允自尤詩，今已不傳，其本集僅收有「蘇氏族譜亭記」一文。文中確對其鄉某望人大加攻擊，至詈爲鄉里之大盜，並列擧其罪狀，以爲族人戒。

明允蘇氏族譜亭記云：「某人者，鄉之望人也，而大亂吾族焉。逐其兄之遺孤，而骨肉之恩薄；取其先人之資田，則孝悌之行缺；以其妾加妻而嫡庶之別混；重於聲色，而父子雜處，讙譁不嚴也而閨門之政亂；瀆財不厭，惟富者之爲賢也而廉恥之路塞。其輿馬赫奕，足以蕩惑里巷；其官爵貨力，足以搖動府縣；其矯詐修飾，足以欺罔君子。是州里之大盜也。吾不敢以告鄉人而私以戒族人焉。」

又考東坡兄弟集中，早期與程家兄弟書信往來，詩文酬酢並不太多，而與正甫，更是一書一詩皆無，似蘇程二家，是時，確有極大誤會存在。直至東坡晚年南遷，始見東坡與正甫來往漸多。其後，不僅二人常互贈以詩，東坡甚且爲撰「書外曾祖程公逸事」一文（見前文所引），以寄正甫。兩家誤會，至此似已完全冰釋。

由上推考，可知蘇程二家，因親成仇，似確有其事。若然，則夫人在喪失愛女極度悲傷之餘，置身丈夫與母兄互爲仇讎之間，實難自處，其精神所受刺激之大，其心靈所被折磨之甚，蓋可想知。夫人突然早逝，除因其一生操持家務，積勞成疾所致外，恐亦與其家庭遭此巨變不無關係。

參考書目

列女傳　劉　向　志　林　蘇　軾

溫國文正司馬公文集　司馬光　東坡事類　梁廷枏

歐陽文忠公文集　歐陽修　宋　史　托克托

東坡全集　蘇　軾　欒城集　蘇　轍

師友談記　李　廌　齊東野語　周　密

嘉佑集　蘇　洵　蘇文忠公詩編註集成　王文誥

春秋名稱緣起說

謝秀文

今日談到「春秋」慣指孔子之春秋經而言。

至於孔子春秋經之「春秋」一名何所來？本文玆分一、二、三，三個層次述之於後：

一

孔子春秋經之「春秋」一名之緣起，說本紛紜；

一曰緣於「春獲麟、秋成書。」

公羊隱公第一徐彥疏引舊云春秋說云：

哀十四年春，西狩獲麟、作春秋、九月成書、以其書春作秋成，故云春秋也。

二曰緣於「春爲陽中、秋爲陰中。」

漢書律曆志曰：

夫曆春秋者、天時也。……以陰陽之中制其禮。故春爲陽中，萬物以生；秋爲陰中，萬物以成，是以事舉其中。

公羊隱公第一徐彥疏引問曰云：

案，三統曆云：春爲陽中，萬物以生，秋爲陰中，萬物以成，故名春秋。

三曰緣於「取賞以春夏、刑以秋冬。」

鄭樵云：「取賞以春夏、刑以秋冬。」鄭氏又云：「一褒一貶，若春若秋。」以上二語蓋均有「春賞秋刑」義。此義本諸周禮。周禮春官曰：

立春官宗伯，使帥其屬而掌其邦禮，以佐王和邦國。

又秋官曰：

立秋官司寇，使帥其屬而掌邦禁，以佐王刑邦國。

四曰緣於「春爲生物之始、秋爲成物之終。」

公羊隱公第一徐彥疏引春秋說云：

始於春，終於秋，故曰春秋者，道春爲生物之始，而秋爲成物之終。故云始於春，終於秋，故曰春秋也。

五曰緣於「奉始養終。」

論衡正說篇引儒說曰：

春者，歲之始；秋者，其終也。春秋之經可以奉始養終，故號爲春秋。

六曰緣於「年有四時、錯舉以爲四時之名。」

左傳杜序云：

年有四時，故錯舉以爲所記之名也。

孔穎達疏云：

年有四時，不可徧舉四字以爲書號，故交錯互舉，取春秋二字以爲所記之名也。春先於夏、秋先於冬，舉先可以及後，言春足以兼夏，言秋足以見冬，故舉二字以包四時也。春秋二字是此書之總名，雖舉春秋二字，其實包冬夏四時之義，四時之內，一切萬物生植孕育盡在其中，春秋之書無物不包、無事不記，與四時義同，故謂此書爲春秋。

以上六說，若「春獲麟、秋成書」說，似同神話，春秋大作也，其成何其速耶？知該說頗爲不妥。「春爲陽中，秋爲陰中」說，乃以陰陽五行說經。陰陽五行之說起之頗遲，以此釋春秋之名，似亦不妥。若夫「取賞以春秋，刑以秋冬」乃後儒假「褒貶」以附會耳。「春爲成物之始，秋爲成物之終。」曁「奉始養終」二說亦頗牽強。唯杜預「年有四時，故錯舉以爲四時之名。」說頗近之，但終不若杜預在其春秋序中所謂「春秋者，魯史記之名也。」來得直接而明白。孔子之春秋，實承襲魯史記「春秋」之舊名也。其理由有二焉：

一曰孔子之春秋經，不論爲孔子所作、所述，其本之魯史則爲古今不爭之事實。

二曰魯史本名確爲「春秋」。魯史本名「春秋」，除杜預所謂「春秋者，魯史記之名也。」之外，左傳、孟子亦各有說。左傳昭公二年傳云：

晉侯使韓宣子來聘，且告爲政，而來見、禮也。觀書於大史氏，見易象與魯春秋曰：「周禮盡在魯矣，吾乃今知周公之德與周之所王也。」

孟子離婁下曰：

晉之乘，楚之檮杌，魯之春秋，一也。

考昭二年韓宣子來聘時，孔子年方十一，韓宣子所見之魯春秋顯然爲魯史「春秋」而非孔子之春秋經也。孟子更以「魯之春秋」與「晉之乘」「楚之檮杌」對稱，乃以「春秋」爲魯史記之專名也。總之，孔子之春秋經既本諸魯史，魯史舊名亦確稱「春秋」，知孔子春秋經之「春秋」二字，沿襲魯史之舊名，乃自然之勢也。

二

再進一層看，魯史又何以「春秋」名？要找這個答案？首先要明白，雖然杜預、孟子將「春秋」二字視爲魯史之專稱，但「春秋」亦爲各國史記之通名。如漢書藝文志曰：

古之王者，世有史官，君舉必書，所以愼言行，昭法式也。左史記言，右史記事，事爲春秋，言爲尙書。

所謂「古之王者，世有史官」顯然非專指某王某君或某國史官言。所謂「右史記事，事爲春秋」亦非專指某國之事言。又公羊傳莊公七年「不脩春秋」句，何休注之曰：

不脩春秋謂史記也。古者謂史記爲春秋。

所謂「古者謂史記爲春秋」，已將此「春秋」二字視爲史記之通名。春秋左傳杜預序孔穎達疏曰：

據周世法則，每國有史記當同名春秋。

此更明指各國史記同名春秋矣。再者，墨子嘗曰：「吾嘗見百國春秋。」（史通六家篇及隋書李德傳並引）墨子又在墨子書明鬼下四引各國鬼怪事，一則曰：「著在周之春秋。」二則曰：「著在燕之春秋。」三則曰：「著在宋之春秋。」四則曰：「著在齊之春秋。」可知在古時（古之王者……），在周世（據周世法則……），或在墨子那個時代，各國史記通稱「春秋」。因此，「春秋」是魯史之專名亦爲各國史記之通稱。林尹先生中國學術思想大綱曰：「春秋者，魯史之專稱，亦諸國之通名也」所言中肯。

當然，或有人問曰：此與魯史何以「春秋」名有何關係？其關係在於「春秋」既爲各國史之通名，魯史記亦爲各國史之一，亦可因此通名而稱「春秋」，而後復由此通名而轉變爲魯史記之專稱也。此一形勢，左傳杜序已有所啓示矣。孔疏曰：

案外傳申叔時，司馬侯乃是晉楚之人，其言皆云春秋，不言乘與檮杌，然則春秋是其大名，晉楚私立別號，魯無別號，故守其本名。

此言「春秋是大名」，卽言「春秋」是各國史記之通名也。所謂「晉楚私立別號，魯無別號，故守其名」，即指魯史之專名「春秋」乃沿襲各國史記之通名「春秋」而未加改變者也。

三

再進一層看，各國史記又何以「春秋」名？

夫「史記」之用必爲記事，記事輒以時、日附之，此必然之理也。故杜預春秋序有云：

記事者，以時繫日，以日繫月，以月繫時，以時繫年，所以記遠近別同異也。故史之所記，必表年以首事。年有四時，故錯舉以爲所記之名也。

杜言記事以日、月、時、年繫之，以記遠近，別同異，其說甚合情理。但其謂「春秋」二字乃錯舉四時待商榷。蓋初民記事是否有春夏秋冬四時之名待考證也。

夫東周之際，春秋、國語均以春、夏、秋、冬四時記事，此時已年有春、夏、秋、冬四季，自不待言。再上推至西周時代，據左傳注考證西周亦有春夏秋冬四時之名。左傳注前言云：

春夏秋冬四時之名，至遲起於西周。以詩而論，我認爲豳風作於西周，七月有「春日載陽」，小雅出車也作於西周，有「春日遲遲」。（見左傳注四頁）

又云：

古本竹書紀年，大半輯自前人所引，引文不但不完全，可能還有修改變動，然而原本既已喪失，現在不能不依靠輯本。而輯本也絕大多數不標春夏秋冬四時。唯初學記二、太平御覽十四、北堂書鈔一五二引西周時一條，說：「夷王七年冬，雨雹，大如礪。」這一條不知道是否紀年作者鈔自西周夷王原始記載，還是他本人改寫。但這條的「冬」字，依情理論，後人難以妄加或妄改。如果這個推斷不錯，那麼，古代史書於每季的第一月或者最初記事之月，標明春、夏、秋、冬，從西周已是如此。

左傳注既謂「春夏秋冬四時之名，至遲起於西周」又舉例證明，知西周時代之史記已有春、夏、秋、冬四時，蓋亦無何疑問矣。如再上推至殷商時代其情況如何？勢必徵之殷商卜辭。考，卜辭學者陳夢家、于省吾、李孝定諸君對此大致已有結論。陳夢家先生曰：「卜辭只有春秋兩季，而無冬夏。」（見陳先生卜辭綜述二二七頁）于省吾先生亦曰：「有春秋而無冬夏。」（見于先生歲時起源）。李孝定先生曰：「殷時尚無四時觀念。」（見李先生甲骨文字集釋三四二二頁）筆者就卜辭觀之（筆者將春、夏、秋、冬四字在卜辭中之狀況附列文末附註中），其結果大體如陳、于諸君說。且發現在卜辭資料中尚無春秋二字連用者。

由卜辭中，既知「殷時尚無四時觀念。」「卜辭只有春秋兩季而無冬夏。」知「夏」「冬」二季乃後世曆法精進之後，自春秋二季分出者。

又由於此一先有「春秋」後再分出「冬夏」之自然形勢，可能為後世留下幾點影響：一曰四時有不依時序而先書春秋後書冬夏者。如禮記孔子閒居曰：「天有四時，春秋冬夏。」墨子天志曰：「制為四時，春秋冬夏。」管子幼官圖曰：「修春秋冬夏之長祭。」二曰「春」「秋」二字卜辭中雖無連用之例，但因一年只有春秋二季，乃使後世之書好連用，如詩經魯頌閟宮曰：「春秋匪解，享祀不忒。」禮記中庸曰：「春秋修其祖廟。」左傳襄十三年曰：「唯是春秋窀穸之事。」三曰各國「史記」以「春秋」名。

結語

綜上所述，似可理出春秋名稱緣起之參考案如下：

孔子春秋經之「春秋」一名緣之於魯史「春秋」；魯史「春秋」之名緣之於各國「史記」之通稱「春秋」；各國史記之通稱「春秋」緣之於初民年分「春秋」二季記事書春秋之事實也。

附注：

春：卜辭[illegible]前六、三九、三、[illegible]前七二、八、四、[illegible]藏二二七、三[illegible]菁十、七[illegible]明一五五八、有冠「今」字者，如前六三九、三「今[illegible]貞不[illegible]」。前七二八、四「貞麇吉曰方[illegible]今[illegible]……」葉王森研契枝譚釋爲「夏」之別體。但于省吾（殷契駢枝一至四頁）、陳夢家（卜辭綜述二二六－二二七頁）、董彥堂（殷曆譜下編）李孝定（甲骨文字集釋二三三頁）諸先生均以「春」字釋之。

三體石經春之古文作[illegible]。亦與卜辭合。

說文：「萅推也，从日艸屯、屯亦聲。」

夏：閱卜辭無夏字，唯葉玉森對兩處卜辭爲「夏」字。一次卽上書之春字條，將□、□…等字釋爲「夏」之別體。近人多非其說，已見上述。一次釋龜字作蟬，並謂「疑卜辭叚蟬爲夏」（見葉氏殷契鉤沈）考該字實爲「秋」，說詳下文「秋」字條。

說文夊部有「夏」字曰：「夏，中國之人也。」顯然與葉氏兩處說解異。

朱駿聲說文通訓定聲又謂：「春夏秋冬四時並本字本義。」朱說又與葉氏、說文殊。

秋：龜，卜辭□前五、二五二□後下四二、三□甲二、八三□甲二、一五、九……諸形。

卜辭於該字之上，時加「今」或「來」字。如前二、五，「今□其……」又甲二、二六，今□其出降獲」，葉玉森釋作蟬字。並謂卜辭叚「蟬」爲「夏」（見葉氏殷契鉤沈）。唐蘭殷墟文字記大駁葉說，並釋該字爲「秋」曰：「卜辭曰『今龜』『來龜』又曰『今□』及□並當讀爲龝，卽『今秋』與『來秋』也。……其演變如下圖：

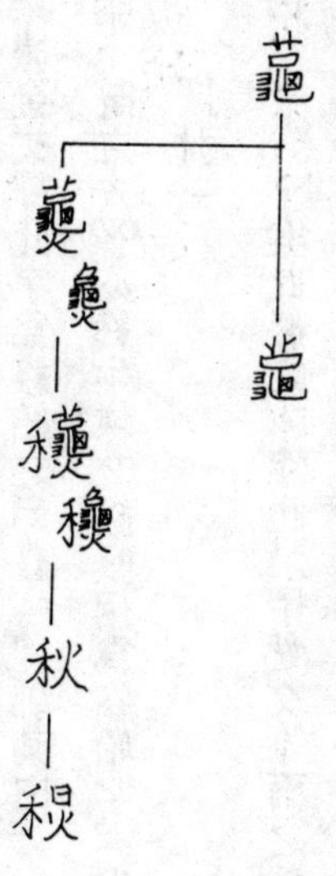

秋本收獲之時，百穀各以其熟爲秋……」（詳見唐氏殷墟文字記六至七頁）。

李孝定甲骨文字集釋從唐說。（見甲骨文字集釋三九四四頁）說文禾部：「秋、禾穀熟也。」

冬：□菁六、一、□乙、五四三四、□乙七一五六、□續存、一五七、

葉玉森（研契枝譚）釋此甲文作記時之「冬」。

近人郭某據金文釋此字爲終始之「終」，郭某曰：「金文冬字多見，但均用爲終。其字形作□……今案卜辭之□亦終牛棘之終假用爲終始字。尚無一例可作冬夏字解者。」（甲骨文字集釋三四二一頁引）

商承祚曰：「□…案此終之本字也。甲骨文卜雨之例有曰『其雨』……此『冬夕雨』即『終夕雨』也」（見其福氏所藏甲骨文字釋文）

李孝定甲骨文字集釋從郭、商二氏之說釋爲終始之終。說文仌部有□字云：「四時盡也，从仌从□、□古文終字。□古文冬，从日。」此知說文亦謂□（冬）乃「終」之初文，而非記時之「冬」字。知卜辭之□，確用爲終始之終。

斷章取義何時了

——從「拔一毛而利天下，不爲也」說起

史墨卿

很久以來，筆者就想把這句大家耳熟能詳的用語，拿來做題目談談。主要的是：太多次在報刊上，在論文中，發現這種情形，旣具普遍性，又富永久性。所以很想透過這篇小文，能喚起社會大衆，以及從事筆耕者的注意。個人以爲：卽是二千多年後的今日，這種斷章取義、已是無可避免，至少也應該力求減免到最低限度。

「拔一毛而利天下，不爲也」，（註一）這是孟子爲了衞道，引用這句話來，證明楊朱是「僅足於爲我而已，不及爲人」的意思。也許這只是孟子在不得已的情況下，說出的情急之言，並非出自他的本意。但是到了宋代朱熹，也曾說過類似的話，他說：「列子也稱其言曰：伯成子高（註二）不以一毫利物是也。」（孟子集注）就因爲這種關係，千百年來，世人多半不加細察，便爭想引據楊子的片言隻語，來批評楊朱，說他自利自私。事實上，在這句話的後面，緊接著還有一句：「悉天下奉一身，不取也」的話呀！所以我們要進一步，探求楊朱的思想，果眞僅據此片言，就可以確然論定嗎？這實在是值得深思的事。我們試看列子楊朱篇原文，也許可以洞悉究竟——楊朱曰：

伯成子高不以一毫利物，舍國而隱耕。大禹不以一身自利，一體偏枯。古之人損一毫利天下不與也，悉天下奉一身不取也。人人不損一毫，人人不利天下，天下治矣。

禽子（墨子弟子）問楊朱曰：

去子體之一毛以濟一世，汝爲之乎？

楊子曰：

世固非一毛之所濟。

禽子曰：

假濟，爲之乎？

楊子弗應。

禽子出語孟孫陽。孟孫陽（楊子弟子）曰：

子不達夫子之心，吾請言之：有侵苦肌膚獲萬金者，若爲之乎？

曰：

爲之。

孟孫陽曰：

有斷若一節得一國，子爲之乎？

禽子默然有間。孟孫陽曰：

一毛微於肌膚，肌膚微於一節，省矣。然則積一毛以成肌膚，積肌膚以成一節。一毛固一體萬分中之一物奈何輕之乎？

禽子曰：

吾不能所以答子。然則以子之言問老聃關尹，則子言當矣；以吾言問大禹墨翟，則吾言當矣。

孟孫陽因顧與其徒說他事。

看完上列楊朱、禽子、孟孫陽三子的對話，我們姑不論列子楊朱篇，是否是列子託名楊朱的言論，表達自己的理念？也不管，基本上，楊子是否思想「守己」，主義「爲我」而學說「貴己」？單就這段文字而言，我們能據以認定楊子是自私的嗎？

楊朱這段言論中，最重要的是「損一毫利天下不與也悉天下奉一身不取也。」前句話，固然是像孟子所說的意思，但是緊接著還有後句啊！前句的意思，固然是說：損失自己一根毛而有利天下，也不給的；但後句的意思，却是：卽使把整個天下都奉給我，我也不要呀！這話和孟子所說的「祿之以天下，弗顧也。……一介不以與人」（註三），又有什麼不同呢！只是孟子之前句，正是楊子後句之意；而孟子之後句，也正是楊子前句之意，不是嗎？

要再說他們的不同，就是他倆講這話的動機原因是有區別的：孟子是因爲「非其義也、非其道也」。而楊子則是因爲目睹到當時世道衰微、人情偸薄，君子道消，小子道長。以爲君子退讓，更增加小人的掠奪之心，而好人施惠，又會開啟貪夫的苟得之念，只有人人嚴格守己、不損害自己以利他人，但也不損害他人以利自己，如此，則世間將無越分妄爲的事情，這「人間世」豈不變得更可愛？

所以楊子緊接著說：「人人不損一毫、人人不利天下、天下治矣。」這三句話，千古以來，感乎沒有人懷疑過，有則、只是後「人人」二字增刪或有無的問題。（註四）我讀這段文字，總覺得似乎有「誘奪」情事，因爲「人人不損一毫，人人不利天下」，只是針對上文「損一毫利天下不與也」而言的，忽略了下一句「悉天下奉一身不取也」之意，而且，如此語意、緊接「天下治矣」，也較勉強。如果，把「利」字、改爲「取」字、而此三句成爲「人人不損一毫、人人不取天下，天下治矣。」則似乎文字更明順、語氣更暢達、而意義也更爲完美無缺、不悉讀者諸君以爲如何？

至於列子楊朱篇「禽子問楊朱曰」以下文字，更無「拔一毛而利天下不爲」的意思，頂多當禽子說「假如拔一毛而濟天下，你肯做嗎？」時，楊子只是「弗應」、而「弗應」的緣故，也許僅如其弟子孟孫陽申說的：「一毛固一體萬分之一物，奈何輕之乎？」之意而已。諸君不信，翻閱原文，當可深明其中究竟了！

【附註】

註一　孟子盡心上篇：「孟子曰：楊子取爲我，拔一毛而利天下不爲也。」

註二　伯成子高、相傳爲夏禹時隱士，伯成是姓、子高是字，或高是名。莊子天地篇：「堯治天下，伯成子高立爲諸侯。

堯授舜，舜授禹，伯成子高辭爲諸侯而耕。禹往見之，則耕在野。禹趨就下風，女而問焉，曰：『昔堯治天下、吾子立爲諸侯。堯授舜，舜授予，而吾子辭爲諸侯而耕，敢問，其故何也？』子高曰：『昔堯治天下，不賞而民勸，不罰而民畏。今子賞罰而民且不仁，德自此衰，刑自此立，後世之亂自此始矣。夫子闔行邪？天落吾事！』休休乎耕而不顧。』」莊子借伯成子高說明古氏樸素社會，而對世襲政治，予以抨擊。而列子借義，又自不同。

註　三　孟子萬章上篇：「非其義也，非其道也，祿之以天下弗顧也，繫馬千駟弗視也；非其義也、非其道也，一介不以與人，一介不以取諸人。」

註　四　楊伯峻「列子集釋」，王叔岷「列子補正」俱云：宋洪邁容鹿隨筆十四引「不利」二字上無「人人」二字。

韓愈古文義法論

沈秋桂

小引

方苞又書貨殖傳後云：「春秋之制義法，自太史公發之，而後之深於文者亦具焉。義，即易之所謂言有物也；法，即易之所謂言有序也。義以爲經，而法緯之，然後爲成體之文。」（方望溪先生文集卷二）郭紹虞謂以文爲教自退之始（中國文學批評史），愚以文之有義法，當亦自退之始。蓋教人以學，必示人爲學之方法；教人以文，亦當示人爲文之方法。退之所示人者固不以義法名，而其創作論以文章源於道德，蓋欲其言之有物，今人所謂有內容也；其功夫論，以文章必待積學養氣、務去陳言，究乎文從字順各識職而後有成者，亦欲其言之有序，今之所謂形式技巧也。是則其諄諄然教人者，即方苞所謂義法也。緣退之義法論之所以形成，實時代環境致之也。故欲述退之古文義法論，先之以其生平之大端；繼以中唐之朝綱陵替，學風之轉折與文風之弊，復古之漸與家法師承；以見其義法論之所自。因顏是篇曰「韓愈古文義法論」云。

壹、創作論

一、內容與形式並重——蓄道德而後能文章

退之生當中唐，佛教以夷狄而亂華，禍與鎮兵、外寇同；宦官既違臣節，或亦激使鎮帥爲亂；僧尼道士不治生產，亦違臣民分工之職，壞國民生計，弊又與經濟凋敝同；而時俗競趨詩賦以逃章句之繁瑣，不務經術，無以語乎救亂。故退之本其悲憫之懷，援儒家之大道，明夷夏之防，以拒釋老，息邪說而闢淫辭；尊王道，以正臣節，使各盡其職，各得其養，而救時俗之弊（另撰韓愈之思想）。況六朝以來，駢儷末流徒務於詞采聲律等形式之末，而忽視內容之大本，其弊已壞風雅之旨，並壞政風與士習。故退之本其家學與師承（以上另撰形成義法論之歷史因緣），強調文章之不可忽視內容，欲厚積聖道，以實腹笥之空虛，以爲蓄道德而後能文章，誠本末兼備，表裏如一也。

退之倡議古文實以鄙棄駢儷而發，欲從駢儷之束縛中解脫，而古文乃相對於駢儷時文而稱。曾國藩覆許仙屏書及錢基博韓愈志云：

古文者韓退之厭棄魏晉六朝駢儷之文，而反之於六經兩漢，從而名焉者也。（曾氏覆許仙屏書）

唐文承漢魏六朝之敝，鋪文摛采，拘於偶對；其文內竭而外侈，拘文以牽義。而韓愈易之以閎中肆外，跌宕昭彰，於當時實爲文體之大解放；而古文之稱，則以其厭當日駢儷之時文，而欲

返之於六經兩漢、從而名焉耳。（韓愈志韓集籀讀錄）

然退之之厭棄當日駢儷，非獨在其偶對形式，尤在其因務於偶對辭采遂至犧牲內容，或止乎自然之興趣，而未能關注人生家國社會，所謂「其文內竭而外侈，拘文以牽義」也。故云：「愈之爲古文，豈獨取其句讀不類於今者耶？」（題歐生哀辭後）非獨取其句讀不類於今者，即內容與形式技巧皆欲企乎古文也。正以兼重內容，關注人生家國社會，故其論文輒文道並言：

愈之所志於古者，不惟其辭之好，好其道焉爾。（註一）

愈之志在古道，又甚好其言辭。（註二）

愈也道不加修，而文日益有名。（註三）

學古道則欲兼通其辭，通其辭者本志乎古道者也。（註四）

蓋學所以爲道，文所以爲理耳。（註五）

依此退之初無輕重於「道文」二者之間也。據「原道」，「道」即居仁由義，「德」爲修已有得於心，圓滿自足，不待外求。又自稱其所謂道，爲先王之道、儒家先聖相傳之道。原道云：「凡吾所謂道德云者，合仁與義言之也」。又云：「斯吾所謂道也，堯以是傳之舜，舜以是傳之禹，禹以是傳之湯，湯以是傳之文武周公，文武周公傳之孔子，孔子傳之孟軻，軻之死不得其傳焉。」而諸先聖建立知識，建立制度，教民相生相養之道，爲民之君師，爲民興利除弊，於是有禮樂刑政，有君臣民上下之倫，而導民於開化。（註六）送浮屠文暢師序亦云：「是故道莫大乎仁義，教莫大乎禮樂刑政，施之於天下，萬物得其宜，措之於其躬，體安而氣平。」（註七）是「道」之涵義至廣，「自」己修爲言之，則仁義道德；自倫常日用言之，則忠孝節義；自家國天下言之，則凡經世垂教，利國福民，乃至崇善黜邪，無一而非道也。」（註八）

至道與文之關係，則答李翊書與答尉遲生書云：

將蘄至於古之立言者，則無望其速成，無誘於勢利；養其根而竢其實，加其膏而希其光。根之茂者其實遂，膏之沃者其光曄；仁義之人，其言藹如也。……………雖然，不可以不養也。行之乎仁義之途，游之乎詩書之源，無迷其途，無絕其源，終吾身而已矣。（答李翊書）（註九）

夫所謂文者，必有諸其中。是故君子愼其實，實之美惡，其發也不揜。本深而末茂，形大而聲宏，行峻者言厲，心醇而氣和，昭晰者無疑，優游者有餘。體不備，不可以爲成人，辭不足，不可以爲成文。（答尉遲生書）（註一〇）

此以「道」爲文之根抵，「文」爲道之發露，二者互爲表裏。所謂「養其根」、「加其膏」、「有諸中」、「愼其實」，皆喩涵養仁義以修「道」。蓋仁義根於人性，爲聖「道」修己之目，而文辭發乎其心，作者必涵養仁義以爲根抵，根抵深厚，發而爲文，乃益見其充實而有光輝，所謂「根之茂者其實遂，膏之沃者其光曄」，「本深而末茂，形大而聲宏」也。是文道一貫，蓄道德而後能文章也。故曰「仁義之人，其言藹如也。」「實之美惡不揜也。」李漢昌黎先生集序曰：「文者貫道之器也，不深於斯道，有至焉者不也。」是能深體師說者也。

然所謂「蓄道德而後能文章」者，非「必能」之謂也。蓄道德矣，仍必經形式技巧之鑽研，乃眞能成就文章。退之學文重蓄積學養，主規撫經子史子雲相如（進學解），自包含形式技巧之講求，有「窮而後工」之說，又云「惟古於詞必已出」，「惟陳言之務去」，「能自樹立，不因循」，是重視文章表現技巧，講求美，強調獨創性者也。（詳下第二節及下章功夫論）故退之雖在「上襄陽于相公書」（馬氏韓昌黎文集校注卷二）中引孔子「有德者必有言」以頌于頔，仍不得謂爲果眞服膺孔子此言，一如宋儒也。

今人恒言退之主「文以載道」，其實載道之說出於宋儒，宋儒多右道輕文，故曰：「不知務道德而第以文辭爲能者，藝而已。」（註一一）程子甚且以爲玩物喪志，適足以害道（註一二）；此承孔子以爲「有德者必有言」，而否定文學上講求技巧之必要也。彼以道爲目的，文爲明道之工具，離「文」與「道」而二之，與韓愈以文與道互爲表裏，融貫一體者，義自有別。郭紹虞云：「唐人主文以貫道，宋人主文以載道。謂文以貫道是主張因文以見道，道必藉文而顯，雖重道而仍有意於文；謂文以載道是主張爲道而作文，文須因道而成，祇重道而無事於文，輕重之間區別顯然。」（註一三）胡時先亦云：

「載道者，以文爲載道之器；貫道者，以文與道融而爲一也。載道者，爲文所以明道；貫道者，明道而後爲文也。載道者，文之所著，必關乎道；貫道者，因道生文，因文見道也。載道者，非道則文不苟作；作之則曰濟文。貫道者，無道則文不妄作；作之則曰汙道也。載道者，文道各別；文之本體，不必爲道之徵象。貫道者，文必象道；文道不二，即文即道也。」（註一四）

今人抑或以爲：道德仁義源於理性，以之爲內容，非關吟詠性情，宜若乖乎風雅之旨，不得與於純文學之選。其實道德仁義果能涵泳於心，內在化於生命，精神已自澡雪，具高潔之操持、悲憫之情懷，於人生社會自有「舍我其誰」之擔當。於是浩氣流注，此時已自理性度化，而兼具感情作用，且具敏銳之感受力，可隨處受客觀事物而感發。客觀事物本不具意義，由我主觀道德心靈之觀照，乃賦予意義。所謂「物以情觀」也。（文心詮賦）而此道德心靈愈深厚高明，愈見作品內容意義之博大精深。其爲文也，自可「觀古今於須臾，撫四海於一瞬」，「籠天地於形內，挫萬物於筆端」，（陸機文賦）可「與風雲而並驅」，可「思接千載」，（文心神思）晤周孔於一室；可「視通萬里」，（文心神思）邀嫦娥而共舞。於是源泉汩汩，不擇地而出，文中不言仁義，而自見仁義之言；即明言乎仁義，亦自眞情湧現。（註一五）近人梁啓超所謂「筆鋒常帶感情」者以此；退之「調張籍」詩神馳乎「李杜文章」者亦以此。其崇儒學或亦以之闢佛老也，若讀荀、送王秀才塤序、原道、與孟尙書書、送浮屠文暢師序等（註一六）；其褒獎忠義也，若張中丞傳後敍、贈給事中清河張君（徹）墓誌銘、祭張給事文、贈司勳員外郎孔君（戡）墓誌銘、與鄂州柳中丞書（註一七）；其獎崇鎭帥之能治亂，若鄆州谿堂詩並序（註一八）；其中伐叛之功，若平淮西碑（註一九）；其諷貪吏而勉以吏職，若送鄭尙書序、送許郢州序、贈崔復州序（註二〇）；其關切民隱，請寬民徭役而免田租之弊，若御史臺上論天旱人饑狀（註二一）；其憫時俗之敗壞，若師說、原毀（註二二）；其憤科擧之失平，若答崔立之書，上宰相書（註二三）；其抒一己不遇之感，若雜說一、四、獲麟解、感二鳥賦、祭田橫文、釋言、送窮文、進學解（註二四）；他若表現友朋之愛，若柳子厚墓誌銘、與崔群書、與孟東野書、貞曜先生墓誌銘等（註二五），無一而非道之所在，或鎔議論抒情，或鎔敍事抒情於一爐，道之於爲文也，何嘗滯礙！故曰：

君子處心有道，行己有方，用則施諸人，舍則傳諸其徒，垂諸文而爲後世法。（註二六）

至於道德仁義不入乎胸次，而強援仁義以爲文，則必「爲文造情」（文心情采），搜情取貌，修辭不立其誠；或以爲「有德者必有言」，不講求形式技巧，甚且逕爲抽象概念之傳述者，誠不足以言文學也。就文學價値言，其「不言仁義而自見仁義之言」者爲上；「明言乎仁義，而自眞情流注」者，其次也；二者於創作時，皆有「不容已於言而後言」之情在，是皆上接風雅傳統者也。至其言必稱仁義，篇必倡忠孝，「爲文造情」者，斯爲下也。數者自當分別觀之。故曰文章根於道德仁義之說，誠未可輕譏也，特視其是否通過藝術形式技巧以表現耳。（有關形式之講求詳下章功夫論）

二、創作動機——不平則鳴與文窮而益工

毛詩序云：「在心爲志，發言爲詩。情動於中而形於言。」夫情之動，率觸於外境四時之物色，而一己遭際之不平，家國時代之不平，尤足興人之情而發乎吟詠也。故緣詩文之所由發，輒以鳴不平爲

說。退之送孟東野序云：

太凡物之不得其平則鳴。草木之無聲，風撓之鳴。水之無聲，風蕩之鳴。其躍也，或激之；其趨也，或梗之；其沸也，或炙之。金石之無聲，或擊之鳴。人之於言也亦然，有不得已者而後言，其歌也有思，其哭也有懷，凡出乎口而爲聲者，其皆有弗平者乎。樂也者，鬱於中而泄於外者也，擇其善鳴者而假之鳴；金石絲竹匏土革木八者，物之善鳴者也。……其於人也亦然，人聲之精者爲言，文辭之於言，又其精也，尤擇其善鳴者而假之鳴。……凡載於詩書六藝，皆鳴之善者也。周之衰，孔子之徒鳴之，其聲大而遠。……楚，大國也，其亡也，以屈原鳴。……漢之時，司馬遷、相如、揚雄，最其善鳴者也。其下魏晉氏，鳴者不及於古，然亦未嘗絕也。就其善者，其聲清以浮，其節數以急，其辭淫以哀，其志弛以肆，其爲言也亂雜而無章。將天醜其德、莫之顧也？何爲乎不鳴其善鳴者也。唐之有天下，陳子昂、蘇源明、元結、李白、杜甫、李觀，皆以其所能鳴。其存而在下者，孟郊東野，始以其詩鳴，其高出魏晉，不懈而及於古，其他浸淫乎漢氏矣。從吾遊者，李翺、張籍其尤也。三子者之鳴信善矣，抑不知天將和其聲而使鳴國家之盛邪？抑將窮餓其身，思愁其心腸，而使自鳴其不幸邪？三子者之命則懸乎天矣。其在上也奚以喜，其在下也奚以悲。東野之役於江南也，有若不釋然者，故吾道其命於天者以解之。（註二七）

此由物之不得其平則鳴，推及人之於言，亦以不得已而後言。此不得已而後言，或爲個人遭逢窮厄，思愁其心腸，鬱於中而泄於外，以自鳴其不平，上宰相書所謂：「居窮守約，亦時有感激怨懟奇怪之辭。」也；或於國家之傾危，時代之不平，以不安不忍之心，自有不能已於言者。承平之世，天將和其聲，而使鳴國家之盛，若詩之雅頌是也；方荊楚之瀕於危亡也，屈原「發憤以抒情。」（九章抽思語），今孟東野以垂老之年貶謫溧陽尉，退之既「道其命於天者以解之」，亦欲期勉其假此窮厄，發憤篤專於文學，以詩文鳴其悲鬱不幸也。茲證諸退之之作：

退之於儒家思想信之深，信之篤，在「原道」「與孟尚書書」「送王秀才塤序」「送浮屠文暢師序」「論佛骨表」（註二八）諸文中，極言推尊孟子上繼孔子大道之傳，且隱然以承孟子道統之傳自任，於佛老之盛行，以深切不安不忍之心，不恤生死以爭之，故秉春秋尊王攘夷之義，夷夏之辨，辟而闢之。「張中丞傳後敍」既恨小人之不樂成人之美，復以嚴正之態度辨正世俗之誤解，進而表彰巡、遠、南霽雲殉國之忠烈。（註二九）「故幽州節度判官贈給事中清河張君墓誌銘」，表彰張徹在幽州軍亂時以罵賊遇害（註三〇），「贈司勳員外郎孔君墓誌銘」，表彰孔戡不附從昭義節度盧從史逆亂，且數以正言諫阻而見誣。（註三一）方元和中之用兵淮蔡也，進「論淮西事宜狀」，以堅君相伐叛之謀（註三二）；而環寇諸帥擁兵坐觀，鄂岳觀察使柳中丞公綽，以一書生而陳師鞠旅以赴事，「與鄂州柳中丞書」二通獎勉其忠孝，亦以羞武夫之顏也。（註三三）河北諸鎮不秉朝命已久，退之「送幽州李端公序」因幽州府從事李端公益之來東都，借李相藩之語，追敍鎮帥劉濟昔時於天子使者之恭謹盡禮，又以術數家數窮六十之說，謂太平必自幽州始，欲李益歸爲劉濟言，諷諭其率先河南北之將，來覲奉職如開元時（註三四）；董邵南不得意於有司，欲赴河北尋求遇合，此行無異欲附從逆亂，助紂為虐也，「送董邵南序」中，退之出以反復詠歎，含蓄諷諭其息駕。（註三五）「鄆州谿堂詩並序」旨在褒獎馬總鎮鄆曹濮之能，蓋鄆為虜巢且六十年，馬公承死亡掇拾之餘，新舊不相保持，復有幽鎮魏徐各方相扇繼亂，以恩以威兩難，號為難治，而馬公憊心罷精，磨以歲月，卒能安以治之，使衆皆戴公為親父母，是為難能也。（註三六）「贈太傅董公行狀」亦詳著董晉治汴之能，表彰其謀國之忠誠。蓋宣武節度劉玄佐卒後，劉士寧李萬榮皆自為而後命，及萬榮病風，其子李迺亦欲事故常，監軍使俱文珍與其將鄧惟恭執之歸京師，萬榮死，詔未至，鄧惟恭權軍事，是亦有異志者也。董晉既受命遂速行入汴，而不以兵衛，惟恭遂不及謀而出迎。晉既待下以仁，惟恭亦喜其無害己，遂委心焉。宣武士卒素驕縱不可制，鎮帥且庭廡皆置弓劍士以為衛，而董公皆罷之。職事既修，人俗向化，小大威懷。（註三七）（及其薨也，柩出之四日而汴州復亂。）「平淮西碑」固可謂「鳴國家之盛」者也，然亦非尋常「宣上威德」者可比。其序既歸重憲宗之明斷，表彰裴相等獨持伐叛之謀，以佐成天子決斷，及諸將之軍功，卒成中興之業。而銘詞則兼及「遂生蔡人」，及蔡人感激之情；意在感動鄰鎮，使「視此蔡方」，亦來歸順也。（註三八）韓重華為振武京西營田和糴水陸轉運使，至則屯田邊地，既見其功，而復請益開田以兵農兼事（元和八年）朝廷方持其議，未能批可，退之在「送水陸轉運使韓侍御歸所治序」中，亟贊其策，以為其利多，因姑慰之曰：「今天子方舉群策以收太平之功，寧使士有不盡用之歎，懷奇見而不得施設也？君又何憂。」復以中臺士大夫同言：「韓君前領三縣，紀綱二州，奏課常爲天下第一，行其計於邊，其功烈又赫赫如此，使盡用其策，西北邊故所設地，（沈欽韓曰：沒於土番河西隴右之地）可指而有也。」欲以悚動朝廷，殷殷以國土之完整爲念，而惜韓侍御屯田奇策之不見用也。（註三九）鄭尚書權家多姬妾，祿薄不能贍，因鄭注通於樞密王守澄，以求節鎮，乃以鄭權爲嶺南節度使。（見舊唐書穆宗紀長慶三年四月）鄭權以尚書之尊，寅緣求爲邊鄙節度，居心可知。退之在「送鄭尚書序」中先言嶺南節度於嶺之南五府獨爲大府，其府帥始至，四府必莊嚴盡禮以事之，以見大府帥之尊貴。次又極言所隸州之險遠，民人之難治，且涉海外貿易，示其任重於他鎮。故選帥亦重於他鎮，使帥得其人，則一邊盡治，而無寇盜災患，且饒財利，故鎮帥必有文武威風，知大體，可畏信，乃可無禍。微諷其宜知所以自處，而以「有事」戒之。末又姑許鄭權「貴而能貧，爲仁不富」，隱示其覆轍所在，當自保晚節，而以「成政來歸疾」爲祝作結。（註四〇）全文極莊嚴，不輕下一語，所謂「辭事相稱」者也。（進撰平淮西碑文表）舊唐書卷一五六于頔傳：「貞元十四年頔充山南東道節度觀察，……時德宗方姑息方鎮，頔奏請無不從。於是公然聚斂。」退之二度因刺史以諷諭之。「送許郢州（仲輿）序」從平者相知發端，以爲進言之階，引述前此以書自通於于公之大要：上下相資則各得其所，預攝下文觀察使與刺史情貴相通」之意。又姑許于公忠君樂善，以國家爲己任，而己忝在知己，故因許郢州之行，道刺史之事以爲于公贈。次言刺史恒私於其民，陪出觀察使恒急於其賦，立場不同，故「刺史不安其位，觀察使不得其政。」此似謂刺史以上下不相通而不安其位去官，觀察使不得其佐助，不得理賦政，實則謂刺史不能安於助觀察使重斂也，而「觀察使不得其政」，則諷其重斂為失政，故下接以「人已窮而賦益急」，必至驅民為盜也。下因曰：「試使刺史不私其民，觀察使不急於其賦，刺史曰：吾州之民，天下之民也，惠不可以獨厚；觀察使亦曰：某州之民，天下之民也，斂不可以獨急。如是而政不均，令不行者，未之有也。」表面似謂上下宜各捐成見：刺史不獨私於其州民而加惠之，而以天下為念，助成觀察使之賦政，其實則在諷諭觀察使宜以天下為念，不務重斂，當思加惠天下之民也。命意至為曲折含蓄。（註四一）「贈崔復州序」先言刺史之難為，蓋幽遠小民下情難以上達，由是刺史不得聞其疾苦，州中各縣人民豐約之情相遠，使縣令不以言於刺史，刺史不得上告於節度，則節度不信其豐約之異，故民就窮而斂愈急，則刺史難為矣。刺史欲剝下以奉上既不忍，欲損上以惠下（即不聽任節度重斂也）又不能，是其難為者也。規諷于公之意，隱而不露。次則言：今崔君為復州，其仁足以蘇復人，其節度于公之賢足以用崔君，必知崔君欲惠下之意，是無其難為也。就題言是規勉崔復州施惠以蘇復人，故慶復人之將蒙其休澤。而眞正旨意則在規諷于公勿逼令復州重斂，此以于公所未至者期之也。（註四二）「藍田縣丞廳壁記」極意摹寫天下縣丞之不能有為，緣國家設官之意，縣丞之職，所以貳令，於一邑本無所不當問，例以避攬權之嫌，遂成於一邑無所當門者也。崔君斯立有學行，是足以有為者也，而今來為丞於藍田，亦不得不一躡故跡，不能有為。惟修治丞廳，空對庭樹，吟哦為事。文出於詼詭戲謔，而其旨則在痛惜崔君空負才德，不得施用，亦所以憂憤天下丞職之虛設也。（註四三）

凡此莫非一秉儒家大道，篤信仁義忠孝不移，表現為對家國治亂興衰、吏治良窳之熱切關注，或發潛德之幽光，或憫方鎭之裂士、賢士之附亂，或憂邊防奇策之不售，或諷貪吏之敗政，油然不安不忍之心，流注於文章，是皆孟子「不得已」之情懷之發露也。至於社會風俗厚薄，人才進退之公與偏，個人窮達之憂喜，亦皆其志之流貫，其不安不忍之心之反映也。

退之憫時俗之「恥學於師」，有相師者，「則群聚而笑」，所師「位卑則足羞，官盛則近諛，」以爲「聞道有先後，術業有專攻，」無論少長貴賤，「道之所存，師之所存也。」乃抗顏爲人師，而因李蟠之師從，作「師說」以貽之。（註四四）「原毀」（註四五）發論語「躬自厚而薄責於人」之義，而寫人情之惡薄，推原毀謗之由來，亦憂時俗之弊也。蓋古之君子厚責於己，而待人以恕。厚責，故能自省；能恕，故與人之善，毀自不生。而今之君子則反是，其待己以恕，責人則求全備。故修己之長，昧於自省；而掩人之善，苛責於人。其所以然者，怠與忌也。其恕己，正由於怠，故不能修；其求全於人，乃由於忌，故畏人修。而其人復有黨同伐異之習，此事修德高者之所以見毀也。（註四六）「送牛堪序」嘗致譏科場考試之流於繁瑣。（註四七）「上宰相書」亦曰：「試之以繡繪雕琢之文，考之以聲勢之逆順，章句之短長，中其程式者，然後得從下士之列。」（註四八）「答崔立之書」尤憤科擧之不平。退之蓋見禮部吏部之所試，以爲可無學而能，類於俳優之辭，而有司好惡出於其心，自試於禮部，乃四擧而後有成，吏部博學宏辭，則三試而無幸致。因以爲「與斗筲者決得失於一夫之目」，「試使古豪傑之士，若屈原孟軻司馬遷相如揚雄之徒，進於是選，」亦必懷慚而退也。其不中程式者，「雖有化俗之方，安邊之畫」，亦難得稍進也。（註四九）故嘗致意國家宜有非常之道禮士，

「薦之天子而爵命之」，以廣來山林賢士，「此所謂勸賞不必徧加乎天下，而天下從焉者也。」（上宰相書）退之之汲汲於祿仕，輒見譏於後人，愚以其「在京城八九年，無所取資，」仰給於故舊「以度時日；」（與李翶書）誠「蹈窮餓既危且亟」（復上宰相書），「欲以具裘葛，養窮孤」，（答崔立之書）光明正大以求之，誠愈於曲徑寅緣之求，況在天下一君之時，「士之行道者，不得於朝，則山林而已」，而山林誠非「士有憂天下之心」者之所能安也。（三上宰相書）士之修己立誠以求位，「蓋將推己之所餘，以濟其不足耳」，與國家設官制祿，「蓋將用其能理不能」，其致一也。（上宰相書）豈無其實而汲汲時名者比耶？

以上諸文亦所謂「辨時俗之惑」者也。（上宰相書語）

退之嘗頌伯夷叔齊之特立獨行，適於義而已。舉世非之，力行而不惑；天下是之，乃獨以爲不可。斯信道篤而自知明者也。微二子，亂臣賊子接跡於後世矣。曾國藩曰：「伯夷頌乃退之生平制行作文宗旨，此自況之文也。」亦所以寓其憤悶也。（註五〇）「雜說四」（註五一）言世有伯樂，乃有千里馬。然伯樂不常有，既無伯樂，則無千里馬矣；而世誠非無千里馬，特無知者耳。不知，故雖有千里馬，亦但以凡馬待之矣；是則千里馬亦不能逞其駿足矣。而策者乃概言之曰：天下無馬，寧非厚誣天下之馬乎？此爲懷才數奇者鳴其悲鬱，而以馬爲喻，言懷才者必遇知己，乃能一展襟抱；不然，則終歸湮沒無聞，蓋自方之辭也。（註五二）「獲麟解」（註五三）麟喻特立之士，牛馬犬豕之屬喻凡庸之人。凡人隨時隨處可見，爲人人所宿知而習見者；特立之士非時時可見，而其行或乖於俗，故爲凡眼所不容，而目以爲怪妄。然彼可因聖人而顯，縱不見容於凡庸之人，亦復何害。特不幸者，聖人不世出，亦如伯樂之不常有；苟生非其時，雖有高才美德，而無聖人可資憑恃，亦惟見斥於時俗耳。（註五四）「感二鳥賦」二鳥無知，徒以羽毛之異，乃反得蒙採擢薦進。憫「不遭時者，累善無所容焉。」此遭時不遇之不平也。（註五五）「應科目時與人書」以江濆怪物，非常鱗凡介匹儔，不得水而爲獱獺之笑，蓋自負不凡，假物喩志，歎其不遇，而冀人之薦引也。（註五六）「與崔群書」中幅憫賢者之失位，恒無以自存也。（註五七）退之失意於博學宏詞，三上宰相書皆不報，「道出田横墓下，感横義高，能得士」，因爲文以祭之，許田横爲「非今世之所希」，意謂如横之能得士，非今世所有，蓋斥時相也。（註五八）亦「與于襄陽書」「與鳳翔邢尚書書」先達後進相須相資之意也。（註五九）「雜說一」龍雲之喩，「寄託至深，取類至廣，」（李光地評語）而謝疊山云：「此篇龍指聖君，雲指賢臣，謂聖君不可無賢臣，賢臣不可無聖君，聖賢相逢，斯能成天下之大功。」（文章軌範）秦曜龍亦云：「賢君必求賢臣以自輔，龍雖靈，不得雲則不靈也。而雲之靈，仍是龍噓氣成之，故靈也。始歸重在臣身上，又責成在君身上。」（韓文析評引）按文末曰：「易曰：雲從龍。既曰龍，雲從之矣。」仍歸重於龍，是困頓之際，希求賢君大吏之知遇也。（註六〇）退之在徐州幕府，有上張僕射書二通（註六一），一論晨入夜歸事，一諫擊毬事。張僕射蓋「不好其直己而行道者」，故「五箴言箴」有「幕中之辯，人反以汝爲叛」之歎，又有「與李翺書」不我知之歎，意欲進京，而憂家累無所歸託，相知既少，亦難期上聞而下達，有遇合也。（註六二）「釋言」，釋讒者之言也。仕途險巇，退之於讒言之至也，惟恐其信之，而決其必不信，旣費詞爲解，憂讒畏譏之意顯然，故有元和二年求爲東都博士，此鳴其無端被讒之不平也。（註六三）「送窮文」（註六四），退之以遭時不遇，動輒得咎，假主人與窮鬼對語，以寄窮愁。文中歷數智窮、學窮、文窮、命窮、交窮五鬼，使其「面目可憎，言語無味」，動輒觸諱；而五鬼使其窮厄者，實亦其可矜於人者。蓋學窮鬼成就其「摘抉幽微，高挹群言」；文窮鬼致其偏悟各體，作爲「怪怪奇奇」之文；智窮、命窮、交窮諸鬼成其矯亢剛直，「惡圓喜方，羞爲奸欺」，「面醜心妍，利居衆後，責在人先」，待友爲之盡力，吐誠相與諸德，以超拔於群倫。特不幸者，其弘識孤懷，其行誼、其忠規讜論，或乖於時俗，而被視爲怪妄，所謂「面目可憎，言語無味」，致不免與時俗疏離，所謂「不通時事」也。具體言之，其居朝、居幕府也，視不當己意者，則疏陳之，致獲罪於大吏，數遭貶謫；其抗顏爲師也，群怪聚罵；違俗倡古文也，「意中以爲好，則人必以爲惡矣。小稱意，人亦小怪之；大稱意，人必大怪之也。」（與馮宿論文書）篇末窮鬼勉以「吾立子名，百世不磨。」「惟乖於時，乃與天通。」是則旨在抒其憤怨不平，亦在自矜所就也。故結以「延之上座。」、「進學解」之主旨與「送窮文」同。退之自視爲學、衞道、爲文、爲人遠出衆人，而官又下遷，屈居人下。因設辭教誨弟子進修德業發端，引出弟子之駁斥，而己又就駁爲解。借弟子之駁斥，帶出一己學言文行有矜於人者，及受屈抑之不平。所謂「多而不揚」也。解說處，語似知足，而實句句牢騷，且隱然以上繼孟荀儒學之傳自任。（註六五）

凡此皆其鳴不平說之實踐也。移之論書，其理亦同。退之送高閑上人云：

往昔張旭善草書，不治他伎，喜怒窘窮，憂悲愉佚，怨恨思慕酣醉，無聊不平，有動於心，必於草書焉發之；觀於物，見山水崖谷，鳥獸蟲魚，草木之花實，日月列星，風雨水火，雷霆霹靂，歌舞戰鬪，天地事物之變，可喜可愕，一寓於書，故旭之書，變動猶鬼神，不可端倪，以此終其身而名後世。今閑之於草書，有旭之心哉！不得其心而逐其跡，未見其能旭也。爲旭有道利害必明，無遺錙銖，情炎於中，利欲鬪進，有得有喪，勃然不釋，然後一決於書，而後旭可幾也。今閑師浮屠氏，一死生，解外膠，是其爲心必泊然無所起，其於世必淡然無所嗜，泊與淡相遭，頹墮委靡，潰敗不可收拾，則其於書，得無象之然乎！然吾聞浮屠人善幻，多技能，閑如通其術，則吾不能知矣。（註六六）

此言張旭利害必明，情炎於中，利欲鬪進，有得有喪，其觀於外物可喜可愕之狀，不平之心勃然不可釋，一寓於書，故其書變動鬼神，不可端倪，終能傳名後世也。至夫高閑師浮屠氏，一死生，解外膠，是其心必泊然無所起，必無勇決之氣，自不能觸物而有感發，以爲文學藝術也。林琴南以爲退之惡釋氏而爲偏心之論。（韓柳文研究法）徐復觀「儒道兩家思想在文學中的人格修養問題。」一文第二節否定禪在文學藝術中之影響，以爲：

凡文人禪僧在詩文上所謂得力於禪者，實際乃得力於爲五祖所呵斥，而與道家相通之「心如明鏡臺」之心。道家由若鏡之心，可歸結爲任物，來而不迎，去而無繫，與物同其自然，成其大美，此之謂「勝物而不傷」，由此可轉出文學藝術。而禪宗歸結爲「本來無一物」，除成就一

「空」而外，亦不要有所成。（註六七）

其言甚辯，能發退之此文之義，而解林氏之惑。詩文既生於不平之鳴，窮阨者宜其多不平矣，則窮阨愈久愈深，而後文益工也。退之荊潭唱和詩序云：

夫和平之音淡薄，而愁思之聲要妙；讙愉之辭難工，而窮苦之言易好也。是故文章之作，恒發於羈旅草野。至若王公貴人，氣滿志得，非性能而好之，則不暇以爲。（註六八）

此言王公貴人，氣滿志得，或「流於逸樂」，不暇爲文；況和平之音，讙愉之辭，淡薄而難工也，江郎才盡之說是其例也。而逐臣遷客羈旅草野，處閒散之地，既不足以與夫立功，乃益得暇放乎山水，且篤專於詩文，聊寄窮苦之言，愁思之聲，故要妙而易工也。柳子厚墓誌銘云：「然子厚斥不久，窮不極，雖有出於人，其文學辭章必不能自力，以致必傳於後如今無疑也。」亦同一論調，以爲斥久窮極，乃能自力於辭章，造詣可傳後世之文也。

退之既主「文窮而後工」，又主「文工而人益窮。」故屢自述爲文致窮。與陳給事書云：

愈也道不加修，而文日益有名。夫道不加修，則賢者不與，文日益有名，則同進者忌。……以不與者之心，而聽忌者之說，由是閤下之庭，無愈之跡矣。（註六九）

似以文章有礙友朋之交誼，且文日益有名而同進者忌，亦致窮之由也。進學解亦云：

今先生學雖勤而不由其統，言雖多而不要其中，文雖奇而不濟於用。……動而得謗，名亦隨之，投閑置散，乃分之宜。（註七〇）

是文工而遂窮也。而已知其理之必然而自甘，故曰乃分之宜也。與馮宿論文書云：

僕爲文久，每自則意中以爲好，則人必以爲惡矣。小稱意，人亦小怪之；大稱意，即人必大怪之。時時應事作俗下文字，下筆令人慚，及示人，則人以爲好矣。小慚之，亦蒙謂之小好；大慚者，即必以爲大好矣。不知古文直何用於今世也。（註七一）

俗之好惡出於其心，乖正如是，文之工誠無益於舉業，無益於仕進，所謂「文雖奇而不濟於用」（進學解），「文雖工而不利於求」也。（答陳商書）故舉進士，四舉而成，三試吏部，卒無所成。況耿介如退之，爲文或不能卑論儕俗，以苟合取容，或譏彈是非，尤足見斥於時俗也。答竇秀才書云：

愈少駑怯，於他藝能自度無可努力，又不通時事，而與世多齟齬，念終無以樹立，遂發憤篤專於文學。學不得其術，凡所辛苦而僅有之者，皆符於空言，而不適於實用，又重以自廢，是故學成而道益窮，年老而智益困。今又以罪黜於朝廷，遠宰蠻縣……。（註七二）

上兵部李侍郎書云：

愈少鄙鈍，於時事都不通曉，家貧不足以自活，應舉覓官凡二十年矣。薄命不幸，動遭讒謗，進寸退尺，卒無所成，惟本好文學，因困厄悲愁無所告語，遂得窮於經傳史記百家之說，沈潛乎訓義，反復乎句讀，礱磨乎事業，而奮發乎文章，凡自唐虞已來，編簡所存，大之爲山海，高之爲山嶽，明之爲日月，幽之爲鬼神，纖之爲珠璣華實，變之爲雷霆風雨，奇辭奧旨，靡不通達，惟是鄙鈍，不通曉於時事，學成而道益窮。（註七三）

此言「不通時事，與世齟齬，終無以樹立」，事功既無以樹立，一則欲於文學求發展，期能有樹立；二則「與世齟齬」，或致處閒散之地，乃益得暇致力於文學也。於是窮究經傳史記百家之說，沈潛既久，「有諸其中」，「奮發乎文章」，於昔人博大高明，纖細幽微，變化莫測之各種風格情境、奇辭奧旨，皆能詳熟，技巧亦得以鍛鍊，困窘悲愁，亦爲絕好題材，而流注於文章矣。文既工矣，而「不適於實用」，「學成而道益窮」。此「道益窮」謂學力既博大，益難諧俗，益不能直道而行，仍不免於困窮也。由是言之，「文之工」與「人之窮」實循環而互爲因果也。（註七四）

不平則鳴，文窮而益工，徵諸退之之作，信不誣矣，徵諸前後於退之之作者，亦多信然，宜乎其說之源遠而流長也。

貳、功夫論

一、蓄積學養

爲文之必資乎學，昔賢多言之矣。若陸機文賦云：「頤情志於典墳」，文心雕龍神思云：「積學以儲寶，酌理以富才。」是矣。蓋平日多餐經饋史，累積知識，則理充於內，而識見有主，具敏銳之感受力，隨時隨地內有感發；臨文之際，自能得乎心，應乎手，注而不竭也。「舍是，雖刓精竭慮，不能益其胸中之本無。猶探珠於淵，而淵本無珠；探玉於山，而山本無玉，雖竭淵夷山以求之，無益也。」（註七五）故文心雕龍宗經亦云：

至根抵槃深，枝葉峻茂，辭約而旨豐，事近而喻遠。是以往者雖舊，餘味日新，後進追取而非晚，前修久用而未先，可謂太山徧雨，河潤千里者也。

退之以爲文本於道，文道一貫，蓄道德而後能文章，（已見前）尤重基本學養之蓄積，欲其「有諸中」也。蓋學所以求道，涵養道德仁義；亦所以學文也。上宰相書自云「所著皆約六經之旨而成文。」（註七六）送陳秀才彤序云：

讀書以爲學，纘言以爲文，非所以誇多而鬬靡也。蓋學所以爲道，文所以爲理耳。（註七七）

而道也，仁義也，具備於六經子史，故所學亦不外乎此，其答殷侍御書自云：「於進士中粗爲知讀經者。」（註七八）答侯繼書云：

僕少好學問，自五經之外，百氏之書，未有聞而不求，得而不觀者。然其所志，惟在其意義之所歸，至於禮樂之名數，陰陽、土地、星辰、方藥之書，未嘗一得其門戶。……今幸不爲時所用，無朝夕役役之勞，將試學焉，才不足而後止。……懼足下以吾退歸，因謂我不復能自強不息，故因書奉曉。（註七九）

據韓子年譜，此書作於貞元十一年（二十八歲）上宰相書之前，自謂五經百氏之書無不求觀，至禮樂之名數、陰陽、土地、星辰、方藥之書，亦欲試學，才不足而後止；其時猶未登仕，不爲時用，而自強不息。是所學者博，而用力至勤矣。永貞元年十二月九日（三十八歲）上兵部李侍郎書云：

性本好文學，因困厄悲愁無所告語，遂得究窮於經傳史記百家之說，沈潛乎訓義，反復乎句讀，礱磨乎事業，而奮發乎文章。凡自唐虞以來，編簡所存，大之爲河海，高之爲山嶽，明之爲日月，幽之爲鬼神，纖之爲珠璣華實，變之爲雷霆風雨，奇辭奧旨，靡不通達。（註八〇）

此又言究窮於經史百家之說，沈潛往復，奮發乎文章。而編簡所存，「大之爲河海，高之爲山嶽」者，謂若經國大計，扶樹教道，風俗之醇薄；「明之爲日月」，謂若君臣父子之倫；「幽之爲鬼神」，謂若先祖及天地山川神明之祟祀；「纖之爲珠璣華實」，謂若親故友朋之愛；「變之爲雷霆風雨」，謂若時代之動亂。凡此各種情境之內容（奧旨）及其表現之文辭（奇辭），無不研鍊詳熟也。元和八年（四十六歲）所作進學解云：

先生口不絕吟於六藝之文，手不停披於百家之編，記事者必提其要，纂言者必鉤其玄，貪多務得，細大不捐，焚膏油以繼晷，恒兀兀以窮年，先生之業可謂勤矣。觝排異端，攘斥佛老，補苴罅漏，張皇幽眇，尋墜緒之茫茫，獨旁搜而遠紹，障百川而東之，廻狂瀾於既倒，先生之於儒，可謂有勞矣。沈浸醲郁，含英咀華，作爲文章，其書滿家，上規姚姒，渾渾無涯，周誥殷盤，佶屈聱牙，春秋謹嚴，左氏浮誇，易奇而法，詩正而葩，下逮莊騷，太史所錄，子雲相如，同工異曲，先生之於文，可謂閎其中而肆其外矣。（註八一）

上引三節，假諸生之口自述平生學行過人之處。第一節言治學之勤，經年日夜不息，於六藝百家史部之書細大不捐，而其方法則務求提綱絜領（史書），探索微言奧義（經子）。第二節言遠紹先儒，發揚聖道於將絕，以拒斥佛老，於儒有大功。第三節言涵泳五經及莊騷、史記、子雲相如之作，而汲其精華以爲文也。由此可知其學道學文取資之所在，及其學植所以深厚之故。惟其學植深厚，又擅文章，故能以一二字提絜諸書之風貌。而學文溯源於五經，旁及子史漢賦，有可得而言者：一曰：打破前乎此推尊經史，卑視辭章之傳統。蓋自六朝學術與辭章雖漸分途，猶不能上躋文章以與經史並，若蕭統文選序是也。今則提昇短篇散文之地位。二曰溯各文類之根源，肯定經子史亦有文學價值。宋李塗文章精義云：「經傳皆聖賢明道經世之書，雖非爲作文設，而千萬世之文從是出。」本非爲作文設者，不必然無文學價值，況爲後世各文類之所從出。文心雕龍宗經云：

故論說辭序，則易統其首；詔策章奏，則書發其源；賦頌歌讚，則詩立其本；銘誄箴祝，則禮總其端；紀傳銘檄，春秋爲其根。並窮根以樹表，極遠以啓疆，所以百家騰躍，終入環內者也。

今上溯各文類之源，模擬經子史以學文，而各文類有一定風格體式，則其風格體式及文章各種技巧之探究研習自在其中也。答李翊書自述學文經歷，亦一本乎詩書仁義，尤見其辛勤與專注，其言曰：

抑又有難者：愈之所爲，不自知其至猶未也，雖然，學之二十餘年矣。始者，非三代兩漢之書不敢觀，非聖人之志不敢存，處若忘，行若遺，儼乎其若思，茫乎其若迷；當其取於心而注於手也，惟陳言之務去，戛戛乎其難哉！其觀於人，不知其非笑之爲非笑也。如是者亦有年猶不改，然後識古書之正僞，與雖正而不至焉者，昭昭然白黑分矣，而務去之，乃徐有得也；當其取於心而注於手也，汩汩然來矣；其觀於人也，笑之則以爲喜，譽之則以爲憂，以其猶有人之說者存也。如是者亦有年，然後浩乎其沛然矣。吾又懼其雜也，迎而距之，平心而察之，其皆醇也，然後肆焉。雖然，不可以不養也，行之乎仁義之途，游之乎詩書之源，無迷其途，無絕其源，終吾身而已矣。（註八二）

此歷敍其學文之功夫，起處爲總冒，言其學之二十餘年，而不自知其至（至，至古之所謂立言者）猶未也。以下分三階段：

第一階段：自「始者」至「不知其非笑之爲非笑也」，言始者取法乎三代兩漢之書（即上文所及諸書），志存聖道，崇奉「相生相養之道」，唾棄非毀仁義，不顧倫常之佛老，不讀魏晉以下以駢儷爲宗，務采邑，誇聲音之時文；心力專注，屛絕外慕；以及內心意念藉語言傳達、流注爲文章時，去陳言之難；而已則意志堅定，不屑、不計時人之非笑也。此「處若忘，行若遺，儼乎其若思，茫乎其若迷」，即「送高閑上人」所謂「神完而守固，雖外物至，不膠於心，……奚暇外慕，」之意，亦上文「無望其速成，無誘於勢利」之意也。此「不知」，蓋不屑、不顧之意。人之非笑，蓋乖於正，知其不合理，故不屑一顧耳。俗好乖正，故與馮宿論文書云：「意中以爲好，則人必以爲惡矣。小稱意，人亦小怪之；大稱意，即人必大怪之也。」此「陳言」蓋指時文，兼就內容與形式言，下文詳之。

第二階段：自「如是者亦有年猶不改」至「以其猶有人之說者存也。」言經觀書存志，歷有年所，學養之蓄積漸次深厚，能明辨古書之正僞，與去陳言之有得，漸能企乎古人立言之境，臨文時文思勃發，如泉水湧出，流注不竭；而自信篤，見毀則喜，蒙譽則憂，以俗好失正，猶有人喜悅，必陳言去之未盡也。「讀荀」所謂「其存而醇者，孟軻氏而止耳……荀氏者……時若不粹，要其歸，與孔子異者鮮矣。」又謂「孔子刪詩書，筆削春秋，合於道者著之，離於道者黜去之，故詩書春秋無疵。余欲削荀氏之不合者，附於聖人之籍，亦孔子之志歟！孟氏醇乎醇，荀與揚大醇而小疵。」即此「識古書之正僞，與雖正而不至焉者」之論斷，蓋欲其思想感情之純正，不雜異端也。

第三階段：自「如是者亦有年」至「終吾身而已矣。」言又歷多年而後能行文如水勢盛大以奔注，而猶懼道與文未純粹，故平心體察，迎其純粹者，拒其不純粹者；當其已皆純粹，然後縱筆暢所欲言。雖已至此境，仍當務於學養之蓄積，平日立身居仁由義，勿爲外慕所惑，於爲文之源詩書六經，不廢其涵泳之功，不絕斷其本源，終身以之，以期古人立言之至境也。此即其上文「根茂實遂，膏沃光曄」，「仁義之人，其言藹如也」之意。亦答尉遲生書所謂「君子愼其實，實之美惡，其發也不揜。本深而末茂，形大而聲宏，行峻者言厲，心醇而氣和」也。

以上退之自述，既如是「出入仁義，其富若生蓄萬物，必具海含地負，放恣橫縱，無所統紀，然而不煩於繩削而自合也。」（南陽樊紹述墓誌銘）

後人於其學道學文之所取資，亦多指陳。皇甫提云：「抉經之心，執聖之權。」（昌黎先生墓誌銘——全唐文六八七）李漢亦云：「經書通念曉析，……諸史百子皆搜抉無隱。……周情孔思，千慮萬貌，卒澤於道德仁義，炳如也。」（昌黎先生集序）舊唐書韓愈傳推其意而言曰：「經誥之指歸，遷雄之氣格。」（卷一六〇）新唐書韓愈傳曰：「愈遂以六經之文，爲諸儒倡。障堤末流，反刓以樸，剗僞以眞，……粹然一出於正；刊落陳言，橫騖別驅，汪洋大肆，要之無牴牾聖人者。」（卷一七六）要皆不背乎退之所自言，而秦少游則曰：

> 探道德之理，述性命之情，發天人之奧，明生死之變，此論理之文，如列禦寇莊周之作是也。別黑白陰陽，要其歸宿，決其嫌疑，此論事之文，如蘇秦張儀之所作是也。考同異，次舊聞，不虛美，不隱惡，人以爲實錄，此敍事之文，如司馬遷班固之所作是也。原本山川，極命草木，比物屬事，駭耳目，變心意，此託詞之文，如屈原宋玉之所作是也。鉤莊列之微，挾蘇張之辯，摭遷固之實，獵屈宋之英，本之以詩書，折之以孔氏，此成體之文，如韓愈之所作是也。蓋前之作者多矣，而莫有備於愈；後之作者亦多矣，而無以加於愈，故曰總而論之，未有如韓愈者也。（註八三）

可謂揄揚至矣，而義不圓融，故林紓致疑於「鉤莊列、挾蘇張」之說。其言曰：

> 韓文摭遷固，容或有之；至鉤莊列，挾蘇張，可決其必無。昌黎學術極正，闢老矣，胡至乎鉤莊列，且方以正道匡俗，又焉肯拾蘇張之餘唾。淮海見其離奇變化，謬指爲莊列；縱橫引伸，謬指爲蘇張。詎知昌黎信道篤，讀書多，析理精，行之以海涵地負之才，施之以英華穠郁之色，運之以神樞鬼藏之秘。淮海日爲所眩，妄引諸人實之，又烏知昌黎哉！（註八四）

其實昔賢稱某家文章學某家，出於某家云云者，或就指歸言，或就風格言，或就技巧，如修辭、語法相祖言，自當分別觀之。故劉熙載藝概云：

> 昌黎自言：約六經之旨而成文。旨字專以本領言，不必其文之相似，故雖於莊、騷、太史、子雲相如之文，博取兼資，其約經子者自在也。

> 論文或專尚指歸，或專尚氣格，皆未免著於一偏。舊唐書韓愈傳：經誥之指歸，遷雄之氣格，二語，推韓文之意，可謂觀其備矣。

其言略得其實。以退之思想根抵固止涵濡於儒學，則立言命意當止取法乎六經，及諸子不異於儒學者，所謂「折之以孔氏」「約六經之旨以成文」也。（語見上宰相書）未嘗「探索莊列之微言奧義」也，故淮海之評惟「鉤莊列之微」一語非是耳。至其「挾蘇張之辯」云者，固謂其立言技巧，非指歸之謂也。戰國蘇張諸說士，爲聳動人主之聽，皆極盡鋪張揚厲之能事，比物連類，巧爲設譬，假物以喻志，其表現技巧爲漢賦及其後作者開無數法門，而林紓駁語云：「縱橫引伸，謬指爲蘇張，」亦自陷矛盾，「縱橫引伸」非「蘇張」比物連類，巧爲設譬，假物以喻志之謂乎？淮海未爲謬指也。就技巧語法之取資言，退之實經史諸子漢賦無不通習也。夫學博自爾識精，觸類感發，而汩汩然來矣。

二、養氣——氣與言

退之答李翊書云：

> 氣，水也。言，浮物也。水大，而物之浮者大小畢浮；氣之與言猶是也。氣盛，則言之短長與

聲之高下皆宜。

此「氣」謂文章之氣勢。與曹丕典論論文所謂氣者不同，典論論文云：

文以氣爲主，氣之清濁有體，不可力強而致，譬諸音樂，曲度雖均，節奏同檢，至於引氣不齊，巧拙有素，雖在父兄，不能以移子弟。

此氣謂才氣、個性，禀受於天賦，故云不可力強而致；此氣落實於文章，則指風格言。典論論文中所謂「徐幹有齊氣」、「孔融體氣高妙」及與吳質書所謂「公幹有逸氣」（註八五）者是也。退之所謂氣，指文章之氣勢，而氣勢之所以盛，蓋由平日之學養——居仁由義而致，故「氣，水也」之上文云：

雖然，不可以不養也。行之乎仁義之途，游之乎詩書之源，無迷其途，無絕其源，終吾身而已矣。

此承自孟子，孟子公孫丑上曰：

我知言，我善養吾浩然之氣。……其爲氣也，至大至剛，以直養而無害，則塞於天地之間。其爲氣也，配義與道，無是，餒也。是集義所生者，非義襲而取之也。

夫志，氣之帥也；氣，體之充也。夫志至焉，氣次焉。故曰：持其志，無暴其氣。

此就人之道德修養立論，而與退之論文於形式之外特重內容，文本於道德仁義者，正相契合。退之既云：「君子處心有道，行已有方，用則施諸人，舍則傳諸其徒，垂諸文而爲後世法。」是則道德修養可表現於事功（施諸人），亦可發露於文章。蓋人眞理充於內，道義蓄於心，則所知者眞，所信者篤，所存者誠，然後無所愧怍，無所拘束，海闊天空，由志而及氣，自有不可遏抑者，於是由胸中之浩氣，發爲氣盛言宜之文章。故曾國藩云：「乃悟韓文實從揚馬得來，而參以孔孟之養理，所以雄視千古。」又云：「杜詩韓文所以能百世不朽者，彼自有知言養氣功夫。惟其知言，故常有一二見道語，談及時事，亦甚識當世要務；惟其養氣，故無纖薄之響。」蘇轍云：

轍……以爲文者氣之所形。……孟子曰：我善養吾浩然之氣。今觀其文章寬厚宏博，充乎天地之間，稱其氣之大小。……蓋其氣充乎其中而溢乎其貌，動乎其言，而見乎其文，而不自知也。（註八六）

此言浩氣充於其中，自然發露於文章，而不自知，且寬厚宏博稱其氣之大小。此探源之論，可與退之之見相發明。所不同者：蘇轍欲求之天下奇聞壯觀、廣交遊，以擴大閱歷，而退之則就積學涵養道德。文章之氣勢本極抽象，如何見之？既云「氣盛則言之短長與聲之高下皆宜」，是氣由「言之短長與聲之高下」見耳。劉大樹論文偶記云：

神氣不可見，於音節見之；音節無可準，於字句準之。

凡行文多寡長短，抑揚高下，無一定之律，而有一定之妙，可以意會而不可言傳，學者求神氣而得之於音節，求音節而得之於字句，則思過半矣。其要只在讀古人文字時，便設以此身代古人說話，一吞一吐皆由彼而不由我。爛熟後，我之神氣即古人之神氣，古人之音節都在我喉吻間，合我喉吻便是與古人神氣音節相似處，久之自然鏗鏘發金石。

此神氣，當指文章之氣勢。言文章氣勢求之行文多寡短長，與抑揚高下，雖無定則可傳，而可於諷誦古人文字時意會得之。「無一定之律」固是矣，然既云準於字句音節，則可略而言之。退之云：

閣下負超卓之奇材，蓄雄剛之俊德，渾然天成，無有畔岸，而又貴窮乎公相，威動乎區極，天子之毗，諸侯之師。故其文章言語與事相侔，憚赫若雷霆，浩汗若河漢，正聲諧韶濩，勁氣沮金石，豐而不餘一言，約而不失一辭，其事信，其理切。（上襄陽于相公書）

辭事相稱。（進撰平淮西碑文表）

因事以陳辭。（答胡生書）（註八七）

後二則與第一則「文章言語與事相侔」三語意義略同。「事」即心中所欲表達之事理感情也。事理有曲折，情狀亦異，感情有悲愉緩急。其意蓋欲因情事之異，以句法之短長，與聲調之高下，使成自然和諧之語勢，亦即因作者感情之起伏，血脈之張弛，而變異其句之組織與聲之高下，所謂內容決定形式，二者相貫無隔也。第一則前段謂于襄陽（頔）之才德威嚴，後段謂言語與事相侔所成就之文章，若雷霆之憚赫於人，廣大如河漢，聲律雅正與韶濩之樂相諧，氣勢之剛勁足以毀敗金石，而繁簡合度也。（豐約，謂繁簡也。）退之固亦重視聲律之美也。

然則言之短長、聲之高下與氣之關係究竟如何？大抵句短而促者，其氣急；句長而抑揚跌宕者，其氣舒。內容綿密，必一氣讀下者，其氣盛；理翳辭滯者，其氣壅而溺。且虛字之適切運用，亦關係文氣之緩急。虛字可延長語句，亦即拖長聲調也。聲調高揚者，其氣激厲；低沉者，其氣掩抑。此皆必諷誦而後能察識。是知文章之氣勢與音節，關係極密切也。

駢文之求聲律，整齊有定法，人多知之。而古文重氣勢，惟求其「辭事相稱」，音節錯落而合乎自然，無定法可循而變化多，人多忽之。（註八八）

三、推陳生新——務去陳言與能自樹立

退之答李翊書云：

始者非三代兩漢之書不敢觀，非聖人之志不敢存，……當其取於心而注於手也，惟陳言之務去，戛戛乎其難哉！

夫陳者，陳俗、陳腐之謂也。此可從修辭形式與內容兩方面言。自修辭形式言，所謂陳言，即因襲俗濫之成文，所謂「剽竊」也。若時文之專務聲色藻飾者，即陳言也。退之南陽樊紹述墓誌銘云：「惟古於詞必己出，降而不能乃剽竊。」又曰：「必出於己，不襲蹈前人一言一句，又何其難也。」（註八九）此專就修辭形式言，去陳言，即「不師其詞。」（答劉正夫書）講求語言之獨創，能自鑄偉詞，推陳生新也。然所謂生新，亦非於昔人之成文徒事於換字，以字字求異也。劉大櫆論文偶記云：

大約文字是日新之物，若陳陳相因，安得不爲臭腐。原本古人意義，到行文之時，却須重加鑄造。一樣語言不可便直用古人。此謂去陳言，未嘗不換字，却不是換字法。

按此所謂「未嘗不換字，却不是換字法」，蓋謂變古人之句法，自鑄新語，使更貼合一己行文上下語氣也。不然，則必流於鈎章棘句，務爲字句之怪奇，則違「文從字順」之旨矣。唐國史補云：「元和以後文筆學奇於韓愈，學澀於樊宗師。」蘇軾謝歐陽內翰書亦云：「唐之古文，自韓愈始，其後學韓而不至者爲皇甫湜，學皇甫湜而不至者爲孫樵，自樵以降，無足觀矣。」（註九〇）其弊蓋由後人昧於退之文從字順之旨，於陳言務去之說，又專務字句形式之求，於是字字求異求險，卒至晦澀耳。

退之所謂「陳言之務去」，尋答李翊書上下文義，當兼內容言。再徵諸題歐陽生哀辭後云：「愈之爲古文，豈獨取其句讀不類於今者耶？」「今」，謂俗濫之時文，陳言也。不類於「今」之古文，自爲內容形式並重者也。黃宗羲論文管見云：

昌黎陳言之務去，所謂陳言者，每一題必有庸人思路共集之處，纏繞筆端，剝去一層方有至理可言，猶如玉在璞中，鑿開頑璞，方始見玉，不可認璞爲玉也，不知者求之字句之間，則必如曹成王碑，乃謂之去陳言，豈文從字順者，爲昌黎之所不能去乎？（註九一）

劉熙載藝概亦云：

昌黎尙陳言務去，所謂陳言，非必勦襲古人之說以爲己有也；只識見議論落於凡近，未能高出一頭，深入一境，自結撰至思者觀之，皆陳言也。

黃劉二氏以「庸人思路共集之處，」「只識見落於凡近，」即陳言，非勦襲乃謂之陳言，皆兼指內容言，蓋胸無主見，人云亦云，或逐時好，或依傍古人者是也。則去陳言蓋謂能自舒胸臆，言人所不能言，言人所不敢言，自出巧義新意者也。清沈德潛說詩晬語云：

古人不廢練字法，然以意勝，故能平字見奇，常字見險，陳字見新，樸字見色。

此言能自出新意，則字句間之樸素、平常者亦能擅勝場也。文心雕龍神思篇所謂「拙辭或孕於巧義，庸事或萌於新意。（二於字猶以也）視布於麻，雖云未貴（或作費），杼軸獻功，煥然乃珍。」文章如能苦心組織經營，賦以巧義新意，雖拙辭庸事，不礙其爲佳製也。（註九二）

去陳言既兼內容而言，或與「師其意」（答劉正夫書）相乖，按退之「師其意」云著，實即「上宰相書」中「約六經之旨而成文」之意。退之約經旨而成文者，亦有所推演，非必一成不變而蹈襲也。今姑舉一例言之，「原毀」固約論語「躬自厚而薄責於人」之意，然退之特據其反面義以分析世態之多毀，推原毀謗之所由生而已，既去「則遠怨矣」之旨，其宗旨尤在提供「有作於上者」，勿輕信讒毀之言也。

退之答劉正夫書：

夫百物朝夕所見者，人皆不注視也，及覩其異者，則共觀而言之，夫文豈異於是乎！漢朝人莫不能文，獨司馬相如、太史公、劉向、揚雄爲之最；然則用功深者，其收名也遠，若皆與世沈浮，不自樹立，雖不爲當時所怪，亦必無後世之傳也。足下家中百物，皆賴而用也，然其所珍愛者，必非常物，夫君子之於文，豈異於是乎！今後進之爲文，能深探而力取之，以古聖賢人爲法者，雖未必皆是，要若有司馬相如、太史公、劉向、揚雄之徒出，必自於此，不自於循常

之徒也。若聖人之道，不用文則已，用則必尚其能者；能者非他，能自樹立不因循者是也。（九三）

此言「百物朝夕所見者，人皆不注視也，及覩其異者，則共觀而言之，夫文豈異於是乎！」退之爲文似有意求異，然此承上文「無難易，惟其是而已」之後，應無刻意立異之理。此意蓋別有在，欲求異於時文耳！文曰：「若皆與世沈浮，不自樹立，雖不爲當時所怪，亦必無後世之傳也。」爲當時所怪者退之古文耳，今之「與世沈浮」「不爲當時所怪」者，時文也。故欲求異，求能自樹立，不因循，謂能創新，以俯視於時文之上，是尤爲退之去陳言之所在也。「送窮文」自稱爲文「怪怪奇奇」者，亦此意也。

四、文從字順各識職與識字

劉勰文心雕龍云：

宋初訛而新。（通變篇）

自近代辭人，率好詭巧，原其爲體，訛勢所變，厭黷舊式，故穿鑿取新。察其訛意，似難而實無他術也，反正而已。故文反正爲乏，辭反正爲奇。效奇之法，必顛倒文句，上字而抑下，中辭而出外，回互不常，則新色耳。……正文明白，而常務反言者，適俗故也。然密會者以意新得巧，苟異者以失體成怪。舊練之才，則執正以馭奇；新學之銳，則逐奇而失正。勢流不反，

則文體遂弊。（定勢篇）（註九四）

此劉氏既指陳南朝文體之弊，亦提示爲文之正途。就前者言，南朝作者務欲尚奇，乃以詭追新，顚倒文句，以就新色，卒至失文理之正。此退之所以務去陳言，求能自樹立，不因循者也。退之云：

文從字順各識職，有欲求之此其躅。（南陽樊紹述墓誌銘）

又問曰：文宜易、宜難？必謹對曰：無難易，惟其是爾。（答劉正夫書）（註九五）

「文從字順各識職」，淺之乎視之，則謂文字通順，合乎文理、語法規律。即劉勰所謂「執正」，亦皇甫湜稱其師「章妥句適」之意也。然深索「各識職」之義，則又不止乎是也，故就其極詣言，則謂：凡用字遣詞琢句，無不得義之所安，理之至順也。故「文章言語與事相侔」「辭事相稱」，確能曲傳我心之情意，使人入耳而動於心；備述所欲指陳之事理：或栩栩如生，使人若身歷其境；或義理周洽，使人屈己以從我。亦即所謂「惟其是」，亦蘇軾「辭達」之境也。善乎蘇軾之言曰：

孔子曰：言之不文，行之不遠。又曰：辭達而已矣。夫言止於達意，則疑若不文，是大不然。求物之妙，如繫風補影，能使是物了然於心者，蓋千萬人而不一遇也；而況能使了然於口與手乎！是之謂辭達；辭至於能達，則文不可勝用矣。（答謝民師書）（註九六）

退之科斗書後記曰：

凡爲文辭宜略識字。（註九七）

由識字而明其確詁，乃能用字精當，造詞工鍊，並在句中安置妥適。漢辭賦家皆精小學，且有著述，故能用字精當，詞彙豐饒。（註九八）退之於此亦有精詣，故皇甫湜稱其「章安句適，精能之至。」（註九九）如原道云：

爲之工以贍其器用，爲之賈以通其有無，爲之醫藥以濟其夭死，爲之葬埋祭祀以長其恩愛，爲之禮以次其先後，爲之樂以宣其壹鬱，爲之政以率其怠勸，爲之刑以鋤其強梗。

此言禮樂刑政制作之本意，每事以一字括之，灼見要義。贍、通、濟、長、次、宣、率、鋤諸字，穩當不可更易，此固由其明先王制作之意，亦由識字明詁訓來。又如畫記記人物一節云：

騎而立者五人，騎而被甲載兵立者十人，一人騎執大旗前立，騎而被甲載兵行，且下牽者十人；騎且負者二人，騎執器者二人，騎擁田犬者一人，騎而牽者二人，騎而驅者三人，執羈靮立者二人，騎而下，倚馬臂隼而立者一人，騎而驅涉者二人，徒而驅牧者二人，坐而指使者一人，甲冑手弓矢鈇鉞植者七人，甲冑執幟植者十人，負者七人，偃寢休者二人，甲冑坐睡者一人，方涉者一人，坐而脫足者一人，寒附火者一人，雜執器物役者八人，奉壺矢者一人，舍而具食者十有一人，挹且注者四人，牛牽者二人，驢驅者四人，一人杖而負者，婦人以孺子載而可見者六人，載而上下者三人，孺子戲者九人；凡人之事三十有二，爲人大小百二十有三，而莫有同者焉。（註一〇〇）

此其敍人也，寫其形態、動作、數目，及其身手間攜帶之物，與攜帶物之種種形態，皆於一句三數字中，極態盡情，表露如生，固由觀察入微，而用字之雅切，又皆由識字，明其詁訓，而安置自然也。

（註一〇一）退之由識字而明其確詁，尤能活用詞類之變化，以矯世違俗，使文句更新穎，且豐富語言之意蘊。如：

一、孔子之作春秋也，諸侯用夷禮則「夷」之，進於中國，則「中國」之。（原道）

二、周道衰，孔子沒，「火」於秦，「黃老」於漢，「佛」於晉魏梁隋之間。（原道）

三、「人」其人，「火」其書，「廬」其居。（原道）

四、伏惟閣下「股肱」帝室，「藩垣」天下，方其有逆亂之臣，未「血」斧鑕之屬，畏威崩析歸我乎哉！（賀徐州張僕射白兔書）

以上第一例「夷之」之「夷」、「中國之」之「中國」，第二例「火」、「黃老」、「佛」，第三例「人」、「火」、「廬」，第四例「股肱」、「藩垣」、「血」凡十一字或詞，皆以名詞作動詞用。此例最多，此姑舉數例。

五、（兔）「人」立而拱。（賀徐州張僕射白兔書）

六、天子神聖威武慈仁，「子」養億兆人庶。（潮州刺史謝上表）

七、孽臣姦隸「蠹」居「棊」處。（潮州刺史謝上表）

以上第五例「人」，第六例「子」，第七例「蠹」、「棊」凡四字，皆以名詞爲副詞（限制詞）。

八、廬其「居」。（原道）

此「居」字，以動詞作名詞用。

九、百官進見相國者，或「立」語以退。（釋言）

此「立」字，以動詞爲副詞。

十、拔去「兇邪」，登崇「俊良」。（進學解）

十一、雜進「巧拙」，紆餘爲「姸」。（進學解）

十二、「細大」不捐。（進學解）

以上「兇邪」、「俊良」、「巧拙」、「姸」、「細大」皆以形容詞爲名詞。

十三、老子之「小」仁義，非毀之也。（原道）

十四、疆者必「怒」於言，儒者必「怒」於色矣。（原毀）

十五、今人有宅於山者，知猛獸之爲害，則必「高」其柴楥，而外施窩穽以待之。（守戒）

十六、閣下之財不可以徧施於天下，在擇其人之賢愚而「厚薄」等級之可也。（與鳳翔邢尚書書）

以上「小」、「怒」、「高」、「厚薄」諸字詞，皆以形容詞爲動詞。凡此詞類之活用，爲文法上之事；亦文學上之修辭方法，以求文章之新穎變化；亦文字學上字義之引申，以豐富詞彙之意蘊，是亦識字明訓詁之功夫也。

結　語

退之由所處中唐之時代環境，激發起匡時之弘願，既欲闢佛，又欲解放駢體之束縛，開新文運，乃形成其古文義法論——兼重內容與形式，惟其重內容，強調內容之思想性，故能篤志深植學養根抵；惟其匡時救世之人生信念，具有殉道之熱忱，故能「有諸中」，以爲臨文之資，而成就充滿悲憫情懷（議論文亦不例外）、生氣奮動、弘中肆外之文章。既又重視形式技巧，故於深植學養，泛覽六經諸子史記漢賦之際，徧悟文體，（送窮文稱文窮鬼使之「不專一能，怪怪奇奇」，此「不專一能」者，徧悟文體（類）吸納其長，兼擅各文類之謂也。）不爲常格所囿；熟諳語法、修辭技巧，以成就其風格獨具、語言精鍊，具高度獨創性之文章。筆者隨後即著手撰作「韓愈文之特色」，以見其實踐此義法論之成就。

【附註】

註　一　「答李生書」見馬其昶韓昌黎文集校注卷三。（以下簡稱校注）

註　二　「答陳生書」校注卷三。

註　三　「與陳給事書」，校注卷三。

註　四　題歐陽生哀辭後，校注劵五。

註　五　送陳秀才彤序，校注卷四。

註　六　原道，校注卷一。

註 七 校注卷四。
註 八 蘇文擢韓文四論二，韓文明道。
註 九 答李翊書，校注卷三。
註一〇 答尉遲生書，校注卷二。
註一一 見周子通書文辭二十八。
註一二 見二程語錄卷一一。
註一三 見「文學觀念與其含義之變遷」，照隅室古典文學論集頁一〇〇、稍移原文之次第。
註一四 見「昌黎古文之眞義」，收在「中國文學批評家與文學批評」冊二。
註一五 參考徐復觀「儒道兩家思想在文學中的人格修養問題」，收在「中國文學論集續篇」。
註一六 讀荀校注卷一，送王秀才塤序、卷四，與孟尙書書、卷三，送浮屠文暢師序、卷四。
註一七 張中丞傳後敍、校注卷二，贈給事中淸河張君墓誌銘、卷七，祭張給事文、卷五，贈司勳員外郎孔君墓誌銘、卷六，與鄂州柳中丞書、卷三。
註一八 校注卷二。
註一九 校注卷七。
註二〇 三篇並見校注卷四。
註二一 校注卷八。
註二二 二篇並見校注卷一。

註二三　二篇並見校注卷三。

註二四　雜說、獲麟解、感二鳥賦、進學解、並校注卷一，釋言卷二，祭田橫文、卷五，送窮文、卷八。

註二五　柳子厚墓誌銘校注卷七、貞曜先生墓誌銘，卷六，與崔群書、卷三，與孟東野書、卷二。自註一六以下迄註二五所及諸篇之義發於下節「創作動機」。

註二六　見校注卷三答李翊書。

註二七　校注卷四。

註二八　論佛骨表、校注卷八，原道、卷一，與孟尚書書、卷三，送王秀才序、送浮屠文暢師序，卷四。

註二九　校注卷二。

註三〇　校注卷七。

註三一　校注卷六。

註三二　校注卷八。

註三三　校注卷三。

註三四　校注卷四。

註三五　同右。

註三六　校注卷二。

註三七　校注卷八。

註三八　校注卷七。

註三九　校注卷四。
註四〇　同右。
註四一　同右。
註四二　同右。
註四三　校注卷二。
註四四　校注卷一。
註四五　同右。
註四六　參見「中國國學」第十期拙撰「韓文析論」。
註四七　校注卷四。
註四八　校注卷三。
註四九　同右。
註五〇　校注卷一。
註五一　同右。
註五二　參見「中國國學」第十期拙撰「韓文析論」。
註五三　見校注卷一。
註五四　參見「中國國學」第十期拙撰「韓文析論」。
註五五　校注卷一。

註五六　校注卷三。
註五七　同右。
註五八　祭田橫文，校注卷五。
註五九　二書並見校注卷三。
註六〇　校注卷一。
註六一　校注卷三。
註六二　校注卷三。
註六三　校注卷二。
註六四　校注卷八。
註六五　校注卷一。
註六六　校注卷四。
註六七　見「中國文學論集續篇」。
註六八　校注卷四。
註六九　校注卷二。
註七〇　校注卷一。
註七一　校注卷三。
註七二　校注卷二。

註七三　校注卷二。

註七四　退之文工而人益窮之說，即「文窮而後工」說之逆定理，發自張健「詩窮而後工說之探討」，見「中國文學批評論集」天華版。

註七五　見范注文心雕龍神思篇引袁守定佔畢叢談。

註七六　校注卷三。

註七七　校注卷四。

註七八　校注卷三。

註七九　同註七八。

註八〇　校注卷二。

註八一　校注卷一。

註八二　校注卷三。

註八三　見昌黎集敍說。

註八四　見韓柳文研究法。

註八五　見文選卷四十二。

註八六　見中國歷代文論選中冊頁八十二「上樞密韓太尉書」。

註八七　上襄陽于相公書、校注卷二，進撰平淮西碑文表、校注卷八，答胡生書、校注卷三。

按「進撰平淮西碑文表」，稱「書」「詩」中頌美堯舜殷周聖王之作「辭事相稱、善並美具。」其他二書中稱頌于公、胡生之語，多溢美之辭，「上襄陽於相公書」尤甚。于頔何嘗有才德如此，有文如此，凡此但可視爲退之論文之主張，下文引南陽樊紹述墓誌銘語，亦當作如是觀。

註八八　本節主要參考：㈠郭紹虞「論中國文學中的音節問題」，見木鐸「文學研究叢編」第一輯。㈡劉百閔「中國文學上所謂氣的問題」，見巨流「中國古典文學論文精選叢刊」。㈢梁宜生「論氣與言」，見學生書局「國文教學叢談」。

註八九　見校注卷七。

註九〇　見昌黎集敍說。

註九一　見中國歷代文論選上冊頁四四〇引耕餘樓本南雷文定三集卷三。引文韓愈文「曹成王碑」見校注卷六。

註九二　范注文心雕龍神思篇引黃侃札記謂爲修飾潤色，愚謂「視布於麻」四句，謂經營組織也。

註九三　校注卷三。

註九四　通變篇、定勢篇並見范注下冊。

註九五　南陽樊紹述墓誌銘，見校注卷七、答劉正夫書、校注卷三。

註九六　見經進東坡文集事略卷四十六。

註九七　校注卷二。

註九八　萬曼司馬相如賦論、見國文月刊第五十六期，又收入「中國文學史論文選集」㈠。

註九九　見皇甫持正集卷六「韓文公墓誌銘」。

註一〇〇　校注卷二。

註一〇一　參考莊嚴出版社方孝岳「中國散文概論」頁三五。

讀左瑣記

葉政欣

（一）

左傳莊公九年云：

「公及齊大夫盟于蔇，齊無君也。夏，公伐齊，納子糾。桓公自莒先入。」

案：此年春秋載：「春，公及齊大夫盟于蔇。夏，公伐齊，納子糾。齊小白入于齊。」杜預注：「二公子各有黨，故雖盟而迎子糾，當須伐乃得入。又出在小白之後，小白稱入，從國逆之文，本無位。」孔穎達春秋左傳正義引賈逵、服虔說云：「賈、服以爲齊大夫來迎子糾，公不亟遣而盟以要之，齊人歸迎小白。」杜注不用賈、服說，故正義申杜而駁賈、服云：「傳稱，鮑叔牙以小白奔莒，管夷吾、召忽奉子糾來奔，則二子在國，寵均勢敵，故國內各有其黨，今齊大夫來盟于蔇，直是子糾之黨，來迎子糾耳，小白之黨猶自向莒迎小白也。若是擧國同心，共推子糾，來迎即宜付之，不須以盟要之。今旣與之盟，而興師送糾，是二公子各自有黨，須伐乃得入，故公伐齊也。昭十三年傳稱，桓公有國、高以爲內主，則國子、高子是小白之黨也。」

管子小匡篇：「齊僖公生公子諸兒、公子糾、公子小白。僖公卒，以諸兒長，得爲君，是爲襄公。」（卷八）史記齊世家：「襄公弟子糾，其母魯女也。次弟小白，其母衞女也。」（卷三十二）是公子糾與桓公異母兄弟也。先師趙阿南（子莪）先生曰：「周秦漢人言糾兄桓弟，自管子、史記外，若莊子、荀子、韓非子、越絕書、說苑皆如此說。即公羊以桓公爲篡，穀梁以桓公爲不讓，亦以糾是桓兄，序當立也。惟漢薄昭上淮南王書，言齊桓殺其弟以返國，則以漢文是兄，淮南王是弟，不敢斥言殺兄，故改兄作弟。程子之說，蓋本諸此。」（春秋左傳講義）故知糾兄桓弟，當無疑義。

洪氏亮吉曰：「按賈、服蓋尋繹經文得之，使齊大夫樂從于盟，并有成約，則公納子糾，不須言伐；且下言齊小白入于齊，從國逆之文，明齊大夫不樂魯君要盟，因變計逆小白也。若如杜云，二公子各有黨，迎小白者，又非盟蔇之人，則小白之入，與者半，不與者半，又何得泛引『國逆而立之曰入』之例乎？入自矛盾矣。」（春秋左傳詁卷一）洪氏說是也。賈、服之意，此時齊執政之卿，若國氏、高氏之等，當必議立新君，擇其宜立者立之。公子糾年長，於序當立，又有魯爲之後盾，故欲立之，乃遣使往迎子糾。經書：春公及齊大夫盟于蔇。傳謂，齊無君也。明與於盟蔇之齊大夫，乃代表齊君行此盟，是必朝議欲立公子糾，乃遣使與盟以迎子糾也。齊大夫既來迎子糾，魯莊公不亟遣而盟以要之，齊大夫惡莊公要盟，乃變計歸迎公子小白也。魯莊公見齊人渝盟歸迎小白，始欲伐齊納子糾，然爲時已晚，小白自莒先入矣。

至正義駁賈、服之疑，亦有可駁。正義謂，二子在國，寵均勢敵，故國內各有其黨。按齊國此時卿大夫多賢達之士，二公子及其輔佐鮑叔、管、召諸人，亦皆賢者，故能成公議而去黨私，觀公子小白之能用其仇管仲，鮑叔、高傒皆有才而能讓賢，皆足證其時齊之有公議。公議既顯，黨私自消，其後桓公得以開一代盛世，良有以也。正義又謂，若是舉國同心，共推子糾，來迎即宜付之，不須以盟要之。按魯人要盟，意在得利，正以齊舉國同心，共推子糾，魯乃欲藉機要盟求利。正義云不須以盟要之，非其義也。至魯人興師納糾一節，乃見齊人渝盟歸迎小白之故，前已言之。若如正義所言，二公子各有黨，須伐乃得入，則魯興師納糾，豈有不成之理？正以齊舉國同心，於變計迎小白之後，魯乃欲伐齊納糾，故不成也。且小白入齊，未聞須伐乃得入，則正義之說非也。正義又舉昭十三年傳稱，桓公有國、高爲內主爲言，按此但就桓公返國承位爲君言之，不涉公子糾之事。彼於渝盟變計，改迎桓公之後，自亦得謂爲桓公之內主矣。此與賈、服說不相違，不得執以難賈、服明矣。

國語齊語：「桓公自莒返於齊。」韋昭注：「齊人殺無知，逆子糾于魯。莊公不即遣，而盟以要之。齊大夫歸，逆小白于莒。莊公伐齊，納子糾，桓公自莒先入。」（卷六）韋昭注與賈、服說同。云齊大夫歸，即盟蔇之大夫也。綜前所論，知賈、服之說，以經文既盟稱伐、小白從國逆稱入及傳稱「齊無君也」諸文衡之，皆無不當。杜說則乏有力之依據，不足取也。

（二）

左傳僖公三十年云：

「子犯請擊之，公曰：『不可。微夫人之力不及此。因人之力而敝之，不仁；失其所與，不知；以亂易整，不武。吾其還也。』亦去之。」

案：此年左傳敍晉、秦兩國聯合出兵圍鄭，鄭伯使大夫燭之武見秦伯，說以利害，達到離間秦、晉兩國關係之目的。於是秦師背晉而單獨與鄭言和，且退師而去。晉師察覺，其憤怒可知，故子犯請擊秦師。然晉文公不允，其所持之理由有三：秦穆嘗有恩惠於晉文公本人，文公不敢忘，故文公以爲若擊秦軍，是藉人之助力而反以敝之，忘恩負義，不仁孰甚，一也。晉與秦軍聯兵圍鄭，本與國，若擊秦軍，是變與國爲仇敵，易團結爲分裂，是爲不智，二也。成師以出，軍容、行陣甚爲雄整，若擊秦軍，必有損傷，乃變雄整爲零亂，是爲不武，三也。一擧而有三失，故不可行。晉師終亦退去。

傳文「以亂易整不武」一句，乃就軍容言。「整」謂軍容完整，「亂」謂軍容零亂不整。成軍未戰，軍容完整，故能雄壯威武。既戰則戰具損壞，人員傷亡，軍容將零亂不整。軍容零亂不整，必不能威武，故曰「以亂易整不武」。文公之意：擊秦軍既屬不仁、不智之擧，則與其戰而造成損傷，何如保持壯盛之軍容以返國之爲愈乎？

杜預春秋經傳集解於「以亂易整不武」句下，注云：「秦、晉和整而還相攻，更爲亂也。」杜氏釋「整」爲「秦、晉和整」，「亂」爲「秦、晉相攻爲亂」。其意蓋謂：秦、晉兩國本團結一致，現反分裂而相攻爲亂，故不武。杜氏此一解釋顯然與上文「失其所與（不知）」之意相混淆，其誤至爲明顯。後之解左傳者，率多沿襲杜注之誤而不察，故特表而出之。

（三）

左傳昭公十九年云：

「楚子之在蔡也，郹陽封人之女奔之，生太子建。及即位，使伍奢爲之師，費無極爲少師，無寵焉。欲譖諸王，曰：『建可室矣。』王爲之聘於秦，無極與逆，勸王取之。」

案：賈逵注云：「楚子在蔡，爲蔡公時也。」（孔穎達春秋左傳正義引）杜預注云：「蓋爲大夫時往聘蔡。」杜預不從賈逵說。孔穎達正義引申杜預說云：「賈逵云云。杜以楚子十一年爲蔡公，十三年而即位，若在蔡生子，唯一、二歲耳，未堪立師傅也。至今七年，未得云建可室矣。故疑爲大夫時聘蔡也。」昭公十一年左傳載：「楚子使棄疾爲蔡公。王問於申無宇曰：棄疾在蔡何如？」是彼傳以棄疾爲蔡公與在蔡同義，文與此年傳在蔡同。以文例衡之，賈逵說爲正。然杜疑太子建年太幼，故別爲之解。若如杜解，則傳當云聘蔡，不當云在蔡也。

竹添光鴻云：「此左傳覆前事之文例也。楚子十一年爲蔡公，十三年即位，此時生子不過七年，何得云建可室？故杜疑爲大夫時聘蔡也。然從杜則於文例不合，本文或有寫誤，若作在陳，則與秦穆室子圉年相若。子圉十歲左右而有室，平王以八年十月滅陳，若以九年生建，則十八年是十歲也。國君十五而生子，則夫人年當長於君耳。建之妻爲父之夫人，是非弱女。」（左傳會箋昭公十九年傳）按會箋信正義疑賈之言，又以杜說與傳文例不合而不用，因謂本文或有寫誤，文當作在陳。此說就時間言，較之在蔡，凡提早三年，以之說太子建宜娶之年，固較適宜，然傳文明作在蔡，既無確證，豈得輕改，則會箋以爲文當作在陳之說，實不足取。

愚謂賈說實無可疑。傳云，楚子爲蔡公時在昭公十一年。如賈逵之說，此時郹陽封人之女奔之，則太子建之生，當在十二年。傳又云：「及（楚子）即位，使伍奢爲之師，費無極爲少師，無寵焉。」此傳乃追敍往年事，雖楚子以十三年即位，然爲太子建立師傅，乃即位後之事，不必在十三年也。何得云才一、二歲，未堪立師傅乎？且傳云：費無極無寵於太子，亦太子建時非僅一、二歲之證。然則未堪立師傅之疑，可以釋矣。

至爲太子建授室一節，建如以十二年生，此時年當八歲。會箋舉晉公子圉事，證公子十歲可以有室，語尚不誤。太子建此時年僅八歲而授室，誠太稚，然傳謂：「費無極欲譖諸王，曰建可室矣。」正利其年稚，以便假太子之名以娶婦，而肆其離間楚王父子之詭謀也。曰建可室矣，正見其尚未宜有室，勉曰可而」。及無極逆秦女至，勸王取之。無極欲加害太子之詭謀，豈不昭然若揭？會箋云：欲譖於王而勸爲建授室，其發矢甚遠，其立意甚深，幾不解其何以譖。及勸王取之，而父子之恩遂離。會箋此言得之。然則何疑於太子建之以八歲而欲授室乎？故仍當以賈逵之說爲是。

（四）

左傳昭公二十二年云：

「王子朝、賓起有寵於景王，王與賓孟說之，欲立之。劉獻公之庶子伯蚠事單穆公，惡賓孟之爲人也，願殺之。又惡王子朝之言，以爲亂，願去之。賓孟適郊，見雄雞自斷其尾。問之，侍者曰：『自憚其犧也。』遽歸告王，且曰：『雞其憚爲人用乎！人異於是。犧者實用人，人犧實難，己犧何害？』王弗應。夏四月，王田北山，使公卿皆從，將殺單子、劉子。王有心疾，乙丑，崩于榮錡氏。戊辰，劉子摯卒，無子。單子立劉蚠。五月庚辰見王，遂攻賓起，殺之，盟群王子于單氏。」

案：杜注：「十五年，太子壽卒，王立子猛。後復欲立子朝而未定，賓孟感雞，盛稱子朝，王心許之，故不應。」孔穎達正義曰：「賈逵以爲太子壽卒，景王不立適子。鄭衆以爲壽卒，王命猛代之，後欲廢猛立朝耳。服虔以賈爲然。」又曰：「杜今從鄭說者，二十六年傳：閔子馬云，子朝干景之命，則景有命矣。若不命猛，更命誰乎？若子朝子猛，並未有命，俱是庶子，朝年又長，於次當立，自求爲嗣宜矣。劉蚠何以惡其爲亂而欲去之？若俱未被立，王意不偏，群臣無黨，王命爲嗣，則莫敢不從，何須將殺單、劉以立朝也？杜以此知太子壽卒，王立子猛爲適，其後復欲立子朝，而王意未定，賓孟感雞自毀，因此盛稱子朝之美，王心許賓孟，故不應，慮其洩言也。」據正義所引賈逵說以爲，太子壽卒後，景王未立適子。鄭衆說則以爲，太子壽卒後，王立子猛代之，後乃欲廢猛立朝。杜預從鄭衆說。服虔以賈說爲然。正義則駁賈說以申杜。

國語周語云：「景王田于鞏，使公卿皆從，將殺單子，未克而崩。」韋昭曰：「王欲廢子猛，更立子朝，恐其不從，故欲殺之。遇心疾而崩，故未能。」（卷三）韋氏與鄭說同。洪氏亮吉曰：「案服氏遵賈，杜注則從鄭衆說，然究以賈義爲長。」（春秋左傳詁卷十七）李氏貽德曰：「知時尚未立太子者，以王欲立子朝知之。王既屬意子朝，不遽立者，王子猛年次於朝，分貴於朝。又單、劉之族佐之，王勿能決，故距太子壽卒後，已越六年，尚未定儲位也。韋昭、杜預以爲王立子猛，後復欲立子朝，傳無其文，未足據也。」（賈服注輯述卷十七）洪氏、李氏則從賈、服說。姜氏炳璋讀左補義云：「此篇爲王室亂之發端，大書子朝賓起有寵於景王，正亂本也。定亂者劉子、單子，特筆提起，預著兩惡字、兩願字，以見劉文未立之先，已具公忠之志，又見劉獻爲矢心王室，其子奉其明訓，後日不避艱險，扶顛持危，單之功似多於劉，而深明邪正之分，則劉實先發之，傳先將二子本領託出，是忠臣義士立脚處。王崩，劉、單知子朝必亂，故先誅心腹之賓起，見王後始攻起，則已奉新王之命，非無名之舉動矣。劉、單始事，已見正正堂堂。」（左傳會箋昭公廿二年引）

按此年傳敍王子猛、王子朝爭立事，猛直而朝曲，姜氏所言，深得傳意。論王室之亂，當以此意爲大本也。太子壽卒在昭十五年。就上引諸家所論及傳意衡之，當以賈逵說較爲確當。傳詳敍致亂緣由及其經過，若景王有立子猛情事，傳不容不說，左傳敍事多有其例。此其一。廿六年傳載：子朝致書求助於諸侯，若景王已立子猛爲適，子朝安敢明目張膽與爭？雖致書求助，豈能取信於諸侯？且其致書諸侯之辭云：先王之命曰：王后無適，則擇立長。又曰：穆后及太子壽，早夭即世，單、劉贊私立少。若王子猛已立爲適，子朝說辭豈當如此？明子猛實未立也。此其二。若王已立猛，雖欲殺單、劉而立子朝，然事終未成，猛爲適子如故，則景王既崩，子猛繼位，名正言順，雖子朝亦不得覬覦於其間，臣民亦必擁戴之矣。然傳載子朝因舊官百工之喪職秩者，與靈、景之族以作亂，又得王子還、召莊公及尹氏、毛伯等重臣爲之助，與王子猛可謂勢均力敵。其所以得此助力者，豈非以景王未立適子，故朝得以據理而爭，臣民亦被迫捲入此一爭鬥之中，形成兩大壁壘，終使亂事持續數年而不決。向使景王已立適子，則亂事當不致於發生，即有亂事，亦不致如此難以收拾也。此其三。舉此三端，當可證賈逵說之較爲確當也。

而正義所陳三疑，實皆有可駁。正義謂：廿六年傳云，子朝干景之命，則景有命矣。按此所謂命者，乃泛稱王命，意指王室之典制言，以在景王之朝，故謂之景命耳，非爲命適子也。正義又謂，若子朝子猛，並未有命，俱是庶子，朝年又長，於次當立，自求爲嗣宜矣，劉蚠何以惡其爲亂而欲去之？按此由子猛分貴於子朝故也。朝雖年長於猛，然猛則分貴於朝。分貴者次正當立，子朝恃寵欲與爭，宜劉蚠之惡而欲去之也。正義又謂：若俱未被立，王意不偏，群臣無黨，王命爲嗣，則莫敢不從，何須將殺單、劉以立朝也？按立儲事關大體，王室宗法典制俱在，子猛既以分貴當立，又有忠耿之重臣單氏、劉氏爲之佐，此景王之所畏憚也。徒以景王心寵子朝，意欲立之。其亦逆知不去單、劉，則子朝不得立，故有田于北山，將殺單、劉之謀也。豈必已立子猛，乃必殺單、劉乎？然則景王不立適子之說爲當矣。

（五）

左傳昭公二十三年云：

「（魯）遂取邾師，獲鉏、弱、地。邾人愬于晉，晉人來討。叔孫婼如晉，晉人執之。書曰『晉人執我行人叔孫婼』，言使人也。晉人使與邾大夫坐，叔孫曰：『列國之卿當小國之君，固周制也。邾又夷也。寡君之命介子服回在，請使當之，不敢廢周制故也。』乃不果坐。

韓宣子使邾人聚其衆，將以叔孫與之。叔孫聞之，去衆與兵而朝。士彌牟謂韓宣子曰：『子弗良圖，而以叔孫與其讎，叔孫必死之。魯亡叔孫，必亡邾。邾君亡國，將焉歸？子雖悔之，何及？所謂盟主，討違命也。若皆相執，焉用盟主？』乃弗與。使各居一館。士伯聽其辭，而愬諸宣子，乃皆執之。士伯御叔孫，從者四人，過邾館以如吏。先歸邾子。士伯曰：「以芻蕘之難，從者之病，將館子於都。』叔孫旦而立，期焉。乃館諸箕。舍子服昭伯於他邑。」

案：傳文「使各居一館。」杜預注：「分別叔孫、子服回。」正義曰：「賈逵云，使邾、魯大夫各居一館。鄭衆云，使叔孫、子服回各居一館。邾、魯大夫本不同館，無爲復言使各居一館也。欲分別叔孫、子服回，不得相見，各聽其辭耳。服虔並載兩說，仍云賈氏近之。」是賈、鄭說各異，杜則從鄭氏說也。正義又申鄭、杜說云：「案傳文各居一館之下，即云，士伯聽其辭而愬諸宣子，乃皆執之。則皆執各居一館者也。若是邾、魯別館，豈執邾大夫乎？且下云，館叔孫於箕，舍子服回於他邑，明此各居一館，是分別子服與叔孫，恐其相教示。」

洪氏亮吉曰：「今考上下文法，則賈義爲長。下云，舍子服昭伯於他邑，方與叔孫別處耳。」（

春秋左傳詁卷十七）李氏貽德曰：「賈云使邾、魯大夫各居一館者，非司儀致館、聘禮及館之館，蓋以叔孫不肯與邾大夫坐訟，故使各就坐訟旁舍，以便於聽辭耳。若是客舍，則邾、魯大夫至晉之時，已各居館，不必至此始云使各居一館矣。鄭不達賈義，謂使叔孫、子服各居，使不得相見，而各聽其辭。按呂刑云，兩造具備，師聽五辭。此古今治獄之定法也。今叔孫、子服雖爲兩人，祇一造也。兩人別館，士伯就而各聽其辭，名曰各聽，祇聽一造之辭也。聽一造之辭，遽即執之，恐聽獄者無此理也。即坐訟者亦不受也。下文云，士伯御叔孫，從者四人，過邾館以如吏，明邾、魯各居一館。云過館如吏，明與訟獄之處相近也。故服云賈氏近之。」（賈服注輯述卷十七）

按洪氏、李氏主賈逵說，其所舉各證，義甚妥洽。且就上下文義觀之，「使各居一館」句，乃承上文「韓宣子使邾人云云。叔孫聞之，去衆與兵而朝」句之意而來，中隔士彌牟諫韓宣子之語，意仍銜接。則使各居一館云者，當指邾、魯兩方而言。下「士伯聽其辭而愬諸宣子，乃皆執之。」謂士伯聽邾、魯兩造之訟辭，得其曲直，以邾、魯皆有罪，（邾人過魯境而不假道，曲先在邾。魯取邾師，其罪亦重。）乃愬諸宣子而並執邾、魯兩方之人。（叔孫、子服與邾子、邾大夫，當皆在執。所以愬者，蓋前此韓宣子以邾人無罪，罪在魯人，至是並罪二國，故必愬諸宣子，使明眞象也。）杜謂執之乃執叔孫與子服二人，非也。又下文云，「士伯御叔孫，從者四人，過邾館以如吏，先歸邾子。」御叔孫，從者四人，皆兩方被執之人也。以叔孫、邾子並見執，而邾罪較輕，又位尊，故過邾館時使邾子先歸，知邾子不在四人中也。下士伯曰云云，亦見晉人不甚禮邾子，以邾人亦有罪也。邾人有罪，則魯罪自可減輕，故魯人不必以貨賂求免，晉人終禮而歸之也。綜觀文義，鄭、杜及正義由於誤解「士伯聽其辭而愬諸宣子，乃皆執之」一句之意，乃使其後文意，亦連遭誤解，致正義有「豈執邾大夫乎」之疑。且云「分別叔孫與子服，恐其相教示。」傳謂晉人既允以子服當邾大夫坐訟，則叔孫已不在坐訟之中，何需隔離二人以防其相教示乎？權衡諸說，仍當以賈義爲長。

柳宗元之政治思想

林壽宏

柳宗元爲唐宋古文八大家之一，其文學光芒，掩蓋其他才能，使後人一提到柳宗元，即目爲一文學家。舊唐書將柳宗元與韓愈合傳，即專注其文學成就（註一）。然而柳氏一生之努力，幾全獻身於政治，其一生之志業，即以利安元元爲目標之政治理想。早年投身於王、韋集團，推動永貞改革，因而被貶永州，志不能就，晚年再貶柳州刺史，遂將滿腔抱負，貢獻于柳州之建設，興利除害，教化民俗。終卒於柳州刺史任內，百姓思之，奉以爲神，韓昌黎柳州羅池廟碑文中所言之羅池廟者，蓋祠子厚也。「新唐書」將柳宗元與韋執誼、王叔文等同傳，即側重其政治生涯（註二）。

一、政權之形成

儒家政治起源之傳統，乃建立在「天與人歸」之基礎上（註三），謂君長之初立，乃聖人奉承天說，爲民興利除害，佈施政教，而人民奉戴之。子厚則異於是，於「天說」中，推倒天之主宰性，駁斥「天與」之說，其答「劉禹錫天論書」云：

……且子以天之生植也，爲天耶？爲人耶？抑自生而植乎？若以爲爲人，則吾愈不識也。若果以爲自生而植，則彼自生而植耳，何以異夫果蓏之自爲果蓏，癰痔之自爲癰痔，草木之自爲草木耶？是非爲蟲謀明矣，猶天之不謀人乎。……生植與災荒，皆天也；法制與悖亂，皆人也，二之而已。其事各行，不相預。（河東先生集卷三十一頁八之2）「天說」一文亦曰：

天地，大果蓏也；元氣，大癰痔也；陰陽，大草木也，其烏能賞功而罰禍乎？功者自功，禍者自禍，欲望其賞罰者大謬。（文集卷十六頁三）

柳氏既斷絕天與人之關係，以爲「天自天，人自人」，各行其事，不相干預。則人間政治之源起，自不能推源於天，而須另闢蹊徑。

政治既是人間之事，其源起自當由「人」著手。子厚觀察人類歷史之進化，推究「封建」之來源，而提出政治之組織，政權之樹立，亦非聖人之創制，乃是自然之「勢」，而聖人乃順「勢」，或以理「斷曲直」以服人，或運用強權——痛之而後畏——以行公理，於是君長刑政生焉。在「封建論」一文中，子厚論封建之形成，乃非聖人之意也，蓋勢也。其曰：

彼封建者，更古聖王堯、舜、禹、湯、文、武而莫能去之，蓋非不欲去之也，勢不可也。勢之來，其生人之初乎？不初，無以有封建；封建，非聖人意也。……是故有里胥而後有縣大夫，有縣大夫而後有諸侯，有諸侯而後有方伯、連帥，有方伯連帥而後有天子。自天子至於里胥，其德在人者，死必求其嗣而奉之。故封建非聖人意也，勢也。（文集卷三頁二之1～三）

封建制度是中國第一個政治制度，由其形成經過，可以明白政治組織及政權樹立之始末。柳氏認爲「『封建』非聖人之意，乃歷史演化之自然趨勢。」原始人類之矇昧，爲與自然奮鬥，乃聚合成各個小團體，以群策群力，征服自然之危害，於是有小組織生焉。各小組織間難免又有紛爭、而又化解結合，而形成較大組織；如是，逐漸由小而大，組織之領袖由里胥、而縣大夫、而諸侯、而方伯連帥，終而有天子，由下而上，經過長期鬥爭，逐漸形成一個完整之國家組織，政治制度，於焉形成（註四）。

因此，政治制度在紛爭→化解→融合之循環過程中，而逐漸形成。它既無涉于天，亦非聖人之創制，乃歷史進化發展之勢耳。

二、略論唐室之病

有唐之病，依子厚之見，約有三端：

一、藩鎮問題：唐代藩鎮跋扈，幾乎無視中央政府之存在而成爲一獨立王國，與中央政府抗爭（註五）。

子厚作「封建論」即針對此問題而發。

子厚以爲「封建」制度乃一不完全之制度，「非公之大者也，私其力於己也，私其衞於子孫也。」然殷、周聖王所以不革其制者，蓋不得已也。湯、武乃資諸侯以取天下也。此制度有一內在缺陷，世襲是也。子厚曰：

夫天下之道，理安斯得人者也。使賢者居上，不肖者居下，而後可以理安。今夫封建者，繼世而理。繼世而理者，上果賢乎？下果不肖乎？則生人之理亂未可知也。將欲利其社稷，以一其

人之視聽，則又有世大夫世食祿邑，以盡其封略。聖賢生于其時，亦無以立於天下，封建者爲之也。（文集卷三頁八之2～九之1）

子厚認爲治安之道，乃在於「賢者居上位，不肖者居下位」。然處於封建世襲制度下，世大夫世食祿邑（註六），並不能保證其果賢也。居下位平民之賢者，亦無由昇至上位，以服務民衆，終於導致賢、不肖易位，「不肖者居上，賢者處下」，如何能理安？即使聖賢生于其時，恐亦徒呼奈何耳。若此私天下之封建，必須更革，乃勢所必然。秦始皇統一天下，乃裂封建爲郡縣（註七），子厚以爲「其爲制，公之大者也」，「公天下之端自秦始」。郡縣制革除封建世襲之缺憾，只要能任賢使能，使理人之臣爲守宰，當能長治久安。然而秦有天下，未及十五載而亡，其故何哉？蓋郡縣制亦有一永無解決之癥結，即權力中心——皇帝本身依舊世襲，皇帝果皆賢乎？皇帝昏庸，如何能擇理人之臣爲守宰？如何能臻天下於治平之域？翻開中國數千年之歷史，終究昏庸之君多，而治世之主罕見；是以數千年歷史中，亂世時多，治世時少，其癥結在此。子厚雖然沈痛指出郡縣制「其情私也，私其一己之威也，私其盡臣畜於我也。」而推崇堯舜禪讓，「大公乃克建」。然又能奈何！今日再讀「封建論」、「貞符」二文，能不深歎子厚生於斯時，却具有如此進步之民主思想，其以爲唯有打破一切世襲，以禪讓加上郡縣，乃爲一理想制度。

子厚生於專制體制下，亦無法打破此限制，唯就封建與郡縣相權取其輕，而選擇郡縣。因此子厚云：「唐興，制州邑，立守宰，此其所以爲宜也。」雖因行郡縣而生方鎭之禍，柳氏以爲其失非在制度本身，另有他故，曰：

然猶桀猾時起，虐害方域者，失不在於州，而在於兵。時則有叛將，而無叛州。州縣之設，固不可革也。（文集卷三頁五之2）

所謂「叛將」，即指類似諸侯之方鎭。而叛將之產生，即在於握有兵權，將軍隊私人化。子厚以爲欲消除方鎭之弊病，蓋在善制兵，謹擇守則可矣，非必一定要更改制定也，其言曰：

今國家盡制郡邑，連置守宰，其不可變也固矣。善制兵，謹擇守，則理平矣。（文集卷三頁八之1）

善制兵，即是整頓軍隊，使它不致成爲私人之武力。謹擇守，則在於任賢使能，使賢者居上位，不肖者居下位，如此則無叛將矣。藩鎭之禍亦可消弭於無形。

綜之，唐代方鎭節帥，或父死子繼，或自擧留後，其雖不同於三代之封建諸侯，然「不禀朝旨」，獨覇一方，與春秋列國並無二致。柳氏「封建論」，反對封建制度，亦即反對方鎭之跋扈割據。王叔文主政時，推動永貞改革，亦反對藩鎭，如拒絕劍南節度使韋皐之要求兼領劍南三川，即是與藩鎭之奮鬥。柳氏爲王、韋集團中樞決策之重要幕僚，於此亦可見「封建論」一文之實際政治意義。

二、宦官問題：唐代宦官之禍，徵之歷史，無有出其右者，其權力之大，連皇帝之廢立，亦掌握其手中，其餘可知矣（註八）。柳氏作「晉文公問守原議」，即隱示對宦官專權之抗議。曰：

晉文公既受原於王，難其守，問寺人勃鞮，以畀趙衰。余謂：守原，政之大者也，所以承天子，樹霸功，致命諸侯，不宜謀及媟近，以忝王命。而晉君擇大任，不公議於朝，而私議於宮；不博謀於卿相，而獨謀於寺人。雖或衰之賢足以守，國之政不爲敗，而賊賢失政之端，由是茲矣。……其後景監得以相衞鞅，弘、石得以殺望之，誤之者晉文公也。（文集卷四頁一）

子厚罪晉文公問守原於寺人勃鞮，啓後世宦官專權之端，蓋始作俑者也。反觀唐代，軍政大權，俱操於宦寺之手（註九）。子厚此文，寓意深遠，足以發人深省。後人評論此事曰：

唐自德宗懲艾泚賊，故以左右神策、天威等軍，委宦者主之。置護軍中尉、中護軍，分提禁兵，威柄下遷，政在宦人，其視晉文公問原守於寺人尤甚。公此議雖曰論晉文之失，其意實憫當時宦者之禍。逮憲宗元和十五年，而陳弘志之亂作，公之先見，至是驗矣。（柳河東集「晉文公問守原議」註文集卷四頁一）

永貞改革之際，其目標多針對宦官而發，尤以任范希朝、韓泰，奪取宦官兵權一事，尤爲釜底抽薪之計。其意蓋發之於宗元邪？

三、賦斂之重：中唐以後，苛捐雜稅，名目繁多，加以州縣又有「折納」、「進奉」、「宣索」……等不一而足，賦斂之重，成爲人民重大之負擔，子厚「田家」三首（文集卷四十三頁三一～三二），敍農民生活之艱苦云：

辱食徇所務，驅牛向東阡。雞鳴村巷白，夜色歸暮田。札札耒耜聲，飛飛來烏鳶。竭茲筋力事，持用窮歲年。盡輸助徭役，聊就空自眠。子孫日以長，世世還復然。（之一）

籬落隔煙火，農談四鄰夕，庭際秋蟲鳴，疎麻方寂歷。蠶絲盡輸稅，機杼空倚壁。里胥夜經過。雞黍事筵席。各言官長峻，文字多督責。東鄉後租期，車轂陷泥沼，公門少推恕，鞭朴恣狼籍。努力慎經營，肌膚眞可惜。迎新在此歲，唯恐踵前跡。（之二）

古道饒蒺藜，縈廻古城曲，蓼花被堤岸，陂水寒更淥。是時收穫竟，落日多樵牧，風高楡柳疎，霜重梨棗熟，行人迷去住，野鳥競棲宿，因翁笑相念，昏黑愼原陸。今年幸少豐，無厭饘與粥。

（之三）

「田家」三首描述農民窮年盡歲，日日早出晚歸，竭盡筋力，從事農耕。然一年辛苦所得，盡供吏胥之橫征暴斂。即使婦女在家中養蠶紡織，亦是「蠶絲盡輸稅」。幸而遇到天公作美，收獲稍豐，所剩亦無幾，唯足供給三餐饘粥以餬口耳。王建「田家行」描述豐年時，「男聲欣欣女顏悅，人家不怨言語別」，此種歡樂只是短暫之自慰耳，一遇胥吏，「麥苗上場絹在軸，的知輸得官家足。不望入口復上身，且免向城賣黃犢。田家衣食無厚薄，不見縣門身即樂。」豐年猶且如此，平昔之艱辛亦可想而知。且里胥一來，尚須勤緊肚皮，「雞黍事筵席」，又須滿足其需索，稍有怠慢，則會遭受皮肉之苦，「鞭朴恣狼籍」。爲免遭受肌膚之苦，唯日日更辛勤勞作，日日祈求上蒼保佑，俾能年年豐收，以供官家無饜之索求。此種艱辛生活，歲歲年年皆如此，而且代代相傳，「世世還復然」。追究根源，乃是統治階級之剝削，橫征暴斂之故也（註一〇）。子厚於「答元饒州論政理書」中，即直接點明：

夫弊政之大，莫若賄賂行而征賦亂。（文集卷三十二頁一之1）

蓋欲安民治國，唯有蠲免賦稅，抒解民困，以爲治標之方。次則澄清吏治，不使擾民；整頓賦稅，「定經界，覈名實，乃爲治本之法。」

順宗即位，王、韋諸人實行永貞改革，即先蠲免逋稅，與民休息；黜退暴斂貪吏李實，澄清吏治，實乃減輕人民負擔，利安元元之善法。

柳氏以其慧眼，洞察唐室之病。參與王、韋集團所推動之永貞改革，即針對其病，作興利除弊之改革也。王鳴盛指明「永貞改革」之措施云：

上利於國，下利於民，獨不利於弄權之閹宦，跋扈之強藩。（「十七史商榷」，卷七七）

「上利於國」乃綜合論述永貞改革之種種措施，皆能去除種種弊病，而利於國家也。「下利於民」則指蠲免苛捐雜稅，薄賦斂，以增益人民收入。「不利於閹宦」，免其擅權之病，「不利於強藩」，則革除其割據一方之病。故謂永貞改革，乃子厚政治思想之實踐，亦不爲過矣。

三、柳宗元之政治主張

柳氏在論及政治根源時，雖與儒家傳統「天與人歸」之觀念背道而馳。然而論及政治之實踐，則與儒家之仁政，頗相契合，其「寄許京兆孟容書」中，論及從政之目的：

宗元早歲與負罪者親善，始奇其能，謂可以共立仁義，裨教化。過不自料，懃懃勉勵，唯以中正信義爲志，以興堯舜孔子之道，利安元元爲務。不知愚陋，不可力彊，其素意如此也。（文

集卷三十頁一之2～二之1）

所謂「立仁義，裨教化」，「興堯舜孔子之道，利安元元爲務」，此乃儒家仁政之政治理想。其參與推動永貞改革，亦以實踐儒家仁政爲目標。雖事與願違，永貞改革旋即失敗，然子厚猶希假借文字，將一片治世理想，垂諸後世，其「答吳武陵論非國語書」云：

> 僕之爲文久矣，然心少之，不務也……意欲施之事實，以輔時及物爲道。自爲罪人，捨恐懼，則閑無事，故聊復爲之。然而輔時及物之道，不可陳於今，則宜垂於後。言而不文則泥，然則文者固不可少耶。（文集卷三十一頁一四之2）

是知子厚時時刻刻念念不忘政治理想之實踐，故雖身遭貶黜，猶致力於文，冀以垂後世，待來者，且一有機會，更不忘理想之實踐，再貶柳州，乃將滿腹理想，施惠於柳民，黃翰「祭柳侯文」，稱頌其柳州之德政，曰：

> 一麾出守，惠此南方，龍城雖遠，毋敢怠荒；動以禮法，率由典常；公無負租，私有積倉；居處有屋，濟川有航；黃柑綠柳，至今滿鄉。

故知子厚非爲空談理想之理論家，乃力求實踐之實行家也。

其次儒家重視德治，孔子政治思想中，言及教化之道，尤重以身作則；如季康子問政於孔子，孔子對曰：「政者正也，子率以正，孰敢不正。」因此君主必首修德，而後以德化民，使天下同趨於德化，斯爲德治矣，故論語爲政篇中，孔子明白揭櫫：「爲政以德。」子厚論政，亦甚重視「德」字。

其「塗山銘」曰：

天地之道，尚德而右功；帝王之政，崇德而賞功，故堯舜至德而位不及嗣，湯武大功而祚延於世……向使繼代守文之君，又能紹其功德，修其政統，卑宮室，惡衣服，拜昌言，平均賦入，制定朝會，則諸侯常至，而天命不去矣！」（文集卷二十頁一〇之1）

蓋君王必須有德，始能服衆。封建論言里胥、縣大夫、諸侯、方伯、連帥、天子，所以能服衆，平息紛爭，即以其德化之。紛爭愈大，其德亦愈大，如此始能平息，故曰：

於是有諸侯之列，則其爭又有大者焉。德又大者，諸侯之列又就而聽命焉，以安其封，於是有方伯、連帥之列，則其爭又有大者焉。德又大者，方伯、連帥之類又就而聽命焉，以安其人，然後天下會於一。（文集卷三頁三之1）

群聚組織愈大，紛爭愈烈，其領袖所具之德愈大，始能服衆平亂。然則爲天下共主者，其德必最大，始克任之。故「貞符」亦云：

厥初罔匪極亂，而後稍可爲也，非德不樹。故仲尼敍書，於堯曰：「克明俊德」。於舜曰：「濬哲文明」，於禹曰：「文布祇承於帝」，於湯曰：「克寬克仁，彰信兆民」，於武王曰：「有道曾孫」稽揆典誓，貞哉！惟茲德實受命之符，以奠永祀。（文集卷一頁二八之2）

由此可知，爲一國之君，其必備之條件，乃在「有德」，始克爲之。子厚推崇堯舜禪讓，乃美其傳德不傳子。禪讓則紹世者皆有德也；傳子則子未必賢，子不賢，而欲國治，戛戛乎其難哉。

君有德則民心歸之，君無道則民心悖焉，於是有政權轉移之事，故「貞符」云：「德紹者嗣，道怠者奪。」「禹舜之事」一文，評論曹丕篡漢之是非，更發揮此義，曰：

魏公子丕由其父得漢禪，還自南郊，謂其人曰：「舜禹之事，吾知之矣。」由丕以來皆笑之。柳先生曰：「丕之言若是可也。嚮者丕若曰：禹舜之道，吾知之矣，丕罪也。其事則信，吾見笑者之不知言，未見丕之可笑者也。凡易姓授位，公與私，仁與強，其道不同；而前者忘，後者繫，其事同。使以堯之聖，一日得舜而與之天下，能乎？吾見小爭於朝，大爭於野，其爲亂，堯無以已之，何也？堯未忘於人，舜未繫於人也。……堯知其道不可，退而自忘。舜知堯之忘已而繫舜於人也，進而自繫……。積十餘年，人曰：「明我者舜也，齊我者舜也，資我者舜也」，天下之在位者，皆舜之人也。而堯隤然，聾其聰，昏其明，愚其聖……至於堯死，天下曰：「久矣！舜之君我也」，夫然後能揖讓受終於文祖。舜之與禹也亦然……漢之失德久矣，其不繫而忘也甚矣。宦董袁陶之賊生人盈矣，丕之父攘禍以立強，積三十餘年，天下之主曹氏而已，無漢之思也。丕嗣而禪，天下得之以爲晚，何以異夫舜禹之事耶？……公與私，仁與強，其道不同；其忘而繫者，無以異也。堯舜之忘，不使如漢，不能授舜禹；舜禹之繫，不使如曹氏，不能受之堯舜。」（文集卷二十頁一七～一九）

子厚比較「堯舜禪」及「曹丕受漢禪」，說明禪讓之本質。柳氏認爲二者「前者忘，後者繫，其事同」。所謂「忘」、「繫」，即是民心之歸趨。如漢失德，加以末年戰亂頻繁，已失民心，人心不思漢，已忘有漢矣；漢室不亡何待。若舜、禹施德於民，積數十年，而民心趨之，受禪乃順理成章之事。故所謂「其事同」，即是帝位之轉移，乃以民心之歸向爲準，所謂「得民者昌，失民者亡」是也。至若「其道異」者，乃就其存心之公與私，手段之以仁或以強而言。以「堯舜禪讓」言，堯舜固存公天下之心，而以和平之手段，逐步造成政權之自然轉移。若「丕受漢禪」，則其情私也，非存公天下之心，其手段則以強力爲之，非施德於民，而使民心自然之順服，造成政權轉移，故云：「其道異」也。

由子厚對禪讓之推崇，及其對禪讓之體認，吾人可以了解子厚心中以爲政權之轉移乃以民心爲歸趨；而民心之向背，則繫於君上之德。而國家欲長保政權，唯有修德以安民，使民心服。蓋主上有德，則國易治，然處於專制體制之下，君位世襲，有德之君，固不易得。因此子厚提出加強相權，責任分工之政策，而將皇帝之實權架空，作爲權宜之計。其「梓人傳」即以隱喻方式，提示此種主張，其曰：

……吾聞勞心者役人，勞力者役於人。……彼爲天下者本於人；其執役者，爲徒隸、爲鄉師、里胥；其上爲下士，又其上爲中士、爲上士；又其上爲大夫、爲卿、爲公。離而爲六職，判而爲百役。外薄四海，有方伯、連帥；郡有守，邑有宰，皆有佐政；其下有胥吏，又其下有嗇夫、版尹，以就役焉，猶衆工之各有執伎以食力也。彼佐天子，相天下者，擧而加焉，指而使焉，條其綱紀而盈縮焉，齊其法制而整頓焉，猶梓人之有規矩，繩墨以定制也。擇天下之士，使稱其職；居天下之人，使安其業。視都知野，視野知國，視國知天下，其遠邇細大，可手據其圖而究焉，猶梓人畫宮於堵而績于成也。能者進而由之，使無所德；不能者退而休之，亦莫敢慍。不衒能，不矜名，不親小勞，不侵衆官，日與天下英才討論其大經，猶梓人之善運衆工而不伐藝也，夫然後相道德而萬國理矣。相道既得，萬國既理，天下擧首而望曰：「吾相之功也。」後之人循跡而慕曰：「彼相之才也」，士或談殷、周之理者，曰伊、傅、周、召，其百執事之勤勞而不得紀焉？猶梓人自名其功而執用者不列也。大哉相乎！通是道者，所謂相而已矣。其不知體要者反此：以恪勤爲公，以簿書爲尊，衒能矜名，親小勞，侵衆官，竊取六職百役之事，听听於府庭，而遺其大者遠者焉，所謂不通是道者也。……或曰：「彼主爲室者，儻或發其私智，牽制梓人之慮，奪其世守而道謀是用，雖不能成功，豈其罪耶？亦在任之而已。」余曰：「不然。夫繩墨誠陳，規矩誠設，高者不可抑而下也，狹者不可張而廣也。由我則固，不由我則圮，彼將樂去固而就圮也，則卷其術，默其智，悠爾而去，不屈吾道，是誠良梓人耳。」（文集卷十七頁八～一〇之1）

「梓人傳」借梓人以喻相臣之道，蓋子厚最重要政治論文之一，其主要論點約有如下數端：

一、政治組織非常嚴密：由下而上，有徒隸、嗇夫、版尹之徒，即社會上一般平民，屬勞力階級。依次而上，有鄉師、里胥、下士、中士、上士、大夫、卿、公；地方由上而下，則有方伯、連帥、郡守、邑宰、佐政、里胥，而後爲平民百姓。而相總其成。子厚於「封建論」中論政治組織之形成，乃由下而上，經過長期演化，而形成一嚴密之政治組織。與此文所言相契合。

二、講究分工：上至宰相，下至僕隸，各階層皆有其職責，遠邇細大，皆有定制，不容踰越。所謂「衆工之各有執伎以食力」者也。

三、相在此政治體制中，居樞紐地位，負責擬定治國大經，條其綱紀，齊其法制，督責天下之士，使各稱職，不衒能矜名，不親小勞，侵衆官。

四、皇帝雖爲一國之主，然不可濫發私智，侵犯相權，須完全信任宰相，蓋政事「由我（相）則固，不由我則圮」。因此皇帝乃虛位之元首耳。

綜合而言，子厚之政治主張，猶如今之責任內閣制，皇帝乃虛位元首，雖名爲一國之主，然無實權，猶今之日本天皇，英國女王。而相乃掌握國家政治大權，猶如內閣總理、首相也。如此皇帝雖是世襲，即使不賢，於國家危害亦小。而相則非世襲，故唯擇賢而任之，不賢則去之。子厚之立意固佳，然相之人選如何決定？由誰決定，方能保證其賢，此乃一更重要問題，而子厚則未論及，亦其理想之一大缺憾也。

子厚既強調責任分工，然如何使六職百役，各盡其職，則端視如何使人「適其位，盡其才」，因此柳氏甚重視擇士任賢。在「封建論」一文中，子厚言治天下之道，曰：

夫天下之道，理安斯得人者也。使賢者居上，不肖者居下，而後可以理安。（文集卷三頁八之2）

而封建世襲正是妨礙賢者居上位之絆脚石，「封建論」續云：

今夫封建者，繼世而理。繼世而理者，上果賢乎？下果不肖乎？則生人之理亂未可知也。……聖賢生於其時，亦無以立於天下，封建者爲之也。（文集卷三頁八之2～九之1）

在「非國語」「命官」條，晉文公以姓命官，子厚亦非之，曰「胥、籍、狐、箕、欒、郤、柏、先、羊舌、董、韓、實掌近官；諸姬之良，掌其中官，異姓之能，掌其遠官。非曰：官之命，宜以材耶？抑以姓乎？文公將行覇，而不知變是弊俗，以登天下之士，而擧族以命乎遠近，則陋矣。若將軍大夫，必出舊族，或無可焉，猶用之耶？必不出乎異族，或有可焉，猶棄之耶？則晉國之政可見矣。（文集卷四十五頁七）

原晉文公命官，乃承封建遺意，而子厚力斥以身分、血統作爲用人之標準，主張命官宜以材，故責晉文不能變封建弊俗，登用天下賢士。「六逆論」一文，亦主此理，以駁「賤妨貴，少陵長、遠間親、新間舊」之爲逆也，曰：

夫所謂「賤妨貴」者，蓋斥言擇嗣之道，子以母貴者也。若貴而愚，賤而聖且賢，以是而妨之，其爲理本大矣，而可捨之以從斯言乎？此其不可固也。夫所謂「遠間親，新間舊」，蓋言任用之道也。使親而舊者愚，遠而新者聖且賢，以是而間之，其爲理本亦大矣，又可捨之以從斯言乎……」（文集卷三頁二五之2）

次又引實例以證成其說，曰：

晉厲死而悼公入，乃理；宋襄嗣而子魚退，乃亂；貴不足尙也。秦用張祿而黜穰侯，乃安；魏相成璜而疏吳起，乃危；親不足與也。符氏進王猛而殺樊世，乃興；胡亥任趙高而族李斯，乃滅，舊不足恃也。（文集卷三頁二六之1～二七）

所謂貴賤、遠親、新舊乃就其身分，與關係言，無關乎其人之才能。而子厚言任用之道，唯才是舉，使其人聖且賢，雖至賤、至遠、至新，猶當任之，使盡其才；若其人庸愚，雖至貴、至親，猶當棄之，無使竊居要津，以誤國害民也。唐人門閥相閧，錮習難解，子厚之言，可謂深中其病。施於今日，亦不可移易，或有以「內舉不避親」自解者，殆泥古而不明是非、去舊者也。

欲任賢使能，使各盡厥才，首須知人，方能善用之。不知其賢否，何能任賢？然知人尤非易事，荐舉之道尤難，「與楊京兆憑書」暢言此事，曰：

大凡荐舉之道，古人之所謂難者，其難非苟一而已也，知之難，言之難，聽信之難。夫人有有之而恥言之者，有有之而樂言之者，有無之而工言之者，有無之而不言似有之者。有之而恥言之者，上也，雖堯舜猶難知之，孔子亦曰「失之子羽」，下斯而言，知而不失者，妄矣。有之而言之者，次也。德如漢光武，馮衍不用；才如王景略，以尹緯爲令史，是皆終日號鳴大吒，而卒莫之省。無之而工言者，賊也，趙括得以代廉頗，馬謖得以惑孔明也，今之若此類者，不乏於世，將相大臣聞其言而必能辨之者，亦妄矣。無之而不言者，土木類也，周仁以重臣爲二千石，許靖以人譽而致三公，近世尤好此類，以爲長者，最得荐寵。……夫捧土揭木，而致之巖廊之上，蒙以紱冕，翼以徒隸，而趨走其左右，豈有補於萬民之勞苦哉。聖人之道，不益於世用，凡以此也，故曰「知之難」。……然則彼未吾信，而吾告之以士，必有三間：是將曰：「彼誠知士歟？知文歟？」疑之而未重，一間也。又曰：「彼無乃私好歟？交以利歟？」二間也。又曰：「彼不足我而忌我哉？茲咈吾事」，三間也。畏是而不言，故曰：言之難。言而有是患，故曰：聽信之難。唯明者爲能得其所以薦，得其所以言，得其所以聽，一不至，則不可冀矣。（文集卷三十頁八～一〇）

本文子厚敍述薦舉人才之難，詳實而入理，析而言之，約從三方面立論：

一、知人難：凡人之能與其言，實往往不相合。子厚依此將人分爲四類。實有才能者，或謙虛而恥言其有，子厚以爲其人品最上，然人亦無由知其能，堯、舜、孔子猶難知之，況凡人乎？其次有能且言之者，然人或莫之信。若此二者，皆實有才能，或不言而人無由知之，或言而莫之省，是以賢者難顯於世者也。

至若實無才能，却工於言詞，人皆惑其言，以爲實有才也而信任之，若此類好自尊大以惑人者，朝中比比皆是。子厚有「鞭賈」一文，諷刺此類人曰：

……今之梔其貌，蠟其言，以求賈技於朝。當其分則善，一誤而過其分則喜。當其分則反怒曰：「余曷不至於公卿」然而至焉者亦良多矣。居無事，雖過三年，不害；當其有事，驅之於陳力之列，以御乎物，以夫空空之內，糞壤之理，而責其大擊之效，惡有不折其用，而獲隊傷之患者乎？

若此好大言以竊居公卿之位者，無事猶可，有事則原形畢露而衆受其害矣。或有無之而不言者，直如木石，而人反以爲長者，置之廟堂之上，實無裨於世用也。此二類人，無論工言或不言，人無不信之，而誤以爲賢者，竊居要津。賢不肖易位，人莫知之，世亦莫辨賢愚，故曰「知人難」。（文集卷二十頁二二三）

二、言之難：國有遺才，即欲薦賢，彼或疑我眞知人？而未信；或直以我勾黨營私；或嫉我，因此薦賢舉才亦未易也。

三、聽信難：彼既不我信而疑忌我，則欲其聽吾言以任人，更不可能。

綜合言之，任賢使能，固治國之不二法門，然知人難，薦舉人亦難，主上又不易聽信正言。則欲使賢者居上位，不肖者居下位，恐非易事。然如何解決此種兩難，使賢不肖各得其位，各安其分，子厚則憾未言也，唯曰：「由道廢邪，用賢棄愚，推以革物，宜民之蘇。」（「全義縣復北門記」，文集卷二十六頁二五之1）

任賢使能之責任內閣制，既如上述。然爲官之道若何？子厚提出兩點彌足珍貴：

一、爲官養民之理道，重在順其性而勿擾之。「種樹郭橐駝傳」一文，借郭橐駝之善植樹，「所種樹或移徙，無不活，且碩茂蚤實以蕃」，說明爲官養民之理，曰：

橐駝非能使木壽且茲也，能順木之天，以致其性焉爾。……其蒔也若子，其置也若棄，則其天者全而其性得矣。故吾不害其長而已，非有能碩茂之也；不抑耗其實而已，非有能蚤而蕃之也。

……然吾居鄉，見長人者好煩其令，若甚憐焉，而卒以禍。旦暮吏來而呼曰：「官命促爾耕，勗爾植，督爾穫。蚤繰而緒，蚤織而縷；字而幼孩，遂而雞豚。」鳴鼓而聚之，擊木而召之。吾小人輟饔飧以勞吏者，且不得暇，又何以蕃吾生而安吾性耶？故病且怠。若是則與吾業者其亦有類乎？（文集卷十七頁三～四）

歷來爲官之人，或失之嚴酷，則暴用民力；或過份慈愛，則嘮叨教訓不已。二者皆徒擾民耳，非利民也。子厚深鑑於是，乃假郭橐駝之口，作此一篇「治人大文章」，「以爲官戒」。

二、公僕觀念：子厚一反前人「官以役民」之觀念，而提出「吏者民之役也」之說。「送薛存義序」中此義曰：

凡吏于土者，若知其職乎？蓋民之役，非以役民而已也。凡民之食于土者，出其十一傭乎吏，使司平於我也。今我受其直，怠其事者，天下皆然；豈惟怠之，又從而盜之。向使傭一夫於家，受若直，怠若事，又盜若貨器，則必甚怒而黜罰之矣。以今天下多類此，而民莫敢肆其怒而黜罰者，何哉？勢不同也，勢不同而理同，如吾民何？有達于理者，得不恐而畏乎？（文集卷二十三頁四之2～五之1）

送寧國范明府詩序亦云：

夫仕之爲美，利乎人之謂也。與其給於供備，孰若安於化導，故求發吾所學者，施於物而已矣！夫爲吏者，人役也，役於人而食其力，可無報耶！（文集卷二十二頁七）

世人率以爲官吏乃高高在上之統治階級，管人者也。子厚則異於是，以爲官吏乃受人民委託，以服務、造福民衆者也，猶役傭於人之僕隸也，故曰吏者人役也，非以役民。此種以官吏爲人民公僕之觀念，施於今日民主社會，甚爲契合；生於專制時代之子厚，而有如此進步之政治理念，實令人贊佩。

傳統儒家，好談義、利之辨，奢言義而羞言利，以爲「君子喻於義，小人喻於利」，求利乃小人之行爲，君子不屑也。子厚却毅然一洗此種高調，而提出正當之利，以勸勉仕人，善自爲官，可功成利遂，名利雙收。「吏商」曰：

吏而商也。汚吏之爲商，不若廉吏之商，其爲利也博。汚吏以貨商，資同惡，與之爲曹……幸而得利，不能什一二。身敗祿奪，大者死，次貶廢；小者惡，終不遂，汚吏惡能商矣哉。廉吏以行商……利愈多，名愈尊，身富而家強，子孫葆光，是故廉吏之商博也。苟修嚴潔白以理政，由小吏得爲縣，由小縣得大縣，由大縣得刺小州，其利月益各倍；其行不改，又由小州得大州，其利月益三之一；其行又不改，又由大州得廉一道，其利月益之三倍，不勝富矣。苟其行又不改，則其爲得也，夫可量哉，雖赭山以爲章，涸海以爲鹽，未有利大能若是者。然而舉世爭爲貨商，以故貶吏相逐於道，百不能一遂。人之知謀，好邇富而近禍如此，悲夫。或曰：君子謀道不謀富，子見孟子之對宋硜乎，何以利爲也？柳子曰：君子有二道，誠而明者不可教以利，明而誠者利進而害退焉。吾爲是言，爲利而爲之者設也，或安而行之，或利而行之，及其成功一也。吾哀夫沒於利者，以亂人而自敗也。姑設是，庶由利之小大，登進其志，幸而不撓乎下，以成其政，交得其大利，吾言不得已爾，何暇從容若孟子乎？孟子好道而無情，其功緩以疏，未若孔子之急民也。（文集卷二十頁二三之2～二五之1）

在中國農業社會裏，有濃厚重農輕商之傾向，專制帝王更順水推舟，重農抑商，使安土重遷，較富保守性之農民，提高其社會地位，而安於專制政權之剝削，而將富流動性之商人，推入重利輕義之罪惡深淵，貶低其社會地位，而居四民之末。儒家亦講義利之辨，柳子則一反儒家傳統，毅然提出「吏商」之觀念，以爲汚吏以貨商，利小而危身，多身敗祿奪；廉吏以行商，名利雙收，其利不可勝量。所謂「貨商」即招財納賄，以偷取小利；行商即身嚴行修，以理政，而漸至高官，利祿大矣。駁斥孟子「何必曰利」之說，以爲「好道而無情，其功緩以疏」。蓋「利」亦人之所好也，必也因利疏導，以入於正道，以利誘進其志，使個人與國家兼得利也。孔子曰：「富與貴，是人之所欲也，不以其道得之不處也。」（里仁）富貴之好既爲人之所欲，聖人亦不禁，唯須以道得之。柳子言「吏商」，謂「廉吏以行商」，正合乎道也，雖孔子亦不禁。

柳氏既言「吏商」，又提出賞罰以爲懲勸之道，且必速方有功也。「斷刑論下」云：

夫聖人之爲賞罰者，非他，所以懲勸者也。賞務速而後有勸，罰務速而後有懲。必曰賞以春夏，而刑以秋冬，而謂之至理者，僞也。使秋冬爲善者，必俟春夏而後賞，則爲善者必怠；春夏爲不善者，必俟秋冬而後罰，則爲不善者必懈。爲善者怠，爲不善者懈，是驅天下之人而入於罪也。驅天下之人入於罪，又緩而慢之，以滋其懈怠，此刑之所以不措也。必使爲善者，不踰月、踰時而得其賞，則人勇而有勸焉；爲不善者，不踰月、踰時而得其罰，則人懼而有懲焉。爲善者日以有勸，爲不善者月以有懲，是驅天下之人而從善遠罪也。驅天下之人而從善遠罪，是刑之所以措而化之所以成也。或者務言天而不言人，是惑於道者也，胡不謀之人心以熟吾道，吾道之盡而人化矣（文集卷三頁二〇之2～二一）

子厚以爲賞罰的目的在於懲惡勸善。賞罰必速，方能收其效。然而儒家吸收陰陽五行觀念，以爲春夏主生，宜賞不宜罰；秋屬金，爲官，秋冬多肅殺氣，宜罰不宜賞。因此賞罰往往拖延時日，使人滋生懈怠之心，而減懲勸之功。故柳氏以爲「言天者，蓋以愚蚩蚩者耳，非爲聰明睿智者設也」。「務言天而不言人，是惑於道者也」。故拘泥四時以行賞罰，蓋蔽於天而不知人也。必也謀諸人心，速賞速罰，以收懲勸之功，方足以刑措而化成也。若有自命高潔，有功而逃賞者，子厚亦非之，以爲破壞刑賞之常規，不可爲也。如「非國語下」論「董安于」逃賞，子厚非之曰：

功之受賞，可傳繼之道也。君子雖不欲，亦必將受之。今乃遁逃以自潔，則受賞者必恥。受賞者恥，則立功者怠，國斯弱矣。君子之爲也，動以謀國，吾固不悅董子之潔也。（文集卷四十五頁一九之1）

儒家較反對刑罰，而倡議禮樂教化之功。而子厚直以「禮樂爲虛器」（註一一），就「禮」言，藉田乃古禮之要，「非國語」，論「宣王不藉千畝」，子厚非之曰：

古之必藉千畝者，禮之飾也。其道若曰「吾猶耕云爾」，又曰「吾以奉天地宗廟」，則存其禮誠善矣。然而存其禮之爲勸乎農也，則未若時使而不奪其力，節用而不殫其財；通其有無，和其鄉閭；則食固人之大急，不勸而勸矣。……彼之不圖，而曰「我特以是勸，則固不可。」（文集卷四十四頁二之2～三之1）

至於「祀」亦禮之大者，古尤重之，曰「國之大事，在祀與戎」，然祀常涉及神，子厚則非之曰：「夫祀，先王所以佐教也，未必神之。」（「非國語」、「祀」條文集卷四十五頁三之2）「䄍說」更申其義曰：

柳子爲御史，主祀事。將䄍，進有司以問䄍之說，則曰：「合百神於南郊，以爲歲報者也。……」余嘗學禮，蓋思而得之，則曰：「順成之方，其䄍乃通」，若是古矣。旣而歎曰：「神之貌乎，吾不可得而見也。祭之饗乎？吾不可得而知也。是其誕漫惝怳，冥冥焉不可執取者。夫聖人之爲心也，必有道而已矣。非于神也，蓋于人也。……」（文集卷十六頁一六）

蓋依神道設教之禮，與重世用、民用之子厚相背，是以子厚不取之。

至若以樂有移風易俗之功，子厚尤非之，以爲移風易俗乃聖人之理政。樂乃由人情出者也，其始非聖人作也。蓋聖人旣理，乃飾乎樂，以象政令之美。非樂能移風易俗，唯政令始能收移風易俗教化之功也（註一二）。

四、結論

柳子厚之政治思想，基於其天說，反對儒家傳統天人相應之說，而側重人事。以民生爲指歸，而標擧「世用」。所謂世用者，即民用也。有調和儒、法之傾向。以今日視之，其思想甚具現代意義。今將其政治理念歸結於下：

一、政治理念奠基於「天人不相謀」之上，反對儒家天與人歸之說。棄天重人，破除傳統神道設教尙迷信荒謬之論。

二、以歷史進化觀念，說明「制度」之形成，乃時代潮流所趨，非聖人創制。因此制度須依時代之變遷，作適當變革。既不可泥於「貴古賤今」之陋見，事事擬古，或拘於聖人創制，不敢立異，使「制度」與時代環境格格不入，如何能治平乎？

三、洞察時代之弊端，提出解決之法，是其政治理念，非徒空想，乃能配合事實，理論與實踐合一。

四、懸以崇高政治理想，爲政乃欲「立仁義、裨教化」，「以中正信義爲志，以興堯舜孔子之道，利安元元爲務。」與儒家所標榜之政治目標無異，是以柳子亦隱隱以儒家自居，然其具體主張，却非儒家所能範疇者。

五、重視君德。雖推崇堯、舜禪讓傳賢不傳子之大公美制，以長保君德。然現實專制家天下之情況，欲長保君之有德，固不可能，柳氏提出變通之法，將君權下移於相，使無德之君，成爲虛位之領袖，無使害民。

六、提出組織嚴謹之內閣分工制，強調任賢使能，使賢人居上位，不肖者居下位，賢不肖各盡其能，各安其位。

七、提出官吏乃人民公僕之正確觀念，以爲吏者，人役也，非以役民也。使官吏不自以爲居高位而欺壓人民，能盡力爲民謀利。尤反對世襲封建之陋習。

八、緣人情以言吏，提出「吏商」理論，使官吏能正大光明謀利。不致貪汚納賄，損民害己。

九、反對禮樂教化之高調，以爲禮樂乃虛器耳，而重視刑賞懲勸之功，此點有濃厚法家理念。

【附註】

註一　見舊唐書卷一百六十，其傳末史臣曰：亦偏重於柳氏文學成就，曰：貞元太和間，以文學聳動縉紳之伍者，宗元、禹錫而已。其巧麗淵博，屬辭比事，誠一代宏才……。」

註二　見新唐書卷一百六十八，列傳第九十三，韋王陸柳程傳，其傳末贊曰：「叔文沾沾小人，竊天下柄，……宗元等橈節從之，徼幸一時。……彼若不傅匪人，自勵材猷不失爲明卿才大夫，惜哉。」無一語涉及其文學成就，唯專就其政治才能與立場言。

註三　儒家「天與人歸」之政治傳統，可溯源自中庸「贊天地之化育，與天地參」，而至董仲舒融陰陽家說，而完成天人合一之政治體系，成爲儒家政治學說之傳統，詳參蕭公權：「中國政治思想史」第九章，華岡出版社。」

註　四　詳參閱杜正勝「周代城邦」，聯經出版社，杜氏於自序謂其書「十萬字，闡述的大旨，封建論千言約略可以盡之。」

註　五　唐代藩鎮之禍，參趙翼：「廿二史劄記」卷二十，「唐節度之禍」、「方鎮驕兵」條。

註　六　公羊傳於春秋時代世卿、世祿甚有譏焉，柳氏此理念，可由其「春秋學」來了解。

註　七　秦始皇依李斯之議，分天下以爲三十六郡，郡置守、尉、監。漢書地理志曰：「秦幷兼四海，以爲周制微弱，終爲諸侯所喪，故不立尺土之封，分天下爲郡縣。」

註　八　參趙翼：「廿二史劄記」卷二十，「唐代宦官之禍」條。

註　九　唐代宦官之爲禍，源於其掌兵權，詳參朱禮：「漢唐事箋」，卷之七「禁兵」條。

註一〇　唐代賦斂之病，柳氏亦有「捕蛇者說」（見河東先生集卷十六頁一五之2）云：「嗚呼！孰知賦斂之毒，有甚是蛇者乎。」鈷鉧潭記亦曰：「其上有居者，……一旦款門來告曰：『不勝官租，私券之委積，既芟山而更居，願以潭上田，貿財以緩禍。』」（文集卷二十九頁四之2～五之1）

註一一　詳參章行嚴：「柳文探微」（下），「通要之部」卷一，「禮樂爲虛器論」。

註一二　詳參「非國語」無射條。（文集卷四十四頁一四之2～一五）。

楚辭惜誦題義及其主題意識

陳怡良

一、前言

在屈原所有作品中，可發現屈原或明白透露，或隱約表達，又或比興寄懷，無不是在表現屈原忠愛君國之愛國意識，熱愛鄉土之草根情懷。此種意識，此種情懷，極爲強烈而澎湃。劉氏在中國文學發展史一書即曾讚揚道：

這種（愛國）精神，通過優美的藝術形式的表現，形成他崇高的品質和偉大的人格，使他在那個朝三暮四，縱橫捭闔的戰國時代裏，樹立着高聳雲霄的碑塔，成爲後人熱愛景仰的典型，和古典文學中的光榮傳統。（註一）

愛國意識、草根情懷，是人性之至善，爲人性最可愛最可貴之處，亦是人之所以稱爲人之緣因。所謂水有源，草有根，人有本，所謂樹高千丈，葉落歸根，凡具有純眞本性之人，凡執着眞情理性之人，必知飲水思源，必知重本務根，亦必熱愛鄉土，熱愛家邦。而在戰國時代，一些遊士說客，却不重視根本，不眷戀故土，流行的是「朝秦暮楚」、「楚才晉用」，若吳起、衞鞅、蘇秦、張儀、犀首、樂毅、范睢輩，莫不如是。但屈原不同，屈原自青少年時代起，即建立「獨立不遷」主義（梁啓超屈原研究）（註二），故屈原所表現之愛國精神，正是屈原被讚頌具有偉大人品之主因。誠如清、王夫之云：

蓋其（屈原）忠愛之性，植根深固，超然於生死之外，雖復百計捐忘，而終不能遏。（註三）

再如近人林氏云：

他（屈原）有深沉的鄉土的愛，國家的愛，他到了被迫流亡，也還不肯離開故國，在那流行着『楚材晉用』的戰國時期，正是難能可貴的品質。（註四）

由此可見屈原之愛國情操，天地同鑒，而此正是屈原自吟：「亦余心之所善兮，雖九死其猶未悔」（離騷）之所在。

個人以為探討屈原愛國意識之源泉，以及表現此意識之作品，極有必要。在屈原所有作品中，除離騷外，九章中之首篇惜誦，則是能為屈原愛國意識作證之重要原始文獻：理由是：

1.惜誦列為九章之首篇，不論是何人編輯（按：據姜亮夫屈原賦校註，以為「九章之輯，蓋必成于淮南幕府無疑，以其上於天子，中秘有其藏本，子雲得觀書中秘，其擬作前五篇，亦即本於安所定之次耶」。（註五）游氏則以劉向九歎憂苦章云：「歎離騷以揚意兮，猶未殫於九章」，故以為九章之名稱，在西漢元成之際，早已有之，乃現有名詞，而非劉向編楚辭時，才給安上。（註六）朱熹謂「後人輯之，得其九章」（註七）是矣。至於後人為何人，則未能確知，唯其必非屈原本人所輯，且標以九章之目，則可確信），其爲編纂者列爲九章之首篇，當非隨意爲之，或認其爲印證屈原憂國憂時，耿耿精忠之重要原始文獻，乃有列爲首篇之舉。

2.九章中之橘頌一篇，一般皆認其爲屈原青年時代之作品，亦爲屈原借詠橘以寄寓情志之我國首篇詠物詩，象徵手法獨特，而屈原堅貞不移之節操，裏外兼美之人格，却已自然流露，所謂「橘不踰淮」，王夫之即以爲「喩忠臣生死依於宗國」。（註八）近人林氏以爲「橘頌是後來離騷的源泉，如果離騷像長江大河的雄偉奔放，橘頌就正像山泉般的清新純淨」。（註九）個人以爲離騷是屈原逐放後之作品，而惜誦則有可能爲橘頌走向離騷之中間作品（按：楚辭學者，多數主張惜誦爲屈原被讒去職時作，是否如此？筆者將於下節論證），亦爲屈原自鳴求仕，而轉向「願依彭咸之遺則」（「離騷」），自沈汨羅之重要線索。

3.屈原既是一感時憂國之「貞臣」，在其作品中，除字裡行間，屢屢反映其志行貞潔，謀國遠大之忠藎外，即若在作品中，亦常出現表示忠誠爲國之「忠」字，經統計結果，屈原作品中，出現「忠」字者，有十三處，其出處及例句如下：

交不「忠」兮怨長（九歌湘君）。　　忠名彌章（天問）。

竭「忠」誠以事君兮（九章惜誦）。　　思君其莫我「忠」兮（九章惜誦）。

「忠」何罪以遇罰兮（九章惜誦）。　　所作「忠」而言之兮（九章惜誦）

吾聞作「忠」以造怨兮（九章惜誦）。　　「忠」不必用兮（九章涉江）

朴以「忠」乎（卜居）（依近人姜氏丁氏二學者之意見，定其爲屈原作）。（註一〇）竭知盡「忠」（卜居）。或「忠」信而死節兮（九章惜往日）十三處中，又以出現於惜誦者最多，共有五處。則惜誦中，屈原所欲表現之愛國赤誠，實有一探之意義在。

4.惜誦之體式、內容、句型、用典、情韻等，均與屈原之自傳體長詩，亦爲「全部作品的縮影」（註一一）之離騷，有逼肖處，如每句以六言爲主，每比兩句爲一韻，不叶韻之句，則用兮字接尾，句型既同，其句意，甚而遣詞用字更有類似者，如：

(甲)離騷：「孰云察余之中情」。
惜誦：「又莫察余之中情」。
(乙)離騷：「指九天以爲正兮」。
惜誦：「指蒼天以爲正」。
(丙)離騷：「國無人莫我知兮」。
惜誦：「退靜默而莫余知兮」。
(丁)離騷：「折瓊枝以爲羞兮，精瓊爢以爲粻」。
惜誦：「擣木蘭以矯蕙兮，糳申椒以爲糧」。
(戊)離騷：「畦留夷與揭車兮，雜杜蘅與芳芷」。

惜誦：「播江離與滋菊兮，願春日以爲糗芳」。

㈢離騷：「欲遠集而無所止兮」。

惜誦：「欲高飛而遠集兮」。

又用典亦有相同者，如：

離騷：「鮌婞直以亡身兮，終然殀乎羽之野」。

惜誦：「行婞直而不豫兮，鮌功用而不就。」

另離騷中，屈原曾詠及向重華陳詞，致幻遊天國之事，惜誦亦詠屈原自云：「昔余夢登天兮」事。且離騷中，屈原曾「命靈氛爲余占之」，惜誦亦道：「吾使厲神占之兮」，至若離騷中，遣用問答法，惜誦亦加使用。

惜誦與離騷，句型、文意，既有逼似處，情韻、意境亦有相同處，則惜誦有可能爲離騷之「萌芽」，亦可謂是離騷之「前奏」，離騷之「習作」，近代學者聶樵即云：「惜誦應是屈原早年的作品，結構和內容很像離騷，可能是離騷的初稿」（註一二）是矣，可知惜誦確有一探之價值。

爲探究惜誦中，屈原所表現之主題意識，以爲離騷中屈原將愛國意識發展到最高潮作佐證，以下個人謹略分爲二節：㈠惜誦題義與寫作時代。㈡惜誦之主題意識——忠君愛國（按：依現代意義解釋，即熱愛國家，熱愛民族）：⑴自題義研判。⑵自語彙及句義探索。⑶自全文結構及寫作心緒析論。分別論證。

二、惜誦題義與寫作時代

惜誦之標題，近代學者以爲屬「無義之題」，但取文首二、三字以爲題者，（註一三）惜誦確係取該篇首二字爲題：「惜誦以致愍兮」，惟其與全文內容、題旨，却息息相關，渾成一氣，故歷來楚辭學者，於此題義，亦加詮釋，惟不免見仁見智，衆說紛紜，謹擇要摘錄如下：

㈠王逸云：

惜，貪也。誦，論也，致，至也，愍，病也，言已貪忠信之道，可以安君，論之於心，誦之於口，至於身以疲病而不能忘。（註一四）

㈡洪興祖云：

惜誦者，惜其君而誦之也。（註一五）

㈢朱熹云：

惜者，愛而有忍之意，誦，言也。（註一六）

㈣戴震云：

誦者，言前事之稱。惜誦，悼惜而誦言之也。（註一七）

㈤王夫之云：

惜，愛也。誦，誦讀古訓以致諫也。……言已愛君而述古訓以致諫，所言之事理，質諸鬼神而

無疑也。（註一八）

㈥蔣驥云：

惜，痛也，誦，增韵，公言之也，通作訟。……蓋原於懷王見疏之後，復乘間自陳，而益被讒致困，故深自痛惜，而發憤爲此篇以白其情也。（註一九）

㈦林雲銘云：

惜，痛也，即惜往日之惜，不在位而猶進諫。（註二〇）

㈧陳本禮云：

惜誦者，諫諍之詞，詩：「家父作誦，以究王訩」。（註二一）

㈨錢澄之云：

惜者，惜君也，亦自惜也。誦者，顯言無諱，與衆共聽之，故其文明白易曉。（註二二）

㈩王闓運云：

誦，誦言也，本與頃襄王謀反懷王，忽背之而以爲罪，欲誦言自明，王怒益禍，又使王負不孝之罪，國事愈不可爲，故惜之而自致愍。（註二三）

⑾胡文英云：

誦如孟子爲王誦之之誦，謂直言而無隱也，愍，可愍也，惜以直言不見用，而反致此可愍之境也。（註二四）

(十二)胡濬源云：

惜，可惜也，誦即忠言也。（註二五）

(十三)馬其昶云：

案說文，惜，痛也，惜誦猶痛陳也，詩云：家父作誦，以究王訩。（註二六）

(十四)王文濡云：

惜誦，惜其君而誦之。（註二七）

(十五)劉夢鵬云：

惜，痛也，誦，反復言也，致招愍憂也，痛已但以忠諫得罪，致此憂患，別無他過也。（註二八）

(十六)游國恩云：

惜誦二字怎麼講？按呂氏春秋長利篇云：「爲天下惜死」。高誘注：「惜，愛也」。廣雅釋詁也訓「惜」爲「愛」。又按說文：「誦，諷也」，國語楚語云：「宴居有工師之誦」，韋昭注：「誦，謂箴諫也」。「惜誦」就是好諫的意思（王逸解作「貪論」，殊覺不通，朱子謂是「愛惜其言」，更不成話）。因爲他歡喜諫諍，所以遭此憂愍，他可恨王聽不聰，所以發誓以明自己所言之忠。（註二九）

(十七)姜亮夫則贊成林雲銘「不在位而猶進諫，比之矇誦，故曰誦」之意見云：

寅按周語有瞍賦蒙誦之制，蓋古之諫官也。古巫史實掌諫納之事，屈子爲懷王左徒，左徒乃宗官之長，入則圖議國事，出則應對諸侯，其職實與漢之太常宗正相類，故得自正於古之瞍矇也。（註三〇）

(十八)劉永濟云：

因自惜曾以誦爲忠諫而被困窮，故思發憤以抒中情也。（註三一）

(十九)聶樵云：

惜，愛好，誦，諫議。喜好進諫。（註三二）

(二十)徐英云：

惜有愛而忍之之意，愍，憂也，言始者愛惜言詞，忍而不發，以致於憂愍，終不獲已而後抒其憤懣焉。（註三三）

(二十一)文氏屈原九章今譯釋惜誦云：

惜是愛好，誦是諫義，惜誦即好諫。

又譯惜誦首句云：

我不喜歡歌功頌德，使我陷於憂困。（註三四）

(二十二)蘇師雪林云：

關於惜誦的題解，筆者現採取洪興祖的意見。「惜」仍以惋惜爲解較妥。屈原所謂惜者，不過爲楚懷王可惜，爲楚國可惜而已。「誦」不一定是「公言」，無非是可以誦讀之文而已。「惜誦」聯成一個詞彙，即惜國惜君所作的忠言。（註三五）

按：惜，歷來學者，或訓爲「貪」、「痛」、「愛」、「喜好」等，訓爲「惋惜」者，則始自洪興祖，其後戴震訓爲「悼惜」，錢澄之訓爲「惜君」，王闓運訓爲「惜之」，胡文英、胡濬源、王文濡、劉永濟、蘇師雪林、亦皆訓爲「可惜」、「自惜」、「惜其君」、「爲楚懷王可惜」、「爲楚國可惜」等。

筆者個人以爲「惜」者，當依洪興祖、戴震、王闓運、蘇師雪林等學者之意見，訓爲「惋惜」較妥，理由是：

㈠惜誦之「惜」，首先當以屈原其他作品爲證，如「惜往日」（按：惜往日，如曾國藩（註三六）、吳汝綸（註三七）、梁啓超（註三八）、孫作雲（註三九）、朱東潤（註四〇）、譚介甫（註四一）等學者，均疑其非屈原作，惟游國恩（註四二）、姜亮夫（註四三）、丁氏（註四四）等學者，則以爲係屈原作無疑，故從之），其首節：「惜往日之曾信兮，受命詔以昭時。奉先功以照下兮，明法度之嫌疑」。

姜亮夫釋之云：

此言追惜往時，曾見信於懷王，受命詔以整飾時政，余乃奉承先業，以光照下民，修明憲令，定其是非然否之疑。（註四五）

又惜往日之篇末又云：「惜壅君之不識」，即謂屈原深惜楚王不知讒人之蔽塞也，足見「惜往日」之惜，及其末句「惜壅君之不識」之惜，皆當訓「惋惜」也。

(二)另查證漢人之作品，亦可作旁證，如賈誼所作「惜誓」（按：依洪興祖（註四六）、朱熹（註四七）、王夫之（註四八）、游國恩（註四九）等學者之意見，將著作權歸之賈誼），以其作品與標題，均仿屈賦而作，故「惜誓」之惜字，亦一如屈賦「惜誦」之惜，其義均當「惋惜」解，王夫之云：「惜誓者，惜屈子之誓死而不知變計也」（註五〇）是矣。又劉向九歎中之「惜賢」一章，「惜」字亦當訓「惋惜」意可知。

至於「惜誦」之誦字，楚辭學者或訓「論」、「言」、「訟」、「誦讀」、「諷」、「忠言」、「直言無隱」、「反復言」、「諫議」、「誦言」等不一。

筆者個人以爲：

(甲)「誦」之字義，當先自屈原作品中求證，較具可信性。查屈原作品中，有橘頌一篇，王逸云：

美橘之有是德，故曰頌。管子篇名有「國頌」，說者云：「頌，容也，陳爲國之形容」。（註五一）

鄭玄周頌譜正義云：

頌之言容，歌成功之容狀也。（註五二）

文心頌贊篇云：

頌者容也，所以美盛德而述形容也。

夫民各有心，勿壅惟口，晉輿之稱原田，魯民之刺裘韠，直言不詠，短辭以諷，邱明子高，並諜爲誦，斯則野誦之變體，浸被乎人事矣。及三閭橘頌，精采芬芳，比類寓意，又覃及細物矣（註五三）

可知「頌」爲文體名，原爲宗廟之樂歌，亦爲贊美之辭，後由對神之禮敬，變而爲人事之贊頌。而「惜誦」之誦，即「頌」也，賦也，屈原及其後學者，亦皆謂賦爲誦，如抽思云：「道（一作抽）思作頌，聊以自救兮」，可見屈原謂賦爲「頌」，而「頌」即「誦」，故孟子萬章篇：「頌其詩」，頌詩即誦詩也，故橘頌即橘誦。推之漢人所作，尚存此意，如王褒洞簫頌，即洞簫誦，亦即洞簫賦。馬融廣成頌，即廣成誦，亦即廣成賦，蓋誦與賦二者，音調雖異，大體可通，故或稱頌，又或稱賦，其實一也。（註五四）

(乙)「誦」既爲「頌」，亦爲「賦」之一種詩歌，可再據詩經或他人之作品爲證，如：

詩大雅烝民云：

吉甫作誦，穆如清風。

「誦」即指可朗誦之詩歌是。再如宋玉「九辯」吟曰：「然中路而迷惑兮，自壓按而學誦」句，學誦即作賦，故王逸於九辯序云：

（屈原）作九歌九章之頌，以諷諫懷王。（註五五）

可知以上所舉之例，皆以頌（同誦）爲賦，猶保存騷人之故訓，故「誦」爲詩體名，極爲明白。

㈸屈賦本爲可歌可詠之樂歌，與詩經同，則「誦」亦當釋爲詩體名較妥。

詩經固爲可弦歌可舞蹈之詩歌，而楚辭亦然，故離騷末尾有「亂」辭（按：亂，朱熹云：「樂節之名」（註五六），蔣驥云：「樂之卒章也」（註五七）是）。另九章抽思有「少歌曰」、「倡曰」，此皆樂節之稱名。而宋書樂志三，楚詞鈔，「今有人」一歌，即用楚辭之山鬼（註五八），可知楚辭之音節，晉宋人猶能詠歌。另九歌東皇太一云：「揚枹兮拊鼓，疏緩節兮安歌，陳竽瑟兮浩倡。靈偃蹇兮姣服，芳菲菲兮滿堂。五音紛兮繁會，君欣欣兮樂康」。東君云：「緪瑟兮交鼓，簫鐘兮瑤簴。鳴箎兮吹竽，思靈保兮賢姱。翾飛兮翠曾，展詩兮會舞，應律兮合節」。由此可證，楚辭確可配絃樂舞蹈，與僅能諷誦之賦，頗有差異（按：楚辭學者，每以漢書藝文志云：「不歌而頌謂之賦」（註五九），以後起之義，以釋本可歌可舞之屈賦，故始有釋「惜誦」之誦，爲「論」、「言」、「訟」、「直言」、「諷」、「諫議」等之誤解）。

而詩、騷雖同爲樂歌，其音節則有別，日本漢學家青木正兒，以爲詩經是以四言爲正調，楚辭是以三言爲正調，三言與四言，在韻律上有很大的不同。三言急促，而四言緩和，急促的三言，在音樂上恰好是三拍子，適宜於跳舞時應用，這可能是南方的人，較之北方人性急，富於感情之表現。且古時候南方人喜跳舞，以楚辭爲適合於跳舞時之歌曲，故生出較輕快急激之三言來，或有可能。（註六〇）由此可知楚辭確可合樂而歌而舞。

再查證「惜誦」末二節：

擣木蘭以矯蕙兮，糳申椒以爲糧。

播江離與滋菊兮，願春日以爲糗芳。

恐情質之不信兮，願曾思而遠身。

楚辭學者劉永濟云：

按下四篇（按：下四篇指涉江、哀郢、抽思、懷沙）末皆有亂辭，此篇獨無，詳審文義，「擣木蘭」以下，乃更端撮要之言，明係此篇之亂，疑此句上脫「亂曰」二字，今補。（註六一）

所考頗見切中肯綮，當從之，則「惜誦」之誦，當指可合樂之詩歌。

綜合上述論證，「惜誦」題義，當釋爲屈原惜國惜君，亦自惜之詩歌，較妥。

至於惜誦之寫作時間，楚辭學者亦各有所見，莫衷一是，謹歸納諸家說如下：

(1)屈原再放於江南時作，王逸主之（註六二），洪興祖從之。

(2)屈原初放時作，朱熹主之（註六三），黃文煥（註六四）、姜亮夫等從之。

(3)屈原於懷王見疏未放之前作，蔣驥主之。（註六五）又蔣氏主惜誦作於離騷之前。林雲銘主惜誦作於懷王見疏之後，即懷王十六年絕齊時，乃作於離騷之後。（註六六）姚鼐則「疑惜誦與離騷同時作，故有重著之語」。（註六七）

又游國恩以爲此篇於懷王十六年，屈原諫絕齊，不聽，被讒去職時作。（註六八）

(4)屈原於懷王廿四年絕齊時或略後作，陸氏主之。（註六九）

按：林雲銘云：

惜誦乃懷王見疏之後，又進言得罪，然亦未放。……大約先被讒止是疏，本傳所謂不復在位，以不復在左徒之位，未嘗不在朝也，故有使於齊，乃諫釋張儀二事。（註七〇）

蔣驥云：

蓋原於懷王見疏之後，復乘間自陳，而益被讒所困，故深自痛陳，而發憤爲此篇，以白其情也。（註七一）

游氏亦主張惜誦非放逐時作，理由是：

①全篇無有關放逐之迹象，其中所言皆反映被讒失職之心情，如「竭忠誠以事君兮，反離羣而贅肬」，離羣即言不在朝列，贅肬即孤立之意，又「忠何罪以遇罰」、「紛逢尤以離謗」，離謗即被讒，遇罰即失職。

②文中「退靜默而莫余知兮，進呼號又莫吾聞。申侘傺之煩惑兮，中悶瞀之忳忳」，爲去職後一種煩悶無聊情緒之描述。

③文中「欲儃佪以干際兮，恐重患而離尤。欲高飛而遠集兮，君罔謂汝何之」，非放逐以後之語氣。

④文中「恐情質之不信兮，故重著以自明」，乃謂雖遇罰，然非至絕望而不可挽回之地步。（註

七二）

⑤陸氏據篇中『初』、『襄』、『至今』等字，以爲此篇作於懷王廿四年絕齊時，但依游氏之考定，則非是，蓋此年屈原正被放在外，故知惜誦決非作於那年。（註七三）

以上林、蔣、游三位學者所論，誠是，筆者以爲可再闡明者，是：

(甲)惜誦全文，無「放流」之文字，亦無放逐之貶所素描。

(乙)全文充滿遭讒畏罪，曲盡作忠造怨之意，然猶有冀望切盼之思，極力表明忠信事君，可質於神明之情，與離騷傷老嘆逝，自絕于國之念有異，亦與哀郢拳拳思返，欲歸死故鄉之意有別，則顯非放逐後之作品。

(丙)文中雖謂「欲高飛而遠集」，顯示屈原不免灰心喪氣，然猶謂「君罔謂汝何之」，透露國君並無強迫逐離之意，可知確非遭國君嚴譴逐放後之語氣。

(丁)史記本傳言屈原被靳尚所讒，致「王怒而疏屈平」，後又言「屈平旣疏，不復在位」，故其後乃有「使於齊」及諫懷王殺張儀二事，證之惜誦本文謂「遇罰」、「離謗」、「離羣」等詞句，均極吻合，亦可證其爲「不復在位」時作，而非逐放後之作。

(戊)文末尾聲（按：依前節劉永濟謂乃亂辭），旋律疏緩，並無逼促之感（按：若如「涉江」一章中之亂辭，則以四言出之，音節迫促，決絕之意，已隱現於旋律之中），且僅謂持守美德，隱居避禍，並無飄然遠行，一去不返之意，則其與逐放後所作者，尤有殊異。

綜合上述研判，個人以爲惜誦當作於見疏被放之前，較爲近是。

二、惜誦的主題意識

惜誦全文之主題意識，可謂「忠君愛國」四字。忠君愛國，本爲儒家諸聖諸賢世傳之家法，就現代之意義而言，即是熱愛國家，熱愛民族。

人之所以異於禽獸者，在於倫理而已。君臣爲五倫之一，故「忠」字即成孔子的一貫之道。朱注云：「盡己之謂忠」。大戴禮亦記孔子語云：「知忠必知中」，「內思畢心曰知中」，亦謂忠爲「竭盡心力」。孟子謂「君臣有義」（滕文公上），而荀子云：「請問爲人君？曰：『以禮分施，均徧而不偏』，請問爲人臣？曰：『以禮待君，忠順而不懈』」（臣道篇。）又尙書云：「爲下克忠」（伊訓），傳：「事上竭誠也」，據此則忠乃赤誠無貳，竭志盡力之謂。

屈原雖非儒家之徒，而其具忠君愛國之情操，極符合儒家精神，應是不容置疑。而此愛國意識，不僅是屬於生長斯土，血濃於水之感情體認，亦是屬於一種家國一體，不可割捨之理性領悟。當屈原在宦途生涯中受挫，政治抱負難以施展時，忠君愛國之意識，更趨於強固，且孕育成一切作品之中心思想，進而形成屈原全力以赴，至死無悔之創作目標。而惜誦即是在此情形下，毫無隱諱，坦誠直言其忠愛君上之首篇作品（按：橘頌雖是屈原青年時代之作品，然僅流露其堅定不移之操守，而未坦露其盡忠君上之旨意），可爲屈原完成一已人格，懷抱爲國獻身之有力證明。

以下再略分三小節：㈠自題義研判。㈡自語彙及其句義探索。㈢自全文結構及寫作心緒析論。以論證「忠君愛國」爲惜誦之主題意識。

㈠自題義研判

「惜誦」之題義，個人已於上節探討，「惜」字雖爲惋惜之義，然其涵義深刻，不可輕忽。惜者更進而推究，當是「惜國惜君亦自惜」之義。玆再分項論之。

㈤惜國

楚國歷史悠久，輻員廣大，地方富饒，誠如戰國策上載蘇秦爲趙合從說楚威王曰：

楚，天下之強國也。大王，天下之賢王也。楚地西有黔中、巫郡，東有夏州、海陽，南有洞庭、蒼梧，北有汾陘之塞、郇陽。地方五千里，帶甲百萬，車千乘，騎萬匹，粟支十年，此霸王之資也。夫以楚之強與大王之賢，天下莫能當也。（註七四）

漢書地理志亦云：

楚地翼軫之分壄也，今之南群江夏、零陵、桂陽、武陵、長沙，及漢中、汝南郡，盡楚分也。周成王時，封文武先師鬻熊之曾孫熊繹於荊蠻，爲楚子。居丹陽，後十餘世至熊達，是爲武王，寖以彊大，後五世至嚴王，總帥諸侯，觀兵周室，併吞江漢之間，內滅陳魯之國。

又云：

楚有江漢川澤山林之饒，江南地廣，或火耕水耨，民食魚稻，以漁獵山伐爲業，……飲食還給，

不憂凍餓。（註七五）

楚有「地方五千里，帶甲百萬」，又有「江漢川澤山林之饒」，百姓「飲食還給，不憂凍餓」，可見楚確爲「天下之強國」，有此逐鹿中原，爭霸天下之資本，如今執政者不思振作，不用賢人（按：一如今日屈原被讒去職，則屈原已身受此被排斥之體驗矣），不求革新，不行仁政，以得民心，却任國勢陵夷，任人宰割，則屈原豈能不爲祖國而惜？

屈原本具強烈之憂患意識，憂國憂時，希冀祖國強大，以免成爲秦之俎上肉，今日屈原因諫絕齊，不聽，又被讒去位，可知屈原之憂心忡忡，倍加痛惜，豈會無因？此項憂慮，屈原曾在再放後所作之「哀郢」中吟道：

曾不知夏之爲丘兮，孰兩東門之可蕪。

其意乃謂有何人料及堂皇之宮殿，會成丘墟，有何人曾思及郢都之兩東門會荒蕪？證之未來，此兩句詩竟然成讖，而斯時已在黃泉下之屈原，非僅要爲祖國而惜，更要爲祖國號泣不已矣。

(乙)惜君

據上述楚國既擁有逐鹿天下之資本，若國君能重用賢者，以行仁政，則湯武盛世，必重現於今日楚國；若國君親小人，遠君子，以致朝綱不振，民生疾苦，則楚國危矣，故國家盛衰存亡之關鍵，繫於楚王一人而已。所可惜者，斯時之楚懷王，正是如此一位顢頇無能之昏君（按：即若其子頃襄王，亦是一位昏君），以致種下楚國敗亡悲劇之根源。屈原識見不凡，眼光高遠，豈會不早已看出此禍端，屈原本具忠愛天性，爲盡人事，因之時時加以諫諍，勸止國君接近小人，然斯時楚王朝分成二派，其一是以楚王寵妃鄭袖、少子子蘭、上官大夫靳尚等人組成之親秦派。另一是屈原、昭睢等人政見一致所組成之親齊派。由於懷王忠奸不辨，好惡獨異，致親齊派慘遭斥逐，小人勢長，君子道消，戰國策上載蘇子謂楚王曰：

仁人之於民也，愛之以心，事之以善言，孝子之於親也，愛之以心，事之以財；忠臣之於君也，必進賢人以輔之。今王之大臣父兄，好傷賢以爲資，厚賦斂諸臣百姓，使王見疾於民，非忠臣也。（註七六）

又曰：

楚國之食貴於玉，薪貴於桂，謁者難得見如鬼，王難得見如天帝。（註七七）

史記屈原列傳，亦載靳尚爲奪屈原「造爲憲令」之草稿不遂，乃在楚王前進讒言，致「王怒而疏屈平」。（註七八）可見楚朝廷中，王不王，臣不臣，如何能使賢臣受到重用？百姓能得蔭庇？由於內政不修，自然反映於外交策略與對外戰爭之失利上，史記曾載楚懷王之世，屢與秦對抗，經常是損兵折將，頻頻失地，而與他國對陣，亦常告急求援，如：

楚懷王十七年（公元前三一二年）春，與秦戰丹陽，秦大敗我軍，斬甲士八萬，虜我大將軍屈匄，裨將軍逢侯丑等七十餘人，遂取漢中之郡（楚世家）。（註七九）

楚懷王十八年（公元前三一一年），（秦）惠文王後十四年，伐楚，取召陵（秦本紀）。（註八〇）

楚懷王二十六年（公元前三〇三年），齊、韓、魏爲楚負其從親而合於秦，三國共伐楚，楚使太子入質於秦而請救，秦乃遣客卿通，將兵救楚，三國引兵去（楚世家）。

楚懷王二十八年（公元前三〇一年），秦乃與齊、韓、魏共攻楚，殺楚將唐昧，取我重丘而去（楚世家）。

楚懷王二十九年（公元前三〇〇年），秦復攻楚，大破楚，死者二萬，殺我將軍景缺。乃使太子爲質於齊以求平（楚世家）。

楚懷王三十年（公元前二九九年），秦復伐楚，取八城（楚世家）。

懷王之世，外交策略與對外作戰，兩皆失利，史册斑斑可考，由此更證明懷王並非明君，故朝中小人猖獗，賢者退默。屈原雖曾苦苦勸諫，亦無能產生作用，反而受到楚王憎惡而斥離，如此，屈原又怎能不爲楚王惋惜？

以史上賢暴二類國君之施政，可爲明鑒，屈原曾在後來之作品離騷中，有極詳盡之描述道：

啓九辯與九歌兮，夏康娛以自縱。
不顧難以圖後兮，五子用失乎家巷。
羿淫遊以佚畋兮，又好射夫封狐。
固亂流其鮮終兮，浞又貪夫厥家。
澆身被服強圉兮，縱欲而不忍。

日康娛而自忘兮，厥首用夫顛隕。
夏桀之常違兮，乃遂焉而逢殃。
后辛之菹醢兮，殷宗用而不長。
湯禹儼而祇敬兮，周論道而莫差。
舉賢而授能兮，循繩墨而不頗。

屈原在受斥失位後，雖未被放，却感於小人讒言之毒，內心之痛苦，不言可喻，故在惜誦中，亦舉史例爲證云：

晉申生之孝子兮，父信讒而不好。
行婞直而不豫兮，鮌功用而不就。
吾聞作忠以造怨兮，忽謂之過言。
九折臂而成醫兮，吾至今而知其信然！

屈原感於聖王之時代不再，國族之前途，岌岌可危，因之屈原既爲具有悠久歷史，本可一統天下之祖國而惜，亦爲未能實行美政，再造盛世之楚王而惜，衡情度理，應是極自然之事。

㈢自惜

屈原是一才氣縱橫，孤傲自負之詩人，亦是一學識淵博，能力高強之外交家、政治家。史記屈原列傳於其才學，曾加肯定云：

（屈原）博聞彊志，明於治亂，嫺於辭令，入則與王圖議國事，以出號令，出則接遇賓客，應對諸侯，王甚任之。（註八一）

由於屈原與楚王同姓，又爲楚國三大姓之貴族，出身名門，又兼才學俱優，故早年即頭角崢嶸，出類拔萃，深受楚王賞識拔擢與信任。即若制法修法之事，亦交與辦理。在屈原個人而言，平生有二大心願：一是實現「美政」（按：離騷：「既莫足與爲美政兮」）；一爲建立「美名」（按：離騷：「恐脩名之不立」）。在實現美政上，屈原平素對史上君臣相得，以成仁政之史事，心嚮往之，極爲追慕，在其後來之作品離騷中，頗有詳盡之刻劃，而吟道：

湯禹儼而求合兮，摯咎繇而能調。

說操築於傅巖兮，武丁用而不疑。

呂望之鼓刀兮，遭周文而得擧。

寧戚之謳歌兮，齊桓聞以該輔。

然可惜者，是楚懷王並非有道明君，却是一荏弱難持，易受迷惑之昏君，以致靳尚巧言進讒，屈原因而斥離，此爲來日二次逐放之先兆，亦爲美政理想無法實現之禍源，斯時屈原已有警覺，不禁在惜誦中，悲憤莫名云：

竭忠誠以事君兮，反離羣而贅肬。

忘儇媚以背衆兮，待明君其知之。

吾誼先君而後身兮，羌衆人之所仇。
專惟君而無他兮，又衆兆之所讎。
忠何罪以遇罰兮，亦非余心之所志，
行不羣以巓越兮，又衆兆之所咍。

一心報國，耿耿精忠之屈原，心如青天白日，光明磊落，却因「王聽之不聰，讒諂之蔽明，邪曲之害公，方正之不容」（史記屈原列傳），而使楚王憎惡，自身不但失寵，更失其位，「美政」之理想，可能成爲泡影，則屈原能不痛惜？

尤有進者，屈原品性堅貞，在橘頌中，已藉詠物自言：「獨立不遷」、「蘇世獨立」、「閉心自愼」，可謂一謹言愼行，操守高潔之君子，若能輔佐賢君，以成「美政」，則自身之「美名」，亦能垂諸青史，如今所遇不遂，美夢成空，屈原豈能不傷感而自惜？

依上述個人於惜誦題義，深入剖析，並以史書所載，參以屈原際遇，與其作品爲證，可知惜誦之「惜」字，一字隱含多義，即惜國、惜君，亦自惜之意，僅此一字，即含屈原多少熱淚，多少無奈，多少傷悲！

㈡自語彙及其句義探索

所謂文如其人，屈原之作品，無不是在表現其內外修潔之氷操，諍諫人主之忠懇，與乎關愛民生之仁懷，故屈原之作品與情感一致，因之屈原作品中之文字架構，即代表屈原之心聲，爲印證惜誦之主題意識爲「忠君愛國」，今再查考「惜誦」中之重要字彙及其句義。

前節曾提及在所有屈原作品中，共出現「忠」字有十三處，而出現於「惜誦」中者最多，有五處，試看此五處之句義：

㈠「所作忠而言之兮，指蒼天以爲正」

屈原對君國之效忠，可謂一本至誠，九死無悔，而且言行如一，坦蕩無隱，以君國事爲重，置個人死生於不顧，敢諫敢言，於初次仕宦擔任左徒時，即盡心盡力在革新政治上，思有所建樹，不料因「奪稿事件」，竟爲讒言所害，以致被疏。十六年，又因諫絕齊事，不聽，再受讒言去職，一連串之打擊，使屈原身心飽受折磨，因之只有在惜誦中，傾訴「信而見疑，忠而被謗」（史記屈原列傳）之冤曲，並逼得屈原指蒼天爲其作證。而懷王本人對其誤解是否消除，又或對其信任不變，則恐未必。

㈡「竭忠誠以事君兮，反離羣而贅肬」

由於「君」爲國家之表徵，「君」與「國」之含義本如一，故屈原之「忠君」，其實即置於「報國」一念之上，而其報國乃爲整個國族與生民利益，並非爲楚王私人利益而已，故屈原竭忠盡智以事君，實際即一心一德以報國。

屈原先祖顓頊（按：即高陽氏），赫赫有名，傳至鬻熊，曾爲文王之師，而其祖屈瑕，又是楚武王之子，他如列祖列宗，亦均有其光榮事蹟，故屈姓在楚國，最具聲勢。屈原在後來所創作之離騷中曾云：

帝高陽之苗裔兮，朕皇考曰伯庸。

攝提貞于孟陬兮，惟庚寅吾以降。

皇覽揆余初度兮，肇錫余以嘉名。

名余曰正則兮，字余曰靈均。

屈原在起筆時，即言及世系、先父、生日、名字（按：屈原本名平，此處所吟者，乃其化名），是一創舉，顯見必有深意在。

清儒屈復云：

敍世系、祖考、生時、名字，有木本水源，顧名思義之意，言外見分，當與國存亡也。（註八二）

王夫之更詳明剖析云：

言已與楚同姓，情不可離。得天之令辰，命不可褻。受父之鑒錫，名不可辱。（註八三）

屈原深刻體認水有源，木有本之眞諦，亦有不辱先祖，不負先父厚望，及不褻瀆生命之感悟，使其腦中充滿着家國一體之認同，個人生命與民族生命相結合之覺醒，亦因有此認同與覺醒，使其胸懷大志，深自期許，要將此一身，此一生命，獻於國家。故忠誠事君，即是獻身報國，所可惜者，是此一愛國表現，反爲不明是非，猜疑心重之讒小排斥，且視其爲多餘之肉瘤，必欲除之而後快，事已至此，能不令屈原爲之心寒？

(丙)「思君其莫我忠兮，忽忘身之賤貧」

屈原自忖，已身忠君不二，從無他念，而國君始終被羣小包圍，豈能不受影響，對其猜疑？今日之去職，與其認其爲小人離間之結果，無寧視爲是國君對其不信任之處分，有此疑慮，則國君必以屈原非忠臣，當在意料之中。

史記屈原列傳云：

人君無愚智賢不肖，莫不欲求忠以自爲，舉賢以自佐。然亡國破家相隨屬，而聖君治國累世而不見者，其所謂忠者不忠，而所謂賢者不賢也。懷王以不知忠臣之分，故內惑於鄭袖，外欺於張儀，疏屈平，而信上官大夫、令尹子蘭。（註八四）

史記評懷王之不具知人之哲，可謂一針見血。屈原眞是時運不濟，命途多舛，竟遇及不能明辨忠奸之國君，致有今日被讒去職之後果。思及已身一向赤誠盡忠，而國君竟不以爲忠，一念及此，不禁惶恐萬分，竟然渾忘自身之賤貧矣。

(丁)「忠何罪以遇罰兮，亦非心之所志」

屈原忠肝義胆，赤心可比日月，對國君之效忠，是表現於實踐上，而非在空談中，故其初任左徒時，有關修訂法令，任用賢能，培植人才，提昇生產等措施，又或聯齊抗秦之外交策略，皆爲厚植國力，鞏固國防，壯大楚國之政治建設，如此一心爲國，豈是不忠？而爲團結強鄰以抗秦，故制訂與齊結盟之策，孰料懷王生性貪鄙，而爲張儀所欺，以爲與齊絕交，可得商於之地六百里，竟不顧屈原力諫，毀約背盟，演變到後來，不但屈原爲之去職，楚國亦因之喪師失地，自取其辱。

屈原一片苦心，與滿腔血忱，全集於匡君救國上，可謂但有國君，而無自己，却不料爲此遇罰獲罪，難怪屈原一頭霧水，要認爲並非其內心所能了解，此事非僅屈原有此疑惑，相信任何人亦必大惑不解。

(戊)「吾聞作忠以造怨兮，忽謂之過言」

屈原之忠貞，非但未得獎賞，反而因之遇罰，雖堅不欲相信，而事實具在，又不由得人不信，事已至此，屈原難免心灰意冷，悽愴欲絕，而謂往昔曾聞盡忠之人，必定遭怨，斯時以爲此乃過甚其辭，不予置信，如今竟發生於己身，夫復何言？

稽之史籍，盡忠君上，反遭怨恨而被害者，昭然可考，屈原亦知之甚詳，在其他之作品中，曾加列舉云：

梅伯受醢，箕子詳狂（天問）。

吳信讒而弗味兮，子胥死而後憂（惜往日）。

伍子逢殃兮，比干菹醢（涉江）。

以上忠臣賢良，如伍子胥、比干、梅伯等，均因諫君不聽而受害，箕子則爲避禍而佯狂。屈原之忠誠報國，亦一如上舉史例，頗有可能帶來橫禍。起初屈原亦有意遠身避難，不過最後屈原仍是在愛國愛鄉之意識驅使下，抱著「殉道」之精神，不舍根蒂，演成沈江尸諫之悲劇，所謂「鼎鑊甘如飴，求之不可得」，單論屈原有此體悟，已足稱偉大。

㈢自全文結構及寫作心緒析論

惜誦體裁，旣屬騷賦，故具江漢浪漫之風，鋪采摛文，體物寫志，緣情託興，怨慕淒切（按：文心雕龍詮賦篇云：「賦者鋪也，鋪采摛文，體物寫志也」（註八五）），以其形式仍屬六言基調，二句一叶韵之離騷句系，又半詩半文，吟詠之下，頗感文情悲涼，辭采雅潔。

全文約可分爲三部分：首二長句爲「序」，中間爲本文，末四長句則爲「亂」（按：賦之正式結構即是如此，屈復云：「通篇只兩段，首兩句總起，末四句總結」（註八六），兩句總起即「序」，末四句總結即屬「亂」），以下個人謹將全文予以分段，並各標以新題爲：⑴惜國惜君，抒寫心曲。⑵先君後已，招禍之道。⑶憂國念君，陳志無路。⑷卜占君意，可思難恃。⑸進退維谷，悲痛難抑。⑹去留不能，修潔自處。試析屈原之寫作心緒。

⑴惜國惜君，抒寫心曲

自「惜誦以致愍兮」至「指蒼天以爲正」爲第一段，即全文之「序」。

此段乃詠所以作此賦之因由。表面上以「惜」字總領全篇，其實乃以「忠」字爲骨幹，貫串全篇，爲全文之中心主旨，亦爲全文之靈魂所在。

「惜誦」二句言眼見讒小弄權，朝綱不振，以致賢者退避，國力衰微，雖曾進諫，然國君爲巧言所惑，反而更加誤解，不禁愁鬱難解，乃作此旣惜國、惜君，又自惜之詩歌，以抒發個人之憤懣情懷。

「所作忠」二句言凡所吟誦者，皆出之以忠愛之忱，而蒼天絕無偏私，當可爲證。屈原毫不隱飾，開門見山，即抒寫其個人之愁苦，可知屈原已積鬱良久，不吐不快。細細玩味之下，屈原如此直抒心聲，除確爲惜國惜君外，另則顯露其端直不阿之個性，坦誠直言，再則含蓄蘊藉，言外之意似在自惜空負一身長才，却不爲君所用，報效無門，寧不令人浩歎？

(2)先君後己，招禍之道

自「令五帝以折中兮」至「有招禍之道也」爲第二段。

此段言忠愛情操，人神共鑒，不料竟成招禍之道，此乃言其見疏也。

此段承上作「惜誦」之由，除請上天爲證外，「令五帝」一節，言並祈請五帝（按：據王逸注：「五帝，謂五方神也，東方爲太皞，南方爲炎帝，西方爲少昊，北方爲顓頊，中央爲黃帝」）公平判斷，讓六神（按：據朱熹注：「六神，日、月、星、水旱、四時、寒暑也）對質評判，且使山川諸神備侍陪審，又命咎繇細聽曲直。「竭忠誠」一節，言屈原已身忠誠事君，却反遭小人排斥，視其爲多餘之腫瘤。而個人因不明取巧諂媚之手段，致與衆人看法相左，故始有上述除指天自誓外，再請五帝、六神、山川諸神、咎繇等共同查證論斷之事，可見屈原之用心良苦，而目的只是「待明君其知之」。

屈原在此頗能善用「舉事見義」，及「博引徵實」之修辭方式，以求取信他人，手法直如化工。蓋如不多舉天地、神、人等多方驗證，則恐空言無驗，難得人信，再則易被他人以爲主觀性強，迹近武斷，而起反感。由此亦可見屈原思考之周密，章法之不亂。

屈原一詠至此，再繼續補述，「言與行」一節言人臣之言行，本有迹可尋，內心與外貌必然相稱，職是之故，故國君不難察知臣子之忠奸，因爲「證之不遠」，爲證驗個人之忠貞與否，不必遠求即可得。屈原雖是平平敍來，其實內涵自有波瀾，蓋事實上屈原內心，仍是悲嘆、痛惜、惶恐等複雜情緒交織一起，手法上可謂高明之至，頗有反諷之意味在，國君如果聖明，何以驗證不出屈原之忠信？何以能讓善於巧飾僞裝之小人，屢屢以讒言得逞？這一節描述屈原萬般無奈之心聲，深透已極。而國君昏庸之形象，則已隱隱映現，呼之欲出，不愧是神來之筆。

接着筆勢一轉，屈原坦然陳述自己滿懷耿耿赤心，反爲衆黨人因妬恨而加陷害之委曲。「吾誼先君」二句，言己身立意行事，一向先君國而後己身，却不料反爲衆小人怨恨。「專惟君」二句，言自身一心念君，而不顧其他，却又爲衆小人敵視。最後「壹心而不豫」一節，言雖是一心事君，從無遲疑，却保不住自己不受害，雖急迫地欲親近君上，別無他意，孰料反成「招禍之道」，眞是大出意外。

本段最後一節四句，不但文意一致，脈絡相通，其形式亦採整齊之對仗句法，每句後面又都接上助詞「也」字（按：「羌衆人之所仇」與「又衆兆之所讎」，其中「仇」與「讎」下，一本均有「也」字），正是表露屈原一心謀國，效忠君上，却處處受盡小人阻撓、仇視之感歎！而四句之中，接連出現「先君而後身」、「惟君而無他」、「親君而無他」等詞句，更是充分顯現屈原忠愛君國之眞性情，然而國君能明察否？可惜國君無法明察，以致見疏，此即所招之禍矣。

(3) 憂國念君，陳志無路

察知己身之善惡者。再接「固煩言」二句，言煩瑣之言辭，本較難表達，雖願陳明心志，却苦於無路可通。既無路可通，又如何呢？接着最後一節，「退靜默」二句，言如今陷入進退兩難之境，蓋退而靜默，君上莫知我心志，若進而疾呼，君上又無法聞知，此皆由於小人勢大，讒佞阻道之故。「中侘傺」兩句，言自身既陷於此困境，故更加煩悶失意，憂傷不已。

屈原在此段，一則仍是申說其謀國之忠，故此段一再出現「思君莫我忠」、「事君不貳」句，另則一再申述其憤懣之情，不白之寃，受屈之苦，故此段彙聚「情沈抑」、「心鬱邑」、「中悶瞀」、「侘傺」、「煩惑」、「忳忳」等詞彙，可謂極爲委曲而有深致，令人同情。

而自「忠何罪」句至「情沈抑」句，其偶句後均加助詞「也」字（按：洪興祖補註「所志」、「所咍」、「不可釋」、「莫之白」，一本句末皆有「也」字），正與前段末二節，亦偶句後「也」字相對，此語助詞，均爲當日之口頭語，足以表明屈原於自身寃屈，有不勝其感慨之意，讀之但覺韵味十足，而更由此見出屈原抒情之婉轉，造句之高妙。

(4)卜占君意，可思難恃

自「昔余夢登天兮」至「鮌功用而不就」爲第四段。

此段虛設厲神占夢之詞，申發前段未盡之意，告以君本可思而不可恃，因臣雖念君，而君未必皆聖明矣。

屈原想像豐富，筆法頗善巧變，故「昔余夢」二句，虛設往昔曾夢登天，孰料未至中途，即失方自「思君其莫我忠兮」至「中悶瞀之忳忳」爲第三段。

此段仍是承接上段之意，言已身一心憂國念君，事君不貳，不料忠而遇罰，而陳志無路，中心憂傷不已矣。

「思君」二句，言已一心在君，更無如我之忠者，故不計利害禍福，置賤貧于不問。「事君」二句，言自身惟知事君，當竭信誠，無有二心，然仍不見用，故意中迷惑，實不知如何方可得寵。屈原所以在此再三陳述自身之忠誠，言「莫我忠」、「事君不貳」，乃因國君看法獨異，不以屈原爲忠，故屈原不得不有所申辯。再者眼見他人巧言令色，逢迎諂笑，竟受國君寵信，更令屈原大感迷惑。洪興祖補註云：「老子云：『寵爲不寵，非君子之所爲也』，屈原惟不知出此，故以信見疑，以忠被謗」（註八七），確具道理，不過此亦是屈原純眞之處，可愛之處。

「忠何罪」二句，言因盡忠而遇罰，誠非始料所及。由於行徑與衆人有別，不合流俗，不免反爲衆人嗤笑。屈原此種特立獨行，孤高不羣之性向，在青年時代之作品「橘頌」中已經自陳，云：「蘇世獨立，橫而不流」，「閉心自愼，終不失過」，亦在逐放後之作品離騷中亦自白，云：「民生各有所樂兮，余獨好脩以爲常」。儘管屈原堅守原則，絕不隨俗浮沈，然處乎是非不明，變白爲黑之環境中，屈原終是孤掌難鳴，因之不免受到小人之嫉妬、壅蔽、仇視、陷害，故「紛逢尤」兩句，即言遭讒逢謗，難以向國君表明解釋，內心愁苦，鬱結不釋。「情沈抑」兩句，亦是言此中情，抑塞不通，又被小人重重掩蔽，無法辯白。接下「心鬱邑」二句，仍是再三申述自身受屈，失志如此，竟無有能向。此處天乃喻國君，登天乃喻欲陳委曲，「無杭」即指被小人所阻，無以上達之事。「吾使厲」二句，言由於有惑不解，乃請厲神占夢，以知吉凶，彼告云：「有志極無旁」，即謂雖有心志目標，然無能得到輔佐，可見此夢不吉。屈原聞言，自是惶恐不已，乃再問以「終危獨以離異兮」，謂是否終生危難孤獨，而與衆人離異？行文至此，自「曰」以下至「鮌功用而不就」，則爲厲神所下之斷語，「君可思而不恃」，厲神對屈原言，國君僅可思念而不可依恃，此句可謂對國君之總評，「可思者，臣之義，不可恃者，君之心」（林雲銘楚辭燈），屈原對君上竭智盡忠，表現臣之忠義，故對君上固可思念，而君意難測，又如何能依恃？「故衆口」二句，即言衆口進讒，其險有如火之鎔金，屈原當初即因恃君而遭讒害，蓋「上官大夫爭寵，讒之而見疏，初次已驗逢過一危矣」（林雲銘楚辭燈），據此，屈子當能悟招禍之由。

至此，屈原再以比譬法，將抽象而難以表露之心緒，予以具體形象化，「懲於羹」二句，以曾被熱羹灼傷者，即若遇冷虀，亦必心懷戒懼而吹氣爲喻，言既有往昔之經驗，何不改此志？「欲釋階」二句，謂若不易志而欲求君知，一如昔日「專惟君而無他」、「疾親君而無他」之舊態度，則一如去階梯而思登天一樣，勢必重犯前失。此節二行未叶韵之首句，以取譬之法出之，使人不但覺其文句靈動，亦感其意象超妙，婉然成章。

緊接而下，「衆駭遽」二句，言若心志不改，則必使衆人驚駭惶恐，而與已離心，如此又何能與之共謀國事？「同極」二句，言與衆人同事一君，然取道有別，如此又何能得彼助力？誠如陳本禮云：

「此時我雖變志，無益，又何況不能變耶」（屈辭精義）是，此節亦爲前屈原所謂「終危獨以離異」句作註脚。

自「懲于羹」句起二節，每偶句後均有助詞「也」字，此「也」字正如前節所述，乃表感歎或疑惑，或設問，或述事實，確是有其疑問與感慨，所謂「語從其實」，「吐屬寧存本身」，所謂「辭達而已」，若上擧屈原所吟詠者即是，可見屈原用字之精確。又此二節偶句後之「也」字，其形式又與上第三段首二節偶句，及第二段末二節之偶句相同，可謂前後呼應，脈絡貫串，由此亦能見出屈原作此詩時，必經一番精妙設計，方能如此照應與啣接，此詩結構之謹嚴，在此可得證明。

此段最後一節，筆勢突然一變，借厲神之口，引用兩典故以警戒，所謂援古以證今，尤見意義之不凡。「晉申生」兩句，言申生本是孝子，由於其父聽信讒言而遭厭棄（按：申生因其父獻公，聽信寵妃驪姬讒言，不愛申生，申生爲盡孝，乃自經於新城，事載左傳僖公四年及禮記檀弓），屈原藉此典故，以喻已乃貞臣，而懷王一如獻公，竟聽信讒言，加以疏遠。「行婞直」兩句，言鯀之行爲，耿直剛愎，以致治水徒勞無功（按：堯用鯀治水九年，而水不息，乃殛鯀於羽山以死，事見史記夏本紀）。鯀治水事，屈原在其作品中，引此典故有六次之多。屈原所以用此典故，亦在自戒，蓋凡行事剛直，而不巧詐者，往往失敗。屈原旣爲忠臣，性又剛直，所謂殷鑒不遠，豈能不以上擧二史證爲戒？

本段屈原雖藉厲神之卜占，以言君可思而不恃，末更引申生與鯀二史事爲戒，然屈原忠貞之節，實際上，固執不變，此即所謂守死善道者矣。

(5)進退維谷，悲痛難抑

自「吾聞作忠以造怨兮」至「心鬱結而紆軫」爲第五段。

此段屈原復述處境危苦，進退皆不可，故感中心鬱結，悲痛難抑。

本段起句承上段厲神占卜所告者，謂「吾聞作忠以造怨兮」，言往日曾聞盡忠易致招怨。「忽謂之過言」，言斯時輕忽，以爲言之太過（按：由此可見屈原忠誠事主，獻身報國之念，確實堅定不移，執着不改）。緊接「九折臂」二句，謂俗語言，九折臂可成醫，由今觀之，此語可信，蓋經驗即良師矣。

以下屈原再設喻，凌空虛筆，謂「矰弋機而在上兮，罻羅張而在下」，言捕鳥者，必空中暗藏矰弋，地下張施網羅，而如此施張，則禽鳥之欲脫此密網者幾希？到此即將凌空之虛筆，登時扣住，而落到實際，蓋所謂捕鳥者，即以喻讒人，其上下遍布網羅，即以比讒人到處密佈陷阱與障礙。再接「設張辟以娛君兮」，言讒人密佈羅網，以傷害君之所惡者以娛君。「願側身而無所」，言已身雖思側身避禍，亦無處可藏。屈復云：「讒賊之人，陰設機械，張布開闢，傷害君之所惡，以悅君意，使人憂懼，雖欲側身以避之，而尤恐無其處」（註八八），頗得其義。

屈原至此已陷入危苦之境，未來何去何從？於是熟慮之下，構思三條途徑：(甲)「欲儃佪」二句，言欲徘徊不去，又恐讒佞傷害，增禍遭尤。(2)「欲高飛」二句，言欲高飛遠去，則君不免疑我將何往？(丙)「欲橫奔」二句，言違道妄行，則吾志堅定，心有不忍。

以上三條途徑，屈原以爲皆不可行，進亦不是，退亦不可，接下去：「背膺牉以交痛兮」，「心鬱結而紆軫」，言以無能決斷未來行徑，故感痛楚不堪，一如背胸中分，更增中心鬱結，似若絞纏一般之愁苦。

此段自「作忠造怨」開始，轉折明快，先以九折臂成醫之俗語，印證自身挫折之經驗，再以虛筆設想讒小有如捕鳥者，遍布羅網，一則阻隔國君與君子接近，一則君子觸則遇禍，可傷害君之所惡，手段狠毒，世所罕見。續以虛筆構思未來或可行之三條途徑，然三條途徑，又皆不可行，於是再落入實際，作小結束，謂進退不得，以背胸分裂爲喻，言寸心倍增痛苦，鬱結不釋。曲折寫來，可謂眞情見性，筆勢不平。

(6)去留不能，修潔自處

自「擣木蘭以矯蕙兮」至「願曾思而遠身」爲第六段。

本段依前章劉永濟查證，當爲亂辭。此段屈原言自身雖處困厄，依然堅守初志，勤修美德，以求自拔於穢濁之中。

屈原在青年時代創作之橘頌中，即藉詠橘，表露內外兼修，心志不遷之堅貞，因之在此文末亂辭裡，仍是表白此心志。第一節「擣木蘭以矯蕙兮」至「願春日以爲糗芳」句，運用比興之法，言將以蘭、蕙、申椒爲糧，並種離蒔菊，以作春日之乾糧，暗喻已身雖處困境，仍願修治美德，不易素守，此即淮南王劉安於離騷傳謂屈原：「濯淖汙泥之中，蟬蛻於濁穢，以浮遊塵埃之外，不獲世之滋垢，蟬然泥而不滓者也」（史記屈原列傳）之意。第二節「恐情質之不信兮」至「願曾思而遠身」句，言恐忠愛之衷情，不被採信，故一再強調表明，以冀君之一悟。「矯茲媚」二句，謂雖守道不屈，以美德自處，然亦願再三熟慮，求可遠害避禍之計。

略探此文結構，以起句一節爲「序」，述明作誦之意，領起全篇，而以「忠」字爲其主旨，爲其精神。本文則自「令五帝以折中兮」述起，言忠誠事君，人神共鑒，而與中段「親君無他」、「事君不貳」等句意正面照應，再與中段末「盡忠遇罰」、「作忠造怨」等句意反面照應，手法不俗。以中段末「矰弋機而在上」、「罻羅張而在下」，回應前段「衆人所仇」、「衆兆所讎」、「衆兆所咍」、「衆口鑠金」。最後二節爲亂辭，總攝全文，第一節用香草爲食糧，以暗喻勤修德操，不改初衷，回應序文「惜誦致愍」，及中段「招禍之道」、「危獨離異」、「重怨離尤」。第二節以「重著自明」，回應序文「作忠言之」，及中段「事君不貳」、「志堅不忍」。其機杼之嚴密，布局之工巧，隱然可見，足以顯示屈原寫作時之苦心孤詣。

惜誦全文，細細吟詠之下，但覺其中一字一句，無不鏤出屈原肺腸，如泣如訴，而筆意翻騰，寫盡了幾曲迴腸，表盡了多少憤懣，是志士之寃曲，是詩人之不遇，而其中自有一顆耿耿赤心，可比天日，而屈原之可敬可佩，豈非在此？

三、結　論

惜誦題義，個人在以上提出多方面之論證，以作一較近是之研判。而於其主題意識，則作一較詳明之剖析，以為「知人論世」之助。謹在此重復個人之淺見，歸納如次：

1.「惜誦」之惜，其義當與屈原「惜往日」之「惜」同，即「惋惜」也，正如前節引林雲銘云：「惜即惜往日之惜」是也。誦字，楚辭學者，皆以班固漢書藝文志謂「不歌而誦謂之賦」之後起義，而釋為「論」、「言」、「諷」、「忠言」等，然實際上楚辭本與詩經同為樂歌，因之「誦」當釋為「樂歌」、「詩歌」，純係文體名，似較為正確。

2.「惜誦」之「惜」，涵義甚廣，視其主題意識，無不表現熱愛國家，盡忠國君，惋惜自身之不遇，故「惜誦」題義，當釋為惜國惜君亦自惜之詩歌為妥。

3.惜誦為屈原被疏後，再因諫絕齊，不聽，致被讒去職後作，亦是屈原仕宦遇挫後之首篇，對其未來之人生觀，及其創作生涯，必然產生重大之影響。而涉江、哀郢兩篇，被公認是屈原逐放後，查考其行程之紀實文獻，具有史料價值。而惜誦為去職未放之前作，則其史料價值，當不在涉江、哀郢兩篇之下，故不可輕忽。

4.惜誦與屈原最偉大之代表作離騷，無論主題意識，或寫作手法，均有雷同處，以寫作年代有別，故惜誦確可視為離騷之「前奏」，離騷之「實習」，則屈原創作生涯之歷程，可藉此加以探索。

5.屈原雖在惜誦中，坦誠自述其盡忠遇罰之不平，逢尤離謗之憤懣，與處境危困之哀傷，然其腦中始終縈繞者，則是勤修美德，忠君愛國，如此情懷，何等溫厚！如此襟期，又是何等高遠！本來文學作品，不僅僅是反映人生而已，當更須進而描繪生命之尊嚴，人生之高貴！屈原之惜誦，正足以提昇生命層次，喚醒沈睡中之良知，正足以涵養高潔之風骨，激發愛國之赤忱，故個人以爲惜誦之可貴處，即是在此！

【附　註】

註　一　見劉氏著中國文學發展史，第四章屈原與楚辭，頁一一九。

註　二　見梁啓超著屈原研究，載飲氷室文集第十四集，頁六一。

註　三　見王夫之著楚辭通釋，頁廿四。

註　四　見林氏著屈原及其作品研究，頁三。

註　五　見姜亮夫撰屈原賦校註，九章第四，頁三七五。

註　六　見游氏著屈原，八、屈原的文學，頁一五五。（弘道版）

註　七　見朱熹集註，楚辭集註，卷四，頁九一。

註　八　同註三，頁九二。

註　九　同註四，頁三。

註一〇　近人姜亮夫著屈原賦校註，以爲卜居爲屈原作。另近人丁氏著「關於屈原作品的眞僞問題」一文，亦有論證，故從之，見文史集林第一輯，頁卅八至五十。又鄭良樹編著「續僞書通考」下册，頁一七七五至一七八四，亦有摘錄。

註一一　同註二，頁五四。

註一二　見民國、聶樵注楚辭新注，頁四九二，載杜松柏主編楚辭彙編第六冊。

註一三　見劉秋潮遺作「屈原作品的標題」，載大陸雜誌第十七卷第七期，頁二〇五。

註一四　見洪興祖撰楚辭補註，卷四，九章第四，頁一二一。

註一五　同註一四。

註一六　同註七，頁九二。

註一七　見戴震撰屈原賦注，卷四，頁二七。

註一八　同註三，頁六六。

註一九　見蔣驥注山帶閣注楚辭，卷四，頁一。

註二〇　見林雲銘撰楚辭燈，卷三，頁一八五。

註二一　見陳本禮箋註屈辭精義，卷四，頁一。

註二二　見錢澄之著屈詁，載五家楚辭注合編（上），頁三一七。（廣文書局）

註二三　見王闓運撰楚辭釋，頁一六二。

註二四　見胡文英撰屈騷指掌，卷三，頁五二　，載杜松柏編楚辭彙編第五冊。

註二五　見胡濬源著楚辭新註求確，頁一八六，載杜松柏編楚辭彙編第六冊。

註二六　見馬其昶撰屈賦微，卷下，頁一。

註二七　見王文濡評校古文辭類纂評註，卷六十一，頁八。

註二八　見劉夢鵬撰屈子章句，載楚辭彙編第四冊，頁二九四。

註二九　見游氏著楚辭概論，頁一四五。
註三〇　同註五，頁三七五、三七六。
註三一　見劉永濟校釋屈賦音注詳解，卷五，頁一六一。（崧高書社）
註三二　見聶樵撰楚辭新注，載杜松柏編楚辭彙編第六冊，頁一一四。
註三三　見徐英撰楚辭札記，載杜松柏編楚辭彙編第四冊，頁一一六。
、
註三四　見文氏譯屈原九章今譯，載杜松柏編楚辭彙編第九冊，頁五三九、五四。
註三五　見蘇師雪林著楚騷新詁，第二篇九章，頁二四六。
註三六　同註二七，卷六十一，頁十四引。
註三七　同註三六。
註三八　見梁啓超要籍解題及其讀法，頁七七、七八。
註三九　見孫作雲著「從上官大夫的奪稿說到屈原因離騷而得禍」一文，載杜松柏編楚辭彙編第十冊，頁三〇八、三〇九。
註四〇　見朱東潤著「離騷以外的屈賦」一文，載杜松柏編楚辭彙編第十冊，頁五二五、五二六。
註四一　見譚介甫著屈賦新編，頁五七二。
註四二　見游氏著讀騷論微初集，其中「九章辨疑」一文，見該書頁一二三至一三一。又其中「惜往日」之辨疑，在該書頁一二六、一二七。
註四三　同註五，頁三七一至三七四。
註四四　丁氏撰「屈原作品的眞僞問題」一文，載文史集林第一輯，頁三八至五十。

註四五　同註五，頁四七九。

註四六　據洪興祖補註，以賈誼所作弔屈原賦中之文句，與此篇文句，頗有類同處，而認定其爲賈誼作無疑，見該書卷十一，頁二二七。

註四七　據朱熹楚辭集註卷八，惜誓，朱序據洪興祖之意，以爲「其間數語與弔屈原賦略同，意爲誼作亡疑者，今玩其辭，實亦瓌異奇偉，計非誼莫能及」，見集註卷八，頁一九三、一九四。

註四八　同註三，卷十一，頁一五九。

註四九　同註二九，第五篇楚辭的餘響，頁二二五。至二五五。

註五〇　同註三，卷十一，頁一五九。

註五一　同註一四，頁一五五。

註五二　見十三經注疏，毛詩正義，毛詩周頌，鄭氏箋，孔穎達疏，周頌譜正義，頁七〇二。（藝文版）

註五三　見范氏注文心雕龍注，卷二，頌讚第九，頁六一。（開明書店）

註五四　同註五三，頁六四。

註五五　同註一四，卷八，頁一八二。

註五六　同註七，卷一，頁三九。

註五七　同註一九，卷一，頁十九。

註五八　見沈約撰宋書，卷廿一，志第十一，樂三，頁三〇四。

註五九　見班固撰，顏師古注漢書補注，藝文志第十，頁八七六。

註六〇　見日人青木正兒著中國古代文藝思潮，頁五、六。（啓明書局）

註六一　見劉永濟著屈賦通箋，卷五九章，頁一五五，載楚辭新義五種內。（鼎文書局）

註六二　同註一四，頁一二。

註六三　同註七，楚辭辯證上，頁四一五。

註六四　見黃文煥著楚辭聽直，黃氏以爲惜誦、思美人、抽思等三篇，均言及君，即懷王，自思美人、抽思以下，只歸自歎，不復及君，載杜松柏編楚辭彙編第二冊，頁四〇二。

註六五　同註一九，楚辭餘論，卷下，頁一、二。

註六六　同註二〇，頁一九二至一九四。

註六七　見古文辭類纂，姚鼐注，刊五家楚辭注合編，頁七九九。

註六八　同註二九，頁一四三。

註六九　見陸氏著屈原評傳，載杜松柏編楚辭彙編第九冊，頁二九九。

註七〇　同註二〇，卷三，九章總論，頁一七九至一八一。

註七一　同註一九，卷四，頁一、二。

註七二　見楚辭彙編第九冊，「屈原作品分論」（之二）一文，頁三八九至四〇二，此文乃據游氏一篇紀念屈原文章節選而成，題目亦爲編者所加。

註七三　同註二九，頁一四七。

註七四　見戰國策卷十四，楚一，蘇秦爲趙合從說楚威王條，頁五〇。（里仁版）

註七五　見漢書補注，地理志，頁八三四、八三五。（新文豐版）
註七六　同註七四，卷十六，楚三，蘇子謂楚王條，頁五三七。
註七七　同註七四，頁五三八。
註七八　見史記卷八十四，屈原列傳第二十四，頁二四八一。（明倫版）
註七九　同註七八，頁一七二四至一七二七。
註八〇　同註七八，秦本紀第五，頁二〇七。
註八一　同註七八。
註八二　見屈復撰楚辭新注，卷一，頁三。（關中叢書）
註八三　同註三，卷一離騷經，頁二。
註八四　同註七八，頁二四八五。
註八五　同註五三，卷二，詮賦第八，頁四六。
註八六　同註八二，卷四，九章，頁六。
註八七　同註一五，卷第四，頁一二三。
註八八　同註八二，卷四，九章，頁五。

中國古代音樂思想中的「風」與「鳳」

鄭正浩

前言

探討音樂的起源，常常歸類爲祭祀、模倣、勞動、遊戲等說。當然，只承認其中的一種說法並不是妥當的。認爲所有的地域社會都有同樣音樂的起源，也不是合理的說法。考察中國古代禮樂思想的形成問題時，祭祀與音樂的關係當是第一個最主要的課題。但也同時必須考慮其他因素，特別是有關祭祀前階段的神秘思想、自然思想等。

關於禮樂思想與祭祀的關係，已經有各方面的研究。這裏只提出古代祭祀對象之一的「風」及與它有密切關係的「鳳」，考察以「風」與「鳳」爲中心的音樂思想是如何形成，如何展開的。

風與鳳的密切關係，因有甲骨文的研究爲基礎，更得到確實的證明。這些研究，大部份站在神話學或民俗學的立場加以解釋，甚至站在生態學的立場，對於鳳的形態加以探討（註一）。此處即以這些研究爲基礎，站在音樂文化的思想史上的立場，探討中國古代音樂思想未被重視的一面。

此文前半討論風與鳳的關係以及音樂如何被視爲神聖。後半討論風與樂器、律呂的關係，進而論及實際的音樂觀如何配合神秘音樂觀而展開下去。

一、風與鳳

關於四方之風，在『山海經』中有下面的記載：

・東方曰折，來風曰俊，處東極以出入風。（大荒東經）

・南方曰因乎，夸（＝來）風曰乎（民），處南極以出入風。（大荒南經）

・有人名曰石夷，來風曰韋，處西北隅，以司日月之長短。（大荒西經）

・有人名曰鳧，北方曰鳧，來風曰狻，是處東極隅，以上日月，使無相間出沒，司其短長。（大荒東經）

關於此文的解釋，後來因爲有殷墟卜辭的發見，得到不少論證。郭若愚『殷契拾掇』第二編，收有下面一片甲骨：

東方曰析風曰劦。南方曰夾風曰岂。西方曰夷風曰彝。北方曰（宛）風曰段。（依胡厚宣隸定）

『山海經』的折、因乎、石夷、鳧與甲骨文的析、夾、夷、宛對稱，表示方位或神名；俊、乎民、韋、狻與甲骨文的劦、岂、彝、段對稱，一般認爲是風名，也有認爲是地名或族神名的（註二）。又『尚書』堯典裏有

分命羲仲，……平秩東作，……厥民析，鳥獸孳尾。……

中命羲叔，……平秩南訛，……厥民因，鳥獸希革。

分命和仲，……平秩西成，……厥民夷，鳥獸毛毨。

中命和叔，……平在朔易，……厥民隩，鳥獸氄毛。

一文，這裏所列的方位秩序相同，神人之名不同，而析、因、夷、（隩）等字在此雖做爲動詞，却與『山海經』做爲名詞的折、因乎、石夷、鳧相對應。

由以上之例可以判斷，此篇甲骨文可以說是『山海經』『尚書』等文章的起源，並可以推知對於方位的觀念與風神的信仰，在殷代已經有了一個雛型。

「風」與「鳳」有密切的關係，這也可以從甲骨卜辭中的用字與用例裏得到證明。例如：

・寧風，巫九犬。（庫方，九九二）

・于帝史風（＝鳳）二犬。（卜通，三九八）

兩例都是用犬以祭風，第二例更可看出帝的使者是風，也就是鳳。「風」與「鳳」在卜辭中原都是「[illegible]」，第二期以後才加上音符凡而成爲「[illegible]」，也就是「鳳」字的原形（註三）。古人往往從季節與氣候的變化中，感到風有一種神秘的靈力，所以才以畏敬之念祭起風來，而以有形的鳳代表無形的風，使風有一個具體的形象。四方風神掌風的出入，而做爲帝使者的鳳也就可以說是風神的象徵了。

風與鳳的關係在古籍中常可以見到，而最有代表性的，可以說是『莊子』逍遙遊篇裏的一文：

北冥有魚，其名爲鯤。鯤之大不知其幾千里也。怒而飛，其翼若垂天之雲。是鳥也，海運則將

> 徙於南冥，南冥者，天池也。齊諧者，志怪者也。諧之言曰，鵬之徙於南冥也，水擊三千里，摶扶搖而上者九萬里，去以六月息者也。

逍遙遊一文，是以鵬與小鳥的斥鴳相對比，譬喻所謂「至」的絕對眞理是超越大與小的形象的。「鵬」的字形，『說文』說「古文鳳，象形。鳳飛，群鳥從以萬數，故以爲朋黨字。」鳳、朋，鵬原來同出一源，這裏的鵬也就可以看做鳳。尤其這裏用「扶搖」的字眼，據『爾雅』：「扶搖謂之飈」，郭注：「暴風從下上」等注解，可以看出此處雖沒有直接談到風，却與風有密切關係。「去以六月息者」正表示風的季節性，逍遙遊篇此文，在它哲學意義背後，還可以看出裏面有「風」的意義存在，而它的具體形象就是以「鵬」（＝鳳）來表現的。

無論古今，無形的畏敬常不如有形的崇拜來得常見。以鳳來說，或者以其他乘風而行的鳥類來說也都是一樣。『左傳』昭公十七年有下面一文：

> 少皞氏鳥名官，何故也。郯子曰，……我高祖少皞鷙之立也，鳳鳥適至，故紀以鳥，爲鳥師而鳥名。鳳鳥氏歷正也，玄鳥氏司分者也，伯趙氏司至者也，青鳥氏司啓者也，丹鳥氏司閉者也。

這裏很明顯的可以看出，鳳與鳥都被用作圖騰，而爲氏族名或始祖名。並且在這裏也可以看到五行配置的觀念，鳳鳥正是這配置的中心。少皞鷙就是帝鷙，也就是殷民族的祖神。鳳既然爲這殷民族的象徵，卜辭中所見以鳳爲上帝使者的例子也就可以得到印證了。至於玄鳥氏等，可能就是以鳳鳥氏爲中心的分族。『詩經』商頌中有簡狄呑玄鳥之卵而生商始祖契的傳說，在『楚辭』離騷裏「玄鳥」作「

鳳鳥」。玄鳥（一般指爲燕鳥）傳說或鳳的傳說，總歸起來，究竟還是出於同源。

鳳到底是怎樣一種鳥，說者紛云，總括起來不外乎孔雀、雉或其他候鳥。的確在甲骨金文或漢以後的畫像塼中所見到鳳的形象都有這些特徵。可是仔細察看較早期甲骨文中的字體，鳳字寫做[illegible]，上部的[illegible]與[illegible]（帝）、[illegible]（龍）等字相同。據考證V形在甲骨文這些文字中，大致都有至高神聖的意義。鳳字上加V，可以證明鳳是所有鳥類的代表。正如上面『左傳』一文所見，可以說，以鳥類爲圖騰的氏族發展到統一王朝的階段，爲表現它至高無上的權力，而用鳳字做爲象徵的。

鳳的象徵性在周王朝成立以後，漸漸與禮樂思想相結合，而形成後世鳳與音樂、聖王等的密切關係。例如『詩經』大雅，生民之什卷阿篇有下列有關風與鳳的描寫：

・有卷者阿，飄風自南。豈弟君子，來遊來歌，以矢其音。（第一章）

・鳳皇于飛，翽翽其羽，亦集爰止。藹藹王多吉士，維君子使，媚于天子。（第七章）

・鳳皇于飛，翽翽其羽，亦傅于天。藹藹王多吉人，維君子命，媚于庶人。（第八章）

・鳳凰鳴矣，于彼高岡。梧桐生矣，于彼朝陽。菶菶萋萋，雝雝喈喈。（第九章）

這裏値得注意的有三點。一是首章南風與君子並提。與『詩經』國風把「周南」「召南」列於前頭等事相較，可知南方與中國古代文化有密切的關係。有關問題等後章再做討論；二是第七、八、九章有「鳳皇」之稱。「皇」本爲王的美稱，「鳳皇」意即衆鳥之王。（後來「皇」字做「鳳」字，又加上音符的「凡」字頭。）古代傳承中的鳳的神聖性，自然與聖天子並稱，又經後世有關『詩經』的種種解釋，就使這種觀念更爲展開了；三是第九章鳳皇、高岡、梧桐並列。鳳凰鳴於高岡，有崇高神聖之意。又梧桐長於朝陽之地（即向東之地），其枝葉茂盛，迎風聳立的姿態也被視爲神聖。後世有關鳳凰的文字，幾乎都有飛於高岡，止於梧桐的表現，卷阿之文可以說是它的原型。梧桐後來又與琴瑟等的音樂思想產生密切的關係。道教思想發達後，更與仙道有了不解之緣，可以說不是出於偶然的。

二、音樂神聖性的形成

如上所述，殷代已有四方風神的祭祀。有此方位與風的認識，後來才會有五行思想的發達。所以探討中國古代文化，對於方位與風的觀念是不能被忽視的。

由前面所學『左傳』一文可以推知，殷周時代以鳳爲圖騰的風姓民族，大致居住於郯地，郯即今山東地方。此地東臨渤海，季節風盛行，可以想像海鳥或各種候鳥當是很多，所以鳥類會成爲崇拜的對象也並非不可思議。文中鳳鳥氏爲歷正外，玄鳥、伯（＝白）趙、青鳥、丹鳥諸氏分掌四季八節。由此可以看出風與季節變化，以及依色以區別方位等觀念，這裏已經意味著五行思想的開展了。五行的中央是黃色，也就是黃土大地與黃河的顏色。殷周交替期，以黃河流域爲中心，從東至西已形成了各種氏族。從地理風土上看來，這時期中國文化的發展，應該不是向東或向西，而是從黃河向長江流域南下發展的。『詩經』周南、召南正是表示融和南方文化最好的例子。南方翠綠的山水與溫暖的氣候，是形成豐盛文明最好的條件，對南風的憧憬就是這樣一種表現，對鳳與梧桐或舜與夔的音樂傳說也可以這麼說。

『詩經』國風之所以稱爲「風」，是因爲這些民間歌謠表現各國的風情、風俗，並且正如詩大序所說：「上以風化下，下以風刺上。」感化人心，移風易俗，正如風之動物，所以叫做「風」。而國風裏面實際上關於風的詩也不少，例如以邶風爲中心，可以看出古代風祭爲痕跡，其中如終風、北風、谷風等篇，可以看出從卜辭以來祭風以息風害的那種觀念上的傳承。唯獨「凱風」篇的凱風，被比喻爲溫暖的慈母之心。所謂凱風就是南風。在『淮南子』天文訓與『史記』律書中稱爲「景風」，『呂氏春秋』有始篇稱「薰風」。這些稱法都表現了南方溫和豐盛的自然風土，與前面所引卷阿之詩，都足以用來象徵王朝政治與社會的和樂美好。『史記』樂書有：

舜彈五弦之琴，歌南風之詩，而天下治。……夫南風之詩者，生長之音也，舜樂好之。樂與天地同意，得萬國之驩心，故天下治也。

一文，正是歌頌聖王歌南風之詩以祭南風，使萬物生長，天下得治。南風之所以重要，正因爲它能生長萬物，托之音樂，這音樂又表現出它的神秘性與神聖性了。

舜常被稱爲是琴或簫的創製者，在古帝王傳說中可說與音樂關係最爲密切。這固然是周王朝成立以後，禮樂思想達到相當程度時，爲了象徵王朝政治的美好形象而被美化渲染的。不過在諸多帝王裏，爲什麼只有舜有如此多的音樂傳說，其中當有某種理由存在。下面先對舜與夔的原形加以考察。

『尚書』舜典裏有下面一文：

帝曰：夔，命汝典樂，教胄子。直而溫，寬而栗，剛而無虐，簡而無傲。詩言志，歌永言，聲依永，律和聲。八音克諧，無相奪倫，神人以和。夔曰：於予擊石拊石，百獸率舞。

這裏把夔置於舜下當樂正，以司樂教。依據樂器的起源看來，敲擊樂器應該早於其他樂器，而「擊石拊石」四字正表現了最原始的音樂行爲。姑不論『尚書』的成立問題如何，這裏至少可以說，在某種程度上，保留了一些古代音樂傳承的眞實性。

「夔」的字體，在甲骨卜辭中作「[glyph]」「[glyph]」等；殷末的金文作「[glyph]」，一般隸定爲「夒、夔」等（註四）。它共同的特徵被認爲很像猿猴或類人猿，也的確近於「夔一足」的傳說。可是仔細觀察後，又可以發現卜辭的一些字，頭部甚大（或者可以說耳朵很大），形象幾乎近於袋鼠或其他大頭大耳的動物，在形體上實在難以臆測。依自己觀察，認爲有一種可能性，就是說：這字形是古代巫祝以動物皮毛或假面戴於身上，手脚戴上裝飾物而禱祝歌舞的形象。原始民族常化裝成鳥類或獸類，在狩獵、乞雨等禱祝儀式時手舞足蹈。而巫祝在此時常敲打木石，附以節奏，並且把禱辭依節奏吟咏成章。後世祭祀，音樂成爲不可或缺的存在，而樂正成爲掌管祭政與教育的重要職務，可以說都起源於這種巫祝的呪術性行爲。

以卜辭殘片的資料看來，所謂「夒」（或「夔」）似乎被當爲祖神，而爲祈年或祈雨的對象，甚至被當爲諸族聚集地的地名，看不出與音樂的明顯關係。但殷金文中有「亞來舞[glyph]」（亞來舞優卣銘）之例，被認爲「優」字的[glyph]與夒、夔都可以說是同一文字。金文此例，就與音樂歌舞有關。『左傳』

昭公二十八年也有樂正后夔娶有仍氏女的記載，可見以前引『尚書』爲代表的有關夔與音樂的傳說並非憑空而來。所謂夔爲樂正的說法，可能就是夔族確實世掌音樂之職，才產生後世的種種傳說。『左傳』僖公二十六年有「夔子不祀祝融與鬻熊，楚人讓之」的記載。夔族原來是被迫由楚分出的楚人支族，所以楚人責備夔子不祀祝融、鬻熊等楚之先祖，後來滅了夔族。楚爲南方之地，祝融爲火正，也是南方的象徵。如此說來，夔族的音樂文化確與南方又有不解之緣。

王國維曾把舜比定爲夔（註五）。舜與夔的字形，還有兩者的音樂傳說，的確容易使人混同。「夔」字被認爲是俳優之「優」字的原形，可以說就是表現了這些傳承的一面。「舜」是否即爲夔，沒有充分的證據以爲證明，在此姑且不論，但考察舜與夔的傳說，可以發見：夔的傳說較爲素樸自然；而舜的傳說總被帶上一層合理化的色彩，對於它的原形反而不易捉摸。下面就看看有關舜的音樂傳說。

『山海經』大荒南經有下列一文：

有載民之國，帝舜生無淫，降载處……爰有歌舞之鳥，鸞鳥自歌，鳳鳥自舞。爰有百獸相群，爰處百穀所聚。

「載民之國」在海外南經也可以見到，是處於南方之國。「百獸相群」與『尚書』舜典一文相呼應。海內經有：

帝俊生晏龍，晏龍是爲琴瑟。帝俊有子八人，是始爲歌舞。

一文。所謂俊即是舜。綜觀兩文可以看出，舜與其子孫，就像夔的傳聞一樣，也似乎是世掌傳統樂職的一族。又，大荒東經裏可見到叫夔的一足獸，像牛。並有「黃帝得之，以其皮爲鼓」的記載。可見夔與音樂的關係也見之於東方。而在同一大荒東經裏可以見到：「帝舜生戲，戲生搖民」的字句，雖無關音樂傳說，可以知道舜的子孫在傳說中也見於東方。從以上這些文章裏，可以見到舜、夔與東、南方位，以及鳳凰、音樂等一連的關係。就如前面所述，以鳳鳥爲圖騰的風姓民族是起於東方，而向南方發展的鳳的神聖性與舜的傳說等結合在一起，似乎由此可以得到一些理解。

與南方的神聖性有關的還有竹與梧桐。

・（舜）南巡狩崩於蒼梧之野，葬於江南九疑。（『史記』五帝本紀）

・堯之二女，舜之二妃，曰湘夫人。舜崩，二妃啼，以涙揮竹，竹盡斑。（『博物志』史補）

這兩例中，蒼梧、九疑山等都是南方地名。湘夫人在『楚辭』裏也可以見到，也是與南方荊楚之地有關。蒼梧雖爲地名，却明顯地與梧桐有關，梧桐是具有神聖性的。例如，『莊子』秋水篇有：

南方有鳥，其名鵷鶵，子知之乎。夫鵷鶵發於南海，而飛於北海，非梧桐不止，非練實不食，非醴泉不飮。

一文。秋水篇較晚出，可以看出此文是倣效前引逍遙遊篇一文，意識上對比由北向南飛的鯤、鵬，而把由南向北飛的鳥稱爲「鵷鶵」，其實鵷鶵與鯤鵬一樣都意識着風，也意識着鳳。前引『詩經』卷阿篇即可見鳳凰與梧桐並稱，又鄭箋說：「鳳凰之性，非梧桐不棲，非竹實不食。」與這裏秋水篇的鵷鶵「非梧桐不止，非練實不食」比較，可以發見練實就是竹實，而所謂鵷鶵也就是鳳凰的別稱。這些例子都可以看出鳳凰的神聖性，也可以看出鳳凰與梧桐、竹等的關係。舜與鳳凰、梧桐、竹等事物之易於結合，也就是因爲這些事物都具有共同的神聖意義，才使其如此的。

梧桐的神聖性與音樂的關係，後來在嵇康的「琴賦」裏有詳細的叙述。到了魏晉時代，梧桐、琴瑟、聖人等觀念的結合，似乎已經固定不移了。梧桐之所以被視爲神聖，可能在它製琴、織布（註六）等實用性外，還有其宗教性的意義。例如『春秋繁露』求雨篇有：

> 秋暴巫尪至九日……其神少昊。祭之以桐木魚九。

一文。這是秋天以桐木魚求雨的儀式。『太平御覽』十一引孫炎爾雅注也說：「欇木……一名楓子，天旱以泥塗之即雨。」則桐、楓等樹都被認爲可以致雨。桐、楓等樹都是落葉喬木，生長迅速，高大聳立，並且枝葉茂盛，容易顯示季節的遷移和風雨的變化（註七）。從「一葉知秋」、「梧桐雨」、「樹大招風」等俗話中也可以體驗到。並且在文字上，鳳、風，同等字在甲骨文中大致同型。很可能這些字體與它所表示的字義，在遠古時期已孕育著共同的神聖意義了。

至於竹與鳳凰以及音樂思想的關係，可以『呂氏春秋』古樂篇如下一文爲代表：

> 昔黃帝令伶倫作爲律。伶倫自大夏之西，乃之阮隃之陰，取竹於嶰谿之谷，以生空竅厚鈞者，斷兩節間。其長三寸九分，而吹之以黃鐘之宮。次曰舍少，以之阮隃之下，聽鳳皇之鳴，以別十二律。其雄鳴爲六，雌鳴亦六，以比黃鐘之宮適合。黃鐘之宮皆可以生之。故曰，黃鐘之宮，律呂之本。

這裏敘述十二律的起源。「阮隃之陰」，『漢書』律曆志、『風俗通』修文篇作「崑崙之陰」，崑崙產玉，而崑崙山與玉通常也被視爲神聖，所以鳳凰吃竹實外也有說爲「以璆琳瑯玕爲食」（註八）的。分鳳凰爲雌雄是受陰陽思想的影響。十二律中六律爲陽、六呂爲陰，也是因爲這個原因。以竹爲十二律事容後章再作詳述。這裏不容忽視的一點就是鳳凰與律呂思想的結合，實際上也脫離不了與南方神聖性的關係。

『山海經』南山經說：鳳凰居「丹穴之山」、「丹」就是紅色，五行思想中屬南方。而『淮南子』覽冥訓說：鳳凰「暮宿風穴」，不僅可印證鳳與風的關係，也可以推知「風穴」與「丹穴」是相通的。又鳳凰與五行中的火、易卦的離（註九）、四靈裏的朱雀等都屬於同一配屬。這一連與南方神聖性有關的配屬，又與帝王的神聖性結合在一起，而發展成聖王制樂的理論了。

『漢書』禮樂志說：

黃帝作咸池，顓頊作六莖，帝嚳作五英，堯作大章，舜作招，禹作夏，湯作濩，武王作武，周公作勺。

這裏可以看出，傳聞中的歷代聖王都有它象徵性的音樂。而禮樂志和其他漢代典籍一樣，對於這些樂名的解釋，常以同聲釋義，敷衍了事，原來的意義也就難以探求了。再看『樂記』樂論篇說：

・禮樂之情同，故明王以相沿也。故事與時並，名與功偕。

・故知禮樂之情者能作，識禮樂之文者能述。作者之謂聖，述者之謂明。

「名與功偕」是說樂名與聖王功業的神聖偉大必須相偕。正如『論語』孔子所謂「述而不作」，樂的創制者也是非聖王不可。看正史中的歷代王朝，可以說千遍一律，至少在形式上也一定要把樂制與律歷整備好，就是源於此種觀念。當然，這是在上古帝王與音樂關係的意義逐漸疏淡以後所產生的結果。原來音樂是與帝王的祭祀有密切關係的。譬如：

・雷出地奮豫，先王以作樂崇德，殷薦之上帝，以配祖考。（『易經』豫卦象傳）

・大合樂以致鬼神示，以和邦國，以諧萬民，以安賓客，以悅遠人，以作動物。（『周禮』春官大司樂）

上帝、鬼神的祭祀，原來是由生活經驗中對天地自然的畏敬而來的。巫祝或帝王應需要而產生的音樂，後來逐漸變成歷代王朝的正樂，並非原來非聖王就不可以制樂。就是因爲帝王與祭祀有密切的關係，所以對祭典中不可缺少的音樂一事，也變成帝王的主要工作了。明瞭這一點後，就可以再回頭看看聖王與鳳凰的關係了。

下面二例即把聖人喻爲鳳凰：

・楚狂接輿歌而過孔子曰，鳳兮，鳳兮，何德之衰……今之從政者殆而。（『論語』微子）

・有若曰，豈惟民哉。麒麟之於走獸，鳳凰之於飛鳥，泰山之於丘垤，河海之於行潦，類也。聖人之於民，亦類也。（『孟子』公孫丑上）

這兩段文章還可算是比較初期的形態。到漢代以後，陰陽五行思想更爲發達，讖緯之說又使它更帶上神秘色彩，終使鳳與鳥、君與臣等樸素的貴賤觀念，進而發展成五常、五靈、五音、五色等包羅萬象的配屬。這裏可以暫且不提。『論語』、『孟子』此文把聖人喻爲鳳的理由，或者可以溯源到居於山東地方的古代風姓民族對鳳的信仰一事。鳳的信仰本來由風的信仰具象化而來的，後世把鳳的神聖性太過合理化，實際上音樂之所以發達，還是要靠風的觀念與樂器、樂律思想相結合後，才逐漸形成一大音樂文化的。鳳凰在此時只是一個理想的象徵。

由以上所述，可以看出，夔、舜、鳳凰、梧桐、竹等一連與南方有關的事物，常常結合在一起，而起因於祭祀的帝王對音樂的重視，使後世演變爲聖王作樂的原理。並且，從風的信仰演變而來的鳳的神聖性、又與被視爲神聖的帝王相結合。由此，鳳被視爲古代王朝禮樂文化的一大象徵，而流傳於後世。

三、風與音樂

古人對於季節的轉移、風雨的變化等自然現象，通常懷著畏敬之念。其中能發出音響而振動心耳的，以雷與風最爲顯著。前面所引豫卦象傳就說，先王法雷出地之象創作音樂，以祭上帝和先祖。雷鳴常在春夏之交出現，萬物的生成化育也常在春雷一響之後開始。這是因樂效倣自然、表現自然的一個例子。又在『禮記』月令、『周禮』大司樂等中，可見到春天大合樂以祭鬼神的例子，在季節上與春雷出現的時期相一致。這些例子都表現了以人爲音響的音樂象徵大自然，使人神得以交通，進而使人間社會得以和樂發展。可是雷鳴雖然間接上帶給人間惠澤，它的轟然響聲却使人感到恐怖，並且常是一瞬即逝。反之，風却有各種變化，除了狂風令人懼怕以外，萬物因爲各種風的吹動而發出各種聲音。這各種各樣的聲音，又引發人產生各種各樣的音樂的感覺。

『莊子』齊物論說：

> 子綦曰：夫大塊噫氣，其名爲風。是唯無作，作則萬竅怒呺，而獨不聞之翏翏乎。山林之畏佳，大木百圍之竅穴，似鼻、似口、似耳、似枅、似圈、似臼。似洼者、似污者。激者、謞者、叱者、吸者、叫者、譹者、宎者、咬者。前者唱于，而隨者唱喁。冷風則小和、飄風則大和、厲風濟則衆竅爲虛。而獨不見之調調，之刁刁乎。子游曰：地籟則衆竅是已，人籟則比竹是已。敢問天籟。子綦曰：夫吹萬不同，而使其自己也。咸其自取，怒者其誰邪。

大地噯氣叫做風，風起則山林、巨木等所有的竅穴都發出聲音。又依風的大小強弱，聲響也就各有不同。這是一種自然的音響，也就是所謂「地籟」。而所謂「人籟」，就是利用風的作用，以人爲使簫、篇等樂器發生音響。大自然壯大的音響有如一支交響樂，對人爲的的樂聲有莫大的啓示。所以對以樂器演奏音樂一事說來，是有重要的意義的。不過此處除了地籟、人籟以外，實際上並沒有什麼「天籟」的音響。所謂天籟就是說，無論是自然的音響或者人爲的音響，聲音就是聲音，並不必有特別的意義。這種思惟就含有以藝術爲藝術，而讓合理化的儒家禮樂觀脫皮的因素。所以到了魏晉之際，就產生了如嵇康「聲無哀樂論」的理論，主張音樂有它客觀的自律性，而與主觀的感情無關（註一〇）。

『楚辭』離騷及遠遊中有風神叫「飛廉」，王逸注及『風俗通義』祀典篇都認爲「飛廉，風伯也」。稱風伯爲飛廉（或蜚廉），在字義上固難以理解。但『爾雅』釋天有「焚輪謂之頹」（郭璞注：暴風從上下）之說，「焚輪」與「飛廉」以及另見於離騷的「豐隆」等，在字音上很相近，都是表現風振動物體的擬聲字（註一一）。『詩經』之風，後世解爲風化，原來的意義該指像風之動物一般，由口振動聲音，附以節奏而唱出的民謠。音樂的產生、發展，常得之於風的啓示。從『呂氏春秋』下面一文也可以看出：

帝顓頊生自若水，實處空桑，乃登爲帝。惟天之合，正風乃行。其音若熙熙、凄凄、鏘鏘。帝顓頊好其音，乃令飛龍作效八風之音，命之曰承雲，以祭上帝。（古樂篇）

這是說顓頊效八風之音而作承雲之樂，正說明了風與音樂的關係。空桑是地名，也是傳說中舜、伊尹、孔子等聖人誕生之地，並且還被認爲是琴瑟之名（註一二）。所以這裏也可以看出風、聖人、音樂等的關連；「八風」是由四方之風倍增而來的。就像八卦是所有事物的表徵一樣，這「八風」也包含了方向、季節，還有對自然界與人間社會的影響等意義，而被分成八種事物。從八風、八節到以祭祀與農政爲中心的王的八政，甚至樂器以八音分類，都可以說是從八風的觀念展開而來的。

所謂「八音」，在『周禮』春官大師職中是：金、石、土、革、絲、木、匏、竹等八種樂器。而在『國語』周語中却有下列的配置：

匏音：條風（東北）

竹音：明庶風（正東）
木音：清明風（東南）
絲音：景風（正南）
土音：涼風（西南）
金音：閶闔風（正西）
石音：不周風（西北）
革音：廣漠風（正北）

這是依各季節八方風向的強弱性質，比定各具音色的八種樂器的。比前引『莊子』齊物論的「地籟」「人籟」等更爲具體化。金、石、革等打樂器是節奏樂器，它的自然發生相當早。絲是弦樂器，它的起源可能與狩獵、兵事使用弓矢的經驗有關（註一三）。而所有的聲音本來都由於空氣的振動產生的，特別是屬於匏、竹類樂器的笙、竽、簫、籥等管樂器的吹奏，很明顯的是與風有直接的關係的。笙、簫有時稱爲「鳳笙」、「鳳簫」，這雖不一定由鳳的信仰而來。可是關於簫，的確在很早時期就與鳳凰並稱，却是事實（註一四）。

『荀子』解蔽篇說：

鳳凰秋秋，其翼若干，其聲若簫。有鳳有凰，樂帝之心。

這裏以鳳凰配帝王，而以蕭聲比擬鳳鳴。又，『風俗通』聲音篇說：

按舜作簫，其形參差，象鳳翼。十管，長三尺。

這是以竹管排列的形狀，把簫比喻爲鳳的。簫之所以被稱爲鳳簫，就如以上兩例，可以說是以它的音色與形狀比擬而來的。姑不論其事實如何，下面再進一步看看簫管何以被重視的原因。

『詩經』周頌，有聲篇有：

設業設虡，崇牙樹羽。應田縣鼓，鞉磬柷圉。既備乃奏，簫管備擧，喤喤厥聲，肅雝和鳴。先祖是聽，我客戾止，永觀厥成。

一文。這是祭祀先祖時音樂演奏的情形。『尚書』益稷篇也有類似的描寫，並且最後還有「簫韶九成，鳳凰來儀」一句話。「簫韶」就是舜樂所謂「九招」，韶有「續」的意思，由『樂記』的解釋可以明瞭。可是「九招」爲何說成「簫韶」？就必須加以檢討了。

右列有聲篇一文所見的樂器，大都是敲擊樂器。這些敲擊樂器象徵祭典的隆重性，並且有使音樂產生節奏感的作用。可是曲調弦律的表現，主要還是非借助簫管不可。琴瑟柔和的聲音不足以表現典禮的隆重性，而簫管就成爲此種場面演奏的主體了。又如所謂「喤喤厥聲，肅雝和鳴」，並列的簫管可以產生多數的和聲，所以簫聲被形容爲「溫潤以和，似南風之至」（『樂緯』動聲儀），甚至具有象徵萬物生長的南風的形象。如上所述，可以說，具有鳳與南風形象的簫管樂器，在典禮音樂中成爲不可或缺的存在，所以韶樂才有「簫韶」的稱法。舜之所以被認爲是簫的制作者，可以說也是由這種關係使然的。

四、風、氣與音律思想中的陰陽問題

以風的原理製成的樂器中，最重要的就是律管。因爲律管並非單純的樂器，而是做爲律呂的標準的。『淮南子』主術篇說：

樂生於音，音生於律，律生於風。

所謂律就是音的基準，而這個基準是由風來決定的。風又由氣而出，這在前引『莊子』齊物論一文中，「大塊噫氣謂之風」一語已可見到。『呂氏春秋』季夏紀、音律篇也說：

大聖至理之世，天地之氣合而生風。日至則月鍾其風以生十二律。……天地之風氣正，則十二律正矣。

四季各有變化，時日各有長短，而顯示這種變化的就是氣和風。所以集每月之風就可以測定十二律，天地間的風和氣如果正常，十二律也就能達於標準。這裏可以見到十二律與風、氣的密切關係。並且，律之所以重要，正如『國語』周語所說：「律者所以立均出度也」。不僅是指樂律，同時也包含了曆及度量衡等與數有關的一切事物的基準。所以歷代帝王總把制定律曆制度一事看成極重要的行事。正樂的制作與祭祀、政治有密切的關係已如前述，而律的制定終究還必得以音律爲根本。

十二律之稱，除律以外還有十二筒、十二鐘的稱法。「筒」即管，與律管之意並無二致。而十二鐘的稱法，可能由於青銅器發達之後，鑄鐘以爲十二律的基準而產生的。不過據新近出土的編鐘從九枚至十二枚等編成一組的事實看來，可以知道鐘實際上也當做樂器演奏，並非最初即專門當做十二律的基準的。可能就如「鐘鼓齊鳴」之語所示，鐘與鼓一樣，在祀典中最能表現典禮的莊重肅穆；並且「鐘」與「鍾」通，有集合十二月之風的意義，（見前引『呂氏春秋』音律篇）所以就稱十二律爲十二鐘了。

十二律從算出的順序排列說來就是：①黃鐘②林鐘③太簇④南呂⑤姑洗⑥應鐘⑦蕤賓⑧大呂⑨夷則⑩夾鐘⑪無射⑫仲呂等。前引『呂氏春秋』古樂篇說，十二律的制定是倣鳳皇之鳴，而分雄鳴爲六、雌鳴爲六。在此就顯示十二律可分爲陰陽二組，但並不明言何者爲陽，何者爲陰。將十二律分爲二組的說法，此外還有『周禮』的六律六間，『漢書』郊祀志的六律六鐘、同書律歷志與『史記』律書的六律六呂等（註一五）。六律六同以六律爲陽、六同爲陰；六律六呂以六律爲陽、六呂爲陰。其他的六律六鐘和六律六間不記陰陽，但依類推可知六鍾與六同也當屬陰（註一六）。

十二律分成陰陽，固然有「天地之氣，合而生風」（前出）的天地陰陽之氣的觀念爲基礎，但實際上分十二律爲陰陽的根據却有兩個可能性。一是依三分損益法，以上生之律爲陽，下生之律爲陰；二是依算出的順序，以奇數律爲陽，以偶數律爲陰。可是如『呂氏春秋』音律篇，上生之律爲黃鐘、大呂、太簇、夾鐘、姑洗、中呂、蕤賓；下生之律爲林鐘、夷則、南呂、無射、應鐘。與六律爲陽、六呂（同）爲陰等說法並不一致。反之，如『漢書』律曆志所述，以黃鐘、太簇、姑洗、蕤賓、夷則、亡射爲陽律；以林鐘、南呂、應鐘、大呂、夾鐘、中呂爲陰律。則符合六律爲陽、六呂（同）爲陰的說法。所以十二律之分陰陽，應該還是以算出順序的奇數爲陽，偶數爲陰爲正確。

至於所謂六同，從來諸說紛云，主要有「同」即「銅」說，以及「同」意爲「和」等說法（註一七）。以銅製律管雖已見於前漢末期，可是有「十二筩」之稱法，而無「十二銅」稱法，並且又故意分成六律與六同。可見這裏也有陰陽的觀念。不認爲是「銅」而認爲是「和」的看法可能比較正確。這可由『國語』的「六間」與『漢書』的「六呂」加以比較。『國語』周語有「元間大呂，助宣物也。二間夾鐘……三間仲呂」之語。所謂「間」就是間於六個陽律之間，助陽律以協調陰律的意義。而所謂「呂」，在『漢書』律曆志說：「大呂，呂旅也，言陰大旅助黃鐘，宣氣而牙物。」，「呂」也有以陰協調陽的意義。又，「呂」的古字與「同」相近，更有理由說明：對六律而言，呂、同用法相近。六同與六呂、六間的稱法，都有以陰助陽，和同於陽的意義存在。可能依寫定時情況賦予適當的稱法而已。

以「六律」爲十二律的代稱自古已有。如『尙書』益稷篇：「予欲聞六律五聲八音」、『孟子』離婁章上：「師曠之聽，不以六律不能正五聲」等皆是。但連稱六律六同或六律六呂時，陰律有各種稱法，而陽律只稱「六律」。對於這一點可以再做進一步考察。

十二律以算出的順序和音高的順序並列來看，就如下表：

算出順序①8③10.⑤12.⑦2⑨4⑪6

黃大太夾姑仲蕤林夷南無應

鐘呂簇鐘洗呂賓鐘則呂射鐘

音高順序①2③4⑤6⑦8⑨10.⑪12.

從右表可以看出，算出順序與音高順序相一致的是：①黃鐘③太簇⑤姑洗⑦蕤賓⑨夷則⑪無射，即所謂陽律的六律。很可能古人以三分損益法算出十二律時，發現算出順序與音高順序相一致的音律，認爲它是根本不變的基準，所以「六律」的稱法就逐漸固定了。

六律除被認爲是根本不變的音律基準外，一般人常忽略了它字義所含的特殊意義。『國語』周語裏，對六律的原義有下面的解釋：

夫六，中之色也，故名之曰黃鐘，所以宣養六氣九德也，由是第之。二曰太簇，所以金奏贊陽出滯也。三曰姑洗，所以修潔百物，考神納賓也。四曰蕤賓，所以安靖神人，獻酬交酢也。五曰夷則，所以詠歌九則，平民無貳也。六曰無射，所以宣布哲人之令德，示民軌儀也。

黃鍾宣養陰、陽、風、雨晦、明六氣與水、火、金、木、土、穀、正德、利用、厚生九德（註一八）；太簇五行屬金，贊助陽氣使之不會停滯。兩者都明顯表示音律可以影響陰陽風雨的自然現象，進而導之使人事與自然相調和；姑洗與蕤賓的字義，則有祭祀神人，以求神明護佑的意義；夷則、無射則有歌頌九德與聖王美德，以爲萬民軌儀的意義。此文下面又有對陰律六間的解釋說：「爲之六間，以揚沈伏而黜散越也」，大意爲助陽律以發散沈滯之氣，收拾發散之氣。由以上所述可以得知，十二律中特別是陽律的六律，是具有它神聖的意義，並非憑空而來的（註一九）。

又，十二律的律名，與祭祀的關係特別密切。如『周禮』春官宗伯，大司樂職說：

乃奏黃鍾、歌大呂、舞雲門，以祀天神。乃奏大簇、歌應鍾、舞咸池，以祭地示。乃奏姑洗、歌南呂、舞大磬，以祀四望。乃奏蕤賓、歌函鍾、舞大夏，以祭山川。乃奏夷則、歌小呂、舞大濩，以享先妣。乃奏無射、歌夾鍾、舞大武，以享先祖。

右文中，以黃鍾、大簇等陽律六律爲祭禮時器樂演奏的調名，以大呂、應鍾等陰律六呂爲祭歌的調名，以雲門、咸池等爲祭舞之名。各以一套音樂歌舞，依次第祭祀天神、地示、四望、山川、先妣、先祖等。與前面『國語』一文對照，更可以理解前文「由是第之」的意義，不只指六律音律的次序，更重要的是表示了祭典的尊卑次第。而各套音樂的調名等，特別是冒頭的黃鍾、大簇等六律可以視爲代表。由於有如此重大的意義，所以後世以此根本六律爲十二律的代稱，也就不足爲怪了。

至於六律六鍾、六律六呂等稱法，也可以說是：十二律名稱產生之後，本當把十二律分稱爲六律三鍾三呂的。爲了分它爲陰陽兩組，所以只取一字，或稱六鍾、或稱六呂了。但是應鍾、林鍾、夾鍾以及大呂、南呂、中呂等字義，雖然有『漢書』律曆志或『白虎通』等漢代特有的同聲釋義的解釋，仍然對所以使用鍾、呂等字的原因無法做確切的說明。這裏，如依前面所述推論，可以說，鍾與呂在廣義上與六間、六同的用法相近，都有和同於陽律的意義。而在狹義上或只可以說，先有了「鍾律」

「律呂」等名稱以後，依其方便，適當取鐘或呂之字以爲之名了。

由以上所述，可知陽律六律的重要性，但並不意味十二律是先有六律，由六律發展而來的。因爲十二律的算出方法以三分損益法爲基礎。此方法雖導源於『管子』地員篇宮、商、角、徵、羽五音的算法，並且也可以知道五音相當於十二律中的五個音律（註二〇），但五音與六律的算出順序却不相同，不能把兩者混爲一談。十二律可以說由五音的算出方法而來，但並無充分理由說明先有六律才產生十二律。所以十二律該視爲一度完成較爲妥當（註二一）。由五音發展到十二律的理由，可以說是爲了配合「十二」這個天文律歷之數有其必要才產生的。

十二支的區分在殷代卜辭中已可見到。古人從四季八風的變化中感到一種神秘的靈力，就如春雷一響帶動萬物的生長一樣，由風的原理產生的音律也被認爲是有影響十二月風氣的力量，所以要制定十二律以爲自然與人事的基準。這種思想在『呂覽』十二紀與『禮記』月令篇等已有明顯的表現。十二律的制作材料以竹管早於鐘的理由，固然由於青銅器的發達晚於竹，但也可以說，竹管依風的原理制作而成，與大自然神秘的力量相通，才使其更有神聖的意義的。

結語

本文最初提起「鳳」、「風」的甲骨文爲「[illegible]」，第二期加上音符而爲「[illegible]」。前者經篆文「[illegible]」又加「虫」而變爲「風」字；後者則成爲「鳳」字原形。的確風是以鳳的形象來表現的，但在此風與鳳的觀念已見分別，同時也意味著後世不同的發展。

由甲骨文的字體與卜辭的資料看來，鳳除爲風的具體表現外，最初即被當做風神，而被視爲神聖的。其後如『莊子』逍遙遊篇一文，雖以鵬（＝鳳）爲哲學性比喩，却表現了鳳與風密切的關係。鳳與風觀念的分岐，可以『詩經』卷阿篇與『莊子』齊物論二文爲代表。

卷阿篇可見到南風、鳳皇、天子等並列。這一方面表示周王朝與南方文化融合的關係；一方面表示自古奉爲信仰的鳳鳥，到此時成了周王朝和樂昇平的象徵。南風爲春夏之風，也是助長萬物，生長化育的風。因此有關南方的諸種觀念逐一被融合而被視爲神聖。音律的制作就如南風的作用一樣，也有疏導風氣、生成萬物的意義，所以帝王也就在春夏制樂、奏樂；以舜、夔音樂傳說爲代表的聖王與音樂的關係也就逐漸定型化了。又鳳凰及與其有關的竹和梧桐等，也被融合於音樂文化的一環，與聖王作樂的理念成爲一體，而形成了視音樂爲神聖的音樂觀了。

另一方面，見於齊物論的「人籟」「地籟」等觀念，與鳳的象徵性發展不同，很實際的提示了風與音聲的關係。可以說是使樂器的制作與律呂思想發達的一個典型的思惟。後世以樂器類別爲八音，實際上八音與八風有密切關係外，以風的原理制成的笙、簫等管樂器，往往與鳳凰或聖王等產生明顯的關連；又，律呂思想始於聖王以竹制十二律管的傳說，因陰陽思想的關係而有六律六同、六律六間、六律六呂等稱法。後來這些思想觀念，都從音樂的實際方面逐漸有了具體的發展。而「十二」這個數字與十二月有密切關係，它又可以說是因緣於風和季節的變化而來的。

風的形而上學發展產生了氣的哲學（註二二）。漢代所見候氣占律的神秘音樂觀，與氣的思想有密切的關連，也是勿庸贅言的。此文主要以風與鳳的觀念爲中心，考察了中國古代音樂思想中音樂神聖觀念的形成與律呂思想的發展。有關其他律呂的實際問題，不屬於本文的討論範圍，就不再加以敘述。

【附註】

註一 例如森安太郎，「鳳と風」（『中國古代神話の研究』所收）出石 彥「鳳凰の由來について」（『支那神話傳說の研究』所收）聞一多「龍鳳」（『神話與詩』所收），以及其他甲骨文研究資料。

註二 參照赤塚忠『中國古代の宗教と文化』四一五頁——四二三頁，四方風神的解說。

註三 參照②同書。

註四 參照右揭同書二九五頁——三〇五頁。

註五 見王國維「殷卜辭中所見先公先王考」（『觀堂集林』所收）

註六 『太平御覽』九五六引『詩義疏』曰：「白桐宜琴瑟，今雲南牂牁人績以爲布。」又引『華陽國志』曰：「益州有梧桐木，其華綵如絲，人績以爲布，名曰華布。」

註七 拙稿寫定後，又有水上靜夫『中國古代の植物學の研究』一書出版。其中第四章第四節討論桐樹，認爲桐、楓等樹有告知降風降雨的特徵，被古人認爲有某種靈力。正與筆者意見相一致。

註八 『淵鑑類函』引莊子：「吾聞南方有鳥，其名爲鳳……以璆琳琅玕爲食。」

註　九　『春秋元命苞』：「火離爲鳳」。

註一〇　詳細請參照拙稿「嵇康の音樂思想における〈和〉について」（日本中國學會報第二十八號）

註一一　參照藤堂明保『漢字語源辭典』八二九頁。

註一二　『史記』孔子世家：「生而首上圩頂」，正義引干寶三日紀云：「徵在生孔子空桑之地，今名空竇。」又『讀史方輿紀要』陳留縣條：「又縣南十五里有空桑城，相傳伊尹生此」。『楚辭』大招：「魂乎歸來，定空桑只。」注云：「空桑瑟名也。」

註一三　日本廣島地方，現在仍有荒神祭，以弓神樂祭神。鳴弓弦、唸五行祭文的情形，正可使人領悟鳴弦樂器的起源；臺灣布農族也有弓琴，雖含於口中鳴弦，其原理相近。

註一四　參照印順法師『中國古代民族神話與文化之研究』（華岡叢書）第九章。

註一五　可參照瀧遼一「古典に現はれたる律呂の解釋について」東方學報，東京第十一册之二）或王光祈『中國音樂史』等。

註一六　瀧遼一前揭論文中以上生律爲陽，下生律爲陰，實際上並不符合。

註一七　參照瀧遼一前揭論文說明。

註一八　依『國語』韋昭注。

註一九　印順法師先揭一書中謂，六律之名是參照古代祭神典禮進行的過程而來，也據一理。

註二〇　『淮南子』天文訓、『史記』律書等說：「黃鍾爲宮，林鍾爲徵，太簇爲商，南呂爲羽，姑洗爲角。」

註二一　王光祈『中國音樂史』認爲『管子』比『國語』晚出，而謂三、六、十二是數字哲學。又與印順法師前揭書都承認先有六律而產生十二律，並無事實的根據。

註二三　詳細可參照小野澤精一等編『氣の哲學』（東京大學出版社），及平岡禎吉『淮南子に現おれた氣の研究』（理想社）等。

【附記】

本稿原以（「風」と「鳳」をめぐる音樂思想——中國古代音樂思想の一側面）為題，以日文登於國立岡山大學文學部紀要，第三九號。此次做了部份刪改與增補，並譯成中文，以為慶賀尉師八十大壽的區區心志。

湯臨川雙紫傳奇情節人物之比較

梁冰枬

一、前言

湯顯祖字義仍，號海若，臨川人，爲明代傳奇崇辭一派之巨擘。所作戲曲五種，依序爲紫簫記、紫釵記、還魂記（牡丹亭）、南柯記、邯鄲記。後四種合稱「臨川四夢」或「玉茗四夢」，其中以還魂記最爲膾炙人口，劇中「閨塾」、「驚夢」二齣至今仍活躍於紅氍毹上，串演不輟，其受人喜愛之程度，爲現存少數崑曲之所僅見。單就此二段戲曲的文詞、意境之美，及歌舞身段之曼妙，便知湯氏在曲壇能長享盛名，決非偶然！

對於湯氏劇作的評價，歷來論者皆以後三夢高於紫釵記，至於紫簫一劇，因祇成半部而止，是以更爲人忽視而少見論及，實則紫釵與紫簫兩本傳奇，係同以唐人蔣防小說「霍小玉傳」爲題材敷演成劇，在明代衆多的劇作家中，似此同一人以同一題材、同一體製，寫成兩本不同的作品，而又均能流行一時之例，既已至爲特殊；且兩劇在湯氏的人生歷程及戲曲創作中，也居重要階段而蘊有不凡意義，極具研究價値。本文僅就兩劇之情節、人物作一較論，俾由其異同高下，從而窺見臨川創作技巧之一斑。

二、情節的比較

蔣防「霍小玉傳」小說中的男主角李益，在唐代實有其人，部份內容也實有其事（李益生平略見於舊唐書卷一二七、新唐書卷二〇三）。故事大意敍寫詩人李益與宗室霍王妾所生之女小玉戀愛，後以李益攀婚高門，小玉憂憤致疾，有黃衫客挾李益至，然小玉終含恨詛咒而絕。其後小玉寃魂時時作祟，使李益對一切婦人猜疑妬嫉，娶妻三次皆不得圓滿。作者蔣防與李益生居同代，卻明目張膽，揭發陰私，將李益寫成一個輕薄、負心、絕情的風流人物。據王夢鷗、傅錫壬二位先生考證，均認爲其寫作動機乃是基於當時黨爭相對立場下所作的有意毀謗。雖然如此，但就短篇小說而言，無論其情節結構、用字遣詞、人物造型各方面之技巧，均屬上乘，是以明胡應麟曰：

唐人小說記閨閣事，綽有情致，此篇尤爲唐人最精彩動人之傳奇，故傳誦弗衰。

自湯顯祖將之譜成「紫簫記」與「紫釵記」二劇後，小玉故事更廣爲人知，且不僅限於平面藝術的傳誦而已。皮黃流行後，又被改編爲通俗脚本，稱爲「霍小玉」或「李十郎」，但製作粗疏，與雙紫傳奇相去遠甚。

湯臨川初將小玉故事譜爲戲曲時，基於他爲文不尚擬古剽竊的作風，致改編而成的「紫簫記」內容與原傳大異，首齣開宗檃括「鳳凰臺上憶吹簫」曲云：

李益才人，王孫愛女，詩媒十字相招。喜華清玉琯，暗脫元宵。殿試十郎榮耀，參軍去七夕銀橋。歸來後，和親出塞，戰苦天驕。嬌嬈，漢春徐女，與十郎作小，同受飄搖。起無端貝錦，賣了瓊簫。急相逢天涯好友，幸生還一品當朝。因緣好，從前癡妬，一筆勾消。

下場詩云：

李十郎名標玉簡，霍郡主巧拾瓊簫。尚子毗開圍救友，唐公主出塞還朝。

看來全劇內容原甚繁複曲折，但纔作成一半，便因「是非蜂起，訛言四方」（爲時人議爲有諷喩首揆張居正意）而止。就今存的三十四齣劇情與原傳比較，主要添加了以妾易馬、觀燈拾簫及參軍朔方的情節。這些情節雖爲原傳所無，但也皆有所本，正是我國古典戲劇中用得最多的一種「以實作虛」的方法（註一），並非「脫空杜撰」而來。

第四齣「換馬」，劇情敍演某日花卿約李十郎至營中飲酒，命伎妾鮑四娘唱曲侑酒以助興，適有汾陽王之孫郭小侯春遊騎獵而過，花卿本愛羨小侯駿馬，又經十郎攛掇道：「將軍若有此馬，便出塞封侯。」於是更激起了他騎駿馬以立功邊疆的壯志，怎奈小侯無意賣馬，卻對鮑四娘的才貌很有興趣，他說：「久聞鮑四娘閉月華容，停雲絕唱」，在一旁冷眼觀察的十郎便爲他們想出了一條兩全的妙計，他說：「花驃騎愛金埒之名馬，郭小侯賞玉麈之妙音，倘肯相移，各成其美。」於是駿馬歸花卿，四娘送小侯，各取所需，各遂所願；然馬兒無知，人卻有情，四娘離去之時，依依難捨，啼泣不止，對改變她命運的十郎和馬兒，自是怨憤不已，罵道：「寃家！爲你來惹出這斷腸事。……恨不得殺了那馬呵！」此事看來似屬荒唐，令人有「人不如馬」之慨！其實在南北朝時，梁簡文帝和劉孝標等人便都作過愛妾換馬詩，唐張祜也有愛妾換馬詩二首，可見自南朝至唐代，妾的地位不過是主人的一種財產而已，她們對自己的命運是毫無自主之權的。主人可以將她們如禮品般地送人——如小說許堯佐「柳氏傳」中的柳氏；也可以施予肉體上的嚴苛責撻——如皇甫枚「非烟傳」中的非烟便是。所以湯臨川在劇中穿插這段情節，是頗能符合唐代社會背景的。

第十七齣「拾簫」、第十八齣「賜簫」，敍演時值元宵佳節，元和皇帝詔示都下士女，無論貴賤道俗，俱得至華清宮玩燈，盡丙夜，金吾不可喝止，以示與民同樂之意。此時劇中主要角色先後紛紛上場觀燈，十郎偕小玉母女也來至華清宮玩賞，不料禁時一至，小玉爲清宮太監叱喝驚散，正徬徨不知進退時，在宮道中拾得太眞娘娘紫玉簫一管（這也是本劇題名之由來），爲恐獨自夜歸，落入市井少年之手，難保清白，於是心生一計，故意持簫爲太監所執，押至郭娘娘處審詢，經道明身分原委，娘娘嘉許她自保冰清的靈巧，經奏知聖上，將玉簫賜爲所有，並命內官護送返家。這段情節，在「大宋宣和遺事」亨集中有相仿的記載，原文略云：

> 是夜鰲山脚下人叢閑裏，忽見一個婦人吃了御賜酒，將金杯藏在懷裏，喫光祿寺人喝住：「這金盞杯是御前寶玩，休得偷去！」當下被內前等子拿住這婦人到端門下。有閤門舍人且將偷金杯的事，奏知徽宗皇帝。聖旨問取因依。婦人奏道：「賤妾與夫婿同到鰲山下看燈，人鬧裏與夫相失。蒙皇帝賜酒，妾面帶酒容，又不與夫同歸，爲恐公婆怪責，欲假皇帝金杯歸家與公婆

爲照。」徽宗……就賜金杯與之。湯臨川寫小玉拾簫的靈感，大概即來自於此，不過將金杯改爲玉簫吧了。第二十一齣「及第」以後的送別、出塞等情事，雖爲小說中所無，但舊唐書李益本傳有「北游河朔，幽州劉濟辟爲從事」的記載，劇情必是本此敷演而來。

「紫釵記」將原僅三千一百餘字的小說舖敍渲染爲長達五十三齣的傳奇，在情節方面自較原傳複雜細膩許多，而本劇最大的特點，便是以紫玉釵作爲男女主角愛情得失分合的象徵之物。在原傳中紫玉釵僅有一隻，它不過是小玉用來濟窮的珍品，由老玉工轉賣給公主，得錢十二萬，此外並無特殊意義。本劇中提昇玉釵的地位，並且增爲一對，從第三齣的「插釵新賞」即安排玉釵上場，第六齣「墮釵燈影」中爲李益拾得，由它牽縮了兩人的情絲，七齣託鮑四娘以釵爲媒釆，說合了好事。以後二人分離，小玉「凍賣珠釵」，託老玉工侯景先物色買主，竟恰巧落入盧太尉之手，雖然得錢百萬，却象徵二人愛情有了波折、危機，幸喜李益不附權貴，堅守情約，睹物思人，「哭收釵燕」，此後一直懷藏在身，終至「劍合釵圓」，前嫌盡釋。

湯臨川用紫玉釵作爲全劇主腦，貫串首尾，多少枝節都從此衍生，前後埋伏照映，針線綿密，不致使曲折的劇情散漫紛擾，無所收束；並因此造成疑慮、懸宕、冷熱、起伏的效果，實在是高明的編劇手法。紫釵一物，固然是本於原傳，但以它爲全劇主腦的象徵之物，其靈感可能來自於「玉合記」。顯祖爲好友梅禹金作「玉合記題詞」在萬曆十四年，此時湯氏已作唯有「紫玉簫」問世。梅的「玉合記」一劇係譜章臺柳故事，略以玉合爲韓翃與柳氏分合的象徵。臨川看過後，得到直接啓示，因在改編紫簫時，吸取此法用於新劇，而結構較玉合記更縝密，成就也較玉合記更爲突出。

在「紫簫記」和「紫釵記」兩劇中，都有元宵觀燈之事，但無論發生的時間、地點、陪襯人物及目的都不相同，在此列表比較如下：

項目／劇名	時間	地點	陪襯人物	目的
紫簫記	十郎小玉婚後	華清宮	皇帝、郭娘娘、太監、宮女、金吾將軍	拾簫
紫釵記	十郎小玉婚前	天街上	京兆府尹觀燈王孫仕女	墮釵爲媒二人初見

由上表可知「紫簫記」觀燈一節除劇中主要角色外，所用的陪襯人物很多，這許多人物在劇中均僅此一見，以後再不見上場，動用如此龐大場面，不過爲了讓小玉拾簫、賜簫，而小玉拾得簫後，只說了一句：「呀！原來是一管紫玉簫在地上滑著，想起一計來……。」對於紫玉簫本身，卻並無任何形容以顯其珍貴特殊。雖然在首齣「鳳凰臺上憶吹簫」詞中可以探知在未作的後半部戲中還有紫簫情節，但就今存的三十四齣戲看來，紫簫線索就此中斷，並未顯示題名由來的意義何在。反觀「紫釵記」觀燈一節，上場人物簡化許多，這是用人方面的經濟手法，但此段情節所代表的意義卻甚爲重要；再者

歌詠紫玉釵本身，或因釵生情的曲文也屢見不鮮，在第三齣、第七齣、第四十五齣、第五十齣中分別由小玉、鮑四娘、侯景先、李益口中唱出，充分描述出紫玉釵的形貌、珍貴，及其關係全劇之重要性。僅此一事來看，就足以顯示作者湯臨川在寫作兩劇之間的進步之迹了。

「紫釵記」的另一特點是添加了一個反派關鍵人物盧太尉，在「霍小玉傳」和紫簫記中均無反派人物。小說中促使李益變心的原因雖是母親爲他約聘了盧表妹，但她們都沒有直接現身，也不是有意拆散良緣，算不得壞人。「紫簫記」中，二人離別的原因純爲參軍邊塞，所以劇力發展就缺少刺激和衝突，顯得平緩無奇。「紫釵記」則不然，盧太尉一出現，使前面柔和溫雅、歡悅美滿的情調陡然轉變爲粗豪強硬，他的霸道、蠻橫和有意作梗，使劇情產生強大的起伏波瀾，達到衝突的高潮。由於他的奸計，衍生出許多關目情節，緊緊扣住讀者（觀衆）憂急繃張的心弦，在未知最後結局之前，與小說原傳有同樣淒艷哀怨的氣氛，達到令人廻腸蕩氣的效果。

顯祖安排盧太尉要在新科進士中選婿的情節，可說是其來有自，頗能與唐代的社會背景相符。看唐摭言中說：

曲江之宴，行市羅列，長安幾於半空，公卿之家，率以其日擇選東床。

可見公卿喜在科舉中選婿是當時的風氣，所以在唐人故事及戲劇中已屢見不鮮，但顯祖並未使李益步上另結權貴，逐妻悔婚的俗套，便是他別出心裁，機杼獨運的高明之處了。皮黃的霍小玉一劇虛構主考官盧志一角，劇情的發展便是蹈前人的陳套；但又把小說和「紫釵記」中從未露面的盧小姐拉上場來，賦予賢淑善良的性情，恐怕是受了舞臺上常見演出的趙五娘、秦香蓮二劇的綜合影響所致，情節既乏新奇之感，也許這正是今日不常見該劇演出的原因吧！

除此之外，顯祖在二劇中也穿插了幾個「夢」的描述。「紫簫記」第十一齣「下定」中，演李十郎自託鮑四娘爲媒後，獨自滿懷春情，「歸來春宵枕上，睡得不沈，醒得不快」，索性把昭明文選拿來醒眼，順手一翻就翻到了第十九卷的幾篇情賦，他高興的認爲這是「好采頭」，於是在四隻「皂羅袍」曲中，一邊唱着高唐賦、神女賦、好色賦、洛神賦，一邊由此萌發了遐思，學起高唐晝寢來。他夢中見到「有一佳人，貌甚奇麗，含笑含嚬，如來如去，在咱眼前回顧，青衣向前相訊。正交接間，只聽得紅蕉搏雨，翠竹敲風，原來就是陽臺一夢。」此時櫻桃奉命來探實情，「人來戶響」把他驚醒了起來。這一段敍演十郎少男懷春心理，如癡如醉的神態，場面氣氛頗爲浪漫，情節的銜接也自然而合理；只是曲文過於典雅，充分顯露了臨川「文采派」的特色，若場上演出，恐不易使觀衆耳聞即知；況且以我國古典戲曲「有聲必歌，無動不舞」的原則來看，十郎在此獨自連唱四曲，甚至還載歌載舞，戲份是相當吃重的，何況該齣尚有下文呢？

「紫釵記」第二十三齣「榮歸燕喜」，敍演十郎赴洛應試，小玉在家盼望喜訊，她口述夢境說：「昨夢兒夫洛陽中式，奴家梳妝赴任，好喜也！」這個夢兆旋即應驗，十郎果然狀元及第，爲衆人簇擁榮歸。

「紫釵記」第四十九齣「曉窗圓夢」中還有一較重要的夢：演小玉「自聞李郎盧氏之事，懷憂抱恨，周歲有餘。羸臥空閨，遂成沈疾」，某日病臥中忽得一夢：「見一人似劍俠非常遇，着黃衣。分明遞與，一輛（應作緉）小鞋兒。」鮑四媳聽了此夢，爲她解道：「鞋者，諧也。李郞必重諧連理。」這個夢爲後來轉悲爲喜的結局帶來了預兆，在哀淒的氣氛中透出了希望。此夢的來源本於小說原傳，敍述黃衫豪士強挾李益至霍宅的前夕，小玉曾先得一夢：

玉夢黃衫丈夫，抱生來至席，使玉脫鞋。驚悟而告母，因自解曰：「鞋者諧也，夫婦再合。脫者解也，既合而解，亦當永訣。由此徵之，必遂相見，相見之後當死矣。」

小說中情節一如小玉所夢，所以這是一個悲劇的夢兆。臨川作「紫釵記」僅取原傳的前半解語，立將凶兆轉爲吉兆，可說是很靈活的運用手法。而「紫釵記」之所以列入爲「臨川四夢」之一，主要也必是因爲有此一夢之故。

以上幾個小夢，雖不足以與牡丹亭、南柯記、邯鄲記的大夢相提並論，然而這些小夢正可以視爲臨川日後寫作大夢的前兆和準備。

「紫簫」和「紫釵」兩劇皆改原傳之悲劇收場爲喜劇結局，一般論者都以爲破壞了悲劇的淒美，拘於戲文的常套。固然以喜劇收場是我國古典戲劇的傳統，誠如曾永義先生所說的，因其演出場合多在喜慶筵會，又旨在獎善懲惡之故。而臨川之寫作戲曲，本就是基於「諸公言性，我言情」的浪漫心理，以闡揚人性中的至情爲旨；又源於他悲天憫人、溫柔敦厚的天性，自不忍見有情人的悲慘下場。「紫簫記」在戲劇情節發展的過程中，本就缺乏強有力的激盪性，沒有設下必須發生悲劇的種種伏筆，依作者的原計劃而言，這只是上半部的小收煞而已，似不能就此而論定其全劇結局的得失。

至於「紫釵記」劇末，小玉「長歎數聲，倒地悶絕」，又被十郎至情喚醒，足證臨川此時已有了作「牡丹亭」那種：「一往而深，生者可以死，死可以生。生而不可與死，死而不可復生者，皆非情之至也」的構思和意念。他在紫釵本劇題詞之末嘆曰：「人生榮困生死何常？爲驩苦不足，當奈何！」在作此劇之前，他已經歷了許多生離死別的悲苦，失意落寞的淒涼，人生的愁苦既已嘗之不盡，又何必在戲劇中製造更多的悲劇呢？李笠翁談到戲劇的大收煞說：

水盡山窮之處，偏宜突起波瀾，或先驚而後喜，或始疑而終信，或喜極而反致驚疑，務使一折之中，七情俱備，始到底不懈之筆，愈遠愈大之才，所謂有團圓之趣者也。

愚意以爲「紫釵記」正是如此，它以喜劇終場，對於整體的戲劇效果而言是無損的。

三、人物的比較

一個故事的成功，固然必須要有精彩動人的情節，但推動情節的核心在人物，而人物的個性型態可以直接影響情節的轉變發展，所以小說戲劇無不重視人物的塑造。以下將霍小玉故事的小說及戲劇中重要人物作一比較，亦可以由此以見湯臨川在刻劃人物方面的技巧。

㈠李益（十郎）

湯臨川在「紫簫記」中，刻意矯正了李益在小說中的形象，並特別強調他的詩才。本劇中的十郎，是個才情洋溢，值得小玉託付終身的有情人，第八齣「訪舊」中，他自言：「人人道李十郎是個才子風流，其實爲人本分。……既生人世，誰能無情？笑殺花卿，你有這般可人，卻沒緣沒故將去換馬。那四娘去時，何等有情。」可見他是不會如花卿般無情的。從他與小玉婚後的兩情婉孌、「勝遊」中的體貼扶持、「邊思」中的刻骨相思，在在都顯示了他對小玉的一片深情。

本劇正文一開始，臨川即不惜以整齣的劇情來襯托十郎的詩才超異，其名「遍滿京都」。當路過的教坊們向他索求新詞時，他立揮而就：用「宜春令」譜人日詞，用「探春燈」譜元宵曲。這兩闋詞也開展了以後的情節，皇帝聽了「探春燈」曲，便問詞是何人所作？當知是出於李益之手後，讚道：「眞才子也！嚴穿宮，把他的名字黏在御屏風上。」至於另一闋人日詞，在第七齣「遊仙」中，當霍王聽鄭六娘、杜秋娘二姬唱過後，有這樣的對白：

〔霍王〕這詞何人所作，分明要飲我以長生之酒，坐我以不老之庭。好才調，好心懷。是何名姓？〔六娘〕傳是隴西人李益秀才所作。〔霍王〕聞說朝中有個李益，他平生甚是妬嫉，那得知此！〔宮臣跪介〕有兩個李益：老李益現今在朝官職，少李益才擧博學宏詞。有妬嫉的是老李益。〔霍王〕原來有兩個李益。俺聽這詞兒，使俺塵心頓消。寡人老矣，若不修仙，無緣再少。宮臣，我入華山去也。

在此不僅撇清了唐書中「妒癡」李益的惡型，也以霍王的頓悟，突襯了他詩歌的驚人影響力。「紫釵記」中並未對李益的詩才多費筆墨，但另有一種表現，第二十九齣「高宴飛書」、第三十齣「河西款檄」中，敍演李益至劉公濟帳下參理軍事，獻計作檄，定嚇蠻之計，降伏了大小西河二國，立功邊疆，正是書生一枝筆，勝過百萬兵。這種智謀和才具，實較「紫簫記」強調的詩才更勝一籌。

「紫釵記」中所著意刻劃李益的是他的人品、和對小玉的摯愛專情。如「紫簫」第九齣「託媒」，鮑四娘勸他勿去娼樓銷費，不如聘一名姝，相陪作客，他提出了要貴種、殊色、知音三樣條件。又在十一齣「下定」中說：「俺便在此終身，儘霍府享用了。」但在「紫釵」第九齣他唱著自己的心聲說：「愛的是女嬌奢，怕的他娘生劣，近新來時勢把書生瞥。……不爲淫邪，非貪貲篋，眼裏心頭，要安頓得定迭。」求偶心態顯較前劇純正得多。再看同樣是送別的場面，「紫簫」二十四齣有如下的對白：

〔十郎〕有甚相贈？〔小玉〕更有淚珠兒千萬串，可拿袖來承着。〔十郎〕郡主恁般悲切哩！

〔玉唱」一段北寄生草，又白〕十郎也下些淚，着妾袖上。〔十郎〕丈夫非無淚，不灑婦人衣。

〔玉作惱科〕好狠心的夫也！〔十郎〕妻，俺丈夫的眼淚在肚裏落。

在「紫釵」的第二十四、二十五齣中，李益不但表現了與小玉相對等的依依離情，並對送別的家人個個叮嚀，又囑託鮑四娘：「他娘女，伊家早晚問好看覷。」眞一派顧家愛妻的好夫婿模樣！相較之下，「紫簫」送別所表現的淡然多了。當然，最可貴的還在他抗拒盧太尉招親一段情節：盧以他「不上望京樓」詩句爲脅，使益在孟門參軍，就近以威勢逼婚，但見他「一味撇清」，再三推拖，於是設計以紫玉釵誑稱小玉改嫁，意欲他斷絕前情。即使在疑信參半，玩釵傷歎之下，連貼身家僮秋鴻都勸他「就了盧府親罷」，他仍未爲所動，遽應婚事。這一份對小玉的深摯專情，著實令人感動！也憑着這一份至情，才能到最後有喚醒小玉，起死復甦的神效。

至於在皮黃中的李十郎，自始至終便是一個貪慕富貴、爲達目的、不擇手段的無情無義的無恥之徒。其性格之可憎，較原傳更爲徹底，實無足爲論，安排他死於黃衫客之手，也算是死得其所了。

㈡小玉

原傳中小玉雖是霍王之女，但出自賤庶，又自謂「妾本娼家」，身份曖昧不明。徐渭「南詞敍錄」中有一項云：「曲中常用方言字義，今解於此，庶作者不誤用。」其下有「小玉」一詞，直解爲：「霍小玉，妓女也。今以指女妓。」可見自唐至明，霍小玉幾乎就是妓女的代稱。「南詞敍錄」作於嘉靖己未（三十八年）夏，此時湯顯祖年方十歲，當然尚未創作戲曲；然而他後來不會不知「小玉」一詞的含意，他同情小玉的遭遇，想提昇她的地位，因而在「紫簫記」第七齣「遊仙」中，借霍王親口，以肯定小玉的身份，確係出自王族，非如後人以爲的假託而已；眞難爲作者用心之苦了。霍王自白：

自家霍王是也。順宗皇帝之弟，今上皇帝之叔。……有兩個侍妾：一個喚做鄭六娘，一個喚做杜秋娘，俱是內家分賜，在左右二十餘年。止是鄭姬生女小玉一人。……

原傳中李十郎到霍家的當晚，即與小玉同枕共衾，顯祖改作兩劇，都加入了正式的婚禮，以示隆重。

小玉在兩劇中的造型，仍一如原傳鮑十一娘所形容：「姿質穠豔，一生未見。高情逸態，事事過人。音樂詩書，無不通解。」是個才貌雙全的閨閣弱質，對十郎也同樣地柔順癡心。「紫簫記」中，小玉曾巧施二計，表現了她遇事冷靜、機智靈巧的一面：一是「巧探」齣中，爲恐十郎已有前妻，又怕婚後遠返隴西，乃令櫻桃假作鮑四娘養女，到李生客舘一探實情之計。另一是「拾簫」齣中，爲保清白，故意持簫被執之計。除此以外，因劇情缺乏波瀾，內涵的衝突性不大，所以小玉的性格並沒有得到盡情表露的機會，感覺上較「紫釵」中顯得活潑而嬌嫩。「紫釵記」裏多了一個仗勢逼婚的盧太尉，在十郎與小玉之間的愛情構成了一道強大的阻力，不僅使劇情增加了複雜曲折的可看性，也讓劇中人的性格得以有更明朗突出的顯現。例如第二十七齣寫小玉因十郎離去，遠赴玉門參軍後，日夜思念，漸趨消瘦。想探訪消息又家無男丁，經知十郎有崔允明、韋夏卿二個知交，想託他們幫忙，卻道：「客中貧忙，怕沒工夫看管。」於是她想：「咱家少甚麼來？不如因而濟之，以收其用。」對崔韋說：「……既無眷屬，二位先生便是嫡親相看也。……衣食薪芻，咱家支分。尋常金幣不着你求，咱家私要的是有。毛詩云：丈夫之友，將雜佩以贈之。雜佩因何贈投，望看承報瓊玖。」這裡表現的不僅是她知書識體及對十郎的一片摯情，更發揮了慷慨濟貧，重義輕財的女俠精神。

再如第四十七齣演小玉家事零落，終至凍賣珠釵，換得了百萬金錢，景況實已窘困之極；但當她獲知紫玉釵竟是賣入盧府，將爲招贅十郎之用，供盧女插戴時，不禁悲憤交集，血淚溢湧，但覺眼前那串串觸目驚心的賣釵錢，不啻是對她絕大的諷刺，於是強撐著病弱的嬌軀，頓時把金錢撒落了滿地，一面怨忿欲絕地唱道：

要錢何用！〔下山虎〕：一條紅線，幾個「開元」，濟不得俺閒貧賤，綴不得俺永團圓。他死圖個子母連環，生買斷俺夫妻分緣。你沒耳的錢神聽俺說：正道錢無眼，我爲他疊盡同心把淚滴穿，覷不上青苔面。（撒錢介）俺把他亂灑東風，一似榆莢錢。

這場戲悽楚哀怨，是劇中的高潮。明呂天成曲品評「紫釵」曰：「描寫閨婦怨夫之情，備極嬌苦，眞堪下淚。絕技也！」實非虛言。在此將小玉那愛恨炙烈、外柔內剛的性情烘托盡致，較諸「紫簫記」中的型態更爲具體而生動，這是臨川在刻劃人物方面顯著進步的表徵。

但有一點稍可訾議的是，即如祁彪佳所謂的「傳情處太覺刻露」（註二）。在「紫簫記」劇中，於小玉成婚前後，侍女櫻桃及鮑四娘，口沒遮攔地向小玉說了許多男女間閨房隱語以調笑逗樂，眞令人有「這是甚樣人家？」的疑惑。這些「刻露語」，無形中降低了小玉的格調，破壞了作者苦心經營的造型，實爲劇中一大敗筆！難怪夏志清先生對小玉的印象如下：「小玉雖有郡主名稱，却在準備着做高級樂伎。……在戲裏，雖多了擧行婚禮一項，仍明白地表出她的那層曖昧身份。與其說她是正式妻子，還不如說她是長期外室。」（註三）「紫簫」中的那些「刻露語」到改爲「紫釵」時，雖已刪除大半，看來已較雅正自然，但仍未能全無，祁彪佳所評，本即指「紫釵」而言。吳梅先生爲臨川知音，然而他論「紫釵」云：「或云刻畫太露，要非知言。蓋小玉事，非趙五娘、錢玉蓮可比。若如琵琶、荊釵作法，亦有何風趣！」（註四）吳氏不以刻露爲病，乃因他對小玉的印象仍深受原傳影響，這與臨川在戲劇中塑造的小玉是有出入的。（註五）姑不論小玉是郡主或樂伎，甚至是娼妓也罷，那許多太過刻露的閨房隱語，對她的形象而言，終究是一種帶有負面作用的損傷是無疑的。

湯臨川所以會在戲曲中加入這些不雅的「刻露之語」，乃與當時社會風氣大有關係，據劉著「中國文學發達史」云：

那時代朝廷上下全部沉浸在荒淫的生活裏。成化時方士們如李孜僧繼堯之徒，俱以獻房中術致貴，嘉靖時道士陶仲元獻紅丸得寵，官至禮部尚書……此風散播，流傳日盛，於是進士儒生亦步釋道後塵……於是士子不以談房事爲羞，作者不以寫性交爲恥，羣起效尤，淫風日熾，當日戲曲亦多淫豔之談，山歌盡是床笫之語。（註六）

社會風氣既然如此，而文學方面也正當晚明浪漫思潮發展之初期，況且顯祖作「紫簫記」時，與所合作的諸友人也都正值熱情奔放的青年期，在此情況下，於所作戲曲中加入一些閨房隱語，似乎是不足爲奇的事。及至改編爲「紫釵記」時，顯祖已步入中年，且正爲官南京，年歲較大，閱歷既多，處事必更爲冷靜穩健，大概也自覺刻劃太露，於是將不雅之言刪去了大半，這也是「紫釵」的進步之處。

㈢霍王

在原傳及戲劇中唯一有霍王上場的是「紫簫記」，作者安排霍王上場，似有兩種用意：一是爲了小玉的身份有明確交代；一是用以陪襯李十郎詩才的高妙。這兩個任務一達，他也就別無牽掛地往華山遊仙去了。

原傳及紫釵中均稱霍王已薨。皮黃中小玉母女因遭王妃妬嫉而遣居在外，霍王雖未露面，卻予人以懼內的印象，貴爲皇叔，竟連一個侍妾及親生女兒都不能自保，理由似嫌牽強。

㈣鄭六娘

乃小玉之母，本是內宮歌舞之伎，賜予霍王爲妾二十餘年。「紫簫記」中霍王將離家修仙時，她也有意隨同出家，因小玉未嫁而罷，乃暫由霍王賜名淨持。在小說及「紫釵記」內因霍王已薨，故鄭六娘自始即以淨持之名上場，「紫釵」第三齣有自白云：「晚年供佛，改號淨持。」皮黃中則根本無名，但稱「霍母」而已。她雖然只是個四十餘歲的美婦人，但因女兒已長成，所以各劇中皆以老旦角色扮飾。她與小玉相依度日，教女詩書，又請鮑四娘教以審音度曲，對女兒的關愛一如通常人母，在性格方面並無突出的刻劃；唯「紫簫」中六娘感傷於昔日年華，又一心想隨霍王學仙，似乎對俗事有些不甚精明着意。例如第十齣中，經鮑四娘的提醒，她才覺察女兒已是曉得傷春做夢的少女了。及至議婚時，也是小玉自己想出了「巧探」之計，她才在一旁讚道：「我兒眞個老成也。」看來只是個柔順的姬妾、溫和慈祥的母親吧了。同樣是議婚的情節，「紫釵記」中的處理則異，第八齣敍演小玉自觀燈墮釵後，對十郎芳心暗許，鮑四娘受十郎之託，以釵爲媒，老夫人先詳問墮釵緣由，繼而告誡女兒：「你百歲姻緣非笑耍，關心事兒女由他。知他肯住長安下，怕燕爾翻飛碧海涯？輕可的定婚梅月下，怕相逢一線差。」終至應允婚事，顯示了一個明智的母親顧慮周到、審愼婚姻的態度。

㈤鮑四娘

小說中原稱鮑十一娘，湯臨川蓋合「十一」二字諧音爲「四」，讀之較爲簡便順口。小說中的鮑十一娘雖出身於「故薛駙馬家青衣」，不過是個撮合男女主角的通常媒婆而已。到了湯氏的戲曲裏，加重她的份量，變成一個相當突出的關鍵角色。「紫簫記」中雖仍是十郎與小玉間穿針引線的媒人，有時自稱「老身」，但作者對她的美貌、才藝曾一再強調。她的身份原是驃騎將車花卿的愛姬，能歌善舞，花卿說他：「容色多情，周旋少好。雙聲曲引，鶯妓無雙，一手琵琶，教坊第一。」連正當少年的郭小侯都爲他的「閉月華容，停雲絕唱」動心不已，因而甘願以駿馬與花卿相易，怎奈四娘既自「怨紅顏薄命飛蓬」，又擔心花卿「枕褥無人奉，怕的是春寒酒中，愁殺孤燈兩鬢翁。」對故主一往情深，非僅離時依依難捨，到郭府後又「涕咽忘餐」，小侯不忍，只好讓她另居閒庭別院，隨其自便，（這該是作者對小侯、四娘年齡不相稱的一個補救措施吧？）因此得以到霍府教小玉唱曲，撮合了與李十郎的一段姻緣。當她受託爲媒時，勸十郎道：「你明日倘成就霍郡主呵，不要似花卿這般薄倖哩！」由此看來，鮑四娘雖自稱「失身青樓，朝東暮西」，「飄搖任風」，卻是一位很有情義的徐娘美人。（註七）

鮑四娘在「紫釵記」中的出身與小說相同，前部說媒的過程也大致因襲原傳，不過她還教小玉唱曲，與霍家的關係是師友相兼的，所以經常出入霍府，感染了霍家的悲喜。她惱怒十郎的薄倖，也哀憐小玉的憔悴，當王哨兒來訛傳十郎將贅於盧府的消息時，她義憤塡膺地說：「他當初相見咱，直恁眉梢眼抹也。等閒回話，費了幾餅香茶。又不是路牆花朵，則問他怎生奚落，好人家的女嬌娃？」這幾句話可說將她的性情畢露。作者也借黃衫豪士之口，描出了她的造型：「他是閨中俠，錦陣豪，聞名幾年還未老。他略約眼波瞧，咱驀臨風笑。人如此，興必高。指銀瓶，共傾倒。」與「紫簫」中的她相比，減少了幾許淒楚柔美，卻又多加了一分豪俠之氣。這個人物很難以適當的角色扮飾，似乎介於旦、丑、淨之間，臨川此二劇未作角色的完全分配，不知是否因有此種難題存在之故？但也由此可見臨川在此塑造的人物，大多有個別獨立的面貌、生命，並沒有患了一般傳奇中「人物類型化，反應定型化」的毛病。（註八）

皮黃中的鮑四娘仍依原傳稱「十一」娘，造型與小說及二劇又異，她開着一家酒店，是個嫌貧愛富的勢利眼。因見李十郎落魄潦倒無以爲生，乃替他說合了小玉的婚事，雖然以後也爲十郎的負心憤憤不平，終究是個典型媒婆、粗俗的彩旦脚色，較臨川劇中塑造的類型簡直不能相提並論。

㈥侍婢

小說原傳中共有侍婢三人——桂子、櫻桃、浣沙，前二人僅偶一提及，浣沙也只做了奉命賣釵一事較屬重要，除此而外，俱無表現。「紫簫記」中沒有桂子，浣沙退爲點綴人物，櫻桃才是小玉慧黠伶俐的貼身侍女，戲份不少。她曾受命假作鮑四娘養女，去巧探李十郎的實情，結果不僅探得欲知實情，還趁機會將小玉的出衆才貌及霍府優美寬敞的宅第描述了一番，聽得十郎心嚮往之，當即取出寶物二件，以爲聘禮，讓她捧盒而歸。也算是良緣中的一名功臣，有些近似西廂中的紅娘。然而作者似乎特別強調她的懷春求偶情態，一有機會便讓她口出「隱語」表露一番，或用以調笑逗弄女主人小玉。她去巧探時，看到了十郎那年方十四五歲的家僮青兒，便一心想得到青兒爲配，先央鮑四娘幫忙，被四娘數落了一頓。到小玉新婚次日，櫻桃又以洞房之夜的動靜取笑小姐，玩笑開得有些過火，小玉着了惱，櫻桃才只得下跪領責，口中卻還不肯就此停住。笑鬧間適被十郎看見，爲她向小玉求情，機靈大膽的櫻桃竟索性要賴不起，直央得十郎答應把青兒給了她才得罷休，又自作主張把竈下僮子烏兒配給了浣沙。不過到頭來她也仍未能稱心快意，且看第二十齣「勝遊」中的上場曰：

自家櫻桃是也，郡主配了李十郎，把青兒賜了櫻桃，烏兒賜了浣沙姐。正是：白的對白的，烏的對烏的。只一件來，青兒性格伶俐知書，卻被十郎使得東去西去，除了夜間，日間再不能勾同睡睡。到不如烏兒兩口，鎮日在竈前竈後諢耍。這也難怪，正是：乖的走碌碡，贏得眼頭熟；癡的不出屋，夜夜皮穿肉。……

在全劇大都是斯文老成角色的場面中，櫻桃的活潑伶俐、俏皮逗笑，無疑具有良好的調劑效用，然而把一個及笄侍女寫得如此大動春情，求偶心切，又口沒遮攔地拿小姐開心，總覺大非所宜。況且那些「刻露語」如何能在大庭廣衆的舞臺上說出口來？即使身爲二十世紀八十年代的觀衆，看多了銀幕上的暴露鏡頭，仍無法想像舞臺演員直接面對觀衆時，說出這些露骨的台詞，會是如何的尷尬情況？臨川知友帥維審所以評「紫簫」曰：「此案頭之書，非臺上之曲也」（註九），恐怕與此不無關係。

「紫釵記」中的櫻桃又如原傳，變成了點綴人物，幾乎不上場。浣沙提升爲小玉的貼身侍婢，她前前後後不離小玉左右，雖然個性造型不如上述的櫻桃惹眼，但因紫釵全劇長達五十三齣，所以戲份也相當可觀。她處處侍候小姐，事事爲小姐著想，是個懂事能幹的丫頭，不像「紫簫」中的櫻桃那樣刁鑽、好逞口舌；這又是臨川改編此劇時，在人物方面的一項修正。

(七)友人

小說中的崔允明是李益的重表弟，「性甚長厚，昔歲嘗與生同飲於鄭氏之室，盃盤笑語，曾不相間，每得生信，必誠告於玉，玉常以薪蒭衣服資給於崔，崔頗感之，生既至，崔具以誠告玉。」他介於十郎小玉之間的關係即如上述。韋夏卿是十郎的密友，雖未與小玉謀面，卻頗同情她的被棄，曾當面勸益。

「紫釵記」中，崔韋二人的身份關係仍一如原傳。他們與李十郎原都是一樣的窮酸，及見十郎有了小玉，自是十分羨慕，崔說：「君虞，三人中你到有了鳳凰巢，俺二人居然窮鳥，不論靡家靡室，兼之無食無衣，如何活計？」十郎答道：「小弟在此，從容圖之。」十郎遠赴邊關後，他二人生活即由小玉接濟，以便隨時探訪十郎消息。這兩個老實人也都能做到「凡有所聞，則便告之」的託付。其間盧太尉爲達招婿目的，曾招韋夏卿勸說十郎，但韋陽奉陰違，對十郎一面試探，一面勸諫，最後終於在他們二人的合作下，約出了遭軟禁監視的十郎到崇敬寺賞牡丹，才由黃衫豪士出力，拔劍嚇退了監視的兵校，幫助十郎與小玉重圓。這兩個窮書生，幫的忙雖不大，總算是盡了朋友之道，所以沈際飛題紫釵記說：「崔韋二子忠」，正是此意。

「紫簫記」劇情與原傳大異，所以李益的朋友也不同。該劇中他有好友三人——花卿、石雄、尚子毗。

花卿是個老將軍，但猶有一腔豪情壯志，竟不惜以愛妾鮑四娘向郭小侯換來駿馬，以便立功邊關，後來果然又授職西川節度，得償所願。石雄後中武狀元，奉旨經略隴西吐蕃事。尚子毗是吐蕃侍子，曾受業於大唐國子監，返吐蕃後，築室崑崙山下，不問世事，後又被吐蕃王贊普親邀出山，勸阻了贊普的侵唐意圖，並獻策與唐和親，以鎭壓諸蕃，贊普頗能聽從。但因全劇僅成一半，所以不知後事究竟如何，誠屬遺憾！不過十郎這三個友人都堪稱豪傑是無疑的。

㈧黃衫豪士

這是一位代表正義力量的俠客。除「紫簫記」因李益無薄倖負心之嫌，不須有俠客以維護正義外，原傳及「紫釵」、皮黃中均有其人。小說中的黃衫客於李益遊崇敬寺賞牡丹時突然出現，雖將益送到了小玉處，然小玉飲恨而終，似有義行未竟全功之憾。臨川作「紫釵記」，對黃衫客上場的安排頗具匠心，清梁廷柟「曲話」卷三云：

紫釵記最得手處，在觀燈時即出黃衫客。下文劍合自不覺唐突。而中借馬折避卻不出，便有草蛇灰線之妙。

第六齣「墮釵燈影」中，黃衫客也是觀燈者之一，他人高馬大，身穿黃衫，騎着一匹白馬，有胡奴數人隨侍於側。此處上場，先予人以鮮明的印象，預爲後事設下伏筆。十郎就婚時，由崔韋二人代向豪士家借來僕馬，豪士本人並不出場。針線似斷而實連，此即所謂「草蛇灰線之妙」。

黃衫客的性情，在第四十八齣「醉俠閒評」中有幾句弔場語是他最生動的表白：「冷眼便爲無用物，熱心常爲不平人。花前側看千金笑，醉後平消萬古嗔。俺看李十郎這負心人，爲盧府所刦，使前妻小玉一寒至此。此乃人間第一不平事也，俺不拔刀相救，枉爲一世英雄！」

在劇中他不但促成了十郎小玉的重圓，又因力量暗通宮掖，得以奏明皇上，達成了懲惡獎善的義舉，功德最爲完滿。吳梅先生認爲，黃衫客即是本劇主觀的主人。（註一〇）

皮黃中的黃衫客在起初李益潦倒酒店時即出場扮爲酒客，以襯托鮑十一娘的嫌貧愛富，他爲李益義付酒賬解圍，二人就此相識，以後再到霍府探訪李益，拔刀相助小玉，便不覺突兀，這是皮黃的「霍小玉」一劇最足稱道之處。小玉的下場保存了原傳中的悲慘，但負心漢李益也隨即死在義憤塡膺的黃衫客之手，眞是玉石俱焚，留給觀衆無限惋惜與唏噓。

除上列八項重要人物外，盧太尉已在前文「情節的比較」中論及，此不再重複。其他如李益的家僮、長官杜黃裳、劉公濟、郭小侯、皇帝、郭妃、吐蕃王等，皆屬劇中陪襯點綴人物，戲量不多，在此都略而不論了。

從以上故事中重要人物的比較看來，無疑臨川所撰二劇的人物，較小說原傳與皮黃刻劃細膩生動許多。他塑造的人物，可說個個形象活現，性格鮮明，即使同一人物，在「紫簫」與「紫釵」中也往往有神態、談吐、格調、性情上的差異，各自配合着劇情的發展而呈現出傳神自然的音容韻致，不像一般傳奇中大都有人物定型化的弊病。臨川此二劇雖屬戲曲之初作，然已能深得塑造人物的要領，展露了這方面的獨到之處，人稱天縱之才，信非溢美！（本文內容摘自拙著「紫簫記與紫釵記兩劇的比較研究」一書）

【附註】

註一　參見曾永義「說戲曲」一書「戲劇的虛與實」。吳梅詞餘講義第六章「酌事實」亦談到此問題。

註二　見「遠山堂曲品」論紫釵語。

註三　語見夏志清著「社會愛情小說」一書「湯顯祖筆下的時間與人生」文內。

註四　見「中國戲曲概論」卷中。

註五　吳氏印象蓋主要因原傳小說中小玉自言「妾本娼家」之語影響，故不以刻露爲病；但湯氏二劇中均絕無此語，是以刻露太過實非所宜。

註六　摘自該書第二十六章「明代的小說」。

註七　「徐娘美人」一詞是夏志清「湯顯祖筆下的時間與人生」文中對鄭六娘、鮑四娘（文中誤爲鮑六娘）、杜秋娘等幾個「老伎」的形容，因覺比「遲暮美人」更爲適切，故在此套用。

註八　許惠蓮「評陳鍾麟紅樓夢傳奇」一文中談到一般傳奇塑造人物的幾點弊端，其一即是「人物類型化、反應定型化」。（刋於曾永義主編中國古典文學論文精選叢刋戲劇類(二)）

註九　見「玉茗堂文集」卷六「紫釵記題詞」。

註一〇　吳梅四夢傳奇總跋云：「殊不知臨川之意，以判官、黃衫客、呂翁、契玄爲主人。……則主觀的主人即屬於判官等四人。」

「大學之道」新論

林博一

有宋朱子分大學爲經一章，傳十章。經爲孔子之言，而傳則曾子所爲。經一章曰「大學之道，在明明德，在親民，在止於至善。知止而後有定，定而後能靜，靜而後能安，安而後能慮，慮而後能得。物有本末，事有終始，知所先後，則近道矣。古之欲明明德於天下者，先治其國，欲治其國者，先齊其家，欲齊其家者，先修其身，欲修其身者，先正其心，欲正其心者，先誠其意，欲誠其意者，先致其知，致知在格物。物格而後知至，知至而後意誠，意誠而後心正，心正而後身修，身修而後家齊，家齊而後國治，國治而後天下平。自天子以至於庶人，壹是皆以修身爲本。其本亂而末治者否矣，其所厚者薄，而其所薄者厚，未之有也。」此章關係後世學術極重，而其義趣脈絡亦最紛歧繁亂，幾於人各一說，無有窮極，今姑爲之解析如下，亦聊備一說也而已。

一、「大學之道」新詮

「大學之道」。「大學」，大人之學也。孟子曰「大人者，正己而物正者也。」所謂大學，學爲斯人而已矣。論語記樊遲請學稼學圃，子曰「小人哉樊須也。」大人者，君子也，爲政之人也。小人者，庶民也，治於人者也。入大學者，德成而有化民成俗之責，故曰大人，曰君子。遲之見譏，以其不知大人之學，君子之道也。禮記王制曰「樂正崇四術，立四教，順先王詩書禮樂以造士，春秋教以禮樂，冬夏教以詩書。」詩書禮樂四術，大學之學業也。孔子爲之刪訂，而亦以是教弟子。故曰「子所雅言，詩書執禮。」雅言，常教也。其中禮樂重在習行，惟詩書爲諷誦之教本。子曰「誦詩三百，授之以政不達，使於四方不能專對，雖多亦奚以爲。」「子路使子羔爲費宰，子曰：賊夫人之子。子路曰：有民人焉，有社稷焉，何必讀書，然後爲學。」（讀書之書，專指尙書，非泛指書籍。）足見詩書皆爲政之教本。故王制曰「大學在郊……王大子王子，群后之大子，卿大夫元士之適子，國之俊選，皆造焉。」蓋大學爲政治領袖之養成所，而詩書二經卽大學生徒必修之政治學教科書也。詩書者，文武之政迹所存也。中庸曰「文武之政，布在方策，其人存則其政擧，其人亡則其政息。」方策，詩書等是也。尙書敍文王之德莫詳於康誥篇，大學凡四引之。詩頌文王之德莫詳於文王篇，大學凡三引之。孟子曰「文王我師也。」詩曰「儀型文王。」孔子刪詩書以教，蓋欲學者有以感奮興起，儀型文王，而以文王之德爲師也。「道」者，義也。大學之道，猶云大學之義，猶云大學生徒誦詩讀書之大義所在也。禮記郊特牲曰「禮之所尊，尊其義也。失其義，陳其數，祝史之事也。故其數可陳也，其義難知也。知其義而敬守之，天子之所以治天下也。」夫禮有數有義，數者外在之法度儀式也，義者內涵之道理意義也。循規蹈矩，虛應故事，行禮如儀而不知其義，此祝史之事，論語所謂「籩豆之事則有司存」也。若君子則必明於其義，而非但如祝史等之徒守其數也。孔子之作春秋也，曰「其文則史，其義則丘竊取之矣。」春秋据魯史之舊文，史官陳其數，而孔子立其義也。中庸曰「郊社之禮，所以事上帝也。宗廟之禮，所以祀乎其先也。明乎郊社之禮，禘嘗之義，治國其如示諸掌乎。」兩「所以」者，禮之義也。蓋禮必有義，而禮記一書，即所以記禮之義也。其中如祭義冠義諸篇，且直以義名篇。祭義者，祭禮之義也。冠義者，冠禮之義也。其禮數，當世之所共見共行也，若夫聖王所以制爲此禮之義，則正禮記一書所欲探討究明者也。荀子勸學篇曰「其數則始乎誦經，終乎讀禮。其義則始乎爲士，終乎爲聖人。學數有終，若其義則不可須臾舍也。」亦以數義對言。禮記所以明禮數之義，大學固禮記之一篇，則亦所以記大學之義也。詩書之文，大學所學之數也；而在明明德三句，則大學所學詩書二經之大義所在也。案大學一書引文凡二十有四條，除湯之盤銘、諺有之、楚書、舅犯、孟獻子五條外，餘十九條皆引自詩書。此無他，詩書既爲大學所肄之業，故卽以其所學之文指陳其所學之義也。此一如「詩三百，一言以蔽之，曰思無邪。」者然，「思無邪」一句卽取自魯頌駉篇之文以指陳詩經之大義也。子夏傳經，夫子戒之曰「女爲君子儒，毋爲小人儒。」誦數者小人儒，明義者君子儒也。曾子恐後學傳習詩書而不識其義，故特以其受於夫子者，而著其義爲大學篇。學者誦詩讀書，苟不能得其義，則是可與共學未可與適道，非大學之道矣！若能明乎詩書之義，則治國平天下，其如示諸掌乎！

二、外王與內聖

「在明明德，在親民，在止於至善。」此後世學者所謂三綱領也。而後文「格物、致知、誠意、正心、修身、齊家、治國、平天下」則稱爲八條目。三綱領「在明明德」一句，外王也，其下二句，則推本於內聖之「止於至善」。自來學者皆以明明德爲內聖工夫，可謂大顛倒矣。案「明明德於天下」卽「平天下」也，與「皆自明也」之自明其明德不同，自明者，格物致知而止於至善也，乃明明德於天下之本也。蓋大學之道，在明明德於天下（平天下）也。然欲明明德於天下，在先能親民而化之而明明德於國於家（齊家治國）也。而欲親民而化之，又在爲政者之先能止於至善而自明其明德（格物致知誠意正心修身）也。三綱領推本於止至善，八目亦推本於格物。三綱二在字，卽八目致知在格物之在字也。是格物者，知止之工夫也。格物致知則知止於至善矣。至善卽是明德，卽是天命之性也。易曰「一陰一陽之謂道，繼之者善也，成之者性也。」人性承天之道，純善而無惡，故曰至善。德者得也，子曰「天生德於予。」太甲曰「顧諟天之明命。」性爲天之明命，人之所得，故曰明德。

三、卽本體卽工夫

「知止而後有定……慮而後能得。」。中庸曰「或生而知之，或學而知之，或困而學之，及其知之，一也。或安而行之，或利而行之，或勉強而行之，及其成功，一也。」「止於至善」句，聖人之學，生知安行，卽本體卽工夫也。「知止而後有定……慮而後能得」一段，示學者用功之要，賢人之學，學知利行，用修行工夫以復其本體也。「物有本末……未之有也」一段，示學者用功之序，學者之事，困知勉行，用困勉工夫以求復其本體也。知止，知止於至善也。至善者，天命之性也。止於至善者，與至善而爲一也。此惟生知安行之聖人能之，若賢者則必先知止。知止者，與至善尙爲二，知有之而已。故知有至善之性後，必經定靜之工夫，漸由勉而安，乃能得至善而止之，與至善而爲一也。其知止之初，譬之野鳥之初入於籠也，欲裂其籠而出之，雖碎其羽毛不恤也，其能定乎？必久而後能定。定矣，而其欲出之心則固在也，其能靜乎？必久而後能靜。靜矣，而其無可奈何之心猶有存也，其能安乎？必久而後能安之若素也，至於久而安之若素，則習與性成矣。

四、詩書義明而朱傳可廢

「物有本末，事有終始……未之有也。」物，人也。盈天地之間者莫非物，而人亦物也。本末就一體分，人之身與心意知爲一體，如木之根本與枝末爲一體也。人之爲物，心其本而身爲末。事，修齊治平也，始於修身而終於平天下。知所先後，由本逮末，由始及終也，則近於大學之道矣。近之云者，雖非卽大學之道，而爲近道之方也。「古之欲明明德」以下，詳言先後工夫之條件，所謂八條目也。「格物」，格，法式也。作動字，則究明其法式之謂。物卽「物有本末」之物，人也。格物云者，究明人之爲物之法式，卽究明人存在之理則也。而至善卽其理則也，故格物卽明人之至善之性也。

「致知」，致，極其至也。致知，卽知止也，亦卽傳文所謂「此謂知本，此謂知之至也。」（此二句疑爲經文）人之本在心在性，格物不到知性處，不可謂知本，不可謂知止，不可謂知之至也。故知人有至善之天命之性者，致知也。亦卽致知者，知「天命之謂性」也。「誠意」，誠，如實也。意，情意也，心念也，性感於物而動，則爲情爲意也。旣知人有善性，而凡起心動念，能如實由善性而發，率性不失，謂之誠意。亦卽誠意者，「率性之謂道」也。「正心」，正，正位居體也。心涵性情，內統乎性，外見於情。性者心之體，情者心之用。性靜而情動，性爲外物所感，則動而爲情，誠意之意，卽情也。誠意卽情之發而不失其性。情不失性，則心無走作，不出亡放失於外而能正位居體，宋儒所謂「心要在腔子裏」者，此正心也。影響主宰人身者心也，正心則「修身」矣。易曰「君子黃中通理，正位居體，美在其中，而暢於四肢，發於事業，美之至也。」美在其中者，誠意正心也，暢於四肢者，修身也。發於事業者，齊家治國平天下也。孟子曰「天下之本在國，國之本在家，家之本在身。」天下國家皆人之積，非封界之謂。修身則身乃成身，人乃成人。由是而措之於家而「齊家」，措之於國而「治國」，措之於天下而「平天下」。己正而物可正，人性無殊故也。中庸曰「成己，仁也，成物，智也，性之德也，合外內之道也，故時措之宜也。」大學曰「君子不出家而成教於國。」齊治平皆教之所致也，故修身以下，「修道之謂教」也。大學一「德」字貫，猶中庸一「性」字貫，故曰「性之德」也。

大學三綱八目，曾子皆引詩書爲之傳，獨於格物致知無傳。今案孟子告子篇曰「詩云：天生烝民，有物有則，民之秉彝，好是懿德。孔子曰：爲此詩者，其知道乎！」言爲此詩者能格物而知人性也。孟子言性善，卽承大學格物致知之義而來，其引此詩，正所以明人有至善之性也。故烝民詩四語，實格物致知之正傳，且最合大學一書以詩書之文證成詩書之義之一貫原則，而朱子傳誦人口之所謂格物致知補傳可廢矣！

五、結　論

大學一書，詩書二經之大義也。入大學者誦詩書之文，師文王之德，則可以出仕爲政，使近者悅服而遠者懷之，故曰「君子如欲化民成俗，其必由學乎！」此大學之道也。

胡國安春秋寓宋說

宋鼎宗

一、前言

傳春秋之家，或求售其說，或欲媚時主，故每因麟經以寓時事。其公羊、穀梁二傳固無足論（註一）矣。一代大儒若賈逵，猶以兩漢尚讖緯之學，而謂「五經之家皆無以證圖讖明劉氏爲堯後者。而左氏獨有明文」（後漢書賈逵傳）。以求媚於時主。而有左氏辟之稱之杜預，其解春秋，於桓王之討鄭莊，則謂「鄭志在苟免王討之非」（桓公五年左氏傳注）。以寓高貴鄉公討司馬昭之非，而司馬昭之志在苟免也。又孔父嘉之義形於色（桓公二年公羊傳文），乃謂「內不能治其閨門，外取怨於民，身死而禍及其君」（左傳注）。仇牧之不畏彊禦（莊公十二年公羊傳文），又謂「不警而遇賊，無善事可褒」（左氏傳注）。此欲斥李豐之忠與王經之節故也。蓋「欲報司馬氏之恩，而解懿、師、昭之惡。」不得不然者也（以上參見焦循春秋左氏傳補疏序及卷一）。又解「弔生不及哀」（隱公元年左傳），謂「諸侯已上，既葬，則縗麻除，無哭位，諒闇終喪」（同上）。此蓋武元楊皇后崩（晉書杜預本傳及禮志），而「預欲短太子喪」（王夫之讀通鑑論卷十一語）故也。此既欲求媚於時主，又得售其邪說者也。

若夫胡安國者，旣歷仕哲宗、徽宗、欽宗、高完四朝。靖康中，出入禁闈，由太常少卿，起居郎、除中書舍人。親歷金人禍國，二帝蒙塵，舉國播遷之慘劇。洎高宗卽位建康，文定以爲正宜生聚敎訓，嚐膽臥薪，以繼踵夏少康、越勾踐、燕昭王、漢光武諸丕烈。圖謀中興，收復失地，以湔雪君父之讎，家國之恨。然高宗、君臣將相，旣無內修之備，又乏外攘之策。且姦佞用事，苟存偏安。斯時，文定旣以春秋進講經筵，又秉命纂修春秋傳。因忠義憤惋於先，乃闡立國求存，復讎雪恥之民族大義於麟經，拳拳以「格君心之非，正朝臣之職」爲義。其志潔，其行忠，其意遠，其心弘，夐乎不可尙矣。故元儒汪克寬云：「文定作傳，當宋高宗南渡之初。是時，徽宗、欽宗及二后被幽於金。國遭戮辱，不可勝紀。而高宗信任秦檜之姦，偸安江左一隅，忘君父大讎，不敢興兵致討，反與之議和講好，下拜稱藩。旣無外攘之策，又乏內修之備。君臣、父子，上下、內外，大義不明，莫此爲甚。是以此傳，專以尊君父，討亂賊爲要旨」（春秋胡傳附錄纂疏卷首）是矣。汪氏可謂深知文定者也。

吾人今日讀斯書，見天下正義道消，神州羣魔亂舞之時，而我鯤島基地，亦正宜踔厲鷹揚，以圖興復。然奢侈萎靡，歌舞昇平者，比比皆是。有識君子，又豈能不壯氣憤激哉！故海鹽張元濟跋斯書云：「胡氏當日，無非對證發藥之言。然自今觀之，胡氏之言，又豈僅爲南渡後，宋之君臣發哉！」旨哉斯言。

然斯書固時時爲高宗揭櫫立國求存，興復雪恥之道。特又屢援有宋一代之家法以解經，故時生齟齬。使文定顧忠君父，稽古圖治之志，因經說之害義，而不得一伸之。攷文定之意，或欲以宋代之家法入經，用媚時主，以求售其說乎？

二、以春秋齊讓復讎之義導高宗湔雪國恥

春秋大復讎之說，原出於公羊家。謂齊襄公之滅紀，爲復九世之讎。且云：「以襄公之爲於此焉者，事祖禰之心盡矣。」（公羊莊公四年：「紀侯大去其國」傳）。其後，漢武本之，謂「昔齊襄公復九世之讎，春秋大之。」（史記武帝本紀）。於是，南征百越，北撻匈奴，至降服而後已。文定既親歷金人禍國，二帝蒙塵之耻，志切於復讎雪恨。故其以春秋進講經筵時，乃屢發春秋復讎討賊之義。如隱公十有一年：「冬、十有一月，壬辰，公薨。」傳云：

不書葬，示臣子於君父有討賊復讎之義。

又莊公元年：「秋、築王姬之館于外。」傳云：

春秋於此事，一書再書，又再書者，其義以復讎爲重。示天下後世，臣子不可忘君親之意。考文定之意，以爲魯隱公之薨，魯史必志其葬。及孔子筆削魯史爲春秋，乃削其葬而不書；若夫魯桓公之見弑於齊，爲人子之莊公，不能爲君父復讎，而但委罪於彭生之事，魯史一書再書，孔子皆存而不削者，皆所以示後世，臣子有爲君父復讎之意也。又如：定公十有四年：「吳子光卒。」傳云：

吳子光卒，夫差使人立於庭，苟出入必謂己曰：「而忘越王之殺而父乎？」則對曰：「唯，不

敢忘。」三年乃報越。然則，夫椒之戰，復父讎也，非報怨也。春秋削而不書，以爲常事也。

其旨微矣。

按：哀公元年左氏傳云：「吳王夫差敗越於夫椒，報檇李也。」此事春秋經未嘗箸錄。然桓公四年：「公狩于郎。」公羊傳嘗有「常事不書」之例。而莊公二十有四年云：「公如齊逆女。」穀梁傳亦嘗發「恆事不志」之例。後世治春秋者，遂有常事不書，凡書必非常之說（註二）。文定因之，遂以爲夫椒之戰，其所以未箸錄於春秋經者，蓋復仇乃常事，故不書耳。反之，若有君父之仇讎而不知復，則聖人必視爲非常而詳書之，則魯莊公之事是也。蓋「父母之讎，不共戴天；兄弟之讎，不與同國；九族之讎，不與同鄉黨；朋友之讎，不與同市朝」（莊公四年：「公及齊人狩於禚」傳）故也。是以有君父之讎者，必寢苫枕戈，無時而終事。故隱公十有一年：「冬，十有一月，壬辰，公薨。」傳云：

夫賊不討，讎不復，而不書葬，則服不除，寢苫枕戈，無時而終事也。

按：胡氏此條，以爲君父見弒，若賊不討，讎不復，則夫子筆削魯史以爲春秋時，必削而不書葬，以示君臣不敢除服，必寢苫枕戈，汲汲以復讎爲事故也。是以王父之讎仇有急於君命者。莊公元年：「秋，築王姬之館于外。」傳云：

魯於王室爲懿親，其主王姬亦舊矣，館于國中必有常處，今特築之于外者，穀梁子以爲仇讎之人非所以接婚姻也，衰麻非所以接弁冕也。知其不可，故特築之于外也。築之于外，得變之正乎？曰不正。有三年之喪，天王於義不當使之王；有不戴天之仇，莊公於義不可爲之主。築之于外之爲宜，不若辭而弗主之爲正也。……今莊公有父之讎，方居苫塊，此禮之大變也，而爲之主婚，是廢人倫，滅天理矣。

按：胡氏每謂三綱乃軍國政事之本，而夫子之作春秋，則在扶三綱，敍九法。唯此條則以復讎爲重，而謂君命可辭。其激揚時事，豈亦不得已也?!

又春秋雖尙德而賤力，至若復君父之讎，則不可以不武勇。蓋君父之讎不得不報，而忠臣孝子之心不可不伸故也。是以，莊公三年：「公次于滑。」傳云：

魯、紀有婚姻之好，當恤其患；於齊，有父之讎，不共戴天。苟能救紀抑齊，一擧而兩善並矣。見義不爲而有畏也，春秋之所惡，故書公次于滑，以譏之也。或言夫子意在刺無王命，若譏其怯懦，則當褒其勇者，春秋乃鼓亂之書。爲此言者誤矣。易於謙之六五則曰利用侵伐，師之六四則曰左次無咎，進退勇怯，顧義如何耳？豈可專以勇爲鼓亂而不與乎？

又莊公九年：「及齊師戰于乾時，我師敗績。」傳云：

內不言敗，此其言敗者，爲與讎戰，雖敗亦榮也。……若以復讎擧事，則此爲義戰。

按：胡氏每謂務德爲本，力戰爲末，乃先聖之垂戒。甚謂齊桓遠伐山戎（註三）爲棄德務力，春秋譏之。至於復讎，則以爲不可「專以勇鼓亂而不與」爲說。且孟子嘗云：「春秋無義戰，彼善於此則有之矣。」（滕文公篇）。而文定則以乾時之戰，若以復讎擧事，則爲義戰。凡此皆爲高宗進講，特欲堅其復讎之志，有以致之也。

若夫因復讎而戰，滅人之國，辱人宗廟者，其情非得已，故聖人亦恕而不罪。哀公元年：「楚子、陳侯、隨侯、許男圍蔡。」傳云：

> 蔡人男女以辨，使疆于江汝之間。夫男女以辨，則是降也。疆于江汝，則遷其國也，而獨書圍蔡何也？蔡嘗以吳師入郢，昭王奔隨，壞宗廟，徙陳器，撻平王之墓矣。至是，楚國復寧，帥師圍蔡，降其衆，遷其國。而春秋書之略者，見蔡宜得報，而楚子復讎之事可恕也。

如人有君親之仇讎而不能報，則不得立足於天地之間。故文定又云：

> 聖人本無怨，而怨於其不怨，故議讎之輕重，有致於不與戴天者。今楚人禍及宗廟，辱逮父母，若包羞忍耻而不能一洒之，則不可以立，而天理滅矣。（同上）

或有君父之讎而不復，甚而忘親釋怨如魯莊公者，非但聖人不予恕，且有餘殃以加之。著天道好還，事應不爽故也。故閔公二年：「夫人姜氏孫于邾。」傳云：

> 莊公忘親釋怨，無志於復讎，春秋深加貶絕。一書、再書、又再書，屢書而不諱者，以謂三綱，人道所由立矣。忘父子之恩，絕君臣之義，國人習而不察，將以是爲常事，則亦不知有君之尊，有父之親矣。莊公行之而不疑，大臣順之而不諫，百姓安之而無憤疾之心也。則人欲必肆，天理必滅。故叔牙之弒械成于前，慶父之無君動於後，圉人犖，卜齮之刃交發于黨氏武闈之間。哀姜以國君母與聞乎故而不忘也。當是時，魯君再弒，幾至亡國，其應不亦憯乎？

按：莊公薨，子般弒，而閔公立；閔公立二年，慶父再弒之。故云：「魯君再弒，幾至亡國。」而文定以魯君之所以再弒，緣莊公忘親釋讎之所致，故知「春秋以復讎爲重」也。

考宋高宗之南渡也，旣心存偏安，又誤信寵佞，旣無匡復之志，又乏雪耻之心。故文定乃因經寓義，慷慨陳詞。旣云復讎本聖人之志，又云復讎不可不勇，再云讎而不復不可以立，終云釋讎必有不祥之至，拳拳致意。故姜寶云：「康侯之言，爲高宗不復金讎而發」（春秋事義全考卷十六）是也。尤以「包羞忍耻，不可以立。」二語，誠爲對症之藥。惜高宗雖愛其書而不能用其言也。

三、以春秋自强爲善之法勉高宗奮發進取

自古立國，莫貴乎自強。蓋操之於我則存，操之於人則亡。豈有坐以待援，而能永存者也？古訓不云乎，水能戴舟，亦能覆舟。故志士仁人之興，必以卓然自立爲首務。然欲致勝於外者，必先整治於內。故云：「經世安民，視道之得失，不以城郭溝池以爲固。」（成公九年：「城中城」傳）。蓋「百雉之城，七里之郭，設險之大端也。謹以禮以爲國，辨尊卑，分貴賤，明等威，異物采，凡所以杜絕陵僭，限隔上下者，乃體險之大用也。」（同上）。若夫「不能修道以正國，或棄賢保佞，或驕奢淫縱，或用兵暴亂，自底滅亡。……皆其自取焉耳。」（桓公六年：「寔來」傳。）故君人者，必謹以禮以自強。若有不能自強以禮者，則聖人必貶之，如鄭忽是也。故桓公十有一年：「鄭忽出奔衞」傳云：

或曰：詩人刺忽之不昏于齊，至於見逐。欲固其位者，必待大國之援乎？曰：此獨爲鄭忽言也。如忽之爲人，苟無大援，則不能立爾。若乎志士仁人，卓然有以自立者，進退之權在我也。鄭自五覇之後，益以侵削，他日子產相焉，馳詞執禮，以當晉楚，至於壞諸侯之館垣，却逆女之公子于野，皆變其常度，以晉楚之強，卒莫能屈。亦待大國之助乎？

按：鄭忽於桓公十有五年經，作鄭世子忽。則其當繼體承國者，正也。然此年，既以國氏，又稱名者。文定以爲忽不能君，故夫子貶之也。蓋祭仲之見脅於宋（註五），鄭忽之出奔於衞，皆不能以道正國，咎由自取故也。而曹羈之事亦如是也，故莊公二十有四年：「曹羈出奔陳，赤歸于曹。」傳云：

杜預謂羈、曹世子也。曹伯已葬，猶不稱爵者，以微弱不能君，故爲戎所逐爾。赤、曹之庶公子，歸、易詞。宋人執鄭祭仲，而忽出，突歸，權在宋也。戎侵曹，而羈出赤歸，制在戎也。使鄭忽，曹羈，明而有斷，雖有宋戎之衆，突赤之孽緣何而起。以國儲君副，不能自定其位，於誰責而可。故雖以國氏，皆不書爵，爲居正者之戒。

由忽、羈、突之書法觀之，知春秋始終書鄭突以爵者，蓋在警乎人君自強以爲善也。若人君不能自強以爲善，則國雖已有，亦將魚爛而亡，此春秋書「梁亡」（註五）之意也。

倘人君能自強以爲善，則國雖小亦可強，故「鄭自五覇之後，日益侵削，子產相焉，晉、楚莫能屈」是也；家雖亡亦可復，故「楚雖三戶，可以亡秦」是也。故文定極褒遂人之能殲強齊。莊公十有七年：「齊人殲于遂。」傳云：

殲，盡也。齊滅遂，使人戍之，遂之餘民飲戍者酒而殺之，齊人殲焉。春秋書此者，見齊人滅遂，恃強陵弱，非伐罪弔民之師。遂人書滅，乃亡國之善詞，上下之同力也。夫以亡國餘民，能殲強齊之戍，則申胥一身可以存楚，楚雖三戶，可以亡秦，固有是理，足爲強而不義之戒，而弱者亦可省身而自立矣。

按：遂書滅，文定以爲「亡國之善詞，上下之同力也。」則遂君必能以禮自強，故百姓亦能効死而勿去，終以亡國之餘而殲強齊。其視鄭忽、曹羈則有間矣。考宋人薄於金師，二帝竝后，宗廟器用，盡入北庭。高宗君臣倉皇南渡，孰謂非亡國餘民也。然遂人以亡國之餘民，能殲強齊之戍以復國，則宋人若能嚐膽臥薪，汲汲以自強，則其興復中原，報恨雪耻，亦何難之有。是以，文定既因鄭忽、曹羈以警之，又以遂人殲齊以勸之。蓋欲直砭高宗之心也。緣「治國者，必先正其心，以正朝廷與百官，而後遠近莫不壹於正」（隱公「元年」傳）故也。

又謂困窮，辱耻不足以爲患。蓋惟知耻知病，然後可以奮發鷹揚，踔厲士氣，團結力量，以成大有爲之機。且知耻近乎勇，困窮而致亨，乃先聖之戒，而大易之訓也。故文定於昭公困辱于晋，兩發困辱足以興邦之說。昭公十有六年：「夏、公至自晋。」傳云：

左氏曰：公如晉，平丘之會故也。至是始歸者，晋人止公，其不書，諱之也。昭公數朝于晋，三至于河而不得入，兩得見晋侯，又欲討其罪而止旃，其困辱亦甚矣。在易之困曰：困亨者，因困窮而致亨也。困於心，衡於慮，而後得徵於色，發於聲，而後喻。此正憤悱自強之時，而夏少康，衞文公，越勾踐，燕昭王，四君子者，由此其選也。

又昭公二十有三年：「多，公如晉，至河，有疾乃復。」傳云：

昭公兩朝于晉，而一見止。五如晉，而四不得入焉。今此書有疾乃復，殺恥也。以周公之胄，千乘之君，執幣帛，修兩君之好，而不見納，斯亦可恥矣。有恥而後能知憤，知憤而後能自強，自強而後能爲善，爲善而後能立身，身立而後能行其政令，保其國家矣。昭公內則受制於權臣，外則見陵於方伯，此正憂患疢疾，有德慧術智，保生免死之時也。

惜昭公雖屢遭困辱，而甘處微弱，既乏憤恥自強之心，又無激昂勉勵之志，故齊侯雖爲之取鄆以居之（註六），而鄆潰，其自暴自棄若是。故昭公二十有九年：「鄆潰。」傳云：

公之出奔，處鄆四年，民不見德，亡無愛徵，至于潰散，豈非昏迷不反，自納於罟擭陷穽之中。其從者又皆艾殺其民，視如土芥，其下不堪，所以潰歟！然則，去宗廟社稷出奔，猶不惕然恐懼蘄改過以補前行之愆也，自棄甚矣，欲不亡得乎哉！

按：魯昭公內不得志於權臣而見逐於外；居鄆而民逃其上，則其不知以禮自強可知。故文定謂其前如晉之所以不志，蓋夫子諱而不書，深貶之也。其後如晉之所以書，則志其失國出奔，死於境外，爲天下笑，皆自取之也。考宋高宗君臣之倉皇南渡，其困辱視魯昭，亦五十步與百步耳。故文定拳拳以「困辱衡慮，適足以憤悱自強，憂患疢疾，乃得保生免死」進講。蓋欲高宗因困辱憂患，以立大有爲之志。所謂「必志於恢復中原，祗奉陵寢；必志於掃平仇敵，迎復兩宮；必志於得四海之歡心，以格宗廟；必志於致九州之美味，以養父兄」（倘志論）是也。倘高宗能立志如是，則「文武百官，六軍萬姓」，必如風吹草偃，丕應傒志矣。則鞏固江左，再造中原，非不可爲也。惜高宗苟安江南，又乏令政，故文定有「自是昭公創迹於魯，尺地一民，皆非其有」之說，蓋亦所以警之也。

四、以春秋親賢去讒之戒勸高宗援善立功

昔諸葛武侯之諫後主，嘗云：「親賢臣，遠小人，此前漢之所以興隆也；親小人，遠賢臣，此後漢之所以傾頽也。」（出師表）。旨哉斯言也。蓋自古建國君民者，莫不以親賢去讒爲急務。故舜之臣於堯，首舉八元與八愷，而去四凶。故能五典克從，百揆時敍，四門穆穆也。其後，商湯得傅說，文王因呂尙，遂有三代之隆；齊桓任管仲，闔閭聽伍胥，五覇以興。凡此皆親賢用賢之效也。若夫小白因豎刁以亡，秦政由趙高而滅；則讒佞之足以敗事，豈不昭昭然。故文定云：「堯敦九族而急親賢，退囂訟；周厚本枝而庸旦仲，黜蔡鮮。義皆在此。而親親之殺，尊賢之等著矣。此義行，則國無貴戚任事之私，外無棄賢用讒之失；而國不治者，未之有也。」（閔公元年：「季子來歸」傳語」）。若夫「善善而不能用，則無貴於知其善；惡惡而不能去，則無貴於知其惡。未之或知者，猶有所覬也。夫既知之，不能行其所知，君子所以高舉遠引，小人所以肆行無忌憚也。」（莊公二十有四年：「郭公」傳）。故春秋於賢者之來，莫不喜而特書之。故閔公元年：「季子來歸。」傳云：

其曰季子，賢之也。其曰來歸，喜之也。其不稱公子，見季友自以賢德爲國人所與，不緣宗親

之故也。

按：文定以爲季子稱字不稱名，以其賢故也。其不稱公子者，以季子之賢，非緣宗親之貴而賢也，乃其自賢爲國人所與。賢者來，國人喜之，特書曰來歸，箸聖人書此者，所以示後人以親賢用賢之道也。賢者，既爲國人希望之所寄，則其來，於國事必有卓著之效驗。因於閔公二年：「公子慶父出奔莒。」傳云：

公子出奔，譏失賊也。閔公立而季子歸，何以見弒？慶父主兵日久，其權未可遽奪也；季子執政日淺，其謀未得盡行也；設以聖人處之，期月而已可矣。季子賢人而當此，能必克乎？及閔公再弒，慶父罪惡貫盈，而疾之者愈衆；季子忠誠顯着，而附之者益多。外固強齊之援，內協國人之情，正邪消長之勢判矣。然後，夫人不敢安其位，慶父不得肆其姦。此明爲國者不知圖難於易，爲大於細，雖有智者，亦不能善其後矣。」

按：文定此傳，前半節爲季子既賢，然返國而不能及時討弒君之賊者，設爲開脫。下半節則力言季子用，而後夫人不敢安位，慶父不得肆姦。於是，僖公立，魯國安。則賢者用而國治之證遂驗。反之，若讒佞公行，邪曲當道，方正不容，則國雖強必削，事雖盛必敗，故昭公十有五年：「夏，蔡朝吳出奔鄭。」傳云：

無極，楚之讒人也，去朝吳，出蔡侯朱，喪太子建，殺連尹奢，屏王耳目，使不聰明，卒使吳師入郢，辱及宗廟，讒人爲亂，可不畏乎？

又昭公十有七年：「楚人及吳戰于長岸。」傳云：

言戰不言敗，勝負敵也。楚地五千里，帶甲數十萬，戰勝諸侯，威服天下，本非吳敵也。惟不能去讒賤貨，使費無極以讒勝，囊瓦以貨行，而策士奇才爲敵國用，故日以侵削。至鷄父之師，七國皆敗，栢舉之戰，國破君奔，幾於亡滅。吳日益強而楚削矣。

按：此兩條傳文，在明費無極用，則方正不得容，而王之耳目屏。於是，策士奇才爲敵國用，故楚雖本天下之強，亦國破君奔，讒人之可畏一至此極。故曰：「爲國必以得賢爲本，勸賢必以去讒賤貨爲先。不然，雖廣土衆民，不足恃也。」（同上）。蓋賢者之所以去國，以讒佞親故也。文定言之不足。又再言之。故又於「蔡朝吳出奔鄭。」傳云：「爲國有九經，而尊賢爲上；勸賢有四事，而去讒爲首。」又曰：「春秋之義，用賢治不肖。」（桓公十有二年：「戰于宋」傳）。考建炎元年，文定爲高宗陳崇寧以來天下事務，嘗有「廢格法，棄公論，市井儇薄而居宰府，世卿愚子而柄兵權；臺省寺監，淸望之班，雜用商賈，胥吏，技術之賤。於是，仁賢退伏，奸佞盈廷」（先公行狀）之言。而高宗時，「黃潛善、汪伯彥、范宗尹輩，廣引奸邪，顚倒是非，變亂名實」（覈實論）。由此觀之，文定急急以親賢去讒進講之意可知矣。明儒王介之嘗云：「存郭亡之異說，借以發明用賢遠姦之理，爲高宗之疑李綱、趙鼎，而用汪伯彥，黃潛善言也，雖未必然，不可廢矣。」（春秋四傳質卷上）。可謂深知文定者也。

於是，治國者於忠諫之士，尤當獎重。故宣公九年：「陳殺其大夫洩冶。」前儒因左氏述孔子之言有詩云：「民之多辟，無自立辟，其洩冶之謂乎！」因多責洩冶之不能危行言遜（註七）。文定則特加褒勸。曰：

> 稱國以殺者，君與用事大臣同殺之也。稱其大夫，則不失官守，而殺之者有專輒之罪矣。洩冶無罪而書名何也？冶以諫殺身者也。殺諫臣者，必有亡國弒君之禍。故書其名，爲徵舒弒君，楚子滅陳之端，以垂後戒。此所謂義係於名，而書其名者也。

又，宣公十年：「癸巳，陳夏徵舒弒其君平國。」傳云：

> 陳靈公之無道也，而稱大夫之名氏以弒何也？禍莫大於拒諫而殺直臣，忠莫顯於身見殺而其言驗。洩冶所爲不憚斧鉞盡言於其君者，正謂靈公君臣通於夏徵舒之家，恐其及禍，不忍坐觀，故昧死言之。靈公不能納，又從而殺之，卒以見弒而亡其國，此萬世之大戒也。特書徵舒之名氏，以見洩冶忠言之驗，靈公見弒之由。使有國者必以遠色修身，包容狂直，開納諫諍爲心也。」

按：文定爲高宗陳崇寧以來，國政得失。嘗云：「上皇嗣位，文母垂簾，增置諫員，擢用名士，豐稷、王覿、鄒浩、陳瓘諸人，各以危言自効。公論既行，下情不壅，幾有至和、嘉祐之風。及蔡京用事，放諸嶺表。於是，天下以言爲諱者二十餘年。」（先公行狀）。因曰：「興國必開言路，而賞諫臣。亡者反是。按春秋書陳殺其大夫洩冶於前而載楚子入陳於後，明殺諫臣者，必有滅亡之禍，不待貶絕而自見也。願自今開納直言，無令壅閉，以去拒諫之二失。」（同上）。然則，文定之褒洩冶，正所以諫高宗而警之也。故童品云：「文定公因經以諷諫於君」（春秋經傳辨疑卷上）是也。

又節義之臣，乃君之股肱，所以共天職以治國事者，所以必加崇獎。故孔父（桓公二年），仇牧（莊公十二年）荀息（僖公十年）三大夫，先儒皆以爲從君於昏而無善可褒者（註八），文定則舍左氏而從公、穀二傳之義，一一加以辯白而褒勸之。於孔父曰：「然君弒，死於其難，處命不諭，亦可以無愧矣。」於仇牧則曰：「食焉不避其難，義也。徒殺其身，不能執賊，亦足爲求利焉而逃其難者之訓矣。」於荀息又曰：「世衰道微，人愛其情，私相疑貳，以成傾危之俗；至於刑牲歃血，要質鬼神，猶不能固其約也。孰有可以託六尺之孤，寄百里之命，臨死節而不可奪如息哉！」考靖康之變，朝臣與士大夫，臨難變節者，比比皆是。故文定特假三大夫死君難之節以砭之。卽通旨所謂「聖人取三大夫，蓋君已弒，力不能討，至此只有死爾。常人之情，於此轉易者多，故聖人取其死節。」（汪克寬春秋胡傳附錄纂疏引）是也。

又不有君子，何能有國。是以，股肱與人主，宰揆萬物，肌理天下，雖主從有殊，實爲一體。故恩禮卿佐，亦聖人之所急也。於是，文定於宣公八年：「辛已，有事于太廟，仲遂卒于垂。壬午，猶繹，萬入去籥。」傳曰：

> 禮、大夫卒，當祭則不告，終事而聞則不繹。不告者，盡肅敬之誠於宗廟；不繹者，全始終之恩於臣子。今仲遂、國卿也；卒而猶繹，則失寵遇大臣之禮矣。春秋雖隆君抑臣，而禮貌有加焉，則廉陛益尊而臣節礪。……聖人書法如此，存君臣之義也。

汪氏克寬嘗爲之疏通，曰：「春秋書仲遂猶繹，謂君與卿佐爲一體，股肱或虧，豈不隱痛。仁宗以富弼母喪在殯，罷春宴；韓魏公薨，神宗發哀過舉數，皆得春秋之旨」（春秋胡傳附錄纂疏）是也。胡氏既汲汲於親賢，故忠諫者褒，節義者奬。又謂恩禮卿佐，爲春秋存君臣之義。於是，進而謂錄用賢者之後，亦得春秋之旨。昭公二十年：「夏，曹公子會自鄸出奔宋。」傳曰：

> 春秋之意，善善也長，惡惡也短。善善及子孫。惡惡止其身。以其賢者之後，苟可善焉，斯進之矣。此舜典罰弗及嗣，賞延于世之意也。後世議者，有乞錄用賢者之類，功臣之世，蓋得春秋之旨矣。

若夫嬖暱小人，春秋經皆不書。文定則考諸左氏，推之義例，嚴加貶斥。如：莊公八年：「冬，十有一月，癸未，齊無知弑其君諸兒。」傳云：

> 按左氏，齊侯游于姑棼，遂田于貝丘，徒人費遇賊于門，先入、伏公，出鬭而死。石之紛如死于階下，是能死節者也。春秋重死節之臣，而法有特書，其不見於經何也？如費等所謂便嬖私暱之臣，逢君之惡，田獵畢弋，而不脩民事，使百姓苦之者也。……此二人雖死于難，與自經於溝瀆而莫之知者，猶不逮焉。乃致亂之臣，死不償責，又何取乎？

又如：襄公二十有五年：「夏，五月、乙亥，齊崔杼弑其君光。」傳云：

> 齊莊公見弑，賈舉，州綽等十人皆死之，而不得以死節稱何也？所謂死節者，以義事君，責難陳善，有所從違而不苟者是也。雖在屬車後乘，必不肯同入崔氏之宮矣。若此十人者，獨以勇力聞，皆逢君之惡，從於昏亂，而莊公嬖之者，死非其所，比諸匹夫匹婦，自經於溝瀆而莫之

知者，猶不逮也。……雖殺身不償責，安得以死節許之哉！

按左氏，死齊襄之難者，有徒人費，石之紛如，孟陽。死齊莊之難者，內嬖有賈擧、州綽、邴師、公孫敖、封具、鐸父、襄伊、僂堙、祝佗父、申蒯等。外嬖有鬷蔑。儒者以爲皆嬖賤小人，故夫子不書于經（註九）。文定則以爲春秋所書，皆經世之大法，所以垂戒後世。若此數人者，皆逢君之惡，不能以義事其君者，故夫子削而不書，因其不足取故也。

按：文定於紹興二年，嘗獻時政論二十一篇，其中覈實論嘗云：「昨者，黃潛善，汪伯彥，范宗尹輩，廣引奸邪，顚倒是非，變亂名實。諫官鄭瑴攻李綱以六不可貸之罪。驗於奏議則無據，按於施爲則無迹，特以撰造文致，傾陷大臣。當時遂信行之，又以美官激勸之，是欲其亂毀譽之眞而不核也。言官馬伸擊潛善、伯彥措置乖方，凡擧一事，必立一證，皆天下所共見，不敢以無爲有，以是爲非。當時乃罷黜之，又置諸危地殘賊之。是惡其亂毀譽之眞而不核也。邪說何由息，公道何由行乎！今瑴雖已死，恤典隆厚；伸雖有詔命，不聞來期。」由是觀之，高宗建炎，紹興兩朝，雖極欲中興，然姦佞用事，是非無別，賞罰不明，可見一斑。故文定又曰：「按春秋治奸慝者，不以存沒必施其身，所以懲惡也。奬忠良者，及其子孫，遠而不泯，所以勸善也。」由覈實論，推之春秋傳，則知文定所以褒忠諫，奬節義，恩卿佐，及錄賢者後之意矣。

若夫奄寺僕妾，刑餘之人，本小人之尤，其視暱嬖小臣，則又下之。故文定亦極力貶斥之。如：

襄公二十有九年：「閽弑吳子餘祭。」傳云：

穀梁子曰：閽、門者，寺人也。不稱名姓，閽不得齊於人；不稱其君，閽不得君其君也。禮、君不使無耻，不近刑人，不狎敵、不邇怨。賤人非所貴也，貴人非所刑也，刑人非所近也。舉至賤而加之吳子，吳子近刑人也。閽弒吳子餘祭，仇之也。左氏以爲伐越獲俘焉，以爲閽，使守舟，吳子觀舟，閽以刀弒之，亦邇怨之失也。

又：昭公六年：「宋華合比出奔衞。」傳云：

左氏曰：宋寺人柳有寵，太子佐惡之，華合比請殺之。柳聞，坎用牲埋書而告公。曰：合比將納亡人之族，既盟于北郭矣。公使視之，有焉。遂逐合比。於是華亥欲代爲右師，乃與柳比，從爲之徵，公使代之。宋公寵信閽寺，殺世子痤（按：見襄公二十六年）而父子之恩絕，逐華合比而君臣之義睽。刑人之能敗國亡家亦可畏矣。

按：建炎元年，爲高宗陳崇寧以來國家政事，嘗云：「奄寺得志，用王承宗故事而建節旄，用李輔國故事而封王爵，用田令孜故事而主兵權，用龔澄樞故事而爲師傅，生殺予奪，悉歸掌握，宰執侍從，皆出其門。於是，賄賂公行，廉耻道喪。」因又謂「按春秋書閽弒吳子，不稱其君者，言閽寺之賤，不使得君吳子也。願自今門戶掃除，復其常守，以去信任奄寺之六失。」（先公行狀）。由是觀之，文定之解春秋，必去閽寺之意又明矣。

五、以春秋國君守土之訓喻高宗匡復失土

國君守社稷者也。故古者，諸侯朝修其禁令，晝考其國職，夕修其典刑，夜儆百工，使無慆淫而後卽安。故克勤于邦，亢度土功者，禹也；慄慄危懼，檢身若不及者，湯也；自朝至于日中昃，不遑暇食，用咸和萬民者，文王也（僖公十九年：「梁亡」傳）。是以有國家者，當以世守爲義。若有不能世守，抑或輕棄先人之土疆者，文定以爲夫子必原情定罪，權其輕重而貶刺之。故於莊公十年：「荆敗蔡師于莘，以蔡侯獻舞歸。」傳云：

蔡侯何以名？絕之也。凡書敗，書滅，書入，而以其君歸，皆名者，爲其服爲臣虜，故絕之也。……春秋之法，諸侯不生名，失地則生而名之，比於賤者。欲使有國之君，戰戰兢兢，長守富貴，無危溢之行也。

又於昭公二十有三年：「戊辰，吳敗頓、胡、沈、蔡、陳、許之師于鷄父，胡子髡、沈子逞滅。獲陳夏齧。」傳云：

其曰：胡子髡、沈子逞滅者。若曰：非有能滅之也，咸其自取焉耳。亦猶梁亡，自亡也；鄭棄其師，自棄也；齊人殲于遂，自殲也。

按：諸失國，書名而以歸者，文定以爲其爲君也，旣無爲社稷死難之節，又無克復先王土疆之志。貪生畏死，甘就執辱，其罪爲重，故其貶也深。然則，此非爲高宗安於江左，不知雪君父之讎，復先祖之土疆而言乎？是以，其移大諫楊公時書亦云：「按春秋徐子章羽，斷其髮，携其夫人，以逆吳子。聖人特削其爵，而書其名者，罪其不自強，無興復之志也。」（胡寅斐然集先公行狀）。

至於諸書出奔者，則謂雖不死於社稷，有興復之望焉。託於諸侯，猶得寓禮，其罪爲輕。弦子、溫子之類是也（僖公十二年：「楚人滅黃」傳）。故雖如蔓子之見滅，猶曰：「蔓子以無罪見討，雖國滅，身爲臣虜，其義直，其詞初不服也。」（莊公十年：「荆敗蔡師于莘，以蔡侯獻舞歸」傳）。蓋國滅之時，見滅之君，心服與不服，其於先人土疆之情有別，故其貶亦殊。按：高宗之苟且偏安，初無興復之志。非有興復之志而不能者也。由是觀之，文定可謂善導其君者矣！

若夫國滅而死於其位者，文定則以爲「是得正而斃焉者矣。於禮爲合，於時爲不幸，若江黃二國是也」（僖公十二年：「楚人滅黃」傳）。故特褒蔡世子有。云：

既書滅蔡矣，又書執蔡世子有者，世子無降服之狀，強執以歸而虐用之也。……然世子繼世，有國之稱。此必稱蔡有者，父母之仇不與共天下，與民守國，効死不降，至於力屈就擒，虐用其身而不顧也。則有之爲世子之道得矣。」（昭公十一年：「楚師滅蔡，執蔡世子有以歸，用之」傳）。

文定既褒蔡有，於是，責紀侯曰：「有國家者，以義言之，世守也。非身之所能爲，則當効死而勿去。（莊公四年：「紀侯大去其國」傳）。又責譚子曰：「滅而書奔，責不死位也。」（莊公十年：「齊師滅譚，譚子奔莒」傳）。按此節直曉高宗以國土完整，土存則人存之大義矣。

於是，謂春秋凡失國土，夫子必貶之。嘗曰：「春秋內失地不書，明此爲有國之大罪。外取滅皆書，明見滅者之不能有其土地人民，則不君矣。」（昭公二十有四年：「吳滅巢」傳）。故隱公六年：

「冬，宋人取長葛。」傳云：

鄭人土地，天子所命，先祖所受，不能保有而失之也。……鄭亦無君也。

又移諫議大夫楊時書云：

按春秋書齊人來歸鄆、讙、龜陰之田。是田，本魯田也。始失不書者，不能保其土地人民，爲不君諱也。（胡寅斐然集先公行狀）。

蓋尺寸之地，莫不是先王列祖暴霜露，斬荆棘而有之。爲人子孫者，豈可不加珍惜，而輕棄予人哉！按：靖康元年，金人圍京城，隨卽講和退師，議割太原、中山、河間三鎭。高宗時，又懼金人之偪，都建康而以湖北爲分鎭，繼則舍建康，而棲東越。然則欽、高二宗之不知克愛寶圖可知。故文定移右諫議大夫楊時書，嘗沈痛曰：「太原兵勁天下，藝祖、太宗自將，再駕而後入於版圖」。其後，致參政秦檜書，則責以「春秋貴守土疆，耻於喪地。」（胡寅先公行狀）。由是觀之，胡氏拳拳以「人君死社稷，失地則貶絕」解春秋，亦良有以也。

六、以春秋設險逐寇之教啓高宗驅除胡虜

治國守邦者，雖以講信修睦爲事，忠義誠慤爲心，固本安民爲政。然有文事者不可以無武備。蓋未雨而徹桑土，閒暇而明政刑，先聖之教也。春蒐、夏苗、秋獮、冬狩以講事，臧僖伯之所以諫魯隱也。而莒恃其陋，不修城郭，浹辰之間，楚克其三郡，君子譏之。故「孟子云：『鑿斯池也，築斯城

也，與民守之，効死而不去，是則可為也。』夫鑿池築城者，為國之備，所謂事也；効死而民不去，為國之本，所謂政也。」（成公九年：「莒潰，楚人入鄆」傳），按：所謂政，即前文自強為善，親賢去讒諸端是也。而所謂事者即設險逐寇也。蓋門庭之寇，利用禦之，亦春秋之垂法。故莊公十有八年：「夏，公追戎于濟西。」傳云：

此未有言侵伐者，而書追戎，是不覺其來，已去而追之也。為國無武備，啓戎心而不知警，危道也。

蓋春秋之義，有以天下為家，以城郭溝池為固，以山川丘陵為險，設之以守國，而待暴客者也（僖公二年：「虞師晉師滅下陽」傳）。蓋必如是，而後可以杜覬覦之心故也。然地必有所據，城必有所守，然後可以設險；設險然後可以守邦。是以，凡有巖險之邑而不能守，春秋必譏之。故襄公二年：「遂城虎牢。」傳云：

虎牢，鄭地，故稱制邑。至漢為成皐，今為汜水縣。巖險聞於天下，猶虞之下陽，趙之上黨，魏之安邑，燕之榆關，吳之西陵，蜀之漢陽。地有所必據，城有所必守，而不可棄焉者也。有是險而不能守，故不繫於鄭。

按：文定以為「王公設險以守國，大易之訓也；城郭溝池以為固，六君子之所謹也；鑿斯池，築斯城，與民同守，孟子之所以語滕君也」（同上）。而鄭有虎牢之險不能守，屈伏於晉、楚之間而屢見侵伐。故夫子筆削春秋時，虎牢不繫於鄭；示鄭自棄天險以危國，用垂戒於後世也。

夫守天子之土疆，繼先君之世者，若不能設險以守國，將必至於潰亡遷滅之不暇。故夫子於下陽雖邑而書滅，其旨微矣。僖公二年：「虞師、晉師滅下陽。」傳云：

國而曰滅，下陽邑爾，其書滅，何也？下陽，虞、虢之塞邑，猶秦有潼關，蜀有劍嶺，皆國之門戶也。潼關不守，則秦蜀破；下陽旣舉，而虞、虢亡矣。

其設險論亦曰：

按春秋書晉師伐虢，滅下陽。下陽者，虞、虢之塞邑也。塞邑旣舉，則虢已亡矣。聖人特書以示後世設險守邦之法。（胡寅先公行狀）。

按：靖康議割之太原、中山、河間，本北方之重鎭。胡氏嘗謂：「河間、中山，北方重鎭，猶鄭有虎牢，虞、虢有下陽。秦之潼關，蜀之劍閣，吳之西陵也。」（移楊時書）。其後，高宗棄湖北爲分鎭，亦不知湖北乃中國之險也。文定亦嘗論之曰：「今欲定都建康，而以湖北爲分鎭，失險甚矣。按湖北十有四州，其要會在荆峽。故劉表時，軍資富江陵，先主時，重兵屯油口，關公、孫權則幷力爭南郡，陸抗父子則協規守宜都，晉大司馬溫及其弟冲，則保據諸宮與上明，此皆荆峽封境也。今割以與人，使跨長江，臨吳會，猶居高屋建瓴水也。獨無虞、虢下陽之慮乎？臣謂欲保江左，必都建康，欲守建康，必有荆峽，然後地形險固。」（設險論）。由是觀之，胡氏之譏鄭棄虎牢，虞棄下陽，而戒於失險。誠有見於欽，高二宗之不能據險以制敵故也。則其拳拳以「設險守邦」進講，亦洞燭時勢之昌言乎？

又設險固爲守邦之法，然制敵必有定計，然後可以致功。文定致參政秦檜書，嘗云：「春秋大略貴前定，是故撥亂興衰者，其君臣合謀，必有前定不可易之策。管仲相齊，狐偃輔晋，樂毅復燕，子房興漢，孔明立蜀，王朴佐周，莫非策畫前定，令出必行，故事功皆就。」（胡寅先公行狀）。故於

僖公二年：「秋九月，齊侯、宋公、江人，黃人盟于貫。」傳云：

按左氏，盟于貫，服江黃也。荆楚，天下莫強焉。江、黃者，其東方之與國也。二國來定盟，則楚人失其右臂矣。樂毅破齊，先結韓趙；孔明伐魏，中好江東；雖武王牧野之師，亦誓友邦，遠及庸、蜀、彭、濮八國之人，共爲犄角之勢也。桓公此盟，其服荆楚之慮周矣。

又僖公三年：「秋，齊侯、宋公、江人、黃人，會于陽穀。」傳云：

按左氏，謀伐楚也。……兵有聚而爲正，亦有分而爲奇。諸侯之師，同次于陘，所謂聚而爲正也；江人、黃人，各守其地，所謂分而爲奇也。次陘大衆，厚集其陣，聲罪致討，以震中國之威；江人、黃人，各守其境，按兵不動，以爲八國之援；此克敵制勝之謀也。

按：文定致秦檜書有云：「建炎改元，聖主憂勤，願治於上；大臣因循，習亂於下，國制搶攘，漫無定論。」（胡寅先公行狀）。蓋高宗君臣，因循苟安，國論無定。故胡氏因桓公，管仲之制楚，或正或犄，謀議周密而言之。是以謀國不可不愼，故又美楚人之伐庸。

文公十有六年：「楚人、秦人、巴人滅庸。」傳云：

楚人謀徙於阪高，蔿賈曰：『不可，我能往，寇亦能往，不如伐庸。』亦見其謀國之善矣。故

列書三國，而楚不稱師，滅楚之罪詞也。

政已立，事亦備，若猶有侵伐之暴客，所當懲創者，則膺之懲之可也。故宣公元年：「晉、趙盾帥師救陳。」傳云：

鄭在王畿之內而附蠻夷，陳、先代帝王之後而見侵逼，此門庭之寇，利用禦之者也。

又：移右諫議大夫楊時書云：

按春秋、齊侯侵蔡伐楚，楚使請盟。美而書來者，荆楚橫暴，憑陵中國，鄭在畿內，數見侵暴，齊侯伐而服之，則自此帖然矣。此門庭之寇，所當懲創，不可已焉者也。

按：文定嘗云：「夫敵加於己，不得已而起者，謂之應兵。」（文公二年：「晉侯及秦師戰于彭衙，秦師敗績」傳）。時女眞之加兵於宋，誠門庭之寇也；利用禦之者，即所謂應兵也。此直曉高宗奮起以抗金之意也。若門庭之寇而不能懲，敵已加己而不能應。甚而爲城下之盟者，是棄國也，聖人必嚴加貶斥。故哀公八年：「吳伐我。」傳云：

吳爲邾故，興師伐魯，兵加國都而盟于城下。經書伐我，不言四鄙，及與吳盟者，諱之也。來戰于郎，直書不諱，盟于城下，何諱之深也。楚人圍宋，易子而食，析骸而爨，亦云急矣。欲盟城下，則曰有以國斃，不能從也。晉師從齊，齊侯致賂，晉人不可。國佐對曰子若不許，請合餘燼，背城借一，敝邑之幸，亦云從也。遂盟于爰婁，而春秋與之。今魯未及虧，不能少待，遂有城下之盟，是棄國也。夫棄國者，其能國乎？

按：靖康中，金人城下偪盟，而諸將或棄軍不問，或相繼潛逃。及出援三鎮，宰執又多持兩端。故文定移書右諫議大夫楊時，一則曰：「遠方犯闕，釋而不擊，反與之和，戾於聖人之訓，不已大乎！」再則曰：「城下結盟，親王出質，不兢甚矣。」三則曰：「敵欲地則割要害而與之地，欲人則飾子女而與之人，欲金帛則傾府庫而與之金帛，欲親王貴戚，則抑慈割愛，而與之親王貴戚。假如敵請六飛會於遼水之上，不往則恐違其約，欲行則懼或見欺，又將何處乎！」（皆見先公行狀）。凡此皆君父之耻，家國之辱。高宗宜切切不敢或忘者。然建炎、紹興兩朝，君臣將相，又去戰主和，寢忘東京宮闕，西京陵寢。由是觀之，文定之褒齊桓伐楚，許華元，國佐之背城借一，而嚴貶城下之盟，亦不得已也。

綜前所述，皆文定假春秋之大義微言，以砭宋君，用立時事者也。

七、因宋祖戒權臣之法終成孤立之勢

宋室之積弱不振，其因素雖甚夥，而其猜忌本校，防嫌群臣，以成主上孤立之勢，固其要也。攷宋史后妃傳，杜太后疾亟，召趙普入受遺命。因謂太祖曰：汝之所以有天下，正由周世宗使幼兒主天下耳。使周室有長君，天下豈爲汝有乎？汝百歲後，當傳位於汝弟。且謂能立長君，社稷之福也。故太祖駕崩，乃傳位於太宗。又宗室傳云：昭憲及太祖本意，蓋欲太宗傳之廷美，而廷美復傳之德昭。故太宗既立，卽令廷美尹開封，德昭實稱皇子。然太宗既卽位，趙普爲相，首譖廷美，使憂悸成疾而卒。德昭從征幽州，乃因有謀立之者，而遂不得其死。由是觀之，太宗之量固狹，而趙普又積極以猜忌導其君。終使宗室凋零，而中央不得有屏障之固矣。故宋史嘗云：「昔周之初興，大封建宗室，及其東遷，晉、鄭有同獎之功。然其衰也，幹弱而枝強。後世於是有矯其失者，而封建不復古矣。宋承唐制，宗室襁褓卽裂土而爵之。然名存實亡，無補於事。降至疏屬，宗正有籍，玉牒有名，宗學有教，郊祀明堂，遇國慶典，皆有祿秩。所寓州縣，月有廩餼，至於宗女適人，亦有恩數。然國祚既長，世代浸遠，恒產豐約，去士庶之家，無甚相遠者。靖康之亂，諸王駢首以斃於金人之虐。論者咎其無封建之實，故不獲維城之助焉」（宋史卷二百四十四宗室傳一）是矣。

文定於南渡之初，欲因麟經以導其君，使知復讎、守土諸大義，則宜有拔本塞源之良策。然攷文定之解春秋，於本枝之間，莫不本趙普猜忌之成法，以爲欲彊幹弱枝，必使兄弟、諸子不得與聞乎國事，而後可。如隱公七年：「齊侯使其弟年來聘。」傳云：

兄弟，先公之子，不稱公子，貶也。書盟、書帥師而稱兄弟者，罪其有寵愛之私。書出奔、書歸而稱兄弟者，責其薄友恭之義。攷於事而春秋之情可見矣。……仁人於兄弟絕偏係之私，篤友恭之義，人倫正而天理存，其春秋以訓天下與來世之意也。

按：書盟、書帥師者，卽任之以國政也，而文定以爲皆罪其有寵愛之私而貶之。豈非趙普汲汲導太宗去廷美之事乎？所謂友恭者，卽與之祿秩、恩數，而不使與聞國事也。故雖有祿秩之恩，而終無軍國政事之權勢也。一旦王室有事，亦無屏障中央之力矣。又如隱公四年：「衞州吁弒其君完。」傳云：

此衞公子州吁也，而削其屬籍，特以國氏者，罪莊公不待之以公子之道，使預聞政事，主兵權，而當國也。

又莊公八年：「齊無知弒其君諸兒。」傳云：

曷爲不稱公孫而以國氏？罪僖公也。弒君者無知，於僖公何罪乎？不以公孫之道待無知，使恃寵而當國也。

按：公子、公孫，皆宗本之枝葉，枝葉茂，而後宗本固。然文定以爲皆不得與聞國事，而謂「強幹弱枝，以身使臂之義」（桓公十五年：「鄭伯突入于櫟」傳）也。不幸州吁、無知，其後皆成篡弒，證之德昭之從伐幽州，有謀立之者，於是，其說售焉。不知人主之去兄弟、諸子，適所以成孤立之勢耳。

又宋太祖趙匡胤者，原後周滑州副指揮，以軍功，拜檢校太傅，殿前都點檢。恭帝七年，出師禦北漢、契丹，次陳橋驛，諸校以黃袍加其身。於是，遂爲天下雄主（宋史本紀第一）。惟自度旣乏商、周之盛德，又無漢、唐之鴻烈。何足以受非常之命，成一統之功。且唐自安祿山、武三思之亂，范陽、大名、平盧諸鎭拔扈不臣，天下鼎沸，中央不能制，遂至以亡。五代之相互興替，亦莫非權臣武將之難制也。故旣登極，猶謂爲天子不若爲節度使之樂（石守信傳）。蓋慮他將之效己故也。是以，宋史載，太祖受禪之初，頗好微行。或諫其輕出，則曰：「帝王之興，自有天命。」旣而微行愈數，有諫，輒語之曰：「有天命者，任自爲之，不汝禁也」（宋史本紀第三）。王夫之宋論嘗評之云：

太祖數微行，或以不虞爲戒。而曰：『有天命者，任自爲之。』英雄欺人，爲大言耳。其微行也，以己之倖獲，虞人之相效，察群情以思豫制，私利之褊衷，猜防之小智，宋德之所以衰也。

（卷一）。

攷趙普傳亦載太祖「數微行以過功臣家。」然則，太祖之微行，乃所以察功臣之情耳。其量狹而猜忌可知矣。讀太祖與石守信諸將飮酒之對，曹翰獻策，符彥卿管軍（皆詳下文）諸事，太祖與趙普之語，知王氏「私利之褊衷，猜防之小智」之言，非我欺也。然則，宋主之孤立，其勢之成，即在猜防也甚明矣。

文定於南渡之初，以麟經進講經筵，雖知「人主孤立而無助，國不亡幸爾」（隱公三年：「尹氏卒」傳）。然其解春秋於父子、兄弟之間，多所猜忌，已如上述矣。其於君臣之際，亦不能免焉。蓋皆祖太祖、趙普之家法也。如隱公三年：「尹氏卒。」傳云：

尹氏，天子大夫，世執朝權，爲周階亂。家父所刺，秉國之均，不平謂何者是也。因其告喪與立子朝，以朝奔楚，皆以氏書者，志世卿，非禮，爲後鑒也。……功臣之世，世其祿；世卿之官，嗣其位。祿以報功也，故其世可延；位以尊賢也，故其官當擇人。

又桓公五年：「天王使仍叔之子來聘。」傳云：

仍叔之子云者，譏世官，非公選也。帝王不以私愛害公選，故仕者世祿，而不世官。任之不以其賢也，使之不以其能也，卿大夫子弟以父故見使，則非公選，而政由是敗矣。

按：文定以爲祿所以報公，故可延；位以尊賢，必擇人。故於尹氏，仍叔之子皆譏其世官，斥爲非禮。

於是，推公選賢者之爲治，故歷舉上世舉賢之故事，謂有自野耕，釣渭，擢居輔相，而人莫不以爲宜，伊陟、象賢復相大戊、丁公、世美入掌兵權，不以世故疑之也。崇伯殛死，禹作司空，蔡叔旣囚，仲爲卿士，亦不以父故廢之也。惟其公而已矣。因謂及周之衰，小人得政，視朝廷官爵爲己私，援引親黨，分據要途，施及童稚，賢者退處於蓽門，老身而不用。公道不行，然後夷狄侵陵，國家傾覆，雖有智者不能善其後矣。由是，知春秋書武氏，仍叔之子云者，戒後世人主徇大臣私意，而用其子弟之弱者，居公選之地，以敗亂其國家，欲其深省之也（同上）。敀公選賢者以居要途，固聖人選賢與能之大訓也。然周代不有分封同異姓之諸侯，漢代不有同異姓之侯王乎？然皆得以建數百年之基業。且四邊有警，諸藩屏障，京師不危，得以從容周旋於其間。其視宋之邊警一起，京師震恐者，若何？故兪曲園以爲譏世卿者，乃後世之見。而謂古者諸侯世其國，大夫世其家，朝有世臣，野有世農，肆有世工，市有世商，相與維繫而不可解，爲長治久安之道。漢世諸姓，累世貴顯，與國同休戚，尚有古世卿遺意。魏晉以下，門第猶重。蓋孟子所謂故國世臣之意也（見曾昭旭曲園學記）。

八、因宋祖忌武將之教終無可用之人

宋史載乾德初，帝因晚朝與石守信等飲酒，酒酣。帝曰：「我非爾曹不及此。然吾爲天子殊不若爲節度使之樂，吾終夕未嘗安枕而臥。」守信等頓首曰：「今天命已定，誰復敢有異心，陛下何爲出此言耶？」帝曰：「人孰不欲富貴，一旦有以黃袍加汝之身，雖欲不爲，豈可得乎？」守信等謝曰：

「臣愚不及此，惟陛下哀矜之。」帝曰：「人生駒過隙爾，不如多積金帛田宅，以遺子孫，歌兒舞女，以終天年，君臣之間無所猜嫌，不亦善乎？」守信謝曰：「陛下念及此，所謂生死而肉骨也。」明皆稱病，乞解兵權。帝從之，皆以散官就第（石守信傳）。此卽史稱「杯酒釋兵權」者是也。史稱太祖之善於御將者亦以此。然由「吾爲天子殊不若爲節度使之樂」，及「有以黃袍加汝之身，雖欲不爲，豈可得乎？」數語，則太祖量狹而多猜忌深刻可知矣。

又太祖欲使符彥卿管軍，趙普屢諫，以爲彥卿名位已盛，不可復委以兵權。太祖不從。宣已出，普復懷之。太祖迎謂之曰：「豈非符彥卿事耶？」對曰：「非也。」因奏他事，旣罷，乃出彥卿宣進之。太祖曰：「果然，宣何以復在卿所？」普曰：「臣託以處分之語有侏儞者復留之，惟陛下深思利害，勿復悔。」太祖曰：「卿苦疑彥卿何也？朕待彥卿厚，彥卿豈負朕耶？」普對曰：「陛下何以能負周世宗。」太祖默然（同上）。

又，曹翰獻取幽州之策，太祖謀之趙普。普曰：「翰取之，誰能守之？」太祖曰：「卽使翰守之。」普曰：「翰死，誰守之？」而帝之辨遂窮（見王夫之宋論卷一）。

按：太祖出身行伍，雖嘗勒石，以不殺士大夫爲訓。固不失爲仁者之主，而於武將則不能無疑。猶欲使彥卿掌軍，而允曹翰之取幽州。惜趙普不能導其主以用賢與德，而詰以「何以能負周世宗？」及「翰死，誰守之？」是太祖之猜防，趙普與有力焉。故王夫之嘗析普禦翰之言云：

謂誰能守者，非謂才不足以守也。謂翰死，無能如翰者，非謂世無如翰之才者也。普於翰有重疑矣。而太祖曰：『無可疑也。』普則曰：『舍翰而誰可弗疑也？』幽燕者，士馬之淵藪也。天寶以來，范陽首亂，而平盧、魏博、成德相踵以叛。不懲其失，舉以授之亢衡彊夷之武人，使拊河朔以瞰中原，則趙氏之宗祏危矣。嗚呼？此其不言之隱，局蹐喔嘶於閨闈，而甘於朒縮者也。（宋論卷一）

善乎船山之隻眼，能探得趙氏君臣之至隱。唯其主上量狹，用事者猜忌，故良將隱而文人用，遂為有宋一代之家法，上下師師，壹於猜忌。其後，狄青、王德用之不得盡其材，皆以此也。

文定於南渡之初，思二帝蒙塵之恥，面強擄耀馬之脅。宜當知復讎守土之任，非宣力之武臣不足以成事。蓋將無權則不足以親士卒，士卒不親則不足以克敵致勝。然則，文定之解春秋也。一則曰：

夫公子公孫升為貴戚之卿者，其植根膠固，難御於異姓之卿。況翬已使主兵而方命乎？隱公不能辨之於早，罷其兵權。猶使之帥師也，是以及鍾巫之禍。（隱公四年：「秋，翬帥師會宋公、陳侯、蔡人、衞人伐鄭」傳。）

又，隱公十年：「夏，翬帥師會齊人，鄭人伐宋。」傳云：

翬不氏，先期也。始而會宋以伐鄭，固請而行。今而會鄭以伐宋，先期而往。不待鍾巫之變，知其有無君之心矣。夫亂臣賊子，積其強惡，非一朝一夕之故，及權勢已成，威行中外，雖欲制之，其將能乎？故去其公子，以戒兵柄下移，制之於未亂也。

按：公子翬固請帥師，強君不義於前（註十）。今又先會齊鄭以伐宋。至求太宰而不得，反譖於桓而弒隱（註十一），固爲亂人也。而文定假以兵權之說，乃有宋一代猜防武將之家法也。欲啓高宗復讎之心，當以尙武養將進之，今反以猜防啓之，何功之有哉！而文定言之不足，又言之，拳拳致意者再焉。如莊公二年：「公子慶父帥師伐於餘丘。」傳云：

> 國而曰伐，此邑爾，其曰伐何也？誌慶父之得兵權也。莊公幼年卽位，首以慶父主兵，卒致子般之禍。於餘丘，法不當書，聖人特書以誌亂之所由，爲後戒也。魯在春秋中，見弒者三君，其賊未有不得魯國之兵權者。公子翬再爲主將，專會諸侯，不出隱公之命。仲遂擅兵兩世，入杞伐邾，會師救鄭，三軍服其威令之日久矣。故翬弒隱公而寪氏不能明其罪；慶父弒子般而成季不能遏其惡；公子遂殺惡及視，而叔仲惠伯不能免其死。夫豈一朝一夕之故哉！春秋所書，爲戒遠矣。

又莊公三十有二年：「公子慶父如齊。」傳云：

> 子般之卒，慶父弒也。宜書出奔，其曰如齊，見慶父主兵自恣，國人不能制也。昔成王將終，命大臣相康王。方是時，掌親兵者，太公望之子伋也。宰臣召公奭命仲桓、南宮毛取二干戈、虎賁百人于伋以逆嗣子。伋雖掌兵，非有宰臣之命不敢發也。召公雖制命，非二諸侯將命以往，伋亦不承也。兵權散主，不偏屬於一人可知矣。今莊公幼年卽位，專以兵權授之慶父，歲月既久，威行中外，其流至此。故於餘丘，法不當書，而聖人特書慶父帥師，以志得兵之始。而卒書公薨，子般卒，慶父如齊，以見其出入自如，無敢討之者。以示後世，其垂戒之義明且遠矣。」

按：公子翬之得兵權。於前後專兵可知。若慶父者，於經傳皆未見得兵之明文。文定特求之於國而曰伐，今於餘丘乃邑爾，而曰伐，及慶父之齊，宜書奔，而夫子乃書如。其例有所不合，故知其必非常，因得得兵權，擁兵自恣之說。此先儒固已疑之（註十二）。其引康王之誥，以干戈虎賁，扈蹕器仗爲軍伍，尤誤（註十三）。然是說也，當有宋以猜防爲家法之時言之，其啓高宗者非憤發復讎，乃所以深疑力戰之良將也。故王夫之云：「胡氏之說經也，於公子翬之伐鄭，公子慶父之伐於餘丘，兩發『兵權不可假人』之說。不幸而翬與慶父終於弒逆，其說伸焉。」又云：「然此非胡氏專家之說也。宋之君臣上下奉此以爲藏身之固也久矣。石守信、高懷德之解兵也，曹翰之不使取幽州也，王德用、狄青之屢蒙按劾也，皆畜葅醢之心，而不惜長城之壞。天子含爲隱慮，文臣守爲朝章」（宋論卷十）。然則，胡氏因宋代之家法以入傳。雖欲因經以導高宗復讎守土，適啓高宗猜忌因循之心。惜哉！惜哉！儒者立言之不可不愼也若此。

九、因宋祖和議之故事終成偏安之局

宋承五代之弊，燕雲十六州淪於契丹。而幽燕者，負西山，帶盧溝，沓嶂重崖以東迤於海。足以拊瀛、莫、河朔之千里曠野，而瞰中原。然太祖時，曹翰獻取幽州之策，而趙普阻之。及太宗出討幽薊，普又以「戰者危事，難保其必勝；兵者凶器，深戒於不虞」（宋史趙普傳）諫之。其後，高粱河、岐溝關兩役之敗，兵連禍結，而邊境之民遂爛。於是，澶淵之盟起，而兩國享無事之福者且百年。自是之後，邊兵一動，和議之聲遂起。而有宋一代，乃以是為求存安枕之策。故元昊跳梁，雖韓、范名臣不能制，亦終以歲幣餌之，而中國始安枕。此北宋強盛時已如此。南渡之初，富平一敗，喪師數十萬，並陝西地盡失之，卒歸於和而後已。及金亮渝盟，兵叛身弒，此時宜可乘機進取，乃宿州一潰，又棄唐、鄧、海、泗，而卒歸於和。其後，開禧用兵，更至增歲幣，函送韓侂冑之首，而後再定和議（趙翼二十二史劄記卷二十六）。此蓋有宋一代，戒權臣，忌武將，終至邊事一起，內無可用之人，外乏可戰之將，有以致之。既積弱不振如此，則和議、納幣，不失為苟存之策故也。文定於南渡之初，以麟經進講，雖每以守土逐寇之意寓諸春秋。然其解經也又每以用兵力戰為貶。蓋援趙家和議求存之法以入經故也。如莊公十年：「公敗齊師于長勺。」傳云：

善為國者不師，善師者不陣，善陣者不戰。故行使則有文告之詞，而疆埸則有守禦之備，至於善陣，德已衰矣。而況兵刃相接。

又如桓公十有三年：「及齊侯、宋公、衞侯、燕人戰。齊師、宋師、衞師、燕師敗績。」傳云：

彼為無道，加兵於己，必有引咎責躬之事，禮義辨喻之文。猶不得免焉，則亦固其封疆，効死以守，上訴諸天子，下訴諸方伯連率，與鄰國之諸侯，其必有伸之者矣。不如是，而憤然與戰，豈已亂之道乎？

按：「善為國者不師，善師者不陣。」蓋聖人尚德賤力之垂訓。以孔子有但學禮而不知陳之言（註十四）故也。然「引咎責躬之事，禮義辨喻之文。」上訴天子，下訴方伯。乃本三代盛世，王者之師而言。而春秋之時，強陵弱，衆暴寡，豈可繩以三代之盛世也。蓋霸者之術，與王者之政，固有異也。於霸者之時，責以王者之政，其於世變奈何？蓋世異則事異，事異則備變。徒執成康之盛世，進講於積弱之趙宋。是義理雖正大，而於時勢無濟也。胡氏不自知，故於莊公十年：「公敗宋師于乘丘。」傳又云：

魯人若能不用詐謀，奉其辭令，二國去矣。

按左氏，乾時之戰，我師敗績。公喪戎路，傳乘而歸。舉國震恐。鮑叔又帥師來，於是，子糾死，管仲囚。幸長勺一戰，轉敗爲勝，得以穩定國本。而齊師、宋師又次於郎以謀我。非再敗於乘丘，則魯幾不能國矣。而文定謂「奉其辭令，二國去矣。」豈其然哉！又僖公元年：「冬，十月，壬午，公子友帥師敗莒師于酈，獲莒挐。」傳云：

抑鋒止銳，喻以詞命，使知不縮而引去則善矣。

按公羊傳，慶父走莒，莒人逐之，將由乎齊，齊人不納，却反舍于汶水之上。使奚斯入請，不可而死。莒人曰：吾已得子之賊，以求賂乎魯。是莒人乘約肆虐，志在必得。幸公子友敗之，魯乃得以安。故左氏以爲「嘉獲之也。」乃胡氏又以爲可「喻以詞命，使知不縮而去。」不亦迂乎！故明儒王介之云：「胡氏責以抑鋒止銳，喻以詞命，使知不縮而引去，此唯三代盛時，執九伐之權，以馭諸侯，而少有忿爭，可以理遣，爲能不用兵而敵自卻。若莒之乘約肆淫，無名之貪憒，而可賓賓然以筆舌責之乎？王者之師，不妄興以構怨，誠無事居功於斬馘，乃湯之於葛，文王之於崇密。詞窮而必繼之以芟夷。

魯不修怨以伐莒，而但敗其來侵之師，又奚不可哉？況乎莒之求賂，魯人弗與。其弗與也，豈竟置之忘言哉！抑必有辭命焉，而無如莒之不聽何耳。」（春秋四傳質卷上）。是矣。王氏之言，可謂執理而能達時勢者也。然胡氏又於文公二年：「晉侯及秦師戰于彭衙，秦師敗績。」傳云：

敵加於己，而已有罪焉，引咎責躬，服其罪則可矣。己則無罪，而不義見加，諭之以詞命，猶不得免焉，亦告於天子方伯可也。若遽然興師而與戰，是謂以桀攻桀，何愈乎？

按左氏，秦孟明視帥師伐晉，以報殽之役。二月，晉侯禦之。然則彊敵大軍壓境而來，己但引咎責躬，喻之以詞命，則敵可退乎？且胡氏前文云：「夫敵加於己，不得已而起者，謂之應兵。」今孟明帥師而來，晉侯禦之，非應兵乎？而以「以桀攻桀」貶之。若必欲服罪，以合「處己息爭之道，遠怨之方。」豈非宋高向北稱臣構者乎？

文定既以爲「至於善陣，德已衰矣，況兵刃相接。」故凡服敵致勝，莫不嚴加貶絕。如於「公敗齊師于長勺」（莊公十年），則責以「兵刃既接，又以詐謀取勝。」於「公敗宋師于乘丘」（同上），則責以「偷得一時之捷，而積四鄰之忿，」爲小人之道。於「公子友敗莒師于酈」（僖公元年），則責以「此強國之事，非王者之師。」甚者，尊王攘夷之師，亦不得自解免。如莊公三十年：「齊人伐山戎。」胡傳云：

齊人者，齊侯也。其稱人，譏伐戎也。……夫北戎病燕，職貢不至。桓公內無因國，外無從諸侯，越千里之險，爲燕闢地，可謂能修方伯連帥之職，何以譏之乎？桓不務德，勤兵遠伐，不正王法，以譏其罪。則將開後世之君，勞中國而事外夷，捨近政而貴遠略，困吾民之力，爭不毛之地，其患有不勝言者。故特貶而稱人，以爲好武功而不修文德者之戒也。

按左氏，多，遇於魯濟，謀山戎也。以其病燕故也。蓋齊桓行霸，戎人病燕，齊桓乃爲燕謀難。故首與魯謀而伐之。則是師乃尊王攘夷之師，胡氏亦稱其「能修方伯連帥之職」。特謂「內無因國，外無從諸侯」者不確耳。至謂「勤兵遠伐。」毛奇齡嘗云：「燕齊接壤，而山戎界于其間，不必甚遠。若謂遠卽不伐，則禹征三苗，王季征西落，豈俱在肘腋間乎」（春秋傳卷十二）是矣。要之，胡氏於無貶之中，求譏斥，要在「以爲好武功而不修文德者之戒」句也。此乃趙普「所宜端拱穆清，嗇神和志，自可遠繼九皇，俯觀五帝。豈必窮邊極武，與契丹較勝負哉」（趙普傳）之意也。

又僖公二十有八年：「晉侯、齊師、宋師、秦師及楚人戰于城濮。楚師敗績。」傳云：

楚雖請戰，而及在晉侯，誅其意也。

按：荊楚恃強，憑陵諸夏，威動天下，不有晉文城濮之勝，則民其被髮左衽矣。而文定以爲誅其意，不亦迂乎？故明儒王介之云：「晉侯之意，在敗楚以抑其橫，昭然無所匿。乃曰誅其意也。以中國禦荊蠻，此意非不善也，而又何誅焉。（春秋四傳質疑卷上）。是矣。

又昭公元年：「晉荀吳帥師敗狄于大鹵。」傳云：

大鹵、太原也。……然則，太原在禹服之內，而狄人來侵，攘斥宜矣。其過在毀車崇卒，以詐誘狄人而敗之，非王者之師耳。使後世車戰法亡，崇尚步卒，爭以變詐相高，日趨苟簡，皆此等啓之矣。書敗狄，譏之也。

按：戰者，所以求勝也。既曰「攘斥宜矣。」又以「以詐誘狄而敗之」爲譏。戰豈兒戲而可以狎之也。故朱朝瑛云：「險阨之地，不利車戰。故兵法，廣地用車，險地用步，毀車崇卒，乃一時之權宜，豈爲過哉！闔于大較，孰不移等。大則敗亡，小則屈辱，亦君子所不敢也。」（讀春秋略記卷十）且此役，乃攘夷之師也，文定譏之，何也（參閱徐學謨春秋億卷六）。

又昭公十有七年：「八月，晉荀吳帥師滅陸渾之戎。」傳云：

夷不亂華，陸渾之戎，密邇王室，而縱之雜處。則非膺戎狄，別內外之義也。與闢土服遠，以圖強霸則異矣。然舉其名氏，非褒詞也。纔得無貶耳。

按：既云「縱之雜處，則非膺戎狄，別內外之義。」則荀吳能膺之滅亡，乃可喜耳。是以何其偉云：「書以大之也。」（經義考卷一百八十五引）。而徐學謨亦云：「善晉攘夷也。」（春秋億卷六）。唯文定以爲「纔得無貶耳。」

文定於攘夷之師，貶斥不遺餘力。故於莊公之「治兵」，「師還」（莊公八年），又皆以「黷武」譏之。甚謂「夫以力服人者，人亦以力勝之矣。吳嘗破越，遂有輕楚之心，及其破楚，又有驕齊之志；既勝齊師，自謂莫敵矣。而越已入其國都矣。吳侵中國而越滅之，出乎爾者、反乎爾。」及老氏「佳兵不祥之器，其事好還」（皆見哀公十有三年：「於越入吳」傳），以警後世之人主。其與趙普所謂「戰者危事，難保其必勝；兵者凶器，深戒於不虞。」而欲太宗出討幽薊之師速還，無容玩敵（宋史趙普傳）之意何以異？

若有衆暴寡，強陵弱，如齊之攻紀者（桓公十有三年）。文定則以爲當「力同度德，動則相時」爲說。蓋「小國讎大國，而幸勝焉。」乃禍之始也。故春秋書「及齊侯、宋公、衞侯、燕人戰。齊師、宋師、衞師、燕師敗績」（桓十有三年）。文定以爲蓋齊人合三國以攻紀，魯鄭援紀而與戰。不然，紀懼滅亡之不暇，何敢將兵越國以增怨也。今紀不知量力相時，因魯鄭之力以敗齊，適足以速亡。故夫子以紀爲主，乃欲人主省德相時之意也。按：是說也，豈非宋人懼戰請和之術乎？故王介之云：「以持重爲萬全之道者，國家方盛，而外寇竊發，待其自斃而斃之，善於勝者也。故趙充國得之西羌，而吳明徹失之淮北。若乎狡焉啓疆之巨敵，成乎不可解之難。孤弱自守，日漸衰亡。則出萬死一生，以與爭存亡之命。內顧祖宗之世守，不忍自我而坐餉他人，寸心未死，其能隱忍而莫之較乎？其勝也或猶可激臣民之氣，以與胥效死也。卽其不然，而亦足以報先王先公於地下矣。存一日之宗祊，盡一日之人事。束手待盡，豈復有生人之氣哉！」（春秋四傳質卷上）。又云：「爲謀若此，與秦檜，湯思退之謀國，又奚以異耶？」（同上）。而王夫之亦謂秦檜之主和，亦與胡氏春秋之旨相符（宋論卷十）。熱讀胡傳知二王之說非吾欺也。要之，乃胡氏援宋代家法以入經故也。

十、結　語

余嘗考胡氏傳於公羊大復讎之旨，拳拳致意者再，尤於莊公之篇見之。然其於魯桓之見弒於齊，賊未討而書葬。則又承公、穀二傳「不責其踰國而封」之說。云：

公羊曰：賊未討，何以書葬？讎在外也。穀梁子曰：讎在外者，不責踰國而封于是也。夫桓公之讎在齊，則外也。隱公之讎在魯，則內也。在外者不責其踰國，固有任之者矣。在內者討于是，此春秋之法也。故十八年書王，而桓公書葬，惟可與權者，其知之矣。

攷文定於「隱公薨」，傳云：「不書葬，示臣子於君父有討賊、復讎之義。……夫賊不討，讎不復，而不書葬，則服不除，寢苫枕戈，無時而終事也。」（隱公十一年）。於「公及齊人狩于禚」傳，亦云：「父母之讎，不共戴天。」（莊公四年）。是皆緣禮經「君之讎眡父」，與「寢苫枕戈，弗與共戴天」之文以立義也。然天豈有內外乎？在內而爲臣子，則爲賊；在外而爲鄰國，則爲仇。內賊必討，外仇必復，臣子之心，其義一也（張自超春秋宗朱辨義卷二）。今以桓公之仇在外，而反釋之，不亦悖乎？故王介之云：「賊之在內與在外，奚以別？在內者，非簒立之君，則擅權之執政，國人且受其脅持，而庶子孤臣，擯逐流亡，志不得遂，猶可矜也。在外者，闌入而戕賊其君父，嗣子猶有其國家，臣子猶可鼓勵。甘心伏服而不與爭死生之命，罪愈大矣。而曰不責踰國而討，則懷愍青衣之憾可以懷安於建業，徽欽北狩之辱，可以北嚮而稱臣。此公、穀之說，所以異於聖人。而胡氏因之，尤非南宋臣子之所忍言也」（春秋四傳質卷上）是矣。又莊公十有三年：「公會齊侯，盟于柯。」傳云：

始及齊平也。世讎而平可乎？於傳有之，敵惠敵怨，不在後嗣。魯於襄公有不共戴天之讎，當其身則釋怨不復，而主王姬，狩于禚，會伐衞，同圍郕，納子糾。故聖人詳加譏貶，以著其忘親之罪。今易世矣，而桓公始合諸侯，安中國，攘夷狄，尊天王，乃欲修怨怒鄰，而危其宗社，可謂孝乎？故長勺之役，專以責魯，而柯之盟，公與齊侯皆書其爵，則以爲釋怨而平，可也。

按：文定責莊公之忘親，不易之論也。特又引「敵惠敵怨，不在後嗣」之說，以爲齊、魯可平。則於時局之艱，無激揚之效，反有因循之禍。故萬氏斯大云：「先儒猥援敵惠敵怨，不在後嗣之言，謂齊、魯可平。嘻！怨之與讎，可同日語乎？怨者，一時之嫌；讎者，無時而可通。讎而可通是天下有無父之人矣。」（學春秋隨筆卷三）是矣。又莊公三年：「紀季以酅入于齊。」傳云：

紀季所以不書奔者，有紀侯之命矣。所以不書名者，天下無道，強衆相陵，天子不能正，方伯不能伐，屈己事齊，請後五廟，其亦不得已而爲之者，非其罪也。

按：紀季之入齊，或以爲叛（註十五），或以爲有紀侯之命（註十六）；其說不一。特文定既欲以春秋導其君，而以公羊「請後五廟於齊」之義進講，則非矣。故王介之譏之，云：「國之立君，君之有臣，凡以爲社稷也。君爲社稷死則死之，爲社稷亡則亡之。況其貴戚之卿，生死與共者乎？宗社而將危矣，君方奮不顧身，以與敵爭一旦之命，爲之臣者，義無可生，情無可去。若其貪生懷利，以君之土爲己獻納之資，歸命仇讎而無所忌，其必誅不赦也無疑，而猶爲之曲說。胡氏之於此，猶辭獎亂之愆而不可得矣。」（春秋四傳質卷上）。蓋「地已入齊，身已臣齊，未有亡國之大夫，可立先君之廟於他國者也。籍令齊人姑許其立以誘之，紀之先君怨恫於幽，詎忍甘叛臣之血食乎！」（同上）是矣。故王氏因謂「胡氏之云，豈非秦檜之嚆矢歟！」（同上）。非苛論矣。又哀公元年：「楚子、陳侯、隨侯、許男圍蔡。」文定云：

獨書圍蔡何也！蔡嘗以吳師入郢，昭王奔隨，壞宗廟，徙陳器，撻平王之墓矣。至是，楚國復寧，帥師圍蔡，降其衆，遷其國，而春秋書之略者，見蔡宜得報，而楚子復讎之事可恕也。

按：文定欲導高宗復二帝北狩之讎，故爲此說。然於華夷之辨，義又疏矣。故姜寶云：「康侯之言，爲高宗不復金讎而發也。然宋則蔡也，金則楚也。欲勸其君復讎於夷狄，而反恕夷狄之遷虐於中國，義則踈矣。」（春秋事義全考卷十六）是矣。

綜前所述，知文定之解春秋，雖以大復讎爲旨（詳見本文第二），而於復讎之義則未盡也。其不責踰國而討之說，用之於宋，則金亦外也。故二帝北狩之辱可以不復矣。紀季之於紀侯，亦猶趙構之於徽、欽也；季之入齊，爲請五廟於齊；則高宗之偏安，亦爲趙氏存血食之祭於江南，而非恥辱矣。甚者，以夷楚之亂華，而許之曰復讎，不亦可怪乎？

又尊王攘夷，亦春秋之大旨。自昔聖人已有「微管仲，吾其被髮左衽矣」（註十七）之美辭。然「夷不攘，則王不可得而尊。王之尊，非唯諾趨伏之能尊；夷之攘，非一身兩臂之可攘」（王夫之宋論卷十）也。然胡傳於師武之臣，多援藝祖懲艾黃袍之故事而貶絕之（見本文第八）。於救亡圖存之師，如紀、齊之戰（桓公十三年），則責以「引咎責躬之事，禮義辨喩之文。」而謂「力同度德，動則相時，小國之讎大國而幸勝焉，禍之始也。」於長勺之戰，乘丘之師（莊公十年），公子友敗莒之役（僖公元年），則責以「善爲國者不師，善師者不陣，善陣者不戰。」而謂「已亂之道，寡怨之方，王者之事也。」（見本文第九）。按：凡此皆執三代盛世，執九伐之權，以馭諸侯，小有忿爭，可以理遣之盛事，以繩衰世之事。雖欲砭當世，使漸進於三代之治，適足以啓高宗懼戰之心。故王介之云：「胡氏之說，殆高宗、秦檜挫折岳、韓之嚆矢與」（春秋四傳質卷上）。蓋抑鋒止銳，則束手以待其陵踐我人民，動搖我社稷矣。豈可以爲訓哉！

若夫攘夷狄之師，如齊侯之伐山戎（莊公三十年），則責以「不務德，勤兵遠伐」，「故特貶稱人，以爲好武功而不修文德之戒也。」於齊桓之問楚罪（僖公四年），則責以「不請命而擅合諸侯。」於晉文城濮之拒楚（僖公二十八年），則曰：「誅意。」謂「功雖高，語道則三王之罪人也。」按：凡此皆執尊天王之命，而不達時勢之故。是以，王介之云：「胡氏當汪、黃誤國之餘，猶以志戰爲晉罪，無爲秦檜之先聲乎？」（春秋四傳質卷上）。

又宣公十有五年：「晉滅赤狄潞氏，以潞子嬰兒歸。」則謂責「晉之暴，而滅見滅之罪。」昭公元年：「晉荀吳帥師敗狄于大鹵。」則責以「毀車崇卒，以詐誘狄人而敗之，非王者之師耳。」十二年：「晉伐鮮虞。」則曰狄晉。十五年：「晉荀吳帥師伐鮮虞。」則謂「非褒之也，纔免於貶耳。」十七年：「晉荀吳帥師滅陸渾之戎。」則云：「非褒詞也，纔得無貶耳。則窮兵於遠，虛內事外者可知矣。」按：凡此皆本天子王天下，無不覆載之義爲言。而不知宋室之積弱，當以尚武教戰進之，豈可以凡用武皆爲窮兵言之哉！故何其偉云：「夫胡氏當建炎間，以春秋入侍，此何時也？而猶塵塵焉以戒窮兵於遠者。金人起海角也，遠者也。宋未嘗窮兵也，胡爲而徽、欽北？胡爲而康王南？尋則奔明州，走溫州。胡氏以春秋進講而輒戒窮兵。其君復詡詡曰：安國所講春秋，吾率二十四日讀一遍。嗟呼！惟熟於胡氏之春秋而戒窮兵，戒窮兵而厭兵；厭兵而後和議決矣。」（朱彝尊經義考卷一百八十五引）。旨哉斯言！由是觀之，胡傳固以三代之治爲志者也。特以「攘夷之義，終爲尊王所掩」（蔣伯潛經與經學語），因反爲去戰主和之先導也。本欲以濟時局之艱者，反爲時局之害，文定何能辭其咎也。然則，高宗之苟且因循亦有由矣。

【附註】

註一　馬端臨文獻通攷卷一百八十二：「蓋漢人專務以春秋決獄，陋儒酷吏遂得因緣假飾。往往見二傳（按：公羊、穀梁）中所謂『責備』之說，『誅心』之說，『無將』之說，與其所謂巧詆深文者相類耳。」

註二　孫復春秋尊王發微卷一：「公及邾儀父盟于蔑」云：「凡書盟者，皆惡之也。」「天王崩」云：「天子崩，七月而葬，諸侯卒，五月而葬，此禮之常也，故不書焉。凡書葬者，非常也。」劉敞春秋傳卷一：「齊侯、鄭伯盟于石門」云：「何以書？盟會之事告則書。盟會之事，曷爲告則書？常事不書，非常則書。盟會於春秋、常也；於王者，非常也。」

註三　見莊公三十年：「齊人伐山戎」胡氏傳。

註四　桓公十有一年左氏傳：「宋雍氏女於鄭莊公，曰雍姞，生厲公。雍氏宗有寵於宋莊公，故誘祭仲而執之，曰不立突，將死。亦執厲公而求賂焉。祭仲與宋人盟，以厲公歸而立之。秋、九月、丁亥，昭公（按：即鄭公子忽）奔衛。」

註五　僖公十有九年：「梁亡。」胡氏傳云：「陸淳曰：秦肆其暴，取人之國，沒而不書，其義安在？曰：乘人之危，惡易見也。滅人之國，罪易知也。自取亡滅者，其事微矣。春秋之作，聖人所以明微也。梁本侯國，魚爛而亡，何哉？易曰：天行健，君子以自強不息。古者、諸侯朝修其業令，晝考其國職，夕省其典刑，夜儆百工，無使慆淫而後即安。故克勤于邦，荒度土功者，禹也。慄慄危懼，檢身若不及者，湯也。自朝至于日中昃，不遑暇食，用咸和萬民者，文王也。凡有國家者，土地雖廣，人民雖衆，兵甲雖多，城郭雖固，而不能自強於政治，則日危月削，如火銷膏，以至滅亡而莫覺也。而況好土功，輕民力，湎於酒，淫於色，心昏而出惡政者乎？其亡可立而待也。」

註六　昭公二十有五年：「十有二月，齊侯取鄆。」杜預注云：「取鄆以居公也。」胡氏傳云：「鄆、魯邑也。直書齊侯取之，何也？齊侯不自取，而爲公取鄆，使居之也。」

註七　杜預春秋經傳集解卷十：「洩冶直諫於淫亂之朝以取死，故不爲春秋所貴。」又云：「言邪辟之世，不可立法，國無道，危行言遜。」

註八　杜預春秋經傳集解卷二：「孔父稱名者，內不能治其閨門，外取怨於民，身死而禍及其君。」卷三：「仇牧稱名，不警而遇賊，無善事可褒。」卷五：「荀息稱名者，雖欲復言，本無遠謀，從君於昏。」

註九　杜預春秋經傳集解卷三：「石之紛如、齊小臣。孟陽、亦小臣。」卷十七：「傳言莊公所養非國士，故其死難皆嬖寵之人。」竹添光鴻左傳會箋卷三：「徒人費、石之紛如死於鬬，孟陽代君死於牀，經皆不書。春秋之法，非卿例不得書。左氏詳其事，不沒人善。胡氏乃推不書之故，以便嬖私暱，逢君之惡責三人，此昧於經例，顛倒是非之甚者也。」

註一〇　隱公四年左氏傳：「秋、諸侯復伐鄭，宋公使來乞師。公辭之，羽父請以師會之。公弗許，固請而行。故書曰：翬帥師，疾之也。」

註一一　隱公十有一年左氏傳：「羽父請殺桓公，將以求大宰。公曰：爲其少故，吾將授之矣。使營菟裘，吾將老焉。羽父懼，反譖于桓公，而請弒之。」

註一二　毛奇齡春秋傳卷九：「胡氏謂魯在春秋中，見弒者三君，其賊未有不得魯兵柄者，公子翬、仲遂、慶父皆是也。然此皆六朝時事，春秋藏兵於賦，不立軍閫，其得失未必如此。」

註一三　毛奇齡春秋傳卷十二：「胡氏向於慶父帥師伐于餘丘時，發一大義，謂權姦纂弒，未有不掌兵柄者。至是不驗，乃又謂出入自如，皆由其主兵自恣之故。遂曲引康王之誥，干戈虎賁，扈蹕器仗，認作軍伍，責慶父擅兵。」

註一四　論語衛靈公篇：「衛靈公問陳於孔子。孔子對曰：俎豆之事，則嘗聞之矣。軍旅之事，未之學也。」

註一五　孫復春秋尊王發微卷三：「紀季、亡兄之親，取兄之邑，以事于齊，其惡可知也。」

註一六　葉夢得春秋傳卷五：「紀季告於紀侯，以其邑入齊爲附庸。」陳傅良春秋後傳卷三：「紀侯在而季以邦入齊。若以邑叛，然則其稱字何？紀侯意也。」

註一七　論語憲問：「子貢曰：管仲非仁者與？桓公殺子糾，不能死，又相之。子曰：管仲相桓公，霸諸侯，一匡天下，民到于今受其賜。微管仲，吾其被髮左衽矣。」

王維詩的儒、道、佛三家思想

楊文雄

一、前　言

人是社會的或政治的動物，思想難免受到時代、環境的影響。王維身處「開、天盛世」，正是民生樂利的時代，青年人對事業前途會有一番幻想與追求。玄宗又尚邊功，邊塞生活鷹揚的情調使知識份子充滿了積極、樂觀的精神。早期的王維也是一個熱中功名的人，雖以黃獅子事貶官濟州，稍有挫折。後以主張「所不賣公器，動爲蒼生謀」和張九齡意見相合，被拔擢爲右拾遺，充滿了從政的熱情。但玄宗後期政治惡濁，任用奸相李林甫，張九齡失勢下台，對王維是一個致命的打擊。再加上唐時隱逸風氣很盛，佛教的猖獗，思想受到佛、道的影響，漸漸失去對仕途的熱情。又由於個性比較軟弱，「恐遭負時累」，而有退居田園，優遊林下的想法，這種情形正如劉翔飛先生「論唐代的隱逸風氣」所說的：

唐代儒、釋、道三家思想雜揉並行的情形，一般而言，文士在積極求用時，都以儒家襟抱自任，但有時仍然會流露出對出世的嚮往，其方式多在佛、道兩途。……傳統社會裏，讀書人的出路既只有仕隱兩途——所謂「窮則獨善其身，達則兼善天下」——他們徘徊於社會與個人之間，矛盾、掙扎、猶疑、懊惱，乃是勢所不能免的了。（註一）

積極入世和消極避世的衝突，甚至互相消長，這種兩難之局也是王維的問題。他的歸隱乃是對現實不滿，初期心境還常憤懣不平，但到了後來，隨著佛教思想的發展，只追求個人的閒適：「我心素已閒，清川淡如此。請留盤石上，垂釣將已矣」。甚至退朝以後，焚香獨坐，以禪誦為事。以上簡略說明了王維一生思想轉折及其背景，增訂本「中國文學發展史」曾加以歸納，說：

王維具備著內佛外儒、官成身退、保養天年的這些特點。他對於現實也感到不滿，也有不願同流合污的心情。但他沒有李白那種豁達的浪漫精神，更沒有杜甫那樣的愛國熱情和深厚的人道主義思想。最後只能皈依佛教的懷抱，退隱到田園的象牙之塔裏，避開人世的紛擾，用山水的美景來養育自己的靈魂。（註二）

劉氏所論大致持平，但只揭示王維內佛外儒，恐有所缺，近人莊申先生有「王維的道家思想與生活」專文討論，可見唐代儒釋道三家思想雜揉，王維也不可免，為研究王維全部內在世界也得從儒、釋、道三家入手。況且個人以為人生有三大境界——人性的、自然的、宗教的，可拿來說明儒家（人性的）、道家（自然的）、佛家（宗教的）的內涵，而王維對「佛、儒、道」三家所作的取捨態度也值得探討，近人吳可道先生曾作歸納，可供參攷：

一、以佛家作爲宗教信仰，從心靈的、思想的去「追求」永生的「眞」。

二、以儒家作爲立身處世，由倫常的、道德的去「實踐」現世的「善」。

三、以道家作爲生活情趣，在文學上、藝術上去「欣賞」自然的「美」。（註三）

二、王維的儒家思想

比較上，王維詩中所流露的儒家思想，遠不及道家及佛家思想多，但王維一生仍服膺儒家，劉大杰氏認爲王維思想是內佛外儒（註四），說理雖不夠全面，却有其根據。近人劉翔飛先生以爲：「當時的人雖然好佛慕道成風，但一般並不菲薄儒教，這是因爲傳統儒家思想早已深入人心，構成國人的基本觀念與生活態度，這種勢力是潛在的，同時也是根深蒂固的」（註五）。王維是讀書人，當然和其他唐代文人一樣，熟讀聖賢書。甚至任職集賢院時，也主張「親重儒門，將爲教首」、「先聖微言，前王令典，所以興行禮義，訓正人倫」、「敦彼儒風，政化之源」（謝御書集賢院額表）。臨死前一年有「與魏居士書」，以儒家的人生觀，從君臣的倫常大義和仕人的出處之道奉勸魏居士出仕，所謂「君子以布仁施義，活國濟人爲適意」相勸，可見王維一生服膺儒家。

不過，人生一世難免挫折或牢騷滿腹而有非儒之想，連最忠君愛國的杜甫都有「儒術于我何有哉？孔丘盜跖俱塵埃」（醉時歌）的話，王維也有一時牢騷或改信佛教而反儒：「被服聖人教，一生自窮苦」（偶然作）、「植福祠迦葉，求仁笑孔丘」（與胡居士皆病寄此詩兼示學人二首）。王維非儒也僅僅這兩首詩而已，況且王維也有景仰孔子而推崇堯舜之道的話：「曾是巢許淺，始知堯舜深」（送韋大夫東京留守），王維出身中等階級仕宦家庭，世代書香，應受到傳統儒家道德薰陶，或許只是一時激憤之言，不能算是王維眞正的本意。

儒家傳統思想應是忠孝仁愛及經世濟民。王維向重孝友，早年熱中功名，懷有經世治國、致君堯舜的思想。儒家素重孝悌，王維「事母崔氏以孝聞」、「居母喪，柴毀骨立，殆不勝喪」（舊唐書本傳），新唐書本傳也說到王維「母喪，毀幾不生」，可見事親至孝。崔氏篤信佛教，樂住山林、志求寂靜，維即卜居藍田輞谷作爲母親經行之所。崔氏去世後，即上表請施莊爲寺，爲母薦福。他又以孝思可通於神明，乾元二年，宰相王璵宅生紫芝，林見木瓜，碩大盈筐，爲作讚文云：「至孝所感，物爲人之祥。大賢佐時，人爲國之瑞」。並以「依仁據德，移孝爲忠」來稱美王璵，有此祥瑞，是盡孝思的結果。

王維也是個重感情的人，對兄弟朋友的友愛非常深摯。舊唐書本傳云：「閨門友悌，多士推之。」新唐書本傳也稱王維資孝友。王維兄弟五人，尤與二弟王縉最爲親近，不時有詩寄懷。安史之亂，維不幸被迫僞署，亂平後以六等定罪，賴其弟縉削官贖其罪。後縉遠調蜀州，維上表責躬薦弟，使其弟回任京都，兄弟得以長相左右（註六）。王維不單常相思念，還教導弟妹言行：「獨在異鄉爲異客，每逢佳節倍思親」（九月九日憶山東兄弟），「莫學嵇康懶，且安原憲貧」（山中示弟等）。甚至對其從弟——王綠、王據、王蕃等互通音問，流露不盡的懷念。

王維還有很多描寫友情的詩，依現存詩集稍作統計，「送」友人的詩有五十九首，「贈、答、酬」朋友的詩約有三十首，另有「哭」友人去世的詩四首，約佔詩集的四分之一，不可謂不多。他對親近友人更是情感眞摯、態度坦率。如「贈裴廸」：

不相見，不相見來久。日日泉水頭，常憶同攜手。攜手本同心，復歎忽分衿。想憶今如此，相思深不深。

另外在「哭殷遙」、「贈祖三詠」、「留別丘爲」及「待儲光羲不至」、「送崔興宗」等詩，都可感受到他對朋友眞正的友情。

除了孝友之外，王維也有仁民愛物之心。他有「觀別者」一首詩談到「陌上別離人，愛子游燕趙。高堂有老親，不行無可養，行去百憂新」，而看之淚滿巾。也曾見路有凍餒之人，朝尚呻吟，暮塡溝壑而不忍，上書皇帝「請廻前任司職田粟施貧人粥狀」，願把一司職田收入，廻與施粥所，全濟貧人，所謂「於國家不減數粒，在窮窘或得再生」。眞有所謂「濟人然後拂衣去，肯作徒爾一男兒」（不遇詠）或「達人無不可，忘己愛蒼生」（贈房盧氏琯）的精神。王維也主張仁政，在獻給張九齡詩有「守仁固其優」（獻始興公）的主張，甚至在「門下起赦書表」談到儒家德政要行仁恕之道：「人謂無寃，何如捨而不問。殺而有禮，豈若至于無刑。……巨猾止于一惡，貧人免于十夫。思折劵者，寬其暴征。嘗書勳者，貰其宿負。道德齊禮，或其有恥之心。悔咎思愆，開其自新之路」。

其實，王維從年青到老年都有忠君愛國思想，尤以年輕時仰慕少年英豪，有橫刀躍馬建功沙場的壯志，如「少年行」二首：

出身仕漢羽林郎，初隨驃騎戰漁陽。
孰知不向邊庭苦，縱死猶聞俠骨香。（之二）
一身能擘兩彫弧，虜騎千重只似無。
偏坐金鞍調白羽，紛紛射殺五單于。（之三）

設非豪情萬丈，實在寫不出這種氣概。其他如：

盡係名王頸，歸來獻天子。（從軍行）
單車曾出塞，報國敢邀勳。（送張判官赴河西）
忘身辭鳳闕，報國取龍庭。（送趙都督赴代州得青字）
平生多志氣，箭底覓封侯。（塞上曲）
寄言班定遠，正是立功年。（從軍行）
教戰須令赴湯火，終知上將先伐謀。（燕支行）
漢家天子圖麟閣，身是當今第一人。（平戎辭）

這種「赴湯火」、「立功勳」的犧牲精神，正是儒家執干戈以衛社稷的精神再現。到了晚年，雖被迫僞署，晚節有虧，但面對護駕有功的李遵工部侍郎，仍然說出：「維雖老賊，沈跡無狀，豈不知有忠義之士乎？亦常延頸企踵，嚮風慕義無窮也」（與工部李侍郎書），可見王維一生乃以儒家行世，他早年貶官濟州寫「濟上四賢詠」，所詠崔錄事一詩正可作王維的寫照：「少年曾任俠，晚節更爲儒」。劉大杰氏說他「內佛『外儒』、官成身退、保養天年」，儒家思想應是他一生的主調，王維過世前兩年，曾獻詩老友韋陟，期勉他「窮人業已寧，逆虜遺之擒。然後解金組，拂衣東山岑」（送韋大夫東京留守）這種功成身退的儒家思想就是證明。

三、王維的道家思想

王維信佛有名，向有「詩佛」之稱，因此前人很少提及他有道家思想。其實，王維對於道家夙有信仰，年才十八，即有「南山俱隱逸，東洛類神仙」（哭祖六自虛）的隱居紀錄，當然他不曾像李白那樣成爲眞正的「道士」，但有道家思想的詩文即近六十首，約佔全集七分之一，不可謂不多，清人張問陶特爲指出「右丞頗好道」（註七），足可證明。而王維學道的原因最少應有兩點：㈠受時代思潮的影響㈡個人人生理想的追求。

唐朝自高祖李淵起，即提倡道教，武德七年曾幸終南山謁老子廟。高宗在乾封元年也蒞亳州，祠老子，追號太上玄元皇帝。到了玄宗朝，道教達於極盛，「歷代崇道紀」有詳細紀錄：

明皇開元中，勅諸道並令置開元觀，又置混元讚，帝親書勒之於石，帝又注道德經及製序引，詔天下士庶，並令家藏一本，兩街道衆，乃以幢旛伎樂，自禁中迎歸於太清宮，香花之盛，近古未有。又敕置道擧，一如禮部之制，帝親自策之，達者甚衆。

風氣既開，研習道家經典變成一時習尚，王維難免不受薰染，近人黃公偉先生曾談到：

以道教在朝政，如初唐（或應改爲盛唐）之王維、孟浩然即以道詩爲尚。（註八）

唐代文士如李白、杜甫、孟浩然等無不學道，王維自然也不例外。且早年即往來于入道的公主門下，近人孫克寬先生在「唐代道教與政治」特別提到：

唐代崇道，與歷代比較，另一突出的形態，就是皇帝的女兒——公主們，多賜名入道。……玉眞公主，在開天之間和文士們頗爲接近，王維唱鬱輪袍的軼事，雖出於小說的附會，可是在摩詰集中有「奉和聖製幸玉眞公主山莊」詩，所用典實，皆是道教，可想他是往來于公主門下的。（註九）

王維另外還有多篇應制玄宗佞道的作品，如「奉和聖製慶玄元皇帝玉像之作應制」、「賀玄元皇帝見眞容表」、「賀古樂器表」及「賀神兵助取石堡城表」等等。近人范文瀾氏竟以王維「上唐玄宗『賀神兵助取石堡城表』，滿紙荒唐，居然是個道教徒」相責（註一〇），也可見王維有詠神仙附會君王的證據，理由即如近人郭鼎堂氏所言：「生在這樣時代的士大夫階層，無論是想做官或想出世，都不

能不受時代思潮的影響。不僅李白和杜甫而已，所有盛唐的詩人如王維、高適、岑參等等，都有同樣的傾向」。（註一一）

其次，談到王維人生理想的追求，要回溯到他早年是一個早熟詩人，對自己美好資質有一份自信，由於對於人性有深刻的觀察和體悟，當王維悟出生命的無常，往往會在精神上自求解脫而有奉佛悟道之舉，王夢鷗先生說得好：

> 與精神上自求解脫，亦即以「達觀」自解，造成一種對世俗的現實的生活之否定的態度。……往往身居魏闕而志在江湖，身在人間而心留人外。這種由追蹤仙佛而未到的境地，便是古詩人心裏共有的烏托邦。他們常依賴有這個歸宿或憑藉以肆應現實的繁劇與苦惱。（註一二）

專研道教的李豐楙先生也特別指出：「道教是中國人透過宗教形式解決生存危機的一種方式」（註一三）。王維由於仕途生活的坎坷不平，常有一些被壓制的憤懣與牢騷，再加李林甫一幫腐敗勢力的囂張，只能將情感寄託在山水白雲間，尋求道士的指引，維詩集中有多首與道士往來的紀錄，如：「贈東嶽焦鍊士」、「贈焦道士」的焦道士，「過太乙觀賈生房」的賈生，「春日與裴迪過新昌里訪呂逸人不遇」的呂逸人，「送方尊師嵩山」的方尊師，「送張道士歸山」的張道士及「送王尊師歸蜀中拜掃」的王尊師等等，道士來往多人，可見一斑。難怪王維會在「世上皆如夢，狂來或自歌」（游李山人所居因題屋壁）之餘，有「仍聞遺方士，東海訪蓬瀛」（早朝）尋仙覓道之想。

以下爲進一步了解王維的道家思想，想依近人李長之氏說法稍作分類。李氏在「道教徒的詩人李白及其痛苦」一文談到「道教思想之體系與李白」，採取劉勰「滅惑論」所取「道家三品說」；所謂「上標老子，次述神仙，下襲張陵」而分上中下三品，他說：

就劉勰的三品說，上中下三品，李白可說全部沾染，因爲李白有老莊的自然無爲的宇宙觀，但也有神仙派的煉養服食的實踐，同時並服從天師道的符籙。（註一四）

李白號稱「詩仙」，道家上中下品都沾染了，依此衡量號稱「詩佛」的王維究有多少道家思想，必可瞭然。

㈠老莊自然無爲思想：首就老莊的自然無爲的宇宙觀言，王維在被出濟州，過趙叟家宴就說過「閉門或隱居，道言莊叟事」，此「莊叟」當指莊子，後裴廸「漆園」同詠有「今日漆園遊，還同莊叟樂」，用的正是莊子任漆園吏的典，可見王維很早就受莊子思想影響。又如：

願奉無爲化，齋心學自然。（奉和聖製慶玄元皇帝玉像之作應制）

這兩句是道家精神所在，「自然」出自老子：「人法地，地法天，天法道，道法自然」（二十五章），明白「自然」，就能多少明白「道」。「自然」就是按著「生而不有，爲而不恃」的原則而進行的現象，所以老子又說：「夫莫之命而常自然」（五十一章），既「莫之命」就是不受人爲的指使，自然如此的。至於「無爲化」，出於老子「道常無爲而無不爲。侯王若能守，萬物將自化」（三十七章），無爲就是不加人爲干擾，任其順乎自然。莊子天地篇也談到「無爲爲之之謂天」，天就是自然。至於「齋心」一語，出自莊子人間世：「惟道集虛，虛者，心齋也」，「齋心」就是莊子所說「心齋」的境界。此外，他在「神兵助取石堡城表」也說過「先天而法自然」，可見王維對老莊自然無爲的宇宙觀是有認識的。其他引用老莊思想的句子，還有下列幾首：

希世無高節，絕跡有卑棲。君徒視人文，吾固和天倪。緬然萬物始，及與群物齊。（座上走筆贈薛璩、慕容損）

大道今無外，長生詎有涯。（奉和聖制幸玉眞公主山莊因題石壁十韻之作應制）

山林吾喪我，冠帶爾成人。（山中示弟等）

玄言問老龍。（黎拾遺昕裴廸見過）

張弟五車書，讀書仍隱居。（戲贈張五弟諲三首）

㈡神仙派煉養服食的實踐：依葛洪「抱朴子」講到實際的方法有三種：

欲求神仙，唯當其至要，至要在於寶精、行炁、服一大藥便足，亦不用多也。（釋滯篇）

照葛洪之意，要能夠長生和成仙，必須靠內修和外養，即保精行氣和外服上藥。保精即房中術，據「抱朴子」「釋滯篇」言：

房中之法十餘家，……其大要在於還精補腦之事耳。……人欲不可都絕，陰陽不交，則坐致壅閼之病，故幽閉怨曠，多病而不壽也；任情肆意，又損年命，唯有得其節宣之和，可以不損。

王維三十歲失偶，長期鰥居，不曾再娶，寶精的理論對他恐沒有影響。但葛洪特別指出行氣還「宜知房中之術。所以爾者，不知陰陽之術，屢爲勞損，則行氣難得力也」（至理篇），博學的王維不會不知道，此事殊不可解，莊申先生認為「看來佛家清心寡慾的學說，似乎比道家『都絕陰陽則多病而不壽』的學說，更能影響王維」。（註一五）

其次談到「行氣」，依葛洪言即是所謂「胎息」：

行炁有數法焉。……其大要者胎息而已。得胎息者，能不以鼻口噓吸，如在胞胎之中，則道成矣。（釋滯篇）

近人有解作「體內元氣新陳代謝的理論」（註一六），李長之氏解作「或叫服炁就是呼吸吐納之法，或服天地陰陽之氣，所謂餐霞飲露，服食日丹月黃等是，或服自身之氣」。（註一七）王維僅有「贈焦道士」一首詩談到「行氣」，原詩是「天老能行氣」，應是稱美焦道士能行吐納之術的意思。又王維詩文有三句談到「辟穀」，應本於莊子「藐姑射山之神人，不食五穀，吸風飲露」（逍遙游篇），謂辟除穀食始能成仙。抱朴子「雜應篇」也言「辟穀」之效，在「欲得長生，腸中常清」。史記紀錄留侯張良「乃學辟穀，導引輕身」，王維詩「留侯常辟穀，何苦不長生」（故太子太師徐公輓歌）即用此典。道書謂「神仙以辟穀為下，然卻粒則無滓濁，無滓濁則不漏，由此亦可入道」。可見「辟穀」亦入道成仙之法，而且導引行氣與辟穀不分，只是層次較低而已。王維還有兩首「辟穀」詩文，錄作參攷：

好讀高僧傳，時看辟穀方。（春日上方即事）

燒丹藥就，辟穀將成。（皇甫岳寫眞讚）

另外王維詩中有三首談到「長嘯」，莊申先生以爲是「行炁的一種表現，不過王維不曾繼用行炁之名而已」（註一八）。簡錦松先生「莊著『王維研究』質疑」曾引證據駁其說：

所以行炁是氣在體內運行，長嘯是氣向外舒吐，雖然行炁成功的人，或許對長嘯時氣的補充有幫助，畢竟是間接的事，不可以指行炁爲長嘯，或指長嘯爲行炁。（註一九）

王維既用過「行氣」一辭，自然不會混用「行氣」與「長嘯」，其理甚明。那麼「長嘯」是什麼呢？依孫廣「嘯旨」權輿章談到嘯的運氣方法：

夫人精神內定，心目外息，我且不競，物無害者。身常足，心常樂，神常定，然後可以議權輿之門。天氣正，地氣和，風雲朗暢，日月調順，然後喪其神，亡其身，玉液傍潤，靈泉外灑，調暢其出入（之）息，端正其唇齒之位，安其頰輔，和其舌端，考擊於寂寞之間，而後發折，撮五太之精華，高下自恣，無始無卒者，權輿之音。

孫廣「嘯旨」列有十三種嘯法，李豐楙先生以爲嘯法儘管不同，但其嘯的原則却是一樣：「就是氣功（註二〇）。他曾解說上面那段話，說：

道教氣功的修練法，大都遵循放鬆、入靜、精神集中等程序，逐漸進入忘我的狀態。孫廣所述的正是靜坐調息的基本功法，由此形成各類千百種法門，嘯法是在練氣的築基工夫之上，朝向與聲樂結合的道法。可以單獨吐納氣息，作純氣功的鼓盪音聲之法；也可配合各種樂器，成爲與有字詞（言）的歌略爲異趣的發聲法。（註二一）

看來「嘯」是道門中的一種修煉術，但由於和隱逸行爲有關，慢慢變成詩歌隱逸的隱喻或象徵，所謂「嘯傲山林」既是隱士的形象，兼而表現不同於流俗的傲態、逸態，甚至是抒發個人懷抱的表示。王維詩中的「長嘯」，莊申先生依「嘯旨」推斷合於嘯法——巫峽猿、高柳蟬嘯，李豐楙先生以爲「王維好道學嘯，也是必然的行爲，這是有趣的推斷」。以下依次稍作介紹：

靜言深溪裏，長嘯高山頭。（黃花川）

依「嘯旨」，「巫峽猿嘯」所言「幽隱清遠，若在數里之外，若自外而至，自高而下，雜以風泉群木之響，迥然出於衆聲之表，中羽之初」，則在「日暎空山，風生衆壑，特宜爲之」。莊申先生以爲王維在黃花川附近高山上嘯吟練習這種「巫峽猿」的嘯法。

獨坐幽篁裏，彈琴復長嘯。深林人不知，明月來相照。

這首「竹裏館」是王維名作之一，在人不知的幽篁裏彈琴長嘯，別具神秘的意境。而「高柳蟬嘯」則「模仿蟬聲聒噪飄揚高擧，繚繞縈徹，咽牛角之初，清楚輕切，既斷又續」，在「華林修竹之下，特宜爲之」。莊中先生斷以王維在幽篁中練習「高柳蟬嘯」。李豐楙先生則以郭璞神仙詩的「靜嘯撫清絃」這種將琴、嘯和諧相應當作神仙樂事，而推斷王維「獨坐幽篁裏，彈琴復長嘯」是企慕神仙境界的一種擧止。另外，王維還有一首詩談到「長嘯」：

孫登長嘯臺，松竹有遺處。（偶然作之三）

孫登是晉代最善長嘯之人，他與阮籍爭勝，事見「世說新語」棲逸篇。觀詩意以松竹相對，則運用嘯的意象作爲詩的象徵，表現隱居的逸態，王維尚有詩句「看竹何須問主人」，用的典就是晉朝王徽之竹下長嘯的逸事，可作爲旁證，和前兩首具有道教煉養的神秘性，應有不同。也可見王維的「長嘯」是作爲一種道教修煉的養生術外，還有成爲詩歌中隱逸的隱喻或象徵。以上是所謂「內修」。

最後談到「服一大藥」，即是金丹。所謂外服上藥，就是「外養」。必須燒煉金石，謂之金丹玉液。傅勤家氏「中國道教史」認爲應備妥四種器物——黃白（指黃金、白銀）、鉛汞、爐鼎（煉丹器具）、龍虎（指烹煉之水火）（註二二）。而「金石」包含很廣，「金」當然指黃金、白銀之類。「石」，以五石爲最有名，指丹砂（鉛汞爲主）、雄黃、白礬、曾青、慈石（見抱朴子金丹篇），稱之五石散，也叫寒食散。也有以鐘乳石（石髓）、硃砂等物代替。據葛洪抱朴子仙藥篇認爲道家的上藥最好的依次有丹砂、黃金與白銀等三種，上藥的功能竟是「令人身安命延，昇爲天神。遨遊上下，使役萬靈，體生毛羽，行廚立至」。王維詩中多次提到丹砂，對葛洪所說的上藥可能很清楚，而且採理性的批評態度，他有「贈李頎」詩，云：

聞君餌丹砂，甚有好顏色。不知從今去，幾時生羽翼。

王母翳華芝，望爾崑崙側。文螭從赤豹，萬里方一息。

悲哉世上人，甘此羶腥食。

正面提問李頎服食上藥丹砂的效果——「幾時生羽翼」，意思如葛洪所說「體生毛羽」、「昇爲天神」，看似羨慕，最後竟然批評起人間鍊丹風氣——「悲哉世上人，甘此羶腥食」。也可見王維對鍊丹採批判態度，或許是王維已體會到鍊丹是徒勞無功的，維詩「秋夜獨坐」最後四句，云：

白髮終難變，黃金不可成，欲知除老病，惟有學無生。

由「黃金不可成」間接說明王維曾鍊養金丹，結果失敗了。而「白髮終難變」句應可看作王維服食丹砂的證據，丹砂吃了不見效，自然無法白髮變垂髫，只好改弦易轍，轉研佛理去了。莊申先生懷疑王維沒有服食丹砂的經驗，以為王維有關丹砂的詩文失落了，原因竟然是他抄錯了王維詩的原文，「白髮終難變，黃金不可成」錯抄成「黃金不可求，鍊丹終難成」（註二三），未免離譜。而且王維詩文談到丹砂、黃金的詩文很多，除前引兩首以外，全抄在下面：

徒思赤筆書，詎有丹砂井。（林園即事寄舍弟紞）

明目夜中書，自有還丹術。（贈東嶽焦鍊師）

王屋訪毛君，別婦留丹訣。（送張道士歸山）

常恐丹液就，先我紫陽賓。（過太乙觀賈生房）

燒丹藥就，辟穀將成。（皇甫岳寫眞讚）

丹泉通虢略，白羽抵荊岑。（送李太守赴上洛）

墨點三千界，丹飛六一泥。（和宋中丞夏日遊福賢觀天長寺之作）

泥竈化丹砂，……御羹和石髓。（奉和聖制幸玉眞公主山莊）

未共銷丹日，還同照綺疏。（賦得清如玉壺冰）

日飲金屑泉，少當千餘歲。（金屑泉）

方隨鍊金客，林上家絕巘。（李處士山居）

芍藥和金鼎，茱萸插玳筵。（奉和聖製重陽節宰臣上壽應制）

首句係王維寄送其弟紞感慨身世，在「心悲常欲絕，髮亂不能整」之餘，「徒思赤筆書，詎有丹砂井」。「赤筆書」依趙殿成註當作仙書符篆解。再加丹砂井期求得壽（語見葛洪抱朴子），也可見王維向道之心。他首言及丹砂或黃金，都是指鍊製上藥。另外須加解釋的有「六一泥」、「石髓」、「芍藥」等句。「六一泥」可能是鍊丹用的佐料，「雲笈七籤」談到作六一泥法：「礬石、戎鹽、滷鹹、礜石，右四物分等燒之，二十日止。復取左顧牡蠣、赤石脂、滑石，凡七物分等，視土釜大小，令足以泥土釜，……和以醇醲苦酒，合如泥，名曰六一泥」。「石髓」，依「列仙傳」言，是石鐘乳。「芍藥」，又名小牡丹（埤雅）、辛夷（詩毛氏傳疏）等多種（註二四），根可作藥用。王維把芍藥和金鼎（爐鼎鍊丹）寫在一齊，芍藥可能是作爲鍊藥之用，而非純爲觀賞。莊申先生以當時牡丹價貴，而王維堂前竟有芍藥花開，推論他的經濟非常富裕（註二五），看法可能並非全面。莊先生係以王維好友錢起有「故王維右丞堂前芍藥花開，悽然感懷」詩作根據，但王維輞川集有「辛夷塢」詩，所詠雖是「本末芙蓉花」，地方既然命名「辛夷」，亦即芍藥，應有野生芍藥或親自種植芍藥，作爲觀賞或藥用，而非如莊先生所言「自購牡丹若干，植於堂前」，而且王維好友裴迪有「辛夷塢」同詠詩，其末兩句「況有辛夷花，色與芙蓉亂」可證明，王維輞川別業的「辛夷塢」確有「辛夷花」，亦即芍

藥。再加這句「芍藥與金鼎」，應可解說王維種植芍藥並不僅爲觀賞或經濟利益，而是供煉丹之用。（註二六）

㈢服從天師道的符籙：王維可能沒有像李白一樣有過「受籙」的紀錄，王維詩集僅有兩句談到符籙：

玉京移大像，金籙會群仙。（奉和聖製慶玄元皇帝玉像之作應制）

洞有仙人籙，山藏太史書。（和尹諫議史館山池）

金籙和仙人籙兩句僅作仙書符篆之意，沒有接受符籙的紀載，王維不能算是正式的道教徒。至於王維何時和天師道沾上關係，依莊申先生「王維的道家思想與生活」言，係貶官濟州之時。理由是天師道發展區域在東海的「濱海地域」，濟州在今山東，鄰近濱海地域，道家思想極可能對王維發生影響。問題是證據不夠充分，未免推論太過。雖然莊先生以爲王維離開濟州後隱居嵩山，嵩山是道家思想中心，但嵩山也是佛教聖地，隱居嵩山也不見得就信道教，既然都是推斷之詞，倒不如信王維自己的話。王維有一首「哭祖六自虛」，十八歲寫的，詩云：

念昔同携手，風期不暫捐。南山俱隱逸，東洛類神仙。

看來王維在少年時代即有過道家隱逸的生活。近人盧懷萱氏「王維的隱居與出仕」也是如此主張（註二七）。不管何時信道，王維在這一項「服從天師道的符籙」紀錄確實比不上李白，而李白詩中也有很多仙言道語，却可拿來比較王維是否能夠用上這些道教辭彙，看出王維入道的程度。美國克羅（

Paul W. Kroll）教授著有「李白詩中的仙言道語」（註二八），舉出李白常用道家語八句：錦囊、紫霞篇、鳴天鼓、流霞、天關、金闕、青童、玉京，王維僅用了「玉京」三次，其餘七句都沒有用過，比起李白用道家語，王維顯然有所不及，這也許是稱李白爲詩仙，而王維要稱詩佛的原因。不過，王維常用其他有關道家的術語或典故，甚至整首詩幾乎都是道家語典，也證明王維對道家用語並非全然陌生，甚至頗有心得。整首詩是道家術語和典故的是「贈焦道士」，詩云：

海上遊三島，淮南預八公。坐知千里外，跳向一壺中。

縮地朝珠闕，行天使玉童。飲人聊割酒，送客乍分風。

天老能行氣，吾師不養空。謝君徒雀躍，無可問鴻濛。

至於部分用到道家術語或典故的有：

若見西山爽，應知黃綺心。（送李太守赴上洛）

頗識灌園意，於陵不自輕。（春過賀遂員外藥園）

大羅天上神仙客，……不爲碧雞稱使者。（送王尊師歸蜀中拜掃）

爲道壺邱子，來人道姓蒙。（酬慕容上）

寂寞於陵子，桔皐方灌園。（輞川閒居）

藥倩韓康賣，門容向子過。（遊李山人所居因題壁）

仙官欲往九龍潭，旄節朱旛倚石龕。……

借問迎來双白鶴，已曾衡嶽送蘇耽。（送方尊師歸嵩山）

安知廣成子，不是老夫身。（山中示弟等）

最後兩句「安知廣成子，不是老夫身」頗值得探討，王維寄弟詩正面提出自己是廣成子的後身，而廣成子是黃帝問道其人的神仙。王維又自稱老夫，寫作的時間應在晚年。莊申先生曾加推論說：

「唐書」的「王維傳」既說他「晚年長齋奉佛」，而他居然還有易已爲道家的長生不老的人物想法，這當然可以說明他晚年思想上的二重性的矛盾。也即是說，晚年的王維，一面信佛，一面繼續他中年的思想上所受到的影響，而熱烈的追求道家的長生與遊仙之說。（註二九）

王維確有同一首詩把佛道兩方面的觀念同時相提並論的，到底算是思想上的二重性的矛盾呢，還是企圖融合佛道兩種思想，留待「五、所謂王維思想性格矛盾之討論」一節再作深論。

四、王維的佛家思想

1.王維佛學背景

王維信佛有名，當時連他的對手苑咸（李林甫親信）都稱他「當代詩匠，又精禪理」（苑咸「酬王維序」）。後人也有認同的，如明胡應麟「詩藪」說他「却入禪宗」，清徐曾「而菴詩話」說「摩詰精大雄氏之學」，趙殿最序其弟趙殿成「王右丞集箋註」談到「右丞通於禪理」。其實由王維字「摩詰」，即可看出王維與佛教有關。佛典「維摩詰經」中有一位在家居士維摩詰，輔助佛陀施行教化精通梵文的陳寅恪先生意見却是：

的故事頗爲有名。有人以爲「維摩」出梵語「維摩鷄利帝」，稱「無垢」，又可譯爲「淨名」。但依

在印度的梵文中，「維」是「降伏」之意，「摩詰」則爲「惡魔」，所以王維便是名叫「王降伏」，字叫「王惡魔」。（註三〇）

王維要降伏心中的惡魔，必須「安禪制毒龍」（過香積寺），難怪薛雪「一瓢詩話」要說：「王摩詰學佛，不得已也」。王維字取名「摩詰」應有深意。又身處佛教家庭，母親崔氏曾師奉大照禪師普寂三十年，相信對王維兄弟應有影響，兩唐書俱言「兄弟皆篤志奉佛」可證。而且與弟妹時相期勉奉佛，「山中寄諸弟妹」談到「山中多法侶，禪誦自爲群」。中年出朝就河西節度使崔希逸處任判官，爲其家人寫有多篇贊佛文章，如「讚佛文」、「西方變畫讚並序」、「繡如意輪像讚並序」等，都可說明王維對佛典已有深入的體會。晚年甚至長齋奉佛飯僧（俱見唐書本傳）。平常「焚香靜室」（「續高僧傳」），與禪師多所交往。雖然安史亂後有自愧之心，在「謝除太子中允表」中仍表白了「出家修道」、「奉佛報恩」的心願。臨終之際，也多敦厲朋友奉佛修心之旨（舊書本傳）。其弟王縉「進王右丞集表」，也曾言明王維「至于晚年，彌加進道，端坐虛室，念茲無生」。以上俱言王維與佛教有不解之緣，難怪死後有「詩佛」的封號。

2. 王維交往禪師與南北禪宗關係

從王維詩文來看，他對佛典非常熟悉。隨便舉一首「胡居士臥病遺米因贈」，就用到「維摩詰經」、

「華嚴經」、「法華經」、「涅槃經」及「楞伽經」等佛典，很難斷定他屬於佛教那個宗派。但從他和方外之交及「禪」的用詞來判斷，王維應屬禪宗，且與南北禪宗都有糾纏。爲便於了解，似可稍從歷史的背景去了解，嚴耕望先生「唐代佛教之地理分佈」曾談到：

隋及唐初佛教極盛於北方，而國都長安尤爲中心。唐初法相宗之宗師玄奘，華嚴宗之宗師法藏同時得勢於京都，惟天台一宗獨秀於東南，但不能與法相、華嚴抗衡也。自武后至玄宗，法相、華嚴漸衰，而神秀之北派禪宗大盛於京洛及北方。安史亂後，北禪衰微，而慧能之南派禪宗大盛於江南，融和華嚴，侵逼天台，爲佛學之正宗。有唐一代，南北佛學之盛衰，於此可見。（註三一）

王維剛好處於南北禪興盛的時代，不但各有糾葛，而且由北禪轉向南禪，爲便於說明，再徵引一段近人說法，杜松柏先生「禪家宗派與江西詩派」云：

禪宗自達摩創立，傳至六祖慧能，與同學神秀上座，形成南能北秀相互抗衡之勢，加上慧能滅度以後，止法衣而不傳，宗中失去領導宗主，故他的弟子神會與神秀的弟子普寂，演成宗統旁正之爭，激烈的程度，使二派形同水火，不少當朝的政要，文士詩人，也捲入漩渦，其大略如宋高僧傳所云：「會（神會）於洛陽荷澤寺，樹崇能（慧能）之眞堂，兵部侍郎宋鼎爲碑焉。會序宗脉，從如來下西域諸祖外，震旦凡六祖，盡圖績其影，太尉房琯作六葉圖序」。其時神會以賣度牒濟助軍餉，對郭子儀的臂助甚大，安史之亂平定以後，獲得了唐室的政治上的支持，遂取代了北宗普寂「在嵩山豎碑銘，立七祖堂，修法紀，排七代數」的宗主地位，慧能南宗才成爲禪宗的正統，北秀貶爲旁支，此一宗統旁正之爭，大約始於開元二十年，而止於神會爲肅宗詔入大內供養，詔作禪宇於荷澤寺中之時，約在至德二年，介入此次宗統旁正之爭的主要人物，有宋鼎、房琯、王琚、王維、郭子儀、韋利見。（註三二）

可見王維與其老友房琯都與南禪有關，甚至成了南宗爭宗統的中心人物。但王維母崔氏曾師北宗領袖普寂三十年，王維詩集也有與北宗禪師交往的紀錄，早期的王維可能較接近北宗漸修一派。到了開元十八年，其妻過世，王維才從道光禪師學習佛法。「大薦福寺大德道光禪師塔銘」提到「維十年座下，俯伏受教」可證，文中又提到「遂密授頓教，得解脫知見」，道光禪師應屬南宗（註三三），王維與南宗接觸自此始，次年繪有「黃梅出山圖」，據「夢溪筆談」卷十七稱，「所圖黃梅、曹溪二人」，應指五祖弘忍及其傳人慧能，慧能係南頓一派開山，顯然已偏向南宗。開元二十年，神會在滑臺大雲寺開無遮大會成功，王維應有耳聞，但要到開元二十八年與神會結識，認爲神會「有佛法甚不可思議」（註三四），才眞正倒向南宗。那麼南頓北漸究有何不同？王維與兩派禪師交往情形又如何？以下一一稍作說明。

禪宗採單刀直入的方法，指示人人本來具有的心性，以徹見此心性而成佛。南北分宗有別，即在修行方法之不同。北宗神秀主漸悟，南宗慧能主張頓悟。中唐宗密撰「圓覺經大疏鈔」曾指出神秀系的禪法特點——「拂塵看淨，方便通經」。這些都表示了「漸修」的特點，神秀呈給五祖弘忍的偈是：

「身是菩提樹，心如明鏡台，時時勤拂拭，莫使有塵埃」，爲保持心的明淨，必須經常拂拭，所謂「拂塵看（心）淨」。所以神秀教人注重方法、次第。所謂「凝心入定，住心看淨，起心外照，攝心內證」（註三五），他的修行法門，一般傳說有「五方便」，依印順法師「中國禪宗史」云：

第一總彰（原作「章」）佛體，亦各離念門。第二開智慧門，亦各不動門。第三顯不思議門。第四明諸法正性門。第五了無異門（或作「自然無碍解脫道」）。每一門，以修證中的某一特定內容爲主，引經論爲證。如第一門，以觀一切物不可得爲方便，顯淨心的「離念心體」，引『大乘起信論』。……現存的各本，都不只說明每一特定內容，而用作解通經論的方便，所以被稱爲「方便通經」。（註三六）

其中最重要的第一門——「總彰佛體」門，也叫「離念門」，主張心體離念，所謂「心體離念」是指不起念，根本在消滅念，與南宗神會說法：「妄念本空，不待消滅」有很大不同。「總彰佛體」門共分爲兩部分，其一是教授菩薩戒，其二是傳授禪法。方法次第繁雜，姑且舉授菩薩戒之次第：⑴「令發四弘誓願」；⑵「請十方諸佛爲和尚等」；⑶「請三世諸佛菩薩等」；⑷「教受三歸」；⑸「問五能」；⑹「各稱己名懺悔」（註三七）。從這些井然有序的次第，神秀北禪是落入「階漸」了，以上大致說明了神秀由「凝心入定」到「攝心內證」的「階漸」禪法。

至於南宗慧能則主頓悟，所謂「自心見性，皆成佛道」（壇經般若品第二），見性即開悟，採用方法是「單刀直入，直了見性，不言階漸」（註三八）的法門，是要求頓時見到佛性（即本覺、淨心）

的。禪宗認爲體現佛性的法身遍一切境，人人具有的「淨心」就是佛性，因而成佛不假外求，只需「淨心」即可，所以北宗有「住心看淨」之說。但「住心看淨」容易起個別心，無法得見眞如眞心，羅光先生「中國哲學思想史」說：

北禪神秀教人觀淨，注意自心的不淨，而看本心眞如的淨。這一來就在心理上分成了兩個心：一個是個別的心，一個是眞心眞如，禪法在于滅除個別的心，使眞心眞如得顯現。但是這種兩心的分別，阻碍人直接和眞心眞如相通，常要經過個別的心以到眞如。慧能不贊成這種禪法，他主張人心就是眞心眞如，沒有兩個心，也沒有兩個性，自性就是眞如，自心也就是眞如。所以他主張無念，無念也就是無心，不念自己個別的心，直接見自性。（註三九）

可見南宗主張「即得見性，直了成佛」是和「無念」法門連接在一起的。「無念」的說法起於「大乘起信論」，「起信論」有一段「若能觀察知心無念，即能隨順入眞如門」，講到心體離念，也即無念，這個「念」即指「妄念」。如果能做到知心無念，即可以由生滅門入眞如門，與眞如眞心相契合了。南宗壇經採取這種說法，認爲要達到「直了見性」，應以「無念爲宗」。前談到北宗神秀也講心體離念，但只是作爲一種方便提出的，呂澂氏「中國佛學源流略講」談到兩者的不同：

他們（指北宗）所說的心體離念是指不起念，根本在消滅念。而神會認爲「妄念本空，不待消滅」。這是南宗不同於北宗的一點。其次，所謂無念是指無妄念，不是一切念都無。正念是眞如之用，就不可無。如果否認了正念，即墮入斷滅頑空。這是南宗不同於北宗的又一點。由此有「定慧一體，平等双修」之說。神會認爲由「無念」可以達到「定慧一體，平等双修」，最後的結論爲：「見即是性」。直了見性的「性」，並不是離見之外另有一法，性的發露（顯現）就是見，但不是妄念。正如明鏡本來就是能照，所以照即是鏡。照與鏡是一回事，見與性也是一回事。由此就提出頓悟的說法：頓悟是一下子發露出性來。（註四〇）

呂氏談到神會認爲由「無念」可以達到「定慧一體，平等双修」，這種「定慧一體」的主張，就是頓悟的主張，「自性」本來清淨，用不着去拂拭塵埃，用不着去住心觀淨。但北宗神秀却教人習戒定慧，分作三種層次，「諸惡莫作名爲戒，諸善奉行名爲慧，自淨其意名爲定」（壇經頓漸品第八）。神秀所強調的戒定慧實本之於「法句經」中的「諸惡莫作，衆善奉行，自淨其意，是諸佛教」，這四句話包括了整個佛教精神，也正是神秀漸悟的三個階段，但對慧能而言，僅是手段而已，吳經熊先生「禪學的黃金時代」云：

對慧能來說，佛法最重要的就是見性，所謂戒定慧只是見性的一種手段而已。以他的看法，我們的精神生命是從自性智慧中泉湧而出，並沒有階段可分。一切都在於「覺」自覺之後，自然便會「諸惡不作，衆善奉行」，唯有這樣，才能享受到不可思議的自由和平靜，才能在自己的心中開發出智慧的活泉。（註四一）

總之，南北二宗根本上有所不同，依胡適先生言，「根本之點只是北宗重行，而南宗重知。北宗重在由定發慧，而南宗則重在以慧攝定」（註四二）。開元二十八年王維任侍御史知南選，曾問過神會兩者有何不同，神會答王維說：「慧澄（北宗）禪師要先修定，得定以後發慧。會則不然」。他又引「涅槃經」的「定多慧少，增長無明。慧多定少，增長邪見」的說法而主張定慧同等。（註四三）上面大致說明了南頓北漸的不同，以下擬依南北宗分開說明，舉出王維與兩宗禪師交往情形。

(甲)北宗禪師

(1)普寂

普寂謚號大照禪師，是北宗神秀首座弟子，舊唐書方伎傳有記載：

普寂姓馮氏，蒲州河東人也。年少時徧尋高僧，以學經律。時神秀在荊州玉泉寺，普寂乃往師事，凡六年，神秀奇之，盡以其道授焉。久視中，則天召神秀至東都，神秀因薦普寂，乃度為僧。及神秀卒，天下好釋者咸師事之。中宗聞其高年，特下制令普寂代神秀統其法衆。開元十三年，敕普寂於都城居止。時王公士庶，競來禮謁，普寂嚴重少言，來者難見其和悅之容，遠近尤以此重之。二十七年，終于都城興唐寺，年八十九。

王維在「請施莊為寺表」曾提及「臣亡母故博陵縣君崔氏，師事大照禪師三十餘歲」，而普寂於開元二十七年（七三九）示寂，崔氏既師事三十餘年，則約在王維襁褓髫齡之時，崔氏已皈依普寂為佛門弟子。新舊唐書本傳俱言王維兄弟皆奉佛，其弟王縉也曾學于大照，依王縉「東京大敬愛寺大證禪師碑」云：「縉嘗官于登封，因學于大照，又與廣德素為知友」。廣德也普寂弟子。由此可知王維早年即與北宗結緣，後為代撰「為舜闍黎謝御題大通大照和尚塔額表」，並在另一篇「工部楊尚書夫人贈太原郡夫人京兆王氏墓誌銘」談到「同德大師大照和尚」，也可見王維與普寂應有交誼。

北宗禪法特點是「拂塵看淨，方便通經」（宗密撰「圓覺經大疏鈔」），印順法師「中國禪宗史」特爲提出：「這一『淨』字，是北宗禪的要訣」，以「淨心」爲目標，以離念爲方便的北宗禪（註四四），普寂傳授「凝心入定，住心看淨，起心外照，攝心內證」的漸修方式，可能對王維有影響，王維有詩談到「身逐因緣法，心過次第禪」（「過盧員外宅看飯僧共題」），「次第禪」，依涅槃經言、「以三昧力得入初禪，漸漸次第，入第四禪」。王維集中另有「遊悟眞寺」其中一句「愁猿學四禪」可證。王維所修乃北宗「看淨」法門，後來在開元二十八年雖到南宗神會，問過「和上若爲修道得解脫？淨？若更起心？」（註四五）特揭「淨」字，可見王維中年以前信的是北宗，原因即是母親篤信佛教，皈依普寂，而受影響的結果。

(2)義福

義福謚號大智禪師，也是神秀座下四大弟子之一，舊唐書方伎傳云：

義福姓姜氏，潞州銅鞮人。初止藍田化感寺，處方丈之室，凡二十餘年，未嘗出宇之外。後隸京城慈恩寺。開元十一年，從駕往東都，途經蒲虢二州，刺史及官吏士女，皆齋幡花迎之，所在途路充塞。以二十年卒，有制賜號大智禪師。

嚴挺之「大智禪師碑銘」指出義福卒於開元二十四年，舊唐書顯然有誤。該文舉出義福在開元十年以前「遊於終南化感寺，棲置法堂，濱際林水」，與王維「過福禪師蘭若」詩所描寫景物很接近，詩云：

巖壑轉微逕，雲林隱法堂。羽人飛奏樂，天女跪焚香。

竹外峯偏曙，藤陰水更涼。欲知禪坐久，行路長春芳。

這位福禪師可能即是義福，王維也有一首「遊化感寺」詩，可見時相過從。呂澂氏「中國佛學源流略講」談到：

其中的義福（公元六五八——七三六年）更能得到神秀的嫡傳。神秀死後，他與普寂（公元六五一——七三九年）都受到唐室的尊重，時人目之爲「兩京法主，三帝門師」。（註四六）

義福既是神秀嫡傳，教人必以「凝心入定，住心看淨，起心外照，攝心內證」的漸修法門，所以王維在「過福禪師蘭若」詩中特別提到「欲知禪坐久，行路長春芳」，正是北宗「攝心看淨」的禪坐工夫，王維先學北宗，此可證明。

(3)淨覺

俗姓韋，生於武后垂拱四年（西元六八八年），死於玄宗天寶五年（七四六年）。他是弘忍門下玄賾的門人，神秀的再傳弟子。王維有「大唐大安國寺故大德淨覺禪師碑銘」，談到他是孝和皇帝（中宗）庶人之弟，係指中宗皇后韋氏的弟弟，撰有「楞伽師資記」，從傳法的系統論證神秀一系北宗才是禪宗正統，以與南宗抗衡。印順法師「中國禪宗史」提到淨覺的傳授方法，云：

玄賾弟子淨覺，也特提「淨心」爲成佛要著，如說：「迷時三界有，悟即十方空。欲知成佛處，會是淨心中」（註般若波羅密多心經）。依「離念門」所開示，以「看淨」——觀一切物不可得爲主。以看淨的方便來攝心，以「看淨」的方便來發慧。（註四七）王維也有攝心看淨的禪坐工夫，與淨覺禪法相同，且王維所作「淨覺禪師碑銘」談到：

雪山童子，不顧芭蕉之身。

與佛學修養有關。王維畫有「雪中芭蕉圖」，時人譏爲不知寒暑，宋朝釋惠洪「冷齋夜話」卷四「詩忌」，云：

詩者，妙觀逸想之所寓也，豈可限以繩墨哉。如王維作畫，雪中芭蕉，詩眼見之，知其神情寄寓於物，俗論則譏以爲不知寒暑。

近人陳允吉氏以爲寄寓有佛家思想。趙殿成註謂「佛入雪山修行，故謂佛爲雪山童子」，陳氏據以推論：「『雪山童子』是形容堅定地修行佛道，『不顧芭蕉之身』，是指斷然地捨棄自己的『空虛之身』（註四八）。王維這兩句話雖是說淨覺的修爲，却也是他自己的見解，「飯覆釜山僧」詩談到「思歸何必深，身世猶空虛」正是「人身空虛」的說明，可見王維與淨覺思想的一致。

(4)慧澄

慧澄禪師行誼不見一般載籍，僅在「神會語錄」第一殘卷有簡短記載：「見侍御史王維，在臨湍驛中屈和上及同寺慧澄禪師語經數日」。這次聚會應在開元二十八年王維知南選時，神會和北宗的慧澄語經互證。慧澄主北宗戒定慧三層次，所謂「諸惡莫作名爲戒，諸善奉行名爲慧，自淨其意名爲定」，神會認爲與南宗不同，他說：

今言不同者，爲澄禪師要先修定，得定以後發慧。會則不然。今正共侍御語時，即定惠等。涅槃經云：定多惠少，增長无明。惠多定少，增長邪見。定惠等者，名見佛性。故言不同。（註四九）

神會的主張是定慧一體，即是頓悟，不必像北宗那樣去住心看淨，反而增長无明邪見，王維本信北宗，看到慧澄和神會的辯解，竟稱「有佛法甚不可思議」，思想可能漸漸傾向南宗。

(5)道璿

王維有「謁璿上人」詩，璿上人即瓦棺寺道璿，與一行（著名曆法家）都是普寂弟子，著有「注菩薩戒經序」。蔣維喬氏「中國佛教史」曾談到：

日本傳律之道璿律師，亦受禪於普寂；此爲日本禪之始。（註五〇）

日人宇井伯壽的「中國佛教史」也談到道璿：

他（道璿）於日本聖武天皇天平八年（七三六）來到日本，傳「北宗禪」給大安寺「行表」，而從「行表」再傳給日本「傳教大師」。（註五一）

道璿曾到日本傳法，顯係得道高人，王維「謁璿上人幷序」談到「夙從大導師，焚香此瞻仰」，可見王維曾加禮敬受教，自稱徒弟。其序云：

上人外人內天，不定不亂，捨法而淵泊，無心而雲動。色空無得，不物物也。默語無際，不言言也，故吾徒得神交焉。

稱璿上人「外人內天」，有莊子「任運自在」的思想色彩，王維「（慧）能禪師碑」曾說過「離寂非動，乘化用常」就是「隨緣乘化」的人生態度，王維出入南北兩宗，似有綰合兩宗的企圖。他又以「色空無得，不物物也」說道璿，即是不著相，不物于物，和慧能重般若，主張「無住無相」的般若空觀，思想是相近的。也可見王維受到兩宗的影響，與南北宗僧人都有往來，對道璿尤多景仰。

⑹元崇

元崇係道璿弟子，安史亂後，到輞川別業與王維相遇神交。續高僧傳曾提到他們的交誼：

元崇以開元末年，因從璿禪師諮受心要，日夜匪懈。璿公乃因受深法，與崇歷上京，遂入終南。至白鹿下藍田，於輞川得右丞王公維之別業，松生石上，水流松下，王公焚香靜室，與崇相遇神交。

㈡　南宗禪師

⑴神會

神會，俗姓高，湖北襄陽人。他是禪宗六祖慧能晚期弟子，荷澤宗的創始人，建立南宗的得力人物。少年時曾習儒道，後出家。初依北宗神秀習禪三年，繼到曹溪謁慧能，服侍左右，時在西元七〇八年前後，年齡已四十歲。王維有「能禪師碑銘」，曾說神會「遇師於晚景，聞道於中年，廣量出於凡心，利智逾於宿學。雖末後供，樂最上乘」。王維以「大涅槃經」中金工純陀來比喻神會，經說金工純陀是佛最後收的弟子，佛臨死時就由他供養，得到佛最後的教誨。據說慧能將入涅槃時，秘傳法印，並且叫他過嶺到北方去。開元十八年，到洛陽大弘禪法，對慧能傳衣一事廣爲宣傳，後在河南滑台大雲寺設無遮大會，與北宗崇遠禪師辯論，攻擊北宗「傳承是傍，法門是漸」，論定禪宗法統，樹立南宗頓悟法門。後被誣告聚衆不軌，流離襄荊一帶。安史亂起，出面主持度牒收香水錢，助郭子儀籌餉有功，被肅宗迎入荷澤寺供養，自此正式得到政府承認，慧能南宗的宗風才獨尊天下。等到德宗時，令皇太子召集禪師楷定禪門宗旨，搜求傳法的旁正，以神會爲第七祖，法統稱爲「荷澤宗」。神會思想除了紀載在「菩提達摩南宗定是非論」外，敦煌卷子還存有「南陽和尙頓教解脫禪門直了性壇語」殘卷及「顯宗記」（題作「頓悟無生般若頌」）等，經胡適先生輯印爲「荷澤大師神會遺集」出版。

王維和神會相識，是在開元二十八年任侍御史知南選時，地點是南陽郡臨湍驛，據「神會語錄」第一殘卷紀載，云：

門人劉相倩云，於南陽郡見侍御史王維，在臨湍驛中屈和上及同寺慧澄禪師語經數日。王侍御問：「和上若爲修道得解脫？淨？若更起心？」

和上答：「衆生本自心淨，更欲起心有修，即是妄心，不可得解脫」。

王侍御驚愕云：「大奇。曾聞諸大德言說，諸大德皆未有作此說法者。」乃謂寇太守、張別駕、袁司馬等：「南陽郡有好大德，有佛法甚不可思議。」

寇公云：「此二大德見解不同。」

王侍御問和上：「何故不同？」

和上答：「今言不同者，爲澄禪師要先修定，得定以後發惠。會則不然。今正共侍御語時，即定慧等。涅槃經云：『定多惠（慧）少，增長無明。惠（慧）多定少，增長邪見。定惠（慧）等者，名見佛性』。故言不同。」

王維本持北宗「住心看淨」的修行法門，在這裡問神會除了「淨」以外，是否還有其他解脫之道？而神會向持南宗禪風，衆生本具清淨心，本具佛性，如果起心別求他佛，反而生出妄心，不得解脫。王維從沒有聽過這種「明心見性」的說法，爲之驚異而大嘆神會「有佛法不可思議」。接著神會以北宗慧澄禪師教人「定後發慧」，容易增長無明邪見，不若單刀直入，直了見性，即定慧等，所以神會主張「定慧一體」。以定爲體，以慧爲用，慧是明覺，心的自性本來光明，自然明覺，明覺便是心的自性之本來面目，這樣定慧便是自性本體，自能名見佛性。宗密「禪源諸詮集都序」記述荷澤一宗的教義說：

諸法如夢，諸聖同說。故妄念本寂，塵境本空。空寂之心，靈知不昧，即此空寂之知是汝眞性。任迷任悟，心本自知，不藉緣生，不因境起。知之一字，衆妙之門，由無始迷之，故妄執身心爲我，起貪瞋等念；若得善友開示，頓悟空寂之知。……故雖備修萬行，唯以無念爲宗。

可見荷澤禪的要點，在「無念爲宗」。要「直了見性」，應從「無念」入手。所謂「無念」是指無妄念，即是「自然」。在禪法上講自然，心不住著任何思念，不執着任何方法，一任自然。所以神會認爲由「無念」可以達到「定慧一體，平等双修」，頓悟見性。總之，神會禪學在發揚六祖無念、無相、無住之學；教化之法，在提倡頓教，以對抗神秀一系之北漸。神會以不作意，心無有起，以闡明眞無念，由不作意，不起分別心，以達寂靜涅槃（註五二），茲分別學他論及無相、無住之言如下：

一切衆生心本無相。所言相者，並是妄心。何者是妄？所作意住心、取空、取淨，乃至起心求證菩提涅槃，並屬虛妄。（註五三）

但自知本體寂靜，空無所有，亦無住着，等同虛空，無處不遍，即是諸佛眞如心，眞如是無念之體，以是義故，立無念爲宗。（註五四）

神會「所言相者，並是妄心」、「本體寂靜，空無所有，亦無住著」兩句都在發揮慧能無相、無住之意。王維曾接受神會委託代撰「能禪師碑銘」，篇中除了論及「教人以忍」、「定慧等學」、「見性頓悟」等說法以外，所談都是無相無住的理論。例如：「根塵不滅，非色滅空」就是無相的說法，著相爲病，除病就是除著相，「肇論」說「即色是空」，非滅色爲空。「碑銘」最後還提到慧能「無相」、「無住」的看法：

（能）常嘆曰，七寶布施，等恒河沙，億劫修行，盡大地墨，不如無爲之運，無礙之慈，弘濟四生，大庇三有。

所言「無爲之運」、「無礙之慈」也是無相、無住的思想。「碑銘」文末銘文甚至還特別提到：

至人達觀，與佛齊功，無心舍有，何處依空。不著三界，徒勞八風，以茲利智，遂與宗通。也是無相無著的意義，可見王維也能體悟六祖無相、無住之學，契入慧能禪學核心，王維傾向南宗，已無疑義。

(2)道光禪師

道光禪師，俗姓李，緜州巴縣人。開元二十七年五月二十三日入般涅槃，王維曾爲他作「大薦福寺大德道光禪師塔銘」，文中提到「維十年座下，俯伏受教」，可見王維約在開元十八年從道光禪師學佛。

至於道光禪師何以歸入南宗，王維「塔銘」提到，曾遇五臺山寶鑑禪師，「密授頓教，得解脫知見」，近人莊申先生以爲「頓教」，意指頓悟，是「禪宗南支慧能所強調的悟道原則」，則王維所皈依的，必亦是禪宗（註五五）。再由「解脫知見」言，其中「知」字係神會荷澤宗的主張，所謂「知之一字，衆妙之門」，道光禪師應屬南宗無疑，而王維從開元十八年跟道光禪師習禪以後，算是正式與南頓一派接觸。王維還有一篇「薦福寺光師房花藥詩序」，亦可見有長期過從交誼。

(3)瑗上人

王維有「送衡嶽瑗公南歸詩序」及「同雀興宗送瑗公」兩篇詩文，都談到瑗上人。瑗上人來歷不夠清楚，僅知早期與王維朋友房琯爲道友，王維「詩序」還特別提到「濵陽有曹溪學者，爲我謝之」，曹溪是南宗慧能弘法之地，則瑗上人當屬南宗，且「同崔興宗送瑗公」詩有「一施傳心法」，莊中先生以爲所謂「心法」，也是禪宗傳道的特徵之一，所以瑗公應是頓悟派的禪宗的高僧之一（註五六）。其實，神會「顯宗記」中有「共傳無住之心」，則一施「傳心」法的說法，瑗上人應屬南宗無疑。

(4)燕子龕禪師

禪師不知何許人，僅由王維詩「燕子龕禪師」談到：

山中燕子龕，路劇羊腸惡。裂地競盤屈，插天多峭崿。
瀑泉吼而噴，怪石看欲落。伯禹訪未知，五丁愁不鑿。
上人無生緣，生長居紫閣。六時自搥磬，一飲尚帶索。
種田燒白雲，斫漆響丹壑。行隨拾栗猿，歸對巢松鶴。
時許山神清，偶逢洞仙博。救世多慈悲，即心無行作。
……蜀物多淹泊……結伽歸舊林。一向石門裏，任君春草深。

由詩中景物描寫，莊中先生斷以燕子龕應在長江三峽附近的雲陽，而不是趙殿成依「唐驪山宮圖」定爲驪山（註五七）。而且王維應在開元二十八年知南選時，順道長江，經過三峽而西行入蜀，經過燕子龕而認識這位禪師，詩中句子「蜀物多淹泊」似足證明。

至於這位禪師會畫歸南宗，可由詩中「救世多慈悲，即心無行作」看出，趙殿成註引「維摩詰經」言「無行作」一詞，解作「無取無捨，無作無行，是爲入不二法門」，與神會「不作意，心無有起，是眞無念」相通。而且「即心」可解作即心成佛，也南禪馬祖「各信自心即佛」的法門，可見燕子龕禪師也是南宗，雖幽棲絕谷，也爲王維所嚮慕。

以上各別分列南宗禪人事蹟，乃就王維詩文所及可攷的，稍加分類說明。至於所屬宗派不能確定或有疑問的，還有曇興、操禪師、曇壁、乘如以及道一禪師。乘如是律僧，曾參與不空譯事，終西明、安國二寺上座。至於道一馬祖禪師雖有名，却一向行化於江西，所謂「江西禪」，王維有詩「投道一師蘭若宿」言及「一公栖太白，高頂出雲煙」，趙殿成註以道一馬祖曾駐錫太白山，但是「傳燈錄」等書都特別指出「江西」道一禪師，沒有到過長安附近的太白山，王維這首詩所言「道一禪師」，是否即是洪州宗的道一馬祖禪師，不無可疑之處，僅誌之，以待後攷。王維一生，與南北禪宗都有接觸，早年受北宗影響，中年傾向南頓禪門，到了晚年（肅宗乾元二年），却又爲北宗神秀和普寂的弟子，作「爲舜闍黎謝御題大通大照和尙塔額表」，似未與北宗疏遠。王維依違兩宗之間，是否就是哲學上的兩重性矛盾呢？或是有調合兩宗的企圖，實値得研究。

3.王維佛學中心思想

王維雖信禪宗，屬大乘空宗系統，却照樣有小乘思想——三法印（諸行無常，諸行是苦，諸法無我），其中「無常」和「苦」是王維詩的部分主題：

了觀四大因，根性何所有。妄計苟不生，是身孰休咎……（胡居士臥病遺米因贈）

人生能幾何，畢竟歸無形。念君等爲死，萬事傷人情。慈母未及葬，一女纔十齡。泱漭寒郊外，蕭條聞哭聲。……（哭殷遙）

王維深知生老病死四相的無常，而生離死別，遙遙無期，給人絕望之苦。難怪王維常有「浮生信如寄」（資聖寺送甘二）、「世上皆如夢」（遊李山人所居因題屋壁）之嘆。佛家重因果輪迴，王維講因果道理的詩却不多，如：

因愛果生病，從貪始覺貧。（與胡居士皆病寄此詩兼示學人）

當代謬詞客，前身應畫師。（偶然作）

其實，王維既信大乘空宗的禪宗，對禪宗的本體論——佛性觀應有多方體會才是，如：

不須愁日暮，自有一燈然。（過盧四員外宅看飯僧共題）

佛性就是成佛的本性，衆生的眞性，本來清淨，縱墮地獄，眞性也不因此而變滅，照樣有成佛的機會，王維「自有一『燈』然」，「燈」即是「心燈」，指一切衆生的本性清淨。他對於佛與衆生的看法，也持「見性」的觀點：

佛者覺也，得覺滿者入佛慧。（大通大照和尚塔額表）

衆生本性清淨，成佛關鍵在迷妄或覺悟，六祖壇經說：「若識自性，一悟即至佛也」；「不悟，即佛是衆生，一念悟時，衆生是佛。故知方法盡在自心，何不從自心中頓見眞如本性？」可見認識到「即心是佛」、「即心成佛」的道理，就是大澈大悟的菩提般若之智，已踏上了成佛的階梯。不過，王維對於「心」的看法，竟有法相宗的思想，他說：

太初與太始無殊，有形與有質不異。易云：乾、元亨利貞，即未有物者，乾之始也。乾者，元之體也；元者，乾之用也。上猶道家旨：道生一，一生二，二生三，三生萬物。又近佛經八識，是清淨無所有。第八識即含藏一切種子，第六識即分別成五陰十八界。（註五八）

所論雖是宇宙緣起，王維以易經和老子思想相比附，却歸納到法相宗「八識」之說，可見王維除了「空宗」思想外，還對「有宗」一系有所研究，也可想見王維思想的駁雜性。法相宗主張「三界唯心，萬法唯識」的體系，特別注重以阿賴耶識爲中心的八識說。所謂「八識」者，即指眼、耳、鼻、舌、身、意、末那、阿賴耶而言。眼、耳、鼻、舌、身分別以色、聲、香、味、觸作爲認識對象，從而產生了眼識、耳識、鼻識、舌識、身識，這是前五識，屬於感性認識階段；「意」的認識對象是「百法」（一切法），所謂「萬法不離識」，所產生的意識，屬於認識的理性階段，一般所說的思想或感情等心理作用，都是第六識的作用，即王維所說「第六識即分別成五陰十八界」，也可見意識所產生的紛繁作用。第七識名「末那」，是梵語，譯爲「意」，「意」有思量之意。它要依靠第八識才能起作用，據「成唯識論」說「緣第八識，起自心相，執爲實我」，由此可知末那識以堅持自我中心爲特徵，因而是我貪、我瞋、我痴、我慢和一切煩惱產生的思想根源，是精神汚染的淵藪，所以又叫做「染汚識」。肯定人世間的邪惡都是天生的，是所謂「原罪」思想的理論根據。難怪王維要安禪制毒龍，以白法來調狂象（黎拾遺昕裴廸見過秋夜對雨之作），趙殿成註引涅槃經云：

譬如醉象，狂騃暴惡，多欲殺害。有調象師，以大鐵鉤鉤斲其項，即時調順，惡心都盡，一切衆生，亦復如是。貪欲瞋恚，愚痴醉故，欲多造惡。諸菩薩等以聞法鉤斲之，令住更不得起造諸惡心。

可見王維面對人心邪惡，仍思以善法起菩薩心來救治衆生罪業，安禪以制毒龍。

第八識又叫「阿賴耶」識，意譯爲「藏」，含藏著變現一切諸法的種子，只要通過宗教的實踐和修養，有可能把全部八識中的有漏種子轉化爲無漏種子，也即擺脫有漏法的煩惱世界，進入無漏法的涅槃寂靜世界。這一條成佛的道路，還須靠「轉識成智」的四個層次，使第八阿賴耶識像明鏡照徹萬物，分毫畢現，而自身却一塵不染，保持空虛寂靜，像王維所說「清淨無所有」的大圓鏡智，離成佛之日當在不遠。王維既信「直指人心，見性成佛」的空宗禪宗，又對有宗法相宗這一套「萬法唯識」的煩瑣哲學頗有心得，也可見王維佛學修養的深厚。以下擬以禪宗的本體論、認識論及社會倫理思想等方面，分別論述王維的佛教思想。

(1)般若空觀——本體論

「佛性」和「般若」是中國禪的主要思想，佛性思想前面已大致介紹，且王維詩較少提及，此處不擬多贅。而般若思想却是「南禪」第一個佛教思想（註五九），王維由北宗轉向南禪，極可能深受影響，並大談般若空觀。以下試就「空」義及其體驗稍作說明，並以王維詩作證明禪的精神——空或眞如。

先說「般若」，是梵文的音譯，義譯爲「智」或「智慧」。「般若」一詞，常加尾註成爲「般若波羅密」或「般若波羅密多」，即「智慧到彼岸」的意思。其實，原義是「圓滿無缺的超越智慧」。

「大品般若經」曾提到：

若法無所有、不可得，是般若波羅蜜。……內空故，外空、內外空、空空、大空、第一義空……（註六〇）

可見「般若波羅蜜」是指體悟事物的「無所有、不可得」，亦即是「空」的智慧，並有十八空的說法。要瞭解「般若」思想，非得了解「空」不可。從小乘到大乘，從大乘有宗到大乘空宗，都是「先分析諸法，後說畢竟空」，尤以空宗的南禪最重般若空觀。那麼「空」的定義是什麼？維摩詰經弟子品曾談到「諸法究竟無所有，是空義」，爲什麼世間的一切都是妄，萬物都是「空」的？龍樹「中論」談到：

衆因緣生法，我說即是無（有譯作「空」），亦爲是假名，亦是中道義。未曾有一法，不從因緣生，是故一切法，無不是空者。（註六一）

可見「空」的思想是從「緣起」說發展出來的，一切事物，都由各種條件（所謂「因緣」）所組合而成，一切事物的生滅變化，都是相互爲因（「因」是主要條件），相互爲緣（「緣」是輔助條件）。當因與緣結合時，就是「緣起」。釋尊曾經立過「緣起」四個基本命題：「此有則彼有，此生則彼生，此無則彼無，此滅則彼滅」，佛說緣起法和我們對世間一切現象變化看法不一樣。如我們把水果調成汁倒入杯子裡，我們會說「果汁有了」，然後我們一口氣把果汁喝完，我們會說：「果汁沒了」。一般人見到法生，就起有見，見到法滅，就起無見，這是不符合佛說緣起法的。所謂「緣起」，包括空間相互依存以及時間上之因果兩者關係，由於「因緣」或事物生滅變化的條件，它本身不過是一種關係，不是實體，所以是「空」的；既然如此，那憑借因緣而產生的一切事物，可說是「空」的，也是「假」的，堅持事物是「空」、「有」也是假的觀點，就叫「中道觀」。青目注釋「中論」曾有詳細說明：

衆因緣生法，我說即是空。何以故？衆緣具足，和合而物生。是物屬衆因緣，故無自性；無自性，故空。空亦復空，但爲引導衆生故，以假名說。離有、無二邊故，名爲中道。是法無性，故不得言有；亦無空，故不得言無。若法有性相，則不待衆緣而有；若不待衆緣，則無法。是故無有不空法。（註六二）

事物都是「因緣生」的，所以，事物都僅僅是「假名」，亦即都是「空」（無）的；「中論」又以「離有、無二見」，名之爲「中道」。因爲佛說緣起，見到法的生起，知道「此有故彼有，此生故彼生」，因此而不起無見；見到法的滅去，知道是「此無故彼無，此滅故彼滅」，因此而不起有見，「離有、無二邊故」，自能安住於中道。又這段註釋提到「空亦復空」，「空」也是「空」（即不眞實存在），即是前引「大品般若經」所說「十八空」中所說的「空空」。「空」是一切事物爲否定對象，而「空空」則是以「空」爲否定的對象。可見般若「空」觀是否定一切的「空」，——包括世間法、出世間法，乃至「空」本身的否定。

在上面那一段青目註釋「中論」的註文中，特別提出「無自性，故空」的命題，「空」就是「自性」的否定——「無自性」，事物爲什麼是「無自性」的？答案當然是「因緣生」，因緣生的事物，不是絕對存在的事物，因此也就沒有「自性」，一切事物都是「空」的，龍樹的「迴諍論」說得很清楚：

以何義故，知因緣生法無自體？若法一切皆因緣生，則一切法皆無自體。法無自體，則須因緣；若有自體，何用因緣？若離因緣，則無諸法。若因緣生，則無自體。以無自體，故得言空。（註六三）

這裡的「自體」，是「自性」的異譯。我們既了解因與緣結合就是緣起，而緣起是「所『作』性故」，比如前面所說的，我們將水果調製成汁，故有果汁可喝，可見果汁不是自然有的，是被「作」出來的。既然如此，緣起就不能說是自性有的，那麼緣起當然是無自性了。而緣起必達到畢竟空，緣起與空本來是相互一貫，一體的兩面，所謂「緣起無自性——空」，印順法師在「中觀今論」就特別指出「性空即緣起本相」，法性本來空寂，所以才有現象的可能，「中觀論頌」曾說過：「以有空義故，一切法得成」，也就是說諸法本性「空」，即是現象之可能成爲現象的所以（註六四），但須注意世間的一切差別現象，只有在緣起法上才能安立，如此才是緣起性空的實相。

總之，「般若經」的中心主題是「諸法皆空」，大乘佛教徒由於徹底體悟「空」的道理，因此，能不害怕世間的痛苦，也不欣求解脫的快樂，「大般若經」曾談到：

修學甚深般若波羅蜜多，不爲厭離生死過失，不爲欣樂涅槃功德。所以者何？修此法者，不見

生死，況有厭離；不見涅槃，況有欣樂！（註六五）

這完全是大乘菩薩「不急求解脫」的精神顯發，他們之所以能不厭棄生死世間，不欣求涅槃解脫，是由於他們體悟了「空」理，以致「不見生死」、「不見涅槃」。這種不見生死、涅槃的「空」，是最積極、進取的「法空」，有別於小乘佛徒只求自利解脫的「我空」。其實，「所仰佛法上的空，並不是空無所有，而是叫我們不要執着妄想，不要誤認幻生幻滅的萬法爲常住，五蘊和合的身心爲眞我，等破除這一切執着和妄想，自然可以達到轉迷成悟、離苦得樂的境界」。（註六六）

王維參禪、安禪，對禪的根本精神——空或眞如有深入的體會，「山中示弟等」詩有云：

緣合妄相有，性空無所親。

前面曾談到世間一切事物，都是因緣和合所產生的幻相，總是變幻無常，誠如「大般若經」所說的「然一切法自性本空，無生無滅，緣合謂生，緣離謂滅」。這個世界，看起來是有生起和消滅似的，但在實際上，並沒有生起和消滅，因爲這個世界是幻化的，只不過是心的迷妄而已。緣合緣離短暫無常，生滅也變化無常，其實都是人心迷妄的幻相罷了。涅槃經又說到「觀一切法，本性皆空」，法性本來空寂，所以才有現象的可能，因爲性空是緣起本相，了解到事物都是迷妄幻相，自然無所偏親，無所偏親則不會執着有、無二見，能「離有、無二邊故」，即安住於中道，就是佛法！

空虛花聚散，煩惱樹稀稠。滅想成無記，生心坐有求。（與胡居士皆病寄此詩兼示學人二首）

楞伽經以爲世間一切有爲事物，就像虛空的花一樣，虛幻不實。而佛教遺經却是砍伐煩惱樹的利斧，只有滅除內心的妄想，才能證得非善非惡的「無記空」。這全是由於有所貪求而生的妄心所致，若能依佛說緣起法，徹悟「金剛經」所說「一切有爲法，如夢幻泡影，如露亦如電，應作如是觀」的眞意，則必能洞見自性的眞如本體。

欲問義生義，遙知空病空。（夏日過青龍寺謁操禪師）

所謂「病空」，是指一心想要參悟「空」而不斷追求「空」，那麼反而會執着「空」。「維摩詰經」曾說：「得是平等，無有餘空，惟有空病空，病亦空」。趙殿成引鳩摩羅什註云：「上明無我無法而未遣空，未遣空則空爲累，累則是病，故明空病亦空也」。「空」或「眞如」，是超越相對性理念而存在的實相，它是絕對的，只能從悟心去直覺它，不可比之目標物而追求不捨，反爲所累，所以王維深知執着「空」也會爲「空」所累，而盡量避免。

色空無得，不物物也。（謁璿上人序）

浮名寄纓珮，空性無羈鞅。（謁璿上人）

眼界今無染，心空安可迷。（青龍寺曇壁上人兄院集）

世俗紅塵中人拘執自我，追求無盡，若能了解到宇宙萬物都是四大偶然和合而成，而四大（地、水、火、風四物）依因緣聚合而生滅，所謂「四大皆空」的道理在此，合乎「維摩詰經」意：「四大合故，假名爲身，四大無主，身亦無我」可見這個世界是幻化的，只不過是心的迷妄而已，又有什麼好爭的呢？又所謂「世間無常，國土危脆，四大苦空，五蘊無我」，即指眼耳鼻舌身等五蘊組成人的肉體，本是生滅流轉，虛而不實。我人既了解「四大皆空」之理，就不會貪多務得，不貪得就不會物於物，做物質的奴隸，那麼富貴於我如浮雲，自然不會受到羈絆，而得到最大的自由。只要努力修持，眼界既無染而清淨，秉持一顆澄淨的空心去洞見萬物，自然不會在十里紅塵迷失。以上可看出王維對「空」觀的了解，「諸法皆空」的般若精神，正是王維皈依空門的精神正諦。他到晚年已悟「禪」機「空」理，而得解脫。「飯覆釜山僧」云：

晚知清淨理，日與人群疏。將候遠山僧，先期掃敝廬。
果從雲峯裡，顧我蓬蒿居。藉草飯松屑，焚香看道書。
燃燈晝欲盡，鳴磬夜方初。已悟寂爲樂，此生閒有餘。
思歸何必深，身世猶空虛。

王維描繪個人修行的過程，由知清淨理到禪寂之樂，顯得餘裕而有自信，主要是他已體悟到人生苦短，閒適爲安，不必急於思歸。人生數十寒暑，有如虛幻一般，所謂「身逐因緣法」（過盧四員外宅看飯僧共題），生命的連續，不過是因緣和合刹那生滅，在「諸行無常，是生滅法」的法則裡，去體會法性空寂的道理。無常、生滅就是「空」，「身世猶空虛」，到頭來一場空虛，身世寄寓「空」的基礎上，了無牽掛，自然得到最大的解脫。

般若的智慧講十八空，雖以一切法爲空，但並不是佛智的上乘。因爲空觀只是消極的破除工作，若只破除而沒有建設，人心乃有空的境況，而沒有達到眞正的智慧，所以「般若經」教導人不要留在空上，不要以空破空，而執着「空」。前面所舉詩句大致說明了王維已認識到「空」的智慧，眞正菩提般若之智，也體驗到「空」的無窮妙用，有一顆空澄的心靈燭照宇宙萬物，自然不會羈絆於「空」，而執着於「空」了。王維信奉受般若經影響的南禪，對般若空觀的了解頗多會心，甚至表現尊重世間美德的「般若」精神也深有體會，容第⑶部分社會倫理思想再作進一步的討論。

⑵無相、無住的認識論

禪宗認識論的關鍵在對本心或本性的認識上，六祖慧能「壇經」說：「人性自有利鈍，迷人漸修，悟人頓修。自識本心，自見本性，即無差別」。慧能企圖調合「人性有利鈍」和「人人都有佛性」的矛盾，必須通過「自識本心」以求頓悟來解決。因此，他提出了頓悟三個法門——無念爲宗、無相爲體、無住爲本。無念是停止理念思維，無相是排除感覺表相，無住是理性、感性的認識都不要，這是慧能南禪的認識論。但王維受神會委託所作「能禪師碑」，只談到無相、無住的思想，呂澂氏「中國佛學源流略講」也認爲「壇經」中的「無念爲宗」，既然王維「能禪師碑」中沒有，可以推斷是出於神會的思想（註六七）。王維雖受神會影響，但在「能禪師碑」中，僅談到無相、無住的意義，那麼在此也只談論王維無相、無住的思想。

禪宗的「無相爲體」說，依慧能說法是「無相者，於相而離相」，雖承認有「相」，却要拋棄它——「離相」，因爲「離一切相即佛」（壇經）。禪宗反對「著相外求」，理由如黃檗希運「宛陵錄」所說：

凡所有相，皆是虛妄。若得諸相非相，即見如來。佛與衆生盡是汝作妄見。只爲不識本心，謾作見解。才作佛見，便被佛障，作衆生見，被衆生障。

一般人虛妄之見，即「佛」與「衆生」有差別相，這種認識是成佛的障碍，必須破除。即是要徹底否定事相及其差別性，黃檗禪師的「傳心法要」也有這麼一段話：

學道人若學得知要訣，但莫于心上着一物。……虛空與法身無異相，佛與衆生無異相，生死與涅槃無異相，煩惱與菩提無異相。離一切相即是佛。

可見心、佛與衆生可以劃上等號，從「相」上完全泯除差異，離一切相即是佛。王維「能禪師碑」銘文也談到「至人達觀，與佛齊功」的無相思想。他也發揮了慧能「根塵不滅，非色滅空」的無相理論，認爲着相爲病，除病就是除着相，王維詩「胡居士臥病遺米因贈」有「即病即實相」句，就是着相爲病的說明。

既然無相爲體，「離」一切相，即無分別性或無差別性。禪宗認爲事物的差別性是人的主觀心意造成的，必須消滅這種感覺經驗的差別性，就自然歸結到「無住爲本」。所謂「無住」就是絕不容許意念定住在某一點上，所謂「應無所住而生其心」。慧能認爲「一切萬法皆由心生，若悟眞性，即無所住；無所住心，即是智慧」，他認識到主體的「心」必須達到「無所住」的境界，慧能在「六祖金剛經注」特別闡述：

衆生之心本無所住，因境來觸，遂生其心，不知觸境是空，將謂世法是實，便於境上住心。正猶猿猴捉月，病眼見花。

既認爲萬法盡在自心，所以不應執着外境，這就是慧能無相無住的無爲無碍思想。王維在「能禪師碑」也曾提到「盡大地墨（指數量多），不如無爲之運（出「金剛經」），無碍之慈（出「維摩經」），弘濟四生，大庇三有」，這種無爲無碍思想即是無相、無住的說明。王維「薦福寺光師房花藥詩序」談到：

心舍于有無，眼界于色空，皆幻也。離亦幻也。至人者不捨幻，而過于色空有無之際。故目可塵也，而心未始同；心不世也，而身未嘗物，……

客觀外物都是虛幻的，所以不應執着外境，王維已把握到這種無相、無住的思想要旨。他在「與胡居士皆病寄此詩兼示學人二首」其一也談到這種思想：

一興微塵念，橫有朝露身。如是覩陰界，何方置我人。

礙有固爲主，趣空寧捨賓。洗心詎懸解，悟道正迷津。

因愛果生病，從貪始覺貧。色聲非彼妄，浮幻即吾眞。

四達竟何遺，萬殊安可塵。胡生但高枕，寂寞與誰鄰。

戰勝不謀食，理齊甘負薪。子若未始異，詎論疏與親。

人以有身而受累，只爲了一點點紅塵世俗之念，而繫念如朝露一樣的人生。既了解到構成主、客觀世界因素是「五蘊」、「十八界」的因緣合和，那又有什麼人、我之分？但常人偏執本是「性空」的我、法爲實有，反而捨棄不了做爲「賓」的塵境，名爲悟道，却是走向迷津之路。這都是愛戀自身太過，正如貪慾之心使人感受到貧窮一樣。其實，只要了解到一切現實事物本來就是虛幻的，只要戰勝自心的妄念，破除人、我親疏之見，則自然不會爲病而痛苦了。王維也在「能禪師碑」中發揮慧能這種無相、無住理論：

五蘊本空，六塵非有。衆生倒計，不知正受。蓮花承足，楊枝生肘。苟離身心，孰爲休咎。

王維批評到衆生在認識上搞顚倒了，以致有現實疾患，其實，世界本是虛幻的，只要擺脫自身的繫念，以求淨心，自然沒有休、咎可言。他在「胡居士臥病遺米因贈」中，談到「妄計苟不生，是身孰休咎。色聲何謂客，陰界復誰守。徒言蓮花目，豈惡楊枝肘」，正是這種理論的闡發。由以上可看出王維對禪宗無相、無住思想是頗有心得的。

(3)社會倫理思想

談王維的社會倫理思想，要從「般若」思想多方面所包容的精神談起。「般若經」是影響南禪最重要的佛經，它的中心主題是「一切事物都是空」（諸法皆空）；而一切事物，包括世間的生死輪迴之苦，出世間的解脫涅槃之樂，甚至還包括「空」自己——所謂「空空」。這樣的「空」，是要闡揚「不厭世間苦，不欣涅槃樂」的積極精神。但依近人楊惠南先生「般若與佛性」一文攷證指出，中國禪並沒有吸收「般若經」這種積極度衆的菩薩精神，仍然走入山林生活的自度之路，只在掃除一己內心的煩惱。另一方面，中國禪却吸收了「般若經」善待世間事物、尊重世間德性的精神，這就是禪宗的社會倫理觀。慧能「壇經」談到：「佛法在世間，不離世間覺，離世覓菩提，恰如求兔角」，肯定了佛法、菩提只存在人的現實生活中，勸世人不要忽視世俗的事務（註六八）。王維既信仰禪宗，自然都會受到這兩方面影響。

首先談到只求自度，掃除一己內心煩惱方面，近人盧秀霞女士「王維詩中的佛家思想」說：

王維雖受到佛教影響，實僅達到自利的境界，只是在日常生活上有信佛的趨向而已，而非眞正瞭解佛的眞義，更非是悲以拔苦，慈以予樂，普濟天下衆生了。（註六九）

會有這種看法，完全是站在大乘般若利他的立場發言，再加王維詩句如「山裏禪聲薄暮悲」、「閑坐但焚香」所言，過著焚香清齋，與世無爭的生活給人的印象。其實，王維字摩詰，應是有心取法「維摩詰經」中那位在家菩薩——維摩詰，維摩詰爲了度化衆生，而示現爲臥病居士，依照經文看來他是熱愛世間，關懷衆生的菩薩：

從痴有愛，則我病生。以一切衆生病，是故我病。若一切衆生病滅，則我病滅。所以者何？菩薩爲衆生故入生死，有生死則有病。若衆生得離病者，則菩薩無復病。

可見維摩詰有「不厭世間苦，不欣涅槃樂」的般若思想。而王維以維摩詰的名字爲字，他能不受這種「般若」思想的影響嗎？何況王維除了「焚香獨坐，以禪誦爲事」外，有施寺飯僧之舉，甚至捐出職田以全濟貧人，這種種表現不正是大乘菩薩在自利利他的行法中所強調的「六度」嗎？布施、奉戒、忍辱、精進、禪思、智慧等六個修行法門，王維幾乎都做到，尤以忍辱一項最爲王維奉行（容後論及）。

所以近人批評王維只知自利而無利他都不是全面的觀察。像葉嘉瑩先生論及王維所證之果，云：

摩詰居士所證之果，似亦只是辟支小果，去智度論所云「大慈與一切衆生樂，大悲拔一切衆生苦」及法華經所云「利益天人，度脫一切」的大乘佛法似還大有一段距離在。（註七〇）

所言純以大乘教義立說，但中國禪並沒有「般若經」積極度衆的菩薩精神，這是南禪的局限——自度，加諸於王維的影響，並非王維沒有利益天人，度脫一切，普渡衆生的理想。

另一方面，中國禪表現了尊重世間的美德，王維也深受影響，形成王維的社會倫理思想。這要由慧能的主張說起：

心平何勞持戒，行直何用修禪。恩則孝養父母，義則上下相憐。讓則尊卑和睦，忍則衆惡無諠。……菩提只向心覓，何勞向外求玄。聽說依此修行，西方只在目前。（註七一）

慧能勸告那些厭棄世間的淨土行者，應重視世間的固有美德，例如孝養父母，上下相憐，尊卑和睦，忍辱無諠，不要一味往生西方。所舉這些美德，即指孝順父母，友于兄弟，所謂孝悌忠信者也，前面章節言及王維篤孝忠信，兄弟友愛之言已多，不擬多贅。至於「忍辱」一節，却是王維「明心見性」頓悟說所強調的，以心靈的自我解脫來克服現實的苦難，以掃除一己內心的煩惱，所謂「忍」辱負重。在「能禪師碑」一文中，王維談到慧能「忍」的哲學：

乃教人以忍。曰：忍者無生方得，無我始成，於初發心，以為教首。

無相頌也有相同的說法：「只見己過，莫見世非」，就是「忍」。慧能教人以忍，要懂得無生滅涅槃之眞理，才能得到「忍」的眞諦，徹見無常無我之理，而得大解脫境。王維的詩歌及行爲都有「忍」的教義之表現。如「酌酒與裴廸」詩談到「人情翻覆似波瀾」，要裴廸容忍心自寬，因爲「世事浮雲何足問，不如高臥且加餐」。現實人情翻覆無常，只有退讓、逃避，努力加餐飯，這種容忍是對現實的屈服。也有對政治的牢騷與不滿，如「送綦毋校書棄官還江東」詩，開頭慨歎「明時久不達，棄置與君同」，嘲諷朝廷不知重用人才，但結句竟是消極避世的「余亦從此去，歸耕爲老農」。這種「忍」字工夫，到最後竟連奸臣當道也不得不應酬，甚至歌功頌德一番。像李林甫的心腹苑咸也不得不應付，由「重酬苑郎中」詩有所謂「揚子解嘲徒自遣」句可知。對李林甫有「和僕射晉公扈從溫湯」詩，談到「上宰無爲化，明時太古同」、「長吟吉甫頌，朝夕仰清風」也是阿諛之詞（說詳「王維人格辨誣一章」）。另外有「奉和聖制御春明樓臨右相園亭賦樂賢詩應制」詩，歌頌楊國忠有「富民」、「平戎」之功。王維在玄宗末年政治汚濁不堪的環境下，竟然容忍逃避至此，可說達到禪宗講「忍」的要求，所謂「內如木石，不動不搖，外如虛空，不塞不礙」（黃檗「傳心法要」）的地步。其實，王維確實做到了慧能所主張的「忍者，無生方得，無我始成」的要求。既無我，即無人我對立；既無生，則無生滅，自然了脫生死，達到空有不礙、絕對自由的境界。世俗那些人情世故，糾纏不清，又何足縈心哉！

總之，王維佛家思想，以般若體空，既得解脫自在，又認識無相、無住法門，斷煩惱習，最後達於「無生」之境界，（註七二）也即涅槃境界。王維修禪學佛確是深造有得，德慧双修，達到大自在、大解脫的境界。

五、所謂王維思想性格矛盾之討論

近人提到王維思想性格有矛盾的，以著有「王維研究上集」的莊申先生較有名，他認爲王維思想存有道與佛兩重性的矛盾（註七三）。又徐賢德先生「王維詩研究」也立專節討論，謂「摩詰至晚年奉佛尤篤，而竟亦冀求服丹飛昇，可謂矛盾已極」，而認爲「王維思想每每自相抵觸，遂造成其多重性格」（註七四）。兩人意見相近，都以爲旣信佛又好道是種矛盾，而王維思想確有遵儒、崇佛、好道三種說法，詩文也好以佛道並論，甚至有儒、釋、道三家思想集於一首詩的例子（見後），證據似乎很充分，但自唐以來，未見其信佛道被評爲思想矛盾的，反而說是具有調和色彩。如柯慶明先生「試論王維詩中的世界」一文談到：

他（指王維）達到了一種傳統社會士大夫階級的一種典型的調和：在社會活動上保持著儒家的觀點；在人生理想上却採取了道家思想，（他的信佛只是這種思想的一種變象而已。）（註七五）

這種調和理論是有其時代背景的，史家羅香林先生「唐代三教講論攷」舉張九齡「賀御注金剛經狀」，言及「平分儒術，道已廣其宗，僧又不違其願，三教並列，萬姓知歸」，而有下面的結論：

蓋三教滙通之旨，殆爲當日多數學者主張，非玄宗與張氏獨然。觀給事嚴挺之，與張氏罷相後

書，殷殷舉「約以莊生之言，博以東山之法」，相爲勸勉，則當日風氣所趨，亦可知矣。（註七六）

近人鄺士元先生「中國學術思想史」也同意其說，所謂「三教講論，促成儒佛調和」，而達到「以儒釋佛，或以佛釋儒，甚至以道釋儒之途徑」（註七七）。這種思想調和色彩變成一種時尚，像詩聖杜甫也有佛、道思想，如「我欲就丹妙」、「家事丹砂訣，無成涕作霖」；「余亦師粲可，身猶縛禪寂」、「將衰棲大乘」等說，都可看出儒家代表的杜甫佛、道思想也滿濃厚的，詩仙李白也一樣信佛。當時士大夫所以如此，依近人劉肖溪先生「王維、李白、杜甫之比較研究」談到：

由於佛教、道家盛行，引起世人重視。這樣使得一般人的生活態度與價值標準都具有多樣性；其人生目標不會像儒家一樣但求立德、立功、立言之不朽。生活實踐也不會以求取功名的仕宦之途爲唯一途徑；道家的自然自適、隱居、求仙鍊丹，甚至及時行樂，以及佛家的涅槃圓覺、明心見性、立地成佛等，在在吸引人們的注意。因而儒、釋、道三種思想相輔相成，成爲一種非常有意思的組合。這對高級知識份子來說，組合得更是巧妙，王維如此，李白、杜甫亦是如此。他們都不是全然的儒家、道家或釋家，而是三種思想的奇妙綜合，其差異只是成分有別而已。（註七八）

因此，他斷以「認爲李白是道家，王維是佛家，杜甫是儒家的看法，是完全錯誤的」。其次，再從儒、釋、道三家理論來看，都有其會通的關係。如孫昌武氏「唐代文學與佛教」談到：

南宗禪採取了更適合中國士大夫生活習俗和傳統意識的修證方法，盡量與儒家理論相調和。王維的信佛與當時許多士大夫相似，也有調和儒、釋的色彩（註七九）。嚴北溟氏「中國佛教哲學簡史」舉了五點予以證明。這五點是(1)天命論與因果報應說、(2)名教與道法、(3)性善論與佛性論、(4)中庸之道與中道觀、(5)內省、愼獨與禪定、持戒。（註八〇）其中儒家性善論與佛性說之會通，名哲學家方東美先生曾予肯定，他說：

佛學在中國之初期發展，原本覺得儒家此種處處「以人爲中心」之宇宙觀，過於遷強，於是乃轉而與道家思想相結合，將人生之目的導向求圓滿、求自在之大解脫界。然隨著時間之進展，不久即看出儒家思想中的種種優點，並發現其中與佛學思想在精神上有高度之契合：儒家當下肯定人性之「可使之完美性」，佛家則謂之「佛性」，而肯定爲一切衆生所具有者。（註八一）

至於儒家中庸之道與佛家中道觀，近人唐大元先生有「論佛儒兩家之中道思想——比較與會通」一文，談到「儒佛交融而逐步形成一『大中』的、圓滿的人生觀」（註八二）。其實，王維詩文也有會通的說法，「幹和尚仁王經表」曾談到「廣釋門之六度，包儒行之五常」，這是調合儒釋的最好說明。另外佛、道思想融合的例子更多，茲舉數例於下：

好讀高僧傳，時看辟穀方。（春日上方即事）

白法調狂象，玄言問老龍。（黎拾遺昕裴廸見過）

墨點三千界，丹飛六一泥。（和宋中丞夏日遊天長寺之作）

燒丹藥就，辟穀將成。雲漢之下，法本無生。（皇甫岳寫眞讚）

上猶道家旨，……又近佛經八識。（龜鏡圖狀）

例子還很多，可見王維對佛、道採取的態度應是會通而非矛盾之關係。王維甚至有整首詩包含儒、道、釋思想的，「山中示弟等」詩云：

山林吾喪我，冠帶爾成人。莫學嵇康懶，且安原憲貧。

山陰多北戶，泉水在東鄰。緣合妄相有，性空無所親。

安知廣成子，不是老夫身。

所言「吾喪我」、「廣成子」是道家說法；「原憲貧」是儒家說法；而「緣合妄相有、性空無所親」是佛家空的思想，這種三教調和說，正應合劉翔飛先生「論唐代的隱逸風氣」所說：

傳統儒家觀念的承襲，加上佛、道思想的時尚，導致唐人對三教思想雖可能各有所偏執，而大體皆採取兼容並蓄的態度。這種三教並行的特色，可以說是唐朝文化精神的表徵。

可見唐時人對儒、釋、道三家思想是兼容並蓄，而非如莊申、徐賢德兩先生所言，互爲矛盾的。雖然王維晚年信佛彌篤，所信仰的是禪宗一派，但禪宗這一派是融合儒、釋、道三家精義而成的出世、入世兩可，但求明心見性的思想。而且王維思想背後是有其理論基礎的，他晚年所寫的「與魏居士書」，除了說明王維儒釋思想的融合，更是他一生圓融思想體系的解剖書。王維不但批評了巢父、許由隱居，反對嵇康頓纓狂顧的行爲，也批評了陶淵明「人我攻中，忘大守小」的矛盾，表現了對現實的不滿。

而他的人生理想却是適意，是孔子的「無可無不可」，他說：

孔宣父云：「我則異于是，無可無不可」。可者適意，不可者不適意也。君子以布仁施義，活國濟人爲適意；縱其道不行，亦無意爲不適意也。苟身心相離，理事俱如，則何往而不適？此近於不易。願足下思可不可之旨，以種類俱生，無行作以爲大依，無守默以爲絕塵，以不動爲出世也。（與魏居士書）

王維這種身心相離、理事俱如的人生哲學，重點在強調隨緣任運，一切行事以適意不適意爲準，不必在意於當不當官，絕不絕塵，出不出世，表現出晚年思想的圓熟。難怪陳貽焮氏認爲這席話，就是王維後期圓通哲學的實質（註八三）。既有這種隨緣任運的人生態度，那麼，個人隨政局良窳而進退，所謂邦有道則行，邦無道則隱，參禪悟道。各適其志，既符合儒家安貧樂道的精神，又體現禪宗不執着，來去自由的眞諦，所謂王維思想性格的矛盾，所謂佛道兩重性衝突等說法，都變成毫無意義了。

【附註】

註一　書目季刊十四卷四期，頁二一七。

註二　華正書局版，頁四二六。

註三　空靈的脚步，頁二九六，楓城出版社版。

註四　同註二。

註　五　同註一，頁二五。

註　六　王右丞集箋註卷十七，「責躬薦弟表」言：「兩人又俱白首，一別恐隔黃泉。儻得同居，相視而沒，泯滅之際，魂魄有依」。

註　七　張問陶「船山詩草」卷十三，「題畫」詩。

註　八　道教與修道秘義指要，頁二三九，新文豐出版公司版。

註　九　大陸雜誌第五十一卷第二期，頁七六。

註一〇　中國通史簡編第三編，頁六七七，南國出版社版。

註一一　李白與杜甫，頁二〇三，帛書出版社版。

註一二　漫話一些舊詩料，幼獅月刊第四十四卷第三期。

註一三　道教思想與中國文學，中國文學講話㈠概說之部，巨流圖書公司。

註一四　道教徒的詩人李白及其痛苦，頁三十二，長安出版社版。

註一五　王維研究上集，頁九六，萬有圖書公司版。

註一六　卿希泰著中國道教思想史綱第一卷，頁一四一，木鐸出版社版。

註一七　同註十四，頁四〇。

註一八　同註十五，頁九八。

註一九　出版與研究四一期，頁三三，成文出版社。

註二〇　道教嘯的傳說及其對文學的影響，收入「六朝隋唐仙道類小說研究」，頁二五二，台灣學生書局版。李豐楙兄研究道教有成，本文深受啓發，引用多處，謹致謝意。

註二一　同註二十，頁二五三。以下多處引用，不另加註。

註二二　該書頁一三九，台灣商務印書館。

註二三　同註十五，頁一〇二。

註二四　詩草木今釋，頁五八，長安出版社版。

註二五　同註十五，頁三十。

註二六　參攷李樹桐先生著「唐人喜愛牡丹攷」，唐史新論，頁二一三，中華書局版。

註二七　王維詩研究專集，頁二一，香港中國語文學社編。

註二八　大陸雜誌第七十三卷第二期，頁七六。

註二九　同註十五，頁一〇三。

註三〇　參攷陳哲三先生「陳寅恪先生軼事及其著作」。

註三一　文收「中國佛教史論集」隋唐五代篇，現代佛教學術叢刊。

註三二　中興大學「文史學報」第八期，頁二三。

註三三　同註十五，頁四一。

註三四　胡適編「荷澤大師神會遺集」卷一，頁一三七。胡適紀念館版。

註三五　出自獨孤沛「菩提達摩定是非論」卷下。

註三六　印順法師「中國禪宗史」，頁一四四，正聞出版社版。

註三七 「大正藏」卷八五，頁一二七三。
註三八 同註三十五。
註三九 該書頁八四二—三，台灣學生書局版。
註四〇 該書頁二四二—三，里仁書局版。
註四一 該書頁三四，台灣商務印書館版。
註四二 同註三十四，頁五一。
註四三 同註三十四，頁一三八。
註四四 同註三十六，頁一四〇—三。
註四五 同註三十四，頁一三七。
註四六 該書頁二二九。
註四七 該書頁一四三。
註四八 陳氏「雪中芭蕉寓意蠡測」，復旦學報二期。
註四九 同註四十三。
註五〇 該書卷二，六十九頁。鼎文書局版。
註五一 該書頁一六八—九。協志工業叢書出版公司版。
註五二 引自杜松柏先生「禪學與唐宋詩學」，頁四七，黎明文化事業公司版。
註五三 同註三十四，荷澤和尙與拓拔開府書。

註五四　引自胡適禪學案新校定的敦煌寫本神會和尚遺集兩種。

註五五　同註三十三。

註五六　同註三十三。

註五七　同註十五，頁八十。

註五八　右丞集卷十八，奉敕詳帝皇龜鏡圖狀、帝皇龜鏡圖兩卷會簡擇訖進狀。

註五九　楊惠南先生「禪史與禪思」，第一節般若的中心思想，鵝湖月刊七十四年三月號。

註六〇　「大正藏」卷八，頁二三六。

註六一　「大正藏」卷三〇，頁三三。

註六二　同前註。

註六三　「大正藏」卷三二，頁一八。

註六四　印順法師「中觀今論」，頁一九八。

註六五　「大正藏」卷七，頁九六五。

註六六　于凌波先生「向智識份子介紹佛教」，頁一〇七。

註六七　該書，頁二三八。

註六八　同註五十九，引自脚註五四之言。

註六九　文見「古今談」一〇〇期。

註七〇　引自迦陵談詩，頁一六七，文見「從義山嫦娥詩談起」。

註七一　六祖禪經，疑問第三。

註七二　王維詩常提到「無生」一辭，無生，卽涅槃之眞理，無生滅。王縉進表稱王維「至於晚年，彌加進道，端坐虛室，念茲無生」。

註七三　同註十五，頁九六。

註七四　該書頁四三。六十二年文化中研所碩士論文。所言多重性格可能有誤，蓋神經病就是多重性格者。

註七五　柯著文學美綜論頁三六四，長安出版社版。

註七六　羅氏「唐代文化史」頁一六九。

註七七　該書頁三三七，里仁書局版。

註七八　該書頁一八一，六十三年台大中研所碩士論文。

註七九　該書頁八四，谷風出版社版。

註八〇　該書頁九三一七，木鐸出版社版。

註八一　方氏「生生之德」，頁二八七，黎明文化事業公司版。

註八二　引自中國佛教第三十一卷三、四期。

註八三　同註二七，頁二十，王維的政治生活和他的思想。

自兩周金文看儒家思想之原委

邱德修

儒家思想爲先秦顯學之一，本文就兩周金文資料中，爬羅剔抉，整理歸納，藉以窺探其原委，深究其意義，或可供研究儒學者之參考採擇焉。惟生性魯鈍，才學荒疏，其中闕漏在所難免，敬祈博雅君子，學者方家有以正之是幸。

一日爲政以德之政治觀

△論語、爲政：『子曰：「爲政以德，譬如北辰，居其所，而衆星共之。」』（註一）

又云：『子曰：「道之以政，齊之以刑，民免而無恥；道之以德，齊之以禮，有恥且格。」』（註二）

往昔讀論語，總以爲斯乃儒家之書，斯說也理所當然係儒家一家之理念爾。今籀讀楚王子午鼎銘再三（註三），始發見「爲政以德」之理念，並非儒家一家之主張，亦非孔子一人之私見，乃是斯時普天下人之共識。唯獨孔子將是一理念，用以教授子弟，傳諸其人而已。楚王子午主張「惠于政德」（註四），而「敬事楚王」之王孫誥亦主張「惠于政德」（註五），王孫遺諸亦主張「惠于政德」（註六）。今由兩周銘文以證論語之說，可見「爲政以德」之政治主張，並非源自儒家，爲儒家所專有，而是周朝普天下人之共識，亦是普天下人共同之理念。籀讀兩周銘文至此，始知孔子之所以偉大，耑在將天下人之共識，天下人之理念，傳授三千子弟，使之流傳久遠。微兩周禮器銘文，何可知此一境界？斯爲金文之價值所在，不容今人忽視者也。論語，述而有『子曰：述而不作，信而好古」。』之語，今試與王子午鼎、王孫誥鐘，王孫誥編鐘、王孫遺諸鐘諸銘比合而觀之，斯言也確是孔子言論之實錄，毋庸置疑。孔子思想本是博大精深，源遠流長，千古以來所不能廢者。此其中「爲政以德」之理念，確是其政治觀之一，自亦是孔子「述而不作」之一例證。

二曰淑于威儀之社會觀

「威儀」，兩周金文作「威義」，例如：

△𤼈毀（一—八）銘：『𤼈曰：「䫉（顯）皇且（祖）考，𤔲（司）威義（儀），用辟先王。…」』（註七）

△二式𤼈鐘（一—四）銘：『𤼈曰：「不（丕）顯高且（祖）、亞且（祖）、方考，克明氒（厥）心，疋尹𢼸（叙）氒（厥）威義（儀），用辟先王。……」』（註八）

△王孫鐘銘：「恖于威義（儀）。」（註九）

△沇兒鐘銘：「惄于威義（儀）。」（註一〇）

△王孫誥鐘銘：「惄于威義（儀）。」（註一一）

△王孫誥編鐘銘：「惄于威義（儀）。」（註一二）

△王子午鼎銘：「惄于威義（儀）。」（註一三）

銘文或曰「司威義」，或曰「叙威義」，或曰「惄于威義」，雖所用動詞有別，然「威義」一詞均係相同。「惄」字，趙世綱、容庚、伍士謙諸氏均隸定作「忎」（註一四），恐不然矣。字之形構爲從叔從心，實當隸定作「惄」。說文心部有「惄」字，云：

惄，飢餓也。從心，叔聲。（註一五）

但訓「惄」爲「飢餓」，與此文義難合。說文水部有「淑」字，云：

淑，清湛也。從水，叔聲。（註一六）

段注：『釋詁曰：「淑，善也。」此引伸之義。』（註一七）考詩。大雅、桑柔：「其何能淑？載胥及溺。」鄭箋：「淑，善。」（註一八）又魯頌。泮水：「矯矯武臣，在泮獻馘；淑問如皐陶，在泮獻囚。」鄭箋：「淑，善也。……又使善聽獄之吏如皐陶者獻囚。」（註一九）此爲段說之例證。今據段注、鄭箋知「淑」可訓爲「善也」。據說文而知「惄」、「淑」均同從「叔」聲，古音相同，本可假借，則此銘之「惄」即是「淑」之假借字，亦當訓作「善也」。總之，前引諸銘之「惄于威義」之「惄」，多可作「善也」解。

金文之「威義」即經傳之「威儀」，但古止作「威義」，此事段玉裁言之綦詳，說文我部有「我」字，云：

我，己之威義也。從我從羊。（註二〇）

段注：『古者「威儀」字作「義」，今「仁義」字用之。儀者，度也，今「威儀」字用之。誼者，人所宜也，今「情誼」字用之。鄭司農注周禮。肆師：古者書「儀」但爲「義」，今時所謂「義」爲「誼」；是謂「義」爲古文「威儀」字，「誼」爲古文「仁義」字，故許各仍古訓。……「威義」連文不分者，則隨處而是，但今無不作「儀」矣。』（註二一）考詩。邶・柏舟：「威儀棣棣，不可選也。」毛傳：「君子望之，儼然可畏；禮容俯仰，各有威儀耳。棣棣，富而閑習也，（不可選）（註二二）；物有其容，不可數也。」（註二三）左襄卅一年傳載民惟以「威儀爲則」之事，北宮文子嘗言於衞侯曰「有威而可畏謂之威，有儀而可象謂之儀。」（註二四）斯言也，適可爲詩經「威儀棣棣」、「敬愼威儀」之注脚。

進而言之，古代所謂「威儀」即是「禮容」。是故前引詩柏舟・毛傳「禮容」與「威儀」相提並論，即是一證。賈誼新書有「容經」及「禮容語」二篇（註二五），所論均係與「威儀」有關之事，此二證也。其中「容經」一篇，則專論何謂之「威儀」，如何始「有威儀」。至若史記・儒林傳：「諸學者多言禮，而魯高堂生最本。……於今獨有士禮，高堂生能言之。而魯徐生善爲容。」（註二六）文中之「容」，索隱：『漢書作「頌」，亦音「容」也。』由是可知，「容皃」之「容」，本字當作「

「頌」，說文頁部有「頌」字，云：

頌，皃也。從頁，公聲。（註二七）

又皃部有「皃」字，云：

皃，頌儀也。從儿；白，象面形。（註二八）

案「皃」字下段注云：『頌者，今之「容」字。必言「儀」者，謂頌之儀度可皃象也。』（註二九）又「頌」字下段注云：『「皃」下曰「頌儀也」，與此爲轉注。不曰「頌也」，而曰「頌儀」者，其義小別也。於此同之，於彼別之也。古作「頌皃」，今作「容皃」，古今字之異也。…鄭謂：德能包容，故作「頌」；（毛詩）序謂：頌以形容其德，但以形容釋「頌」，而不作「形頌」，則知假「容」爲「頌」，其來已久。以「頌」字專系之六詩，而「頌」之本義廢矣。』（註三〇）根據段說可知，「頌」爲「頌儀」之本字，「容」則爲「頌」之假借字；其後也，「頌」爲六詩之義所專，則「容」行而「頌」之本義遂廢。漢書・儒林傳記徐生之事，云「漢興，魯高堂生傳士禮十七篇，而魯徐生善爲頌。」（註三一）此則以「頌」爲「容」，與史記作「容」者別，由段說以律此，知史記作「容」者，爲假字也；而漢書作「頌」者，爲本字也。是故師古曰：『「頌」讀與「容」同。下皆類此。』（註三二）其說可從。以上即文字之本字，假借而說之也。蘇林注儒林傳曰：

漢舊儀有二郎爲此頌貌威儀事。有徐氏，徐氏後有張氏，不知經，但能盤辟爲禮容。天下郡國有容史，皆詣魯學之。（註三三）

以上即史實而言之也。

綜觀以上論證，金文之「威義」（即「威儀」），亦即史記、漢書之「頌」（即「容」），二者本是一事；唯古謂之「威儀」，今謂之「頌」，謂之「容」而已。古代「威儀」之條目繁多，例如：

△禮記・中庸：「優優大哉！禮儀三百，威儀三千。」（註三四）

△禮記、禮器：「故經禮三百，曲禮三千，其致一也。」（註三五）

△漢書・藝文志：『易曰：「有夫婦、父子、君臣、上下，禮義有所錯。」而帝王質文世有損益，至周曲爲之防，事爲之制，故曰：「禮經三百，威儀三千」。』（註三六）

以上所引，說法均大同小異，足證威儀之繁多有若是者。所謂「三千」者，孔穎達有說焉，其言曰：

所以三千者，其履行周官、五禮之別，其事委曲，條數繁廣，故有三千也，非謂篇有三千；但事之殊別，有三千條耳。（註三七）

其說甚是。至若三式𤼈鐘（一—二）銘云：

武王既𢦏殷，散（微）史剌（烈）且（祖）來見武王，武王（二字重文）鼎（則）令（命）周公舍寓（寓），㠯（以）五十頌處。（註三八）

茲依據上文所論證及與前引𤼈段「䫉皇祖考司威儀」，二式𤼈鐘「高祖、亞祖、文考……疋尹叙厥威儀」二銘合而觀之，由知本鐘銘之「以五十頌處」，𤼈之先祖爲掌管五十種威儀之官員，似可確立。又據窖藏器物組合，禮器形制，銘文內容及其書法風格推斷，是器係屬於西周懿孝時期之物（註三九）。

據銘意乃史𤼈追述其先祖史微之前言往行也。蓋武王既滅商紂，史微遂隨周王西遷，周公任命其爲西周王朝之容官。考史記，殷本紀云：

周武王遂斬紂頭，…釋箕子之囚，封比干之墓，表商容之閭。（註四〇）

又周本紀亦云：

武王…命召公釋箕子之囚，命畢公釋百姓之囚，表商容之閭。（註四一）

「商容」者，殷本紀索隱引鄭玄說云：「商家典樂之官，知禮容，所以禮署稱容臺。」此鄭氏以「典樂之官」釋「商容」也。又引皇甫謐說云：「商容與殷人觀周軍之入。」（註四二）依皇甫氏說，則是以「商容」爲人名矣。今據𤼈鐘等銘與殷本紀合觀，由知似以鄭說爲勝矣。

職是之故，「威儀」之興，不待西周而有，遠在殷商時代即已有之，其中史微氏之家族本是商紂之威儀家，滅商後隨武王西遷，周公好禮遂再命之爲周官曰「以五十頌處」者也。西周王朝自此而後既有威儀可畏可象，自有左氏傳北宮文子之說，自有兩周銘文「淑于威儀」之論也。茲據本文所論述，列表於左，以清眉目，或可供學者採擇焉：

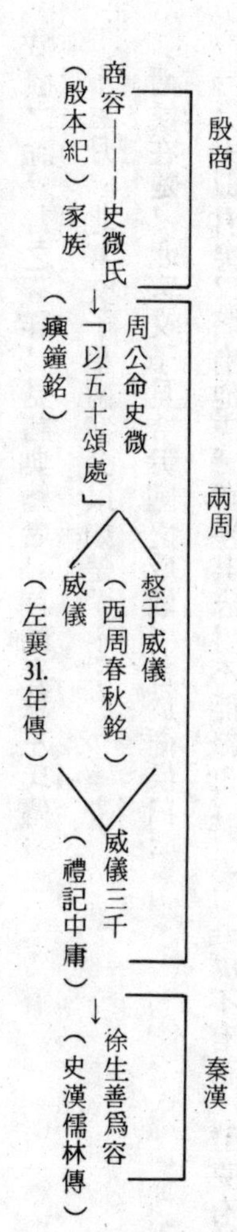

威儀之說，言之綦詳，見諸典籍者，首推春秋左氏傳：

十二月，北宮文子相衞襄公以如楚。……

衞侯在楚，北宮文子見令尹圍之威儀，言於衞侯曰：

「令尹似君矣，將有他志。雖獲其志，不能終也。詩云：『靡不有初，鮮克有終。』終之實難，令尹其將不免。」

公曰：「子何以知之？」

對曰：「詩云：『敬愼威儀，惟民之則。』令尹無威儀，民無則焉。民所不則，以在民上，不可以終。」

公曰：「善哉！何謂威儀？」

對曰：「有威而可畏謂之威，有儀而可象謂之儀。君有君之威儀，其臣畏而愛之，則而象之，故能有其國家，令聞長世。臣有臣之威儀，其下畏而愛之，故能守其官職，保族宜家。順是以下皆如是，是以上下能相固也。衞詩曰：『威儀棣棣，不可選也』，言君臣，上下、父子、兄弟、內外、大小皆有威儀也。……故君子在位可畏，施舍可愛，進退可度，周旋可則，容止可觀，作事可法，德行可象，聲氣可樂；動作有文，言語有章，以臨其下，謂之有威儀也。」（註四三）

總括而言，威儀者，乃有威而可畏，有儀而可象；具體而論，則是在位可畏，施舍可愛，進退可度，周旋可則，容止可觀，作事可法，德行可象，聲氣可樂，動作有文，言語有章之謂也。

前引王孫鐘、沇兒鐘、王孫誥鐘、王孫誥偏鐘、王子午鼎諸銘均曰：「恝（淑）于威義（儀）」。銘文用「恝（淑）」字來強調「威儀」之重要性，由此可見「威儀」之於諸侯間所受重視，誠非比尋常也。職是之故，於兩周銘文中，以「恝于威義」爲辭者，屢見不鮮，言之再三也。蓋斯時之社會觀，普遍瀰漫「有威有儀，惟民之則」之論調，流風所及，上行下效，普天之下，莫非如斯。遂於全社會中，樹立此一價值觀，形成共識，所謂十目所視，十手所指，其嚴乎哉！於是爲人臣者，爲人君者，莫不以其威儀，固守其官職，保其族，宜其室家；推而廣之，擴而充之，使天下之人，無論君臣、上下、父子、兄弟、內外、大小、長幼，一皆有其威儀，有其制度在焉，然後上至達官貴人，下爲凡夫俗子一舉手，一投足，周旋其間，始能中規矩合法度也，遂可臻於君其君，臣其臣，父其父，子其子之彝倫境界矣。

三曰載仁行義之道德觀

西周時代之禮器銘文，每多以「子子孫孫永保用亯（享）」或「子子孫孫永保用之」（註四四）作爲結束語；但至春秋之世，則不盡然矣。例如王子午鼎銘曰「子孫是利」（註四五），即與之迴然有別，截然不同者矣。所以然者，乃因時代之殊，以致思想、觀念亦隨之遷移而生歧異也。

惟銘文「子孫是利」之「利」，與戰國時代孟子所謂「王何必曰利，亦有仁義而已矣」之「利」

（註四六），又彼此不同。蓋孟子所指摘者爲「王所謂利，蓋富強兵之類」（註四七）。至若春秋之世之「利」，蓋指許叔重於「利」字下引『易曰：「利者，義之和也」』之「利」是也；此亦即是左宣十五年傳所謂「信載義而行之爲利」之「利」；亦即是禮記儒行所謂「儒有忠信以爲甲冑，禮義以爲干櫓，戴仁而行，抱義而處」之「利」；亦即左襄十八年傳楚王子子庚自謂「吾以利社稷」之「利」也。

蓋斯時之道德觀，猶以禮義爲尚，信載仁義而行爲主，以致父所以教子，兄所以教弟者，亦有仁義而已矣。凡是戴仁而行，抱義而處者，則無往而不利矣。基於如是理念，所以左傳嘗詳加記載時人時事之史實，藉以闡述發明之，其言曰：

十五年春，公孫歸父會楚子于宋。

宋人使樂嬰齊告急于晉，晉侯欲救之。……乃止。

使解揚如宋，使無降楚，曰：「晉師悉起，將至矣！」鄭人囚而獻諸楚。楚子厚賂之，使反其言。不許。三而許之。登諸樓車，使呼宋人而告之。遂致其君命。

楚子將殺之，使與之言曰：「爾既許不穀，而反之，何故？非我無信，女則棄之。速即爾刑！」對曰：「臣聞之，君能制命爲義，臣能承命爲信，信載義而行之爲利。謀不失利，以衞社稷，民之主也。義無二信，信無二命。君之賂臣，不知命也。受命以出，有死無賈，又可賂乎？臣之許君，以成命也。死而成命，臣之祿也。寡君有信臣，下臣獲考死，又何求？」

楚子舍之以歸。」（註四八）

由是可知解揚乃一介忠臣，爲信載義而行之，則義無反顧，視死如歸，執著於「謀不失利，以衛社稷」；「義無二信，信無二命」之至理，雖遭威迫利誘，幾至不測，然始終無動於衷，斯爲人生之「大利」，自亦是子孫之大利也；此一大利，亦即「子孫是利」、「子孫是尚」之最高境界。是種高境界，至宋明理學家遂加以發揚光大之，因之而有「天地有正氣，雜然賦流形」；「當其貫日月，生死安足論」（註四九）之大志大節矣。

四曰敬天畏祖之宗教觀

殷商時，敬天畏祖，崇尚鬼神，於殷墟卜辭中，所見之祭祀既繁且多，例如：有對先王先公先妣之五祀，有禘祀，有外祭等（註五〇）；其中「外祭」之對象則又包括上帝，自然神，高祖神，先臣神（註五一）在內。蓋周因於殷禮（註五二），斯種敬天畏祖，崇尚鬼神之宗教觀，於西周金文資料中隨處可見，茲爬羅剔抉，旁搜遠紹，提要鈎玄，論列於左。唯有如此，一則既可證楚王子午鼎銘之「用享以孝，于我皇且文考」，「敬厥盟祀」（註五三），非徒具空文，實有其社會背景及其傳統思想爲依歸；一則又可藉此以明兩周時代之宗教觀念，用能得以窺其一斑者也。

首先，論「畏祖」之宗教觀：

古者以爲人受生於天，其機曰「命」，其欲曰「彌生」，曰「眉壽」，例如：

△蔡姞毁銘：「綽綰永命，彌氒（厥）生，霝（令）冬（終）。」（註五四）

△齊子仲姜鎛銘：「用求丂（考）命，彌生。」（註五五）

△洹子孟姜壺銘：「洹子孟姜用乞嘉命，用𣄰（祈）眉壽。」（註五六）

結合傳世資料，由知銘文之「承命」、「考命」、「嘉命」，悉源自於天之明命；既然源自天之明命，則人之受生於天，自亦可名之爲「命」也。徒有生命，殆有未盡，遂有「彌生」、「眉壽」之企求；唯有如此，斯命也，始有其意義，方具其價値，因而遂有「彌生」之理念，有「眉壽」之祈禱。

人死之後，則其靈魂不滅，儼然在天之上，謂之曰「嚴」，亦可謂之曰「鬼」，例如：

△大豐毁銘：「文王監在上。」（註五七）

△宗周鐘銘：「㠯（以）邵（昭）各（格）不（丕）顯祖考先王，其嚴在上。」（註五八）

△虢叔旅鐘銘：「皇考嚴在上，翼在下。」（註五九）

△番生毁銘：「不（丕）顯皇祖考，穆穆克誓（哲）氒（厥）德，嚴在上。」（註六〇）

△井盡（一作「妄」）鐘銘：「前文人其嚴在上。」（註六一）

△士父鐘銘：「用喜侃皇考，其嚴在上。」（註六二）

△陳肪毁銘：「龔（恭）明䰟（鬼）神，虔龔（恭）愄（畏）忌。」（註六三）

郭氏鼎堂以爲『此乃靈魂不滅之觀念也。孝經・聖治章：「孝莫大於嚴父，嚴父莫大於配天，則周公其人也，昔者周公郊祀后稷以配天，宗祀文王於明堂以配上帝。」邢昺注「嚴父」爲「尊嚴其父」。

釋名，釋言語：「嚴，儼也，儼然人憚之也。」靈魂不滅，儼然如在，故謂之「嚴」。嚴父者，神其父也。』（註六四）其說信而有徵，可為前引諸銘所云之注腳。唯「嚴」亦可謂之「鬼」者，此係與「天神」相對而言，當「鬼神」或「神鬼」相提並論時，則「嚴」亦可逕謂之「鬼」。「鬼」、「神」雖異其名，唯所指本係同實，皆謂人死之後其靈不滅之名也。

自兩周銘文析而論之，無論是「嚴」，是「鬼」均能降子孫以福佑，例如：

△宗周鐘銘：「其嚴在上，𧰼𧰼數數，降余多福。」（註六五）

△猶鐘銘：「先王其嚴在帝左右，數狄（逿）不（丕）龏（恭），數數𧰼𧰼，降福無疆。」（註六六）

△克盨銘：「皇祖考其數數𧰼𧰼，降克多福。」（註六七）

△虢叔旅鐘銘：「皇考嚴在上，翼在下，數數𧰼𧰼，降旅多福。」（註六八）

△叔向父段銘：「其嚴在上，降余多福緐釐。」（註六九）

△井盡妟鐘銘：「前文人其嚴在上，數數𧰼𧰼，降余多福亡（無）疆。」（註七〇）

△士父鐘銘：「其嚴在上，數數𧰼𧰼，降余無多福亡（無）疆，佳（與也）康右（佑）屯（純）魯。」（註七一）

△瘋鐘銘（二式甲乙）銘：「用追孝𩐁（享）祀，邵各（昭格）樂大神，大神其陟降，嚴祜䜌妥厚多福。其數數𧰼𧰼，受余屯（純）魯通彔（祿），永令（命）眉壽，冬（終）。」（註七二）

以上諸銘中之「數數㚅㚅」或「㚅㚅數數」，實爲「嚴」，爲「鬼」之形頌，乃靈魂不滅觀之表徵也。靈魂既能不滅，則可其嚴在上；既可其嚴在上，則能降福佑予子孫，使之多福亡（無）疆，使之康佑純魯，使之緐釐通祿，使之永令眉壽也。舉凡子孫之多福。緐釐通祿，康佑純魯者，一皆爲皇祖皇考所降所賜，自亦是先公先王於冥冥之中呵護保佑，因之而有也。

凡此種種皆係周人之「畏祖」而有之宗教觀也。

其次，論「敬天」之宗教觀

宇宙之上有其至上神爲主宰，於兩周銘文中，名之曰天，曰皇天，曰皇天王；例如：

△大豐𣪘銘：「王祀于天室降，天亡（無）尤王。」（註七三）

△大盂鼎銘：「故天翼臨子，灋（法）保先王，（敷）有四方。」（註七四）

此金文名之曰「天」之例；

△大克鼎銘：「肄克𠭰（修案友，讀爲佑）于皇天。」（註七五）

△毛公鼎銘：「不（丕）顯文武，皇天弘猒氒德，配我有周，雍（膺）受大命。」（註七六）

又云：「肄皇天亡（無斁），臨保我有周，不（丕）巩（鞏）先王配命。」

△邦王義楚鍴銘：「用亯（享）于皇天。」（註七七）

又云：「用印（仰）邵皇天，[illegible]（緟）𤔲（受）大命。」

△秦公鎛銘：「不彖（墜）于上，邵合（荅）皇天，㠯（以）虩事䜌（蠻）方。」（註七八）

此金文名之曰「皇天」之例；

△宗周鐘銘：「我隹司配皇天王，對作宗周寶鐘。」（註七九）

此金文名之曰「皇天王」之例。

於兩周金文中，又可名之曰帝，曰上帝，曰皇帝，曰皇上帝；例如：

△猶鐘銘：「先王其嚴在帝左右。」（註七九）

此金文名之曰「帝」之例；

△大豐毀銘：「衣（殷）祀于王，不（丕）顯考王，事熹（熹）上帝。」（註八〇）

此金文名之曰「上帝」之例；

△師訇毀銘：「肆皇帝亡旲，臨保我有周。」（註八一）

郭氏鼎堂云：『案此語與上舉毛公鼎文同例，故「皇帝」即「皇天」，亦即「上帝」。書。呂刑：「皇帝哀矜庶戮之不辜」；又：「皇帝清問下民」；均是上帝，舊說爲帝堯，非也。』（註八二）

其說可從。

此金文名之曰「皇帝」之例；

△宗周鐘銘：「使皇上帝、百神、保余小子。」（註八三）

此金文名之曰「皇上帝」之例也。

綜括以上諸銘例，知金文中名「天」之例多矣，且夫其名目繁多，既可謂之爲天，爲皇天，爲皇天王；又可謂之爲帝，爲上帝，爲皇帝，爲皇上帝。而其下則有百神（註八四），均能降福佑，可保余小子也。

至若欲知周人心目中之「天」必先知殷人心目中之「天」爲何物也。今自殷墟卜辭觀之，殷人之「天」即爲「上帝」，爲具有支配自然現象之能力者，茲引各家之說，以供參考：

△郭氏鼎堂說：

由卜辭看來，可知殷人的至上神是有意志的一種人格神。上帝能夠命令，上帝有好惡，一切天時上的風雨晦冥，人事上的吉凶禍福，如年歲的豐嗇，戰爭的勝敗，城邑的建築，官吏的黜陟，都是由天所主宰。（註八五）

△董氏作賓說：

帝也稱上帝，他的權能有五種：第一是命令下雨，第二是降以饑饉，第三是授以福佑，第四是降以吉祥，第五是降以災禍。（註八六）

△胡氏厚宣說：

一、令雨，二、授年，三、降暵，四、保王，五、授祐，六、降諾，七、降禍，八、降餕。（註八七）

△陳氏夢家說：

上帝所管制的事項是：(1)年成，(2)戰爭，(3)作邑，(4)王之行動；他的權威或命令所及的對象是：

(1)天時，(2)王，(3)我，(4)邑。（註八八）

△島氏邦男說：

帝有：(一)支配自然之力，(二)降禍福於人事之力。（註八九）

綜合以上五家之說，即卜辭所見「上帝」，實具有支配自然之能力及降禍福於人事之能力在焉。至於金文所見之「天」（即「上帝」）則是有威可畏，能命天下，能賜人以福佑，亦能降民以喪亂者也，例如：

△大盂鼎銘：「亯奔走，畏天畏（威）。」（註九〇）

△毛公鼎銘：「敃天疾畏（威）。」（註九一）

△班𣪘銘：「三年靜東國，亡（罔）不咸斁天畏（威）。」（註九二）

此天有威可畏之例；

△大盂鼎銘：「不（丕）顯玟王，受天有大命。」（註九三）

△叔夷鐘銘：「專受天命。」（註九四）

△秦公𣪘銘：「不（丕）顯朕皇祖，受天命。」（註九五）

又云：「嚴龔（恭）夤天命，保䕎氒（厥）秦。」

△秦公鐘銘：「不（丕）顯朕皇祖，受天命。」（註九六）

又云：「嚴龔（恭）夤天命，保䕎氒（厥）秦。」

△秦公鎛銘：「秦公𠭯（其）畯𢦏在立（位），雍（膺）受大令（命）。」（註九七）

此能以「天命」命天下之例；

△曾伯霥簠銘：「天易（賜）之福。」（註九八）

此能賜人以福佑之例；

△師訇毁銘：「天疾畏降喪。」（註九九）

△𤼈須盨銘：「輔天降喪。」（註一〇〇）

△禹鼎銘：「用天降喪于上國。」（註一〇一）

此能降喪亂於天下之例也。

綜上所論，殷商之「天」與兩周之「天」本係一脈相承，同條共貫，爲一有意志之人格神，既有支配自然之力，亦有降禍福於人事之力，乃全天下人所共同信仰，敬畏有加之主宰。

第三，天神人鬼能與人以禍福，故敬祀祈禱之則能以降福佑，以延年壽，以蕃子孫，以祝戰勝，以匄治平；例如：

△郘王義楚鍴銘：「用亯（享）于皇天，及我文攷，永保怡（我）身，子孫（永）寶。」（註一〇二）

△鈇毁銘：「用康惠朕皇文刺且（祖）考，其各前文人，其瀕才（在）帝廷陟降，𪑱（緟）𣪕（受）皇〔帝〕大魯令（命），用𢦏保我家，朕立（位），鈇身阤阤，降余多福，𡩜（憲）蒼（䈞）

宇，慕（慕）遠猷，……用𠦪壽，匄永令（命），畯在位。」（註一〇三）

此以匄延年壽，以畯在位之例；

△蔡侯尊銘：「康諽穆好，敬配吳王；不諱考壽，子孫蕃（昌）。」」（註一〇四）

△蔡侯盤銘：「康諽穆好，敬配吳王；不諱考壽，子孫蕃昌。」（註一〇五）

此以匄蕃昌子孫之例；

△禽𣪘銘：「王伐楚（楚）侯，周公某，禽祝，禽有（侑）𢼄祝。王易（賜）金百寽。」（註一〇六）

此以祝戰勝之例；

△宗周鐘銘：「佳皇上帝，百神，保余小子，朕猷有成亡（無）競。」（註一〇七）

△毛公鼎銘：「余小子圂湛于囏（艱），永巩先王。」（註一〇八）案說文　部有「𢀜」字，曰：「巩，褱也。」段注云：「手部曰：𢪃，攤也；攤，褱也。」（註一〇九）「永巩先王」者，即永遠以先王是賴之意。

至於設立約辭，以要信於鬼神之大事，於兩周金文中，遂有盟，有誓，有盟祀之例在焉。例如：

△𤔲攸從鼎銘：『王令省史南以即虢旅，旅廼使攸衞牧誓曰：「我弗具付𤔲從其且（祖）射（謝）分田邑，則殊（誅）。」攸衞牧則誓。』（註一一〇）

△散氏盤銘：『矢卑（俾）鮮且𡘇旅誓：「我既（僭）付散氏田器，有爽，實余有散氏心賊，則

爰千罰千，傳棄之。」羞且𨟻旅則誓。廼卑（俾）西宮襄武父誓曰：「我既付散氏濕田牆田，余有爽𡩜，爰千罰千。」西宮襄武父則誓。』（註一一一）

△𠑇匜銘：『白揚父廼或吏（使）牧牛誓曰：「自今余敢夒（擾）乃大史乃師，或㠯（以）女告，乃便（鞭）千，𪓐𪓐。」牧牛則誓。氒（厥）㠯（以）告吏𨓚吏𠯑于會，牧牛辭誓成。」（註一一二）

案此三銘例，所立之誓，乍見之下，似非對鬼神以爲要約，然如洹子孟姜壺銘即有「大無司誓」（註一一三）之神，則古人之所以爲誓。仍耑在借神力以爲約束，藉鬼力以當見證。唯有如此，其誓言始有「公信力」、「說服力」、「約束力」可言。由是觀之，前引三銘例，雖未明言要信於鬼神，然對立誓者而言，實隱含有鬼神之「公信力」、「說服力」與「約束力」在焉。

此金文有誓之例；

△魯侯爵銘：「魯侯乍（作）爵，用隮𩰫（茜）鬯，𦎫（臨）盟。」（註一一四）

△陳昉𣪘銘：「𩔮（恭）盟䰟神，虔𩔮（恭）愄（畏）忌。」（註一一五）

△蔡侯盤銘：「禋亯（享）是台，㡀（祇）盟嘗啻（禘），祭受毋已。」（註一一六）

△蔡侯尊銘：「煙亯（享）是台，㡀（祇）盟嘗啻（禘），祭受毋已。」（註一一七）

此金文有盟之例；

△王系告鐘銘：「「肅」折（哲）哲（壯）韯（武），聞于亖（四）或（國）；𩔮（恭）氒（厥）

盟（盟）祀，永受其福。」（註一一八）

△王孫誥編鐘銘：「肅折（哲）𢦚（壯）䟗（武），聞于亖（四）或（國）：龏（恭）𠦪（厥）盟（盟）祀，永受其福。」（註一一九）

△王子午鼎銘：「弘龏（恭）㝬𢊁，畏期𧼯𧼯；敬𠦪（厥）盟祀，永受其福。」（註一二〇）

此金文有盟祀之例也。

總之，自金文文例觀之，周人對「敬天」、「畏祖」之宗教觀均能具體而微，巨細靡遺，一一重見在今人之目前。質而言之，「敬天」與「畏祖」實爲我中華民族從古迄今所共有之特徵，本文利用金文資料，條分縷析，逐項論列，藉此以明兩周時代周人之宗教觀念，非但能畏其祖先，且夫又能敬祀上天。所謂「畏祖」，係基於靈魂不滅之理念而來；所謂「敬天」，則是本諸具有意志之人格神而有。凡此種種，悉可利用卜辭，金文之資料，歸納綜合，推演引申而得者也。

進而言之，無論神（上天）鬼（祖先）均具有降禍賜福之神力，由於人類畏懼此一神力，以致產生約束其行爲之力量：即大者而言，天命所以指使爲人君者，節制一己之欲，爲天下興公利，爲天下除大害；不然，僅貪圖一己之快，爲一己興大利，爲天下生公害，遂致民不聊生，生靈塗炭。惟天命必自我民命，天聽必自我民聽，長此以往，勢必喪失天命；一旦人君之天命既失，自必爲衆庶所唾棄。斯則我國歷史上雖有專制政體之名，唯罕有暴君之實，殆緣於「敬天」之理念有以致之也。至若「畏祖」則是孝道之原動力，有子曰：「孝弟也者，其爲仁之本與！」（註一二一）可以爲證也。

綜合以上所論述，若寫成程式，則可以表示如左：

（金文）（論語）（孟子）

敬天＋畏祖→孝弟→仁　→仁（惻隱之心）

義（羞惡之心）　→四端主義

禮（辭讓之心）

智（是非之心）

根據右表，儒家思想體系中，「敬天」、「畏祖」乃是孝弟之根源，孝弟則為仁義之本始，仁義又為禮智之重心者與！孔曰仁，孟曰義，於是構成孟子四端主義之學說也。

【附註】

註一　論語集註，卷一，六頁。

註二　同前，卷一，七頁。

註三　詳拙作「楚王子午鼎銘新探」稿本，待刊。

註四　同前，圖四—八。

註五　集錄二〇四。

註六　集成七九八四。

註七　陝西(一)，三三—四〇。
註八　陝西(一)。五五—五八。
註九　同註六。
註一〇　集成七九三一。
註一一　集錄二〇三。
註一二　集錄二〇四。
註一三　同註四。
註一四　a趙說，見「王子午鼎銘文試釋」，文物一九八〇、一〇，P二七—三〇頁。
b容說，見「金文編」卷一〇，頁七一八。
c任說，見「王子午鼎王孫誥鐘銘文考釋」，古文字研究(九)，P二七五—二九四。
註一五　段注本，卷十下，卅六頁。
註一六　段注本，卷十一上二，九頁下。
註一七　同前。
註一八　毛詩鄭箋，卷十八，八頁。
註一九　同前，卷廿，四頁。
註二〇　段注本，卷十二下，四三頁。
註二一　同前。

註二二　此三字據說文解字注（卷十二下，四十三頁下）補。
註二三　毛詩鄭箋，卷二，一頁下。
註二四　楊伯峻，春秋左傳注。一一九四頁。
註二五　「容經」見賈誼「新書」卷六，頁五—九下；「禮容語」僅存下篇，見「新書」卷十，頁一—四下。
註二六　新校本史記册四，卷一百廿一，頁三一二六。
註二七　段注本，卷九上，頁二。
註二八　同前，卷八下，頁十。
註二九　同前。
註三〇　同註二七。
註三一　新校本漢書，册五，卷八十八，頁三六一四。
註三二　同前，頁三六一五。
註三三　同前。
註三四　余氏萬卷堂本，卷十六，頁十一，P六九九。
註三五　同前，卷七，頁十六下。P三一二。
註三六　新校本漢書，册二，卷卅，頁一七一。
註三七　禮記注疏本，卷一，頁三「禮記」大題下疏文。
註三八　陝西(一)。五九—六〇。

註三九　詳拙作「商周禮制中鼎之研究」，頁八六三—七。
註四〇　新校本史記，冊一，卷三，頁一〇八。
註四一　同前，頁一二六。
註四二　同前，頁一〇九。
註四三　春秋左傳注，P一一九〇，P一一九三～一一九五。
註四四　容庚，商周彝器通考，上冊，P八二。
註四五　同註四。
註四六　朱熹、孟子集註，卷一，梁惠王上，一頁。
註四七　同前。
註四八　春秋左傳注，P七五九—七六〇。
註四九　宋文天祥正氣歌語。
註五〇　島邦男，殷墟卜辭研究，中譯本，頁五二—一八六。
註五一　同前，頁一八六—二五一。
註五二　同註三九，P五九九—六〇一。
註五三　同註四。
註五四　三代，六，五三。
註五五　集成八〇二五。

註五六　存五，三六。

註五七　三代，九，一三。

註五八　三代，一，六五。

註五九　三代，一，五七。

註六〇　三代，九，三七。

註六一　三代，一，二四。

註六二　三代，一，四三。

註六三　集成二九一七。

註六四　郭氏鼎堂「金文叢考」傳統思想考，頁四。

註六五　三代，一，六五。

註六六　三代，一，一一。

註六七　三代，十，四四。

註六八　三代，一，五七。

註六九　集成二九八五。

註七〇　三代，一，二四。

註七一　三代，一，四三。

註七二　陝西(二)，五五—五八。

註七三　三代，九，一三。
註七四　集成一四四一。
註七五　三代，四，四〇。
註七六　集成一四四五。
註七七　三代，一四，五五。
註七八　集錄五一二。
註七九　三代，一，一一。
註八〇　三代，六，五三。
註八一　薛一四，一五三。
註八二　同註六四，頁二。
註八三　三代，一，六五。
註八四　見宗周鐘銘文。
註八五　見「先秦天道觀之進展」，頁九。
註八六　「中國古代文化的認識」，頁一八。
註八七　見「甲骨學商史論叢初集」，殷代之天神崇拜。
註八八　見「殷墟卜辭綜述」，頁五一七。
註八九　同註五〇，P一八九。

註九〇　集成一四四一。
註九一　集成一四四五。
註九二　西，一三，一二。
註九三　集成一四四二。
註九四　薛，八，八二。
註九五　三代，九，三三。
註九六　薛七，七二。
註九七　集錄五一二。
註九八　三代，十，二六。
註九九　薛，一四，一五三。
註一〇〇　薛，一五，一六七。
註一〇一　集錄二八八。
註一〇二　三代，一四，五五。
註一〇三　集錄四五三。
註一〇四　集成五三五六。
註一〇五　集成七五五〇。
註一〇六　三代，六，五〇。

註一〇七　三代，一，六五。

註一〇八　集成一四四五。

註一〇九　段注本，卷三下，頁一四。

註一一〇　集成一四二四。

註一一一　集成七五七。

註一一二　集錄二八一。

註一一三　存五，三六。

註一一四　集成四五六五。

註一一五　集成二九一七。

註一一六　集成七五五〇。

註一一七　集成七三五六。

註一一八　集錄二〇三。

註一一九　集錄二〇四。

註一二〇　同註四。

註一二一　學而，「論語譯注」第一，頁二。

引用書目

論語集註。朱熹、世界書局景印本。

楚王子午鼎銘新探．邱德修．稿本．待刊。

殷周金文集錄．徐中舒．中華書局．省稱「集錄」。

商周金文集成．邱德修．五南圖書公司．省稱「集成」。

陝西出土商周青銅器(二)．文物出版社。省稱「陝西(二)」。

王子午鼎銘文試釋．趙世綱．文物一九八〇．一〇

金文編（四版）．容庚．中華書局。

王子午鼎王孫誥鐘銘文考釋．伍士謙．古文字研究(九)。

說文解字注．段玉裁。黎明文化公司景印本．省稱「段注本」或「段注」。

毛詩鄭箋．鄭玄箋．新興書局景印相臺岳氏本。

春秋左傳注．楊伯峻．源流出版社。

新書．賈誼．中國子學名著集成編纂會景印本。

史記（新校本）．司馬遷．鼎文書局景印本。

漢書（新校本）．班固．鼎文書局景印本。

禮記鄭注。鄭玄．學海出版社景印余氏草書堂本。

禮記注疏．孔穎達疏．藝文印書館景印阮刻重刊宋本。

商周禮制中鼎之研究．邱德修．複本待刊。

商周彝器通考・容庚・哈佛燕京死印本。

殷墟卜辭研究・島邦男・鼎文書局中譯本。

三代吉金文存・羅振玉・洪氏出版社景印本省稱「三代」。

周金文存・鄒安・台聯國風出版社景印本・省稱「存」

金文叢考・郭鼎堂・明倫出版社景印本。

歷代鐘鼎彝器款識法帖・薛尚功・鳳吟閣景印本・省稱「薛」。

先秦天道觀之進展・郭鼎堂・中華書局。

中國古代文化的認識・董作賓・大陸雜誌抽印本。

甲骨學商史論叢初集・胡厚宣・大通書局景印本。

殷墟卜辭綜述・陳夢家・大通書局景印本。

西清古鑑・清高宗教敕編・清內府刊本・省稱「西」。

詩經韻脚擬音一得

施炳華

王了一在「詩經韵讀」一書中，擬測詩經韵脚的讀音，大多用本音，少數用分化音。本文嘗試探究其原則。

詩經是有韻的文學。詩經的韵脚到底只有一音還是多音，在協韵上是個重要的問題。宋朝有所謂「叶音」（叶同協）說：「意思是說寫詩經的人的語音和後代人是一樣的，詩經許多地方的押韵是和諧的，只有少數地方不和諧，那就要把某字臨時改讀某音，以求和諧。叶音說的代表是朱熹，例如『家』字。詩經周南桃夭：『桃之夭夭，灼灼其華；之子于歸，宜其室家。』『家』與『華』押韵，拿今音讀也很和諧，用不著叶音。但是詩經小雅常棣：『宜爾室家，樂爾妻帑。是究是圖，亶其然乎！』朱熹就在『家』下注云：『叶古胡反』（即音『姑』）。其他注『古胡反』的還有豳風鴟鴞的『家』（韵据荼租瘏），小雅采薇的『家』（韵故居），小雅我行其野的『家』（韵樗故居），小雅雨無正的『家』（韵都），大雅綿的『家』（韵徒）。叶音說的錯誤是缺乏歷史觀點，明末的陳第首先反對叶音說，他說：『時有古今，地有南北，字有變革，音有轉移，亦勢所必至。』他認爲『家』的古音本來就是念『姑』，並不是臨時攻讀，也就無所謂叶音。『家』念『姑』而能和『華』押韵，是因爲『華』的古音是念『敷』。」（註一）朱熹的錯誤在於不懂古音，不知音的分化現象，以他當時宋朝的音來讀詩經韵脚，在不能押韵的情況下，只好臨時攻讀使合於韵，想當然地認爲古人也是這樣讀的。

清朝學者在聲韻學上有很精到的見解。陳第、顧炎武排斥「叶音」說，主張每字只有一個古音，不須改讀。但是，是否每字只有一個古音呢？我們從詩經韵脚發現：同一字在不同的詩篇出現時，彼篇是一個韵部，此篇屬另一個韵部，如果只讀一個古音，也有可以商榷的地方。如「疷」字：

小雅無將大車首章：

無將大車，祇自塵兮；

無思百憂，祇自疷兮。

王了一「詩經韵讀」擬音作塵 dien，疷 gie，真支合韵。段玉裁詩經韵分十七部表、十二部後說：「疷，本音在第十六部，詩無將大車合韵塵字。」江有誥說：「疷屬支，塵屬文，相去甚遠，不能合韵。」而小雅白華末章，疷與卑協韵，小雅何人斯六、七章，祇與易知篪斯協韵。詩毛傳說：「疷，病也。」「祇，疷也。」何人斯借「地祇」字爲之，疷是本字。詩諸韵字都在段氏十六字本音，段氏的意思：疷有二音，一在十六部，一在十二部。古合韵（說詳後）。王氏認爲疷只讀一音，仍能合韵。江氏則認爲疷塵不能合韻。能否合韵，各人的標準寬嚴容有小異，而問題的關鍵，或許應從疷有一音或二音來探究。

首先說明段玉裁的「古合韵」。段氏將古音分爲十七部，詩經字在押韵時，一字有分別屬於二部的，如疷字本音在第十六部，與卑易知篪斯協韵；音轉入十二部，而與塵協韵。就是說：在十七部（周秦音）中本來不同部的，卻可以互相協韵，叫做古合韵。一字分屬不同部的二音，本來只有一音（本部音），由於「聲音之道，同源異派，弇侈互輪，協靈通氣，移轉便捷」，遂有「音轉入某部」的第二音出現，二音之間，只有些微的差異，因此段氏依音的差異的遠近而合十七部爲六類，然後定其同類異類相通之迹。（註二）

接著介紹王了一「詩經韵讀」協韻的標準。王氏認爲詩經押韵時代也有一字二音的現象，他說：

> 段玉裁說：「同諧聲者必同部。」他的話是對的。諧聲系統反映了上古語音系統。例如詩經小雅庭燎協晨、煇、旂，采菽叶芹、旂，足以證明「旂」屬文部，讀若「芹」，這和它的諧聲偏旁「斤」是相符合的。……從諧聲偏旁去掌握古韵系統，是以簡馭繁的方法。……但是，諧聲時代比詩經時代早得多。同一諧聲的字，到了詩經也可能分化爲兩個韵部。如果某字詩經押韵與切韵相符合，那就證明詩經時代它已經由原韵部轉入這個韵部。（註三）例如詩經小雅大田以「螣」「賊」爲韵，就應該讀「螣」如「特」，而不必認爲蒸職合韵；詩經檜風匪風以「發」「偈」「怛」爲韵，齊風甫田以「桀」「怛」爲韵，就應該讀「怛」爲當割切，而不必認爲月元合韵；衞風竹竿以「左」「瑳」「儺」爲韵，就應該讀「儺」如「那」，而不必認爲歌元合韵；小雅六月以「顒」「公」爲韵，就應該讀「顒」爲魚容切，而不必認爲侯東合韵。其餘由此類推。（註四）

王氏認爲在上古語音系統中，同一諧聲的字必同部、同音，但是到了稍後的詩經時代，也可能分化爲兩個韻部、兩個音，和段氏「本音」「音轉音」的說法相合。段氏的「古合韻」，王氏是認同的，但又細分爲「合韻」「通韻」。（註五）

以下筆者將以段氏「古合韻」爲基礎，來探討「疧」字的韻部、擬音，以及類似之例。

小雅無將大車首章，有兩個問題要釐清：

一、「祇自疧兮」的「疧」，當作「疧」，不作「疷」。「小字本、相台本作疷，唐石經作疧。考疧字見於爾雅、說文、玉篇、廣韻、五經文字，皆從氏，不從氐。段玉裁六書音韻表云：『一作疷，無此字，宋劉彝臆改痻以韻塵，亦無此字。』」（註六）

二、疧字是否也可以擬作 mien ？剖析如下：

江有誥說：「無將大車一章疧與塵不協，宋劉彝改作痻，然痻字廣韻所無，僅見于集韻，似不足據，故段氏仍作疧，指爲合韻。然疧屬支，塵屬文，相去甚遠，不能合韻。」江氏認爲「隔一部爲合韻」，支在第七部，文在第十一部，所以不能合韻。（註七）戴震因此說：「此與塵爲韻者，乃痻字省作疧，又轉寫譌耳。釋文『都禮反』，誤。當音珉。」（註八）廣韻：「疧，病也。」與毛傳：「疧，病也。」訓詁相同；但說文沒有痻字，痻譌作疧，也沒有他例，戴氏只是猜測的。疧字是正確的，疧的本音在十六部，又有轉入十二部而與塵協韻的，盧文弨說：

說文有疧字，云：「病也，从疒氏聲。」竝無痻字。……余以爲氏字古亦必與民音相近，觀今

> 眞文韻中之字，多有與支微齊通讀者，如：寅亦可讀移，純亦可讀緇（非必由紡字誤），辰亦可讀祁，詩吉日：「其祁孔有」，鄭云：「祁當作麎。」（註九）史記正義敍謚法：「治典不殺曰祁。」獨斷：祁一作震。賁亦可讀祕，芹亦可通蘄，垠亦可通沂（沂鄂即垠鄂）。此類甚多，故知疷亦本與民聲相近，非本作疧而避諱改疷也。至昬字，漢以來往往作昏，凡偏旁之从昬者，即說文中亦尚多有。……今从氏，正是復說文之舊。……詩大雅桑柔「多我覯痻」，音民，此疷字亦當讀爲民，亦可云從痻省（註一〇）。自後人音爲其支，或音巨禮，乃後人失其讀之誤，遂至今疑其與塵不協，欲改氏爲民而始得聲，殊不知不改未嘗不得聲也。（註一一）

盧氏所謂「眞文韻中之字，多有與支微齊通讀者」，就是陰陽對轉的道理。陰陽對轉產生的原因，是由於方言的不同，孔廣森說：「分陰分陽，九部之大綱；轉陽轉陰，五方之殊音。」（註一二）譬如「他」字，此地讀「單」tan（陽聲），而彼地讀「塲」ta（陰聲），因「單」失去陽聲韻尾n而變爲ta。依孔氏分部，疷、脂部，塵、眞部，脂是眞的陰聲（註一三），所以「疷」字有二音：一在脂部（段氏十六部本音）；一在眞部（段氏十二部變音），本音加上陽聲韻尾，所以「與民聲相近」。

脂眞對轉，詩經還有其他例子：

衞風碩人首章：「碩人其頎，衣錦褧衣。」段玉裁說：「碩人之頎讀畿。」（註一四）王氏擬音：頎giei 衣iei 協韻（微部）。周禮冬官考工記輈人：「輈欲頎典」，鄭司農說：「頎，讀爲懇。」（註一五）懇、文部，則頎古亦有文部（段氏說：「古音在第十三部。」）之音。

王氏說：諧聲偏旁從「斤」的，上古語音讀若「芹」giən（見前文）。「頎」的古音應是 giən，詩經時代則有失去陽聲韻尾轉化爲 giəi的音，與衣協韻。

總結上文所述，王氏既認爲只有一音的古音，在詩經時代有分化爲兩個韻部、兩個音的可能，因此，在詩經協韻的問題上，就不必堅持一字只有一音的原則（註一六），我們從「詩經韻讀」的注文中，也可以看出這一點，如小雅車攻五章：

決拾既佽，弓矢既調，射夫既同，助我舉柴。

王氏注：「段玉裁說：『調字本音在三部（幽部）讀如稠，車攻以韻同字，屈原離騷以韻同字，東方朔七諫以韻同字，皆讀如重，此在合韻也。』」調，王氏擬作「dyu」，讀如 diong」。（註一七）此處王氏既採用段氏的「合韻」，前文所舉的「讀螣如特」「恒爲當割切」「讀儺如那」「顒爲魚容切」。以及頎音 giəi，都是一字屬於二個韵部，有兩個音。

以此類推，小雅谷風三章：

習習谷風，維山崔嵬。

無草不死，無木不萎。

忘我大德，思我小怨。

王氏擬音：嵬 nguəi、萎 iuəi、怨 iuən，微元合韵，注：「微元合韵是旁對轉。」（註一八）

段氏說：「怨，本音在第十四部，詩谷風合韵嵬萎字，讀如伊。此與北門之『敦』讀『堆』、采芑之

『焞』讀『推』，碩人之『頎』讀『畿』、新台之『鮮』讀『師』、杕杜之『近』讀『幾』正同。」（註一九）馬瑞辰說：「考工記鄭司農注：『惌，讀爲宛彼北林之宛。』蓋本韓詩。內則：『兔爲宛脾。』鄭注：『宛或作鬱。』是二字互通。宛古音讀蘊，宛蘊鬱皆一聲之轉，鬱之作宛，猶毛詩蘊隆，韓詩作鬱隆；檜風『我心蘊結』，義皆爲鬱結也。說文：『鬱，木叢生者』，毛詩作鬱爲正字。菀柳傳：『菀，茂木也。』桑柔傳：『菀，茂皃。』宛菀皆鬱字之假借也。」（註二〇）大雅桑柔首章「菀彼桑柔」，釋文：「菀，音鬱，注同，茂貌。」（註二一）如果詩經時代「怨」有「鬱」的讀音，依王氏韵部，鬱屬物部，物是微之入，則鬼萎怨通韵，陰入對轉。

如此類推下去，豈非段氏所謂「古合韻」的字都要讀另一音？王氏據古韵部擬音，態度必是十分慎重，如段氏所舉的「北門之敦」，王氏擬作 tuen，與遺 jiuei、摧 dzuei 協韻（文微通韵）；「采芑之焞」，王氏擬作 thuen，與雷 luei、威 luei 協韵（文微通韵），不讀「堆、推」；「新台之鮮」，王氏擬作 sian，與泚 tsiei瀰 miei 協韵（脂元合韵），不讀「師」：以上段氏「古合韵」的字，王氏都讀以本音。小雅杕杜末章末行：「會言近止，征夫邇止」，王氏認爲這是小停頓處，可以無韵（註二二），所以沒有擬音。

根據以上諸例，則王氏擬音的標準應是：一字儘可能讀本音，一字如果有分化音，而且分化音和其他協韵的字是同部的話，就讀分化音，而不讀本音；如果詩的韵脚應該協韻，讀以本音卻仍不協，如小雅車攻的「調」字，才特別擬作「dyu，讀如 diong」。如此擬音，全書只出現一次。

讀分化音而和其他韵字同部的例子，如小雅小弁五章：

鹿斯之奔，維是伎伎。

雉之朝雊，尙求其雌。

譬彼壞木，疾用無枝。

心之憂矣，寧莫之知。

伎雌枝知協韻，支部。王氏注：「此聲的字本在脂部，這首詩『雌』字讀入支部。段玉裁說：『爲此聲入十六部（支部）之始矣。』又說：『凡此聲字，漢人多入十六部用。』力按：老子亦以『離兒疵雌爲』押韵，廣韻此聲入支紙韵。」（註二三）這也是明文依據段氏合韻，不讀本音而讀分化音的例子。雌讀本音是脂部，脂支是最近的鄰韵，此章也可作「脂支合韵」，但因雌字可讀入支部，所以就同屬支部了。又如大雅緜六章的「陾」字。段氏說：「陾，本音在第一部，詩緜六章以韵薨登馮興勝字，此古合韵。」（註二四）王氏則同歸屬蒸部。輭字本作陑，王先謙說：「輭从自耎聲，耎从大而聲，是从耎可通从而矣。段玉裁援玉篇改㮕下引詩爲陑陑……玉篇引作陑，當爲韓詩異文。……陑早見書湯誓序『升自陑』，固亦相承之古字，本地名，借作陾耳。」（註二五）查王氏諧聲表，「而」屬之部（第一部），陾如讀本音，本章應作「之蒸通韵」；而「之韵而聲可轉入蒸韵，如耳孫之即仍孫」（註二六），陾有分化音入蒸部，所以王氏歸屬蒸部，與其他韵字同部。

段氏的「古合韵」字，王氏讀分化音的實屬少數，除他自己所舉的滕、恒、儺、顒、調、雌、裘

（註二七）特別說明要讀分化音外，又如陝字頎字，都是因和那一章的其他韵字同部而讀分化音的。因此可以得到一個結論：無將大車的「疧」，王氏不讀分化音 mien（大雅桑柔「多我覯痻」，王氏擬作：痻 gien，文部。假定疧是痻之省），而讀本音 gie，是因爲文眞是緊鄰的韵部，不是同部，不合「讀分化音須是同部」的原則；如果疧音 mien（眞部），則與塵同部，就應讀分化音了。

王氏對於韵字歸屬韵部的結論說：「決定韵部，主要是看它的系統性。這個系統性是靠切韵系統往上推，因爲語音雖是發展的，但語音的系統性發展是有條理可尋的。根據這個系統性來假定上古韵部，然後使用韵式和韵部的互證，自然可以得出科學的結論。」（註二八）筆者不敏，尚無能力探究更深入的問題，祇好等待來日了。

【附註】

註一　王力「詩經韵讀」對叶音說的批判一—二頁。

註二　段玉裁有所謂古本音、古合韵之說。古十七部本音說：「分別古音爲十七部，凡一字而古今異部，以古音爲本音以今音爲音轉，如尤讀怡、牛讀疑、丘讀欺，必在弟一部而不在弟三部者，古本音也；今音在十八尤者，音轉也，舉此可以隅反也。」（今韵古分十七部表）「知周秦韵與今韵異，凡與今韵異部者，古本音也。」（詩經韵分十七部表序）古合韵說：「古本音與合韵異，是無合韵之說乎？曰：有。聲音之道，同源異派，弇侈互輸，協靈通氣，移轉便捷，分爲十七而無不合。不知有合韵，則或以爲無韻，如顧氏於谷風之嵬萎怨……，或指爲方言，顧氏於毛詩小戎之騂與中韵……；或以爲學古之誤，江氏於離騷之同調是也；或改字以就韵，如毛詩無將大車改疷爲痕以韵塵，劉原甫欲改烝也無戎之戎爲戍以韵務是也；或改本音以就韵，如毛詩新台之鮮，顧氏謂古音徙，小雅杕杜之近，顧氏謂古音悸是也，其失也誣矣。」（古十七部合用類分表後）「其於古本音有齟齬不合者，古合韵也。」（詩經韵分十七部表序）「合韵以十七部次弟分爲六類，求之同類爲近，異類爲遠，非同類而次弟相附爲近，次弟相隔爲遠。」（古合韵次弟遠近說）以上諸說見段注說文解字，六書音均表。

註三　王氏說：「切韵分韵……在一定程度上保存古音系統，……因此，切韵和詩經韵部的對應，就比我們想像的要更富於系統性。」（詩經韵讀一五頁）

註四　詩經韵讀一六－一七頁。

註五　在元音相同的情況下，陰陽入三聲可以互相對轉，就叫通韵。凡元音相近，或元音相同而不屬於對轉，或韵尾相同，叫做合韵。（詩經韵讀二九、三一頁）

註六　阮元校勘記，十三經注疏詩經四五一頁。

註七　音學十書。引自陳新雄譯「高本漢之詩經韵讀及其擬音」（鍥不舍齋論文集）。合韵見陳新雄「古音學發微」三八三頁。三八五頁又說：「有誥竊謂近者可合，而遠者不可合也。何也？著書義例當嚴立界限，近者可合，以音相類；遠者亦謂之合，則茫無界限，失分別部居之本意矣。」

註八　毛鄭詩考正，皇清經解三九〇九頁。

註九　段玉裁說：「麎在漢時必讀與祁音同，故後鄭得定詩之祁爲麎。」說文解字麎字下，四七五頁。

註一〇　桑柔四章：「憂心慇慇，念我土宇。我生不辰，逢天僤怒。自東徂西，靡所定處。多我覯痻，孔棘我圉。」王氏：

愍辰西痻協韻、文部。西 syen，痻 mien。

註一一　鍾山札記，皇清經解一二七三五—一二七三六頁。唐張參五經文字「愍」字下：緣廟諱，偏旁民省作氏。

眞文韵多與支微齊通讀者，古籍例證很多，如：

說文：「狋，犬怒皃。从犬示聲。讀又若銀。」段注：「示聲在脂微，而又讀入文魂部。或曰：當作讀若銀。」

說文觶字下：觗一作䚳。

說文玭字下：蠙，夏書玭，从虫賓。賓眞部、玭脂部。

禮記「壹戎衣」，鄭司農又讀爲殷。衣微部、殷文部。

禮記「畛於鬼神」，鄭注：「畛或爲祇也。」畛文部、祇脂部。

禮記「祇見孺子」，注：「祇或作振。」書「祇敬六德，治民祇懼。」史記祇竝作「振」。書「震動萬民」，漢石經作「祇動」。祇脂部、振震文部。

註一二　詩聲類卷一。

註一三　詩聲類卷二，陽聲二下。此處韵部從孔氏。

王了一說：「古音中常有陰聲字變成陽聲字，或是陽聲字變成陰聲字的例子，這是語音變化中常有的現象，中國音韻學家叫做『陰陽對轉』。所謂陰陽對轉，並不是說一個陰聲字可以隨便變成一個陽聲字，或是一個陽聲字可以隨便變成一個陰聲字；對轉之間是有一定的原則和條理的，陽聲變爲陰聲時，牠所變成的，必是與他相當的陰聲；而陰聲變爲陽聲時，牠所變成的，必是與他相當的陽聲。例如陰聲的 a 相當於陽聲的 an，aŋ，am；陰聲的 o 相當於陽聲的 on，oŋ，om；陰聲的 e 相當於陽聲的 en，eŋ，em；陰聲的 i 相當於陽聲的 in， iŋ，im。凡是陰聲，都可以變作與他相當的陽聲，而陽聲也可變作陰聲，這就是陰陽對轉。」（中國音韻學前論）引自陳新雄「古音學發微」三〇四頁。

註一四　詩經韵分十七部表，第十五部「古合韵」。說文解字注八六五頁。、二九八頁。

註一五　十三經注疏周禮六一三頁。

註一六　王氏說：「陳第、顧炎武……主張每字只有一個古音，不須改讀，則是完全正確的。」（詩經韵讀二頁）

註一七　詩經韵讀二七一頁。一七頁又說：「調與同爲韵，也許上古有以聲母押韵的辦法（「調」「同」同屬定母），但因只此一例，未能斷定。」

註一八　同註一七，二九八頁。

註一九　同註一四。

註二〇　毛詩傳箋通釋一五七頁。

註二一　經典釋文二三七三〇頁。

註二二　詩經韵讀四九頁：「小停頓處常常出現在單句的末尾。單句本來可韵可不韵，不韵是正常的。根據這個原則去看詩經用韵，可以避免誤認諧韵爲合韵。」

註二三　詩經韵讀二九三頁。

註二四　詩經韵分十七部表，第六部「古合韵」。說文解字注八五五頁。

註二五　詩三家義集疏二九一頁。

註二六　說文陾字下段注。

註二七　王氏諧聲表：「有一些特殊情況，例如『求』是『裘』的本字，但『求』在幽部，『裘』在之部。』（詩經韵讀一七頁）秦風終南裘與梅哉協韵，豳風七月裘與狸協韵，小雅大東裘與來協韵，都是之部。

註二八　詩經韵讀一一〇頁。

參考書目

王　力「詩經韵讀」，上海古籍出版社，一九八〇年十二月第一版

「詩經」（十三經注疏），藝文印書館

「毛詩引得」，弘道文化事業有限公司

孔廣森「詩聲類」，廣文書局

王先謙「詩三家義集疏」，鼎文書局

馬瑞辰「毛詩傳箋通釋」，鼎文書局

戴　震「毛鄭詩考正」（皇清經解），漢京文化事業有限公司

盧文弨「鍾山札記」（皇清經解），漢京文化事業有限公司

陸德明「經典釋文」（通志堂經解），漢京文化事業有限公司

段玉裁「說文解字注」，黎明文化事業公司

陳新雄「古音學發微」，嘉新水泥公司文化基金會研究論文第一八七種
陳新雄「鍥不舍齋論文集」，學生書局
「周禮」（十三經注疏），藝文印書館

魏晉詠物賦之鼎盛及其對詩文之影響

廖國棟

壹、魏晉詠物賦之鼎盛

魏晉知見賦作近八百篇，其中詠物賦凡四百餘篇（註一），佔二分之一強，比例之高，遠逾兩漢，究其所以致此者，約有下列諸端：

一、賦體本身之因素

陸機文賦云：「賦體物而瀏亮。」劉勰文心雕龍詮賦篇云：「賦者鋪也，鋪采摛文，體物寫志也。」又云：「賦自詩出，分歧異派，寫物圖貌，蔚似雕畫。」「體物」、「寫物」爲賦家抒寫情志之主要手法。遠在周代，荀子雲、蠶、箴三賦，已開詠物賦之先河。漢代賦家，拓其堂廡，始則賈誼賦旱雲、枚乘賦笙、劉安賦屏風、華路藍縷，導其先路。至王褒洞簫、馬融長笛諸作出，技巧乃臻圓熟。漢季趙壹之窮鳥、禰衡之鸚鵡，皆爲著名之賦篇。試觀漢代兩百餘篇之賦作中，詠物即佔六十九篇，可知賦體本適合詠物。此外，典型之長篇大賦如司馬相如之子虛、上林；揚雄之長楊、羽獵；班張之兩都、二京等，皆以鋪陳事物爲其慣用手法，以上林賦爲例，草木鳥獸蟲魚玉石等，皆爲其鋪陳臚列之項目，苟將此等項目予以分別獨立，加以刻畫，即轉成無數描寫一物之詠物賦矣。貞一齋詩說云：「詠物一體，就題言之，則賦也。」（註二）此說雖就詠物詩而言，然亦可說明賦體先天即具有詠物之傾向也。

二、時代背景之巨變

賦體本身雖適宜詠物，然於賦體獨霸文壇之漢代，並未獲得充分之發展。究其因，蓋漢代經學昌盛，儒術獨尊，一切學術皆爲儒家思想所籠罩。漢賦亦然，一則賦家依附儒家而求發展，一則儒者運用辭賦以達其諷諫之旨（註三），創作動機或有不同，然強調諷諫作用則一，於是含有諷諭作用之賦篇成爲漢賦之代表作。以漢賦四傑爲例，司馬相如之子虛賦、上林賦、大人賦、哀秦二世賦、難蜀父老、封禪文、揚雄之甘泉賦、河東賦、長楊賦、羽獵賦、解嘲、班固之兩都賦，張衡之二京賦、南都賦、七辯諸賦篇，皆含諷諭之旨，爲典型之漢賦也。迨至東漢末季，王綱解紐，三國鼎峙，魏晉以降，政治紊亂、篡奪相尋，社會動盪、民不聊生，儒家思想式微，道佛思想興起，於是清談流行，玄風大盛。儒家思想一統之尊既失，賦家遂掙脫其「抒下情而通諷諭，宣上德而盡忠孝」（班固兩都賦序）之拘束。復因道家以崇尚自然爲貴，賦家受其影響，遂以自然界之山川草木等爲吟詠之對象，如曹丕槐樹賦序云：

文昌殿中槐樹，盛暑之時，余數遊其下，美而賦之。

柳賦序云：

昔建安五年，上與袁紹戰於官渡，是時余始植斯柳，自彼迄今十有五載矣。左右僕御已多亡，感物傷懷，乃作斯賦。

閔鴻芙蓉賦序云：

川源清徹，羨溢中塘，芙蓉豐植，彌被大澤，朱儀榮藻，有逸目之觀。

或純粹出之以贊美而吟詠，如槐樹賦之美其清暑之功、芙蓉賦之嘉其逸目之觀，或感物傷懷，如柳賦。要之，皆能擺脫諷諭功用之拘束也，由此可知賦體發展至魏晉，由於時代背景之巨變，詠物賦乃得充分發展之環境也。

三、遊戲性質之轉濃

賦乃貴遊文學之產物，初興於吳王王府與梁王菟園，大盛於武宣之宮廷。賦家多為言語侍從之臣，為帝王公侯提供娛耳悅目之篇章，本帶濃厚之遊戲性質。然賦家「基於職責本分，以及學養與理念，在遊戲消遣之外，鋪張揚厲之後，輸之以諷諫。所謂終歸於亂，曲終奏雅。他們投帝王之所好，而寓以規意。」故漢賦始則「以遊戲為衣表，以諷諫為骨裏」（註四），司馬相如之賦篇為代表。其後諷諫之要求日愈強烈，遂「以諷諫為主幹，以遊戲為附葉」（註五），揚雄為轉變之關鍵，班固為典型之代表。無論以「以諷諫為骨裏」或「以諷諫為主幹」，皆不脫離賦家對諷諫之要求，而此等要求，實有礙於詠物賦之充分發展（已見上文）。迨至東漢末季，強調漢賦諷諫作用之尚用觀念逐漸薄弱，愛美尚文之觀念逐漸孳長。王逸即以愛美之觀點贊頌屈原之作品。（註六）至曹丕之時，尚文愛美之觀念更趨明顯。北堂書鈔一百引：

或問：「屈原、相如之賦孰愈？」曹丕云：「優游案衍，屈原之尚也；窮侈極麗，相如之長也。然原據託設譬，其意周旋，綽有餘矣；長卿、子雲，意未及也。」

全以藝術美之觀點評論技巧之工拙，不提諷諫之要求，簡師稱此期為「尚文觀念的廻瀾，與遊戲性質的轉濃」。（註七）

曹魏之際，由於曹氏父子篤好斯文，人才集於鄴，文風鼎盛。君臣之間，行則接輿，止則接席，朝夕相從，觴酌流行，絲竹並奏，酒酣耳熱，仰而賦詩，何其樂也！此曹丕所以念念不忘南皮之遊也。（註八）此種貴遊活動，遂使賦體遊戲之本質重新擡頭，成為宴遊之助興節目，而眼前之一器一物、一草一木，皆為現成之吟詠材料，於是詠物之作，便如雨後春筍，日孳繁盛矣。茲舉數例之明之：

曹丕瑪瑙勒賦序云：

瑪瑙，玉屬也。出自西域，文理交錯，有似馬腦（藝文類聚作瑙），故其方人因以名之。或以繫頸，或以飾勒，余有斯勒，美而賦之，命陳琳、王粲並作。

陳琳馬腦（書鈔作瑙）勒賦序云：

五官將得馬腦（書鈔作瑙），以為寶勒，美其英（書鈔作華）采之光豔也（書鈔無也），使琳賦之（書鈔作為之賦）。

此君臣以馬瑙勒同題競釆之遊戲也。又王粲車渠椀賦云：

侍君子之宴坐，覽車渠之妙珍。

劉楨瓜賦序云：

楨在曹植坐，廚人進瓜，植命爲賦，促立成。（註九）

前者乃君臣遊宴之間、共賞珍玩而作賦，後者亦是飲宴之際，以瓜爲題之遊戲作品。降至晉代，此風不變，如陸機鼈賦序云：

皇太子幸於鈞臺，漁人獻鼈，命侍臣作賦。

潘尼鼈賦序云：

皇太子遊於玄圃，遂命鈞魚，有得鼈而戲之者，令侍臣賦之。

遊戲文學之態度，與魏代並無二致。又如傅玄紫華賦序云：

紫華一名長樂華，舊生於蜀，其東界特饒，中國奇而種之。余嘉其華純耐久，可歷冬而服，故與友生各爲之賦。

傅咸芸香賦序云：

先君作芸香賦，辭美高麗，有覩斯卉，蔚茂馨香，同遊使余爲序。

前者云：「與友生各爲之賦」，故知其爲同題競釆之作，後者云：「同遊使余爲序」知同遊者殆亦有芸香賦，而推傅咸作序以誌之。

按：傅玄父子，於魏晉玄風大盛，清談風行之時代，堅持儒家積極入世之理想，整頓朝綱，糾正士風，誠爲疾風之勁草，歲寒之松柏。然其賦篇，亦有此類閒暇之作，足見當時遊戲文風之盛也。

以上諸例，皆可說明遊戲性質之轉濃，實有助於詠物賦之繁盛。此外，由於文士於遊戲之中，同類競采，激發其表現慾，甚至本不宜於遊戲之題材，亦成同題競采之對象，如陸雲愁霖賦序云：

永寧三年夏六月，鄴都大霖，旬有奇日，稼穡沈湮，生民愁瘁，時文雅之士，煥然並作，同僚見命，乃作賦曰……。

又喜霽賦序云：

余既作愁霖賦，雨亦霽。昔魏之文士又作喜霽賦，聊廁作者之末而作是賦焉。

夫久雨成災，爲文傷之，自屬允當。然觀其賦序所言「時文雅之士，煥然並作，同僚見命，乃作賦」云云，不脫同題競采之態度。至於喜霽賦，乃因魏代文士曾賦之，故亦作是賦，此不僅與當日文士同題競采，且欲與古人爭勝也。由是觀之，遊戲文風促成詠物賦之發達，可謂巨矣。

四、園林山水之風行

園林，依其所有者可分二類：一爲帝王之苑囿，一爲貴族私人之園林。前者曾提供漢賦絕佳之場景，如漢武帝上林苑之建造提供司馬相如馳騁想像以製作雄渾壯濶之上林賦也。後者於魏晉成爲孕育詠物賦之溫床。茲先略述魏晉構築園林山水之盛況：

貴族（或富室）私人之園林，始見於漢代（註一〇），三輔黃圖卷四云：

茂陵富民袁廣漢，藏鏹巨萬，家僮八、九百人。於北山下築園，東西四里，南北五里，激流水注其中，構石爲山，高十餘丈，連延數里。養白鸚鵡、紫鴛鴦，犛牛青兕，奇獸珍禽，委積其間。積沙爲洲嶼，激水爲波濤，故江鷗海鶴，孕雛產鷇，延漫林池；奇樹異草，靡不培植。屋皆徘徊連屬，重閣修廊，行之移晷，不能徧也。

此類人工設計之園林山水，至晉代日趨風行。潘岳閒居賦云：

爰定我居，築室穿池，長楊映沼，芳枳樹籬。游鱗瀺灂，菡萏敷披，竹木蓊藹，靈果參差，張公大谷之梨，梁侯烏椑之柿，周文弱枝之棗，房陵朱仲之李，靡不畢植。三桃表櫻胡之別，二柰耀丹白之色。石榴蒲桃之珍，磊落蔓延乎其側，梅杏郁棣之屬，繁榮藻麗之飾，華實照爛，言所不能及也。菜則蔥韭蒜芋，青筍紫薑，菫薺甘旨，蓼荾芬芳，蘘荷依陰，時藿向陽，綠葵含露，白薤負霜。（晉書卷五十五潘岳傳）

園中花果林木之盛，令人歎爲觀止，而潘岳似乎仍嫌其陋（潘岳有狹室賦），然則當時園林山水之講究可推想而知。東晉會稽王司馬道子東第之園林可爲代表：

牙爲道子開東第，築山穿池，列樹竹木，功用鉅萬。道子使宮人爲酒肆，沽賣於水側，與親昵乘船就之，飲宴以爲笑樂。帝嘗幸其宅，謂道子曰：「府內有山，因得遊矚，其善也。然脩飾太過，非示天下以儉。」道子無以對，唯唯而已。左右侍臣，莫敢有言，帝還宮，道子謂牙曰：

「上若知山是板築所作，爾必死矣。」（晉書卷六十四簡六三子傳）

所築假山，竟爲孝武帝誤認爲自然之丘山，其園林之豪奢可知矣。其餘如紀瞻「立宅於烏衣巷，館宇崇麗，園池竹木，有足賞玩焉。」（晉書卷六十八紀瞻傳）。謝安「於土山營墅，樓館林竹甚盛，每攜中外子姪往來遊集，肴饌亦屢費百金，世頗以此譏焉，而安殊不以屑意。」（晉書卷七十九謝安傳）夫以謝安之賢尚如此，可知構築園林山水之風氣何等盛行。

夫園林既爲貴族遊樂之所，亦爲文士雅集之競技場，加以魏晉之時，賦體諷諫之要求既喪、遊戲之性質轉濃，恰逢園林山水普遍構築，文士遊宴其中，觸目所及，皆爲嘉樹珍果、奇山異石，遂取之以爲吟詠之材料。魏鍾會蒲萄賦序云：

余植蒲萄於堂前，嘉而賦之，命荀勖並作。

晉成公綏木蘭賦序云：

許昌園中木蘭樹，余往觀之，遂爲賦。

潘岳橘賦序云：

余齋前橘樹，冬夏再孰，聊爲賦云爾。

盧諶朝華賦云：

覽庭隅之嘉木，莫朝華之可玩。俯浸潤之泉壤，仰晞影於雲漢。

周祇枇杷賦序云：

昔魯季孫有嘉樹，韓宣子賦譽之。屈原離騷，亦著橘賦。至于枇杷樹，寒暑無變，負雪揚華，余植庭圃，遂賦之云。

以上諸例，所詠者皆庭園之草木花果。魏晉詠物賦中，類此者不可勝數，可知園林山水之盛行，亦爲促使詠物賦日趨繁盛之因素也。

五、「巧構形式」文風之推波助瀾

賦體本以「體物」「寫物」爲其表現之手法，司馬相如即以「工爲形似之言」見稱於沈約（宋書謝靈運傳論），劉勰亦謂漢代賦家「自揚馬張蔡，崇盛麗辭，如宋畫吳冶，刻形鏤法。」（文心雕龍麗辭篇）由是可知「形似」技巧之講求，自漢代已然也。降至魏晉，此等技巧逐漸形成普遍之風尚，文心雕龍物色篇云：

自近代以來，文貴形似，窺情風景之上，鑽貌草木之中。吟詠所發，志惟深遠；體物爲妙，功在密附。故巧言切狀，如印之印泥，不加雕削，而曲寫毫芥。故能瞻言而見貌，印（或疑作即）字而知時也。

劉氏所謂「自近代以來，文貴形似」蓋指宋初形成之文風，亦即明詩篇所謂「宋初文詠，體有因革；莊老告退，而山水方滋。儷采百字之偶，爭價一字之奇，情必極貌以寫物，辭必窮力而追新，此近世之所競也。」凡此，皆可說明巧構形似之文風於宋初已極盛行。然文風之形成，非一朝一夕之力，比興篇云：「曹劉以下，圖狀山川，影寫雲物，莫不織綜比義，以敷其華，驚聽回視，資此効績。又安仁螢賦之流金在沙，季鷹雜詩云青條若總翠，皆其義者也。」可知曹劉以下已普遍運用「織綜比義，以敷其華」之巧構形似手法以「圖狀山川、影寫雲物」矣。至如潘岳螢火賦之具體運用巧構形似之例，魏晉詠物賦中實不勝枚舉也。就晉人本身而言，亦已覺察當代文風已殊異於往昔，摯虞文章流別論云：

古詩之賦，以情義爲主，以事類爲佐；今之賦，以事形爲本，以義正爲助。情義爲主，則言省而文有例矣；事形爲本，則言富而辭無常。文之煩省，辭之險易，蓋由於此。（藝文類聚卷五十六）

此等重視文辭表現技巧之「巧構形似」風尚，配合當時賦體遊戲性質之轉濃，相得而益彰。蓋一則貴遊作家運用「巧構形似」之技巧於同題競采中爭勝逞才，一則爭勝逞才之結果復促使貴遊作家更致力於形似技巧之鑽研，愈演愈盛，遂造成巧構形似文風之勃興。於此文風籠罩之下，日月山川、草木鳥獸及器物等題材，遂成其隨手取爲同題競采之對象，以供其發揮巧構形式之技巧而逞其才華。故「巧構形似」之文風，對於詠物賦之發達，實有推波助瀾之功也。

貳、魏晉詠物賦對詩文之影響

賦介於「詩」「文」之間，有詩之緜密而無詩之含蓄，有散文之流暢而無散文之直截（註一一）。

溯其源流，賦乃詩之別枝，賦家亦以新體詩自許，爲偏向敍事描寫之詩，因主觀之需求與客觀之因素，而有散文化之傾向。不僅有散文之形式，亦有散文之流暢及散文家之知性，亦爲產生文士散文之關鍵（註一二），賦與「詩」「文」之關係極爲密切，故其影響同時流灌於「詩」「文」，茲就「詩」「文」二項以述魏晉詠物賦之影響。

一、詩

㈠促成詠物詩之發達

詠物詩之源起，雖可遠溯詩經「隰有萇楚」及「騶」二詩，然於賦體雄霸文壇之漢代，鮮有詠物詩之作品。高祖鴻鵠歌「鴻鵠高飛，一舉千里。羽翼已就，橫絕四海。橫絕四海，又可奈何？雖有矰繳，尚安所施。」蔡邕翠鳥詩「庭陬有若榴，綠葉含丹榮。翠鳥時來集，振翼修形容。回顧生碧色，動搖揚縹青。幸脫虞人機，得親君子庭。馴心託君素，雌雄保百齡。」可視爲詠物詩之先驅。魏代曹植、劉楨、應瑒有「鬥雞」之詩，繁欽蕙詠、張純賦席、張儼賦犬、朱異賦弩等，則爲名副其實之詠物詩，唯其數不多。西晉詠物詩始漸多，傅玄之芙蕖、蓮歌、雲歌、啄木，張華之荷詩、橘詩，張載之霖雨，陸機之園癸詩，陸雲之芙蕖等詩爲其代表作品。降至南朝，詠物詩蔚然大盛，約得三百餘首（註一三），形成詩壇一股巨流。

觀夫詠物詩繁盛之過程，可知魏晉詠物賦已臻鼎盛之時，詠物詩尚在萌芽之階段，故詠物詩受詠物賦之影響，乃必然之事也。就題材觀之，魏晉詠物賦已包羅萬象，幾乎無物不詠，後代詠物詩之題材，大抵不出於詠物賦之範圍也。就描寫技巧言，魏晉詠物賦已臻圓熟，同時之詠物詩則尚待錘鍊：

席爲冬設，簟爲夏施。揖讓而坐，君子攸宜。（張純賦席）

煌煌芙蕖，從風芬葩。照以皎白，灌以清波。陰結其實，陽發其華。金房綠葉，素珠翠柯。（傅玄芙蕖）

綠房哈其實，金條懸白璆。俯仰隨風傾，煒煒照清流。（陸雲芙蕖）

張純爲三國時吳人，此詩與張紘（亦吳人）之瓌材枕賦相較，同詠寢具，而其描寫技巧優劣立判。傅玄、陸雲二首詠芙蕖之詩，摹寫稍佳，亦能敷彩設色，然與魏晉詠蓮諸賦相較，仍遜色甚多，如：

其始榮也，皎若夜光尋扶桑。其揚暉也，晃若九陽出暘谷。（曹植芙蓉賦）

灼若夜光之在玄岫，赤若太陽之映朝雲。（閔鴻芙蓉賦）

微若玄黎投幽夜，粲若鄧林飛鵷鶵。（孫楚蓮花賦）

其望之也，曄若皦日燭崑山；其即之也，晃若盈尺映藍田。（潘岳蓮花賦）

光擬燭龍，色奪朝霞。（潘岳芙蓉賦）

或擢莖以高立，似彫輦之翠蓋；或委波而布體，疑連璧之攢會。（潘尼芙蓉賦）

此等優美意象之塑造，實爲魏晉詠物詩尚未企及之境地也。由是觀之，南朝詠物詩之發達及其寫物之技巧，蓋有得之於魏晉詠物賦也。

㈡山水題材之開發與巧構形似技巧之啓示

文心雕龍明詩篇云：「宋初文詠，體有因革：莊老告退，而山水方滋。儷采百字之偶，爭價一句之奇，情必極貌以寫物，辭必窮力而追新，此近世之所競也。」山水詩全盛於宋齊，其起源則衆說紛紜，或謂始於詩經、或云源於遊仙詩，或說起自西晉石崇等金谷園詩，或曰萌於東晉末年庾闡、殷仲文、謝混等山水作品。此非本文討論之範疇，姑不置論。此處乃就山水詩構成之二要素——㈠山水之題材㈡巧構形似之技巧（註一四）以探討魏晉詠物賦與山水詩之關係：

㈠山水題材之開發——

描寫山水之詩句，可遠溯至詩經、楚辭，唯其山水之描寫皆屬於陪襯性質，非以吟詠自然爲目的。漢賦以其體制宜於鋪采摛文、寫物圖貌，山水之描寫漸由從屬、陪襯邁向獨立之地位，以吟詠山水爲主體之賦篇亦於漢賦中出現。魏晉賡續漢賦作家所開拓之園地，勤加耕耘，吟詠山水景物之作品大量湧現於地理類之賦篇中，模山範水之技巧，賞愛了解自然之能力大增，如劉楨黎陽山賦云：

自魏都而南邁，迄洪川以揭休。想王旅之旃旆，望南路之遐脩。御輕駕而西徂，過舊塢之高區。爾乃踰峻嶺，超連罡。一登九息，遂臻其陽。南蔭黃河，左覆金城。青壇承祀，高碑頌靈。珍木駢羅，奮華揚榮。雲興風起，簫瑟清泠。延首南望，顧瞻舊鄉。桑梓增敬，慘切懷傷。河源汨其東流，陽烏飄而南翔。覩衆物之集華，退欣欣而樂康。

此賦之創作旨趣純爲個人對山水之欣賞及因景而生之感傷及歡欣，王國瓔「漢賦中的山水景物」云：

「遠在東漢時期的文人，已經具有相當成熟的模山範水的藝術技巧，同時具有賞愛與了解自然山水的能力。唯一還欠缺的，就是南朝時山水詩人爲表現山水本身的美，以及個人對山水賞心悅目的美感經驗而創作的動機和目的。當然，這還需要一段漫長的、動亂的時代才能逐漸培養而成。」王氏所謂漢賦山水景物之描寫有待南朝詩人完成之欠缺處，建安時代之劉楨蓋以完成泰半矣。又如：

谘靈川之遐原兮，于崑崙之神丘。凌增城之陰隅兮，賴后土之潛流。銜積石之重險兮，披山麓而溢浮……若夫長杉峻檟，茂栝芬橿，扶流灌列，暎水蔭防。隆條動而暢清風，白日顯而曜殊光。（應瑒靈河賦）

蔭高樹兮臨曲渦，微風起兮水增波。魚頡頏兮鳥逶迤，雌雄鳴兮聲相和，萍藻生兮散莖柯，春水繁兮發丹華。（曹丕臨渦賦）

美百川之獨宗，壯滄海之威神，經扶桑而遐逝，跨天崖而託身。驚濤暴駭，騰踊澎湃，鏗訇隱鄰，涌沸凌邁……（曹丕滄海賦）

爾乃寒泉懸涌，浚湍流帶，林薄叢蘢，幽蔚隱藹，入風之所歸起，遊鳥之所喧會。（郭璞巫咸山賦）

登彼函谷，爰覽邱陵，地險逶迤，山岡相承，深壑累降，脩嶺重升，下杳冥而幽曖，上穹崇而高輿……（江統函谷關賦）

嘉高岡之崇峻兮，臨玄谷以遠覽。仰高丘之崔嵬兮，望清川之澹澹。爾乃陟重險，涉榛薄，倚

春木，臨幽壑。深谷豁以窈藹，高峯鬱而岧嶤。（胡濟瀍谷賦）

凡此，皆足以說明山水景物之描寫於魏晉已逐漸匯成一股潮流，甚至非以山水爲吟詠主題之賦亦見描繪山水之筆墨，如曹丕賦槐、嵇康賦琴、傅玄賦柳、夏侯湛賦石榴等，於吟詠物象之中，皆有山水小品之閒情逸致：

伊暮春之既替，即首夏之初期。鴻雁遊而送節，凱風翔而迎時。天清和而溫潤，氣恬淡以安治。違隆暑而適體，誰謂此之不怡。（曹丕槐賦）

若夫三春之初，麗服以時。乃攜友生，以遨以嬉。涉蘭圃，登重基，背長林，翳華芝，臨清流。賦新詩。嘉魚龍之逸豫，樂百卉之榮滋。理重華之遺操，慨遠慕而長思。（嵇康琴賦）

若乃豐葩茂樹，長枝夭夭。阿那四垂，凱風振條。同志來遊，携手逍遙。（傅玄柳賦）

若乃時雨新希，微風扇物。藹萋萋以鮮茂兮，紛扶輿以蓊鬱。枝摻稔以環柔兮，葉鱗次以周密。纖條參差以窈窕兮，洪柯流離以相拂。（夏侯湛石榴賦）

至如閔鴻羽扇賦，其題材與自然景物之關係本甚遠，竟有「登爽塏，臨甘泉，漱清流，蔭玄雲，運輕翮以容輿，激清風於自然。披綃衽而入懷，飛羅纓之繽紛，衆坐侃以怡懌，咸俯節以齊歡。感蕙風之盪懷，詠棘心之所歡。」遊覽山水之描述！此外如夏侯湛浮萍賦「步長渠以遊目兮，覽隨波之微草」，蘇彥浮萍賦「余嘗汎舟遊覽，鼓檝川湖，覩浮萍之飄浪」，所詠之浮萍乃遊覽時所見之景物也。由是觀之，若非魏晉親近自然，了解自然之能力大增，豈能有此衆多之山水描寫充斥於詠物之賦篇耶？而此等山水題材之開發，必有助於後世山水詩之蓬勃發展也。

㈡巧構形似技巧之啓示——

形似技巧之講究爲山水詩模山範水、寫氣圖貌之先決條件，若無形似手法之刻畫，山水之描寫將難以達到「極貌寫物」「窮力追新」之境也。唯中國早期之詩歌，自三百篇下迄漢魏，以吟詠情志爲依歸，少著力於繪畫性之客觀寫物，是以「窺情風景之上，鑽貌草木之中」之形似手法遲至六朝始步入詩壇。於此漫長之演變過程中，側重描寫之漢賦已爲詩歌寫作技巧開闢新道，啓示新法。王文進「論六朝詩歌中巧構形似之言」以下列三端說明賦之「寫物圖貌、蔚以雕畫」對六朝形似手法之啓示（註一五）：

①由比興用法之轉變觀其對方貌手法之革創。

②由排偶句法之力求觀其對擬物形式之影響。

③由鋪敍對象之具顯觀其對取景角度之拓展。

就比興用法之轉變言，魏晉詠物賦運用比體之技巧遠逾漢賦。就俳偶句法之力求言，魏晉詠物賦亦較漢賦更工整。就鋪敍對象之具顯言，尤爲魏晉詠物賦之特長。王文進云：「賦對中國文學的貢獻，若由其對六朝巧構形似之言的影響一環來理解，似乎較能看出其更深一層的文學史價值。在詩經傳統綿延下，漢賦沿承楚辭之藝術精神，以另外一種體裁探索出文學更廣泛之要質，此乃文學史上客觀之事實。中國詩歌若以唐宋爲秋實，上而推之，則六朝爲春華，詩騷爲根種，而漢賦者，乃不易爲人所覺之壤土也。」（同註一五）魏晉詠物賦無論就比體之運用，句法之俳偶及鋪敍對象之具顯諸端，對六朝巧構形似手法之影響皆較漢賦爲直接密切，然則魏晉詠物賦厥爲提供最佳養分之「壤土」也。

魏晉詠物賦對詩歌之影響，以上述詠物詩及山水詩最爲直接而顯著。此外，就律體詩而言，意義之俳偶及聲音之對仗爲律詩兩大特色。魏晉詠物賦除平仄之對仗尚未講究外，對偶之技巧已趨整練，精巧之對句比比皆是，此等精巧之對句，實有助於律體詩完成其意義之俳偶也。

二、文

中國文體，自魏晉以下漸漸歧爲古文與駢文兩大派系。王師夢鷗云：「魏晉六朝文體之形成，只是一個『文章辭賦化』的現象……辭賦的寫作也幾乎變作士流必須用力的一端。他們長期受這風氣的薰陶，辭賦的體式便成爲寫作文章的公式；上以對揚朝廷，下以應酬朋友，使得公文書牘莫不帶有辭賦的色彩。」（註一六）文章辭賦化之結果，直接促成駢文之蕃衍興盛。茲就對偶與用典及藻飾三端以觀魏晉詠物賦對駢文之影響：

㈠對偶——

對偶爲駢文構成之基本條件，魏晉詠物賦苦心經營對偶技巧之結果，頗有可觀之成績。無論就對句之形式、遣詞、聲律（註一七）等各方面之技巧皆日臻圓熟，成爲魏晉詠物賦特色之一。後世駢文常用之對仗技巧，魏晉詠物賦大體已具。如：

㈠單句對

又名「單對」，即單句相對，乃對偶之常法。

或若朝雲浮高山。

忽似飛鳥厲蒼天。（曹丕車渠椀賦）

譬若離鵾鳴清池。

翼若游鴻翔曾崖。（嵇康琴賦）

芙蓉映渚。

靈芝蔽岸。（潘尼東武館賦）

沈竄則足撥圓波。

浮泳則臆排微漣。（張望鷿鷈賦）

㈡偶句對

又名「雙句對」「隔句對」「偶對」，即第一句與第三句對，第二句與第四句對。

其始榮也，皦若夜光尋扶木。

其揚暉也，晃若九日出暘谷。（曹植芙蓉賦）

遠而聽之，若鸞鳳和鳴戲雲中。

迫而察之，若衆葩敷榮曜春風。（嵇康琴賦）

河汾之寶，有曲沃之懸匏焉。

鄒魯之珍，有汶陽之孤篠焉。（潘岳笙賦）

擊武乙於河，而誅戮之罰明。

震展氏之廟，而隱慝之誅見。（顧愷之雷電賦）

㈢長偶對

二句以上相對者，謂之長偶對。

其華表則鎬鎬鑠鑠，赫奕章灼，若日月之麗天也。

其奧秘則蘙蔽曖昧，髣髴退概，若幽星之纚連也。（何晏景福殿賦）

遠而望之，若紫霓下躋，雙鶂集焉。

即而視之，若璆琳之柱，華蓋在端。（毋丘儉承露盤賦）

悽戾辛酸，嚶嚶關關，若離鴻之鳴子也。

含喇嘽諧，雍雍喈喈，若羣鶵之從母也。（潘岳笙賦）

其始奏也，蹇澄疏雅，若將暢而未越。

其漸成也，抑案鏗鏘，猶沈鬱之舒徹。（賈彬箏賦）

㈣當句對

又名「本句對」「連環對」一句之中，詞彙自對者也。

器冷絃調。

心閑手敏。（嵇康琴賦）

按「器冷」對「絃調」，「心閑」對「手敏」，上下兩句各自爲對。

叩角動商。

鳴羽發徵。（孫楚笳賦）

按「叩角」對「動商」，「鳴羽」對「發徵」，亦各自爲對。

衣毛被羽，或介或鱗。

棲林浮水，若獸若人。（成公綏天地賦）

按上聯「衣毛」對「被羽」，下聯「棲林」對「浮水」，各自成對。此外「或介」與「或鱗」。「若獸」與「若人」則爲「雙擬對」（見⑨）。

陰霖則興雲降雨。

陽霽則吐霞曜日。（潘岳滄海賦）

按上句「興雲」對「降雨」，下句「吐霞」對「曜日」，皆各自爲對。

按：前述四種對偶方法乃就「句型」兩分類也。其中「長偶對」及「當句對」尤見魏晉詠物賦作者之巧心營構也。

㈤異類對

以不同類之物相對，謂之異類對。又名「異名對」「平頭對」「普通平對」。

仰唼芳芝。

俛漱清流。

「芝」乃植物，「流」爲流水，異類而相對。

壇以文石。

樹之柳杞。（傅咸神泉賦）

「文石」，礦物也。「柳杞」，植物也。不同物類而相對。

似長離之栖鄧林。

若珊瑚之暎綠水。（潘岳河陽庭前安石榴賦）

「長離」，鳳也，爲動物。「珊瑚」，水中植物，爲珍寶之一。二者異類而相對。「鄧林」，桃林也，屬植物門，「綠水」屬地理門，亦異類而相對。

輕塵不飛。

纖蘿不動。（木華海賦）

「塵」「蘿」異類而相對。

㈥同類對

以同類之物相對，謂之同類對。又名「正名對」「的名對」「正對」「切對」「合璧對」。此類對偶之字義與詞性均相對工切，銖兩悉稱，遠較「異類對」嚴密。魏晉詠物賦不乏比例，可見其對偶已漸精工矣。如：

樫松蓊茸於其側。
楊柳婀娜乎其下。（應貞臨丹賦）

來若雨集。
去若雲散。（成公綏烏賦）

斐斐素華。
離離朱實。（傅玄棗賦）

望北林以鸞飛。
集樛木以龍蟠。（陸雲寒蟬賦）

樂雙遊之黃鸝。
嘉別摯之王雎。（摯虞槐賦）

瞻滄津之騰起。
觀雲濤之來征。（曹毗觀濤賦）

右舉諸例，字義與詞性皆堪稱隱妥，已爲後代精美之對仗奠定良好之基礎矣。

按：上述二種對偶方法，乃就字義及詞性而分類也。

㈦疊字對

運用疊字於對句中，謂之疊字對，又名「連珠對」。

布萋萋之茂葉兮。

挺苒苒之柔莖。（王粲迷迭賦）

雲曖曖而周馳。

雨濛濛而霧零。（應瑒愁霖賦）

茂樹蒼蒼。

纖枝翩翩。（夏侯湛朝華賦）

熠熠熒熒，若丹英之照葩。

飄飄熲熲，若流金之在沙。（潘岳螢火賦）

㈧彩色對

以顏色字相對，以增對偶之瑰麗者，謂之彩色對，魏晉詠物賦此類對句亦不少，如：

縹幹綠葉。

青柯紅芒。（鍾會菊花賦）

葉萋萋兮翠青。

英蘊蘊而金黃。（傅玄鬱金賦）

丹喙翠尾。

綠翼紫頸。（左九嬪鸚鵡賦）

揮綠翰以運影。

啓丹嘴以振響。（盧諶鸚鵡賦）

㊈雙擬對

雙擬對者，同一字相隔他字而重出於一句之中，下句亦然。此類對句，謂之雙擬對（註一八）。

魏晉詠物賦已有此例：

或遲或速。

乍止乍旋。（卞蘭許昌宮賦）

乍來乍往。

若懸若垂。（夏侯湛觀飛鳥賦）

可屈可伸。

能幽能顯。（傅咸紙賦）

一低一仰。

乍浮乍沒。（摯虞鵁鶄賦）

按：上述三種對偶方法，乃就其遣詞之方式而分類也。此外尚有依其運用聲韻之情況而分類者，以下三類即是也。

㈩雙聲對

潔文襟以交頸。

抗華麗之豔溢。（阮籍鳩賦）

按「交頸」雙聲，「豔溢」雙聲。

川瀆浩汗而分流。

山嶽磊落而羅峙。（成公綏天地賦）

按「浩汗」雙聲，「磊落」雙聲。

始濛瀎而徐墜。

終滂霈而難禁。（潘尼苦雨賦）

按「濛瀎」雙聲，「滂霈」雙聲。

嘲哳閒關。

倏忽漂潎。（盧諶燕賦）

按「閒關」雙聲，「漂潎」雙聲。

⑪疊韻對

修榦偃蹇以虹指兮。
柔條阿那而虵伸。（曹丕柳賦）

按「偃蹇」疊韻，「阿那」疊韻。

垂華紛之葳蕤。
流翠華之晃瀁。（曹植寶刀賦）

按「葳蕤」疊韻，「晃瀁」疊韻。

布濩磊落。
蔓衍夭閑。（潘岳芙蓉賦）

按「布濩」疊韻，「蔓衍」疊韻。

紛紜雪亂。
混沌雲頽。（郭璞蜜蜂賦）

按「紛紜」疊韻，「混沌」疊韻。

㈢雙聲疊韻對

牢落淩厲。
布濩半散。（嵇康琴賦）

按上句「牢落」「淩厲」皆雙聲，下句「布濩」「半散」皆疊韻。

斐披艳赫。
散換熠爚。（潘岳芙蓉賦）
按「斐披」雙聲，「散換」疊韻。
熒明蒨粲。
菴藹猗那。（盧諶菊花賦）
按「熒明」疊韻，「菴藹」雙聲。
振葳蕤。
扇芬芳。
按「葳蕤」疊韻，「芬芳」雙聲。

由上觀之，後世駢文重要之對偶方法，魏晉詠物賦大體略具矣，其技巧亦日臻圓熟。就形式言：隔句對、長偶對可見其匠心。就遣詞言：疊字、數彩之運用，雙擬之巧構，可見其工巧。就聲律言：雙聲疊韻之運用，頗富聲律諧調之美。此外通篇以對句組成之駢體賦亦出現於詠物賦中（註一九）。由是觀之，魏晉以降駢文之發展，必有取乎是者也。

(二)用典——

駢文之繁用典故，魏晉之後，成爲必要之條件。就魏晉詠物賦用典情況觀之，晉代用典隸事已趨繁富，以詠井諸賦爲例，（註二〇）即可窺知其用典繁富之現象。此外「明用」「暗用」「反用」「

借用」「活用」等用典之故，魏晉詠物賦皆能善加運用，如嵇康琴賦「狀若崇山，又象流波。浩兮湯湯，鬱兮峩峩」活用伯牙、鍾子期之典故，傅咸鏡賦「不將不迎，應物無方」活用莊子應帝王之典，既寫鏡之照物功能，且寓人生之哲理。陸機桑賦「華飛鴞之流響，想鳴鳥之遺音」，利用詩經泮水「翩彼飛鴞，集于泮林，食我桑黮，懷我好音」及七月「春日載陽，有鳴倉庚，女執懿筐，遵彼微行，爰求柔桑」之典，使尋常之桑樹因典故之聯想，產生優美之意象。凡此，皆足以說明用典技巧之臻於靈活。魏晉以降，駢文用典隸事之風，魏晉實已導其先河矣。

㈢藻飾——

辭藻華麗爲駢文遣詞之特色，魏晉詠物賦之辭藻已頗講究，麗辭秀句，不勝枚舉，如：

或若朝雲浮高山，忽似飛鳥厲蒼天。（曹丕車渠椀賦）

遠而望之，若鸞鳳和鳴戲雲中；迫而察之，若衆葩敷榮曜春風。（嵇康琴賦）

熠熠熒熒，若丹英之照葩；飄飄熲熲，若流金之在沙。（潘岳螢火賦）

揮綠翰以運影，啓丹觜以振響。（盧諶鸚鵡賦）

不僅對偶工整，辭藻之華麗，尤爲後世駢文之所尚也。

由上觀之，駢文構成要件之「對偶」「用典」「藻飾」諸端，魏晉詠物賦皆已畢具，所欠缺者，唯平仄之諧調尚待齊梁聲律說以輔成之耳。雖然，其於駢文之影響已極深遠也。

【附註】

註一 參見嚴可均輯全後漢文、全三國文、全晉文。

註二 見百種詩話類編頁一六五七。

註三 見簡師宗梧漢賦源流與價値之商榷頁一二五至一二七。

註四 同註三，頁二十九。

註五 同註三，頁三十三。

註六 王逸楚辭章句敍除以尙用之立場、儒家論詩諷諫之觀點論屈原之作外，又從尙文愛美之觀點以贊頌屈原之作：「屈原之辭，誠博遠矣。自然沒以來，名儒博達之士，著造詞賦，莫不擬則其儀表，祖式其模範，取其要妙，竊其華藻，所謂金相玉質，百世無匹，名垂罔極，永不刊滅者矣。」

註七 同註三，頁三十九。

註八 曹丕與朝歌令吳質書云：「每念昔日南皮之遊，誠不可忘。既妙思六經，逍遙百氏，彈碁閒設，終以六博，高談娛心，哀箏順耳……白日既匿，繼以朗月，同乘竝載，以遊後園。」又與吳質書云：「昔日遊處，行則接輿，止則接席，何曾須臾相失？每至觴酌流行，絲竹並奏，酒酣耳熱，仰而賦詩，當此之時，忽然不自知樂也。」（文選卷四十二）

註九 此序直稱曹植之名，疑爲後人所加之序。

註一〇 參見劉淑芳六朝建康的園宅。

註一一 見朱光潛詩論頁一九〇。

註一二　見簡師宗梧漢賦和詩文的關係。東方雜誌復刊十七卷九期。

註一三　參見王次澄南朝詩研究頁一七二。

註一四　王次澄南朝詩研究以「詩人『尋山陟嶺』、『險徑遊歷』觀覽所得之模山範水作品，且合乎『情必極貌以寫物，辭必窮力而追新』之寫實創作方式者。」（頁一四六）爲山水詩之範疇，義界頗簡明。析其構成要素有二：㈠描寫之題材乃詩人遊歷所觀覽之「山水」。㈡寫作方式必須「情必極貌以寫物，辭必窮力而追新」，此即盛行六朝「巧構形似」之手法。

註一五　見王文第二章第二節。

註一六　見王師夢鷗「貴遊文學與六朝文體的演變」，引自正中書局「古典文學論探索」頁一一八。

註一七　指「雙聲對」「疊韻對」「雙聲疊韻對」等聲律上之運用，不包括平仄對仗。

註一八　文鏡秘府論云：「雙擬對者，一句之中所論，假令第一字是『秋』，第三字亦是『秋』，二『秋』擬第二字，下句亦然。如此之類，名爲雙擬對。詩曰：『夏暑夏不衰，秋陰秋未歸；炎至炎難却，涼消涼易追』」。

註一九　如羊祜雁賦，潘岳蓮花賦全賦皆用對句。

註二〇　西晉孫楚、東晉郭璞、江逌、王彪之皆有井賦之作。四賦皆好用典故，尤以郭氏之作最爲繁富。

俗曲蠡說

胡紅波

一、前言

「俗曲」，一般又稱「小曲」、「小調」，或「時曲」、「時調」。楊蔭深曾論其稱名之義：「因爲牠都是平民所作的，故稱爲『小』，牠又是隨時隨地在產生的，舊的過去了，新的又起來了，故稱爲『時』。」（註一）可見，習慣上稱「時曲」「時調」乃從流行的時間來說的，「時」就是「時尙」、「時興」，略等於今日所謂「流行」。例如「南宮詞記」裡有「汴省時曲」，「玉谷調簧」裡有「時尙古人《劈破玉》歌」，「詞林一枝」有「時尙《急催玉》」、「時尙《鬧五更—哭皇天》」（註二），上海中央書局「時調大全」有「最新時調《十希奇》」（註三）等都如此稱名。至於稱「小曲」「小調」，除了楊氏所說「平民」之意，另外尙有二義：一是指體製結構而言，類似元曲中的「小令」之義，二是就其風格趣味而言，如劉廷璣所謂「小曲者，別於崑、弋大曲也。」（註四）如乾隆年間俗曲集子「時尙南北雅調萬花小曲」，還有日據時期出版的台灣唱片也在《五更鼓》、《酒金扇》等題名上冠以「小曲」之稱（註五）。以上從稱名上可以大致了解其外在特色，若論更內在的本質，則「曲」「調」二字也可得其一二，這說明牠雖然也以歌唱表達，但和山歌民謠有所不同；另外，有部份俗曲也帶動作表演，卻又有別於較完整或較正式的戲曲。所以稱「曲」稱「調」，也正顯示它的音樂文學方面的內在特質。這些都有賴多事蒐集，接觸，儘量全面地對照比較之後，始得以印證之。

二、俗曲的歷史

俗曲的起源或許很早，如楊蔭深就認爲「如詩詞，如樂府，如散曲，當牠們初起的時候，何嘗不是一種可歌的俗曲。」（註六）更早的詩經國風，朱熹認爲是「民俗歌謠之詩」（註七），而近人如顧頡剛等則以爲「詩經所錄全爲樂歌」而非「徒歌」（註八），果如後者，則國風之中至少也有部份是周代的俗曲了。至兩漢，樂府中有「歌」「行」之格，頗近於後世詞牌曲牌，也已不是即興的歌謠，而古詩「四座且莫諠，願聽歌一言……」也反應一種專業歌者表演的實況，所以像「隴西行」「君子行」「相逢行」「東門行」……等都可說是漢代的俗曲。魏晉南北朝時俗曲尤盛，如「懊儂」「莫愁」「三洲」「石城」「襄陽樂」「估客樂」等均漸告定型而廣爲流布，朝野且有譜寫及「度曲」之事，如依古歌「江南可采蓮」作「江南弄」，依北歌「折楊柳」擴充爲「月節折楊柳枝歌」等（註九），均與即興而發的「徒歌」不同，正是俗曲之類。

唐代朝野尤重聲歌之娛，即以朝廷所用曲目而言，其見於「教坊記」者，除「大曲」之外，一般

「雜曲」有二七八首之多。任二北注「曲名」曰：「指次曲、小曲、或雜曲之名，均有別於大曲。」又曰：「雜曲之原聲與始辭，頗多創製於民間之勞動者，或在民間遭遇奇變，而其人之情感頗爲眞摯者，其人並不能『文』，初不限於文人才士而已也。驗諸敦煌所傳之五百餘曲可知也。」（註一〇）任氏所謂「大曲」以外之「小曲」「雜曲」以及敦煌曲五百餘，泰半均無作者可考，雖不見得全屬民間詩人或平民所作，但是民間詩人或平民作品亦必不少。尤其敦煌曲重現後，其中如「五更」「十二時」之類聯章格曲辭型式，不但上有所承（註一一），而且至今仍爲全國各地俗曲曲辭最爲主要之基型。此種曲子在當時既被用來宣敎，則在民間亦必普受歡迎，實際作品當不限於敦煌所見也。

宋詞、元曲的詞調、曲牌之中，也有不少胎源於民間小曲，只是在詞人曲家作品的光輝掩映下，一時少有人關注當時民間俗曲流行的情況。至明代，元曲漸微，文人學士之中乃有人轉而注意依舊蓬勃發展之地方小曲，進而蒐錄之、仿擬之。較著名者如徐渭、馮夢龍等。更有一部份論者隱然以小曲作爲明代韵文文學之代表，如卓人月謂：「我明詩讓唐，詞讓宋，曲讓元，庶幾『吳歌』、『掛枝兒』『羅江怨』『打棗竿』『銀紋絲』之類爲我明一絕耳。」（註一二）袁宏道則說：「故吾謂今之詩文不傳矣，其萬一傳者，或今閭閻婦人孺子所唱『劈破玉』『打草杆』之類，猶是無關無識，故多眞聲。不效顰於漢魏，不學步於盛唐，任情而發，尚能過於人之喜怒哀樂，嗜好情慾，是可喜也。」（註一三）二人所論或難免過當，然而也不是徒托空言，至少沈德符所述明代俗曲流行盛況，可爲二人議論之注脚，沈氏「顧曲雜言」說：

元人小令行於燕趙後，浸淫日盛。自宣、正至化、治後，中原又行《瑣南枝》《傍粧臺》《山坡羊》之屬。李崆峒先生初自慶陽徙居汴梁，聞之，以爲可繼國風之後。何大復繼至，亦酷愛之。今所傳《泥捏人》《鞋打卦》《熬䯼髻》三闋，爲三牌名之冠，故不虛也。自茲以後又有《要孩兒》《駐雲飛》《醉太平》諸曲，然不如三曲之盛。嘉、隆間乃興《鬧五更》《寄生草》《羅江怨》《哭皇天》《乾荷葉》《粉紅蓮》《桐城歌》《銀紐絲》之屬，自兩淮以至江南，漸與詞、曲相遠，不過寫淫媟情態，略具抑揚而已。比年以來，又有《打棗竿》《掛枝兒》二曲，其腔調約略相似，則不問南北，不問男女，不問老幼良賤，人人習之，亦人人喜聽之。以至刊布成帙，舉世傳誦，沁人肺腑。其譜不知從何處來，眞可駭歎！又《山坡羊》者，李、何二公所喜，今南北曲俱有此名。但北方盛愛《數落山坡羊》，其曲自宣、天、遼東三鎭傳來。今京師妓女慣以此絃索北調。其餘穢褻鄙淺，並桑、濮之旨，亦離去已遠。而羈人遊壻嗜之獨深。雨夜開樽，爭相招致。而教坊所隸筝纂等色，及九宮十二則，則不知爲何物矣。（註一四）

這類俗曲塡補了明代韵文史頁的一部份空白，難怪連李、何等復古運動的提倡者也予以肯定，推崇。李崆峒除了以爲「可繼國風之後」，還說：「如今里巷之詞曲，不學而能之，疾徐高下皆板眼，所謂知音也。及問其出某呂某律？孰宮孰商？則不知也。」（註一五）

由明宣德至萬曆約一百五十年間，俗曲已隱隱滙成一股強大的力量，沈氏所記不過一隅而已。即此十九首輾轉孳生，已足可觀，影響所及，連宮廷教坊也自然而然采用唱奏，何元朗「四友齋叢說」所謂：「今之教坊所唱，率多『時曲』，此等雜劇古詞皆不傳習。」（註一六）

入清之後，俗曲之創生及流行，依然蓬勃興盛。舊曲雖不見得全數傳衍下來，但新生者卻花樣翻新，與時俱增。劉廷璣「在園雜志」記載：

小曲者，別於崑、弋大曲也。在南則始於《掛枝兒》，……一變爲《劈破玉》，再變爲《陳垂調》，三變爲《黃鸝調》。……在北則始於《邊關調》……本《涼州》《伊州》意，再變爲《呀呀優》，《呀呀優》者，《夜夜遊》也，或亦聲之餘韻《呀呀喲》，如《倒搬槳》《靛花開》《跌落金錢》不一其類。又有《節節高》一種，《節節高》本曲名，取接高之意，自宋時有之。（註一七）

另外，李斗「揚州畫舫錄」也記錄了清代小曲流行的部份實況：

小唱以琵琶、絃子，月琴，檀板合動而語。最先有《銀紐絲》《四大景》《倒板槳》《剪靛花》《吉祥草》《倒花籃》諸調，以《劈破玉》爲最佳。

又有梨殿臣者善爲新聲，至今效之，謂之《梨調》，一名《跌落金錢》。二十年前尚哀泣之聲，謂之《到春來》，又謂之《木蘭花》。後以下河土腔唱《剪靛花》，謂之《網調》。近來羣尚《滿江紅》《湘江浪》，皆本調也。其《京舵子》《起字調》《馬頭調》《南京調》之類，傳自四方，間亦效之。……于小曲中加引子、尾聲，如《王大娘》《鄉里親家母》諸曲，又有以

傳奇中「牡丹亭」「占花魁」之類譜為小曲者，皆土音之善者也。（註一八）

清代俗曲的總數之多，是無法數計的，有的已經編輯成書，如華廣生的「白雪遺音」，王廷紹、顏曲師的「霓裳續譜」，招子庸的「粵謳」、香迷子的「再粵謳」。有的流散各地。民國十七年，中研院史語所的劉復、李家瑞曾致力蒐集整編俗曲的工作，經三年餘，共得俗曲六〇四四種，初步結集編成「中國俗曲總目稿」。其後中研院又陸續進行蒐集，所有資料也隨院遷台，民國六十二年間，由曾永義先生主持全部資料的整理編目，包含前者在內，共得一〇八〇一種、一四八六〇目。這些作品或是抄本、或是印本，涵蓋了由清乾隆迄抗戰期間、我國好幾個省市的俗曲資料。（註一九）

至於台灣俗曲，大都隨閩、粵移民自大陸渡海傳來，其中有些是閩南福佬系特有的俗曲，如《雪梅思君》《點灯紅》《十二按》等，有些是粵東客家系特有的、如《送金釵》《打海裳》《姑嫂看灯》《初一朝》等，還有一些則是共通的，如《桃花過渡》《病子歌》《五更鼓》《鬧五更》等。有些舊調古曲不知何時已剩下樂曲，而不見傳唱，如《王大娘》、《洒金扇》、《九連環》等。有些則源遠流長，依然受到歡迎，例如《桃花過渡》源出潮劇「蘇六娘」的一齣，在台灣南部成爲車鼓戲的一個單元小戲，在台灣北部則是客家「三脚采茶」的一齣，均傳唱不輟。在狂烈的各樣流行歌曲聲浪衝擊下，這樣的例子並不多見。

三、俗曲和歌謠

在俗文學園地裡，俗曲和歌謠由於都以歌詠爲主要表達方式，要不細加比較，則二者實在沒什麼差別。事實上二者間確實也存在着相當緊密的關係，尤其面對單一的作品時，更難強爲區劃。若仔細參酌若干作品，則不難看出二者似同而實異，各有特色。近世如楊蔭深的「中國俗文學概論」、朱介凡婁子匡合著的「近五十年來的中國俗文學」等，都在歌謠之外，別有「俗曲」之目，亦可知二者確有不可混同之處。劉復在「中國俗曲總目稿」的序文裡也曾很扼要地提示過：「歌謠與俗曲的分別，在於有沒有附帶樂曲：不附樂曲的如『張打鐵，李打鐵』，就叫做歌謠；附樂曲的如『五更調』，就叫做俗曲。」這就是從音樂成份上着眼的判定依據，然而所舉「張打鐵」只是「謠」，當然沒有樂曲，有些歌謠是具有音樂旋律的，如山歌、採茶歌，算不算俗曲呢？這些或許在李家瑞的「北平俗曲略」裡可以歸入「徒歌」一類，那麼也算俗曲了，那歌謠還剩多少？從音樂成份來對照二者的區別原有其道理，但似宜將所謂「附帶樂曲與否」修正爲「詞曲二者在創作之初是否具有緊密相扣的關係？」即音樂部份和文學部份的聯繫程度如何？若其間有密不可分之關係，則屬之俗曲，若其無必然之關係，則不妨視爲歌謠。

試以馮夢龍所輯「山歌」與「掛枝兒」爲例，「山歌」中任何一首皆無固定聲腔，故泛稱「山歌」，或也有不同聲腔，但若只看歌詞是無從分辨那一首該唱什麼聲腔的。至於《掛枝兒》，類於詞調曲牌名，是特殊的音樂韵律節奏，按譜塡詞，則詞之字數，句數、用韵，襯字、虛腔等皆略有定格，不能適用於他曲。再舉客家的山歌或采茶歌和「送金釵」小曲爲例，山歌或采茶歌多隨興而發，都是七言二句一節，四句兩節爲一首，聲腔雖也分平板、山歌仔，老山歌三種，但那一首該唱什麼聲腔也是自由而無拘限的。至於小曲《送金釵》則詞和曲是不能分割的，而且內容和曲名是一致的，音樂和文學的關係最緊密。所以如《掛枝兒》，如《送金釵》也就不是常人可能隨興而發，常常還有賴刋印或傳抄以爲流傳之助，這和山歌或采茶歌的脫口而出，任情高歌是不同的，這就是俗曲。

朱介凡提示對俗曲的認定有五個要點，第一點就針對和歌謠的分辨說的，以爲俗曲「大部份有著『唱本』依據，且有特定的人來傳唱，非如歌謠之全爲口耳相傳，自然流行。」（註二〇）這裡有三個重點値得注意：首先是說俗曲有「唱本」，而歌謠則無；其次是俗曲有特定的人傳唱，所謂特定的人，倒不見得如楊蔭深所說「俗曲多由妓女口裏唱了出來，以取悅他們的客人。」（註二一）那般狹隘；其他如職業演藝人、江湖賣藝者，地方遊藝團體、貨郎、乞食、殘障等都是常見的俗曲傳唱者。三則是俗曲旣有唱本，又有各類歌者傳唱，則傳播的方式自然比歌謠便利得多。這三種情形也直接影響到表達或學習的難易，歌謠固然有極大的活力及韌性，但歌詞必須隨機唱答，始見智巧。而俗曲則曲、詞固定，只要善加揣摩記憶，大致可以得其規矩而不虞荒腔走板。對推廣客家歌謠俗曲有豐富成就的賴碧霞女士也說：

一般客家小調的特色是：它的音調與詞句都是有心譜出來而永不改變的，所以它有一定的歌譜、歌詞，比較容易用現代五線譜或簡譜來記載，才能被一般人士，甚至非客家人士學會唱的。山歌因爲客家人的口音不同，形成多種不同的唱腔，再加上歌詞大都是卽興而編，隨口而出，所以有很多音樂家想譜出山歌的韵味，始終却無法實現。（註二二）賴氏以其多年的實際演唱及創作、研究經驗，獲得如此的結論，雖然指的是客家山歌、俗曲，卻和前面論者意見相符，而可推諸所有的歌謠俗曲。

歌謠和俗曲固然有著以上的差異，但對有些作品而言，每每無法截然予以辨別，例如台灣南部恒春一帶的「思想起」，在當地仍有許多種不同的唱腔，變化自如，並無定格，而歌辭的創作也像客家山歌一樣隨興而發，使用的文學型式，仍然以七言四句爲基型。然而另外却有一套聲腔、歌辭固定不變的「思想起」在演藝者口中傳唱，久而久之，有逐漸定型的趨向。類似這種生命力仍然旺盛蓬勃的民間詩歌，往往既是歌謠，又是俗曲。這正是二者關係密切的一面。若要辨別，就必須從創作、演唱的實際情形來審度音樂和文學的聯繫程度，才能予以適當的認定；如果單單就「思想起」這個題名是無法遽予判斷的。

綜合以上的意見，應可得下述認識：

第一、歌謠以徒歌爲當行本色，以文學成份的歌辭爲主體。俗曲則曲、詞間的聯繫緊密，有些情形甚至是以音樂引導文學，故常要有絲竹管絃伴奏，較爲講究行腔用韵的功夫，而有較固定的板眼節奏。

第二、歌謠以即興短章爲多，而俗曲則或單章或聯章，篇幅多趨向長篇：歌謠創作常重機緣時效，故多隨機唱答，表情達意較重含蓄、凝練。俗曲因有固定樂章爲依據，而樂章之啓始終結多有一定結構，曲詞也易於趨向長篇發展，較便於細緻地敍事或詠物。聯章式的俗曲所以盛行者，其故在此。

第三、歌謠之創作及流傳，仍以「口耳相傳」爲正格，不必亦不宜藉稿本流傳，套用傳說中「歌仙」劉三妹的山歌所謂：「人人山歌肚中出，那有山歌船撑來？」（註二三）正可說明這個特色。而俗曲既多定格，又常以聯章出現，則必須預撰稿本，以爲傳播之資，故稿本，抄本、或刋刻本不但常見，且屬必須。

第四、就音樂成分言，歌謠的活力與韌性較強，而俗曲則較爲穩定而少變化。就文學成分言，則歌謠較爲自由活潑而多樣，俗曲則較狹隘僵化。

第五、由於歌謠具有自由活潑的特性，反而不便用於戲劇之中。俗曲由於略具板眼規格，易於掌握，若進而配合情節內容、巧爲利用發揮，往往可以收到很好的效果，故戲劇中不乏引用俗曲之例，而有些俗曲根本就是以小戲方式演出的。

四、俗曲和民間小戲

俗曲常被應用於戲劇中，尤其是各地方戲，在發展初期，對白部份固然是方言土腔爲主，而聲歌詞曲尤多當地的俚歌小曲，例如明徐渭的「南詞敍錄」所說：「永嘉雜劇卽村坊小曲爲之，本無宮調、亦罕節奏，徒取其疇農士女順口可歌而已。」永嘉雜劇，又稱溫州雜劇、後來又稱南戲，羅錦堂也說：「南戲所用的唱曲，在宋、元時代，本由小曲俚歌雜揉而成，根本就沒有嚴整的宮調，各曲的相聯，大都以聲調的調和爲主。」(註二四)這正是典型的地方戲發軔期的型態。這個階段雖說還不必「尋宮數調」，但在表演的方式上則已經步上舞台，具備舞台劇的型態，像永樂大典中的南戲戲文三種，其中的俚歌小曲也已經不俚不俗了。所以要看俗曲和戲劇結合的原始痕跡，實應求之於一些道地的民間小戲。

所謂民間小戲，從形式上說，也是一種戲劇，因爲它有簡單的角色，演出時也有動作(科)、對話(白)，而唱的正是一些道地的小曲。從內容上說：大都屬於片段的故事，往往脫離嚴肅的主題，而代之以插科打諢、笑駡諧趣戲弄滑稽爲主。至於表演場地，往往就是廣場，廟前空地，乃至馬路邊，有時是游走在迎神賽會的隊伍中，邊走邊演的。道具行頭，每每就地取才，最方便簡陋，化粧臉譜更是可有可無。大陸上北方的秧歌戲，蹦蹦戲，南方的花鼓戲、台灣南部福佬人的車鼓戲，北部客家人的採茶戲、就是標準民間小戲實例。

這種小戲的演出，有的是以一支小曲單獨鋪敍出一個片段的情節、有的是串聯幾支小曲，組合演出一段或幾段相關或無關的情節，故事多取材自鄉野傳說、稗官野史、小說戲劇等，而予以誇大擴充、強化特寫。例如台灣福佬人和客家人都熟悉的「桃花過渡」，是取材自潮州戲「蘇六娘」裡的一段，劇情原是交代蘇家婢女桃花奉安人之命前往西蘆郭家要帶六娘小姐回家，途中過渡時，和梢公進伯展開一段趣味性的「鬭歌」(唱歌比賽)。戲劇是這樣進行的，桃花來到韓江，要求搭渡；上得船來，

……

進伯：到對岸還遠，你唱條歌給阿伯聽。

桃花：伯呀！你也是唱歌能手，要嗎就來鬪歌。

進伯：鬪歌？要就來。你不要以爲我不會唱，我有歌兒一大籮，一千八百與你鬪，鬪到你有口不敢誇，我一面划一面唱，你先唱。

桃花：不，你先。

進伯：要我先，也好，你聽：（唱）

正月百花開，百呀百花開。百花開來蜂蝶狂，昨夜園門無上鎖，桃花偸走來渡江，嚟呀嚟唷來渡江。

桃花：譏諷我，待我來：（唱）

二月木棉花，木呀木棉花。紅花開了開白花，白花飛落你身上，唇邊額角好安家，嚟呀嚟唷好安家。

（中以三、四、五、六月對唱）

進伯：七月……

桃花：七月做什麼？快唱呀！

進伯：不好！沒想到潮水在漲，船兒險些流到「雙溪嘴」！

（下略）（註二五）

戲中的桃花以婢女的身份，扮演一個聰敏慧黠的「紅娘」脚色，原是全劇的靈魂人物。但在台灣所見的「桃花過渡」則已抽離原戲，成爲獨立的片段，演出者及群衆渾然不問原來背景，以及桃花代表的精神，祇從小戲的諧謔一面來欣賞它的趣味，梢公進伯則成爲和桃花份量相等的人物，然而卻往往只是失了名號的「挺渡伯」「阿伯」。在一些記錄小曲的資料裏則漸漸簡化成一男一女的戲謔調笑而已。爲了製造從頭至尾的戲謔效果，一方面誇張「挺渡伯」的丑角喜劇性，一方面添枝加葉，在對話中穿插一些唱段。再一方面則將原本只到六月的「鬪歌」延伸一倍，構成完整的十二月定格聯章歌詞。例如台灣南部車鼓戲裡的第三齣「桃花過渡」就是如此。可見的資料，如呂訴上所錄、是在「鬪歌」之前敷衍一段有說有唱的調笑開場。（註二六）台灣光復初期「利家唱片」出版的「車鼓戲——桃花過渡」（註二七），則以對唱的「十二月」聯章歌詞開場，而後繼之以對唱十七節七言四句式的相褒歌，末了殿以幾句分別勝負的對話作結。有些則將扮演的脚色予以擴充，各增一男一女作爲配角。（註二八）這些變化主要都爲了烘托「挺渡伯」和「桃花」的戲謔調笑，早已遠離了原戲的主題，——許多取材自舊有題材的小戲大都不離這個軌跡。由於小戲的高潮在於「鬪歌」，這段「十二月聯章」的對唱又運用特別的聲腔，形成獨具特色的曲調，所以後來的人不論演藝者或聲樂家表演，都只唱而不演，這樣歌唱聲腔又抽離於動作表演之外，正是俗曲的一格。

有些小戲裡的唱曲並不采用聯章疊唱的方式，而是前後穿插串聯幾支不同的曲子，稍爲講究的還有一定的首尾；組合起來，形成一篇類似「散套」的作品。例如「霓裳續譜」裡的「岔曲」、就是以

《岔曲》始，以《岔尾》收煞，中間或用一支、或用兩支以上的曲子，夾著代言體的對白，由一「正」一「小」搭檔演出，這「正」「小」或者是小姐與丫環，或者是母與女，也是兩個角色的對手戲。如「女大思春」一齣以《岔曲》做引子，中間還有《剪靛花》、《楊柳調》、《寄生草》三支曲子，最後是《岔尾》。（註二九）又如「鄉裏親家我瞧瞧親家」乙齣，則是以《銀紐絲》做引子，中間分別用了《奏吹腔》《京調》《數岔》《南羅兒》以及四闋《銀紐絲》、最後殿以《秦腔尾》收煞（註三〇）。這兩齣戲的角色稍有不同，前一齣只一正一小，後一齣則多一角（城裏親家母），「霓裳續譜」對兩齣戲角色的科白記錄甚詳，尤其有「上」「下」「同下」等字眼，鄭振鐸說：「這裏連說白也有，活是一篇劇本，只是『坐說』，而不上台表演耳。」（註三一）其實這本來就是民間小戲的記錄，表演時雖無戲台可上，但也是有角色動作的，並不止於「坐說」而已，所謂「上」「下」就是出場、退場之意。論其內容不過思春，逗趣，泛泛無奇，重點仍在聲歌部份的幾首小曲的演唱，所以仍是俗曲的一格。

由此可見，俗曲和民間小戲之間存在著非常密切的依存關係，許多俗曲依靠著小戲特殊且方便的表演形式得以傳播保留；而一些小戲也往往采用適合群衆趣味的俗曲，充實活潑其聲腔歌唱的部份、藉以豐富其表演的技巧。

五、俗曲和其他曲藝

俗曲和其他民間曲藝的關係也不能忽略，這可從兩方面來看：一是民間講唱文學，其中歌唱的部份，有些也援用時興小曲；一是民間音樂中，有不少器樂曲也取材於各地俗曲，這些民間樂曲由於具有純厚的民族風味，往往也受到音樂家的眷顧，及群衆的熱愛。

民間講唱雖然由於表演者常創作個人風格濃厚的行腔運調，如蘇州彈詞有所謂「俞調」、「蔣調」、「嚴調」、「徐調」……等，但早期比較簡陋的說唱，有在末端用一支小曲總結的例子，如馮夢龍所錄「籠灯」、「老鼠」、「睏弗着」、「門神」、「破鯮帽歌」、「山人」等，均有很長的說唱，也都按例在末尾，分別演唱《打棗歌》、《黃鶯兒》、《皀羅袍》、《桂南枝》、《玉胞肚》、《駐雲飛》等小曲，而後以一支吳歌煞尾（註三二）。例如「門神」篇：

> 結識私情像門神，戀新棄舊煞忘情。（白）記得去年大年三十夜，捉我千刷萬刷刷得我心悅誠服，……我有个隻曲子在裏到唱來你聽聽：《玉胞肚》君心煞忍，戀新人渾忘舊人！想舊人昔日曾新，料新人未必常新，新人有日變初心，追悔當初棄舊人。《歌》姐道：……。

這裡用的是敍述體而非代言體，而且並無角色分別，全由表演者自說自唱，所以既非小戲，也非單純的山歌，而是簡單的說唱。

另外，和佛教有密切關係的寶卷，在宣講時自然也是有說有唱的，而唱的部份或者是佛教的偈語詩讚，或者就是時興小曲，例如「魚籃寶卷」固然有宗教趣味濃厚的《哭五更》（註三三），而「金瓶梅詞話」裏吳月娘聽薛姑子宣講的「黃氏女寶卷」，除了咏唱偈語之外，還唱了《一封書》、《楚江秋》、《山坡羊》、《皀羅袍》、《臨江仙》五支小曲穿插其中（註三四）。雖是小說家言，但也反應部份明代寶卷宣講的實情。

其他像鼓子曲、或牌子曲之類，都是聯綴許多小曲，表演一個主題故事，其歌唱的部份以《鼓子頭》或《曲頭》啓始，以《鼓子尾》或《曲尾》收煞，中間常用的小曲有《打棗竿》《羅江怨》《倒推船》《玉娥郎》《銀紐絲》《太平年》《剪靛花》《南羅兒》《疊斷橋》等，偶而穿插賓白。（註三五）是以曲藝爲主而以說白爲副的說唱藝術，俗曲的演唱功夫自然更加講究了。

俗曲原本就具有完整而濃厚的音樂成份，每支曲子都能自成格局，構成獨立的樂章，一般大衆較容易獲得清晰而明確的印象。而音樂家若想整理記錄，也較易着手。其實在俗曲流行的同時，應有一些民間樂人將一部份曲子改以器樂演奏，或絲竹、或鼓吹，都不乏這類作品，例如台灣保存的閩南「十三音」樂譜（註三六）裡就錄有不少傳自內地的俗曲的工尺譜，較有歷史淵源的如《寄生草》《剪剪花》《九連環》《哭五更》等，另有一部份則較不爲後人所知：如《補甕》恐源於北方的《鋸大缸》。《問卜》原來也是傳自內地的小曲，其歌詞及唱腔尙保留於台灣客家小曲中。《本島十八摸》應衍生於《外江十八摸》，因歌詞低俗，久已不再傳唱，但仍可見於日人片岡嚴的「台灣風俗誌」（註三七），呂訴上的「台灣電影戲劇史」（註三八）等；而台灣客家小曲「十八摸」經改良曲詞後則仍在傳唱。（註三七）

同屬於鼓吹一系的台灣客家「八音」，是以哨吶吹腔爲主的民間音樂，樂曲的取材也有不少是源自大陸俗曲的。較重要的如：《九連環》《寄生草》《疊斷橋》《剪剪花》《王大娘》等，其中《王大娘》就是《補甕》，同源於北方的民間小戲《鋸大缸》（註三八）。一部份則取材於本地客家小曲，如《送金釵》《姑嫂看灯》《初一朝》《苦裏娘》等；至於像《病子歌》《雪梅思君》之類，則是取材自本地福佬俗曲的。

俗曲的創作原來並不爲應用於說唱藝術，而說唱者自然地援用俗曲，形成說唱中極重要的音樂內涵，對俗曲而言，無疑是正面擴大其功能。民間音樂家自俗曲中尋找素材，進而以音樂方式再詮釋俗曲的情趣及意境，則無異賦予俗曲另一份生機。

六、結　語

以上分別從歷史及比較的角度，對俗曲的形成衍化和一些重要特色，予以扼要考察，期望有助於對俗曲本身之特質及價值做較適切的認識及評估。

俗曲之創作、流衍，原有其一定的特殊條件，所以它和歌謠、戲曲、說唱等，儘管關係密切，其實不同，而自成天地。然而就整個俗文學史觀點以論，它們又都共同擔負過充實廣大庶民精神生活的使命。時至今日，社會型態早已數變，群衆生活的內涵、品味、及步調也迥異往昔，它們也共同面對一樣的困境，——多數的俗文學作品固然有其可貴的民族性、傳統性、及群衆性、鄉土性等特質，但和今天時興的許多新潮曲藝對照，則又不免顯得內容偏狹，形式僵化，而相形失色，漸趨式微。在這樣的情形下，我們若有幸還能翻閱這類作品，或更有幸仍能聆賞、乃至目睹一些碩果僅存的曲藝表演，則內心之中，除了歎惋感動，是否還應有更積極的關懷及熱愛！

七十六年十月

【附註】

註　一　見「中國俗文學概論」第四章「俗曲」（頁一一八）。

註　二　見「中國俗文學史」下册頁二六三、二六四、二七二、二七三。

註　三　「時調大全」，民國三十年三月，上海四馬路中央書店出版，全書共收錄「蘇灘」「申曲」「甬灘」「揚州調」「北方雜曲」等五大類，計一百九十支小曲。

註　四　見「中國俗文學概論」頁一一九引。

註　五　「五更鼓」「洒金扇」均爲日本コロムビア（Columbia）蓄音器株式會社所出版之唱片，編號分別爲八〇〇一七及八〇〇四三。其他「小曲」尚有「小小魚兒」（八〇〇一六）、「八月十五賞月光」（八〇〇四三）。

註　六　同註一。

註　七　詩集傳「國風一」下。

註　八　「古史辨」第三册、顧氏有「論詩經所錄全爲樂歌」一文。

註　九　「樂府詩集」卷二十五、卷四十九、卷五十。

註一〇　「教坊記箋訂」頁五九、六〇。

註一一　「樂府詩集」卷三十三「相和歌辭」平調曲有陳時伏知道的「從軍五更轉」，爲最早的「五更」聯章曲詞。

註一二　見劉大杰「中國文學發展史」下卷頁二五五引陳宏緒「寒夜錄」。

註一三　見張長弓「鼓子曲言」頁四引。

註一四　同上頁二引。

註一五　同上頁三引「空同子」。

註一六　四友齋叢說卷三十七。

註一七　在園雜志卷三。

註一八　揚州畫舫錄卷十一。

註一九　參閱「中國俗曲總目稿」序（民國六十二年台北文海出版社出版），以及曾永義「中央研究院所藏俗文學資料的分類整理和編目」（說俗文學頁一一〇）。

註二〇　見「五十年來的中國俗文學」頁二〇四。

註二一　見「中國俗文學概論」頁二一。

註二二　見「台灣客家山歌」頁一一二。

註二三　見朱自清「中國歌謠研究」頁二七。

註二四　「從宋元南戲說到明代的傳奇」（上）——見大陸雜誌卷二八第三期。

註二五　據福信音樂帶（FS—五〇六九）潮劇「蘇六娘」第一齣。

註二六　「台灣電影戲劇史」頁二二七—二二九。

註二七　利家（REGAL）唱片在日本製版，「桃花過渡」（T一〇九—一一〇）共兩張，由高貢笑、正人愛演唱。

註二八　許常惠、呂鍾寬編采「中國民俗音樂專集」第十七輯「台灣車鼓戲與歌仔戲」，其「桃花過渡」即由二男二女扮演。增加之一男爲船夫之弟、一女爲桃花之妹。（第一唱片公司出版、編號FM—六〇八七）。

註二九　「霓裳續譜」卷五（頁二〇四）。

註三〇　同上，頁二〇〇。

註三一　「中國俗文學史」下冊頁四三四。

註三二　同上，頁二八六—二九二。

註三三　「魚籃寶卷」，取之於佛教寺廟善書櫃，沒有出版資料。全書卅二開本，寶卷部份計卅七頁。《哭五更》見頁一八—二〇。

註三四　七十四回「宋御史索求八仙壽，吳月娘聽宣黃氏卷」。

註三五　參閱楊蔭深「中國俗文學概論」頁一二三，及張長弓「鼓子曲言」三「牌子雜調組織法」。

註三六　見台南樂局以成書院昭和八年十月發行，蘇子昭編輯的「同聲集」附錄雜譜部份。

註三七　見第四集第二章「台灣的雜念」部份。（頁二六三—二六四）。

註三八　見「台灣車鼓戲史」部份。（頁二三〇—二三一）。

註三九　台灣客家小曲《問卜》《十八摸》見賴碧霞「台灣客家山歌」頁二四、五二。

註四〇　參考李家瑞「北平俗曲略」頁一五七—一六〇。

魏晉「朝隱」風氣盛行的原因及其理論根據

江建俊

前言

夫隱則非仕，仕則非隱，隱則高臥山林，仕則昇朝堂，其中容不得假藉。但是在魏晉時代，則突破傳統的隱逸觀，在「玄學」的旗幟下，竟然將「仕」與「隱」結合起來，取消了二者的對立，而合爲一體，這種「新隱逸」，即稱爲「朝隱」。所謂「朝隱」是以在朝任官爲隱，也爲了隱而爲官，即標榜對大自然的嚮往，居官而無官官之事的「心隱」。這是士大夫因應魏晉特殊的社會、政治、學術環境所孕育的處世哲學及生活方式，而這種處世方式是最適合於門第社會及當時政治形勢、玄學風氣之需要的。

按「朝隱」一詞出揚雄法言：「或問柳下惠非朝隱者歟？」而東方朔也有「以仕代耕」、「避世金馬門」之語，然揚雄、東方朔之論，皆在於「形見神藏」的明哲保身之計。而魏晉以後之朝隱，乃有不同的背景與內涵，此於下當深論之。

夫東漢士人道德以「清」爲高，故隱居之士，恒爲人所重，當時朝廷徵辟，每先巖穴，若被徵而不仕，聲價更高，凡避世逃名者，皆得到社會的崇敬，其地位甚且淩駕於當權者之上。他們每隱居州郡，以授徒爲業，而慕風向化者更圍繞於其四周，造成傾動之勢。在那個時候，「隱」是被視爲一種美德，一種價値，從而被表彰歌頌，隱士乃成爲被「尊禮」的對象，許多碑傳贊文從而紛紛出現，如後漢書法眞傳所云的：「逃名而名我隨，避聲而聲我追」也。大底說來，有漢隱者仍存「蟬蛻囂埃」之意，以其自顯淸潔高蹈之氣，故本身即是一種價値。他們尙能隨「性分」作自我抉擇，而少附會其他色彩，更無層出不窮的理論背景。本文即在勾勒魏晉隱逸觀的「隱微」，庶幾其多彩多姿的內涵得以彰顯。

一、時命大謬

漢末天下亂離，士人懷著「大厦將傾，非一木所能支」的看法，紛紛歸隱。如郭泰言：

雖在原陸，猶恐滄海橫流，吾其魚也，況可冒沖風而乘奔波乎！未若岩岫頤神，娛心黃老，優哉游哉，聊以卒歲。（註一）

當時隱居大多是被動的，是爲了「避禍保身」打算。如邴原將家屬「入海住鬱州山中」；諸葛亮爲「苟全性命於亂世」而隱居隆中；韓暨「隱居避亂魯陽山中」；田疇率親族「入徐無山中，營深險」，這時的隱居，乃「時命大謬」使然（註二），唯有先求存身，再求等待時命了。

而魏晉篡代之際，「去就易生嫌疑」，尤其在曹爽、司馬懿爭權趨向白熱化之時，士人紛紛走避，因爲一場生死決鬥即將上演，在此政潮洶湧的時節，爲免捲入政爭的漩渦，乃急流勇退。如山濤傳載：

（山濤）與石鑒共宿，濤夜起蹴鑒曰：「今爲何等時而眠邪？知太傅（司馬懿）臥何意？」鑒曰：「宰相三不朝，與尺一，令歸第，卿何慮也。」濤曰：「咄！石生無事馬蹄間邪？」投傳而去，未二年，果有曹爽之事。

有的却沒有那麼幸運，像何晏以身分特殊，在曹氏與司馬氏的鬥爭中，扮演極關重要的角色，雖然，他在審時度勢之餘，知道大勢已去，自己的下場，也不問可知，但居於對曹魏集團的認同，故「無復退」之理，祇能義無反顧的與篡黨周旋，據名士傳言：

是時曹爽輔政，識者慮有危機。晏有重名，與魏姻戚，而無復退也。著五言詩以言志曰：鴻鵠比翼遊，群飛戲太清，常畏大網羅，憂禍一旦并，豈若集五湖，從流唼浮萍，承寧曠中懷，何爲怵惕驚。

此番思隱而不得之苦，豈旁觀事外者所得知耶？跟他同一下場的桓範，亦闇於「危邦不入、亂邦不居」之理，故有「何圖今日坐汝等族滅」之歎！及正始十年的高平陵之變，曹爽之黨在措手不及下繳械投降，而全數遭到「同日斬戮」的命運，死事之慘，當時有「名士減半」之稱。此事變的犧牲者，皆一時精英，爲天下人仰望的對象，他們血淋淋的結局，給有意仕進者一大打擊，從此即使懷有「濟世志」者，亦激於時變，而思「自全」之計了。其中最有代表性的就是竹林七賢：像阮籍「有傲世情，不樂仕宦」，其詠懷詩言：「咄嗟榮辱事，去來吐道真，巢由抗高潔，從此適河濱」，此中隱志極明顯。嵇康亦自言「榮進之心日頹，任逸之情轉篤」；劉伶則以「行無轍迹，居無室廬，幕天席地，縱意所如」，回歸自然爲理想；向秀亦懷「拔俗之韻」，外物不足拂其心，登山臨水，樂而忘歸；阮咸則「眞素寡欲」；王戎多「韜晦遜退」；山濤每「隱身自晦」，可見七賢値易代之際，自得林皐之間，以「遊山澤、觀魚鳥」爲樂，從孫登以「識時保身」戒嵇康，可窺當時「隱」中實含玄機。

晉書袁宏傳說到「時方顚沛，則顯不如隱」，處尖銳的政爭環境中，士大夫「不得已」而退隱，其隱實非本志，以非出自由抉擇故，所謂「動靜有適，不可過也，犯時之忌，罪不在大，失其所適，過不在深」（王弼周易略例），此牽於局勢，實算不得「眞隱」。

還有，在動輒得咎之際，「愼默」之端，也格外顯得重要，倘祇是「離事」，不能「絕口」，遇事便發，仍無法「自全」！因爲「隱」本含有不滿於當時政權的暗示，等於是當時政治的側面批判，如嵇康就表現得很決絕，甚至山濤擧他爲官，竟與絕交。因爲他不附屬於司馬黨，衷心蘊藉義憤！故雖鍛鐵林下，猶逃不過司馬黨的耳目，而其敢於對趨附司馬黨的鍾會不假以辭色，知其胸中自有「臧否」。而處在魏晉之際，「隱」與「仕」之間，較以往任何一個時代都更帶著政治黨際色彩，它往往反映一種政治抉擇。故在去就之間，稍一不愼，就會身家俱隕，因爲新政權得靠社會「名望」的支持，如果這些有身分地位、具社會聲價的名士賢達，明顯的不願合作，又說了一些「話中帶刺」的話，這等於是當頭澆了一盆冷水，此豈篡代者所能容忍？所以常不惜以嚴法繩之，以收殺一儆佰之效，如嵇康不但「不可起」，且「非湯武而薄周孔」、高喊「越禮教而任自然」，終不免被羅織。因為嵇康在太學、士人集團中極具聲望，所以一朝以「莫須有」之罪被殺，又在士人間引起一陣恐慌。於是一些依違觀望者，亦不得不紛紛出仕了。如向秀，他本有拔俗之韻，及嵇康被誅，秀遂「失圖」，乃應歲舉到京師為官，司馬昭故意問他：「聞有箕山之志，何以在此？」秀機敏的回答說：「巢、許狷介之士，未達堯心，豈足多慕。」向秀「遜辭」隱迹，其實心裡的痛苦逾恒，此可從其「思舊賦」所云：「逝將西邁，經過嵇康之廬，追思曩昔之遊，心徘徊以躊躇」窺出其徘徊難進的苦衷。

又如嵇康的好友阮籍，雖不願出仕，然亦不得不委婉的與司馬昭周旋應酬，有一次，在司馬昭的座上，他還提到樂東平的風土，使司馬昭十分高興，即刻任命他為東平相，但旬日又辭退，不久，又求為步兵校尉，却只顧得飲酒，對實際政務總是漫不經心，這樣求進求退，無非在掩蓋其本迹，令人難以猜測。當時儘多迫於嚴法，「畏法而至」的人，如世說「言語」載：

司馬景王東征，取上黨李喜，以為從事中郎，因問喜曰：「昔先公辟君不就，今孤召君，何以來？」喜對曰：「先公以禮見待，故得以禮進退，明公以法見繩，喜畏法而至耳。」

類此「懼禍應命」者，其仕又是「不得已」。

魏晉禪代之際如此，入晉之後，八王互相攻伐，亂中有亂，士人之或出或處，恒存惴惴不安，晉書劉殷傳亦言「懼禍應命」之事：

趙王倫篡位，孫秀夙重殷名，以散騎常侍徵之，殷逃奔雁門，及齊王冏輔政，辟為大司馬軍諮

> 祭酒，既至，謂殷曰：「先王虛心召君，君不至，今孤辟君，君何能屈也！」殷曰：「世祖以大聖應期，先王以至德輔世，既堯舜爲君，稷爲佐，故殷希以一夫而距千乘，爲不可迴之圖，幸邀唐虞之世，是以不懼斧鉞之戮耳，今殿下以神武睿姿，除殘反政，然聖迹稍粗，嚴威滋肅，殷若復爾，恐招華士之誅，故不敢不至也。」

處此「天地之將閉，平路之將陂，時將大變，世將大革」（王弼易泰卦注）之際，「忠不足以衞己，禍不可以預度」，統治勢力緊緊的招著每一個人的脖子，靠攏新勢力嘛！如果造反不成怎麼辦？盡忠舊主嘛！一朝新政權建立，仍不免被誅除，是進亦憂退亦憂，如何適應那個時代，如何在「全生」與「護志」的衝突中，尋找一可行之路，乃士人最關心的問題。在撲朔迷離的政局中，仕、隱就像押寶般的不牢靠，以其爲生命安危之所繫。一般說來，政亂時險時，每每「士諱登朝，而競趣林薄」（東晳玄居釋），其有迫於嚴法而應仕，亦用盡各種方法歸隱，如張翰傳載：

> （司馬）冏時執權，翰謂同郡顧榮曰：「天下紛紛，禍難未已，夫有四海之名者，求退良難。吾本山林間人，無望於時，子善以明防前，以智慮後。」榮執其手，愴然曰：「吾亦與子採南山蕨，飲三江水耳。」翰因見秋風起，乃思吳中菰菜，蓴羹，鱸魚膾，曰：「人生貴得適志，何能羈宦數千里以要名爵乎！」遂命駕而歸。

這種能即時脫身的，當時人每稱道其能「見機」，或表其有「遠識」，反之，若仍眷戀權位，則恐禍難有不能預料者。譬如張華處八王之亂時，盡忠王室，被趙王倫所收，將死，謂張林曰：「卿欲害忠臣耶？」林稱詔詰之曰：「卿爲宰相，任天下事，太子之廢，不能死節，何也？」華曰：「式乾之議，臣諫事具存，非不諫也。」林曰：「諫若不從，何不去位？」張華乃無語以對。他若陸機之高才，亦死八王之亂，臨刑謂牽秀曰：「……成都（司馬穎）命吾以重任，辭不獲已，今日受誅，豈非命也！」既而歎曰：「華亭鶴唳，豈可復聞乎！」此皆以現實不允許而不能退隱，終至身家被抄滅，爲千古歎恨的顯例。以下每經一次動亂，如王敦、桓玄等造反，總有一些英才死在未及隱、不得隱的難關上。

二、與時舒卷

前云鼎革之際，凡拔奇吐異者，每「求退良難」，因爲這些人的名望，皆足以號召群衆；同時，他們皆是傾智獻策的良材，乃新政權極欲網羅的對象，在迫於威刑下，就是想疏離於政治亦不可能，無已，乃不得不虛與委蛇，絕不肯竭智盡忠，祇「與時俯仰」而已，但這又須有相當的處事智慧，始不露端倪。揆諸史傳，當時士人比較常用的方法是一方面選清官來幹（註三），這樣可以少負責任，一旦發生事故，也較容易劃清界限，免受牽累；而另一方面更具有特色，竟造成一種習尚，那就是以迂迴曲折的手法，如佯狂、縱酒、頹放、任誕等毀行穢德的方法，以示無用，這本是一種明哲保身的「自晦」法，是一種保護色，但也影響到士風的不競，朝綱的廢弛。像竹林七賢之一的王戎，據其本傳所載：「戎以晉室方亂，慕遽伯玉之爲人，『與時舒卷』，無蹇諤之節，自經典選，未嘗進一寒素、退虛名，但『與時浮沈』，戶調門選而已！」晉陽秋又指王戎「多殖財賄，常若不足，或謂戎故以此自晦也。」山濤亦常隱身自晦，故爲孫綽所鄙而斥之曰：「山濤吾所不解，吏非吏，隱非隱。」晉書王衍傳言衍：「雖居宰輔之重，不以經國爲念，而思『自全』之計。」山簡傳言其於王威不振，四方寇亂時，「優遊卒歲，唯酒是躭。」庾敳「爲陳留相，未嘗以事攖心，從容酣暢，寄通而已！」顧榮傳言榮見司馬冏擅權驕恣，懼及禍，「終日昏酣，不綜府事，以情告友人長樂馮熊，熊謂冏長史葛旟曰：「以顧榮爲主簿，所以甄拔才望，委以事機，不復計南北親疏，欲平海內之心也。今府大事殷，非酒客之政。」旟曰：「榮江南望士，且居職日淺，不宜輕代易之。」熊曰：「可轉爲中書侍郎，榮不失清顯，而府更收實才。」旟然之，白冏，以爲中書侍郎。（榮）在職不復飲酒，人或問之曰：何前醉而後醒邪？榮懼罪乃復更飲。這是選清官又毀行的例子。他如王雅「以朝廷方亂，內外攜離，但愼默而已，無所辨正，……凡所謀謨，唯唯而已！」世說賞譽注引冀州記曰：「（楊）淮見王綱不振，遂縱酒不以官事規意，逍遙卒歲而已！成都王知淮不治，猶以其名士，惜而不遣！」……這些極有能力、有智慧且有社會聲價者，既不得不仕，而其仕又如游於熱鍋中，時時憂慮大禍到來，居其位而如坐針氈，乃假借「道具」——酒、藥（寒食散）等，僞裝成不中用，而其衷心的苦痛，從顧榮給州里知交楊彥明的信：「吾爲齊王主簿，恒慮禍及，見刀與繩，每欲自殺，但人不知耳」可窺一斑，魏晉任誕人物的行迹，很多皆是僞裝的。他們熱切的期望能跳開政治圈，高隱林下，而時與願違，唯有「託仕迹」而「慢其形」了！

祇因其人已仕，表面已承認與擁護當時政權，緊張性已大爲減輕，且不太管事，沒有危險性，對朝政没有太多干涉，故多被優容之。同時，其人既養有名望，於是統治者也就順水推舟，以收禮賢愛德之美名，漸漸的，在職爲官，却「袖手」不做事的風氣，已普遍氾濫於當時官場上，許多逐迹之徒，也跟著學樣，以此爲風流。尤其位任隆重者，以遨遊山水終日置酒言咏爲尙，此給時代、政局都帶來了不良的影響，這就是裴頠「崇有論」中所斥的：「處官不親所司」、「奉身散其廉操」者。本來，政局愈迍邅，更須有眞才懷入世擔道的精神，起來旋乾轉坤，起衰振弊，然以主荒政謬，太多血淋淋的教訓，無怪士人祇以保持身家門第爲重了。自漢末黨錮之禍以下，逐漸蔚成的自覺意識，已取代群體觀念，此在晉代門第社會中，更表露無遺，國家的觀念正愈趨解體中，政局之不堪聞問，乃是預料中事。

三、坐委廟堂

在「當官而行，則生命可憂，欲高蹈遠引，則門戶靡託下，於是務爲自全之策，居其位而不事其事」（註四）的苟且習氣，竟蔚成自上至下的普遍爲官態度，漸漸的，由逃避現實、委曲求全竟然變成一種極爲高雅、風流的行爲，這同當時任誕行爲由「有激使然」的不得已，到隨風逐浪，以放蕩形骸爲高雅相呼應，此即戴逵所斥的：「竹林之爲放，有疾而顰者也，元康之放，無德而折巾者也。」在「玄風」的氛圍裡，他們取玄學得「意」、取「神」之旨，一方面坐享朝堂富貴，一方面口談浮虛，不務正事，形成一種仕而非仕，隱而非隱的怪態，他們以爲此乃最得玄學之意趣。他們以官場爲隱所，也爲了隱而爲官，「仕」與「隱」的界限被拆除，二者緊緊的合在一起，此即是「朝隱」。其實「朝隱」是「僞隱」，爲苟且的行爲，外表看似高雅、超塵，其實難掩其虛僞浮靡，自欺可也，欺人實非得計，然此風却氾濫於典午一代，甚至後世。

爲什麼當時忒多「志深軒冕，而泛詠皐壤；心纏幾務，而虛述人外」（文心雕龍情采篇）及「身處朱門而情遊江海，形入紫闥而意在青雲」（南史齊宗室傳）者呢？此中又有一段隱曲轉折，原來，我們若擺開政治因素不談，就整個魏晉時代來講，仍是以「隱」爲高的，特別是「眞隱」者，更被推重，如嵇康撰錄上古以來聖賢隱逸，遁心遺名者，集爲傳贊，此「高士傳」之作也；又皇甫謐作「高士傳」，以「身不屈於王公，名不耗於終始」者爲采錄標準；謝萬作八賢論，取四隱四顯，而以「處者爲優，出則爲劣」，可見當時更凸出的以「隱」爲高（註五），以「仕」爲濁俗，從世說「文學」篇所載：

人有問殷中軍：「何以將得位而夢棺器，將得財而夢矢穢？」殷曰：「官本是臭腐，所以將得而夢棺屍；財本是糞土，所以將得而夢穢污。」時人以爲「名通」。

既是「名通」，則官位、財利爲不韻，乃當時普遍的看法，這時能高情避世、清貞遠操者，輒爲人所欽羡，在玄風普扇的時代，「隱」從「美德」一變爲「高雅」的行爲，由尊禮隱者到欣賞隱者，欣賞其「澄懷悟道」，能擺脫世俗名利。反之，若「俗情不淡」或中途變節者，常成衆人取笑的對象。如世說「排調」載：

范榮期見郗超俗情不淡，戲之曰：「夷、齊、巢、許，一詣垂名，何必勞神苦形，支策據梧邪？」

這是說一「隱」即速得聲名，不待案牘勞形也！「排調」篇又載：

謝公始有東山之志，後嚴命屢臻，勢不獲已，始就桓公司馬，于時人有餉桓公藥草，中有「遠志」。公取以問謝：「此藥又名『小草』，何一物而有二稱？」謝未即答，時郝隆在坐，應聲答曰：「此甚易解：處則爲遠志，出則爲小草。」謝甚有愧色。桓公目謝而笑曰：「郝參軍此通乃不惡，亦極有會。」

像謝公那樣以風流自標，而爲天下士所欣羨者，一朝出仕，實令人歎息絕望，所以屢遭人冷嘲熱諷，只「排調」篇即又有下列記載：

謝公在東山，朝命屢降而不動，後出爲桓宣武司馬，將發新亭，朝士咸出瞻送，高靈時爲中丞，亦往相祖。先時，多少飲酒，因倚如醉，戲曰：「卿屢違朝旨，高臥東山，諸人每相與言：『安石不肯出，將如蒼山何？』今亦蒼生將如卿何？」謝笑而不答。

此皆「鮮終之誚」的趣例。除了被揶揄外，有時還被質疑，如世說排調注引婦人集載桓玄問王凝之妻謝道蘊曰：

太傅東山二十餘年，遂復不終，其理云何？謝答曰：「亡叔太傅先正，以無用爲心，顯隱爲優劣，始末正當動靜之異耳」。

晉書「鄧粲傳」亦載：

（粲）少以高潔著名，與南陽劉驎之、南郡劉尙公同志友善，並不應州郡命。荊州刺史桓沖卑辭厚禮請粲爲別駕，粲嘉其好賢，乃起應召。驎之、尙公謂之曰：「卿道廣學深，衆所推懷，忽然改節，誠失所望。」粲笑答曰：「足下可謂有志於隱而未知隱。夫隱之爲道，朝亦可隱，市亦可隱，隱初在我，不在於物。」

隱志不堅者，每遭拒斥，世說「棲逸」載：

南陽翟道淵與汝南周子南少相友，共隱于尋陽。庾太尉說周以當世之務，周遂仕，翟秉志彌固。其後周詣翟，翟不與語。

爲什麼魏晉時代格外以隱爲高呢？這可由下列原因說明之：㈠以老莊思想爲主導的時代，隱才是第一義，仕終是下乘，因老莊基本精神是超俗出世的，就是反仕，其生命態度，本與隱者同，皆求逍遙自適，不以外物累心。故追步許由，企慕松喬。㈡以隱逸爲最得玄學意趣。㈢求於道術，高蹈遊仙，絕棄流俗喧囂，以樂其志。當時重養生，採藥煉丹風熾，或養形或養神，形神兼養，高隱乃得實現養生的願望，故爲求道慕道者所崇。㈣高門貴族享盡榮華富貴，其生活奢靡，相形之下，隱者不驚寵辱，具拔俗之韻，於是棲遲蓬蓽者，乃如鶴立雞群般，成爲被企慕的對象，世說「棲逸」載：

阮光祿在東山，蕭然無事，常內足於懷，有人問王右軍，右軍曰：此君近不驚寵辱，雖古之沈冥，何以過此！

「棲逸」篇又載：

戴安道既厲操東山，而其兄欲建式遏之功，謝太傅曰：「卿兄弟志業，何其太殊？」戴曰：「下官不堪其憂，家弟不改其樂」。

此以「憂」、「樂」判「仕」、「隱」，而高下自見矣。同篇又云：

孟萬年及弟少孤，居武昌陽新縣，萬年遊宦有盛名當世，少孤未嘗出，京邑人士思欲見之，乃遣信報少孤云：「兄病篤。」狼狽至都，時賢之者，莫不嗟重。因相謂曰：「少孤如此，萬年可死。」

以東山之志淡泊名利，不降志屈身，且以其能安貧樂道，故爲人所企羨。世說棲逸注引袁宏「孟處士銘」：

少而希古，布衣疏食，棲遲蓬蓽之下，絕人間之事，親族慕其孝，大將軍命會稽王辟之，稱疾不至，相府歷年虛位，而淡然無悶，卒不降志，時人奇之。

故世聞隱逸者而頂禮傾心焉。因爲以「隱逸」爲高、爲雅，又以其不爲物役，內省自足，而被視爲「達人」、「至人」，於是即使再貪鄙，也要刻意僞裝得不食人間煙火。像石崇之奢豪，卻有「思歸引」之作，其序曰：「晚節更樂放逸，篤好林藪，遂肥遁於河陽別業。」又云：「困於人間煩黷，常思歸而永歎！」趨炎附勢、浮湛富貴的潘岳，也要口沾清高，在他的「閑居賦」序中云：「覽止足之分，庶浮雲之志」，皆表現爲身在「廟堂」而心在「江湖」的樣子。文人才士如三張、二陸、兩潘、一左，在其詩文中多希企嘉遁。他如孫綽遂初賦、戴逵閑遊贊等志存山林者極夥。

但是隱居巖穴，生活艱苦，如晉書隱逸郭文傳：「窮谷無人之地，倚木於樹，苫覆其上而居焉。」孫登傳：「編草爲裳」，楊軻傳：「衣褐縕袍」、「食粗飲水」，過極端清苦的生活，實非一般人所樂爲，王羲之「與謝萬書」云：

古之辭世者，或被髮佯狂，或汚身穢迹，可謂艱矣。

所以桓溫讀皇甫謐高士傳，至於陵仲子，便擲去曰：「誰能作此溪刻自處」。像伯夷叔齊之流，「甘長飢於首陽」，介之推「安赴火於綿山」，又如夏統之木人石心，皆苛刻不近人情，實非重生活享樂的魏晉名士所喜。所以世說「言語」載：

劉眞長爲丹陽尹，許玄度出都就劉宿，牀帷新麗，飲食豐甘，許曰：若保全此處，殊勝東山，劉曰：卿若知吉凶由人，吾安得不保此。王逸少在坐曰：令巢許遇稷契，當無此言，二人並有愧色。

貴遊名士過「牀帷新麗，飲食豐甘」的生活，因而有「殊勝東山」的肺腑之言。更有像康僧淵之不堪山林寂寞而出者（見世說棲逸篇），造成種種笑話。

因爲魏晉士人太介意於清高，所以即使浮湛富貴，不願隱居深山，却也要矜持爲不屑實務的樣子。如世說「品藻」載：

撫軍（司馬昱）問孫興公：「卿自謂何如？」曰：「下官才能所經，悉不如諸賢，至於斟酌時宜，籠罩當世，亦多所不及，然以不才，時復託懷玄勝，遠詠老莊，蕭條高寄，不與時務經懷，自謂此心無所與謝也」！

「品藻」篇又載：

（晉）明帝問謝鯤：「君自謂何如庾亮？」答曰：「端委廟堂，使百僚準則，臣不如亮，一丘一壑，自謂過之。」

此皆以堯舜事業爲塵垢粃糠，且以自許，他們無視於現實，晉室自元康以來，及過江宇內稍安，門閥世族帶動整個時代，安於逸樂，士人多優遊山林、快意遊宴，而忘記北伐之事，他們以北伐是軍人的事情，是卑賤的實務。而凡可以顯才調、風雅者，則無不競逐之，這樣，往往沒有抓住事情的嚴肅面，常常是「舍實逐聲」，東施放顰，沒有精神內涵，此干寶「晉紀總論」所言：

進仕者以苟得爲貴而鄙居正，當官以望空爲高而笑勤恪，是以劉頌屢言治道，傅咸每糾邪正，皆謂之俗吏，其倚仗虛曠，依阿無心者，皆名重海內，若夫文王日旰不暇食，仲山甫夙夜匪懈者，蓋若嗤黜以爲灰塵矣。

晉書「儒林傳」也說：

有晉始自中朝，迄於江左，莫不崇飾華競，祖述虛玄，擯闕里之典經，習正始之餘論，指禮法爲流俗，目縱誕以清高，遂使憲章弛廢，名教頹毀。

當時對做官敬謹，苦幹實幹者，却視之爲「執鄙吝」者（註六），難怪庾翼對一般有盛名而無治實者並不以爲貴，認爲此輩當「束之高閣」（註七），只能點綴太平而已！

當時就是阿衡朝綱者亦以無爲爲上，以好遊山水爲有勝情，世說「政事」載：

丞相末年，略不復省事，正封籙諾之，自歎曰：「人言我憒憒，後人當思此憒憒。」

「言語」篇亦載：

王右軍與謝太傅共登冶城，謝悠然遠想，有高世之志。王謂謝曰：「夏禹勤王，手足胼胝，文王旰食，日不暇給，今四郊多壘，宜人人自效，而虛談廢務，浮文妨要，恐非當今所宜。」謝答曰：「秦任商鞅，二世而亡，豈清言致患邪？」

王導以「遺事」爲高，謝安亦「不存小察」、「靜以和靜」。等而下之，則流於苟且偷安，貪圖佚樂中，於是朝中充滿優遊無事的「寄生蟲」，像世說「簡傲」篇所載：

王子猷作桓車騎騎兵參軍，桓問曰：「卿何署？」答曰：「不知何署，時見牽馬來，似是馬曹。」桓又問：「官有幾馬？」答曰：「不問馬，何由知其數？」又問：「馬比死多少？」答曰：「未知生，焉知死？」

又載：

王子猷作桓車騎參軍，桓謂王曰：「卿在府久，比當相料理。」初不答，直高視，以手版拄頰云：「西山朝來，致有爽氣。」

此以優遊卒歲自標也。他如謝萬負征討之責，却以嘯詠自高，未嘗撫慰衆士，謝安勸他召集部將打打氣，他却以如意指諸將曰：「諸君皆是勁卒！」一付邁往不屑之「韻」事，其落敗乃是預料中事，最後他也祇能去當「隱士」，乃免殺身之禍了（世說簡傲）。當時身受重任，鎭扼上流者，儘多自命風流而每事不辦者，此在今日被視爲棄才，但當時並不以爲非，反以「通達」目之，認爲這才夠「風流」，像劉惔一類「居官無官官之事，處事無事事之心」者，反而被視爲高雅，而恪勤匪懈者，終滯鄙俗矣。可見此時「朝隱」之風的流衍，殆非政治之緊張，而是貴遊既羨慕「隱」之淸高，而不願居巖穴之艱苦，於是將二者結合起來，居官而依倚虛曠，以虛淡應世務，這實可稱是「半隱」，當玄學講「聖人有情而無累於情」、「自然」與「名教」合一，「朝隱」正是此論的行動實踐，行爲獲得理論的支持，每因風易行。至乎此，「隱」義已顯得寬鬆不自然矣，此所謂「好遁跡而不求其本」者！從中朝名士庾敳的名言：「意在有無之間」，可推當時士人亦存「隱在有無之間」，此「有無之間」具有無限妙用，最合「玄」趣！

四、迹冥圓融

因爲當時士人內心普遍的存在一種矛盾，即：想隱居却不堪其苦，正經爲仕又嫌繁擾不淸高，這本是貴遊名士輕浮的習染，却在玄風普扇下蔚成風氣，配合著門第社會的氛圍，乃亟需一種彌合仕、隱衝突的理論，於是「迹冥圓融」論乃迎合時代要求，適時的提出。不難想見當時此說因衆目所待而風靡一時了，其被後代思想界批評爲「阿世哲學」，實非無的放矢。

因爲當時仍有一股儒學勢力，他們見王綱的解紐、士風的不振，乃起而糾彈「貴無派」「偃息」、

「靜拱」的缺失，痛斥清談無爲之時風，此以裴頠「崇有論」爲代表，但也有一些熱勢之徒，身居權位，薰灼內外，他們爲辯解自己，也爲杜悠悠之口，不願被當時雅尚清虛者視爲「非我族類」，乃標出一種足以救「貴無」之弊，又無「崇有」太務實，被視爲不清雅的兩全理論，那就是郭象的「迹冥圓融」說。郭象本自標清高不願出仕的，後來被東海王延攬，甚得信寵，當時儘多像郭象這種仕隱無常，出處變易的奔競之士，他們又多麼在乎「清雅」之目，於是坐擁殿堂，享朝端之富貴，一邊却手握玉柄塵尾，學作「爾馨語」，自命雅遠，在「游外以冥內」、「終日揮形而不害神氣」的自欺欺人理論掩護下，安然無所愧矣。郭象在莊子大宗師注中提出：「夫理有至極，外內相冥，未有極游外之致而不冥于內者也」，只要能「冥」，則雖身處廟堂之上，而心無異於山林之中，「逍遙遊」注云：

> 世以亂故求我，我無心也，我苟無心，亦何爲不應世哉？然則體玄而極妙者，其所以會通萬物之性，而陶鑄天下之化，以成堯舜之名者，常以不爲爲之耳，孰弊弊焉勞神苦思以事爲事，然後能乎？

此將隱仕之矛盾統一起來，認爲隱逸重在精神之超然無累，祇要宅心玄虛，祇要「無心」，則應世可也，這是以山林與廟堂不二，眞正外王者必是內聖，「游外」者乃能「冥內」，治理天下祇是迹，如不以此爲意，則可不擾其神志。「駢拇」注云：

> 故與世常冥，唯變所適，其迹則殉世之迹也，所遇者或時有槃夷禿脛之變，其迹則傷性之迹也，然而雖揮斥八極，而神氣無變，手足槃夷而居形者不擾，則奚殉哉？無殉也。

郭象提出「無心、順有」，以「即世間」爲「出世間」，在「得意」的觀點上，溝通了「仕」與「隱」。此理論頗爲徘徊於仕、隱間的士大夫所喜。「逍遙遊」注云：

若謂拱默乎山林之中，而後稱無爲者，此莊老之談所以見棄於當塗，當塗者自必於有爲之域而不反者，斯之由也。

「馬蹄」注又云：

而惑者聞任馬之性，乃謂放而不乘，聞無爲之風，遂云行不如臥，何其往而不返哉！斯失乎莊生之旨遠矣。

郭象以那些認爲山林才能高隱的說法是「惑」者，這種「迷惑」不通者的看法，是大大的錯解、誤解了莊子。是使莊子爲當道者所棄的癥結，他認爲「無爲之業，非拱默而已，所謂塵垢之外，非伏于山林也」。於是在「逍遙」注中直言道：

若獨亢然立乎高山之頂，非夫人有情於自守，守一家之偏尙，何得專此？此故俗中之一物，而爲堯之外臣耳。

他斥「亢然立乎高山之頂」之山谷之士及遺絕塵世者乃「俗中之一物」，乃何其「往而不返」者！他說：「若乃厲然以獨高爲至而不夷乎俗累，斯山谷之士，非無待者也，奚足以語至極而遊無窮哉？」不能順世隨俗，一味自標清高者，反見其偏執不自然！此破以隱爲高的論法。

反過來，他又破「崇有」者祿仕有爲，入而不能出，勞形苦思，未得逍遙。如嵇康所言做官有「

七不堪」、「二不可」，像機務纏心，繁禮擾人等，郭象順著整個士風普遍希企雅遠的要求，強調做官任事本可不害脫俗，甚且在游外（應世）之中，更能圓滿的達到「自然」。

因爲當時頗有一些士人，在「存身」與「固志」的兩難下，降志辱身，衷心不能沒有沈悔；又有一些任事用事，卑屈的俯伏於權勢之下者，他們亟須一大套宏緯的理論，來爲自己作辯護，以避時人不耻的眼光，以杜時人之口，故「迹冥圓融」論乃在諷諭人要「多可而少怪」！

郭象認爲「至至不虧」，故一味守寂，只是一偏；游談方外，不能與「化」爲體，終無法臻乎聖境。聖人遊變化之途，與物「冥」而無迹，因爲他不曾有「對」於天下，祇是與衆「玄同」，故未始不寧。如果一個人先在心裡存著對待，視世人爲俗人，而自己就如不食人間煙火的高人雅士，這樣的獨異於人，乃是「有己以臨物，與物不冥」者，在郭象看來，祇是「俗中之一物」而已。「在宥」注云：

> 夫與衆玄同，非求貴於衆而衆人不能不貴，斯至貴也，若乃信其偏見而以獨異爲心，則雖同於一致，故是俗中之一物耳。

齊物論「謂之道樞」郭象注又云：

> 故無心者與物冥而未嘗有對於天下也，此居其樞要，而會其玄極，以應夫無方也。

故玄通合變之至人，無時而不安，無順而不處，冥然與造化爲一，於是游於世而不避，這是與其「適性即逍遙」的說法相呼應的，「天地」注云：

聖人未嘗獨異於世，必與時消息，在皇爲皇，在王爲王，豈有背俗而用我哉！

逍遙遊「綽約若處子」注云：

神人即今所謂聖人也。聖人雖在廟堂之上，然其心無異於山林之中，世豈識之哉？徒見其戴黃屋，佩玉璽，便謂足以纓拂其心矣，見其歷山川，同民事，便謂足以憔悴其神矣，豈知至至者之不虧哉？

郭象提出「游外者依內，離人者合俗」之說，正可以圓滿「貴無」與「崇有」之矛盾，一方面可以居位任官做事，救虛無之弊；一方面又神氣不虧，不妨害清高、自尊，更不妨害逍遙，既有「貴無」所沒有的好處，却無「崇有」之缺點，兩方面兼顧，在「仕」與「隱」之精密結合下，至乎「玄冥」，這是最高的境界。「大宗師」注云：

內放其身，而外冥於物，與衆玄同，任之而無不至者也。

至此而「貴無」者無可攻之流弊，而「崇有」者無可諷之俗累，豈不滿足了「貴無」、「崇有」之要求，而解決了「崇有」、「貴無」之缺憾？故郭象之學說之投合時人口味，是有原因的。郭象莊子注序云：

故觀其書，超然自以爲已當經崑崙，涉太虛，而遊惚怳之庭矣。雖復貪婪之人，進躁之士，暫而攬其餘芳，味其溢流，彷彿其音影，猶足曠然有忘形自得之懷。

這樣，「貪婪之人」、「進躁之士」，也得「曠然自得」矣，此實爲「波流」之士、「熱勢之徒」，找出一條既清高，又得享受現實的方便大道。所以郭象「迹冥圓融」義，其實是「朝隱」風氣最圓滿的理論根據，此說一出，天下靡然，追求「形超神越」，於是這邊「招權納賄」，這邊「口談浮虛」，遊山玩水，樂也融融！「朝隱」成了一種格外「風流」的行爲！

因爲高門貴族封山占澤，自立莊園。莊園中有清泉茂林，亭臺樓閣，珍禽異獸，名花異卉，有優遊之樂，無巖居之苦，故個個「虛述人外」、「汎詠皐壤」（文心情采），以山水玄意，沖淡俗情。王羲之「與謝萬書」云：

今僕坐而獲逸，遂其宿心，其爲慶幸，豈非天賜，違天不祥，頃遊東還，修植桑果，今盛敷榮，率諸子，游觀其間，有一味之甘，割而分之，以娛目前。雖植德無殊邈，猶欲教養子孫以敦厚退讓，或以輕薄，庶令舉策數焉，彷彿萬石之風，君謂此何如？比當與安石東游山海，并行田視地利，頤養閒暇，衣食之餘，欲與親知時共歡讌，雖不能興言高詠，銜杯引滿，語田里所行，故以爲撫掌之資，其爲得意，可勝言邪！常依陸賈、班嗣、楊王孫之處世，其欲希風數子，老夫志願盡於此也。

在山水勝景中，立精舍別墅，「傍連嶺，帶長川，芳林列於軒庭，清流激於堂宇」，假山假水，更不必勞神對外尋求。自得其中，享受「出則以遊目弋釣爲事，入則有琴書之娛」的寫意生活。尤其江南山川靈秀，令人「應接不暇」，據世說言語注引會稽郡記曰：

會稽境特多名山水，峯崿隆峻，吐納雲霧，松栝楓柏擢榦竦條，潭壑鏡徹，清流瀉注。

林岫皓然，雲興霞蔚，「秋冬之際，尤難爲懷」，故王羲之一到江南，流連光景便有「終焉之志」，這是神仙生活在人間的完成。朝隱是在魏晉政治環境、玄學理論、享樂風氣相結合下所興起的理想生活方式。而門第經濟豐厚，爲「朝隱」提供條件。

就是求仙求佛，也與傳統之高蹈離塵不同，而求在盡一生之歡，窮當年之樂，食甘旨，服輕煖、通陰陽、處官秩的情況下，若人間可得長生，何必昇遐？所以抱朴子「釋滯篇」載：

> 古人多得道而匡世，修之于「朝隱」，蓋有餘力故也。何必于山林，盡廢生民之事，然後乃成乎？

本來求仙是企圖絕然脫塵，遠離人間，到處無飄渺的仙境，今則變成要求更長久的在人間天堂裡享受清福，在現實生活中優遊山水、窮歡極娛，則成仙得道的樂趣也盡在其中了。這種朝隱式的求仙方法，自爲人所樂趨，於是深山採藥，樂而忘返；窮名山、泛滄海，有「卒當以樂死」之歎！

就是求佛，也以「發心」爲主，不必一定出家，在東晉過江後流行的「心無」宗，有「內止其心，不空外色」的學說，祇要「無心」、「神靜」，不滯外色，於物上不起執心，則外境雖有而不有。僧肇亦有「眞俗不二」、「即物順通」之論，同不廢入世之迹。於是佛徒亦浸染時風，紛紛爲王者所迎，又與高門遊，過士族生活，却標榜游朱邸如蓬戶，如世說新語「言語」載：

> 佛圖澄與諸石遊，林公曰：澄以石虎爲海鷗鳥。

又云：

竺法深在簡文坐，劉尹問道人何以遊朱門，答曰：「君自見其朱門，貧道如遊蓬戶。」

像支遁周旋於王公貴族之間，來往於名勝許，喜結「塵外之狎」，亦以「名流」標，畜馬養鶴，談辯不厭，清識玄遠，神情高傲，當他久遊京邑後，想入剡隱居，時任吳興太守的謝安還與書懇留，說吳興閒靜，與剡地無異，又有良醫衞護，還可朝夕周旋言詠。（見高僧傳）當支道林欲還東時，時賢皆祖送，是殆與名士無別。（註八）而當時許多士大夫、知識份子，樂與高僧遊，如王導、周顗、庾亮、謝尚、郗超、王恭、王謐、戴逵、謝敷、許詢、孫綽、簡文帝……等，其中不必眞心皈依，不過借佛之「空」智以「祛練神明」，點化俗情，以沾染清高之氣而已！（註九）

在玄學的氛圍裡，一切無不以主體的「心」爲樞要，心神爲形軀之本，故不可拘執有形之粗迹，如執著形迹，則得不到「眞性」，難怪王坦之要著論言「沙門不得爲高士」了，世說「輕詆」載：

王北中郎……著「沙門不得爲高士」，大略云：「高士必在於縱心調暢，沙門雖云俗外，反更東於教，非情性自得之謂也。

祇要宅心玄遠，不必拘泥形迹。蓮社高賢傳「周續之傳」載：

或問身爲處士，時踐王庭，何也？答曰：心馳魏闕者，以江湖爲枯槁，情致兩忘者，市朝亦岩穴耳。

此以「情致兩忘」則廟堂與江湖無別，辛謐「遺冉閔書」云：

……然賢人君子雖居廟堂之上，無異山林之中，斯窮理盡性之妙，豈有識之者邪！是故不嬰於禍難者，非爲避之，但冥心至趣而與吉會耳。

他們強調「心隱」，也就是精神隱居，祇要心存玄思，則朝亦可，市亦可。太平御覽卷八十引東晉苻朗著「苻子」，文中言：

許由謂堯曰：「坐于華殿之上，面雙闕之下，君之榮願亦已足矣夫？」堯曰：「余坐于華殿之上，森然而松生於棟，余立於櫺扇之內，霏焉而雲生于牖，雖面雙闕，無異乎崔嵬之冠蓬萊，雖背墉郭，無異乎迴巒之縈崑崙，余安知其所以榮不？」

那麼，何必鄙榮華呢？所貴者在「神會」耳！如謝安，愛好聲律，朞功之慘，仍不廢妓樂，王坦之諫之，他却回書言：「稱情義則無所不可爲……常謂君粗得鄙趣者，猶未悟之濠上邪？」（晉書王坦之傳），享受人生是風雅，所以「朝隱」頗契合於行樂，傳統之隱太刻苦，非人所樂爲，唯朝隱兼有出處之美。王康琚「反招隱詩」更標出「大隱」、「小隱」之目，其言曰：

小隱隱陵藪，大隱隱朝市，伯夷竄首陽，老聃伏柱史，昔在太平時，亦有巢居子，今雖盛明世，能無中林士？放神青雲外，絕迹窮山裡，鵾雞先晨鳴，哀風迎夜起，凝霜凋朱顏，寒泉傷玉趾。周才信衆人，偏智任諸己，推分得天和，矯性失至理，歸來安所期，與物齊終始。

此淮南小山招隱「山中兮不可以久留」之意，則隱、仕的距離沖淡，於是「隱」不再是「不得已」，反而是樂事，是積極追求的一種生活方式。他們日與自然爲友，流連山林野趣（註一〇），每佳節美日，遊新亭、泛滄海，名園賞竹，曲水流觴，專擅丘壑之美，心亦不再懷慚，忘記「山河之異」（註一一），忽憶及朋友，則千里命駕，到了友處，却不見而返；即若隱居，亦接受四方諸侯之遺，如世說「棲逸」載：

許玄度隱在永興南幽穴中，每致四方之遺，或謂許曰：「嘗聞箕山人，似不爾耳！」許曰：「筐篚苞苴，故當輕於天下之寶耳」。

這時，隱成了盛世的點綴，肥遯之事，乃政權妝點門面的工具，像桓玄想篡位，但想到「歷代咸有肥遯之士，而已世獨無」，於是乃「徵皇甫謐六世孫希之爲著作，幷給其資用，皆令讓而不受，號曰高士」，此賴「充隱」以粉飾太平，則時隱多附庸風雅，殆非眞隱。

當時竟也出現資助別人隱居的事情，如郗超「每聞欲高尙退隱者，輒爲辦百萬資，並爲造立居宇」，各種器用、僮僕都爲俱備，像他替戴逵所蓋的百萬屋舍，甚精整，當戴逵進住時，告所親書曰如住進「官舍」，可見其豪華，以其位於風景佳勝處，而亭臺樓閣，儼若別墅，這那像個隱居呢？

朝庭既以粉飾昇平，故「隱」非眞「隱」，「仕」非眞「仕」，世說補載王瓚之以「未嘗詣一朝貴」爲「朝隱」，則「隱」義愈來愈寬鬆了。必如謝安懷經綸之才，任社稷之重，志存國家，臨難不懼，成竹在胸，勇於負責，而又能託心高遠，常懷山林曠逸之思，從謝安傳言其少時寓居會稽，漁弋山水，放情丘壑；執政之時，於土山營墅，樓館林竹甚盛，每攜中外子姪，往來遊集，嘗登治城，悠然遐想，有高世之志，此眞郭象所云：「聖人雖在廟堂之上，然其心無異於山林之中」也。既能建濟世經綸之業，又有超世曠遠之懷，此乃爲理想的領袖人物，也唯有像謝安者實可當之無愧！故郭象所言的歷山川、同民事，佩紫戴黃而不纓拂其心，不憔悴其神者，豈凡人所得假藉？苟無才識、胸懷、修養，却侈言境界，玩弄光景，必然引發許多後遺症的！

五、出處同歸

然而標榜以「仕」爲「隱」的「朝隱」說，終見棄於人，於是又有「出處同歸」之論，世說文學「謝萬作八賢論」條，注引中興書云：

其旨以處者爲優，出者爲劣，孫綽難之，以謂「體玄識遠」者「出處同歸」。

肯定仕、隱價值相同，則君子之或仕或隱，其義則一，無分高下，葛洪抱朴子「任命篇」云：

蓋君子藏器以有待也，蓄德以有爲也，非其時不見也，非其君不事也，窮達任所值，出處無所繫，其靜也，則爲逸民之宗，其動也，則爲元凱之表，或運思乎立言，或銘勳乎國器，「殊塗同歸」，其致一焉。

此以「出處」之事，人各有懷，殊塗同歸，蓋鐘鼎山林各有天性，殆不可強。仕、隱雖異，若各盡其分，「在朝者，陳力以秉庶事；山林者，修德以厲貪濁」（逸民篇）則同具價值。此「出處同歸」之論，本在調和仕、隱間之矛盾，糾正時人一味以隱爲高，以仕爲俗的錯誤觀念，使在極端崇尚高雅的時代，爲仕者亦得坦然爲仕，各行所安。這樣隱逸山林亦不爲高矣。這種判分仕、隱，各肯定其價值，使「僞隱」、「充隱」者，無所假借矣。然至南朝「朝隱」風氣又衍盛，且成「終南捷徑」矣！

結論

本文在探索自漢末至典午間隱逸的背景，而著重在「朝隱」一目與玄學的關係。

自黨錮之禍，「海內塗炭二十餘年，諸所蔓衍，皆天下善士」，經此打擊，「嚴氣正性」已被摧殘，士流漸失凜然不屈之風尚與馳驅危阽之慷慨死節，同時在憂生的心理下，不能不重新抉擇人生之路，於是不是與時卷舒，聊以卒歲，就是流於任誕風流，遊仙享樂。「離事自全」乃當時士人普遍意識，於是能隱則隱，其具有名望，不遂隱志，被脅逼出仕者，則抱著「避重就輕」的處事態度，袖手不敢露才揚己，「愼默」是當時最高的智慧。

「出處之節」，在牽涉到政治成份時，每變得非常嚴重，譬如嵇康被司馬氏所殺，嵇康的兒子嵇紹想應詔出仕，不敢作主，詢於山濤，山濤曰：「爲君思之久矣，天地四時，猶有消息，而況人乎？」（世說政事），其意謂彼一時，此一時，仕之可也。及嵇紹見危授命，死蕩陰之役，朝臣王接上議褒揚，而郭象却著文謂：

嵇紹父死在非罪，曾無耿介，貪位而死闇主，義不足多。

郭象又以問郗公（鑒）曰：「王裒之父亦非罪死，裒猶辭徵，紹不辭用，誰爲多少？」郗曰：「王勝於嵇。」或曰：「魏、晉所殺，子皆仕宦，何以無非也？」答曰：「殛鯀興禹，禹不辭興者，以鯀犯罪也。若以時君所殺爲當耶？則同於禹，以不當耶？則同於嵇。」在此，郭象以嵇紹本不當出仕！其失就在不當仕而仕。像諸葛靚因其父諸葛誕被司馬氏所殺，入晉，詔以爲侍中，固辭不拜，且「常背洛水而坐。」（世說方正），其間高下判然，一直到明末顧炎武猶嚴詞以論嵇紹之事（註一二），其嚴於出處有如此者！

以隱本身有老莊哲學做後盾，而被公認爲一種高貴、高雅的行爲，是很合乎「意足」、「樂志」的玄學要求的，因此，當時格外擡高「隱」的地位與價値，於是造成許多逐影效迹的「僞隱」者，他們對於隱居，並沒有莊嚴的體認，祇是附庸風雅，其實，他們不能忘懷人間的享樂！由於這些具有豐厚經濟條件的高門世族，不必做官也可安享富貴，所以他們選名山勝水、風景殊異處，營別業，優遊其中，這就是他們心目中的隱居了！

由於推崇隱逸太過，無形中，出仕者就被看成是俗氣了，於是在朝任職者，爲了向人宣示自己雖做官，但仍「清高」得很，所以有表現在行爲的倚杖虛曠、望白署空，以遊樂淸談爲務的；也有表現爲理論，標榜「心隱」之學說的，提出「與人群者，不待離人」，祇要無心，則可隨處所適，而不荷其累，故雖「終日揮形而神氣不變，俯仰萬機而淡然自若」，此提供「朝隱」的理據。朝隱的特色是「隱而不隱」，「不隱而隱」，強調「精神隱居」，此說極具迷惑力，故風靡一時。然而此「假無欲以自通」者，反暴露其形藏。

當然，那時也有不敢以隱自高的，像孟陋就是一個例子，晉書「隱逸傳」言孟陋曰：

億兆之人，無官十居其九，豈皆高士哉？我疾病不堪恭相王之命，非敢爲高也。

此在天下皆以隱爲高，甚且不擇手段「詐隱」以徼名之時，能有此自覺，無形中批判了「畸形」的隱風。所以束晳在「玄居釋」中，對「出處」之事，有較開明的看法，他說：

物從性之所安，士樂志之所執，或背豐榮以巖栖，或排蘭闥而求入，在野者龍逸，在朝者鳳集，雖其軌迹不同，而道無貴賤，必安其業，交不相羨，稷契奮庸以宣道，巢由洗耳以避禍，同乘不朽之稱，俱入賢者之流。參名比譽，誰劣誰優？

此「出處同歸」之論也，這時隱與仕乃無分高下，可以理直氣壯的出仕，而講求治實事功；再不必以隱爲高，而率天下慕隱、僞隱、坐隱（註一三），或自欺欺人的標榜「心隱」了！（註一四）

【附　註】

註　一　抱朴子「正郭篇」。

註　二　莊子繕性篇云：「古之所謂隱士者，非伏身而弗見也，非閉言而不出也，非藏其知而不發也，時命大謬也。」時命大謬而能及時深藏者，當時稱「見機」、「知機」。

註　三　陳書後主紀末史臣論曰：「自魏正始、晉中朝以來，貴人雖有識治者，皆以文學相處，罕關庶務，朝章大典，方參議焉。文案簿領，咸委小吏，浸以成俗。」貴族高門「雍容令僕」，實際政務皆落寒素，他們位高職輕，終日飽食進退，優遊無事。

註　四　余嘉錫「世說新語箋疏」。

註　五　從史志著錄當時記載高逸的著作，有嵇康聖賢高士傳、皇甫謐高士傳、逸士傳，張顯逸民傳、習鑿齒逸人高士傳、虞槃佐高士傳、孫綽至人高士傳讚、袁淑眞隱傳、阮孝緒高隱傳、周弘讓續高士傳、另有不著撰人之高隱傳等，由此類著作之衆多，可推當時隱逸風氣之流行與聲價。謝安傳言：「岩穴人情所尙。」

註　六　如阮孚嘗謂卞壼曰：「卿恆無閒泰，常如含瓦石，不亦勞乎？」

註　七　世說豪爽注引漢晉春秋曰：「翼……少有經緯大略……有匡維內外，掃蕩群凶之志。是時，杜乂、殷浩諸人盛名冠世，翼未之貴也。常曰：此輩宜束之高閣，俟天下淸定，然後議其所任耳！」桓溫亦不以王濛、劉惔之坐談爲然。

註　八　世說排調載支道林因人就深公買印山，深公答曰：「未聞巢、由買山而隱。」此亦遊樂山水之性質爲重也。

註　九　世說排調載：「何次道往瓦官寺禮拜甚勤，阮思曠語之曰：卿志大宇宙，勇邁終古。何曰：卿今日何故忽見推？阮曰：我圖數千戶郡，尙不能得，卿乃圖作佛，不亦大乎？」排調篇又載：「二郗奉道，二何奉佛，皆以財賄，謝中郎云：二郗諂於道，二何佞於佛。」佞佛諂道，足以稍釋塵累而已！世說文學載：「佛經以爲祛練神明，則聖人可致。簡文云：不知便可登峯造極不？然陶練之功，尙不可誣」，崇信釋氏，在陶練神明，其意可知。

註一〇　王羲之與友人書中曾言：「要欲及卿在彼登汶嶺、峨眉而旋，實不朽盛事」（全晉文卷二二），山林皐壤使人欣欣然，而興之所至，歌詠「招隱」詩，竟也頗得「隱」意矣。

註一一　世說言語：「元帝始過江，謂顧驃騎曰：寄人國土，心常懷慚」；言語又載：「每至暇日，輒相邀出新亭，藉卉飲宴，周侯中坐而歎曰：「風景不殊，擧目有江河之異。」

註一二　日知錄十七：「昔者嵇紹之父康被殺於晉文王，至武帝革命之時，而山濤薦之入仕，紹時屛居私門，欲辭不就，濤謂之曰：『爲君思之久矣！天地四時，猶有消息，而況於人乎？』一時傳誦以爲名言，而不知其敗義傷教，至於率天下而無父也。……自正始以來，而大義之不明，徧於天下，如山濤者，旣爲邪說之魁……。」其言痛切，足以正風教。

註一三 謝車騎道謝公：「遊肆復無乃高唱，但恭坐捻鼻顧睞，便自有寢處山澤間儀！」（世說容止篇）心遊目想，可言為「神隱」矣！

註一四 「出處同歸」之論早自嵇康「與山巨源絕交書」中即曾云：「故堯舜之君世，許由之巖棲，子房之佐漢，接輿之行歌，其揆一也。……故君子百行，殊塗而同致，循性而動，各附所安，故有處朝廷而不出，入山林而不反之論。……。」並以此峻拒山濤的薦引為仕，而嵇康此書於仕隱所作低昂深淺之論，實多隱諷，此明眼人一見可知。

從篆體的形體美看戰國金石文藝

雷日晶

一、篆體的形體美

篆書，廣義包括隸書以前所有書體。狹義言則有大小篆之分。大篆相傳爲周宣王太史籀所作。小篆相傳爲李斯取史籀大篆改革而成。今之篆書通指小篆。

書斷曰：「篆者，傳也。傳其物理，施之無窮。」（註一）

篆書的起筆、收筆無甚變化，大抵章法以無起不逆、無收不提、橫筆水平、直筆垂直、距離相等、畫圓必準爲原則。

大篆表現得較小篆繁複、金文整齊而小篆顯得曲線圓通、結構嚴謹、筆畫勻稱、遒麗莊重、達到符合皇帝權威之形式美的特色。由於當時書寫目的是因實用，現今則多爲審美。

因此大小篆雖屬點畫的構成，分則線條，合則意境萬千。不僅可窺數千年精神風貌於一斑，還可領會無限的韻趣和拙趣。

二、璽印和戰國之淵源

商代璽印是由青銅鑄造，直至戰國才出現玉璽印。而秦始皇時代只有皇帝可用玉制璽，故璽印一向被視爲地位與權益的至高法物。彼時不外乎爲徵信、藝術欣賞、封檢、製器、佩帶、明器（死後殉葬）、烙印等用途。

秦印特色以筆畫鑯細的白文小篆爲主，印文均有邊欄及界格，而且官印的尺寸大小爲定制，私印則較小。蓋秦朝乃金石和篆刻之大熔爐。篆刻之刀法一如筆法重要，大略可分正刀法、側刀法、輕刀法、伏刀法等，概以「藏而不暗，顯而不露」爲最上乘。

三、金石與文藝之關係

金石文字在文藝上佔有一席之位，如歌功頌德的秦刻六石、銘幽誄善的蔡撰諸碑及首創合同契約之地莂地劵、題名題記之鐘鼎文，寓意吉祥的洗鈴，在在皆屬文藝，故欲考證種族、社會民情、宗教、文化和疆域等變遷，非取資金石不可。

墨子有云：「書之竹帛，琢之槃盂，傳以遺後世子孫…。」（註二）等語與秦時「琅琊台刻石」和「嶧山刻石」皆爲金石文藝相連之證。

四、春秋戰國時代金石與文藝之價值

㈠金器—青銅即紅銅與錫之合金，古人謂之「金」，因此周代彝器爲主，包括兵器、度量衡器、符璽錢幣、鏡鑑等之有無銘記皆屬之。

青銅器銘文不論內容短長皆有甚高之文藝價值。而政治、經濟之盛衰優劣，從中亦可洞窺一二。如：

1.敦—其形狀或圓腹環耳或蓋小器大或器蓋對稱。或平底或三足。其中陳侯午敦（相傳爲紀元前三七七—三五九之齊桓公所製），刻着「唯十又四年，陳侯午以群諸侯金，作皇妣孝太妃祭器鑄敦，以登以嘗，保有齊邦，永葉勿忘。」全文廖廖數語，氣度恢宏，溢於言表，亦足見孝親爲中華文化傳統。

2.戰國鏡—銅鏡正面潔明亮，謂能趨吉避凶，而背面之紋飾和銘文皆寓意吉祥。

3.鳥獸尊—即酒器，乃專供祭祀或款待賓客之盛酒物。「尊」亦作「法度」解，暗指盛酒時必按禮節行之。

4.幣—由早期之「刀布」（似刀似鏟者），演變爲圓形圓孔之「圜金」。

另外，尚有小篆出現最多的，如稱重用的「秦權」，當容器用的「秦量」，和四周有洞的銅製詔版。

㈡石刻—三代以上有金無石，秦漢以後，石盛而金衰、故紀功述事多見於石。而石刻內容包括古文（甲骨文、金文蝌蚪文）、大篆和小篆三種。

大篆雖屬周宣王時，但僅限於王畿附近人民使用。故王國維云：「戰國時，秦用籀文，六國用古文。」（註三）

而後，秦兼天下，罷除與秦文不合者，又將大篆加以刪減修正，成為「小篆」。故小篆形體較長、大篆較方。

至於秦刻石共有泰山、瑯琊、元罘、碣石、嶧山、會稽六處，迄今也僅存泰山、瑯琊殘石。此所有刻石皆由李斯書丹上石，內容不外頌秦德、議封禪、祭山川事，後遂尊為小篆正宗。

而李斯以中正和平的音節將秦帝國之盛況皆一一表現在字裏行間，充分的顯示秦朝之特質與其個人豐富的文采，亦足見當時歷史的散文呈現極大的進步，為後世奠定一可堪借鏡的基礎。

【附　註】

註　一　據唐張懷瓘（書斷）卷上言。

註　二　墨子今註今譯李漁叔譯。

註　三　王國維史籀篇疏證。序

【參考書目】

重編國語辭典　　台灣商務印書館

辭　源　　台灣商務印書館

中國書法大辭典　梁披雲編　書譜出版社

墨子今註今譯　李漁叔譯　台灣商務印書館

中國・世界先進法治國家—商周銅器銘文論證　李鐘聲著

金石篆刻全集　馮作民・莊伯和・臥龍山人合編　藝術圖書公司

中國金石學　陸和久撰　明文書局

故宮月刊　　國立故宮博物館

篆刻藝術　王北岳著　漢光文化事業有限公司

資治通鑑　柏楊版　遠流圖書公司

文心雕龍廣泛使用比喻法所具的意義

黃亦眞

◎文心雕龍文術論比喻連篇

六朝是一個尤其追求美的時代，文學作品亦然。身處六朝，劉勰是重視文章修辭的，神思篇：「視布於痲，雖云未費，杼軸獻功，煥然乃珍」，正是提醒寫作的人——文章欲煥然珍貴，必須講究修辭。情采篇也說：「虎豹無文，則鞹同犬羊；犀兕有皮，而色資丹漆。」美麗的文采，使文章的情實發揮更大的價值與意義，怎能偏廢呢？彥和如果忽視文章修辭，文心雕龍中何以極力強調麗辭、比興、夸飾、事類……種種修辭技巧呢？

在修辭學上，彥和不止是理論家，也是實行家。文心雕龍既建立各種完整的修辭理論，本身亦鎔冶各種修辭技巧而寫成。清、孫德謙在六朝麗指中推崇它是學習駢文的範本（註一），今人王更生教授在文心雕龍研究中讚美它是「藝術的化身」（註二），文心雕龍一書的價值，固不止在理論的建立而已。

以彥和本身的理論衡量他的實際寫作，則文心雕龍具備了神思、麗辭、事類、隱秀、比喻、附會、夸飾、通變種種技巧。再參以近代修辭學，則排比、映襯、頂眞、聯鎖、往復、感歎、層遞……，亦在彥和運用之列。各種修辭格中，彥和使用最普遍，與文心雕龍的修辭、義理關係至深，甚至對後代文學批評有所影響的修辭技巧是——比喻法。

「比喻」是借彼喻此的修辭方法，隨著作者應用的巧妙，它具有說明意旨、印證理論、流暢章句、美化文詞、趣味內容、含蓄風格種種不同的效果。基於莊書的啓發、個人的喜愛、時代的影響與實際的需要（註三），劉勰寫作文心雕龍時，亦常藉比喻法協助講述文學原理。

就「廣義比喻法」而言，文心雕龍「樞紐論」和「文術論」三十篇，共用了二百節的比喻。其中如：定勢、情采、聲律、事類、附會、才略、知音幾篇文章，使用比喻各在十節以上。就如詩經藉比興抒情，楚辭用隱喻寫恨，莊子以寓言談哲理一般，用比喻協助講述文學原理，是文心雕龍的一大特色。

文心雕龍章句篇：

「句司數字，待相接以爲用；章總一義，須意窮而成體。『其控引情理，送迎際會，譬舞容廻環，而有綴兆之位；歌聲靡曼，而有抗墜之節也。』尋詩人擬喻，雖斷章取義，然『章句在篇，如繭之抽緒』，『原始要終，體必鱗次』。啓行之辭，逆萌中篇之意；絕筆之言，追媵前句之旨；故能『外文綺交，內義脈注，附萼相銜，首尾一體。』『若辭失其朋，則羈旅而無友，事乖其次，則飄寓而不安。』是以搜句忌於顚倒，裁章貴於順序，斯固情趣之指歸，文筆之同致也。」

這段文字共連接四節比喻而成，比喻中又有比喻，在繁複中有其條理，眞如彥和所說「外文綺交，內義脈注」。交雜各種比喻技巧，調配各種比喻素材，組織各節比喻文字，有條不紊的講述文學原理，是劉勰寫作的慣用技巧。在文心雕龍中，某些篇章、某些段落，就如章句篇這段文字般，幾乎全藉比喻行文。在這些段落中，如果我們把其中比喻刪掉，所剩已空洞無物。「比喻」在文心雕龍中所佔的份量由此可知。

除了在書中大量使用比喻外，在彥和巧妙的應用下，比喻在文心雕龍中尙有幾個特別的意義，舉其大者，約有四端：

一、比喻是文心雕龍章句的樞紐。

二、比喻是劉勰修辭的利器。

三、比喻文字在文心雕龍中形成許多常用詞彙。

四、中國文學批評中常以比喻論文、文心雕龍是一個正式的開端。

壹、比喻法是文心雕龍章句的樞紐

彥和常運用比喻法行文，或以比喻開端，啓發一文；或以比喻作結，收束全文；或以比喻承上綴下，爲章句的轉折；或以簡短的比喻總括一大段正文，比喻爲正文的綱領；或文章首段藉比喻對題旨加以「釋名彰義」，比喻爲全文的核心；這些比喻在文章章句中，是基於關鍵位置的。

一、以比喻法起興一文

徐芹庭文章破題技巧及修辭方法之研究④：

故以譬喻入文……，其設想之奇、譬類之巧，更足引人入勝。如屈平九歌山鬼：『若有人兮山之阿，被薜荔兮帶女蘿。既含睇兮又宜笑，子慕予兮善窈窕……。』夫鬼神杳冥，焉知其形？惟以人設想，故譬之如人。既玄想以揆度，如髣髴其降臨，故以譬喻法起文……，其得力之處在在一若字。

以比喻法起筆一文，是寫作的一種技巧。這種技巧，在屈平的辭賦中曾經使用，上舉山鬼篇便是。

文心雕龍麗辭篇起筆：

造化賦形，支體必雙，神理爲用，事不孤立。夫心生文辭，運裁百慮，高下相須，自然成對。

文心雕龍知音篇起筆：

知音其難哉！音實難知，知實難逢，逢其知音，千載其一乎！

這裏所舉的兩個例子，是麗辭篇、知音篇的起筆。麗辭篇一開始便以「造化賦形，支體必雙」比說文章的麗辭，知音篇一起筆亦以「知曉音律」比喻識鑑文學。這是彥和文章開端，利用比喻法起筆的例子。

二、以比喻法收束全文

文心雕龍通變篇結筆：

若乃齷齪於偏解，矜激乎一致，此庭間之廻驟，豈萬里之逸步哉！

通變篇所討論的，是通權達變的寫作技巧，結論時，彥和以這段比喻收束全文。他以「在庭中打轉的馬兒」，比喻不懂通變的文學作者；又以「高視濶步、馳騁萬里的良馬」，比喻善於通變的文學作者。通變技巧的重要，在結筆這個比喻中表露無遺了。

文心雕龍事類篇結筆：

夫山木爲良匠所度，經書爲文士所擇。木美而定於斧斤，事美而制於刀筆。研思之士，無慚匠石矣！

這段比喻，是事類篇的結尾，彥和以良匠取材、斫木，比喻作家運用典故。文章結尾，貴在餘味不盡，彥和以比喻結筆，也往往能使文章餘味悠然。

三、一篇文章中，前後使用同一比喻素材，形成呼應之妙：

就如前面所述，文心雕龍常在文章的起筆或結尾使用比喻法。有時甚至一篇文章，起筆、結筆都用比喻，兩個比喻的「基本喻依」又相同，例如：知音篇以「知音」起筆，以「知音」結筆；程器篇以「梓材」起筆，以「梓材」結筆；這類比喻，有「首尾圓合」之妙。

文心雕龍知音篇起筆、結筆：

知音其難哉！音實難知，知實難逢，逢其知音，千載其一乎！

蓋聞蘭爲國香，服媚彌芬；書亦國華，翫澤方美。知音知子，其垂意焉。

這兩段文字，是知音篇的起筆和結筆，彥和以比喻開頭，以比喻結尾，而且兩者的「基本喻依」都是知音，足見彥和使用比喻時，「喻依」是經過精密思考的。

一篇文章的開頭和結尾，使用同一比喻素材強調一個意旨，固然有「首尾圓合」之妙。其實不局限於開頭、結尾，在一篇文章中重複使用類似的比喻，便往往有前呼後應之美。

文心雕龍風骨篇：

是以綴慮裁篇，務盈守氣……，其爲文用，譬征鳥之使翼也。

文心雕龍風骨篇：

若風骨乏采，則鷙集翰林；采乏風骨，則雉竄文囿；唯藻耀而高翔，固文筆之鳴鳳。

風骨篇前一個比喻，以鷹鳥使用雙翅比喻風骨對文章的重要。第二個比喻又以鷙鳥的勁骨、雉鳥的文采，說明文章的風骨和文采。前後兩例，都是以鳥類作比喻，這類比喻是參用「呼應」技巧的。

四、以比喻承上綴下、爲章句的轉折

彭毅教授在屈原作品中隱喻和象徵的探討中指出：屈賦有時「用隱喻來承接上下文」、「用隱喻來補足或強調上下文」，他說（註五）：

在文學的語言中，隱喻的出現不可能是孤立的，它自然在語句中佔有一個位置。這一個『位置』最常見的用途，就是把上下文聯結在一起，使具有完整而獨特的意義。所以有人把隱喻比作一個『鉚釘』，將上下文的文義相接合。

像這類以一個比喻來承接上下文或強調上下文的例子，文心雕龍中也是常見的。

文心雕龍風骨篇：

是以昭悵述情，必始乎風，沈吟鋪辭，莫先於骨。「故辭之待骨，如體之樹骸；情之含風，猶形之包氣。」結言端直，則文骨成焉！意氣駿爽，則文風生焉！

這段文章，聯結三節文字而成，中間一節爲比喩。三節文字，都是對「風骨」作反覆詳盡的說明，中間一節比喩銜接、強調上下交，這種「承上綴下」的型態極爲明顯。

五、以簡短的比喩總括一大段正文、比喩爲正文綱領：

①以比喩總結一段正文

文心雕龍定勢篇：

是以模經爲式者，自入典雅之懿；效騷命篇者，必歸豔逸之華；綜意淺切者，類乏醞藉；斷辭辨約者，率乖繁縟。譬激水不漪，槁木無陰，自然之勢也。

②以比喩總冠一段正文

落落之玉，或亂乎石；碌碌之石，時似乎玉：精者要約，匱者亦尠；博者該贍，蕪者亦繁；辯者昭晳，淺者亦露；奧者複隱，詭者亦典。（總術篇）

這裏所舉二則例子，作者都是以簡短的比喩總括一大段正文。在遣詞行文上，這些比喩是居於關鍵地位的。

六、文章首段用比喻對題旨加以釋名彰義

規範本體謂之鎔，剪截浮詞謂之裁；裁則蕪穢不生，鎔則綱領昭暢，譬繩墨之審分，斧斤之斲削矣……。（鎔裁篇）

彥和在每篇文章中的第一段往往對題旨加以釋說，如：鎔裁篇首段便解說鎔意裁詞，附會篇起筆便解說附詞會義。在釋題彰義時，他也常挾帶比喻法將本旨詳盡的表達，這裏所舉一例便是。

七、在一段文章中運用多節比喻

吳曾祺涵芬樓文談「設喻第十九」（註六）

古人作文，最工設喻……。其最妙者，一篇之中，作喻意者凡十餘則，自成篇法。如枚、鄒二子上吳王書及鄒陽獄中上書是也。韓文公送石洪序及盛山詩序，皆連設數喻，文體如連山疊嶂，使人賞玩不盡。

在一篇或一段文章中，連設比喻，使文體如連山疊嶂，這也是彥和常用的筆法。

文心雕龍情采篇：

「夫桃李不言而成蹊，有實存也；男子樹蘭而不芳，無其情也。夫以草木之微，依情待實，況乎文章，述志爲本，言與志反，文豈足徵？」（以上隱喻）是以聯辭結采，將欲明理；采濫辭詭，則心理愈翳。「固知翠綸桂餌，反所以失魚，言隱榮華，殆謂此也。」（隱喻）「是以衣

錦褧衣，惡文太章，賁象窮白，貴乎反本。」（借喻）

在這段文章中，作者所要表明的主旨是：文章應以情志爲本。所使用的比喻例子是：桃李結實、男子種蘭，翠綸桂耳，衣錦褧衣，賁象窮白。全段所要闡明的主旨雖然相同，引用的喻依是不同的。所使用的比喻方法，亦有隱喻、借喻之別。作者却能連接各種不同的比喻類型、不同的比喻例子，完整的表達出意旨。整段看來，層層比喻，就如連山叠嶂，令人賞玩不盡。

貳、比喻法是文心雕龍修辭的利器

彥和寫作文心雕龍揭示各種文學原理，既強調「情、采」兼備（註七）；而他在文心雕龍一書的實際寫作中，也是情實文采並重的。爲求文章悠美，自然許多修辭技巧必需講求。文心雕龍中大量使用比喻法，尤其有重大的修辭效果。

一、明朗意旨

王符潛夫論「釋難篇」（註八）

夫譬喻也者，生於直告之不明，故假物之然否以彰之。

王夢鷗文心雕龍質疑（註九）：

所謂文心，實兼括創作衝動和鑑賞的感應，其心理狀態至爲微妙。有時直告不明，要用種種譬喻加以解說。

文心雕龍所要說明的，是抽象的文學原理，抽象的原理是很難明言的。有些特別深奧隱微的文理，更令「伊摯不能言鼎，輪扁不能語斤」。爲了化抽象爲具體，化隱微爲明顯，彥和便採取比喻法，引喻日月山川，牽比鳥獸草木，印證於古言古事，譬論於織布裁衣，宇宙間萬事萬物都成爲他解說文學的工具了。

文心雕龍通變篇：

通變無方，數必酌於新聲。故能騁無窮之路，飲不竭之源。然綆短者銜渴，足疲者輟途，非文理之數盡，乃通變之術疏耳。

文心雕龍情采篇：

夫鉛黛所以飾容，而盼倩生於淑姿；文采所以飾言，而辯麗本於情性。故情者，文之經；辭者，理之緯。經正而後緯成，理定而後辭暢，此立文之本源也。

這裡彥和以「駿馬奔馳」談「通變」，以「化妝織布」談「情采」外；他如：鎔裁篇以「繩墨斧斤」論「鎔裁」，附會篇以「築室裁衣」談「附會」，都是以淺明的例子比喻隱微的文理。

二、印證理論

比喻有證明作用，當作者舉「他事物」比喻「此事物」時，也就是以他事物證明此事物。彥和寫作文心雕龍，常利用比喻法，舉古言古事或事實眞理，印證自己的文學理論。這類比喻，由於所學的比喻例子權威有力，彥和的文學理論亦因此更具權威力，更容易取得信服。

文心雕龍指瑕篇：

羿氏舛射，東野敗駕。

后羿善射，也有舛射的時候；東野善駕，也有覆駕的時候。彥和以它比喻：再好的文學作家在作品中也難免有缺失，爲文不可不愼。后羿事出於史記夏本紀正義引帝王世紀，東野事出於莊子達生篇，這是引古事爲喩的例子。

文心雕龍麗辭篇：

造化賦形，支體必雙，神理爲用，事不孤立。夫心生文辭，運裁百慮，高下相須，自然成對。

這段文字，以人的雙手雙脚比喩文章的儷辭。人的手脚成雙成對，這是事實，也是天賦的。文章的儷辭順文章的需要，自然產生。在這裡，彥和亦是藉用事實、眞理，證明確立文學主張。

三、整齊章句

依修辭學者所論，比喩基於聯想，駢詞儷句的寫作，亦有賴聯想的牽引（註一〇）。彥和以駢文寫作文心雕龍，比喩的應用，或因「喩體」、「喩依」相對稱，或因「喩依」雙雙排比，往往使句式工整化，有助於儷辭的寫作。

文心雕龍定勢篇：

繪事圖色，文辭盡情，色糅而犬馬殊形，情交而雅俗異勢。

文心雕龍事類篇：

薑桂同地，辛在本性；文章由學，能在天資。

以上所舉二例，都是喻體、喻依參用，形成對仗工整的駢儷句。

除了喻體、喻依對稱形成駢儷句外，喻依排比亦可形成駢儷句。例如：

文心雕龍才略篇：

竹柏異心而同貞，金玉殊質而皆寶也。

文心雕龍程器篇：

此江河所以騰湧，涓流所以寸折者也。

這裡所舉二節比喻，都是喻依雙雙排比所形成的駢儷句。作者使用比喻時，對於「喻依」的選擇，可考慮到對仗的需要。可見「比喻法」是比「直接敍述」更有利於排偶詞句的。

四、優美文詞

讀文心雕龍，有時我們很容易陶醉在許多美麗的情景中。或是迴環的舞容，或是靡曼的歌聲，或是美人的盼倩，或是女孩的粉黛，或是彎曲的彩虹，或是耀采的長離，或是虎豹的花紋，或是翺翔的鳴鳳，或是蘭花的幽香，或是桃李的果實，或是遠山飄浮的煙靄，或是川瀆韞藏的珠玉……，竟如詩如畫的出現在我們眼前。而這些美如詩畫的景物，竟多是文心比喻文字中的「喻依」。

文心雕龍情采篇：

夫鉛黛所以飾容，而盼倩生於淑姿；文采所以飾言，而辯麗本於情性。

文心雕龍章句篇：

其控引情理，送迎際會，譬舞容廻環而有綴兆之位，歌聲靡曼而有抗墜之節。

文心雕龍以比喩行文時，所用的喩依常是很美的。例如這裡所舉的例子，情采篇以鉛黛飾容、盼倩淑姿比喩文章的情釆，章句篇以廻環的舞容、靡曼的歌聲說明文章的章句，這些「喩依」都是悠美的文字畫，自然能增添文章美麗的波瀾。

五、風趣內容

坐在書房中，談文章的神思、體性、風骨、通變、定勢……，是苦悶的、嚴肅的。從划船、下棋、化妝、織布、山水、草木中去研討文學原理，卻是輕鬆、活潑的。在文心雕龍中，彥和常以許多輕鬆有趣的話題比論文學原理。他把嚴肅的內容化爲輕鬆的話題，把死板的文氣化爲活潑的情趣。

文心雕龍事類篇：

或微言美事。置於閑散，是綴金翠於足脛，靚粉黛於胸臆。

文心雕龍總術篇：

是以執術馭篇，似善奕之窮數；棄術任心，如博塞之邀遇。

上面所舉例子，「事類篇」以女孩綴金翠於足脛、靚粉黛於胸臆說明美好的典故，被放置在閑散的章節。「總術篇」以下棋能手和賭博碰運氣說明寫作技巧的重要。這些比喩例子都極爲輕鬆引人，是能使嚴肅的文學批評變爲活潑生動的話題。

以「文」「心」二字爲例，以「文」爲句的句子，在文心雕龍中，計有三百三十七個單句，在三百三十七個單句裏，我們如果詳加分析，「文」字的用法，更因上下的文義而受到局限……，而涵義各自不同。再如「心」字的用法，總計全書有八十二個單句，其中若「言之文也天地之心哉」（原道篇），與「標心於萬古之上」（諸子篇），「關鍵將塞則神有遯心」（神思篇），「滔滔孟夏鬱陶之心凝」（物色篇），以及「覘文輒見其心」（知音篇），細繹由於其在句中的特定地位，意義又不相侔……。

王教授在此提示學者研究文心雕龍的途徑：文心雕龍中有許多慣用的字彙，有時各有其不同的涵義。唯有對這些慣用詞彙透徹了解，才能眞正了解全書的義理。

王更生文心雕龍研究「劉彥和文心雕龍慣用詞彙的比較研究」：

叄、比喻文字在文心雕龍中形成許多常用辭彙

在文心雕龍的比喻中，由於彥和對某些比喻例子重複使用，也形成某些常見的「比喻詞彙」，今舉數例如下。

一、沿波討源

彥和常以形形色色的流水解說文學原理，如：宗經篇以「河潤千里」，比喻經書嘉惠後代文人；定勢篇以「激水不漪」說明文章的語勢；情采篇以「水性虛而淪漪結」強調美麗的文辭必附麗於寶在內

容；隱秀篇以「川瀆韞珠玉」比喩文章含蓄的意旨……。這類比喩最常用的比喩詞是「沿波討源」

文心雕龍附會篇：

整派者依源。

文心雕龍知音篇：

沿波討源。

文心雕龍知音篇：

酌滄波以喩畎澮。

文心雕龍序志篇：

觀瀾而索源。

二、根柢盤深

文心雕龍常擧草木比喩文學，例如：定勢篇「槁木無陰」，情采篇「木體實而花蕚振」、「桃李不言而成蹊」，附會篇「理枝者循幹」，隱秀篇「卉木之耀英華」，才略篇「竹柏異心而同貞」、「楨幹之實才」，程器篇「楩柟其質」……。這裏所擧之例子，比喩素材都是樹木，却有竹柏、楨幹、楩柟、槁木、開花、結實種種不同。其中所要說明的原理，亦有語勢，情采，附會，隱秀……之異。讀文心雕龍這類比喩，就如在種種樹木中，分析條條的文學原理。現在我們就這類比喩所形成的慣用字詞，列述於下：

根柢盤深。（宗經篇）

文辭根葉。（體性篇）

沿根討葉。（體性篇）

根幹麗土而同性。（通變數）

不截盤根。（總術篇）

並未能振葉以尋根。（序志篇）

三、長轡遠馭

在文心雕龍中，彥和常以各種駕馬型態比喻文學原理。例如：麗辭篇以「驥在左驂，駑爲右服」比喻對句兩事相配，而優劣不均；附會篇以「並駕齊驅，而一轂統輻」，說明文章的附辭會義；指瑕篇以「東野敗駕」比喻最好的文學作者，也難免作品有缺失；時序篇以「駕騏驥於萬里」比喻當代文才挺拔英發……。由於彥和屢次舉駕馬作比喻，在遣詞造句上，形成許多相同或類似的語句。例如：

文心雕龍辨騷篇：

懸轡以馭楚篇。

文心雕龍情采篇：

按轡於邪正之路。

文心雕龍序志篇：

按轡文雅之場。

文心雕龍通變篇：
長轡遠馭。
文心雕龍附會篇：
六轡如琴。
文心雕龍附會篇：
引轡以揮鞭。

四、輻輳相成

劉彥和在文心雕龍中，不但常拿馭馬、駕車比喻文學，連車輪中的輻條、車轂，也是他解說文學的工具哩！

文心雕龍體性篇：
得其環中，則輻輳相成。
文心雕龍事類篇：
衆美輻輳，表裏相資。
文心雕龍附會篇：
並駕齊驅，而一轂統輻。
文心雕龍總術篇：

譬三十之輻，共成一轂。

這裏幾個例子，都是以輻輳，輻轂比喻文學。

五、志實骨髓

王更生文心雕龍讀本「序志篇注釋」：

文心雕龍常以人體各部份的構造，來比喻文章。

文心雕龍中確是常以人體比喻文章的，例如：體性篇以人不同的面貌，比喻每人不同的文章風格；鎔裁篇以人體內的「榮衞」血管比喻文章的辭情；麗辭篇以人的肢體成雙，比喻文章的儷辭，比興篇以「肝膽」說明比喻的切當。這類例子中，最常見的用辭是「骨髓」一詞。如：

文心雕龍宗經篇：

極文章之「骨髓」

文心雕龍體性篇：

辭爲肌骨，志實「骨髓」。

文心雕龍風骨篇：

辭之待骨，如「體之樹骸」；情之含風，猶形之包氣。

文心雕龍附會篇：

情志爲神明，「事義爲骨髓」，辭采爲肌膚，宮商爲聲氣。

文心雕龍序志篇：

輕采毛髮，深極「骨髓」。

肆、比喻法是文學批評中經常使用的方法

在一本文學批評中，大量使用比喻法協助講述文學原理，是文心雕龍的一大特色。此後，在我國許多文學批評的著作裏，或談修辭技巧，或品論作品風格，也往往使用比喻法揭示隱微。評論詩文的專家，早如鍾嶸品詩，晚如金聖歎評文章、小說，固然常以比喻言作品風格。其中更甚者，如司空圖詩品品詩，皇浦湜業喻評文，竟全以比喻行文。由此可見，使用比喻法，是中國文學批評的一個特色，這是不容我們忽視的。

一、比喻法在文學批評中廣泛被使用的原因

文學理論所以常藉比喻表達情意，尋繹其理，原因有二：一是文學原理空靈玄妙，難以言傳；發蒙揭隱，非藉此喻不行。二是宇宙萬事萬物，原理相通，透過比喻法，可引宇宙萬類印證文學原理。

①文法空靈玄妙，非藉比喻發蒙揭隱，難以言傳

文學一事，或是創作的衝動，或是鑑賞的感應，都是透過玄妙的心君。而心神的活動又最爲玄奇高妙，或人在江湖，却心存魏闕；或蝸居斗室，而夢遊山海。人的形體要受時空的限制，神思却可馳騁於千年前、萬里外，具無中生有、變化莫測的神奇。

人的心神既變化玄奇，文學作品因心神活動而生，自然「筆區雲譎，文苑波詭」。以言文思快慢，或一波三折，或一瀉千里；以言佈局，或正反相生，或前後呼應；以言風格，或澄如白日青天，或麗如秋水芙蓉；以言技巧，或點鐵成金，或脫胎換骨……。這其中的繁複變化，是言語所難曲盡形容的。所以，陸機文賦便說：「是蓋輪扁所不得言，故亦非華說之所能精」。劉勰論文思亦曰：「伊摯不能言鼎，輪扁不能語斤。」以陸機、劉勰爲文論名家，尚且感歎神思的玄奇、文法難盡，可見論文是不容易的。

南齊書文學傳後論：

屬文之道，事出神思，感召無象，變化無窮，俱五聲之音響而出言異句，等萬物之情狀而下筆殊形。

文思變化不窮，文法空靈無薄，作家想建立文學理論，既難以言傳，自然是藉用比喻法，與實物以講明了。

②文學原理與萬物之理相通

宇宙萬物之理本是相通的，透過聯想的牽連，往往能因此悟彼。所以吳道子曾在舞劍中體會出繪畫原理，王羲之看鵝掌撥水的姿勢領悟寫字筆法，莊子因庖丁解牛談養生，孟子藉水流論人性……。繪畫、書法原理如此，文學原理也是與萬物之理相通。

螢雪叢說「文有活法」：

吳處厚嘗作剪刀賦，第五隔對：『去爪為犧，救湯王之旱歲；斷鬚燒藥，活唐帝之功臣。』當時屢竄易，唐帝上一字不妥帖，因看游鱗，頓悟『活』字，不覺手舞足蹈。

辨體「徐節孝論文」：

徐節孝云：某少讀貨殖傳，見所謂人棄我取，人取我與，遂悟為學法。蓋學能知人所不能知，為文能用人所不能用，斯為善矣。

吳處厚因看游鱗，頓悟「活」字；徐節孝從貨殖原理領悟作文方法，這正是文理與萬物之理相通。原理既相通，則一個作者在寫作文學理論時，自然可以藉比喻法，借喻日月山河，牽引鳥獸草木，或以書畫琴棋發端，或因兵法貨殖比襯，因生活中所見形形色色印證文理了。

二、以比喻談寫作技巧

藉比喻法談寫技巧，見於前人之書者甚多，如：文章起筆，各篇不同，當如行兵，阻險以為固，當知施之平陸，成何壁壘，不能泥據山壘，用諸夷坦之地（註一一）。文章結筆之難，譬如狂風中重舟重載落帆，又如盲人騎馬（註一二）。大抵古人用字，如將帥用兵，無不以一當百，尋常字通從他手中出來，便大奇絕（註一三）；所謂「點瓦礫成黃金也」（註一四）。文句有長有短，其有法度者不可損益，就如鶴脛長不可斷，鳧脛短不可續（註一五）。句法有曲有直，直者如千尋古柏，勁正而崢嶸；曲者如長河萬里，渾灝流傳（註一六）。又：文有助詞，猶禮有儐，樂有相（註一七）；文章應用虛字，如弩之牙、帆之脚、戶之樞，所以借之使文氣轉動（註一八）。用典當如水中著塩，無色而有味（註一九）；文章轉筆，忽如白雲捲空，忽如救火撲賊，忽如蛇游鼠伏（註二〇）……。這裏或談文章起筆、結筆，或言虛字助詞，都是古人從天地間種種事物情理體會寫作原理，再以比喻傳度後人。其它所謂「脫胎換骨」、「賓主相形」、「綠葉扶花」、「拋針擲線」、「轉衣爲裳」……，亦都是以比喻法談修辭技巧。今以李騰芳山居雜著論文爲例。

明、李騰芳山居雜著：

五曰搶，此法與款相對，款者緩法也，搶著急法也。如輕舟之奪高灘，一棹直立；大將之破堅陣，匹馬獨入，此法最緊最猛，一刻停留不得，一毫懦弱不得。

十四曰度，此法即文字過脈也，貴空而不貴實，如山巖巉絕之際，飛深而行，貴輕而不貴重；如江河浩蕩之中，一葦而過，貴隱而不貴顯，葩香暗度，而人不知此文之妙也。

二十二曰開，文字之妙，須乍近乍遠，一淺一深，說漸近了，只管說得通窄，無處轉身，又須開一步說。如行舟者，或通近兩岸，須要撥入中流，方得縱橫自在。

李騰芳山居雜著有文字法三十五則，提示人寫作要領，大抵以比喻和正文相映發，揭發隱微的文理。如這裏所舉三則，便以輕舟奪高灘、大將破堅陣、飛樑橫山巖、一葦度江河、行舟中流種種比喻，說明文學寫作。寫作技巧是極玄妙的，又隨作者變化之奇，更如虎蛇捉不住，非藉比喻揭發隱微，是很難言傳的。

三、以比喻談作品風格

文章風格的形成，和作者的「性情」有很大的關係，文心雕龍體性篇言之詳矣。而「性情之理甚微而玄」（劉卲人物志），和性情大有關係的文學作品風格也是微妙玄奧。對於抽象的作品風格，藉比喻法，以具體的意象來表明，是文學批評家常用的技巧。自文心雕龍、詩品大量使用比喻評文才、風格後，後代學者品詩、品詞曲、品小說，往往參用此種技巧。

皇浦湜業諭評文：

燕公之文如柯木楠枝，締造大廈，上棟下宇，孕育氣象可變陰陽而閱寒暑，坐天子而朝群后。許公之文如應鐘鼙鼓，笙簧錞磬，崇牙樹羽，考以宮縣，可以奉神明享宗廟。李北海之文如赤羽元甲，延亘平野，如雲如風，有貙有虎，闐然鼓之，吁可畏也。賈常侍之文如高冠華簪，曳裙鳴玉，立於廊廟，非法不言，可以望爲羽儀，咨以道義。李員外之文則如金擧玉輦，雕龍綵鳳，外雖丹青可掬，內亦肌體不充……。」

王世貞芸苑卮言「文評」：

宋景濂如酒池肉林，直是豐饒而寡芍藥之和。王子充、胡仲申二人如官厨內醞，差有風法，而不甚清絕。劉伯溫如叢臺少年，入說社便辟流利，小見口才。高季廸如拍張檐幢，急迅眩眼。蘇伯衡如十室之邑，粗有街市而乏委曲。方希直如奔流滔滔，一瀉千里，而瀠洄滉瀁之狀頗少……。

這裏所擧二個評文的例子，都是以比喻法描述文章風格。皇浦湜連用比喻評十一位作家的文風，王世貞則運用五、六十節比喻以評文。他們所取用的比喻素材上至天文、下至地理、中如人事無所不有，所造的比喻語亦往往能抓住每種作品的特色。王世貞以比喻評文之外，又有詩評，亦是全以比喻法評論詩歌風格，運用比喻一百多則，所評詩人多達一百人。

除了評文的例子外，唐朝司空圖詩品品詩、宋朝陶孫曜詩集卷末的「詩評」，元朝涵虛子詞品……，也都是採取比喻法評論作品風格。這種批評方式固然有其缺點，可是如果遇到好的批評者，他能感受出作品眞正的生命和精神，也能把作品眞正的本質表達出來。我們看文學批評專家金聖歎亦常以比喻評論文學作品，往往能把握作品的眞特色，作精釆的批評。

評王濬自理表（金聖歎天下才子必讀書）

讀之如夜半驚聞錢塘潮至，最爲非常之觀。

評柳宗元書箕子廟碑陰：

一篇文字眞如天外三峰，卓然峭崎，末忽而換筆，變作天風海濤，可謂大奇已。

評歐陽修梁太祖論：

用筆如俠客飛刀插屏，用力過猛，刀已透屏，其靶猶連動不已。

評蘇軾戰國任俠：

如颶風之蓬蓬起於大海，如黃河之滔滔下於龍門，豈復蘸筆點墨之恒事乎！

這裏所學金聖歎評文的例子，也都是挾帶比喻法，以具體實物表現出文章眞正的風格、特色。他的批評文字雖然簡短，却精采出色，足引讀者入勝境。可見以比喩法品評文學作品，有其長處，有其不可抹煞之價値，要在批評者運用之妙而已。

劉彥和旣層出不窮的使用比喩，文心雕龍旣常藉比喩說明意旨、確立理論，藉比喩遣詞行文、組織儷句，藉比喩美化文詞、風趣內容；讀文心雕龍，我們想更透徹的了解書中的義理，更深入的探討駢文的寫作，更精緻的欣賞章句的優美，自然是要對書中的比喩深閱熟玩了。同時，中國文學批評中廣泛使用比喩，文心雕龍是一個「正式」的開端，這是不容我們忽視的。

【附註】

註一　淸、孫德謙六朝麗指「六朝駢體之盛」則。（四部集要本，洪浩培影印，新興書局印行。）

註二　王更生文心雕龍研究第四章文心雕龍的美學。（文史哲民國七三年再版）

註三　文心雕龍文術論廣泛採用比喩法，原因有四，拙著文心雕龍比喩技巧硏究第二章曾略加討論。（學海七五年十月初版）。

註四　徐芹庭文章破題技巧及修辭方法之研究，三「譬喩法」。（成文出版社）

註五　柯慶明編中國文學批評年選，彭毅屈原作品中隱喩和象徵的探討。（巨人出版社）

註六　淸吳曾祺涵芬樓文談「設喩第十九」。（台灣商務印書館）

註七　文心雕龍情采篇對文章情采問題有詳盡論述。

註 八 漢王符潛夫論卷七「釋難第二九」。(台灣商務)

註 九 王夢鷗文心雕龍質疑(故宮圖書季刊第一卷第一期,頁二四。)

註一〇 黃慶萱修辭學第二十三章對偶。(三民書局)

註一一 林紓春覺樓論文「用起筆」。

註一二 王葆心古文辭通義卷十一引退庵隨筆。

註一三 李騰芳山居雜著。

註一四 元、王構修辭鑑衡卷一。

註一五 宋,陳騤文則卷上。

註一六 李騰芳山居雜著。

註一七 宋、陳騤文則。

註一八 王葆心古文辭通義卷十一引黃洗洲語。

註一九 袁枚隨園詩話卷七。

註二〇 王葆心古文辭通義卷十一。

揵陀羅的彌陀信仰

李玉珉

一、引言

淨土思想是大乘佛教的一大特色，信者多期仗蒙佛陀攝護，死後得以往生諸佛或菩薩的淨土，聽道習法，盡享妙樂。佛經中提到的淨土很多，如阿閅佛的妙喜國，彌勒菩薩的兜率天，觀音菩薩的普陀洛迦，都爲衆人所嚮往。而其中最具影響力的則是阿彌陀佛的西方淨土，又稱須摩提（Sukhavati）或極樂世界。由於西方淨土信仰的流行，今日「淨土」二字幾乎變成了西方淨土的簡稱。

在我國歷史上，最早禱求往生西方的是西晋（二六五—三一七）闕公則（註一）。然因闕公則的西方往生純屬個人專修，並未造成彌陀信仰的風氣，所以尙不能稱爲「淨土宗」的始祖。到了東晋（三一七—四二〇），廬山慧遠大師（三三三—四一六）結集信士一百二十三人，成立白蓮社，並在無量壽佛像前立誓，共祈往生須摩提（註二），此事通稱被認爲是「淨土宗」的濫觴，而慧遠大師也因此被後人尊爲淨土宗的初祖。淨土信仰在慧遠及其弟子們的弘化倡導下，很快的盛行起來。

慧遠以後，淨土高僧輩出，曇鸞（四七六—五四二），道綽（五六二—六四五），與善導（六一三一六八二）著書立說，闡明淨土要旨，並且也提倡他力本願，稱名往生的學說，以致彌陀信仰普及於釋俗之間，故阿彌陀佛造像頓然急增，極樂淨土變相也到處爲人描繪，一時淨土藝術極爲發達。後又因中日文化交流頻繁，淨土宗在日本亦極爲流行，而淨土藝術的製作也甚是普遍。以至於學者們討論淨土信仰或藝術時，往往以中、日兩國爲中心，而忽略了淨土思想的發源地—印度。雖曾有些學者指出，印度西北是彌陀信仰的發祥地（註三），但由於在這一帶的考古文物中，並沒有發現阿彌陀佛的經典，所以他們並沒有對這地區的淨土信仰做更進一步的探討。而有些學者更以爲在印度並無西方淨土變相的存在，因此對我國極樂世界變相的流行，百思不解（註四）。本文是想以文獻資料與考古文物來證明，在貴霜王朝（西元第一至第三世紀）及笈多王朝（約三二〇—六〇〇）時，印度西北的揵陀羅（Gandhara ）一帶，已有了彌陀西方淨土信仰。

二、文獻資料

揵陀羅位居印度與西亞之間，爲古印度西北的重鎮。廣義地說，其指斯瓦特平原（Swat Va-lley ）與卡布爾河（Kabul River ）流域。今塔克西拉（Taxila ）、白夏瓦（Peshawar)、斯瓦特（Swat ）、及迦臂施（Kapisa ）都在這區域之內。此處於西元前三二七至二〇〇年，先後爲希臘及印度孔雀王朝所佔領。於西元前二〇〇年至西元前第一世紀間，其又被大夏族（Bactr-ian ）和安息人（Parthian）所統治。至西元第一世紀時，大月氏族才在此建立貴霜王朝，以富留沙富邏（Purusapura ）（即今日夏瓦）爲冬都，阿富汗境內的迦臂施爲夏都。

史籍上記載揵陀羅彌陀信仰的資料有限，最重要的一條見於袾宏所輯的「往生集」。此書卷二云：「烏萇國王萬機之暇，雅好佛法，嘗謂侍臣曰：『朕為國王，雖享福樂，不免無常。聞西方淨土，可以棲神，朕當發願，求生彼國。』於是六時行道念佛，每供佛飯僧。王及夫人躬自行膳，三十年不廢。臨崩容色愉悅，化佛來迎，祥瑞不一。」（註五）烏萇即為仗那（Udayana），即今斯瓦特一帶，古時它是揵陀羅的一部分。所以，依據「往生集」的記載，很久以前，揵陀羅就有了淨土信仰。

此外，許多學者（註六）以為，淨土宗的宣揚，肇始於龍樹（Nagarjuna）、馬鳴（Asvaghosa）、及世親（Vasubandhu）的造論贊述。考查他們的生平，我們發現，馬鳴菩薩曾在富留沙富邏及揵陀羅文化附庸的罽賓（Kashmir）布化多年（註七），而世親菩薩就是富留沙富邏人，且在罽賓與揵陀羅居住了很長的一段時間（註八）。因此，我們更加肯定，彌陀信仰在揵陀羅必有其重要的地位。這重要性或可從中國早期阿彌陀佛經典的傳譯史上，略見端倪。

佛陀曾在許多經典中均提到西方淨土，但「般舟三昧經」、「大阿彌陀經」、「小阿彌陀經」、及「觀無量壽佛經」為彌陀信仰中最重要的四部經典。後三者通常被稱為「淨土三經」，而「般舟三昧經」又為淨土宗初祖慧遠念佛往生法門的依據（註九）。從蒐集這些經典譯經人的生平，我們可推知一些揵陀羅淨土信仰的具體內容。

「般舟三昧經」在「大藏經」中存有四種譯本：一、光和二年（一七九），支讖（Lokaksema）所譯的「般舟三昧經」，共一卷八品（註一〇）。許多學者均以此為我國彌陀經典佳譯的嚆失（註一一）。二、支讖翻譯的「般舟三昧經」，共三卷十六品。三、「拔陂菩薩經」，是「般舟三昧經」的異譯，譯者不傳。四、隋闍那崛多（Jranagupta）所譯的「大方等大集經賢護分」，又稱「賢護經」，是「般舟三昧經」的異譯。此外，「出三藏記集」卷二還錄有西晋竺法護（Dharmaraksa）譯「般舟三昧經」（註一二），卷四失譯雜經中，尚提到「般舟三昧念章經」及「異出般舟三昧經」（註一三）。日僧永超所著的「東域傳燈目錄」又記有鳩摩羅什（Kumarajiva（三四四—四一三）譯「般舟三昧經記」（註一四）。閱讀這些譯經人的傳記，我們發現，除了譯者不傳的例子外，這些譯經人都和揵陀羅有密切的關係。

支讖，又稱支婁迦讖，是東漢（二五—二二〇）著名的譯經大師。他是月氏人，於桓靈之際，抵達中國，在靈帝時（一六八—一八九），譯出大乘經典十三部。由於支讖是月氏人，他極可能來自印度西北、揵陀羅一帶，而「般舟三昧經」即是他從那兒攜至中國的經典。

西晋竺法護與揵陀羅的淵源亦深，他雖生於敦煌，但其祖爲月氏人。他曾隨其師遊歷西域諸國，學習了三十六國語文。許多法護在中國所譯的佛經，就是在這次遊歷中所得，「般舟三昧經」可能就是其中之一。由於材料有限，我們無法肯定此經就是在揵陀羅所獲。但因當時揵陀羅對西域文化影響甚巨，故若我們推定法護的「般舟三昧經」就是一部「揵陀羅」系的經典，亦不嫌大膽。

翻譯「般舟三昧經」的鳩摩羅什是佛教中的奇葩。他是天竺人，生在龜茲（Kizil），七歲出家，九歲隨其母至罽賓修習佛理。總貫群經，妙解大乘，不久即聲名大噪。未及弱冠，就遠近馳名。

其足跡遍布西域重要城鎮，依「高僧佳」，知羅什曾到罽賓、龜茲、月氏北山、沙勒（Kashgar），莎車（Yarkand），溫宿（Aksu）等地，宣化佛法（註一五）。由此可見，罽賓佛教對羅什影響甚大。因早期罽賓文化本是揵陀羅的一部分，羅什必曾受揵陀羅佛教的熏化。而他與揵陀羅的直接接觸，更可由其曾至月氏北山之事得到應證。若羅什所譯「般舟三昧經記」的原典不是在揵陀羅所得，它也必然是羅什在深受揵陀羅影響的西域諸國所獲。故而推斷，此記恐又是一部「揵陀羅」系的經典。

在這些傳譯「般舟三昧經」的高僧中，與揵陀羅關係最明確的應是闍那崛多。闍那崛多，又稱德志，揵陀羅人，居富留沙富邏域。至幼出家，二十七歲時始離揵陀羅，隨師四方遊化。北周武成年間（五五九－五六〇），嘗遊歷至長安，旋即西還；隋開皇年間（五八一－六〇〇），復奉召東來。除了中國以外，其遊歷處還包括迦臂施國、大雪山西足、慶怛（Ephthalites）、渴槃陀（Tash-Kurghan）、于闐（Khotan）、吐谷渾（Turfan）等地（註一六）。由此可見，闍那崛多不但在揵陀羅受了長期的佛教訓練，又曾在揵陀羅、大夏、西域諸國廣施佛法。其譯的「賢護經」極可能是他在揵陀羅所習的一部經典，因此「般舟三昧經」與揵陀羅的關係之深於此可見一斑。

根據上面這些資料，我們推斷，自西元第二至第五、六世紀，「般舟三昧經」可能是揵陀羅的一部重要典籍。此經中所論的淨土思想，也極可能曾在這一帶流行。

第二部重要的淨土聖典是「大阿彌陀經」。依「開元錄」的記載，此經前後共有十一譯（註一七）。存者有四，它們是：「無量清淨平等覺經」，後漢支讖譯，「阿彌陀三耶三佛薩樓檀過度人道經」（

又稱「阿彌陀佛經」），吳支謙譯，「無量壽佛經」，曹魏康僧鎧（Sanghavarman）譯，「大寶積經第五無量壽如來會」，唐菩提流志（Boclhiruci）譯。佚者有七，它們是：「無量壽經」，後漢安世高譯，「無量清淨平等覺經」，後漢帛延譯，「無量壽經」，晉竺法護譯，「無量壽至眞等正覺經」，晉竺法力譯，「新無量壽經」，晉佛陀跋陀羅（Buddhabhadra，三五八—四二九）譯，「新無量壽經」，宋寶雲（三七五—四四九）譯，「新無量壽經，宋曇摩蜜多（Dharmamitra 三五六—四四二）譯。查考這些譯者的生平，至少有七位高僧曾與揵陀羅佛教有些接觸。他們是安世高、支讖、支謙、竺法護、佛陀跋陀羅、寶雲、和曇摩蜜多。其中，支讖及竺法護與揵陀羅的關係，在前文已有所考定，茲不贅述。

安世高乃安息國太子，在家時，即謹守戒律。後因其父逝世，而感世間無常，故讓位於叔，致力於佛道，各方遊化。後漢桓帝建和二年（一四八），到達洛陽。客居中國二十餘年，翻譯佛經三十餘部，人多稱他爲中國譯經業之祖（註一八）。揵陀羅在西元前第一、二世紀時曾爲大夏、安息族所統治，故安息與揵陀羅淵源甚深，安世高和揵陀羅的密切關係也顯而易見。如安世高眞的翻譯過「無量壽經」（註一九），則此經恐是他在安息或印度西北所得，此即爲說明揵陀羅早有淨土信仰的重要佐證。

支謙，字恭明，本大月氏人。祖父法度在漢靈帝時率國人數百，歸化中國。雖然由支謙的傳記中，我們找不到支謙與揵陀羅直接接觸的資料，但由於他曾受業於支讖的弟子支亮（註二〇），當時盛傳：「天下博知，不過三支。所以，他所學習與傳授的，當是「月氏派」的佛教。因此，我們可大膽的推測，支謙所譯的「阿彌陀佛經」應是支識本的異譯。二者均是以月氏所傳的「大阿彌陀經」為依據。

佛陀跋陀羅也是傳譯「大阿彌陀佛經」的高僧，他是迦維羅衛（Kapilvastu）人，在北印度出生。年十七即以習誦為業，後與同學僧迦達多（Sanghadeva）在罽賓遊學多年，符秦高僧智儼久仰其名，特至罽賓，請佛陀跋陀羅傳授禪法。由此可見，他與罽賓佛教關係密切，而罽賓佛教又深受揵陀羅之影響，佛陀跋陀羅在罽賓所學，自然當屬揵陀羅的系統。他所譯的「新無量壽經」，很可能就是流行於揵陀羅與羅賓的一部經典，其弟子寶雲，於劉宋永初二年（四二一），又譯出「新無量壽經」二卷。這不但證明了佛陀跋陀羅對此經的重視，也指出寶雲的「新無量壽經」亦是一部與揵陀羅有關的經典。

晉宋之際，另一位「大阿彌陀佛經」的傳譯人是曇摩蜜多，又名法秀。他是罽賓人，年七歲即出家，跟從無數罽賓賢達學習微妙佛法。他在中國的譯經，大概都是他在罽賓所學，他所譯的「大阿彌陀佛經」可能就是其中之一。揵陀羅西方淨土信仰的存在，由此又得一旁證。

第三部淨土要典是「小阿彌陀佛經」。依「開元錄」的記載，此經前後共有三譯，今二存一闕（註二一）。二存者為「阿彌陀經」，鳩摩羅什譯，及「稱讚淨土佛攝受經」，玄奘譯。一闕者是「小無量壽經」，求那跋陀羅（Gunabhadra 三九三－四六八）譯。其中，求那跋陀羅為中天竺人，由他的傳記中，我們找不到其曾至印度西北的記錄。而玄奘為唐高僧，其跡遍布西域、天竺重要城鎮，所以我們較難肯定他們傳譯的「小阿彌陀經」與揵陀羅的關係。鳩摩羅什是西域高僧，與罽賓淵源頗深，故其所譯的「阿彌陀經」恐亦屬揵陀羅一系的經典。

第四部淨土聖典是「觀無量壽佛經」。此經先後共有二譯，一存一失（註二二）。存者爲劉宋畺良耶舍所譯，失者是曇摩蜜多所翻。曇摩蜜多與揵陀羅的可能關係，前文已論，茲不贅述，而有關畺良耶舍的資料有限，我們無法肯定其與揵陀羅之間的關連，不過據「高僧傳」，畺良耶舍是西域人，且在西域出家習佛，故其所譯的「觀無量壽佛經」或受揵陀羅佛教影響，也未可知。

綜上所論，自漢迄唐，著錄中提到翻譯淨土經典的共有二十人，其中至少有九人深受揵陀羅佛教的熏化，因此我們推測，在西元第一、二世紀到第六、七世紀之間，揵陀羅大概已有了彌陀淨土信仰。當然這個論說的肯定，還必須援引考古文物，加以應證。

三、考古文物

在貴霜王朝時，揵陀羅是印度兩大佛教藝術中心之一。考古學家在這兒尋獲了無數精美的佛傳浮雕，莊嚴神聖的佛像，英挺俊秀的菩薩像，也發現了不少淨土變相的雕刻。多年來，西方學者都嘗試著去解析這些淨土雕像（註二三），但一直沒有斬獲。直到一九八〇年，杭廷頓教授（John C. Huntington）發表了「揵陀羅的無量壽佛淨土像」（註二四），學者們對淨土變相的研究始有所突破。由於杭氏此篇論文是本文立論的一重要礎石，今將要點摘錄於後。

杭氏這篇論文，主要在考定莫汗眉得那里（Mohammed Nari）出土的一揵陀羅浮雕（圖一）。

此浮雕高約一一八·七五公分，寬九二·五公分，現藏於巴基斯坦的拉和爾博物館（Lahore Museum）。它的正中是一結跏趺坐，手結轉法輪印的佛像，他坐在一水中長出的巨蓮之上。圍繞在他四周的有手結定印，沈思冥想的佛像，姿態閒適，生動活潑的菩薩像，手持花冠或華蓋的飛天，還有虔誠禮拜的供養人。浮雕最上面的中央刻有寶華，最下面雕有粼粼水波，游魚、龍王等。全雕刻劃精美，構圖繁複。

經過與「大阿彌陀經」詳細比對，並參考佛教圖像學各方資料，杭氏提出，此像雖無觀音、大勢至的出現，但基於下面幾個理由，它可定爲西方淨土變相。

第一，此像左上方第二排的樹下坐佛，他手向右揚，轉頭向左，左下方有二人，一立一跪，此佛似乎正向這兩人解說些什麼。杭氏指出，此景正與「大阿彌陀經」的經文相呼應。經云：「爾時世尊，諸根悅豫，姿色清淨，光顏巍巍。尊者阿難承佛聖旨，即從座起，偏袒右肩，長跪合掌，而白佛言……」所以，跪在一旁的即是阿難，而這坐佛極可能是講述西方淨土諸多奧妙的釋迦牟尼。

第二、此浮雕上部的左右兩端刻有跍跏坐佛，他們均手作定印，坐在盛開的蓮花之上，頂有華蓋，在他的背光中，有八尊似從中央坐佛處散放出的立佛。杭氏以爲，此景即是蓮花現佛。經云：「阿彌陀佛刹中，衆寶蓮花，周遍世界，……一一華中，出三十六百千億光，一一光中，出三十六百千億佛，其身皆紫金色，相好殊特。一一諸佛，又放百千光明，普爲十方衆生說微妙法，如是諸佛各各安立，無量衆生於佛正道。」因此，當中的坐佛即阿彌陀佛，其所坐的蓮坐，即西方淨土中處處開放的寶蓮，但由於圖面的限制，雕師即以八尊立佛以表示三十六百千億佛的觀念。

第三、蓮花化生是淨土信仰中最重要的一個特色。「大阿彌陀經」云：「十方世界諸天人民，其有至心願生彼國（阿彌陀佛佛刹），……發菩提心，一心專念無量壽佛，修諸功德，願生彼國。此等衆生，臨壽終時，無量壽佛與諸大衆，現其人前，即隨彼佛，往生其國，便於七寶蓮中自然化生。」此浮雕中央坐佛所坐蓮華的兩側，有男女供養人各一，仰首向中央的坐佛禮拜，他們足下各有一蓮台，杭氏指出，這二人即代表蓮花化生的信徒。

第四、如視樓龕中菩薩三尊像爲一組的話，全雕共有二十五尊菩薩像。雖說「阿彌陀經」並未言及二十五菩薩，但中、日佛教美術中，常有阿彌陀佛與二十五菩薩來迎圖像的發現，因此，杭氏指出，這浮雕上的二十五菩薩必與阿彌陀佛有關，其恐是流行於中、日的二十五菩薩來迎像的前身。

由於以上種種理由，杭氏提出，莫汗眉得那里浮雕乃爲一西方淨土變相，當中的坐佛即極樂世界的主尊—無量壽佛，他手結輕法輪印，代表著阿彌陀佛在西方淨土中講述微妙佛法。此外，「大阿彌陀經」又提及，在西方淨土中，「有在地講經者，誦經者，念經者，思道者，坐禪者，經行者。」（註二五）這又與浮雕所示的種種菩薩形態相對應，因此我們肯定，此浮雕是一西方淨土變相。

由杭氏的論文中，我們知道了揵陀羅西方淨土變相的一些特徵，現在可以討論另一件揵陀羅極樂世界變相（圖二）。此像高八二・五公分，現藏於巴基斯坦的拉和爾博物館，它的右下角已經殘損。全像分爲上下兩部分。下部佔此浮雕的四分之三，是全像的主體。

下部的主尊是一在蓮花上趺坐的佛像，他手作轉法輪印。他的四周圍繞著各種姿態的菩薩，他們或膜拜，或沈思，或念經。在佛肉髻之上，有共持花冠的二飛天及寶華。它的構圖雖不如莫汗眉得那里像繁複，但却十分類似。諸菩薩脚下的蓮花代表著他們的精神超越，淨土化生。在圖的右上方是一結跏趺坐，手作定印的佛像，他的四周刻著由坐佛散放出的光紋。這坐佛極可能是中央轉法輪佛像的化身，換言之，他即是阿彌陀佛。因阿彌陀佛又稱無量光佛，所以他的四周可刻畫自此佛所散放的光芒。除此之外，這光芒可能還有另一層意義，那就是蓮花現佛，由於此像的構圖較為簡略，故而自坐佛散放出的小佛，及佛下的蓮座均被省去。根據這些因素，這圖像很顯然地是揵陀羅西方淨土變相的另一例證。

依這浮雕上部的構圖觀之，它似乎也是一淨土變相。主尊為一頭戴華飾，身披瓔珞的菩薩，他坐在華蓋之下。他的四周圍繞著聽法，禮拜，沈思的菩薩。主尊菩薩手持澡瓶，交脚而坐，且手作一禮敬的印契（註二六），這都顯示出這主尊是彌勒菩薩，故而我們可知，此浮雕上段乃是表現彌勒菩薩的兜率天宮。

這件作品將西方淨土與兜率天結合為一，是研究揵陀羅彌陀信仰的一重要資料，它具體地說明了，西方淨土思想和彌勒信仰間有著某種微妙的關係。造像記中，可以發現不少表示二者相關的例證。如神龜二年（五一八）的杜永安題記云：「……造無量壽佛，斯願天下一切含生，有形之類，神速妙景。及七世父母，所生父母，因屬知識，常與善遇，彌勒三會，恒登先首。」（註二七）開皇十七年（五九七）張信的彌陀石像銘亦提到「願亡媳捨此穢形，面奉彌勒，託生西方。」（註二八）「般舟三昧經」的經行品曰：「爾時阿彌陀佛語是菩薩言：『欲來生我國者，當念我數數，常當守念，莫有休息，如是得來生我國。』佛言：『是菩薩用是念故，當得生阿彌陀國。』」（註二九）由此可知，般舟三昧此種念佛法門，是往生西方淨土的一重要方法。而同經的般舟授決品又云：「颰陀和等八菩薩，於五百衆爲英雄。常當奉持方等經，於世之俗無所著……壽終之後生法家，……遠離一切諸惡道，其功德行莫能稱，所受福祐無能量，當復値見彌勒佛。……彼常奉持此經法，夙興夜寐而諷誦，殖衆功德修梵行，覩彌勒時義若此。」（註三〇）這段經文又指出，修習「般舟三昧經」是見彌勒佛的一重要法門。依據此經的經文，我們或可大膽假設，這拉和爾博物館的浮雕可能是受了「般舟三昧經」的啓發，將彌勒淨土與極樂世界刻鑿在同一浮雕之上。但爲什麼雕匠所刻的不是彌勒佛的淨土，而是彌勒菩薩的樂土呢？

彌勒在佛教中的地位極爲特殊，他不但是兜率天宮中的說法菩薩；同時，在久遠的未來，彌勒將下生閻浮提，並於龍華樹下修成佛果。所以，在實質上，彌勒菩薩與彌勒佛並無不同。「觀彌勒菩薩上生兜率天經」云：「如是等輩若一念頃受八戒齋，修諸淨業，發弘誓願，命終之後，譬如壯士屈申臂頃，即得往生兜率天。……今此天主名曰彌勒，汝異歸依。……亦隨彌勒下閻浮提，第一聞法於未來世。」（註三一）由此可知，彌勒信徒祈求往生兜率天，主要的目的乃在跟隨彌勒下生閻浮提，以便在彌勒佛所主持的龍華三會中，聆聽彌勒佛的教化，成阿羅漢道。對彌勒的信徒而言，往生兜率天是他們親見彌勒佛，得證菩提最好的保證。拉和爾博物館所藏的這件石雕頂部雖雕彌勒菩薩，但因彌勒菩薩與彌勒佛實爲一體，故這件作品與「般舟三昧經」的關係是可以肯定的。

從風格觀之，莫汗眉得那里出土的石雕（圖一）約爲西元三世紀的作品，揵陀羅出土的作品（圖二）是四、五世紀的造像。可見，印度很早即有了西方淨土變相雛形的製作。隋唐時（五八一－九〇七）我國西方淨土變的流行，很可能是繼承了揵陀羅的傳統，繼而發揚光大，融入我國自己的民族風貌，獨樹一幟。

四、小結

在本論文中，筆者援引旁證，指出西方淨土信仰在揵陀羅已經存在，由於淨土要典「般舟三昧經」和「大阿彌陀經」的譯經人多屬「月氏系」的高僧，故而推測這兩部經典應是揵陀羅西方淨土信仰的重要經典。而文中所討論的二揵陀羅浮雕也正與「般舟三昧經」和「大阿彌陀經」有關，更證明了這個推測的可能性。望月信亨提到，「般舟三昧經」和「大阿彌陀經」乃中國初期淨土信仰的兩部基礎經典（註三二），由此可見，中國佛教與揵陀羅的關係實在非常密切。

【附註】

註一　「大藏經」（台北，民國七十二年），第五十二册，頁四三二上。

註　二　同上，第五十册，頁三五八下。

註　三　Edward Conze, Buddhism Ifs Essence and Development,（New York, 1959）, P.205.

註　四　同上。

註　五　「大藏經」，第五十一册，頁一三八上。

註　六　田博元，「廬山淨土宗要論」一文，見張曼濤編，「淨土宗概論」（台北，民國六十八年），頁一八八。Karl Ludvig Raichelt, Truth and Tradition in Chinese Buddhism,（Shanghai,1927）,P.127.

註　七　「大藏經」，第五十册，頁一八九上，及 Stefan Anacker, "Kaniska", in Buddlism A Modern Perspective, Charles S. Prebish ed.,（Un'versity and London, 1975）,P.46.

註　八　「大藏經」，第五十册，頁一八八—一九一。

註　九　望月信亨作，印海譯，「中國淨土教理史」（台北，民國六十三年），頁十九、二十。

註一〇　許多學者以爲此經是支讖與竺法朔合譯的。參見同上，頁九。

註一一　同上。

註一二　「大藏經」，第五十五册，頁八上。

註一三　同上，頁三十下，三七中。

註一四　同上，頁一一五四中。

註一五　同上，頁三三〇中、下。

註一六　同上，第五十五册，頁五四九。

註一七　同上，頁六二六下。

註一八　黃懺華，後漢佛敎，見「中國佛敎總論」（台北，民國七十二年），頁四。

註一九　安世高譯「無量壽經」初見於隋費長房之「歷代三寶記」（「大藏經」，第四十九册，頁五十中），但未錄於梁僧佑的「出三藏集記」，因而作者對安世高是否曾譯「無量壽經」之事，仍抱一存疑的態度，故而不稱安世高爲我國淨土經典的第一佳人。

註二〇　「大藏經」，第五十五册，頁四八九中。

註二一　同上，頁六二九下。

註二二　同上。

註二三　John M. Rosenfield, The Dynastic Arts of the Kushans (Ber keley and Los Angeles, 1967), PP. 235-238.

註二四　John C. Huntiogton, "A Gandharan Image of Amitayus' sukhavati" Estratto da dell'-Istituto Orientale di Napoli, Vol. 40 (1980), PP. 651-672.

註二五　「大藏經」，第十三册，頁三〇五下。

註二六　此手印稱南尤斯卡拉法印（Namaskara mudra）。依學者的研究，此手印是菩薩表示對佛的尊敬與順從。參見 Benoytosh Bhattachayya, The Indian Buddhist Iconography, (Calcutta, 1958), P. 437, Maurizio Taddei, "Harpocrates Brahma-Maitreya", Estratto dalla rivista, Dialoghi di Archaęologia, Fac III 1969, No. 3, P. 376. 他代（M. Taddei）指出，這尊敬的手印是揵陀羅

彌勒像的一大特徵。見上引文，P. 375.

註二七　大村西崖，「中國美術史雕塑篇」（東京，昭和五十五年），頁二一六。

註二八　望月信亨，見前引文，頁九四。

註二九　「大藏經」，第十三册，頁九〇五中。

註三〇　同上，頁九一一下。

註三一　同上，第十四册，頁四二〇上。

註三二　同註九，頁九一十三。

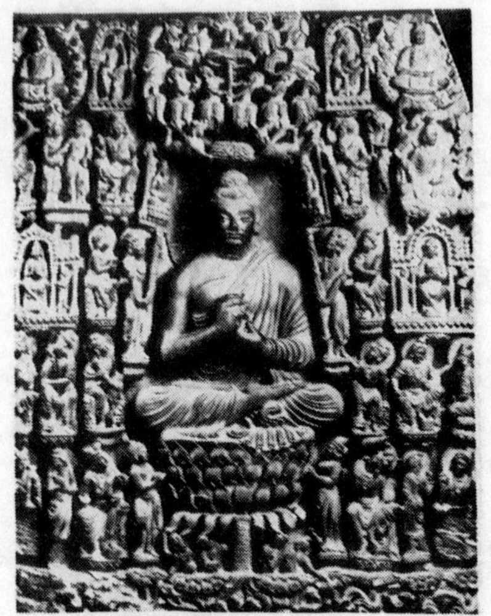

圖版一　西方淨土石雕
犍陀羅　莫汗眉得那里出土
巴基斯坦拉和爾博物館藏

圖版二　淨土石雕　　犍陀羅
巴基斯坦拉和爾博物館藏

陰陽五行家思想之成立與流布

林金泉

第一節　鄒衍前之五行說

荀子非十二子篇曰：「案往舊造說，謂之五行，甚僻違而無類，幽隱而無說，閉約而無解，案飾其辭而祇敬之曰：此眞先君子之言也，子思唱之，孟軻和之。」楊涼注：「案前古之事，而自造其說，謂之五行，五行，五常：仁義禮智信是也。」

按：思孟五行，學者論辯，莫衷一是，究其因，金木水火土與仁義禮智信之釋各異也。主前說者，以「五常本荀子所雅言，何以非之」駁後說；主後說者，以「思孟書中無五行，五行卽五常」駁前說。二者各有論據，難分軒輊。然則孰是孰非，眞僞難定，何從取捨乎？輓近出土馬王堆帛書老子甲本後佚書有云：「……胃（謂）之德之行，不刑（形）于內胃之行。……德之行。五（行）和胃之德，四行和胃之善。」「善，人道也；德，天道也。」又云：「君子之爲善也，有與始也，有與終也。君子之爲德也，有與始也，无與終也。」「金聲而玉振之，有德者也。金聲，善也；王言，聖也。善，人道也；德，〔天〕道〔也〕。〔唯〕有德者然苟（後）能金聲而玉振之。」又云：「其至，內者之不在外也，是之胃蜀（獨）；蜀也者，舍體（體）也。」「君子之爲善也，有與始，有與終，言與其體始，與其體終也。」「君子之爲德也，有與始，无〔與終〕……與其體始，无與終者，言舍其體而獨其心也。……雖（唯）有德者，然後能金聲而玉辰（振）之者，動□而□□，井（形）善于外，有德者之□。」今人饒宗頤先生於五德終始說新探一文中引孟子萬章篇「集大成者，金聲而玉振之。金聲也者，始條理也；玉振之也者，終條理也。始條理者，智之事也；終條理者，聖之事也。」〔註一〕取與佚書參證，若合符節，而疑此佚書卽思孟之遺說，復於鄒衍書別考一文中謂「其所言之五行終始，本指五常天道之德，此子思之五德終始說也」〔註二〕，論據確鑿，發前人所未發，則思孟所言之五行卽楊涼注之「五常，仁義禮智信」固昭昭矣！思孟五行雖與陰陽五行家之五行大異其趣，然後之鄒衍本之以創土木金火水相勝之五德終始說，豈無溯因哉？

墨子五行說載於經下經說下篇。

經下云：「五行毋常勝，說在宜。」

經說下云：「（五）合水土火火。離然火鑠金，火多也。金靡炭，金多也。合之府水，木離木若識，麋與魚之數惟所利。」

按：此條注家多不可解，胡適之先生中國古代哲學史謂「有脫誤，不可全懂。但看那可懂的幾句，可知道這一條是攻擊當時的『五行相勝說』的。」惟高亭先生墨子校詮釋之最中肯，茲取捨從之。

校經：宜當作多，說文「宜古文作𡧱，多與古文宜形似，故誤爲宜。說云：「火多金多」即其證。

校說：（五），五字乃牒經標題之文，不與下連讀。「合水土火火」當作「金水土火木」。金與合，木與火，並形近而誤。第一「離」字涉下文而衍。「合之」之合亦金字之誤。「木離木」當作「火離木」，火木亦形似而誤。「若識」當作「識若」，轉寫誤倒。

詮經：毋讀爲無。常者固定不易之義。古人有五行有常勝之說，墨家以爲不然。故曰：「五行毋常勝。」蓋某一行之勝某一行，由於某一行之多於某一行。故曰：「說在多。」

詮說：說文：「然，燒也，从火，肰聲，此正用其本義，俗作燃。說文：「鑠，銷金也。」方言：「靡，滅也。」府當讀爲附，同聲系，古通用。離讀爲麗，附也。識借爲熾，同聲系，古通用。說文：「熾，盛也，从火，戠聲。」熾既从火，當謂火燃之盛也。說中所述，共有三點：㈠舉五行之目。經文所謂五行者，即金、水、土、火、木也。故曰：「金、水、土、火、木。」㈡言五行無常勝，以多爲勝。經文所謂五行毋常勝說在多者，如燃火而銷金，因火多也。以金壓炭火，可以滅火，因金多也。故曰：「然火鑠金，火多也。金靡炭，金多也。」是則火可勝金，金亦可勝火，可見五行無常勝矣。㈢言五行之相生。五行相生，亦物之定數，如金附麗於水，火附麗於木而熾也。此物之定數，與動物無殊，如麋利於山，故附於山。魚利於淵，故附於淵。亦皆物之定數也。故曰：「金之府水，火離木識，若麋與之數惟所利。」然則謂金生水，木生火可也。

由此觀之，墨子之五行說，一則同於陰陽五行家五行相生說，一則異於五行相勝說然也。墨經成書年代，學者如梁任公、胡適之等懷疑者甚多，今人李漁叔先生墨經眞僞考一文，彌綸理實，逐家辯駁，確認「墨經上下四篇，當爲墨子所著」無疑，則墨子五行說前於鄒衍陰陽五行說明矣！夫「先有相勝說，然後方有毋相勝說」〔註三〕殆意中事也，鄒衍取相生說言主運，取相勝說言五德終始，固取捨乎墨子，然則由五行至五德、由相勝而終始，豈憑空而起乎？此蓋當始于人固原知以物類之事喻人之德性之事也。孔子以水之「逝者如斯，不舍晝夜」喻人之爲學成德之事；孟子以「火之始然，泉之始達」喻人之存心養性之事；荀子以「木就繩則直，金就礪則利」喻人之當化性以成學之事；老子以「上善若水，居善地」喻德之事，則以金木水火土喻德，固諸子所常言也。鄒衍本相勝之五行，蛻衍爲相勝之五德，復參以思孟五行之終始，糅合而成五德終始說，殆歷歷可徵也。

第二節　陰陽五行家產生之地緣關係

鄒衍者〔註四〕，齊人也。史記孟荀列傳云：「齊有三騶子，其次騶衍。」漢志陰陽家載鄒子四十九篇，班氏自注曰：「名衍，齊人。」史記燕召王世家亦曰：「鄒衍自齊往。」是皆鄒衍爲齊人之明證也。齊地民俗，史記載之頗詳，齊世家曰：「自泰山屬之琅邪，北被于海，膏壤千里，其民濶達多匿知，其天性也。」貨殖列傳亦曰：「齊帶山海，膏壤千里……其俗寬緩闊達而足智，好議論。」據環山帶海之環境言之，易引人之遐想；自「俗寬緩闊達而足智，好議論」言之，易滋迂遠虛濶、不切實際之謬說，故莊生所謂之齊諧、孟子所謂之齊東野人語，皆齊地民俗之寫照也。且八神將之信仰，齊地自古有之，封禪書曰：「八神將自古而有之……齊所以爲齊，以天齊也，其祀絕莫知起時。八神：一曰天主，祠天齊……二曰地主，祠泰山梁父……三曰兵主，祠蚩尤……四曰陰主，祠三山……五曰陽主，祠之罘……六曰月主，祠之萊山……七曰日主，祠成山……八曰四時主，祠琅邪……。」胡適之先生中古思想史長篇對此段闡釋頗詳，其曰：「這個宗教本是初民拜物拜自然的迷信，稍稍加上一點組織，便成了天地日月陰陽四時兵的系統了。試看天主祠在『天齊』，天齊是臨菑的一個泉水，有五泉並出，民間以爲這是天的臍眼，故尊爲『天臍』。這裏還可見初民的迷信狀態。拜天的臍眼，和拜『陰主、陽主』，同屬於初民崇拜生殖器的迷信。由男女而推想到天地日月，以天配地，以日配月，都成了男女夫婦的關係。再進一步，便是從男女的關係上推想出『陰』『陽』兩種勢力來。陰陽的信仰起于齊民族，後來經過齊魯儒生和燕齊方士的改變和宣傳，便成了中國中古思想的一個中心思想……。」又曰：「陰陽的崇拜是齊民族的古宗教的一部分。五行之說大概是古代民間常識裏的一個觀念。古印度人有地、水、火、風，名爲「四大」。古希臘人也認爲水、火、土、氣，爲四種原質。五行是水火金木土，大概是中國民族所認爲五種原質的。……這個觀念到了『齊學』大師的手裏，和陰陽的觀念結合成一個大系統，用來解釋宇宙，範圍歷史，整理常識，籠罩人生，從此便成了中古思想的絕大支柱了。」〔註五〕鄒衍生於齊地，長於齊地，秉迂濶之士風，承古宗教之墜緒，糅陰陽、五行以成說，而爲陰陽五行家之肇始者，抑江山之助乎！

第三節 陰陽五行說成立之年代

史記孟荀列傳曰：「騶衍，後孟子。……騶子（衍）重於齊，適梁，惠王郊迎，執賓主之禮，適趙，平原側行襒席，如燕，昭王擁彗先驅，請列弟子之座而受業，築碣石宮，身親往師之。作主運，其游諸侯見尊禮如此……。」

田敬仲完世家曰：「宣王喜文學遊說之士，自如騶衍、淳于髡、田駢、接予、愼到、環淵之徒七十六人，皆賜第列爲上大夫，不治而議論。是以齊稷下學士復盛，且數百千人。」

按：鄒衍後孟子，歷齊、魏、趙、燕諸國，其生卒年歲，史無明文，頗難確考。梁氏啟超以爲生於齊威王時代，約當西元前三三〇年，卒於西元前二八〇年之後〔註六〕。錢穆先生以爲約在西元前三〇五年至西元前二四〇年之間，亦卽生於齊湣王十三年，卒於秦始皇登基之後〔註七〕。胡適之先生則以爲約當西元前三五〇年至西元前二八〇年之間。其中古思想史長篇曰：「齊學的最偉大的建立者，自然要算鄒衍。他的生平事實，古書記載甚少。史記所記，多不甚可信。如說『騶衍後孟子』，又說他是齊宣王時人，又說：『騶子重於齊；適梁，梁惠王郊迎；適趙，平原君側行襒席；如燕，昭王擁彗先驅，請列弟子座而受業，築碣石宮，身親往師之。』他若是齊宣王梁惠王同時的人，便不在孟子之後了。況且梁惠王死于前三三五年（此依史記，通鑑改爲前三一九年），齊宣王死于前三二四年（此依史記，通鑑作三一四），燕昭王在位年代爲前三一一年至二七九年，而平原君第一次作相在前二九八年，死在二五一年（均依史記）。史記平原君傳說鄒衍過趙在信陵君破秦救趙（前二五七）之後，那時梁惠王已死七十八年了，齊宣王也已死六十七年了。（史記集解引劉向別錄也說騶衍過趙見平原君及公孫龍。）史記封禪書又說：『自齊威宣時，騶子之徒論著終始五德之運。』這便是把他更提到宣王以前的威王時代了。威王死于前三三三年，與梁惠王同時。騶衍若與梁惠王同時，決不能在前三世紀見平原君。史記所以有這樣大矛盾者，一是因爲史記往往採用戰國策士信口開河的議論作史料；二是因爲史記有後人妄加的部分；三是因爲齊國有三個騶子，而騶衍的名聲最大，故往往頂替了其餘二騶子的事實。騶忌相齊威王，騶衍在其後，大概在齊宣王湣王的時代。湣王（依史記，當前三二三—二八四。依通鑑，當前三一三—二八四）與燕昭王同時，騶衍此時去齊往燕，（戰國策二九記燕昭王師事郭隗，而「鄒衍自齊往」。）也是可能的事，但決不能在信陵君救趙（前二五七）之後。他和孟子先後同時，而年歲稍晚。他的年代約當前三五〇—二八〇年。」（註八）

胡氏斟酌史料，去僞存眞，彌綸理實，頗足信據。王夢鷗先生鄒衍遺說考一書復以燕昭王大破齊師之年，與史記秦本紀、魏、韓、楚、燕、田敬仲完世家，及六國年表所載之年分毫不差，乃據之推算，考訂鄒衍生卒年世，約當西元前三四五年至二七五年之間（註九），與胡適所擬，前後相差五年，誠所謂前修未密而後出轉精也。玆略加引述，以證其說：

秦本紀：「（秦昭襄王）二十三年……與三晉、燕伐齊；破之濟西。」

魏世家：「（魏昭王）十二年，與秦趙韓燕共伐齊，敗之濟西，王出亡……。」

韓世家：「（韓釐王）十二年，與秦昭王會西周而佐秦攻齊，齊敗，湣王出亡……。」

趙世家：「（趙惠文王）十五年，燕昭王來見，趙與韓魏共擊齊，齊王敗走……。」

楚世家：「（楚頃襄王）十五年，與秦、三晉、燕共伐齊，取淮北。」

燕世家：「（燕昭王）二十八年……以樂毅爲上將軍，與秦楚三晉合謀以伐齊，齊兵敗，湣王出亡於外……。」

田敬仲完世家：「（齊湣王）四十年，燕齊楚三晉合謀，各出銳師以伐，敗我濟西，王解而却，燕將樂毅遂入臨菑，盡取齊之寶藏器，湣王出亡之衞……。」

按：上述所載破齊之年與六國年表相印證，若合符節，考之西曆，時爲西元前二八四年。

又燕世家曰：「燕昭王破燕之後卽位，卑身厚幣以招賢者。謂郭隗曰：齊因孤之國亂而襲破燕，孤極知燕小，力少不足以報。然誠得賢士以共國，以雪先王之耻，孤之願也。先生視可者得身事之。郭隗曰：王必欲致士，先從隗始，況賢於隗者豈遠千里？於是昭王爲隗改築宮而師事之。樂毅自魏往，鄒衍自齊往，劇辛自趙往，士爭趨然……。」

韓詩外傳亦曰：「燕昭王得郭隗鄒衍樂毅，是以魏趙興兵而攻齊，棲於莒。」

據此可知鄒衍重於齊，後顯於燕，其赴燕時間當在燕師破齊之前，決不能在信陵君救趙之後也，是胡氏之說誠足信據。

至若鄒衍卒年，御覽十四引淮南子云：「鄒衍事燕惠王盡忠，左右譖之王，王繫之獄，仰天哭，夏五月，天爲之下霜。」論衡感虛篇亦云：「傳書言：鄒衍無罪見拘於燕，當夏五月，仰天而歎，天爲隕霜。」俱言鄒衍於燕惠王時被捕下獄，考燕惠王元年時值紀元前二七八年，則衍之卒或當在其後也。故王氏將鄒衍生卒年世列自西紀前三四五年至二七五年約七十年頃，衡諸一般人壽，證諸典籍所載，宜無不合，誠的論也。倘陰陽五行說假定爲鄒衍中年所創，則此說成立時代約當西紀前三一五年至三一〇年之際矣！

第四節　鄒衍學說內容及陰陽五行之成家

漢志諸子略陰陽家列鄒子四十九篇，班氏自注：「名衍，齊人，爲燕昭王師，君稷下，號談天衍。」又列鄒子終始五十六篇，顏注：「亦鄒衍說。」是鄒衍之書，析之有二（註十）。漢志尚存，隋志不載，蓋亡佚久矣。史遷所言鄒衍作終始大聖之篇十餘萬言，遂難確知。今欲窺鄒衍學說內容者，非借助孟荀列傳所載及古籍所引鄒子佚文不得也。

一、相生爲義之陰陽主運說與五木改火說

史記封禪書云：「騶衍以陰陽主運顯於諸侯。」集解引如淳曰：「今其書有主運。五行相次轉用事，隨方面爲服。」索隱：「主運是鄒子書篇名也。」孟荀列傳：「昭王築碣石宮，身親往師之，作主運。」索隱：「劉向別錄云：「鄒子書有主運篇。」據此，主運乃鄒子四十九篇之一篇，爲鄒衍如燕時所作也。又周禮夏官司爟職鄭注引鄒子書曰：「春取楡柳之火，夏取棗杏之火，季夏取桑柘之火，秋取柞楢之火，冬取槐檀之火。」論語陽貨篇集解引馬融云：「周書月令有更火之文，春取楡柳之火，夏取棗杏之火，季夏取桑柘之火，秋取柞楢之火，冬取槐檀之火，一年之中，鑽火各異木。」皇疏：「改火之木，隨五行之色而變也，楡柳色青，春是木，木色青，故春用楡柳也；棗杏色赤，夏是火，火色赤，故夏用棗杏也。桑柘色黃，季夏是土，土色黃，故季夏用桑柘也。柞楢色白，秋是金，金色白，故秋用柞楢也。槐檀色黑，冬是水，水色黑，故冬用槐檀也。」按：五木改火，依木火土金水之相生序；「五行相次轉用事，隨方面爲服」，與月令所載相符，錢穆先生先秦諸子繫年曰：「其說與月令時則爲類，如淳所謂五行相次用事，隨方面爲服，卽以五木改火之例觀之可見。」（註十一）是二者皆以相生爲義也。

二、相勝爲義之五德終始說

史記孟荀列傳云：「騶衍……乃深觀陰陽消息，而作怪迂之變，終始大聖之篇，十餘萬言。……稱引天地剖判以來，五德轉移，治各有宜，而符應若茲。」封禪書云：「自齊威宣之時，鄒子之徒，論終始五德之運。」集解：「如淳曰：今其書有五德終始，五德各以所勝爲行。」歷書亦云：「是時獨有鄒衍，明於五德之傳，而散消息之分，以顯諸侯。」此所稱卽鄒子終始五十六篇之說也。文選齊故安陸昭王碑注引鄒子云：「五德之次，從所不勝，虞土，夏木，殷金，周火。」魏都賦注引七略亦云：「鄒子終始五德，從所不勝，土德後，木德繼之，金德次之，火德次之，水德次之。」若淮南子齊俗篇「有虞氏之祀，其社用土，祀中霤，葬成畝，其樂咸池承雲九韶，其服尙黃。夏后氏其社用松，祀戶，葬牆置翣，其樂夏籥九成六佾六列六英，其服尙靑。殷人之禮，其社用石，祀門，葬樹松，其樂大濩晨露，其服尙白。周人之禮，其社用栗，祀竈，葬樹柏，其樂大武三象棘下，其服尙赤。」所記四代服色時尙，與此五德之次相合，蓋本於衍說也。按：五德終始乃據五行土、木、金、火、水相勝之序，依次轉移，終而復始。木勝土，故木繼土後；金勝木，故金繼木後；火勝金，故火繼金後；水勝火，故水繼火後；土勝水，故土繼水後，木勝土，於是又一循環，蓋言終始者，終而復始，無有止息也。據此而觀，新朝之起，必因前朝之德衰，新朝所據之德，必爲前朝所不勝之德，且新朝之興，必先有符瑞，卽史記所言「五德轉移，治各有宜，而符應若茲」也。呂覽應同篇所載卽據此發展而來，其曰：「凡帝王者之將興也，天必先見祥於下民。黃帝之時，天先見大螾大螻。黃帝曰：土氣勝！土氣勝，故其色尙黃，其事則土。及禹之時，天先見草木秋冬不殺。禹曰：木氣勝！木氣勝，故其色尙青，其事則木。及湯之時，天先見金刃生於水，湯曰：金氣勝！金氣勝，故其色尚白，其事則金。及文王時，天先見火，赤烏銜丹書立於周社。文王曰：火氣勝！火氣勝，故其色尚赤，其事則火。」既言符應，又言帝德轉移，此鄒衍深具迷信色彩之機械史觀也。

三、大九洲說

史記孟荀列傳云：「鄒衍……以爲儒者所謂中國者，於天下乃八十一分居其一耳。中國名曰赤縣神州，赤縣神州內，自有九州，禹之序九州是也，不得爲州數。中國外如赤縣神州者九，乃所謂九州也。於是有裨海環之，人民禽獸莫能相通者；如一區中者，乃爲一州，如是者九，乃有大瀛海環其外，天地之際焉。」此鄒衍大九洲之說也。按：塩鐵論論鄒篇：「鄒子疾晚世之儒墨，不知天地之弘，昭曠之道，將一曲而欲道九折，守一隅而欲知萬方。……於是推大聖終始之運，以喻王公列士。中國名山通谷以至海外，所謂中國者，天下八十一分之一，名曰赤縣神州，而分爲九川。陵陸不通，乃爲一州。有大瀛海圜其外，此所謂八極，而天地之際焉。」論衡談天篇：「鄒衍之書，言天下有九州，禹貢之上，所謂九州也（劉盼遂案：此二句疑衍）禹貢九州，所謂一州也。若禹貢以上者九焉。禹貢九州，方今天下九州也，在東南隅，名曰赤縣神州，復更有八州，每一州者，四海環之，名曰裨海。九州之外，並有瀛海。」竝本於此。復按：北堂書鈔九十七「博學」條兩引劉晝鄒衍別傳，稱其「博識善敍事，有禹益之鴻才，道深東海，名重西山」，固知北齊時鄒書尙存。如晝言，以禹益相況，而許愼五經異義：「按古山海經、鄒書云：騶虞獸。」（周禮鐘師引）亦以鄒子與山經駢舉，考山海經先敍五藏山經，而後及于海外經；先說海內經，而後及于大荒經，與孟荀列傳載鄒衍「先列中國名山大川通谷禽獸，水土所殖，物類所珍，因而推及于海外」之順序者同，則其書儼然山海經之流亞也。

夫齊帶山海，異聞獨多，士集稷下，談議稱盛，鄒衍承其風而張其論，疾儒墨之拘迂，侈九州之弘擴，以成其閎大不經，荒誕無稽之地理觀，故王公大人聞之瞿然顧化，史遷斯言，豈虛語哉？

四、三正文質交替說

史記平原君傳集解引劉向別錄曰：「齊使鄒衍過趙。平原君見公孫龍及其徒綦母子之屬，論白馬非馬之辯，以問鄒子，鄒子曰：不可！彼天下之辯，有五勝三至，而辭正爲下。辯者，別殊類使不相害，序異端使不相勝，抒意通指，明其所謂，使人與知焉，不務相迷也。故勝者不失其所守，不勝者得其所求。若是，故辯可爲也。及至煩文以相假，飾辭以相悖，巧譬以相移，引人聲使不得及其意；如此害大道。夫繳紛爭言而競後息，不能無害君子。坐皆稱善。」按：「五勝三至」，裴駰引漢書音義解「五勝」爲「五行相勝」。然「三至」一詞，未明何指。王夢鷗先生鄒衍遺說考曰：「『三至』一詞，荀子議兵論、大戴記主言篇，各有不同的解釋，且皆與鄒衍的論調不相侔，除非此『至』字乃下文『辭正』之『正』字之誤，其本爲『五勝三正』，才有點像鄒衍『終始大聖』之篇，這條材料，今人考證說『不像假造的』，其實頗有問題。」然則三至豈眞非三正乎？說文：至，小篆作[illegible]；正，古文作𤴓，形近易譌，此一證也。至，脂利切；正，之盛切，脂之同屬照母，雙聲可通叚，此二證也。戰國之時，史不記時，君不告朔，疇人子弟分散，三正建寅建丑建子，易滋論辯，此三證也。文心雕龍諸子篇「騶子養政於天文」，史記謂「談天衍」，晉書束皙傳載汲冢所出「大曆二篇，鄒子談天類也」皆爲鄒衍善於談天之據，由談天而及三正，頗爲可能，此四證也。尚書甘誓「有扈氏威侮五行，怠棄三正」，近人以夏時未有子丑二建，疑此篇非成於夏世，而爲戰國末季之作品，故三正說爲斯時學者所善言，此五證也。據此五證，則「至」字誠若王氏「乃下辭正之正之誤」，而三至即三正明矣！又漢書嚴安傳引鄒衍說曰：「政教文質者，所以云救也，當時則用，過則舍之。」按：漢書董仲舒傳載其對册云：「三王之道，所祖不同，非其相反，將以救溢扶衰，所遭之變然也……夏上忠，殷上敬，周上文者，所繼之救當用此也。」義與此同，所言「夏上忠，殷上敬，周上文」云云，亦與「五勝三正」攸關。史記高祖本紀及白虎通引用禮三正記，並言三正文質，殆申衍說也。其曰：「夏之政忠，忠之敝，小人以野，故殷人承之以敬。敬之敝，小人以鬼，故周人承之以文。文之敝，小人以僿，故救僿莫若以忠，三王之道若循環，終而復始，周秦之間，可謂文敝矣。」「三正記曰：正朔三而改，文質再而復也。」由此觀之，三正文質交替，當時則用，過則舍之，有易則易，與五德終始性質相類，並鄒衍之遺說也。

五、類推之方法論

史記孟荀列傳曰：「其語閎大不經，必先驗小物，推而大之，至於無垠。先序今以上至黃帝，學者所共術，大並世盛衰，因載其禨祥度制，推而遠之，至天地未生，窈冥不可考而原也，先列中國名山大川，通谷禽獸，水土所殖，物類所珍，因而推之及海外，人之所不能睹，稱引天地剖判以來，五德轉移，治各有宜，而符應若茲……。」按：「先列中國名山大川……推之及海外，人之所不能睹……天地之際焉」此空間之類推也；「先序今以上至黃帝……推而遠之，至天地未生」，由今溯至古：「天地剖判以來，五德轉移，治各有宜，而符應若茲」，自古敍至今，此時間之類推也。一縱一橫，上下交織，鄒衍之宇宙觀據此類推而成，方之人類，誠若大九洲之一微塵，終始運行中之一刹那，豈無蜉蝣天地、滄海一粟之慨乎？然由及身小物之觀察，推至廣大無邊之現象，此由近及遠之擴展法，未循嚴密推理程序，故所得結論，純係幻想，非客觀之事實，而鄒衍亦由此術，備受尊禮，顯名諸侯，得無因哉？

夫鄒衍承瀾達之風，秉類推之法，觀陰陽消息，作怪迂之變，以相生之義言主運，相勝之義言終始，五德三正，九洲文質，靡不悉盡，陰陽五行理論至此大備矣！且既談陰陽，又言五行，始自鄒衍；二者共冶，大並世盛衰，明朝代更替，創自鄒衍；予二者系統化、理論化，使斯說爲世所重者，功歸鄒衍，故言陰陽五行之成家自鄒衍始，不亦宜乎？

第五節　陰陽五行家思想之傳播與流布

陰陽五行成家於鄒衍，後而有鄒奭、公檮生，燕齊海上方士傳其術。史記孟荀列傳曰：「騶奭者，齊諸騶子，亦頗釆騶衍之術以紀文。於是齊王嘉之。自如淳于髡以下，皆命曰列大夫，爲開第康莊之衢，高門大屋尊寵之……騶衍之術，迂大而閎辯，奭也文具難施……故齊人頌曰：談天衍，雕龍奭。」劉向別錄：「鄒衍之所言五德終始，天地廣大，盡言天事，故曰：談天。鄒奭修衍之文飾，若雕鏤龍文，故曰：雕龍。」劉歆七略：「鄒赫子，齊人爲之語曰：彫龍赫，赫言鄒衍之術，文飾之，若彫鏤龍文。」錢穆先秦諸子繫年：「文選江淹別賦任昉宣德皇后令注引七略作鄒赫子。沈欽韓曰：赫奭通用。」按：漢志陰陽家載鄒奭子十二篇，班氏注曰：「齊人，號曰雕龍奭。」又載公檮生終始十四篇，班氏注曰：「傳鄒奭始終書。」據漢志陰陽家書目所列，鄒奭書惟鄒奭子十二篇，無以始終爲名者，故錢大昭曰：「注始終當作終始，奭字亦誤，作終始者是鄒衍，非鄒奭也。」據此以觀，鄒奭、公檮生二者，蓋皆釆鄒衍之術以紀文，而爲陰陽五行家思想傳播之前導也。二子開其先，燕齊海上方士推波助瀾步其後。

史記封禪書曰：「騶衍以陰陽主運顯於諸侯，而燕齊海上之方士，傳其術，不能通。然則怪迂阿諛苟合之徒自此興，不可勝數也。」

又曰：「自齊宣王之時，騶子之徒，論著終始五德之運，及秦帝而齊人奏之，故始皇采用之，而宋毋忌、正伯僑、充尚、羨門子高，最後皆燕人，爲方仙道，形解銷化，依於鬼神之事。」

按：陰陽五行家發源於齊地，燕亦承流而起，此當與鄒子自齊往燕，於燕貴顯攸關。故言海上方士，以「燕齊」二地對舉，豈非無因？「傳其術，不能通」者，是方士亦主陰陽五行說，與衍同也。傳衍說不能通，必將求其變，變而無度量分界，則牽於禁忌，泥於小數，一如宋毋忌、羨門子高之徒「形解銷化，依於鬼神」之所爲。職是之故，「怪迂阿諛苟合之徒自此興，不可勝數」，陰陽五行思想遂漸流於怪誕而傳播日廣也。

陰陽五行思想之廣布，可由漢志所載，窺見一斑。

漢志諸子略陰陽家二十一家三百六十九篇；兵書略陰陽家十六家二百四十九篇；數術略五行家三十一家六百五十二篇。依原注及集解，除鄒奭子十三篇、公檮生終始十四篇，鄒子四十九篇，鄒子終始五十六篇上已言及外，其年代可確定爲先秦者計：

諸子略陰陽家：

△宋司星子韋三篇　班氏自注：景公之史。

△公孫發二十二篇　班氏自注：六國時。補注云：「沈欽韓曰：文帝時魯人公孫臣上書陳終始五

德傳，言漢士德，發或臣之先也。」

△乘丘子五篇　班氏自注：六國時。

△杜文公五篇　班氏自注：六國時。師古曰：「劉向別錄云：『韓人也。』」

△黃帝泰素二十篇　班氏自注：六國時，韓諸公子所作。師古曰：「劉向別錄云：『或言韓諸公子之作也，言陰陽五行，以爲黃帝之道也，故曰泰素。』」

△南公三十一篇　班氏自注：六國時。補注云：「王應麟曰：項羽紀楚南公曰：楚雖三戶，亡秦必楚也。……徐廣云：楚人也，善言陰陽。……葉德輝曰：元和姓纂二十二覃下云：戰國時有南公著書三十卷，言五行陰陽事，蓋衞南公子之後也。」又廣韵注云：「戰國時有南公子著書，言陰陽五行事。」

△容成子十四篇　補注云：「王應麟曰：呂覽勿躬篇：容成作曆。莊子則陽篇容成氏曰：除日無歲，無內無外。朱一新曰：志次於南公後，當是六國時人，言陰陽，以爲容成之道，如黃帝泰素之比。」

△閭丘子十三篇　班氏自注：名快，魏人，在南公前。

△馮鉅子五篇　班氏自注：六國時，先南公，南公稱之。應劭風俗通義姓氏篇云：「將具氏，齊太公子將具之後，見國語。漢藝文志：六國時，將具子彰著書五篇。」今志作鉅，又脫彰字，蓋齊人之作也。

△周伯十一篇　班氏自注：齊人，六國時。

兵書略陰陽家：除原注：「黃帝臣依託也」無法確信者外，年代爲先秦者有二：

△師曠八篇　班氏自注：晉平公臣。

△萇弘十五篇　班氏自注：周史。

數術略五行：黃帝諸子論陰陽二十五卷及風鼓六甲二十四卷，補注謂黃帝臣作，洵不足信，其可考者僅二耳：

△羨門式法二十卷。

△羨門式二十卷　補注云：「王應麟曰：日者傳，分策定卦，旋式正棊。……唐六典三式曰：雷公太一六壬，其局以楓木爲天，棗心爲地，刻十二神，下布十二辰。月令正義案，陰陽式法，梁元帝洞林序云：羨門五將，韓終六壬。司馬相如傳注：羨門，偈石山仙人羨門高也。」史記封禪書載燕齊海上方士傳衍術不能通者，有羨門子高其人；秦始皇本紀亦有「始皇之碣石，使燕人盧生求羨門高誓」之記載，蓋燕人之作也。

按：據漢志所載，陰陽五行家書籍凡六十八家，都千二百七十篇（卷），卷秩浩繁，惜今皆佚，無以備見其說之大系也。然可確定年代爲先秦者，凡十七家三百一十九卷；國籍可確定者，計齊人四、燕人一、韓人二、楚人二、魯人一、魏人一、晉人一、周人一，思想之散播，流布之廣遠，亦可見陰陽五行家思想於先秦之拓展也。

【附註】

註一　見饒著中國史學上之正統論頁八，五德終始說新探乙文。

註二　見新亞書院學術年刊第十九期。

註三　見欒調甫著梁任公五行說商榷一文，古史辨第五册下篇頁三七八。

註四　鄒衍之姓一作騶，騶鄒古今字，或作鄹，鄹說文作郰，鄒郰音同，同隸古聲精紐，古韵侯部。

註五　見中國中古思想史長篇第一章(一)齊學的正統頁二四。

註六　見梁著先秦學術年表。

註七　見錢撰先秦諸子繫年考辨卷四。

註八　見中國中古思想史長篇第一章(二)齊學的正統頁二九。

註九　見鄒衍遺說考(二)鄒衍生平年世商榷頁十六。

註十　饒著鄒衍書列考一文引晉書束晳傳記汲冢所出書，其一曰：「大曆二篇，鄒子談天類也。」如其說可信，則析之有三。

註十一　見先秦諸子繫年下册一四四頁四三九鄒衍考。

註十二　同上。

不朽的光輝

——論洛陽伽藍記的文化史觀

陳昌明

一、緒言：楊衒之的文化取向

英國當代着名的歷史學家白特費爾德（Herbert Butterfield 1900）在論及中國歷史著作時大肆批評，他認爲中國史書「未能有較高的批評境界，未能對證據作科學的評價與分析。……決定性的因素，在於中國的修史乃是官方事業，太爲官僚化的組織了。歷史被視爲統治者的有效輔導，大體上歷史亦由官吏而寫，爲官吏而寫，中國歷史太有特徵被稱之爲資治歷史（Ciuil service history）了。他們不能達到我們所謂『創造的綜合』（creatire syntheesis）的境界。」（註一）這樣的批評，雖然很不中肯，以史記來看便知不然（註二），不過如果就歷史爲官修所易產生的弊端而言，也有相當的正確性。

黃俊傑先生在「習史雜稿」一文中也提到「中國史書大致都以政治爲歷史的主要動脈」，這種以政治爲歷史研究之中心的觀點在中國史學傳統中極爲顯著，這就是所謂「資鑑派」的史觀—認爲歷史是關於政治興衰的一面鏡子，歷史研究始於政治史實的探討，也終於爲當代政治服務。從這個觀點來看的話，司馬光一部「資治通鑑」二百九十四卷所討論的中心問題不外是王朝從創業，守成到陵夷、中興以至亂亡的過程，以及在此一過程中所顯示的歷史教訓而已（註三）。由於歷來所承襲的這種歷史觀念，所以廣弘明集提到洛陽伽藍記時說：

楊衒之，北平人，元魏末爲秘書監，見寺宇壯麗，損費金碧，王公相競，侵漁百姓，乃撰洛陽伽藍記，言不恤衆庶也。（註四）

范祥雍也承繼了這個論點：

楊衒之這部書的特點就在揭露北魏王公爭先恐後地修建了成百成千豪華壯麗的寺塔，乃是「侵漁百姓」，「不恤衆庶」，使當時百姓流了不少血汗纔能成功的。「不讀華嚴經，焉知佛富貴」不讀伽藍記，不知佛浪費。他是北魏反對佛教最激烈的一個人。他以爲佛法無靈，徒然浪費。僧侶假借特權，損人利己。剝削爲活，貪積無厭。逃役逃稅，不愛國家。出家修道，不孝父母。尊同帝王，不拜君主。（註五）

政治是人類歷史中極其重要的一個部份，在洛陽伽藍記中亦佔有非常重要的部份，但把全書局限於政治，這種觀點所蘊涵的「政治化約論」（Political reductionism）的傾向，却無形中把作者的動機和讀者的視野狹隘化了，而由這種推論所得出的結果：「（楊衒之）是北魏反對佛教最激烈的一個人」以及各種反佛的論調。從洛陽伽藍記全書的寫作態度中，無法得到統一的觀照。由洛陽伽藍記書中去探討，可以發現本書並非是一部官修的資治歷史，也無資治史的政治局限，楊衒之關心的領域極廣，舉凡北魏洛陽時代所呈現的文化面貌，他都大量涉及，決不是囿限於政治諷諭的範疇之中，後人甚至可以根據他這本書描繪出一張北魏京城洛陽圖，並且按照城廓的方位，里坊的分佈，定出許多伽藍，宮殿官署、藝文古蹟，苑囿橋樑之所在，且與近代的考古文獻相應合（註六），如果楊衒之不是有心要留存洛陽城的風貌，如此詳細的描寫和正確的文獻，可能出現嗎？

這種以洛陽的空間特性爲架構主體的描敘方式（註七），是一種很值得深思的現象，甚至具有某些背後的象徵意義。北魏孝文帝的實行漢化並不是始自遷都之後，但遷都洛陽無疑是徹底漢化的關鍵，如果從經濟、軍事、政治等因素來看，後都鄴所具備的條件無疑較洛陽更佳，鄴位於河南平原的中心，也有河流可供漕運，還有一個特點遠勝洛陽，洛陽爲國都在當時來說太過突出，它的南邊除壽陽以外，並沒有什麼天險重鎮可資翼屏，孝莊帝時元顥以江南數千之衆，數日之間，長驅入洛，孝莊倉促北狩，可見洛陽在國防上說並不適宜爲國都，鄴城則稍偏北，距南邊較遠，且有沿河諸戍爲屏障，單就國防地位而言，鄴城實較洛陽爲優，但孝文帝並沒有選鄴爲都，實另有取捨，那就是文化上的原因。

「高祖引陸叡元贊於前曰：北人每言北人何用知書，朕聞此，深用憮然，今知書者甚衆，豈皆聖人，朕自行禮九年，置官三載，正欲開導北人，致之禮教，朕爲天子，何假中原，欲令卿等子孫博見多知，若永居恒北，值不好文主，卿等子孫，不免面牆也。」（魏書卷二十一上廣陵王羽）

「高祖乃獨謂澄曰：今日之行，誠知不易，但國家興自北土，徙居平城，雖富有四海，文軌未一，此間用武之地，非可文治，移風易俗，信爲甚難，崤函帝宅，河洛王里，因玆大擧，光宅中原，任城意以爲何如？」（魏書卷十九中任城王澄傳）

任城王澄是宗室中贊成遷都的人，可以說是高祖的同志，高祖私下對他說的話，應該是遷都的眞正原因。由此而論，孝文遷都的眞正原因是在文化，至若漕運南進等不過是口頭或從屬原因。平城舊都，地近北邊，傳統色彩必然濃厚，而洛陽則爲中原文化的代表，徙都至此，把北人置漢文化懷抱之中，不論在上者是否有政令執行，社會環境之潛移默化，亦足自然加速漢化，魏書卷三十九李韶傳：「高祖將創遷都之計，詔引侍臣，訪以古事，韶對曰：洛陽九鼎舊所，七百攸基，地則土中，實均朝貢，惟王建國，莫高於此，高祖稱善。」所謂「九鼎舊所，七百攸基」正是洛陽古都的特色，孝文之稱善在此，遷都亦在此（註八）。

楊衒之寫洛陽伽藍記，就是建築在這種洛陽城的文化特性上，楊衒之在序言上說：

至武定五年，歲在丁卯，余因行役，重覽洛陽。城郭崩毀，宮室傾覆，寺觀灰燼，廟塔丘墟。墻被蒿艾，巷羅荆棘。野獸穴於荒階，山鳥巢於庭樹。遊兒牧豎，躑躅於九逵，農夫耕老，藝黍於雙闕。麥秀之感，非獨殷墟，黍離之悲，信哉周室！京城表裏，凡有一千餘寺，今日寮廓，鍾聲罕聞。恐後世無傳，故撰斯記。

文化是「人類累積的創作」，這是人類學家馬凌諾斯基（Bronislaw Malinowski）給文化所下的定義。其實「文化」是個含義極廣的名詞，涵蓋了人類精神與物質的創作與業績。英國人類學家泰勒（Edward·B·Taylor）謂文化爲「複雜的整體，包括知識，信仰，藝術、道德、風俗，以及作爲社會一份子的個人所習得的任何才能與習慣。」（註九），楊衒之記敘佛宇，正是要呈現洛陽城的文化面貌。北魏自高宗遷都洛陽，立國子太學，四門小學，制禮作樂，文章制度，蔚然可觀，毛晉云：「有魏一百四十九年間，最爲希有」，由此可知楊衒之作品中所以呈現出豐富時代面貌的原因卽在此。「洛陽」正是北魏文化顚峯的象徵，楊衒之以北魏洛陽時期所呈現的文化光輝爲榮，對於洛陽建設的一草一木，皆感珍惜，而當石移祉改，重過洛陽，黍離麥秀之貌，映在眼前，撫今追昔，有著濃厚的感傷，對於過去洛陽的榮光，祗有藉著文字傳揚於後世。

故知楊衒之寫洛陽伽藍記，固然有反省政治興亡之意，然更重在用以肯定北魏洛陽時期的文化地位。因爲每一時代的重要文物，制度和代表人物都表現那個時代的「理念」或「精神」，具有「創造的綜合」能力的歷史家，都企圖透過許多特殊的事象以呈現其間的關連性，表現其時代的內在感情。

二、北魏本位主義

著名歷史學者杜蘭（Will Durant）在他「歷史的教訓」一書中說：「南方人創造文明，北方人予以征服，毀滅，然後又借過來推廣出去：這就是歷史的概要。」（註一〇）正可以用以說明北魏文化的塑建過程。北朝的南侵，使中國形成南北的對立，而北魏漢化改革的結果，遂使胡漢兩族的血統、宗教、言語、文字、風俗習慣，逐漸融於一爐。就文化上來說，被征服的是北方的民族，但是在洛陽伽藍記中，楊衒之完全不是站在被征服者的立場，他反而是以洛陽爲文化中心，去對待四鄰的所謂「次級文化」。例如：

1.卷二龍華寺稱南朝人民爲吳人。卷二景寧寺稱張景仁，陳慶之，蕭彪等爲「南人」爲「吳兒」，爲「吳人之鬼」。

2.卷三景寧寺稱南朝爲「僞」，卷三報德寺稱「僞齊」，卷四追先寺爲「僞梁」。

3.卷二景寧寺，楊衒之運用楊元慎之言，罵南朝人是「江左假息，僻居一偶，……蛙黽同穴，人鳥同群。短髮之君，無杼首之貌，文身之民，禀蕞陋之質。浮於三江，棹於五湖，禮樂所不沾，憲章弗能革。」

稱南朝爲「僞」，乃以魏爲正統，稱南朝人民爲化外之民，乃以北朝爲文明之所在，處處皆可見其卑視和敵對的態度。而當寫到北魏時，則是一副高姿勢：

1.卷二景寧寺「我魏膺籙受圖，定鼎嵩洛，五山爲鎮，四海爲家。移風易俗之典，與五帝而並跡，禮樂憲章之盛，凌百王而獨高。」

2.卷四追先寺，記元略逃命江左，受蕭衍敬重，蕭衍謂曰：「朕寧失江革，不得無王」，元略則謂洛中如彼者「車載斗量，不可數盡」。

以北魏爲人文薈粹之處，這是一種自我肯定的意識，在這中間，楊衒之往往透露出個人的情緒表現，無法用持平的態度去思索文化變遷的問題。顯然陳慶之醉後的言語：「魏朝甚盛，猶曰五胡，正朔相承，當在江左；秦皇玉璽，今在梁朝。」是南朝一般士人的觀念，北朝文士對此深感憤怒與羞辱，因此北朝士人逐起反擊。面對文化更盛的南朝，爲了自我肯定，乃理直氣壯的重北輕南，「洛陽」自古以來的傳統文化地位，也成其自重的重要因素，「衣冠士族，並在中原」的自負，正是當時北魏崇尚漢化，到自以爲具備漢文化正統的心理寫照。

然而不論北魏漢化如何的努力，有些生活習慣總是一時無法改變過來，就如飲食習慣，北人雖遷至南方，然北方的口味仍是不改，本來食物本身也無所謂是非高下之分，有之，也不過就飲食禮節或衛生狀況去判斷，然而洛陽伽藍記裏出現了幾次爭辯，都是在品評山珍與海味的高下，如：

1.王肅入魏，不食羊肉及酪漿等物，常飯鯽魚羹，渴飲茗汁。經數年以後，肅與高祖殿會，食羊肉酪粥甚多。高祖怪之，肅對曰：「羊是陸產之最，魚者乃水族之長；所好不同，並各稱珍；以味言之，甚是優劣。羊比齊魯大邦，魚比邾莒小國。唯茗不中，與酪作奴。」（卷三報德寺）

2.楊元慎口含水噀慶之曰：「吳人之鬼，住居健康……菰稗爲飾，茗飲作漿。呷啜蓴羹，接嗜蟹黃。手把荳蔻，口嚼檳榔。…網魚漉鼈，在河之洲。咀嚼菱藕，捃拾雞頭，蛙羹蚌服，以為膳羞。」（卷二景寧寺）

胡漢之間的衝突一直存在，飲食習慣的差異祇是衝突的表象。王肅與陳慶之皆是投靠北朝之人，在政治壓力下，無法對這種生活習慣的差異提出抗辯，反而是心存漢化的高祖提出「習」字，指明這祇是生活習慣上的不同而已，然而一般士人未必肯體會高祖這番融合胡漢的若心，仍透過各種方式相取笑，楊衒之記敍了許多這類的取笑內容，似乎也表現其心理取向。這種心理，是針對北魏平城以來，漢人高門大族抑制鮮卑人地位的背景在內。從政治上看，中原舊族留在北方者，雖降身屈節於侵入的外族統治者，但從社會地位上看，他們的自尊心並未消除，甚且瞧不起鮮卑族民。魏書陸叡傳云：

叡……襲爵……平原王。娶徐州刺史博陵崔鑒女。鑒謂所親云：「平原王才度不惡，但恨其姓名殊爲重複。」時高祖未改其姓。

陸氏原係代北步六孤氏。所謂「姓名重複」，言外之意卽是瞧不起北人。北齊書稱崔鑒「每以籍地自矜」（崔恰傳），崔鑒乃是博陵崔氏，從清河崔氏看來遠非盛門，對於鮮卑人尙且意存輕蔑，何況是那些高門盛族了。孝文帝遷洛積極進行漢化運動，曾經頒下詔書：「……一同四姓，自此以外，應班士流者，尋續別敕。」要崔盧鄭王等大族齊頭，並且要使漢族與鮮卑的士家大族有同等的地位（註一一）。孝文帝這番混合胡漢門閥的努力，雖然有相當的成效，然而私底下南北互相敵視抗衡的狀況仍然存在，北人對於南人北來者時時加以譏刺，甚至對其所聚居之處也予卑視，例如：

1.卷三高陽王寺，荀子文住在城南，因城南有四夷館，李才就以此譏之。

2.卷三宣陽門，道西有四夷里，吳人投國者，處金陵館，三年已後，賜宅歸正里。齊蕭寶夤來降，築宅歸正里，寶夤恥與夷人同列，求入城內，世宗從之，賜宅永安里。

3.卷二景寧寺，張景仁從蕭寶夤歸化，賜宅城南歸正里，景仁住此以爲恥，遂徙居孝義里焉。

第一條北人以住在四夷館附近爲恥，這也反映了一般北朝人的觀念，雖然荀子文辯解城南亦多才俊之士，然而對於四夷館的卑視，並無反駁。第二、三條，則見四夷館由於北人的卑視，南人北來者亦以居之爲恥，何況楊衒之記四方鄰邦爲吳人、東夷、西夷、北夷，謂之四夷，卽有卑視之意存在。余英時說：「史學家本身就是史學上的一個很重要的因素。」（註一二），楊衒之卽常常有意無意的重北輕南。他甚至自作按語，指明南朝文人之誤：

衒之按劉澄之山川古今記、戴延之西征記並云：「晉太康元年造。」此則失之遠矣。按澄之等並生在江表，未游中土，假因征役，暫來經過；至於舊事，多非親覽，聞諸道路，便爲穿鑿，誤我後學，日月已甚。（卷二明懸尼寺）

在洛陽伽藍記中，楊衒之是以北魏洛陽爲文化中心，自稱「中夏」而以外邦爲「夷狄」（卷五凝玄寺、卷三宣陽門），故而對於四鄰皆採夷夏之防，這種態度就像班固漢書所說：

春秋內諸夏而外夷狄，夷狄之人貪而好利，被髮左衽，人面獸心，其與中國殊章服，異習俗，飲食不同，言語不通，辟居北垂寒露之野，逐草隨畜，射獵爲生，隔以山谷，雍以沙幕，天地所以絕內外也，是故聖王禽獸畜之，不與約誓，不就攻伐；……是以外而不內，疏而不戚，政敎不及其人，正朔不加其國；來則懲而御之，去則備而守之，其慕義而貢獻，則接之以禮讓，羈縻不絕，使曲在彼，蓋聖王制御蠻夷之常道也。（漢書卷九十四匈奴傳）

楊衒之正是延襲了班固以來夷夏之辨的觀念，明白楊衒之這種以洛陽文化爲本位，所延生的夷夏之防，也就可以明白，何以在作者安排下，南北文化之爭，最後總是南方人屈服了。

三、北魏佛教文化的探討

宗教在動亂的時代中，是人們發抒苦悶的重要寄託，所以即使是懷疑論的歷史著者，對宗教也顯出相當的尊敬，因爲他了解宗教的功能，在每一國家與每一時代似乎是不可少的。對於煩惱者，苦難人，孤兒，老年人來說，宗教帶給他們不可想像的安慰，對一般的萬千群衆而言，其價值往往高過其他的援助（註一三）。在洛陽伽藍記中，雖然可以看出楊衒之並不一定是個虔敬的佛教徒，但是也絕不是像范祥雍所謂「反對佛教最激烈的人」，甚至對佛教文物表現出相當珍惜的態度，例如記載永寧寺的建築：

剎上有金寶瓶，容二十五石。寶瓶下有承露金盤三十重，周匝皆垂金鐸。復有鐵鏁四道，引剎向浮圖四角；鏁上亦有金鐸，鐸大小如一石甕子。浮圖有九級，角角皆懸金鐸，合上下有一百二十鐸。浮圖有四面，面有三戶六牕，戶皆朱漆。扉上有五行金鈴，其十二門二十四扇，合有五千四百枚。復有金環鋪首。殫土木之功，窮造形之巧，佛事精妙，不可思議，繡柱金鋪，駭人心目。至於高風永夜，寶鐸和鳴，鏗鏘之聲，聞及十餘里。（卷一永寧寺）

永寧寺的宏偉華美，金碧輝煌，在楊衒之的苦心描寫下，才留存了讓後人驚詫的印象。而這種燦爛奪目的記載，在洛陽伽藍記裏，俯拾皆是，如：

1.胡統寺。……寶塔五重，金刹高聳，洞房周匝，對戶交疎，朱柱素壁，甚爲佳麗。（卷一胡統寺）

2.景明寺。……始造七層浮圖一所，去地百仞。是以邢子才碑文云：「俯聞激電，旁屬奔星」是也。妝飾華麗，侔於永寧。金盤寶鐸，煥爛霞表。（卷三景明寺）

3.石橋南道有景興尼寺。……有金像輦，去地三丈，施寶蓋，四面垂金鈴七寶珠，飛天技樂，望之雲表，作工之精，難可揚搉。（卷二石橋南景興尼寺）

像這樣寫浮圖之壯麗，土木之工，雕飾之美的文字，在洛陽伽藍記中，不勝枚舉。至於寫佛像的造藝之巧，寫形之逼眞，亦時有所見，例如：

1.修梵寺有金剛，鳩鴿不入，鳥雀不棲，菩提達磨云得其眞相也。（卷一修梵寺）

2.宗聖寺，有像一軀，舉高三丈八尺；端嚴殊特，相好畢備，士庶瞻仰，目不暫瞬。此像一出，市井皆空，炎光輝赫，獨絕世表。（卷二宗聖寺）

3.長秋寺：……作六牙白象負釋迦在虛空中，莊嚴佛事，悉用金玉，作工之異，難可具陳。四月四日，此像常出，辟邪、師子導引其前。……像停之處，觀者如堵。（卷一長秋寺）

楊衒之對於佛教的文物，從佛塔、佛殿、講堂、僧房以及建築的彩繪雕飾，皆一一以優美的文字記錄下來，這中間實在有著珍惜和遊賞的心理，甚至還帶著些許的自負，尤其當西域胡僧近入洛陽，盛讚洛陽浮圖佛法之盛，楊衒之更是有些沾沾自喜。例如：

1.……時有西域沙門菩提達摩者，波斯國胡人也。起自荒裔，來遊中土，見金盤炫日，光照雲表，寶鐸含風，響出天外，歌詠讚歎，實是神功。自云年一百五十歲，歷涉諸國，靡不周遍；而此寺精麗，閻浮所無也。極佛境界，亦未有此。口唱南無，合掌連日。（卷一永寧寺）

2.…四月七日，京師諸像，皆來此寺。尙書祠部曹錄像凡有一千餘軀。至八日，以次入宣陽門，向閶闔宮前受皇帝散花。於時金花映日，寶蓋浮雲，旛幢若林，香煙似霧。梵樂法音，聒動天地。百戲騰驤，所在駢比。名僧德衆，負錫爲群。信徒法侶，持花成藪。車騎塡咽，繁衍相傾。時有西域沙門見此，唱言佛國。（卷三景明寺）

甚至在宋雲出使西域途中，入烏場國，竟然還做起宣揚文化的事，含烏場國王稱頌北魏爲「佛國」：

…王又問曰：「彼國出聖人否？」宋雲具說周孔莊老之德，次序蓬萊山上銀闕金堂，神僊聖人，並在其上。說管輅善卜，華陀治病，左慈方術。如此之事，分別說之。王曰：「若如卿言，即是佛國，我當命終，願生彼國。」（卷五凝玄寺）

北朝僧侶與西域僧侶相接觸，楊衒之往往肯定北朝僧侶的地位，如：

比丘曇謨最善於禪學，講涅槃、花嚴，僧徒千人。天竺國胡沙門菩提流支見而禮之，號爲「菩薩」。流支解佛義知名，西土諸夷，號爲羅漢。曉魏言及隸書，翻十地、楞伽及諸經論二十三部。雖石室之寫金言，草堂之傳眞教，不能過也。流支讀曇謨最大乘義章，每彈指讚嘆，唱言微妙，即爲胡書寫之，傳之於西域。西域沙門常東向遙禮之，號曇謨最爲「東方聖人」。

以曇謨最爲「菩薩」，以流支爲「羅漢」，高下層次立判，稱曇謨最爲「東方聖人」，且翻譯其大乘義章爲梵文，卽顯示中國佛教教義的自己發明，也說明了中國佛教翻譯史的發展，從早期的翻譯梵文爲中文，到以中文講經翻譯爲梵文，是肯定了中國佛教史與翻譯史的一大進步。除了佛教教義與翻譯史上的突破，透過宗教文化的交流，洛陽伽藍記所載錄的地理空間，遠超越洛陽，甚至中國的版圖，洛陽伽藍記書中所記載的異邦有：

于闐　土谷渾　大秦　天竺　勾稚國　古奴調國

安息　朱駒波國　那迦羅阿國　扶南國　身毒

波斯　波知國　林邑國　典孫國　烏場國

乾陀羅國　斯調國　跋提國　業波羅國　鉢盧勒國

歌營國　賒彌國　摩休國　嚈噠國

共有二五個南北朝以外的國家，對與異國的交流活動提供很重要的史料，在中國南北朝時代的異域交通史上也佔有重要的一頁。而楊衒之對於這種外交活動的拓展，也非常重視，甚至推許北魏洛陽時代的超邁前賢。他記載歌營國時有這樣一段評語：

…南中有歌營國，去京師甚遠，風土隔絕，世不與中國交通，雖二漢及魏，亦未曾至也。今始有沙門菩提跋陀至焉。

由此我們可以知道，楊衒之雖然不是佛教徒，但是他對於佛教文化却有相當的關注和尊重，而從另外一方面來看，他對當時佛教寺廟與僧侶的弊病，也藉著以下的故事記載了下來：

崇眞寺比丘慧嶷，死一七日還活，經閻羅王檢閱，以錯召放免。慧嶷具說過去之時，有五比丘同閱。一比丘云是寶明寺智聖，坐禪苦行，得升天堂。有一比丘云是般若寺道品，以誦四十卷涅槃，亦升天堂。有一比丘云是融覺寺曇謨最，講涅槃華嚴，領衆千人。閻羅王云：「講經者心懷彼我，以驕凌物，比丘中第一麤行。今唯試坐禪誦經，不問講經。」其曇謨最曰：「貧道立身以來，唯好講經，實不闇誦。」閻羅王勅付司。卽有靑衣十人送曇謨最向西北門。屋舍皆黑，似非好處。有一比丘云是禪林寺道弘，自云敎化四輩，檀越造一切經，人中像十軀。閻羅王曰：「沙門之體，不干世事，不作有爲，雖造作經像，正欲得它人財物，既得它物，貪心卽起，既懷貪心，便是三毒不除。具足煩惱。」亦付司。仍與曇謨最同入黑門。有一比丘是靈覺寺寶眞，自云出家之前，嘗作隴西太守，造靈覺寺成，卽棄官入道，雖不禪誦，禮拜不缺。閻羅王曰：「卿作太守之日，曲理枉法，刼奪民財，假作此寺，非卿之力，何勞說此。」亦付司。靑衣送入黑門。…（卷二崇眞寺）

此事胡太后曾經耳聞，並曾派人查證，顯然不是楊衒之憑空想像出來的小說故事。這個現實疏傳的故事既然產生於佛教界，實頗具有諷刺和敎育的意味。其中藉著閻羅王之口所提出的三種佛敎徒的弊端，正切中要害，可能具有警惕或諷刺當時佛敎界的意思。任何宗敎或思想皆有惡趣末流之徒，佛敎徒亦然，所以佛敎徒中的淸流之士才提出這番反省。至於楊衒之當然反對這種佛敎徒的偏差行爲，不過在洛陽伽藍記全書中則並無全盤否定佛敎文化的意思。

另外，書中又對閹官與諸王之淫侈，頗加譏刺，例如：

1.卷一昭儀寺：「太后臨朝，閹寺專寵，宦者之家，積金滿室。是以蕭忻云：『高軒斗升者，盡是閹寺之嫠婦，胡馬鳴珂者，莫非黃門之養息。』」

2.卷一建中寺：「本是閹官劉騰宅，屋宇奢侈，梁棟踰制，一里之間，廊廡充溢，堂比宣光殿，門匹乾明門，博敞弘麗，所謂仙居也。」

3.卷二正始寺：「司農張倫，齋宇光麗，服玩珍奇，車馬出入，逾于邦君。園林山池之美，諸王莫及。」

4.卷三高陽寺：「雍貴極人臣，富兼山海，居止第宅，匹于帝宮，僮僕六千，妓女五百，隋珠照日，羅綺從風，自漢晉以來，諸王豪侈，未之有也。」又：「尚書令李崇亦富傾天下，僮僕千人。」

這樣的恣肆豪侈，不得不說是會大大的動搖國本，但是，這是佛教之罪嗎？雖然，許多佛寺與這些閹官或諸王有關，因爲佛寺往往是舍宅而成的，然而如果沒有佛教，閹官或諸王「剝削爲活，貪積無厭」的行爲，就會有絲毫的減輕嗎？顯然不會的。清趙翼廿二史劄記「後魏百官無祿」條，提到北魏早期百官無祿，朝官往往與盜匪商賈勾結，剝削民衆之利（註一四），足見這種現象由來已久，要佛教完全背負起這個責任，是倒果爲因的說法，不足取信。

楊衒之在記載這些諸王與閹官之豪侈放蕩的行爲時，並未將之與佛教混爲一談，他雖然深知當時佛教界末流的弊端，却不一口否定佛教文化，而從他透過伽藍來敍述北魏洛陽時期的文化，並處處細心的記錄佛教文物，毋寧說他是對佛教文化有著一份珍惜之心。

四、精緻的生活文化

漢魏以來士大夫怡情山水之意識盜行，此一精神啓自仲長統之「樂志論」，經曹魏名士如應休璉之發揚下，迄西晉南朝而未嘗中斷，謝靈運「山居賦」自注即云：

仲長子云：欲使居有良田廣宅，在高山流水之畔。溝池自環，竹木周布。場圃在前，果園在後。應璩與程文信書云：故求道田，在關之西。南臨洛水，北據邙山。託崇岫以爲宅，因茂林以爲陰。謂二家山居，不得周員之美。

南朝庭園建築之美，早經肯定（註一五），而北朝園林之美，則在洛陽伽藍記中，有很豐富的記載。由於洛陽許多佛寺都是由貴族百官捨宅而立，因此當地佛寺染上很濃的宅院氣息，而把北朝庭園之美整個顯現出來。這些宅第中的假山，叢林，魚池，亭閣依然完整的保存，使佛教寺院於雕琢彩繪之外，又增添了怡情悅性的自然韻致，這是西域寺院所無，而爲中國佛寺所獨有者。如：

1.講殿疊起，房廡連屬，丹檻炫日，繡桷迎風，實爲勝地。寺西有園，多饒奇果。春鳥秋蟬，鳴聲相續。中有禪房一所，內置祇洹精舍；形製雖小，巧構難比，加以禪閣虛靜，隱室凝邃，嘉樹夾牖，芳杜匝堦，雖云朝市，想同巖谷。（卷一景林寺）

2.堂廡周環，曲房連接，輕條拂戶，花蘂被庭。（卷一景樂寺）

3.簷宇精淨，美於景林。衆僧房前，高林對牖，青松綠檉，連枝交映。（卷二正始寺）

4.青林垂影，綠水為文，形勝之地，爽塏獨美。山懸堂觀，一千餘間。複殿重房，交疏對霤，青臺紫閣，浮道相通。雖外有四時，而內無寒暑，房簷之外，皆是山池，竹松蘭芷，垂列堦墀，含風團露，流香吐馥。（卷三景明寺）

5.葭菼被岸，菱荷覆水，青松翠竹，羅生其旁。（卷四寶光寺）

6.入其後園，見溝瀆蹇產，石磴嶕嶢，朱荷出池，綠萍浮水，飛梁跨閣，高樹出雲。（卷四法雲寺）

在全書之中，如此之例，不勝枚舉。楊衒之對各園林佈置的描寫，似乎更多於伽藍建築，這也可以反映北朝富豪文士對園林之愛好，他在描敍時甚至大多採用四言的文學形式加以表達，更將景物之美烘托出來，在衒之筆下，庭園中之景物疏密得宜，曲折盡致，眞可謂曲池逶迤，洞壑幽深，花木掩映，芳草匝階，鶯聲輕轉，花香撲鼻，禪房中又隱約傳來誦經之聲，直如人間仙境，無怪乎文人雅士流連而忘返（註一六）。至如華林園中景物構造之奇，則令人目不暇給，超乎想像（註一七）。另外，在卷四法雲寺，更記載了許多市廛民間的音律、釀酒、通商，財貨之盛，充分反映洛陽城之繁華，與豐富的生活風貌：

市東有通商，達貨二里。里內之人，盡皆工巧，屠販為生，資財巨萬。有劉寶者，最為富室。…

是以海內之貨，咸萃其庭，產匹銅山，家藏金穴。宅宇踰制，樓觀出雲，車馬服飾，擬於王者。……

市南有調音，樂律二里。里內之人，絲竹謳歌，天下妙妓出焉。有田僧超者，善吹笳，能為壯士歌，項羽吟，僧超吹壯士笛曲於後，聞之者儒夫成勇，劍客思奮。

市西有延酤、治觴二里。里內之人，多醞酒為業，河東人劉白墮善能釀酒，……其酒不動，飲之香美而醉，經月不醒。…號曰「鶴觴」、亦名「騎驢酒」。…市北慈孝，奉終二里。里內之人以賣棺為業，貨輀車為事。…別有早財，金肆二里，富人在焉。凡此十里，多諸工商貨殖之民。千金比屋，層樓對出。（卷四法雲寺）

從楊衒之的筆端，展現出活絡的北魏洛陽人文景觀，使我們在研讀正史之餘，更深刻地瞭解當代的風物民情。尤其他在寫寺廟，街道、市廛時，往往記載古人或古事相配合，以顯揚洛陽古蹟之盛，如建春門卽漢上東門，乃引阮籍詩「步出上東門」為證（序），司農寺旁空地卽「晉朝時太倉處也」，建春門各處園林皆與高祖有關（卷一建春門），建陽里土臺卽「中朝旗亭也」（卷二龍華寺），招福寺「人謂此地是蘇秦舊宅」（卷三大統寺）等等，皆可見楊衒之考察古蹟以顯揚文物之用心。而在記載市里文物之時，每多兼記當代博通經學，文學之士：

1.…有石銘一所，國子博士盧白頭為其文。白頭一字景裕，范陽人也。性愛恬靜，丘園放敖，學極六經，說通百代。普泰初，起家為國子博士，雖在朱門，以注述為事。注周易行之於世也。（卷一景林寺）

2.（楊）元愼，弘農人。…淸尙卓逸，少有高操，任心自放，不爲時羈，樂山愛水，好游林澤。博識文淵，淸言入神，造次應對，莫有稱者，讀老莊，善言玄理。（卷二景寧寺）

3.…始詔國子祭酒邢子才爲寺碑文。子才，河間人也。……洽聞博見，無所不通，軍國制度，罔不訪及。所製詩，賦、詔、策、章表、碑頌、讚記五百篇，皆傳於世。（卷三景明寺）

4.里內有正覺寺，尙書令王肅所立也。肅…贍學多通，才辭美茂。（卷三報德寺）

北魏學術發達，注疏之業盛行，淸趙翼卽云：「北朝經學，較南朝尤勝。」（註一八）像王肅等人卽在經學史上佔有相當地位。社會尊重學術，上位者如孝文帝亦篤好文學和經術，北魏遷洛之後，學術氣象一新，魏書儒林傳云：

高祖欽明稽古，篤好墳典，坐輿據鞍，不忘講道。劉芳李彪等人，以經書進。崔光邢巒之徒，以文史達。其餘涉獵典章，閑集詞翰，莫不縻以好爵，動貽賞眷，於是斯文鬱然，比隆周漢。（註一九）

北魏由於經學與文學的提倡，敎育得以推廣，設立國子學、太學及四門小學，講授經學。學生可以被州郡選爲茂異（州）孝廉（郡），取得官職。鮮卑人爲求得官職，乃用心於文學經學之中，沾染了漢人文弱之風，而致力於精緻生活方式的追求，雖塞外武勇之風漸失，但鮮卑人的文化及生活水準却也相對的提高，這也是楊衒之難以忘懷的歷史：從草莽到精緻的生活文化。

五、政治的反省

洛陽伽藍記所載錄的北魏歷史，主要是由高祖孝文帝太和十七年定都洛陽，到孝靜帝天平元年魏都遷鄴四十二年間的歷史，其間由宣武、孝明、孝莊當國主政起，朝政每況愈下，權臣爲亂，閹官弄權，諸王豪侈，是北魏由盛轉衰的關鍵，當洛陽城因政治的因素而失去地位，洛陽所代表的文化王國崩潰了，空間的轉移（京師遷鄴），亦代表著文化的衰頹和變遷。楊衒之對此種現象痛心疾首，所以才寫下洛陽伽藍記，以發抒胸中之感傷與鬱憤，清吳若準集證本序云：

> 元魏崛起朔漠，奄有中原。高祖賢明，卜宅洛土，聲明文物，用夏變夷，洵乎軼苻秦而誇江左。世宗忘其國恤，崇尚釋氏，太和政教，爲之一衰。洎乎母后臨朝，閹人用事，外藩首禍，變故迭興。始則爾朱氏張卓、莽之凶焰，繼則賀六渾效曹、馬之故智。至永熙遷鄴，而魏祚移矣。撫軍府司馬楊衒之慨念故都，傷心禾黍，假佛寺之名，志帝京之事。凡夫朝家變亂之端，宗藩廢立之由，藝文古蹟之所關，苑囿橋梁之所在，以及民間怪異、外夷風土，莫不鉅細畢陳，本末可觀，足以補魏收所未備，爲拓跋之別史。

楊衒之所珍惜的正是那「用夏變夷，而誇江左」的文化成果，所以對於當代導向衰亡的王公權臣的惡行，皆毫不留情的加以揭發，同時對於當時朝野重要的忠直耿介之士也加以表揚。

北魏在孝文帝遷都洛陽實施漢化後，走上繁榮與安定之局，但自孝文帝卒，政治卽走了下坡。世宗宣武帝年幼卽位，外戚弄權，朝政乃日益荒弛。宣武卒，孝莊繼立，朝政又因靈太后胡氏的臨朝而更形惡化。胡氏專權以後的歷史，卽是洛陽伽藍記的史錄重心。

在靈太后秉政時期，曾發生二次重大變故。其一是：元義與劉騰專權，勾結禍國，正光初，元義等人閉太后於後宮，薨淸河王於門下省。其時，不滿劉、元作風者衆，各地紛紛反抗，後元義雖服誅，然北魏的朝政已呈衰敝之象，（卷一建中寺，卷中沖覺寺）

第二次事件則是：胡太后再度臨朝後，依鄭儼、徐紇之計，害死孝明帝，立臨洮王世子釗繼承大業，釗年僅三歲，爾朱榮與幷州刺史元天穆遂以此由，結爲兄弟，私議長樂王子攸爲帝，兩人遂起兵入洛。入洛後，榮召百官赴駕，至者盡誅，王公卿士及諸朝臣死者二千餘人，是爲北魏最大的屠殺事件，從此「人物殲盡」，同年太后亦遇害，經過這次事件，北魏政治遂步上紛亂之局而一蹶不振。（卷一永寧寺）

在面對這樣嚴重的國家創傷，楊衒之又見到當時構文修史之士往往虛僞不實，他藉趙逸之口指責「觀其史書，皆非實錄，莫不推過於人，引善相向」，或是「妄言傷正，華辭損實。」所以他希望記載下當時的實錄，但他面對眼見的歷史傷痕，他也難免情緒激動，未必能常保持冷靜的態度，所以在洛陽伽藍記中的政治人物，都是善惡涇渭，褒貶分明的，楊衒之顯然存心表現春秋大義。

楊衒之對胡太后的秉持朝政，致使北魏步向衰亡，固頗有微詞：

太后貪秉朝政，故以立之。（卷一永寧寺）

時胡氏專寵，王宗怨望，入議者莫肯致言。（同右）對於像爾朱氏與元義等禍國的權臣，楊衒之更是不假辭色，大加筆伐：

1.太原王位極心驕，功高意侈，予奪臧否肆意。（卷一永寧寺）

2.爾朱世隆專擅國權，凶慝滋甚，坐符省掾，家總萬機，事無大小，先至隆第，然後施行，天子拱己南面，無所干預。（卷二平等寺）

3.逆賊爾朱兆囚莊帝於寺。（卷一永寧寺）

4.元義專政，虐加宰輔。（卷四追先寺）

魏收魏書却多著其功而少著具罪，清趙翼說：「當時謂榮子文暢遺收金，請為父作佳傳，收論內遂有若修德義之風，……大概著其功而減其惡，……使閱者但覺功多罪少，此收之舞文也。」（註二〇）楊衒之在詳述爾朱氏與元義的爭權記錄卽已表達了自己的態度。在洛陽伽藍記中，祗要是反對爾朱氏或元義者，在他筆下，幾乎是忠貞賢人，博學之士：

1.太后臨朝，閹寺專寵，宦者之家，積金滿堂。是以蕭忻云：「高軒斗升者，盡是閹官之嫠婦；胡馬鳴珂者，莫不黃門之養息也。」（卷一昭儀尼寺）

2.里內有河間劉宣明宅。神龜年中，以直諫忤旨，斬於都市訖，目不瞑，尸行百步，時人談以枉死。宣明少有名譽，精通經史，危行及於誅死。（卷二崇眞寺）

3.百官議太原王配饗，司直劉季明議云不合。世隆問其故，季明曰：「若配世宗，於宣武無功，

若配孝明，親害其母；若配莊帝，爲臣不終，爲莊帝所戮。以此論之，無所配也。」（卷二平等寺）

魏書說劉宣明是謀反不成被誅（魏書肅宗記），然洛陽伽藍記則說是枉死，是含冤莫白，是民間大衆同情的對象，再由元義曾誣告楊昱藏劉宣明的事件看（魏書卷五八楊昱傳），劉宣明的「直諫」或與元義等人有關。另如蕭忻的諷刺閹官，劉季明的譏刺爾朱榮，楊衒之皆極重視。至於元略，魏書說他是唯唯諾諾之臣（魏書一九元略傳），而洛陽伽藍記則大加贊揚（卷四追先寺），或與其兄弟二人起兵反對元義有關（問罪君側）。

從元義與爾朱榮的事件後，北魏已經走上了凋蔽之途，孝莊帝之復的政治，則更是不堪聞問，而其中楊衒之對廣陵王恭曾給予很高的評價，廣陵王本爲一傀儡皇帝，在位極短，立廢由人，本卽不可能有何作爲，然而他剛直耿介的個性，在楊衒之筆下却留下了極好的典範，楊衒之曾數度稱頌：

1.正光中…，元義秉政，…（恭）遂佯啞不語，不預世事，永安中遁於下洛山中。（卷二平等寺）

2.黃門侍郎邢子才爲赦文，敍述莊帝枉煞太原王之狀。廣陵王曰：「永安手剪強臣，非爲失德；直以未厭亂，故逢成濟之禍。」謂左右：「將筆來，朕自作之。」…海內庶士，咸稱聖君。（卷二平等寺）

3.…帝每言：「太原王貪天之功，以爲己力，罪有合死。」（卷二平等寺）

如上三者都是針對元義與爾朱榮而發。對於廣陵王，楊衒之大呼「剛直」「聖君」，已將自己的心事付諸筆端，廣陵王之所以受位，也許有挽大厦於將傾的願望，然而壯志未酬，空留下後人的無限歎惋（註二一）。楊衒之眼見北魏的輝煌文物，因那些禍國者而一一剝蝕傾頹，且既已成事實，祇有空留下無限的憾恨了。

六、結語：戀戀流光不盡意（註二二）

拓跋氏以塞外鮮卑，入主中夏，其明智之君主，欣向華風，而大部份族人，則懷其舊俗。孝文遷都洛陽以後，漢化益深，聲明文物，媲美魏晉，與留居塞上之鮮卑，文野相去日遠。洛陽時期的北魏帝國，無論文化、財富、人力、版圖，皆達到有魏以來的顛峯（註二三）。所以，楊衒之寫洛陽伽藍記，固然有檢討北魏興亡之意，更重要的還是為了顯現北魏的高度文化。楊衒之採用了縝密的結構，清麗而充滿情感的語言，生動的敍述這一般歷史，無怪乎范祥雍既說此書是一本「實錄」，又花了巨大的篇幅來說明此書可以當作「遊記小說」來看。其實洛陽伽藍記雖收錄了許多志怪異聞，全書却不是一本如述異記一類的小說，然則范祥雍何以會有這樣的感覺？蒲立本（E·G·Pulleyblank）說：「『創造的綜合』的概念——中國史學或視為小說家的領域。」（註二四）原來「創造綜合之史學」卽是如此，左傳、司馬遷何嘗不是如此？而楊衒之的黍離麥秀之感，亡國之痛，發為激憤之筆，就如同司馬遷所說：「意有所鬱結，故述往事，思來者。」（註二五），所以從這角度看，雖然洛陽伽藍記不是一本純粹的史書，却承繼了優秀史家的精神。

「六朝如夢鳥空啼」，當楊衒之撫今追昔，難免有前朝遺民之悲，故國入夢之痛，而對於洛陽城曾經有過的光輝，他頻頻回眸，心中的記憶則逐漸凝成晶形，映在腦海之中，縈繞不去。北魏洛陽城的榮光，在空間上雖然已經消失了，但是，他多麼希望心中這份文化的光輝，在代代後世人的心中成爲不朽，所以——才有了洛陽伽藍記之作。

總結以上的討論，對於洛陽伽藍記，可約略的歸納爲以下幾點作爲結論：

一、此書是以文化爲中心，透過佛教的特殊事象來表達其「積極的理念」—對北魏洛陽文化的懷念和肯定。

二、在楊衒之筆下呈現出北魏多方面的藝術成就，使我們進一步了解北魏時代的精緻文化，如雕刻、建築、繪畫、園林、樂技⋯等。時至今日，對於北朝留傳的雲崗、龍門、敦煌等寶藏，才更能使我們了解其產生的時代背景。

三、此書不是一本純粹的歷史書，或是文學作品，或地理書，所以用單一的角度去看，有時難免覺得稍沾卽止，不夠深入。但也由於在文學、歷史、地理，各方面都廣泛的涉及，故表現出豐富的多樣性，呈現另一種迷人的風貌。

四、楊衒之用其優美的文字，爲北魏留下不朽的記錄，尤其是他透過個人內心的情感，賦北魏洛陽這個時空予「生命」，使它不止是歷史書上存在的資料，而是一處我們可以追思膜拜的地方，永遠閃爍著它的光輝。

【附　註】

註　一　參見「與西方史學家論中國史學」頁二〇，杜維運作，東大圖書公司出版。
註　二　劍橋大學漢學教授蒲立本（E.G.Pulleyblank）即曾加以反駁，全右頁二二。
註　三　「歷史的探索」頁七，黃俊傑著，東昇出版事業公司。
註　四　唐釋道宣廣弘明集六列代王臣滯惑解。
註　五　范祥雍「洛陽伽藍記校注」頁一三，華正書局。
註　六　據近代考古文獻如「考古」與「文物」之考訂，皆能與洛陽伽藍記相合，轉引自楊勇「洛陽伽藍記校箋」附錄說明，正文出版社。
註　七　洛陽伽藍記每述一寺，大抵有如下的結構：道述寺名，次寫何人所立，次寫位置，次寫東西南北四鄰或補述御道不同方位之各府署廟社。
註　八　孫同勛「拓拔氏的漢化」頁一〇六，國立臺灣大學文史叢刊。
註　九　見馬凌諾斯基（Branislaw Malinawski）著「文化論」臺灣商務印書館。又洪鎌德著「思想與方法」頁一一九，牧童出版社。
註一〇　威爾、杜蘭著「世界文明史結論—歷史的教訓」頁二〇，幼獅翻譯中心。此處北與南應可互調。
註一一　周一良著「魏晉南北朝史論集」頁一一九，儒雅出版社。
註一二　余英時著「歷史與思想」頁二六七，聯經出版事業公司。
註一三　仝註一〇頁三五。
註一四　清趙翼「廿二史劄記」華世出版社印行頁三〇一。
註一五　余英時「中國知識階層史論（古代篇）」頁二六四，聯經出版社。

註一六　見洛陽伽藍記卷四寶光寺。

註一七　見洛陽伽藍記卷一建春門。華林園中之建設極爲細密巧妙，如何佈局，更令人驚奇。

註一八　仝註（一四），卷一五「北朝經學」頁三一〇。

註一九　魏書卷八四儒林傳序，鼎文出版社頁一八四三。

註二〇　仝註（一四），卷十三「爾朱榮傳」頁二六四。

註二一　楊衒之對於北魏政局的衰亡，頗多感慨，在爾朱兆渡河生擒莊帝，甚至有怨天之詞，見卷一永寧寺。

註二二　魏書彭城王勰傳：「日晏，移於流化池芳林之下，高祖曰：『向宴之始，君臣肅然，及將末也，觴情始暢，而流景將頹，竟不盡適，戀戀餘光，故重引卿等」，此處即用魏高祖之語轉化而出。魏書卷二十一。

註二三　繆鉞著「讀史存稿」香港三聯書店頁七八。

註二四　仝註（一）頁二一。

註二五　見史記太史公自序。洪氏出版社「史記會注考證」頁一三七二。

歐書九成宮醴泉銘的結構美

黃宗義

壹、前　言

清人馮班云：「書是君子之藝，程、朱亦不廢。」吾國書藝，源遠流長，觀夫歷代才士學子，其善書有何啻恒河沙數；然而能以書藝一事獨掩衆長，成一代宗師巨匠，爲後世取法者，則寥若晨星矣。初唐歐陽詢，八體盡能，正書之作，尤冠絕一時，上集二王以來書法之大成，下開後代楷法之極則，其書風影響所及，迄茲未墜，誠乃匹夫而爲百世師者也。

歐書既以楷法成就爲絕詣，其楷書諸碑之中又以〈九成宮醴泉銘〉最具代表性。故歷代論書學者，不唯推崇備至，而且多用以教習童蒙；即使成名書家，亦每臨池不廢，宜其影響後代書教之深且鉅也。蓋此碑用筆特衆衆美，結構更是無懈可擊；復以字大方寸，首尾一氣呵成，爲歐書諸碑中之更適於臨摹學習者；況乃其內容文字華茂典麗，較諸一般碑誌尤爲人所喜好，故卓識之士，莫不竭力訪求善本，以資取法。

此碑善本「明初駙馬都尉李祺所藏本」，近世風行海宇，大有裨益墨林學子，本文論析〈九成宮醴泉銘〉之結構美，所採字例，皆依李祺本焉。

貳、九成宮醴泉銘字分析

國字之特色之一為完整性，亦即各字具有其完形（Gestalt），關於國字這種特性，周先庚云：「每字有每字的個性，每字的結構組織，都像一個小小的建築物，有平衡，有對稱，有和諧，字與字的辨識，因此就非常有標準，特別不易模糊。比較西洋文字，每字是多個大同小異的字母所組成，而又橫列成平線；字與字間的個性、完整性、或格式道（Gestalt），就少得多。」

近世心理學派中之完形論者，提出「知覺結構原則」之主張，認為一個人「採用直接而統一的方式，把事物知覺為統一的整體，而不是知覺為一群個別的感覺」，「在許多刺激體之下，有盡可能把圖形看成『完好』圖形的趨向。」基於此，教育及心理學者皆主張識字須先辨認其物外之粗略輪廓（完整外形），然後逐次分析其細微成分，亦即先全體而後部分，先綜合而後分析。以下亦先分析（九成宮醴泉銘）字形及其組合方式，其次分析各字形之中心、重心、布白，及點畫呼應及變化等現象，更進而條理出其結構美學之原理。

一、外形構成

㈠全字外形

吾人習稱國字為方塊字，事實上國字之字形有大、小、方、圓、扁、角、長短、寬狹、肥瘦等等如人之外表，高矮胖瘦，各具形態。

（九成宮醴泉銘）字形，其外形大如「樂、取」；小如「亦、子」；方正如「日、田」；高長如「月、身」；寬扁如「四、心」；斜如「乃、力」；圓如「亦、樂」；橢圓如「子、取」；上半圓如「帶」、下半圓如「水」、左半圓如「利」、右半圓如「居」；上角如「人、夫」；下角如「下、可」；上下角（菱形）如「令、千」；多角如「六、含」；梯形如「至、正」；以及各種不規則形如「不、

歐書九成宮醴泉銘的結構美

步、來、爲」等字。

這些字形，大抵皆隨文字點畫之多寡及態勢，在合於自然搭配之法則下，極盡其變化之妙。其外形特色如下：

1.狹長。即高度大於寬度，形成一種黃金比例之美。宋黃長睿云：「鍾王作小楷法，皆有隸意，字率扁而不橢……。至隋陳間，眞書結體漸方，唐初猶爾，獨歐陽率更、虞永興易方爲長，以就姿媚，後人效之，遽不及二人遠甚，而鍾王楷法彌遠矣。」清朱履貞：「歐陽正書，刻勵險勁，碑形偏於長。」戈守智亦云：「歐書之所以不及鍾王者，以其褊；而其得力亦在於褊。今人但習側媚之態，而謂如簪花美女，舞笑鏡台，競相推以浮艷，而愈變愈下矣。故褊者，歐之本色也。然如〈化度〉〈九成〉，未始非冠裳玉珮，氣度雍容，既不寒儉，亦不輕浮。」由此可見，歐書外形略成狹長之妙處在於能收歛緊密，以趁姿取媚，然而並未拘於寒儉或流於輕浮。

2.抑左揚右。即全字外形上部左低右高，下部左高右低之梯形狀，形成一種具有側面、動態，三度空間之美感。「抑左揚右」語出東漢崔瑗〈草勢〉贊記，隋僧智果云：「峻拔一角，字方者擡右角、國、用、周字是。」印證了楷書亦有此現象。大抵楷書之橫畫略呈上抑，乃枕腕右手書寫自然生理運動現象；爲配合下行點畫，自然向右下方開展，則爲物理學上合力之現象。當然，一般書家爲求變化，亦不盡全依此規則書寫。然而歐書特色向右上與右下開展，不但達到均衡美之效果，更形成一般強烈開展之氣勢。

3.大小疏密，自然錯落。即各字因其點畫多寡而有大小長短之別，因其體勢之異而有斜正展促之分，並置於一篇之中而各能曲盡其狀，而無萬字一同之病。此亦即米芾所謂「字有大小相稱」之意也。南宋姜夔云：「字之長短、大小、斜正、疏密，天然不齊，孰能一之！謂如東字之長，西字之短，口字之小，體字之大，朋字之斜，黨字之正，千字之疎，萬字之密。」明李淳云：「長者原不喜長，短者原不喜短。」之謂也。清王澍亦云：「作字不須豫立間架，長短大小，字各有體，因其體勢之自然，與爲消息，所以能盡百物之情狀，而與天地之化相肖，有意整齊，與有意變化，皆是一方死法。」凡此，皆說明了字形大小疏密，各具體勢之道。

(二)組合方式

文字學者謂「獨體爲文，合體爲字」獨體之文其完形性固不待言，合體之字，經由結構組合，同樣亦充分表現出「完形」之特性。根據統計結果，全部國字中，獨體部分佔不到十分之一，大部分國字，十分之九以上皆由偏、旁、冠、脚等部分組合而成。其組合方式可類分如下：

1. 左右關係式

①左右對稱：其上下齊平如「效、銘」；左高右低如「勒、斯」等字。

②左寬右窄：其上下齊平如「顯」，右低如「動」字。

③左窄右寬：下平如「撰」；左高如「唯」，右長如「時」；左長如「但」等字。

④左右斜分：如「禮、陳」等字。

⑤左中右並列：等分如「謝」；右寬如「徵」；右低如「卿」等字。

2.上下關係式

①上下兩段：其上寬如「雲、登」；下寬如「皇、思」；上長如「書」；下長如「貴」等字。

②上中下三段：其中寬如「棄、鬱」；中窄如「靈」等字。

3.對角關係式

①左上右下：如「屋、者」等字。

②右上左下：其上覆如「氣、載」；下載如「起、邁」等字。

4.內外關係式

①全包圍：如「固、國」等字。

②半包圍：其上包圍如「周、開、鳳」；左包圍如「匪」等字。

5.其他組合關係式

①以多載寡：上一下二如「品、茲」等字。

②以寡載多：其上二下一如「智、監」；上三下一如「響、變」等字。

二、中心正側

字之不欲其偏側欹斜者，須求中心穩定。中心或在實處，或在虛處。在實處者，大抵其實有主要豎畫居中，或點畫之接筆穿插處居中；在虛處者，大抵爲豎畫不在字中，或爲上下、對角、左右關係式組合而成之字。中心不論虛實，凡左右對稱者易於穩定，其不對稱者則須調整取得左右或對角之均衡；其上下關係者，則往往由左上往右下移動，形成中心不穩定之律動美。〔九成宮醴泉銘〕中心線處理方式如下：

1.中心穩定

①主要豎畫或穿插在中線上，如「大、士、中、文」等字。

②雖無明顯的主要豎畫或穿插者，而左右點畫對稱如「並、其、同、圖」等字。

③左右分疆，上下齊平，如「明、雖、縣、類」等字。

2.中心調整

①左寬或右寬之字如「握、機、蹈、矩」、「則、獻」等字。

②對角關係式之字，如「石、有、居、者」、「氣」等字。

③主要豎畫，因其它點畫之搭配而移動，不在中心線上，如「上、貞」等字豎畫左移，「年」字豎畫右移。

④主要豎畫偏移，其它點畫隨之移動，如第二個「青」字，下兩短橫右移。

⑤有主要點畫如乙乚㇏乛㇁乁……等居下撐載，上面點畫偏左，中豎或交點移動。如「九、巳、也、元、光、天、是、爰、泉、夏、而、思、風」等字。

3.中心移動

凡上下關係組合之字，其中心經常由左上向右下移動，此亦爲國字點畫由上而下，由左而右書寫時所形成之物理合力現象，亦人體右手書寫之自然生理現象。由「營」字以下至「勞」字皆然。戈守智論頂戴有正勢與側勢，所謂「高低輕重，纖毫不偏，便覺字體穩重」，戴之正勢也；所謂「長短疏密，極意作態，便覺字勢峭拔」，戴之側勢也，所謂「正看時，欲其上下皆正，使無偏側之形；旁看時，欲其玲瓏松秀，而見結構之巧。」，正詮釋歐字此種中心移動現象之妙處。

三、重心平衡

凡字之左右關係式組合而成者，其左右或上下齊平，或左高右低，或右高左低，要之，皆在於調整其左右之重心，使能平衡者也。至於左偏之點畫少者，則經常呈左高現象，使字之重心由左上向右下移，亦形成律動之美。

（九成宮醴泉銘）左右關係之字，其重心（橫中心線）處理方式：

1. 重心自然平衡

左右分疆，上下橫畫齊平者，其左右之重心自然平衡，如「殿、銘」等字。

2.重心調整使平衡

①右橫居上者，使右低留白而取得平衡，如「勅、動、期」等字。

②右橫在下者，使右高留白，取得平衡，如「往、佳、在」等字。

③左橫在下者，右橫在上，使左高右低，左下與右上留白，取得平衡，如「詞、謂、譯」等字。

④右橫在上與在下者，則左長而右短，使右方上下留白，取得平衡，如「如、加、相、但、拒、泥、紀、挹、觀、福」等字。

⑤右下有長豎者，左高右低，取得平衡，如「斯、新、卿、櫛、群」等字。

3.重心移動

凡左偏旁點畫少者，其重心經常由左上向右下移動，其原理與中心線之移動相同。如「味」至「醴」等字。

味唯坤壞崢嶸

近人陳公哲曾以科學原理解釋字之重心，彼云：「前賢論書，文字深遠，不著邊際，於字之重心，向未言及。蓋物有必至，理有固然，物理尋求，未嘗不得眞理。書法之佳者，每形成於普通結構之外，使勢超乎意料之中，奇筆異畫，令人不可思議，望之成形，捫之無物，而姿態自然，百看不厭，祇能意會，不可言宣者，其唯一原理，是合乎於物重心。按古人書法，超逸邁倫者，皆合重心。」然則重心一詞，乃物理學之名詞，雖不爲古人論書所用，而古之論書者未嘗不知字之重心結構之重要也。蓋重心平穩對楷書來說，要求格外高。行草可借由字與字之相互欹側補充來達到整體之重心平衡，唐太宗贊王羲之書所云「以欹反正」者，即得全篇重心之謂。至於楷書則每一單字本身必須是重心平衡，通常楷書點畫宜正，超出常見平正標準則視爲偏。然而有意識地置某些點畫，偏或正，使之對比，則可從整體上獲得險中求穩之效果。

顏眞卿問張長史以：「豈不謂欲書先預想字形佈置，令其平穩，或意外生體，令有異勢，是之謂巧乎？」此中心移動或重心移動等變化現象，應即「意外生體，令有異勢」之謂也。楷書一味平穩不可，必欲能平正，又奇變，始稱巧意。

胡小石論書法之欹正云：「後世結體平正，至清代之殿體書而極。然是書之厄運，今談者猶病之。古則不然。周書如〔盂鼎〕、〔毛公鼎〕之類，勢多傾左。〔散氏盤〕獨傾右，自樹一幟。北朝諸刻，如〔龍門造像〕、〔張猛龍〕、〔賈使君〕、〔刁遵〕、〔崔敬邕〕等皆傾左，〔馬鳴寺〕猶甚。唐歐書傾左亦特甚。然觀者仍覺其正，無不安之感。蓋結體以得重心爲最要。」誠亦能道出歐書結體中心及重心移動之特色者。

四、分間布白

布白，或稱分間，即畫點分布形成之筆墨外空間（又稱餘白）之謂也。分間布白，或均分，或採比例漸層變化，或離或合，或展或斂，端視書家所好。

唐孫過庭云：「初學分布。但求平正；旣知平正，務追絕險；旣能絕險，復歸平正。」是知布白之能事，首在點畫安排能均間調和，進而講求點畫安排之錯落離合變化，務使虛實相生、疏密得宜，令均整之中自有參差，方免算子之病，以窮究結構章法之妙。淸代包世臣引述鄧石如之言云：「字畫疏處可以走馬，密處不使透風，常計白以當黑，奇趣乃出。」正是指一字之間點畫布白之妙。〔九成宮醴泉銘〕之布白手法如下：

1. 均間

即一字之中，點畫布置距離均等，空間匀稱之謂也。其字例如：

①「州、無」等字，豎與豎、點與點之間，空白匀稱，在視覺距離上近乎均等，形成豎之均間。同理，亦有横、斜、輻輳等不同之均間。

②「非、皇」等字之横筆，則形成横之均間。

③「形、後」等字之撇筆，形成斜之均間。

④「不、分」等字之點畫聚散，形成輻輳之均間。

此外如「罪、顯、鶡、龜」等字，點畫繁複，交錯形成横、豎、斜、輻輳等並見之均間。

〈筆勢論〉云：「分間布白，遠近宜均，上下得其所，自然平穩。」〈八訣〉云：「分間布白，勿令偏側。」〈三十六法〉云：「排疊，字欲其排疊疏密停勻，不可或濶或狹。」皆指均勻而言。

習書既得用筆點畫之法，亦當知分間，方能盡結構布局之妙，清代朱和羹云：「分行布白，爲入手要訣。」正說明了布白在書法臨習和創作過程中之重要性。

2. 漸層

即一字之中，點畫分布之距離，形成逐層遞進，由小而大之空間。其字例如：

①「月、取、臣」等字，由上而下，空間逐漸加大。

②「而、高、勿、物、惕」等字，由左而右，空間逐漸加大。

凡此，在此例上形成一種漸層之美。清笪重光云：「精美出於揮毫，巧妙在於布白，體度之變化，由此而分。」正此之謂也。

3. 離合

即上下左右偏旁構成之字，其左右或上下部分之間隔，或疏離，或密合。

①左右離

「仁、作、伯、使、佳、引、注、形、壯、功、抗、物、在、記、弱、維、勝、躇」等字。此蓋左右勢單，不得不離者也。

②左右合

「歐、雖、錄、楹、觀、驗」等字。此蓋左右點畫繁多，必欲密合緊湊也。〔三十六法〕云：「字之形體有宜相附近者。不可相離。」正此之謂。

③上離

「戶、旨、貞、有、更、無、西、昔、黃、貴、重、風、宜、宮、室、京、實、當」等字，上邊主要橫筆之下，皆留出較大空間，造成疏離現象。具有上部清靈，下部重濁之效果。（三十六法）云：「覆蓋，如『賓』『客』之類，點須正，畫須圓明，不宜相著，上長下短。」李淳云：「天覆，『宇、宙、宮、官』，要上面覆蓋下面，法宜上清而下濁。」何以言「不宜相着」，戈守智云：「如人宮室之覆於上也，宮室取其高大，故下面筆畫不宜相着。」

4.疏密

即一字之中其空間分布，或左密而右疏，或左疏而右密。其例如：

①左密右疏

「月、尙、同、固、高、旬、詢、葛、竭、聞」等字。此蓋諸字結構以橫豎或橫豎鈎爲主畫，故中間點畫左移，以取得平衡也。三十六法中有滿不要虛一法。戈守智云：「園、圖等字，雖中間筆畫，亦不宜與外圍相逼，使外旣失勢而中復散漫。」視之以上所擧各字例，其大片空白布於右邊主畫之旁，大有虛實相生之妙。

②左疏右密

「水、永」等字，豎鈎居中爲主畫，則左邊令疏離而點畫略小，右邊令密合而點畫加大，則一字之間賓主揖讓，自然從容有節。試將左右兩邊皆作密合或疏離，便不成字矣。

③上密下疏

「之、可、內、炎」等字，上部點畫攢蹙，下部則寬疏開展，隱然一股軒昂之氣勢，形成了布白上顯著對比之美。

「上」字之短橫，「下」字之點，「利、列、則」等字之短豎，其位置皆偏高。

上密下疏，一如美感表現的上短下長，美學家稱之爲垂直二等分線之錯覺。隋僧智果云：「重並乃促。謂昌、呂、爻、棗等字上小。」清代張廷相云：「上、下、直畫宜短，點皆近上。」其理皆同。

由上述諸例可知，點畫之離合疏密，關係一個字大方或小氣，緊嚴或鬆散。此外，一字中心之穩當，重心之平衡與否，亦往往繫乎一點一畫之移動或變化。

例如：「可」字，豎鈎與口部緊貼，「年」字，左點緊靠中豎，「聖」字，上橫與左豎分離。試將前述點畫離合加以變化，則全字重心即不穩。清代劉熙載云：「結字疏密必彼此相乘，故疏不嫌疏，密不嫌密。」正可爲此之註脚。

字例如：

①「至、豈、海、淒、屢、慶、起、趨、遷、遠」等橫畫並列、或右下方爲捺收筆之字，以左方爲中心拱向，向左上及右下開展。

②「架、赫、兼、變、縣」等字，點並排，以上方爲中心拱向，向左下及右下開展。

③「前」字上半，以下方爲中心拱向，向上方開展。

④「心」字以左上方爲中心拱向，「流、介」兩字各以上方爲中心拱向，向下方開展。

⑤「炎、泉、取、典」等字，以字之中心爲拱向，向四方開展。

⑥「勿、物、男」等字，以右上方爲中心拱向，向左下方開展。

5. 展斂

即一字之中，點畫布置有其縮結及開展之處，如物理現象之焦點，具有一種無形牽引之力量。其

姜夔云：「書以疏欲風神，密欲老氣」又云：「當疏不疏，反成寒乞，當密不密，必至凋疏。」可謂道盡布白均間疏密、離合展斂之緊要處。蓋吾國文字點畫多寡不一，形態各異。楷書之爲書法藝術，尤其具有其先天性不可任意破壞更改之結構本質。高明之書家欲創作新面貌之楷書，既不得擺脫文字符號之約制而隨意竄改增減國字點畫，便只有在結構布局上下工夫。疏密之道無它，欲疏令離，欲密令合，欲展令開，欲斂令蹙而已。然則一字之點畫，即離開合之間，運用之妙，端視書家之能事矣。

五、向背俯仰

向，指字形結構之兩部分相向者；背，其理反之。左右偏旁之字構成如此，上下覆載構成之字亦然。同時，橫豎撇挑鈎等點畫之並立重疊映帶，亦自形成向背之勢。所謂「橫多則分仰覆以別其勢，豎多則分向背以成其體。」其目的不外爲了避免用筆和結體之單調平板，更進而增添筆畫之間之神理和情趣。

劉熙載云：「字形有內抱、有外抱。如上下兩橫，左右兩豎，其有若弓之背向外，弦向內者，內抱也；背向內，弦向外者，外抱也。」

戈守智分向背之勢爲「向、背、助、并」四勢，彼云：「向內者，向也；向外者，背也，一內一外者，助也，不內不外者，并也。」以此四勢，證之如下：

1.字形自成向背

有些字形本身具有左右弧鈎等點畫，則其體勢自成向背。〈三十六法〉云：「字有相向者，有相背者，各有體勢，不可差錯。」所指便是字形本身之向背。如「功、物、砌」等字，右弧鈎在右方，則左半字形以向勢承之；「風、成、肌」等字，左弧鈎在右，則左半字形以背勢應之。

2. 豎畫向背

①向勢：「與、測、惜」等字。

②幷勢：「作、祥、循」等字。

③背勢：「丹、州、肅、東、典、帶」等字。

④左背勢：「井、信、潤」等字。

⑤左向勢：「師」字。

⑥一字之可向可背者：「青、俯、泉」等字。

〈九成宮醴泉銘〉字形以背勢爲多，向勢則少，釋智果云：「分若抵背，謂縱也，州、册之類，皆須自立其抵背，鍾、王、歐、虞，皆守之。」所指即背勢。

3.橫畫俯仰

①俯勢：「一、下、可、言、此、其」等字。

②仰勢：「天、夫」等字。

③平（幷）勢：「土、生、者」等字。

④上俯下仰相向：「地、思、覽、玄、長、甚」等字。

⑤上仰下俯相背：「五、丘、乎、居、石、安」等字。

⑥一字內點畫之作俯、平、仰三勢者：「而」字。

⑦一字之可爲向勢、背勢或平勢者：「中、聖、上」等字。

4.撇畫向背

①向助勢：「茅、家、形」等字。

②背勢：「力、爰」等字。

③向背變化：「侈、後、彫」等字。

唐太宗云：「彡乃形、影之右邊，不可一向爲之，須背下撇之」，即指重撇之向背變化也，唯歐書之「形」字作助勢耳。

用筆而知向背，自然能掌握結構變化之美。有些字形中之點畫，作向式、背式、幷式皆可，大抵隨書者所好，視書寫時狀況而立勢。南宋姜夔云：「向背者，如人之顧盼，指畫、相揖、相背，發於左者應於右，起於上者伏於下，大要點畫之間設施各有情理。」明李淳亦云：「向者雖迎，而手足亦須迴避；背者固扭，而脈絡本自貫通。」是頗能道出向背之妙者。

六、長短分割

分割，指點畫互相交插或接合時，所形成之分段長短現象。〔三十六法〕云：「穿插，字畫交錯者，欲其疏密、長短、大小停勻，所謂四面停勻，八邊俱備也。」分割與布白互爲表裡。布白爲點畫餘白之處理；分割則爲點畫本身之措置。布白所見處爲虛；分割所見處則皆爲點畫之着墨處。

〔九成宮醴泉銘〕點畫之分割手法：

1.橫分割

①橫分兩段，通常左短右長，如：「大、泰、玄、宮、雲、霞、賞、慮」等字。

②橫分兩段，亦有左長右短者，如：「未、來、祥」等字。

③橫分三段，由左而右漸層加長，如：「契、禹、萬、五」等字。

④橫分三段，由左而右爲次長、短、最長。如「並、安、善、其」等字。形成中緊現象。

⑤橫分三段，由左而右漸層減短。如「斯」字。

2.竪分割

①竪分兩段，上短下長，如「十、千、丹」等字。「粉、精、性」等字之偏旁。

②竪分三段時由上而下，漸層增長，如「中、耕（井）」等字。

③竪分三段或三段以上時，中段最短，下段最長，如「申、東、接、（扌）」等字。

3. 斜分割

①撇捺分兩段，上短下長，如「人、又、文」字。

②撇分三段，由上而下漸層加長，如「在」字。

③左弧鈎分兩段，上短下長，如「代、氏」等字。

④左弧鈎分三段，或由上而下漸層加長如「成」字，或中緊段，下段長，如「武」字。

七、賓主統制

賓主者，即一字之中點畫因其部位，或大小、長短、粗細之別，乃形成主從現象，亦稱之爲統制。清劉熙載云：「畫山者必有主峰，爲諸峰所拱向；作字者必有主筆，爲餘筆所拱向，主筆有差，則餘筆皆敗，故善書者必爭此一筆。」長畫主勢，一字之中通常以最長畫爲主體，必須寫得挺勁有力，從容舒展；爲了達到整體美效果，餘筆則安排得較輕、較局促，避讓迴應，以拱衞之姿附之。元陳繹曾云：「以一爲主，而七面之勢傾向之」之謂也。

1.橫爲主筆：「三、言、若」等字，主筆分居各字之上方、下方或中間。

2.豎爲主筆：「千、仰、暉」等字，主筆分居各字之中間或右方。

3.撇爲主筆：「名、步、暑」等字，主筆斜貫全字。

4.捺爲主筆：「之、是、道」等字，主筆居下承載全字。

5.各種綜合之鈎、挑點畫爲主筆者：

①「乎、事」等字，主筆居中。

②「榭、閉、能」等字，主筆居右。

③「乃、九」等字，主筆居右上。

④「色、池、心、武、機」等字，主筆貫穿或居下承載。

歐書之以長橫爲主筆者，皆細腰輕靈，此皆與歐書之呈狹長外形有關，故不欲其粗笨沈重也。至於以豎畫爲主筆者，皆寫得健勁可觀，以撐拄全字；其長豎分居左右者，則賓左而主右。清姚孟起云：「作楷重賓主分明，如「日」字，左豎賓，宜輕而短；右豎主，宜重而長；中畫賓，宜虛而婉；下筆主，宜實而勁。」是能道出此間關係者。

戈守智云：「一字之形，大都斜正反側交錯而成，然皆一筆主其勢。」又云：「下筆之始，必先審勢，勢歸橫直者正，勢歸斜側戈勾者側。心之得勢在戈，乃之得勢在勾，入之得勢在側，少之得勢在斜，餘皆輔以成勢，故曰下筆不審勢，猶不陣而戰也。他如卜水之字得勢在直，女六之字，得勢在橫，又不可不知也」析論一字中點畫之賓主關係，堪稱精當。

八、接筆深淺

指點畫接合程度之深淺、位置及形態。楷書一點一畫之組合相接，通常皆有固定、合理、統一之方法；稍有不同，便覺特異。接筆深淺程度等變化，影響全字之強弱、氣勢及韻味。

實接，有密合穩固之感覺；虛接，則顯得鬆散空疏。太過與不及，皆有不宜。大抵接筆之得法者，宜似斷實連，似連實斷，既要顯得連住，同時又要顯得脫開，做到「筆到處有力，筆不到處有神」之要求。〈九成宮醴泉銘〉之接筆方式如下：

1.橫在上者，如「不、天、石、乃、理、亦」等字，皆用虛接留白。

2.豎在左者，如「帝、離（隹）」等字，亦虛接。

3.點畫多者，如「將」字，全用虛接。

4.橫畫在下，如「正、上」等字，用實接，其它部分則或虛或實，以配合之。

5.其它各種虛實互見之接筆者，如：「非、陽、蔽」等字。

大抵而言，歐書之接筆特色，可以「虛實相生」、「若即若離」八字當之。

九、脈絡承帶

脈絡者，指筆鋒之運行路線，一如人之血管氣脈，乃一字生命氣息之所繫。蓋字由使毫行墨而成，其點畫之間，必有連結，部分與部分之間亦然。字之脈絡連貫爲有機聯繫者，則字有氣勢而生動，乃爲有生命之物；否則點畫如單擺浮擱、枯柴散沙，互不相干，徒

然爲平板無生氣之安排而已。〔九勢〕云：「凡落筆結字，上皆覆下，下以承上，使其形勢遞相映帶，無使勢背。」即一字內脈絡連貫之謂也。

宋姜夔云：「字有藏鋒出鋒之異，粲然盈楮，欲其首尾相應，上下相接爲佳，後學之士，隨所記憶，圖寫其形，未能函容，皆支離而相不貫穿」便是言脈絡之重要性。

脈絡連貫，筆勢相承，點畫振動，字有意態，則氣生。點畫有點畫之氣，字有字氣，行有行氣，通篇皆然。

脈絡有形連、意連之別。「遊絲若牽連，氣脈即貫通」，形連也；「點畫已斷絕，行筆卻承帶」意連也。〔三十六法〕云：「字有形斷而意連，如『之、以、心、必、小、川、水、求』之類是也。」清戈守智云：「字有形體不交者，非左右映帶，豈能連絡，或有點畫散布，筆意相反者，尤須起伏照應，空處連絡，使形勢不相隔絕，則雖疏而

不離也。」楷書多形斷，而妙在意不斷，是意連之妙。然而仔細觀察其收筆落筆處，其脈絡呼應之痕跡猶存，其得之於行草字形處，更容易看出。朱和羹云：「楷法與作行草，用筆一理。作楷不以行草之筆行之，則全無血脈；行草不以作楷之筆出之，則全無起訖。」

歐書脈絡之得力於行書，尤其受王羲之影響處可於以下字例見之。

十、文字變異

文字變異，指文字之基本點畫或形體，因書法美之要求而變異者，蓋文字之原始功能為符號工具，要求正確，故歷代於篆、隸、楷，甚至行、草皆有正字頒訂，惟文字乃隨時代不斷變化遞嬗，約定俗成者。書家之寫作，在不違背時代共同認可之原則下，莫不窮盡其點畫安排變化之能事。

書法之變化，或增損屈伸其點畫，或挪讓借代其字形部位，凡此，已涉及書法藝術及文字應用問題。筆者另有〈文字與書法〉專論，可

供參考。以下謹就增減點畫、屈伸變形、穿插挪讓擇要言之。

1. 增減點畫

增減之目的在損其有餘，補其不足。增一點，有「完其體、全其神、足其韻」之作用在，且與原來結構渾成一體；減一點，在芟無去駢，而不覺有所缺損。〔心成頌〕所謂「繁則減除、疏當補續」，便是增減點畫之原則。符合此一原則，增減後恰到好處，否則弄巧成拙。

至於那些字該增，那些字該減，一般要憑約定俗成，不能隨便亂來。〔三十六法〕云：「增減，字有難結體者，或因筆畫少而增添，或因筆畫多而減省。但欲體勢茂美，不論古字當如何書也。」可見只要合乎情理，後世書家也未始不可越雷池一步，另作新構。戈守智「必古人所有則可，今人不能擅作」之說，未免失之拘泥。

2. 屈伸變形

爲避免重複或去繁、補空、避讓，點畫亦得屈伸變形。清劉熙載云：「變其短肥長瘦，皆是增減，非止多一筆，少一筆之謂也。」廣義而言，長者使之短，短者使之長，肥者使之瘦，瘦者使之肥，皆屬於增減之範疇。

屈伸變形，自古論述頗多，如隋釋智果云：「回互

留放，謂字有磔掠重複者，不可並放。」唐太宗云：「爻須上磔衂鋒，下磔放出，不可雙出；多字四撇，一縮、二少縮、三亦縮、四須出鋒」（三十六法）所謂：「避重疊而就簡徑」之謂也。

清戈守智云：「假使上字連用大捺，則用翻點以接之，右行運用大撇，則用輕掠以應之，行行相向，字字相承，俱有意態，正如賓朋雜坐，交相應接也」正說明了點畫屈伸變化之妙。

此外，偏旁之變化亦屈伸點畫以避讓之謂也。南宋姜夔云：「如立人、挑出、田、王、衣、示、一切偏旁皆令狹長，則右有餘地。」元陳繹曾云：「凡偏旁不相稱者，屈伸點畫以避之，太繁者減除之，太疎者補續之。」其理皆同。

3.穿插挪讓

即穿插或挪移部位，使點畫多處不覺密集，點畫少處不顯空疏，亦能盡彼此相揖、互相呼應之道。其理實與增減屈伸相同。

叁、九成宮醴泉銘結構之美

結構一詞原用於生物學上，其定義爲：「結構乃是一個有機體所有部分——器官或組織——的一種特定的安排。」事實上，國人早已視書法爲一具有生命之有機體，如云字有神、氣、骨、血、肉等。然古人不稱點畫之組織爲結構，而言結體、結裹、裹束、間架、布置、結字、布白，或稱之爲章法、布局等。小自一字點畫安排與形勢布置，或一字和數字之間布置之關係；大至安排布置整幅作品中，字與字，行與行之間呼應，照顧等關係之方法。孫過庭所謂：「一點成一字之規，一字乃終篇之準。」包世臣大小九宮之論，正說明了書法之群集（Assembly）關係，當爲一有機之結合，其高妙處在於全體統攝部分，部分亦影響全體。一字之間點畫安排如此，一篇之中字形布置亦然。

古人講結構往往混于筆法，其涉及結構之要者如隋智果（心成頌），相傳歐陽詢（三十六法），唐張懷瓘（玉堂禁經．結裹法），宋姜夔（續書譜）中之（眞書．向背．位置．疏密），元陳繹曾（翰林要訣）中之（方法．分佈法．變化）等等。其中歐陽詢（三十六法）信爲後之學歐書者所訂，專論歐楷結構者。

唐楷以結構法度森嚴幾達於唯美極則見稱，歐陽詢楷書尤是唐人之冠絕者，自堪爲百代楷則，前人無異論，明趙宧光稱：「歐陽詢結構第一，似過其師，方整嚴肅，實難步武，學者須透其一箸，始可得力。」清馮班亦嘆賞：「歐書如凌雲台，輕重分毫無負，妙哉！」是頗能道出歐書結構之妙處者。

前節分析（九成宮醴泉銘）之字形，此節試透過美學觀點以條理出其結構之美。西方美學由希臘廟堂中抽出其造型美規律，如均衡、比例、對稱、和諧、層次、節奏……等，至今奉爲西方美學中結構形式之基本範疇。吾國書法，一筆而具八法，形成一字，一字就像一座建築，有其棟樑椽柱、窗門家飾，其結構方式亦未嘗不可歸納成書法藝術中之結構美學。茲試述如后：

一、完整之美

完整（Completion），指一字之外形在空間平面上以完整姿態出現，既不覺得其偏頗，亦無缺憾。

各種完整明確之平面外形，皆具有一般之審美特性。如底面水平之金字塔式三角形有明顯之穩定感，倒置之三角形反是；正方形含有剛直意味；圓形則有自我滿足，周而復始之意等。

在完整之美中，其內在結構具有統一與變化之法則，分別於以下各小節敍述。

〔九成宮醴泉銘〕之字形，包含了方、圓、橢、稜、矩，以及不規則形狀等，皆能大小錯落自然，均衡和諧，而其單獨各字之外形，皆具有其完整之美。

二、對稱之美

對稱（symmetry）指結構體中之上下、左右、或四方要素處於大小齊一均等狀態，為均衡美之一種。對稱亦名均整或勻稱，乃機械式之均衡；不對稱平衡則比諸對稱形式更為活潑、有變化。前者有靜態之感，後者有動態之感。

對稱存在於自然界事物中甚多，如人體、動物及一般人為器物如車、船、飛機等等，幾乎舉目可見。對稱狀態具有穩定，規律之愉悅感，意味著安定，確實及可預測等。

書法藝術造型，除了小篆以外，幾乎無全然對稱之形式存在。〔九成宮醴泉銘〕中之接近對稱形式者，如中心線居中，左右對稱之字，雖無中心線而左右分疆之字，以及布白均間者皆屬之，亦皆具有對稱之美。

三、均衡之美

均衡（Balance）指結構體中各要素處於平衡之狀態，含前述之對稱平衡，及不對稱平衡。不對稱平衡爲眞正存在而可稱之爲均衡者。理論上，對稱平衡爲各部分（左右、上下）完全相等之形勢，最具有和平、安定、沈著而嚴正之感；事實上，對稱平衡於書法作品中幾乎不可能存在，即使先秦時期之大小篆，形式上雖近乎對稱，事實皆不完全對稱，而是接近對稱之均衡。

〔九成宮醴泉銘〕字體外形之抑左揚右現象，其組合形式中左右之或高或低，及對角結構方式，皆形成均衡之美。此外如中心與重心之調整，空間與點畫之不等分割，以及俯仰、向背、增損、挪讓、奇正、虛實等變化現象，幾乎皆爲均衡之美者。論者每稱道歐書之奇險，實歸於正，是其字似欹反正，能站得穩，乃眞正得均衡之美者也。後世之習醴泉者，容易產生錯誤印象，以平正整齊爲均衡、爲穩重，其不流於臺閣者得能有乎？

四、比例之美

比例（Proportion）指結構物體內各部分之間大小、長短相對之形式法則。比例乃人類於實踐活動中對自然界事物總結抽象而得者。如國人傳統木工口訣之「周三徑一」「方五斜七」，畫家經驗如「丈山尺樹、寸馬分人」等皆是。古希臘畢達哥拉斯學派創「黃金分割率」之說，其近似値約爲五比八。近世之美學家，心理學家皆證此黃金比乃最爲人所喜愛者。

事實上各種幾何比例，皆廣泛見於各種藝術品中，書法尤其應用比例以取得結構上和諧之關係者。書法之結構比例包括文字構形之比例及分位之比例，分位法比例又有空間大小比例，及點畫分割長短比例等。楷書之構形比例並無定格，大抵隨時代風尚，及書家個人嗜好而有所不同。

〈九成宮醴泉銘〉字體中之外形略成高長成縱短形，接近黃金比，此爲其構形比例。此外其上下或左右構成之字，每每左小右大，上小下大亦是構形比例之美。其次，布白中之橫、豎不等空間分割，離合疏密中之空間大小不同變化，亦皆形成空間分位比例之美。再者，點畫分割中，或左短右長，左長右短，或上短下長，以及漸層增長，中窄下長等，皆形成點畫分割長短比例之美。

五、漸層之美

漸層（Gradation），指結構體內之部分，在空間比例上有漸次增強或減弱之現象。國人造寶塔，無論五、七、九層，乃至十三層十七層，皆由下而上一層一層縮小，亦即由上而下逐層加大，成爲美術造形中漸層美典型之作。

〈九成宮醴泉銘〉字形結構之漸層美可於分間布白及點畫分割處見之。空間不等分割中之漸層字例，以及橫、豎點畫成三段分割時之漸層比例，皆具有藝術造形之漸層美。

六、節奏之美

節奏（Rhythm）又名韻律，原爲樂理上之形式。蓋樂曲以其音之高低長短抑揚變化等組合而成動聽之節奏；書法則以點畫或字形之大小、疏密、正斜、剛柔等以造成悅目之韻律。〔九成宮醴泉銘〕點畫，以長橫、長豎及撇、捺及綜合點畫最易表現出節奏之美。所謂「一點一畫皆有三轉，一波一拂，皆有三折」，此種規律轉折之中，點畫運動之節奏自然產生；再加上用筆千變萬化，所謂「一起一倒，一晦一明，神奇出焉」，正是由規律反應造成之點畫節奏之美。而點畫之分割及布白比例中，或左短右長，上短下長，以及漸層，亦爲簡單有規律之節奏。至於其不等分割中，由下而上，由左而右，由次長、短、最長構成，更是具有悅目動人之節奏美。

七、對比之美

對比（Contrast）又名對照，爲結構體中之相對部分，旣非對稱形式，亦非調整形式，而是具有極大或相對之差異性；對比之美，無寧說即是變化之美。

在「整體美」之統一與變化中，西方美學家往往注重於統一這一方面，而中國書法則更注重於變化這一方面，習慣於運用強烈對比手法，強調某一特殊部分，有意識地統制其它部分，或使其它部分對其避讓，以打破某種協調均衡來達到更新更高級之協調均衡，從而產生強烈之藝術感染力。

故舉凡書法中之點畫賓主、部分大小，及其縱橫、向背、偏正、疏密等，皆爲對比形式之美。〔三十六法〕中之偏側、挑捥、撐拄、垂曳、附麗、避就，及以用筆中之懸針與垂露、大捺與長點、大撇與輕掠等變化，亦皆爲對比之美。

1.主次對比

即前節字形中之賓主統制情形，亦即一字之中，有一主畫以統制全局之謂也。隸書中之波形如飛燕，故有「燕不雙飛」之說，以避免喧賓奪主，楷書亦然。凡長橫、長豎、長撇、長捺及綜合點畫等，皆令其一勁健可觀，方能立得穩、撐得住，所謂「展一筆以疏宕之」是也。

2.大小對比

就字之外形而言，通常點畫多者字形略大，點畫少者字形略小，此爲一般規律。唯歐書善用藝術誇張手法，該大者特大，該小者特小，應長者特長，應扁者特扁；然而其大小長短夾雜卻勻淨和諧，不覺突兀，絲毫不見凌亂雜湊之痕跡。

3.縱橫對比

字之點畫，其縱勢上聳，則增字之長；橫勢旁騖，則增字之潤，於外形乃有縱矩形與橫矩形之對比美，此於比例一小節中已略言之。

字之外形縱橫對比與時代、地域及書家個人有關：大抵殷商周秦時縱勢多，魏晉南北朝時橫勢多；甲金篆文縱勢多，漢隸及魏晉鍾王小楷橫勢多；唐六家楷書中，歐、虞取縱勢，褚、薛取橫勢，顏、柳復由方而縱；宋四家行書中米、黃取縱勢，蘇、蔡取橫勢。蓋此因時之先後，各取一勢，以避雷同也。凡此，皆見書法縱橫對比之美，歐書之成縱矩形者亦然。

4.向背對比

即豎畫之向背及橫畫之俯仰情形。論者所謂橫平豎直者，平不必如水之平，雖斜亦平；直不必如繩之直，雖曲亦直；便是得向背對比之妙者。〈九成宮醴泉銘〉字形結構，其豎畫之並立者，或相向、或相背、或並直勢、或一向一直、一背一直；其橫畫之並疊者，或俯、或仰、或相向或相背；其點畫之成斜勢者，或採助勢，或背勢或向勢，要之，皆能得向背對比之美者。

5.偏正對比

歐陽詢楷書從整體看極工穩，但仔細分析，都可以看出偏正對比是其常用手法。前節〈九成宮醴泉銘〉字形分析中之中心移動，重心移動，以及點畫部位之挪讓變化，是皆見其偏正對比之美者。畫訣有「樹木正，山石倒；山石正，樹木倒」之說，〈三十六法〉中有附麗一法，論者謂「附者，立一爲正，而以其一爲附也。凡附麗者，正勢既欲其端凝，而旁附欲其有態，或婉轉而流動，或拖沓而偃蹇，或作勢而趨先，或遲疑而托后，而相體以立勢，並因地以制宜，不可拘也。」正是偏正對比手法之說明。楷書本字字工穩，然如無點畫中偏正措置以變化之，則歐書之妙便大異其趣矣。

6.虛實對比

一般而言，筆畫多處實，筆畫少處虛；主筆實，副筆虛。就方法而言，有以粗細爲虛實，有以大小爲虛實，有以枯潤爲虛實，有以疏密、剛柔、緩急爲虛實者，原無一定之法。〈九成宮醴泉銘〉字形分析中，其不等空間之分割，左右上下之疏密離合，及中宮、點畫之展斂對比，皆見其虛實對比之美者。

對比之美於結構形式上之其它運用甚廣。歐書造形所見空間對比之美大抵略如上述，其所不及者，俟它日補續焉。

八、統一和諧之美

統一（Unity），或稱「變化統一」（Unity in Variety）亦即寓前述各項形式變化之美於統一和諧之下，使渾然一體，而無零亂散漫之現象者。是形式中之形式，爲一切形式法則所共同隸屬之重要美學原理。

〈九成宮醴泉銘〉所有結構法則中，不論其字之完整外形，或其均衡、比例、漸層，乃至於大小、長短、向背、偏正、虛實等對比變化，皆能由變化中見其多樣統一之美。孫過庭云：「數畫並施，其形各異；衆點齊列，爲體互乖。一點成一字之規，一字乃終篇之準。」又云：「違而不犯，和而不同，留不常遲，遣不恒疾，帶燥方潤，將濃遂枯；泯規矩於方圓，遁鉤繩之曲直，乍晦乍顯，若行若藏；窮變態於毫端，合情調於紙上。」所指正是統一和諧之美也。

歐書〈九成宮醴泉銘〉之點畫用筆，字形結構，正在於善用各種對比變化，使得看似不協調之點畫，引向一致，而達到更高級之協調，其工整精細之極致，幾乎令人歎爲觀止，所謂「如構凌雲台，輕重分毫無負」，正道盡歐書結構之妙。

歐陽詢楷書〈九成宮醴泉銘〉之字形分析及結構美既如上述，今欲補充敍述者爲醴泉銘之大章法，亦即全篇之結構布局也。近人胡小石論篇章布白之形式有三：一爲縱橫不分者，二爲有縱無橫者，三爲縱橫皆分者。若前人之隸楷書者，除抄經手卷外，要之皆有行有列，縱橫分別者也，〔九成宮醴泉銘〕爲豐碑之製，其典型嚴重，自是宜於行列分別，界格判然者也。然以歐陽詢之妙能，則章篇布白所見各字大小、長短、疏密，自然雜錯，渾然一體，絲毫無平板之氣，是眞本領也。

肆、餘　論

凡藝術之動人者，必兼有其內蘊精神之美，與夫外在形式之美，書法之爲藝術者亦然。書法藝術之表現內容，或言意境，或主神采，或稱氣象，或云氣韻、神韻、精神……等，要之，皆就其抽象層面而論也。

大抵歷來書家及論者，皆重內在而輕形式。如南齋王僧虔云：「書道之妙，神采爲上，形質次之。」便已簡要地爲書法藝術之本質及內容作了科學性之概括，並明指其內在神采重於外在形質。其後唐張懷瓘亦云：「深識書者，惟觀神采，不見字形。」更全然肯定其內在本質特色，而以外在形質爲不足道矣。若北宋蘇軾云：「書必有神、氣、骨、血、肉，五者缺一，便不成書。」亦置神、氣於骨、肉之上。清包世臣亦言：「書道之妙在性情，能在形質。」凡此，皆古人論書重抽象之內在性情之明證也。

然而神采必依附形質而存在，是以歷代亦不乏專論書法之形式技巧者，此蓋所謂：「性情得於心而難名，形質當於目而有據。」之故也。尙神采者如張懷瓘亦云：「夫書，第一用筆，第二識勢，第三裹束。」其後顏眞卿亦稱：「攻書之妙，妙在執筆，其次識法，其次在於布置，其次紙筆，其次變化，五者備矣，然後能齊於古人。」元趙孟頫則言：「書法以用筆爲上，而結字亦須用工。」清馮班亦稱：「作字唯有用筆與結字。」劉熙載復云：「凡書，筆畫要堅而渾，體勢要奇而稱，章法要變而貫。」凡此，皆專就其技巧形式而言者也。

歐陽詢書（九成宮醴泉銘），前人稱其乃應制之作，所謂大匠晝宮，千門萬戶，備盡結構之勢，誠然也。蓋歐書之用筆遒勁，結構謹嚴，行款精整，已臻唯美之境，乃歷代書家中，最能險中求正，保持文字構形之穩定平衡者，是故唐以後諸家，鮮有能逾越其楷則者。惟其以四面停云，八邊俱備之故，不善察者，反易流於呆板齊一之館閣習氣，其弊也在於不明歐書結構律動平衡之妙。本文專就歐書之結構條貫解析，冀望裨益於初習者，方免墮於排算印板之習；其有志於書藝創作者，或可爲更深一層之參究；並祈書壇先進博雅方家有以教我也。

荀子「樂論」與先秦諸子論樂之比較

吳文璋

荀子乃戰國末期儒學之集大成者，其樂論之主張除紹繼上古往聖先賢之餘緒外，近則沿其儒門之傳統而推展之，更有與時代之學說相頡頏而激發者，茲以其與諸子之相關者而論之。

一、孔孟論樂

由論語及孟子二書之中，可得知孔孟二聖之音樂思想也。孔子之音樂思想大抵承襲昔賢之言論而來，如首重音樂之教化功能，反對鄭聲，反對僭越奏樂等，此皆於左傳，尚書之中，有其脈絡可尋，然而孔子更由此推行至更高之層次，轉而重視樂之本質與樂之藝術價值，人格修養之作用等，更確立了禮樂相輔相成之關係。孟子處於戰國初期，禮壞樂崩際此猶甚，而其方汲汲於闢楊墨，言性善，而鼓吹仁政，故對樂之態度僅順諸侯之所好而誘導之，使諸侯王與民同樂爾，餘則無暇顧之矣。

㈠孔子論樂

⑴音樂之教化功能

孔子之樂教，具有個人道德修養之功能，子曰：

興於詩，立於禮，成於樂。（泰伯）

子路問成人。子曰「若臧武仲之智，公綽之不欲，卞莊子之勇，冉求之藝，文之以禮樂，亦可以爲成人矣。」（憲問）

由此可知音樂能力之培養與陶冶，爲人格修養之必要方法也。至於音樂用之於化民成俗，亦曾由其弟子實際施行於政治之中：

「子之武城，聞弦歌之聲。夫子莞爾而笑曰：「割雞焉用牛刀？」子游對曰：「昔者偃也聞諸夫子曰：君子學道則愛人，小人學道則易使也。」子曰：「二三子！偃之言是也，前言戲之耳。」（陽貨）

在位掌權柄之君子，受樂之陶冶，則能愛護百姓；在鄉之百姓受樂之陶冶，亦樂於接受在位者之領導，斯爲音樂化民成俗之效也。

又據論語先進篇所載，孔子與弟子言志云：

「求，爾何如？」對曰：「方六七十，如五六十，求也爲之，比及三年，可使足民，如其禮樂，以俟君子。」

冉求自言其三年之內可使足民，而於禮樂教化，卻需俟君子以施行之，由此可知禮樂教化爲足民之上一層目標也。又曰：

「點，爾何如，」鼓瑟希，鏗爾，舍瑟而作。對曰：「異乎三子者之撰。」子曰：「何傷乎？亦各言其志也。」曰：「莫春者，春服既成，冠者五六人，童子六七人，浴乎沂，風乎舞雩，詠而歸。」夫子喟然嘆曰：「吾與點也。」

孔子主張藉音樂之陶冶以培養個人道德之情操；道德不再爲外在之箝制，而爲發乎內在之自然之情，曾子所言之悠然廣潤之胸襟，正表現出藝術與道德之和諧，毫無扞格與衝突又與「仁」之道德情境相符合，因此爲孔子所喟然讚許也。（註一）

(2)禮樂並重

禮爲外在行爲之儀式，客觀而外鑠，樂爲人類情志之自然流露，動於中而發聲於外，不藉外來之儀式；不受他人之意志所支配，乃主觀而內省者。外在之儀式愈繁複則人類之行爲愈僵化，人與人之情感距離愈遠；內在情感自恣以表現者愈多則行爲愈流於放肆，在古代典籍之中禮樂二者相提並論，並作廣泛之應用則始於論語也。（註二）如：

天下有道，則禮樂征伐自天子出；天下無道，則禮樂征伐自諸侯出。（季氏）

事不成，則禮樂不興，禮樂不興，則刑罰不中。（子路）

先進於禮樂，野人也；後進於禮樂君子也。（先進）

又如子路問成人，孔子答之以「若臧武仲之知，公綽之不欲，卞莊子之勇，冉求之藝」，最後又加上「文之以禮樂」才肯定爲「亦可以爲成人矣。」可見孔子言禮則必及於樂，言樂則必及於禮之態度，然而對於禮樂性質之差異則未予以嚴格之區分，此逮及荀子之時乃有清晰之界定也。

(3)贊雅樂而惡鄭聲

雅樂乃先王所制定之正音，肅穆莊嚴，盡善盡美，疏瀹五臟而醇厚人心。鄭聲爲鄭國所通行之俗樂，春秋時代吳公子季札曾評之曰：「美哉？其細已甚，民弗堪也。是其先亡乎！」（註三）鄭國之樂師師慧亦嘗自稱爲「淫樂之矇」（註四）蓋鄭聲華麗複雜，音調偏高而細，動盪人心使之陷溺不返，此正俗人之所好，而聖賢之所懼也。孔子由古樸之雅樂中體悟美善之境界與音樂化人之速，亦由鄭聲中發覺享樂、頹廢、墮落等危險之因素（註五），因此堅定其惡棄鄭聲之態度，

惡鄭聲之亂雅也。（陽貨）

放鄭聲，遠佞人。鄭聲淫，佞人殆。（衛靈公）

同時對雅樂則予以極力之讚揚。

師摯之始，關雎之亂，洋洋乎，盈耳哉！（泰伯）

子謂韶：盡美矣，又盡善也。謂武：盡美矣，未盡善也（八佾）

子在齊聞韶，三月不知肉。曰「不圖爲樂之至於斯也。」

凡此皆表明孔子贊雅樂而惡鄭聲之態度也。

(4)反對奏樂之僭越

宗法制度之下，天子、諸侯、大夫、士皆依其地位之高下有其一定之儀節法度，奏樂亦然，各有

所宜，不可造次也。孔子反對諸侯或大夫僭越其職而作非分之樂舞也。

孔子謂季氏：「八佾舞於庭。是可忍也，孰不可忍也？」（八佾）

三家者以雍徹。子曰：「相維辟公，天子穆穆，奚取於三家之堂？」

孔子曰：「天下有道，則禮樂征伐自天子出；天下無道，則禮樂征伐自諸侯出。」（季氏）

故天子諸侯之奏樂，各有其規矩儀節，凡有踰越則爲孔子所深惡痛絕也。

(5)重視樂之本質

樂之本質乃抒發情感，以達和樂之境地也，鐘鼓簫管等樂器，僅爲達到此目標之器具爾，並非音樂之基本要素也，若捨本逐末，一味追求樂器之奢華齊備則猶如南轅而北轍也。故孔子曰：

樂云：樂云！鐘鼓云乎哉？（陽貨）

因此就音樂而言，不應僅注，重外在之樂器，也應求其旋律之和諧。

樂其可知也，始作，翕如也，從之，純如也，皦如也，繹如也，以成（八佾）

然而旋律之和諧並非樂之最終目標也，其究竟之鵠的應該求仁與樂之統一，亦即藝術之美與道德之善融合無間，此爲樂之極致也。亦即孔子之所以讚歎曾子莫春之遊也。又曰「人而不仁如禮何？人而不仁如樂何？」其旨即在此也。

(二)孔子之音樂素養

孔子以知禮聞名於當世，入於太廟每事必問，其好學之精神有如此者，其好學精神於樂亦然。據史記孔子世家言孔子學鼓琴於師襄。韓詩外傳五、淮南子主術訓、家語辨樂篇，亦曾言之（註六）孔子不但與當時知名之樂師交往（註七）亦了解樂師們之行踪動態（註八）更與之論樂曲之旋律起伏終結等（註九）因為其具有此音樂之專門知識與技術，因此孔子對魯國之詩歌樂曲從事整理與修正之工作。子曰：

吾自衞反魯，然後樂正，雅、頌各得其所，（子罕）

孔子不僅能辨別修正魯國之詩樂，歸之於正　亦能領會先王制樂之精微而進入其堂奧，發出千古不易之精闢樂評，洵為知音者之論也。如孔子評韶樂之「盡善盡美」（學而），武王之樂則亦褒亦貶所謂「盡美而未盡善也」（學而），於詩經關雎章則讚嘆曰：「樂而不淫，哀而不傷」孔子不僅能客觀與以評論，主觀上亦能融合於樂曲之中而深得其樂，其初聞韶樂，三月不知肉味，曰：「不圖為樂之至於斯也。」（述而）

孔子日常之生活極富於藝術之氣息除射獵、垂釣之外尚能演奏磬、瑟等樂器，不但燕居好歌，亦喜與善歌者唱和以相得也。如論語述而篇云：「子於是日哭則不歌。」可知平時孔子若不逢悲傷之事，必定時常奏樂高歌也。如論語所記：

子與人歌而善，必使反之，而後和之。（述而）

子擊磬於衞。（憲問）

孺悲欲見孔子，孔子辭以疾。將命者出戶，取瑟而歌，使之聞之。（陽貨）

非但平日涵泳於奏樂歌唱，甚至於顚沛流離之時，更以彈奏琴瑟，歌詩吟詠以陶冶情性，宣導鬱結，如史記孔子世家所載：孔子厄於陳蔡而弦歌雅頌不絕，因此不怨天，不尤人，教不倦，學不厭，而子路之徒則怒而誚之曰：「君子亦有窮乎？」此正孔子之高明醇厚爲不可及之處也，無怪乎子路彈瑟被斥爲非出於孔門者也。（註九）

㈢孟子論樂

孟子處戰國之際，三家分晉，田氏簒齊，諸侯放恣，處士橫議，邪說暴行氾濫於天下，其率衆弟子以仁義之政說諸侯王，欲「正人心，息邪說，距詖行，放淫辭」，對於樂論之研究似已無暇顧之矣，無論樂之教化功能，禮樂並重之觀念，或者贊雅樂而惡鄭聲等，以及孔子所痛惡痛絕之僭越奏樂之事（註一〇）皆無一詞及之，雖然如此，孟子並未如墨子一般主張非樂，反而贊同君王好俗樂之行爲，謂之「今之樂，由古之樂也！」，更進而策勵君王「與民同樂」蓋獨樂樂，不如與人樂樂，否則「今王鼓樂於此。百姓聞王鐘鼓之聲，管磬之音，舉疾首蹙頞而相告曰：『吾王之好鼓樂，夫何使我至於此極也？父子不相見，兄弟妻子離散！』」此爲不與民同樂，而使民顚沛流離，不安家室，故舉口而誹之也。反之，若能與民同樂，則「今王鼓樂於此，百姓聞王鐘鼓之聲，管籥之音，舉欣欣然有喜色而相告曰：『吾王庶幾無疾病與？何以能鼓樂也？』」此爲與民同樂必獲百姓之愛戴與擁護也。

孟子於此並不如孔子力言「惡鄭聲之亂雅樂也」（陽貨）而主張「放鄭聲，遠佞人」，却隨順諸侯王之喜好俗樂，因勢利導，使之「與民同樂」遂行仁政，以造百姓之福爲其鵠的，蓋天下分崩離析能使百姓不致於飢餓於野，塡死溝壑，而能仰足以事父母，俯足以蓄妻子，再於豐年富之、教之、則鄭聲與雅樂之爭，躐等奏樂等相形之下，其輕重緩急，判然分明矣。

二、墨子與道家論樂

(一)墨家論樂

墨子爲春秋時代後於孔子之學界鉅子，與荀子同爲具有功利主義色彩之思想家也。荀子善於分析社會與事物，作客觀之評價，以事實做爲根據，求其實效，然而仍秉持儒門傳統，以仁義禮樂爲其規模架構，而曰：「禮樂之統」（註一一）墨子則以現實之利爲唯一評判事物價値之標準，當然此利爲大利，全體社會之利，亦即將事物分爲中萬民之利與不中萬民之利二者。凡中萬民之利者，雖摩頂放踵，義無反顧也。若不中萬民之利則斷然不爲也。墨子論儒家之禮樂云：

且夫繁飾禮樂以淫人，久喪僞哀以謾親……好樂而淫人，不可使親治……盛容修飾以蠱世，弦歌鼓舞以聚衆……（註一二）

因此墨子堅決反對儒家禮樂之教也。

今僅就其非樂之說以論之，其所持之理由爲：

(1)厚斂萬民以造樂器

諸侯巨室，王親貴族之爲樂必具備鍾鼓琴瑟竽笙等樂器以供彈奏，此等樂器之所需必取乎民，而民之飢寒交迫，疲憊無依者不得安矣。而從事樂舞之人，必定華服美食以飾其身，充其氣，神清氣爽以鼓瑟鳴琴，期於賞於心而悅於目，此皆厚斂於萬民者也。

今王公大人，雖無造爲樂器，以爲事乎國家，非直掊潦水、折壤坦而爲之也。將必厚措斂乎萬民，以爲大鍾鳴鼓，琴瑟竽笙之聲。……民有三患：飢者不得食，寒者不得衣，勞者不得息。三者，民之巨患也。然即當爲之撞巨鍾，擊鳴鼓，彈琴瑟，吹竽笙而揚干戚，民衣食之財將安可得乎？（非樂）

今王公大人，唯毋處高台厚榭之上而視之，鍾猶是延鼎也，弗撞擊，將何樂得焉哉？其說將必撞擊之。……今王公大人唯毋爲樂，虧奪民衣食之財，以拊樂如此多也，是故子墨子曰：爲樂非也。（非樂）

萬人不可衣短褐，不可食糠糟……此掌不從事乎衣食之財，而掌食乎人者也。是故子墨子曰：今王公大人唯毋爲樂，虧奪民衣食之財，以拊樂如此多也。是故子墨子曰：爲樂非也。（非樂）

(2)廢治怠事以聽樂

鍾鼓琴瑟竽笙陳乎殿，樂人錦衣豐頰而奏乎上，舞人俯仰周旋而動於前，王公大人必無獨賞之理然則無論與君子或賤人同聽之皆廢其正事也。

今大鍾鳴琴瑟竽笙之聲，既已具矣，大人鏽然奏而獨聽之，將何樂得焉哉！其說將必與賤人與君子聽之。與君子聽之，廢君子之聽治，與賤人聽之，廢賤人之從事。今王公大人，惟毋爲樂

虧奪民衣食之財，以拊樂如此多也，是故子墨子曰：爲樂非也。（非樂）

(3)喪家亡國之淫樂

墨子根據史實力陳奢侈浮華之樂舞，足以使君王身爲刑僇，家喪而國亡，因此堅決非樂。

今有大國即攻小國，有大家即伐小家，強凌弱，衆暴寡，詐欺愚，貴傲賤，寇亂盜賊並興，不可禁止也。然即當爲之撞巨鍾，擊鳴鼓，彈琴瑟，吹竽笙，而揚干戚，天下之亂也，將安可得而治與？（非樂）

嗚呼！萬舞洋洋，黃言孔章，上帝弗常，九有以亡。上帝不順，降之百殃，其家必壞喪。（非樂）

啓乃淫溢康樂，野于飲食，將將銘莧磬以力湛濁于酒，渝食於野，萬舞翼翼，章聞於天，天用弗式（非樂）

古者三代暴王：桀、紂、幽、厲、薾爲聲樂，不顧其民，是以身爲刑僇，國爲戾虛者，皆從此道也。（公孟）

墨子本學儒術，何以竟至非誹聖人之樂教？考其原因約略如下：

(1)對當時奢靡樂風之反省

墨子生當春秋戰國之際，雅樂矙等而作，鄭聲流溢，民生凋敝而諸侯力征，日夜狂歡，歌舞淫蕩而不返，據墨子非樂篇所載，樂人食必粱肉，衣必文繡，耳目聰明，股肱畢強，撞巨鍾，擊鳴鼓，彈琴瑟，吹竽笙而揚干戚，萬舞洋洋而舞於宮，其奢靡豪華可想而知。如先於墨子之齊景公，據淮南子要略篇云：「齊景公，內好聲色，外好狗馬，獵射無歸。」晏子春秋內篇上云：「景公外傲諸侯，內輕百姓，好勇力，崇樂以從嗜欲，諸侯不說，百姓不親。」墨子方摩頂放踵利天下而爲之，對王公大人之弦歌鼓舞以聚衆，置百姓之飢寒於不顧，必然極力反對也。

章太炎先生云：

> 不知墨子本旨在兼愛尚同，而尚賢、節用、節葬、非樂是其辦法，明鬼則其作用也。
>
> 墨子經春秋之亂，目覩厚葬以致發冢，故主節葬，春秋之初，樂有等級，及季氏僭用八佾，三家以雍徹，後又爲女樂所亂，有不得不非之勢。（註一三）

章太炎先生云「非樂是其辦法」故非樂乃墨子量時度勢之言，洵爲知見，蓋樂風之趨向冶蕩無節誠有不得不非之勢也。然而其有矯枉過正者。

張鐵君則以爲墨子並非根本反對音樂，抹殺人類之感情，僅非誹王公大人厚歛民財，以造作樂器爾。其非樂之主張乃針對一定時代之社會流弊而發，並未和儒家重視六藝之樂相矛盾。以儒家知常，墨子處變，儒家執中，墨子達權，儒墨仍爲相通不悖也。（註一四）

墨子言其非謂芻豢不甘於口，鍾鼓之音非不悅於耳，然而以不中萬民之利而非之，確實乃針對時代之蔽而發者，謂之「儒家之常，墨子處變，儒家執中，墨子達權」亦言之成理，然而儒家以樂爲教化人民之方法，而防其流蔽　墨子則以其不中萬民之利而不以樂教民，極力主張禁而止之，是其差異之犖犖大者，不可不辨也。

(2)忽視音樂之教化功能

墨子認爲樂僅爲鐘鼓，竽笙、節奏、歌舞、旋律等之組合以求於觀賞之悅目，聆聽之悅耳而已，無法理解孔門推崇樂教，已超越此形式上感官之樂，而着重於其中所蘊含之道德教化之功用，而且孔子亦以此爲思想之重心，所謂：「禮云，禮云，玉帛云乎哉？樂云，樂云，鐘鼓云乎哉？」（陽貨）荀子曰：「夫聲樂之入人也深，其化人也速，故先王謹爲之文。」（樂論）其功用可移風易俗，化民於無形之中；墨子以其厚斂於民以鑄鐘鼓、製竽笙、弦歌聚衆以廢君子、賤人之事，此乃爲樂不中萬民之利也，故極力非之，此皆其忽視樂之教化功能，有以致之也。唐君毅先生云墨子之非樂「此亦純依對天下人之客觀普遍之仁義以立言，與其非厚葬久喪之旨同。其所以異於儒者亦惟在墨子不知樂之亦滿足人之哀敬等當有之情，合衆而聽樂行禮，即可使人相親，而使人之行合仁義之道。」（中國哲學原論原道篇第三章）

(3)極端功利思想之必然結果

墨子以「萬民之利」爲其價値判斷之標準，因此凡是「不中萬民之利者」則必去之。

子墨子之所以非樂者，非以大鍾鳴鼓琴瑟之聲，以爲不樂也；非以刻鏤文章之色，以爲不美也非以犓豢煎炙之味，以爲不甘也；非以高臺厚榭邃野之居，爲不安也。雖身知其安也，口知其甘也，目知其美也，耳知其樂也；然上考之，不中聖王之事，下度之，不中萬民之利，是故子墨子曰：「爲樂非也」

胡適之先生云墨子秉其應用主義，處處以人生行爲上之應用爲一切是非善惡之標準，而兼愛，非樂等爲其特別之應用而已。（註一五）

墨子堅持其實用原則以論評事物（註一六）則一切藝術休閒活動如：文學、田獵、弋釣、雕塑繪畫、建築等皆與樂舞同所禁止，如此則人類社會之文化活動，僅止於求生存所必須之經濟活動與手工業之製造而已。

(4) 人格特質之影響

諸子爭鳴皆欲一匡天下，濟生民於水火，而所見殊異，趨捨多方，墨子之所以力持、非儒、非樂亦與其人格之傾向，有所關聯也。

郎擎霄云：

大凡以「自苦爲極」的人，多半是主張非樂，禹、墨想是此流之人吧！夫禹治洪水之功。不可不謂大矣：墨子救世之德，不可不謂多矣。所以他們兩聖不以「自苦爲極」不能成其志。不以「自苦爲極」不能竟其功。（註一七）

王桐齡云墨子之非樂除了時代之影響外，厥爲性格之關係：

墨子聖之任者也，其性格趨於極端，重實際，輕形式，其實行力之強，及其刻苦自勵之精神遠在孔子之上 而缺乏調和性，天然與禮樂相遠，故不欲以己所不欲者誤人，（註一八）

嚴靈峰云：

非樂固然也原於節用，但與墨者的基本刻苦精神有關：據莊子天下篇說：後世之墨者，多以裘褐爲衣，以跂蹻爲服，以自苦爲傚（嚴氏校之以代極字）因此生不歌。（註一九）

韋政通云：

他之所以非樂，……一在其自苦爲極的人格特質　以人類要求豐富的文化生活的立場看，墨子的這種言論，即使能獲得貧苦大衆的擁護，他也是杜塞了人較高生活內容的要求。（註二〇）

墨子對樂之教化功能認識不深，未能扣緊孔門論樂之精義，又激於奢靡之樂風，益以其功利思想之傾向與以「自苦爲極」之人格特質，因此形成強烈之非樂思想，凡人莫不具有喜、怒、哀、樂之情緒，過度放縱，固然不宜，完全杜塞則嫌矯枉過正，不近人情矣；儒家順應人情以樂教之，因勢力導使君臣上下同聽之而和敬，父子兄弟同聽之以和親，長少同聽之而和順，社會一片和諧，亦以之休養生息以彌補百事之操勞也。故能爲大衆所接受。而墨子主張杜絕一切「大鍾鳴鼓、刻鏤文章、犓豢煎炙，高臺厚榭」節儉刻苦，利天下而爲之，以至於腓無胈、脛無毛，此率天下人於路而民人不堪也。因此程繁駁墨子曰：

昔者諸侯倦於聽治，息於鐘鼓之樂。士大夫倦於聽治，息於竽瑟之樂。農夫春耕夏耘，息於聆缶之樂。今夫子曰：『聖王不爲樂』，此譬之猶馬駕而稅，弓張而不弛，無乃有血氣者之所不能至邪？（註二一）

荀子於樂論篇亦對墨子之非樂提出異議：

墨子曰：『樂者，先王之所非也，而儒者爲之過也。』君子以爲不然，樂者聖人之所樂也，而可以善民心，其感人深，其移風易俗故先王導之禮樂而民和睦，夫民有好惡之情而無喜怒之應則亂，先王惡其亂也，故修其行正其樂，而天下順焉。（樂論）樂者，天下之大齊也，人情之所必不免也。是先王立樂之術也，墨子非之奈何？且樂者先王之所以飾喜也……先王之道，禮樂正其盛者也；而墨子非之。（樂論）

由此可知奢靡之樂風，固有可訾議者，而樂之教化可怡養情性，振奮軍旅，安邦定國，敷化萬民，此正聖王之道也，而墨子以爲不中萬民之利而欲去之，洵爲過當之論也。

㈡道家論樂

儒、墨之樂論分別刻意就人事之利與教化之效而論述之，道家則超人事而上之於天道，明乎宇宙之本體，窮本極源，載營魄抱一而爲天下式，如此反觀芸芸萬物，則其所掌握者多爲事實之眞相，還其本來面目，立乎自然生命之觀點以評議之，使合於道，不以後天人爲之價値觀念以裁判之，故其所見恆與儒墨大異其趣矣。

⑴老子論樂

老子「以深爲根，以約爲紀」（註二二）欲「執古之道，以御今之有。」（註二三）「致虛極，守靜篤。」（註二四）觀乎芸芸萬物之歸根返本以知乎常道，以體道而行，如此是爲「歸根」、「歸根」是爲「靜」、亦稱「復命」回歸自然，此爲常道。明此常道，則明白事理，則曰「明」若違背此理則妄爲必凶。因此明乎常道爲老子所極端重視者。常道無所不合，無所不包，故曰：「知常容」，既能無所不包則大公無私，而曰「容乃公」，既能大公無私，則無不周徧，故曰「公乃周」既然無不周遍。則合乎天道，故曰「周乃天」，合乎天道則與道同體，故曰「天乃道」。道乃無所不在，無時不有，故曰「道乃久」人能善體天道，致虛守靜則終身不殆而「萬物將自化」、「天下將自定」、此「無爲而無不爲也」（註二五）而爲道者又與爲學者大異其趣「爲學日益，爲道日損，損之又損，以至於無爲」（註二六），及其無爲則足以取天下矣。（註二七）故老子以「清靜爲天下正」（註二八）以無爲而無不爲以治天下，執此形而上之智慧以處事則以「返樸歸眞」爲其原則，故其論樂則曰：

五色令人目盲，五音令人耳聾，五味令人口爽；馳騁田獵令人心發狂；難得之貨，令人行妨。是故聖人爲腹不爲目，故去彼取此。（老子）

荀子言人有耳目之欲而好聲色，若是順之則必生淫亂而禮義文理亡焉。因此以師法化之，禮義之道矯正之，使合於文理而歸於治。（註二九）此因從耳目之欲將生淫亂而禮義文理亡焉，故起而以師法禮義化性起僞。墨子則因聲色之欲將厚措斂乎萬民，而廢君子賤人之事，使民飢者不得食，寒者不得衣，勞者不得息，因此雖「口知其甘也，目知其美也，而上考之，不中聖王之事，下度之不中萬民之利。」（註三〇）故起而非之。此純依萬民之利而論其取捨也。

老子則不然，其由形上學之「常道」降而觀之，則人類之目好五色之美彩，耳悅五音之華麗，口嗜五味之適腹，行喜馳騁田獵之意氣飛揚，凡此種種皆可造成自然生命之戕害而斲喪質樸健全之體魄因此主張 僅以能使生命維持生存之食欲爲最高原則，既不提出法禮義等人爲規範以節制之，亦不如墨子疾呼兼愛、非樂之主張，完全克就生命於常道下之事實現象而提出一種忠告，「無爲而無不爲，」所謂：「我無爲而民百化，我清靜而民自正。如是而已」孔子曰：「天何言哉！四時行焉，百物生焉」（陽貨）老子之言蓋似乎傳諸天子之淸音歟！故老子曰：「大音希聲，大象無形。」（註三一）此爲老子論樂之大皆也。

(2)莊子論樂

莊子之學本諸老子而超乎人事之上，未如老子尙言及處事論並懷有小國寡民，雞犬之聲相聞，民老死不相往來之理想與憧憬。（註三二），其「獨與天地精神往來，而不敖倪於萬物，不譴是非，以與世俗處。」（天下）耳之所聞，目之所視，心之所往，已超乎世人之經驗世界而與宇宙萬物融爲一體矣，所謂「天地與我並生，萬物與我爲一」（齊物論）是也。挾其恣縱不儻之才氣，以睿智犀利之心發爲「無端崖之辭而其理不竭」其論樂則承之老子而闊肆之：

①非誹聖人之爲樂

莊子以純樸爲尙，以人爲之智巧技藝皆對人民素樸之性情產生不良之影響，因爲智巧技藝使人心善於分別事物，而欺詐謀僞之行生焉。若夫無知、無欲之時，道德純備，何用「仁義」之名？性情協調不乖，則何用「禮樂」？五色，五聲不亂，則文采，六律亦奚以爲？

及至聖人，蹩躠爲仁，踶跂爲義，而天下始疑矣；澶漫爲樂，摘僻爲禮，而天下分矣。故純樸不殘，孰爲犧尊！白玉不毀，孰爲珪璋！道德不廢，安取仁義！性情不離，安用禮樂！五色不亂，孰應六律！夫殘樸以爲器，工匠之罪也；毀道德以爲仁義，聖人之過也。（馬蹄）

莊子以至德之世，旣無君子、小人之分，而人與禽獸萬物並居，而不相害，無知、無欲而素樸；素樸則民性得矣，以之非誹聖王之制禮作樂也。

②樂戕害自然生命

凡人生而有五官四肢以營衞其生，若逞其偏殊之官能，以適其一己之好，雖能邀流俗之譽於一時，而其自然生命必受戕害矣。

且夫失性有五：一曰五色亂目，使目不明；二曰五聲亂耳，使耳不聰；三曰五臭熏鼻，因惾中顙；四曰五味濁口，使口厲爽；五曰趣捨滑心，使性飛揚。此五者，皆生之害也。（天地）

駢於明者，亂五色，淫文章，青黃黻黻之煌煌非乎？而離朱是已。多於聰者，亂五聲，淫六律，金石絲黃鐘大呂之聲非乎？而師曠是已。（駢拇）

以離朱之明能察秋毫之末，而亂五色，淫文章；以師曠之聰明而亂五聲，淫六律；此皆譁衆取寵於一時而斲喪其性命之情於永久也，莊子曰：「故此皆多駢旁枝之道，非天下之至正也。」（註三三）

③廢棄世俗之樂

若欲全其自然之性命，而不使五色亂其目，五聲亂其耳，五臭熏其鼻，五味濁其口，趣捨滑其心，莊子主張凡此五官之欲望及其技藝，概皆捨去。

擢六律，鑠絕竽瑟，塞瞽曠之耳，而天下始人含其聰矣；滅文章，散五采，膠離朱之目，而天下始人含其明矣，……彼人含其明，則天下不鑠矣；人含其聰，則天下不累矣；人含其知，則天下不惑矣；人含其德，則天下不僻矣。彼曾、史、揚、墨、師曠、工垂、離朱，皆外立其德以爍亂天下者也，法之所無用也。（法篋）

捨離六律、竽瑟，滅散五彩，則可使人人含其原本之聰明德知，而天下之德始玄同矣。然而莊子並非僅消極否定一切音樂，而是將世俗感官之樂，積極予以提昇爲至樂、天樂。

④以至樂、天樂爲理想

莊子言至樂者，遍布四海，廣極八荒，猶河漢之無極也。凡人事、天理、五德、自然、四時、陰陽、日月等，無所不包矣

夫至樂者，先應之以人事，順之以天理，行之以五德，應之以自然，然後調理四時，太和萬物。（天運）

吾又奏之以陰陽之和，燭之以日月之明；其聲能短能長，能柔能剛；變化不一，不主故常；在谷滿谷，在坑滿坑；涂却守神，以物爲量。其聲揮綽，其名高明……吾又奏之以無怠之聲，調之以自然之命，故若混逐叢生，林樂而無形；布揮而不曳，幽昏而無聲。（天運）

繼而又論及天樂，所謂天樂則「聽之不聞其聲，視之不見其形，充滿天地，苞裹六極」無形無象

又無處不存也。

天機不張而五官皆備，此之謂天樂，無言而心說。故有焱氏爲之頌曰：『聽之不聞其聲，視之不見其形，充滿天地，苞裹六極。』（天運）

由上述可知老子論樂乃由形上學之「道」而立論，故人間之樂，以其觀之，皆殘樸以爲犧尊，毀白玉以爲珪璋之類，不達於性命之情而煥亂天下者也，因此老子曰：「大音希聲」（註三四）而莊子則言「至樂」、「天樂」，皆顯示其遊於方外而與天地精神相和之風采，而不拘囿於世俗之禮樂也。此種樂觀以之修道而閑遊江海，退居山林則可，若謂「以此進而撫世，則功名大顯而天下一也」（註三五）則莫怪乎史記言荀子嫉其「鄙儒小拘如莊周者，以滑稽亂俗」（註三六）誠「知天而不知人也。」（註三七）莊子論樂之所短亦正荀子樂教之所長也。

【附　註】

註　一　見徐復觀，中國藝術精神，第一章。

註　二　見韋政通，荀子與古代哲學，第五章，第二節。

註　三　見左傳，襄公二十九年。

註　四　見左傳，襄公十五年。

註　五、見黃友棣，中國音樂思想批判，第一章。

註 六　參見徐復觀，中國藝術精神，第一章。

註 七　見論語，衛靈公篇：「師冕見及階，子曰：『某在斯，某在斯。』師冕出，子張問曰：『與師言之道與？』子曰：『然，固相師之道也。』」

註 八　論語，微子篇：「大師摯適齊，亞飯干適楚，三飯繚適蔡，四飯缺適秦，鼓方叔入於海，播鼗武入於漢，沙師陽、擊磬襄入於海。」

註 九　論語，子罕篇：「子曰：『由之瑟，奚爲於丘之門？』」

註一〇　論語，八佾篇：「孔子謂季氏曰：『八佾舞於庭，是可忍也，孰不可忍也？』」

註一一　荀子，樂論篇：「禮樂之統管乎人心矣。窮本極變樂之情也；着誠去僞，禮之經也。」

註一二　見荀子，非儒下。

註一三　章太炎，國學概說，諸子略說。

註一四　見張鐵君，三民主義與墨子學說，見醫宗雜誌八卷二期。

註一五　見胡適，中國古代哲學史，墨子部分：「墨子在哲學史上的重要，只在於他的應用主義。他處處把人生行爲上的應用，作爲一切是非善惡的標準。兼愛、非攻，節用、非樂、節葬、非命，都不過是幾種特別的應用。」

註一六　韋政通，中國哲學思想批判，墨子非儒思想平議：「他之所以非樂，一在其實用原則之堅持……」

註一七　見郎擎霄，墨子哲學，第五章。

註一八　見王桐齡，儒墨之異同，第三章第三節。

註一九　見嚴靈峰，墨子簡編，第五章第八節。

註二〇　韋政通，中國哲學思想批判，墨子非儒思想平議。

註二一　見墨子，三辯篇。

註二二　見司馬談，論六家要旨。

註二三　見老子十四章。

註二四　見老子十六章。

註二五　見老子三十七章。

註二六　見老子四十八章。

註二七　老子四十章曰：「無爲而無不爲。取天下常以無事；及其有事，不足以取天下。」

註二八　見老子四十五章。

註二九　荀子，性惡篇：「生而有好色焉，順是，故淫亂生而禮義文理亡焉。然則從人之性，順人之情，必出於爭奪，合於犯分亂理而歸於暴。故必將有師法之化，禮義之道，然後出於辭讓，合於文理而歸於治。」

註三〇　見墨子，非樂篇。

註三一　見老子，四十一章。

註三二　見老子，八十章。

註三三　見莊子，駢拇篇。

註三四　見老子，四十一章。

註三五　見莊子，天道篇。

註三六　見史記，孟子，荀卿列傳。

註三七　見荀子，解蔽篇。

章學誠詩學初探

吳榮富

壹、序言

夫有清一代，詩人論詩，如沈德濳之格調、翁方綱之肌理、袁枚之性靈，皆以詩學專門名家。若夫專精在史，不以詩名而有詩論者，章學誠洵爲其中之翹楚。惜其學不顯於時，其詩論後又爲其史學所掩，故人少知之者。然讀其書，深覺其詩論之卓犖不凡有足發者，雖章氏嘗自云：「鄙於讀書無他長，子史諸集，頗能一覽而得其旨歸。」（註一）又云少時不好舉業，嘗編纂春秋家言，「自命史才」（註二），孫德謙因是以言章氏之史學，「殆天性然也。」（註三），然章氏之文才亦終不可掩，故孫德謙於誇其史才之外，又云：「且先生特工論文。」惜後人鮮注意及此。

又實齋「六經皆史」之主張，與夫「盈天地之間，凡涉著作之林，皆是史學」之論，學者皆知之，其一生之事業，亦在地方志之修纂，史學爲其特色之一，固無疑也。是以姚名達、吳天任、徐善同等、紛紛探其史學（註四）。張樹芬則研究其方志、吳天任後亦有湖北通志檢存稿之研究。然皆忘其「文史通義」之名，乃「文」與「史」相提並論，忘其：「良史莫不工文」之標榜（註五），且其所謂「

六經皆史」者，「皆」即兼通之稱也，經原本亦文也。

章氏之文，錢穆先生已注意及之，其「中國史學名著」曾云章氏「文史兩方面都講」，又云章氏「講史學，不僅要史才、史學、史識、史德、而更又講到要文章，這又是章實齋之深見。」甚且說章氏講文章，「有些處比講史更好。」（註六）錢先生對一不甚隱晦，却爲衆人視而不見之問題，可謂別俱隻眼，無怪乎錢先生欲以章氏之「身後桓譚」自居（註七）。

然愚尙感不足者，錢穆先生雖已注意章氏之文學，但僅及其文而不言詩，是猶章氏所謂知十而不知二五也。章氏嘗云：「詩之與史，義合例殊。」（註八）又云：「史家學春秋，必深於詩」（註九），推章氏之說，深明「詩」「史」之辨，且以爲治史者，若不通於詩，其學必有缺也，此亦兩者必須兼通之謂也。錢先生雖未發明章氏重詩之論，然於兼通之理則甚有體會，故許當代治史者：「只懂分，不懂合。」（註十）

章氏又於湖北文徵敍例云：

王通氏曰：聖人述史有三，春秋與書、詩也。史遷發憤，義或近於風人，杜甫懷忠，人又稱其詩史，由斯而論，文之與史，爲淄爲澠？詩之於文，孰先孰後？

則章氏之胸中，詩與文不分先後，亦卽無輕重之別。文與史不可分淄澠，等量齊觀，故司馬遷可稱爲風人，杜甫可稱爲詩史。況「蕭統文選，合詩文而皆稱文者」（方志略例一　立三書議），是詩文同一流別，何可談文而略詩？

再就章氏本身之著作而言，如詩教、詩話、婦學諸篇，固然明顯與詩有關，其他吉光片羽，散見文徵與友人論學之書信，苟董理鉤勒之必有可觀，而其謂「文人情深於詩騷，古今一也。」（註一一）信不吾欺，故知章氏之史學，亦當知章氏之文學，談章氏之文，尤不可忽略章氏之詩學，欲為其「身後桓譚」者，方可無憾。

貳、章氏詩學之特色

章氏論詩，少有美言，非不愛詩，以愛之深，尊之重，故不輕易許人耳。無可諱言者，章氏並非詩人，（註一二）祇是史學家而兼愛論詩，故對詩之理論，少有技巧上之縝密論述。就其詩話而言，雖曰詩話，但正名當是隨園詩話批評，可說是一篇評詩話之文章，婦學篇雖亦論及詩，然以談婦學、婦教為多，故欲探章氏之詩學，不可局限此數篇，當擴及全書，以旁搜交通之。

尤當注意者，章氏言詩，一如蕭統言文，常以詩文合流而論，故每每論詩及文，或詩文合談。然愚以為，在文學理論上，章氏雖多言文，實亦足供其詩學之參考。蓋詩文同屬文學之範疇，文體上固有其截然不同處，然在藝術原理上，沈潛者必知其難以釐然劃分，此非詩文而已，一切藝術莫不有相通處，如王右軍觀鵝而成草聖、吳道子觀劍而為妙畫、張旭觀公子擔夫爭道而悟筆法，觸類旁通，隨處攄發，當為高明者之首肯，不然「只懂分，不懂合」，錢穆先生之說已一針見血矣。（見註一〇）

一、特重詩教以化世

章氏論史重史德，論文重文德，於詩則特重詩教。章氏之重視詩教，大矣、遠矣。其詩教上言後世之文體皆備於戰國，而其源多出於詩教，是將詩教籠罩後世一切文體，然戰國以前，三代以上，章氏以為亦未嘗不被詩教，故云：

或曰：若是乎？三代以後，六藝惟詩教為至廣也，敢問文章之用莫盛於詩乎？曰：豈特三代以後為然哉！三代以前，詩教未嘗不廣也。（詩教下）

章氏此說，可謂發前人所未發，按一般言詩教者，皆本禮記經解篇所謂：「溫柔敦厚，詩之教也」，乃本三百篇即立之後為說，而章氏竟推至三代之前。考其上推下衍之關鍵，在戰國以後之文體，源多出於詩教，是採詩文合流之主張，其上推三代以前，亦以「文章之用莫盛於詩」說，亦是詩文合論，是古人有文則有詩教存焉，此為章氏主要着眼點，其重視詩教亦因是也。

然詩教有何功能？何以能致於此？當一思其源委。按古代文質出於一，情志和於聲詩，諷諭教化，皆本溫柔之旨，期能達至「言之者無罪，聞之者足以戒」之藝術效果（詩大序），是以天子考察時政，但觀民風，故禮記王制云：

天子五年一巡守……命大師陳詩以觀民風。

其采詩之法，漢書食貨志云：「行人振本鐸徇于路以采詩，獻之大師，此其音律，以聞於天子。」是國家派有專使——行人，負責采詩工作，行人又將所采之詩呈獻太師，以比其音律，而後演奏於天子前，聽其音之喜、怒、哀、樂，而考其施政之得失功過。（註一三）及世之衰也，聲詩一變而爲處士之橫議（詩教下），其處士者，指戰國之縱橫家，本出於行人之官，而行人在漢書食貨志言以采詩爲業，其一變而爲外交家，以其能詩也。又其後也，行人已不知采詩爲何事，然因兼辦外交，則不得不學詩，此卽孔子所謂「不學詩無以言」也。其有學而不達者，則一如夫子所謂：

誦詩三百，授之以政，不達；使於四方，不能專對，雖多，亦奚以爲。（註一四）

故後世不學詩，或學而不達者，皆不堪爲行人，行人變而爲縱橫家，雖抵掌揣摩，騰說以取富貴，其辭雖敷張而揚厲，變本而加恢奇，然其言辭所本者，乃章氏所云猶是「委折入情，微婉善風」之詩教也。

詩教影響之深遠，非僅見於縱橫家，史家之嚴正，亦不離其教也。蓋詩重美刺，史存褒貶，故孟子云詩亡而後春秋作，褒美刺貶，其精神一也。故王應麟謂「詩與春秋相表裏，詩之所刺、春秋之所貶也（見程發軔之春秋要領），雖例殊，而實義合，故章氏申言史學受詩教之影響：

若馬班諸人論贊，雖爲春秋之學，然本左氏假設推論之遺，其言似近實遠，似正實反，情激而語轉平，意嚴而說更緩，尺幅無多，而抑揚咏歎，往復留連，使人尋味行中，會心言外，溫柔敦厚，詩教爲深。（註一五）

按史家敍事本重直筆無隱，斯足傳眞。如其義蘊，當以詩筆出之，使意嚴而緩，情激而平，令人留連往返，尋味行中，則其難言之義，深曲之情，反能令人會心言外，實齋以此能會通詩教以言史法，洵又爲其深見處。

詩教既如此重要，則必須求其落實處，否則豈非空談。而其落實處，章氏以爲當從童蒙教育做起，故云：

蒙幼初開，得其「詩教」調達，正如春草初生，鬱蔥氣象，妙於青碧有無之間，較之夏器高矗，尤爲美含不盡；而且其體本於風人，其事關乎學識，其體參乎記述，其流達乎辭章，他日變化無窮之業，盡於此中寓之，以是不可不急務也。（全上註）

章氏以爲兒童入學啓蒙之初，正如春草初生，鮮嫩青翠，卽當從史家論贊學起，因其體本於風人，寓有溫柔敦厚之教在焉，兒童若得其調達，則將氣象鬱蔥，美含不盡。反之，則將如夏草，一幅粗野景象。兒童若得詩教，不但事關乎學術、文章，卽使他日變化無窮之業，亦可望由此滋長，則終其一生可以享用不盡。

行人、縱橫家、春秋家，既皆不背離詩教，而詩人論詩，對於詩教尤不可或忘，因論唐人詩話曰：

雖書旨不一端，而大略不出論辭論事，推作者之志，期於詩教有益而已矣。（詩話）

此郭紹虞以爲論詩話章實齋「說得最好」者也。（宋詩話輯佚序），蓋章氏以爲唐人詩話，不管論辭論事志猶不悖古，尙期有益於詩教。後世若有無益於詩教之論，甚或反害之者，自是章氏所不能忍，了解此點，再看其評袁枚之詩話，曰其「詩話之弊，乃至爲世道人心之害」，可知實齋討袁枚者，伐其心也，非攻其藝也（註一六）。

二、因史論詩以明本

詩人論詩，往往如身置廬山，煙霧難明（註一七），章氏以史眼鳥瞰，常得迷途指向，未爲無功。故其論詩，喜以文學史之觀點溯源，如曰「詩品」云某人之詩，其源出於某家之類，最爲「有本之學」（詩話），其所以重視詩學之本，目的在窺古人之大體，故云：

論詩論文而知溯流別，則可以探源經籍，而進窺天地之純，古人之大體矣。」（詩話）

唯有知古人爲詩之大體，而後知天地之純爲何物，然其基本功夫，則在溯流別而探源經籍。若不如此，則其人爲詩之方向，恐怕必有偏失，故其與陳東浦方伯詩序云：

詩文同出六籍，文流爲纂組之藝，詩流而爲聲律之工，非詩文矣；而不知者猶以工藝竊自喜也。斯章氏以爲，纂組之文，聲律之詩，一與六籍脫節，卽離古人大體，縱使寫得再好，亦只是工藝而已。宋人張文潛亦有類似之說，曰「以聲律作詩，其末流也」（王直方詩話），唯張文潛但重在「有言外之意」，而章氏歸本於六籍，但同主須有充實內含則不二義。然章氏雖懼詩流爲聲律之工巧，却非完全反對聲律，嘗言「律詩當知平仄，古詩當知音節。」（文理）又云：「音節，詩之文也」（韓詩編年箋注書後），唯以其非主要，而當以六籍中古人之大體爲重耳。蓋六籍之中，易書禮春秋，文也，詩樂二者，論者或以為不可分，所謂「樂以詩為本，詩以聲為用，八音六律為之羽翼耳。」（註一八）乃古人詩以樂歌為重，非用以說義，故此亦可見古人所謂情志合於聲詩之據。後代詩人，若不顧情志，而但有聲律之美，則是不知古人為詩之大體，可謂棄本與用，但為浮響而已。除此而外，章氏發現「詩之與史，義合例殊」，故云：

唐人詩話，初本論詩；自孟棨本事詩出，乃使人知國史敍詩之意，而好事者踵而廣之，則詩話通於史部之傳記矣。（詩話）

斯見詩之與史，先有國史之序詩，後則詩話通於史部之傳記，故當其論修史志時，對於詩與史之關係，與夫詩文去取之標準，特為詳盡。在此當注意者，一是詩與史，義合例殊之問題，二是好詩壞詩之分辨，如曰：「志為史裁，全書自有體例」，又云：「藝文當詳載書目，而不可類選詩文也。（方志略例三）斯言史有史體，如藝文志雖亦與文學有關，雖亦只可錄載書目，不能不顧史裁體例，編得像是詩文選，此是其嚴史例之一端，其又於修志十議中云：

然諸文體中各有應得援引之處，獨詩賦一體，應用之處甚少。（頁四八三）

乍看之下，其云詩文應用之處甚少，編史不得多援引，其非輕詩文而何？然實非也。章氏在此，亦是認為詩有詩體，文有文體，不可與史體相混，以免犯體例不清之病，此反而見其對詩文之重視。如衆所知，以現代詩體寫小說，必難成小說，以散文體寫詩，實亦難言詩，不得已，強名之曰「散文詩」，此種命名，與「詩史」又異，詩史就內容言，不就形式，此正是章氏所謂「詩之與史，義合例殊」，蓋詩賦一體，本非爲實用而生，故言其應用之處甚少，理自然也。且章氏言詩賦援引處少，並非力主排斥，特錄之入史者，須錄之有法而已，如其答甄秀才論修志第二書曰：「文有關於土風人事者，其類頗夥，史固不得而盡收之。」其意以爲風土人事資料太多，編志者不能盡收，故不得不有所擇也。其有堪擇而采之者，曰：

其有古蹟勝概，確乎可憑；名人題咏，卓然可紀者，亦從小書分註之例，酌量附入正考之下，所以釐正史體，別於稗乘耳。（修志十議、六、議書法）

夫斯言堪采入史者，必其古蹟勝概有可憑，而非虛構，（虛構者再好亦不錄）二必須是名人題咏，確實卓然可紀（以名家亦未必盡爲好詩），方可酌量附入正考。其他若「抒寫性靈風雲月露之作」雖云佳構，亦應別具行稿，或入專註選文之書，不應攙入史志之內，章氏以爲如此方爲得體。

再則章氏所不取之詩，皆非好詩、更非眞詩，其於和州文徵敍錄云：

惟詩賦家流，至於近世，溺於辭采，不得古者國史序詩之意，而蚩蚩焉爭於文字工拙之間，皆不可與言文徵者也。（詩賦第四）

又於永清縣志文徵敍例云：

州縣文徵，選輯詩賦，古者國風之遺意也。舊志八景諸詩，頗染文士習氣，故悉刪之，所以嚴史例也。（詩賦敍錄）

可見章氏鄙薄之詩，皆溺於辭采，工於聲律，全失國史序詩之意者，詩非好詩，已無文學價値可言，文學家恐已不收，若編史者又將其編入史志，則「史識」全無，何能稱爲史家。然如前所言，若有好詩「卓然可紀」者，不妨附入，唯其所謂好詩，並非漫無標準，其標準之一，是其詩「須屬共見共聞」者。標準之二，是其詩卽使尙未刻行，「亦必論定成集者」。（註一九）標準之三，是蓋棺論定者。（註二〇）

詩得共見共聞，其流傳必廣，好壞亦有一定之客觀標準。若詩尙未附剞劂，然已裒然成集，而且又有客觀之論定，則其水準必不至太低。若其人已亡，經蓋棺論定，則尤爲可憑。章氏尙公而不徇私，眞能善善惡惡，史眼獨俱，豈非夫子不爲鄉愿之教乎？尤其佳者，因其論史而得知詩之去取標準，非另一收獲乎！

三、重實學以矯別長

清朝乾嘉時代，約略與實齋同時之詩人，有袁枚、蔣士銓、趙翼，號爲「乾隆三大家」（註二一），三家之中，以袁枚爲最有名，亦以其詩話影響最廣。子才論詩，一主「詩者，人之性情也，性情之外無詩。」又曰：「凡詩之傳者，都是性靈，不關堆垛。」則學問非性情、性靈，自非關詩。並以詩中加入學問，只是堆垛而已（註二二）

袁氏之詩話既盛行於天下，當時風行之況，孫星衍云其：「遊人自皇華使者，下至淮南賈販，多聞名造謁請交歡者」（碑傳集卷一百七），可見其從游之盛，眞如「若鶩若蟻」（江藩之漢學師承記卷四），於是章學誠乃針對此主流而批評曰：

而詩家者流，方謂微妙不可思議，又謂「意會不可言傳」，「詩有別長妙悟，非關學識」云云，吾不謂諸說盡非也，然必有立於詩之先者，且亦必無連篇累什皆無可指之實，而盡爲微妙難言者也。而江湖游乞，與夫纖佻輕薄宵人，方藉別長妙悟之說以爲城社之憑，則經詩三百，聖人未嘗有是訓也。（陳東浦方伯詩序）

詩有「別長妙悟」，有「意會不可言傳」，章氏以爲不可全非，則代表其亦有某種程度之認同，然對詩「非關學識」，則大不以爲然。故云「然必有立於詩之先者，且亦必無連篇累什皆無可指之實。」甚持懷疑之態度。考嚴羽滄浪話云：

夫詩有別材，非關書也；詩有別趣，非關理也。然非多讀書，多窮理，則不能極其至。（註一三）

滄浪此段言語，雖曰詩有別材別趣，有非關書與理者，然詩欲極其至，則又非多讀書多窮理不可。而袁氏一派之論詩主流，却顧前而不顧後，章氏因特別強調實學以矯之：

才、學、識雖各有所長，而皆當以學副之，或疑學與才、識並列爲三，何又以學統承三者？不知並列之爲三者，已定之名也；統承三者而勉人，則功力之謂也。（雜說）

章氏在此以學勉人，目的在增進詩人之功力，故又云：「學皆稱人之功力」（雜說），此正符合嚴羽多讀書、多窮理之教，是詩人達到最高境界之不二法門。然不多讀書不多窮理之人，亦非不能作詩，只是成就將有限，因恃小慧故也，故章氏又云：「才而不學，是爲小慧，小慧無識，是爲不才。」（

婦學)，章氏在此以邏輯推之，有才而不學，變成了小慧，小慧之人都無識，無識之人，事實上等於無才(不才)，這是持全盤的否定態度，且又認爲此種不才之人，若又好逞小慧以釣聲名，則流弊將不可勝言，故云：

不才小慧之人，無所不至，以纖佻輕薄爲風雅，以造飾標榜爲聲名，炫熠後生，猖彼士女，人心風俗，流弊不可勝言矣。(婦學)

章氏此說，以爲不才小慧之人，就會纖佻輕薄，虛飾聲名，明眼人知其依然針對袁枚，不免或疑其說之過甚，然在造飾標榜聲名方面，若參看錢鍾書談藝錄第八十七則云：「右論〈隨園詩話〉各則，非敢好謗前輩，求免貽誤來學。」(頁二六六)其下指出袁枚爲抬高自己之身份地位，僞造桐鄉秀才程春廬拱拜袁、揖趙、哭蔣三圖，而復之以詩。又僞朱公軾、岳鍾琪、李紱、裘日修諸人家狀，云爲所請等事，後人皆證其不實，故錢氏亦云其「有意沽名」。在纖佻輕薄方面藝林叢錄第三輯有冼玉清之「黎簡與袁枚」一文，頗言指袁氏劣蹟，以此知章氏重實學以矯別裁小慧之詩，實深有所見。蓋有實學則詩有根柢、有識見，不用虛名而名自著矣，何用虛飾以爲。

四、詩當防情以汩性

中國詩歌一向有言志與緣情之不同，章氏之所以特論「防情」，以隨園之言情、非唯不同於言志，尤不同於緣情之說也。古之所謂志，詩大序云：「在心爲志，發言爲詩」。孔穎達疏之曰：「言作詩者所以舒心志憤懣，而卒成於歌詠。」所謂心志憤懣，在何休公羊解詁有一段話足供參考：

男女有所怨恨，相從而歌，飢者歌其食，勞者歌其事。（註二四）

斯言凡是人，不論飢餓或勞苦，心情必有哀樂之感，發而爲歌咏卽是詩也，此種說法，日本厨川白村認爲文學是「苦悶的象徵」，認爲人生有一種「深的興趣」，是苦悶與懊惱之產物。（註二五）銓解我國言志說極當。

言志說至劉勰之「文心雕龍」，始將情與志並聯，曰：

人稟七情，應物斯感，感物吟志，莫非自然。

然袁枚不重詩「志」而言「情」，且特重「情」之一字，如曰「詩者由情生者也」，此意尙不大謬，其意思大變者在於下句曰：

情所最先，莫如男女。（註二六）

此句全異於「飢者歌其食，勞者歌其事」之說，而尤誤解「男女有所怨恨」，乃專主男女之私情，不知其所謂男女者，以平等眼觀之，卽指人而已，鼓章氏十分憤忿指責隨園曰：

略易書禮樂春秋而獨重毛詩，毛詩之中，又抑雅頌而揚國風；國風之中，又輕國政民俗專重男女慕悅；於男女慕悅之詩，又斥詩人風刺之解而主男女自述淫情。（書坊刻詩話後）

由此見章氏批評袁枚之脈絡，乃因經有六，袁枚略禮、易、春秋而獨重毛詩，毛詩又抑雅頌、但揚國風，而國風之中，又斥風刺之旨，但主男女慕悅而已。於是章氏又曰：

司馬遷曰：「詩三百，大抵聖賢發憤所爲作也。」是則男女慕悅之辭，思君懷友之所託也；征夫離婦之怒，忠國憂時之所寄也。必泥其辭而爲其人之質言，則鴟鴞實鳥之袁音……夫詩人之旨，溫柔而敦厚，主文而譎諫，紓其所憤懣而有裨於風教之萬一，是其所志也。（言公上）

在此段末，章學誠所解釋之志，似已成了文學功用之要求，故其下言情與性之關係，其意在矯世風也，故對情之爲物有深一層之論述：

夫情，本於性也。（質性）

章氏所言之性，當本孟子性善之說，爲一切善之本體，其所生之情，亦原無不善，故由情所生之詩，亦當能「樂而不淫」。可是情有變動，非如性之純然，故章氏又云：

人之情，虛無不正也，因事生感，而情失則流，情失則溺，情失則偏。（史德）

斯言主「情貴於正」（皇甫持正文集書後），而平常來說，情亦無不正，只是一受外誘，則或流、或溺、或偏。而爲詩人者，在所當戒，故曰：

情本於性天也，情能汩性以自恣，人也。（史德）此主天理之性純無不善，然人情一受外誘則自恣而汩沒原本之善性，此種現象在其言公中篇有例云：

文欲其工，猶弓矢欲其良也。弓矢可以禦寇亦可以爲寇，非關弓矢之良與不良也。文可以明道，亦可以叛道，非關文之工與不工也。（言公中）又云：

徒善文辭而無當於道，譬彼舟車之良，洵便於乘者矣，適燕與粤，未可知也。（仝上）

總此言之，爲詩若放情自恣則足以汨性，性汨則道不存，道不存之詩文徒成叛道之工具。由此推論，袁枚爲詩但主男女慕悅之情，自是放恣之情，自爲章氏所反對。（註二七），故詩人於情志之所寄，必有道性把持之，方不致有流溺偏失之病。

五、音節有助宣性靈

音節、性靈兩者，初看來是兩種截不相涉之問題，然對一首優良之詩作，二者實不可缺一，本文在此，欲透過章氏之觀點，對何謂性靈？其本質如何？何謂音節，其在詩中的作用如何？作一詳細之分析，同時擬透過此分析，對兩者之間有何相輔相助處，作一說明。

清朝，爲古典詩之中興期，各種詩話詩論特多，章氏在此論性靈，顯然是與袁枚之性靈詩派有關，論音節，又與趙伸符等之「聲調譜」有關，文史通義韓詩編年箋注書後曰：

性靈，詩之質也，魂夢於虛無飄渺，豈有質乎！音節，詩之文也，桎梏於平反雙單，豈成文乎！三百之旨，五種之流，三家之學，虛實侈約，平奇雅俗，何者非從六義中出，但問胸懷志趣有得否耳。而世人論詩，紛紛攘攘，昧原逐流，離跂攘臂於醯缶之間，以謂詩人別有懷抱，嗚呼！詩千萬，一言以蔽之曰惑而已矣！（頁六三四）

章氏此說，重點有二。一以性靈爲詩之質，而其所謂性靈，乃指一人之「胸懷志趣」，亦卽鄭玄所謂之「志」，非空幻囈語；一以音節爲詩之文。而其音節當出於自然之諧和，不可桎梏於「平反雙單」。

章氏言性靈爲詩之質，錢鍾書以爲其說與袁枚「貌異心同」，（註二八）予獨以爲「貌同心異」，何以言之，隨園云性靈，可與性情相通，故云詩者「人之性情」、詩之傳者，「都是性靈」，是主張由人最本然之情性觸發，不贊成含有雜質，若一加上學問，在隨園看來，就成了「堆垛」之物。而章氏正好相反，其所謂性靈爲詩之質，所指乃是一人之「胸懷志趣」，而此胸懷志趣，皆得合三百之旨、五種之流、三家之學，歸納言之，須本六藝之旨，此非實學無以得之。兩者之間，不由內在，光從字眼，實難以別之也。故一見空靈飄忽，一見實學持重。

就音節而言，章氏雖嘗云不工於韻語，然其對詩之音節聲律却甚爲熟悉。查其「題隨園詩話」十首絕句，無一句落調者可知。（註二九）而袁枚之詩藝，是當代佼佼者，聲調自無問題。實齋於音節之批評，箭頭乃是指向趙伸符之「聲調譜」，蓋趙氏欲以古法範圍後人，不可爲敎也，故章氏曰：

律詩當知平仄，古詩當知音節。顧平仄顯而易知，音節隱而難察，能熟於古詩，當自得之；執古詩而定人之音節，則音節變化，殊非一成之詩所能限也。（文史通義內篇二文理）

斯言近體絕律，平仄有定則，故言顯而易遵。而古詩音節從無定法，學者熟讀古詩，以求其神可也，若如趙氏執「聲調譜」爲一定之法，則將如章氏曰：「如啼笑之有收縱，歌哭之有抑揚，必以揭示人，人反拘而不得歌哭啼笑之至情矣。」（文理）是聲律不可死學也。

尤要者，章氏認爲音調、性靈兩者，不可失其一。若有偏失皆不能達詩文之極至。故章氏曾舉「羯鼓錄」以喻：言有音者客長安邸，月下聞羯鼓聲，尋聲訪至，詢以技，甚精能，唯無尾聲，其人在月下演聲欲求之。因問其「意盡則止，又何求焉？」曰：「聲未盡也。」因拊掌曰：「可與言矣。」

章氏於是發爲評論曰：

斯固藝事之神矣。文章之道，亦有然者。……不知辭氣受病，觀者鬱而不暢，將并所載之事與理而亦病矣。」（雜說）

文章如此，詩道何嘗不然，有意想之妙，而無聲勢音節以輔之，則其妙亦將難顯，意妙聲盡，斯爲詩之神也，亦卽聲韻音節足以宣性靈也，音節有所頓滯，性靈亦將鬱而難暢，故二者不可偏失。

六、以清眞爲眞奇艷

李白詩云：

自從建安來，綺麗不足珍，聖代復元古，垂衣貴清眞。

章氏頗爲欣賞李白清眞之論，因云：

昔李白論詩，貴於清眞，此乃今古論詩文之準則，故至今懸功令焉。（詩話）

蓋章氏學說，一往平實，不喜造飾誇人—理又有得於中，常言人所不能言，故時人每以爲奇。然理無所得而刻意作奇，文將非妖卽艷，故章氏質性篇云：「道隱於小成，言隱於榮華」，所謂「榮華」，乃指詩文艷麗，外表多藻飾之謂也，此正於清眞相背。

章氏解釋清眞二字曰：「清則氣不雜也，眞則理無支也」，所謂不雜，所謂無支，當云詩之本然純體之外，無支雜之外飾，一如李白之「芙蓉出清水，天然去彫飾」。在此當注意者，芙蓉出水，雖天然不加彫飾，然芙蓉之色本艷，非靠虛飾而成，是其質爲眞。又經清水盪滌，纖塵去盡，更是淸而且眞，故不可誤以爲艷者皆非淸眞，言淸眞而不能辨此，卽不可以爲知也。然知淸眞爲何物，學者又當知淸眞是由何而來，方是爲學之大用處，章氏解之曰：

淸眞者，學問有得於中，而以詩文抒寫其所見，無意工辭，而盡力於辭者莫及也。（詩話）

斯言詩欲達到淸眞之境界，不離作學問之功夫，學問有得於中，淸眞之氣自見，故又云：「毋論詩文，皆須學問，空言性情，畢竟小家」（詩話）。然此語，章氏感到「知之甚易，能之甚難。」故在詩話中未再繼續發揮，然在皇甫持正文集書後一篇，又有相當精彩之闡述，其大意云：所謂之「眞奇艷」，在文質相宣，是鸞鳳之鳥，始鳴鸞鳳之音，是虎豹之質，方被虎豹之皮，而非冀烏鴉而求鳴鸞鳳之音、犬羊披虎豹之文。蓋烏鴉無鸞鳳之質，若披鸞鳳之羽，鳴鸞鳳之音，卽是假飾，卽是彫琢，自非眞艷，更難言淸眞，此中消息，又從其論李生之問可明：

李生又以松柏不艷比文章，此言可與入道矣。蓋浮艷非文所貴，而有意爲奇，乃是僞體；松柏貞其本性，故拔出於群木，惟其不爲浮艷與有意之奇，故能凌霜雪而不凋。其鬱靑不改者，所以爲眞艷也，不畏歲寒者，所以爲眞奇也。（頁二六一）

此以松柏貞其本性，不着浮艷之花，是以爲眞艷。同時將其本性之貞，表現於不畏歲寒，凌霜雪而不凋，是爲眞奇，此說似比李白之淸眞又進一層。李白之淸眞在芙蓉出水，不假彫飾而已，而章學誠之松柏在其本眞之外，尙須有外在之考驗，此如鸞鳳虎豹在本質之外，其所表現之氣度絕非烏鴉犬羊所能比擬，由此可探知章學誠所要求之淸眞，要有眞奇眞艷之理論，尤比李白强烈。

參、詩之鑑賞與批評

鑑賞當俱正法眼，批評須有正確之態度與方法，兩者雖若有分而實一體，鑑賞力不足，批評亦難中的，然爲行文方便，故先談章氏之鑑賞，次再談其批評。

一、鑑　賞

1.鑑賞之難在於眞知

章氏以爲鑑賞之難，在於讀書要能「知其言」，又要「知其所以爲言」（知難），不然所謂「讀其書者天下比比矣」，知其言者千不得百焉；而知其所以爲言者更百不得一焉。（仝上），然而天下皆曰「我能讀其書，知其所以言矣」，此章氏所謂知之難。一般書之知音已難遇，若夫含蓄縕籍之詩歌，重在涵不盡之意於言外者，則其知者尤難，故章氏以爲詩文之好壞，技巧層面者較無爭議，其標準如云言語之工，體撰之妙，或能說難言之景，能顯難達之情，技巧或擬之化工造物，「而文章之能事盡矣。」（雜說）至於內容方面，往往仁智不同，導至說解之難，俱體之例如三百篇之解，或本詩序，或與詩序全悖，故章氏云：

三百之詩俱在也，文字無所加損也；聲音無所歧異也，體物之工、言情之婉、陳義之高，未嘗有所改變也；然而說詩之旨一有所異，則詩之得失霄壤判焉。」（雜說）

詩經至少經過聖人整理，並傳爲經典之作，後世說評尚不能無異，而評價高低，亦逞霄壤之別，可見鑑賞之不易。故有人「賦關雎而興淑女之思，咏鹿鳴而致嘉賓之意。」（感遇），亦有人「聞關雎而索河洲，言鹿鳴而求苹野。」（仝上）後者是章氏所言「聽其言而不能察其所謂者」也，此種人不但多，而且「十常八九也。」

是詩欲求人之鑑賞，必得先求之於知音，然古所謂「滿面春風皆朋友，欲覓知音難上難。」如詩三百，其「聞關雎而索河洲」者，大概難以了解司馬遷所謂：

詩三百篇，大抵賢聖發憤所爲作也」（言公上）

詩中國風，不乏桑間濮上之鄭聲，何以言是賢聖發憤之作，章氏解之曰：

男女慕悅之辭，思君懷友之所託也；征夫離婦之怨，忠國憂時之所寄也。必泥其辭而爲其人之質言，則鴟鴞實鳥之哀音。（言公上）

蓋主持之旨，溫柔而敦厚，主文而譎諫，期言之者無罪，聞之者足以戒，故多託男女慕悅之辭、征夫離婦之怨，所謂托物咏志而已，不然鴟鴞之詩，只是鳥之哀者，何關周公之言，而可參之於尚書乎？

章氏又曰：

以風詩之和雅，與民俗之謠諺絕然不同，益知國風男女之辭，皆出詩人諷刺，而非𡿺氓男女所能作也。（婦學篇書後）

此是據詩序之說，加以內容之推斷，見風詩不同於一般民俗謠諺，非𡿺氓男女所能，此是章氏之深見，蓋詩序之說，衆家紛紜，疑古者皆以爲漢衞宏之僞，然近代出土文物，已見之詩序殘卷有早於衞宏；則詩序傳自先秦非無據也。而當時袁枚論詩，喜本朱熹男女詠情之說，故章氏攻之曰：

彼不學之徒，無端標爲風趣之目，盡抹邪正、貞淫、是非、得失、而使人但求風趣，甚至言「采蘭贈芍之詩有何關係，而夫子錄之。（詩話、又見婦學篇書敎）

章氏以爲袁枚云：國風只是男女之情，無關邪正、貞淫，唯風趣是求，是以六經爲導欲宣淫之具。此非僅是浪漫與道學之問題，尙牽涉史料之鑑定，與鑑賞之高低問題，故曰眞知爲難。

2. 論詩及事論詩及辭

詩之鑑賞，除了對古代流傳之作品必須有所認識之外，對人與事亦不可不知，此孟子所謂「讀其書，而不知其人可乎?」。其顯者如章氏所舉之例，曰「若揚子雲之投閣餘生，王摩詰之輞川晚節、均可惜也。」（校讐通義外篇、王右丞集書後）蓋子雲之漢賦，摩詰之唐詩，並無天地之間而不朽，子雲因善書古文奇字幾身不免，摩詰則受辱於「鬱輪袍」以取進身，幸杭大宗（世駿）爲之辯，而「凝碧池頭」亦足以顯陷賊而未忘君之心，詩文因而未被曲詆，不然中國人喜以人論詩，則不免受誣，故章氏主張論事當及事，一如孟棨本事詩，可存國史敍詩之意，一如詩之小序。

章氏在論詩及事之外，尚有「論詩及辭」之主張。其例如「吉甫作誦，穆如清風」；「其詩孔碩，其風肆好。」以清風之穆如美吉甫之誦辭，或以好風稱孔碩之詩，在此鑑賞中，欣賞人之感受卽內在又外在，表裏一如，同受藝術之薰陶，可謂是對詩文之一種完全欣賞與享受，亦爲章氏評賞之最高標準，故郭紹虞對章氏此二主張特爲推崇。（宋詩話輯佚序）

及至唐宋詩話論詩，章氏以爲已漸趨淺近，所論「不過較論工拙，比擬字句」（婦學篇書後），已是古人所不屑道者。然古人之評法已不可追，退而求其次，章氏讚成陸機、劉勰、鍾嶸等之評法，故曰：

如陸機文賦，劉勰文心雕龍，鍾嶸詩品，或偶舉精字善句，或品評全篇得失，令觀之者得意文中，會心言外，其於文辭思過半矣。（文理）

文賦、文心、詩品，是六朝品評詩文之代表作，文心，詩品尤爲體大思精，詩品全論詩，文心亦多論文及詩（如原詩、樂府等），其評論之佳處，章氏以爲在其：

或於一書標識數篇，或於全篇摘舉數語，而觀者心領神會，卽一言而可作千百之用，校之銖銖解而節節評者，相去不可以道理計也。（註三〇）

可見章氏之喜言簡意賅、直舉精字善句，令讀者心領神會，使讀者享受卽內在又外在之鑑賞，其若生於今世，當亦反對當代之西洋之解剖批評法。縱使當時貞謝諸公之圈點批評法、章氏亦不滿意。故曰「不知詩非評點所能盡」，因讀者耳目心思，易爲評點所拘也。

二、批　評

1.不可耳目相淆

評詩論文，本應單純就詩文而論，其有論詩及事或史者，原本如參看詩經小序之義，以增加了解耳，若不知此義，而雜其他與文學無關之觀念與詩相混淆，則惑矣。如章氏云：

唐有牛李黨惡白居易者，緘置白氏之作，以謂見則使人生愛，恐變初心，是於一人之文行殊愛憎也。（感遇）

又云：

鄭畋之女諷詠羅隱之詩，至欲委身事之，後見羅隱貌寢，因之絕口不道，是於一人之才貌分去取也。（感遇）

一因政治立場而對白居易之詩分愛憎，一因人貌之美醜而分去取。前者態度有失公正，後者則簡直不知所云，以貌之美醜定詩之去取，是章氏所謂「以目淆耳則愚」也，（註三一）故「詩話論詩，非論貌也。」（詩話），詩文好壞與貌無關、以貌論詩之人，皆非愚則惑也。

2.愛古而不薄今

貴古賤今，為一般人之通病，如唐人之詩集，集中必有幾篇賦冠前，此猶是尚古也；宋人詩集，詞概不收入，皆另為別集，以為時文不入流、實亦是薄今之心理。能通古今之變者，必有非常之表現，史有司馬遷，詩當推杜甫。

杜甫曾云：「不薄今人愛古人」，（戲爲六絕句之五）故能吸收古人之長，而推展時代之美，因成一代巨擘，千秋流輝，章學誠亦頗賞識此點，而見當時每多食古不化者，因曰：「愛古而未嘗薄今，以古律今斯舛」（方志略例三、湖北文徵敍例、頁五四〇）。然於此當注意者，人固不可以古律今，但也不可崇今抑古。古有佳處，今未必全非，古今是非，身爲批評者，必有定見而後可，故章氏云：

學誠竊以文字一途，愛古而不薄今，學者不當先有固必，至於古人著述，雖各從所好，孟子不云口味耳聲目色，天下相似？古人已定之評，斷不可以私見求異，然頗有舉世交稱，翕無異辭，而鄙意推求，實亦不可得其解者。（論文上弇山尚書）

所謂定見，不同於固必，而是言評及好壞，有一定之客觀標準，如孟子所云人口愛之味、耳喜聽之聲，目所好之色，大都相去不遠。若海畔逐臭之夫、麋鹿見王嬙而逃，游魚見西施而遯，此皆是異數，不可與常人比。以偏好者論詩論文皆不得其正也。若態度正確，古者已有定評，不可以私見求異，此求異者，不無好名之嫌。至於當代，於盛名之作家，亦不可盲從，當細加推求，以求其眞，以免濫竽充數，魚目混珠，此是章氏批評見地之細者。

3. 詩當詳辨眞假

詩與文二者，在章氏看來，作文較難，詩較容易，而詩容易之因，是因形體短小，機變易盡，故云：

> 惟後世以詩文游者，文則必通人爲之可以無疵，詩則不必通人而皆可以支展。（與胡雒君論文）

又云：

> 蓋五七韻句，雙單轉換，其中機變易盡，略識字而不通文理之人，播其小慧，亦能遮人耳目，故江湖詩人，其迹最爲混濁，不可不辨，其人不必盡出士流也。（仝前）

在此二段中，其所辨者是眞詩人與假詩人，眞詩人當是通人或士流，假詩人只是略識字而不通文理，但播其小慧之江湖游人。故曰「其迹最爲混濁，不可不辨」，而江湖游人之所以能濫充詩人之因，就在「五七韻句，雙單轉換，其中機變易盡」，因此不必通人就可魚目混珠也。在此言論中，章氏實亦針對袁枚之詩派而發，故其又云：

> 至於江湖游乞！則每況愈下，然遇朋儕則解酬唱，於貴顯亦能貢諛，調平諧仄，叶韻成章，一時亦莫測其中之有無。（仝前）

此段指袁枚之派有詩而無學問，只能調平諧仄，叶韻成章，在此章氏不免有離詩論人之嫌。然章氏爲辨「其中之有無」則提出甚佳之評鑑方法：

> 古詩去其音節鏗鏘，律詩去其聲病對偶，且併去其謀篇、用事、琢句、鍊字一切工藝之法，而令翻譯者流，但取詩之意義，演爲通俗語言，此中果有卓然其不可及，迥然其不同於人者，斯可入五家之推矣。苟去是數者，而枵然一無所有，是工藝而非詩也。（陳東浦方伯詩序）

章氏此種批評見解，捨去一切文藝技巧，直探本心，以之察照眞僞之詩，不遜於照妖鏡。在其看來，一詩經翻譯分析，若只有音節、聲律、對偶、謀篇、用事、琢句、鍊字之藝，其他「枵然一無所有」甚或文理未通（仝前），則是僞詩。若在技巧之外，又有「卓然其不可及」之意義，則是眞詩，其所指之意義，正是本文第二章第五節所論及之「胸懷志趣」，因讀書學問有得之表現，亦是章學誠以爲之眞性靈。詩中唯函有此意義，方可入五家之推，亦方是眞詩。

4.主離詩而論評

章學誠以爲古代評點之學，易爲評點所拘，不能盡詩文之意，因有主「離詩文而爲評論」之說：

鄙意則謂就詩文而加評點，如就經傳而作訓故；雖伏鄭大儒不能無強求失實之弊，以人事有意攻取也；離詩文而爲評論，如離經傳而說大義，雖諸子百家未嘗無精微神妙之解，以天機無意而自湜也。（吳澄野太史歷代詩鈔商語）

章氏以爲明代評點之學，如漢儒就經傳而訓詁，弊在依字「銖銖作解」（爲謝司馬撰楚辭章句序），但明一字之來歷，有時反失全文之意義與精神，其例如其家書曰：

初亦見祖父評點古人詩文，授讀學徒，多闢邨塾傳本膠執訓詁，不究古人立言宗旨。猶記二十歲時，購得吳注庾開府集，有「春水望桃花（註三二）」句，吳注引月令章句云：「三月桃花水下。」祖父抹去其注而評於下曰：「望桃花於春水之中，神思何其縣邈！」吾彼時便覺有會，回視吳注，意味索然矣。自後觀書，遂能別出意見，不爲訓詁牢籠。（頁三六七）

在此有兩點啓示：一、其所謂「離詩文而爲評論」，並非離原詩本身，而是離詩之注文，如庾開府「

春水望桃花」一句，章學誠之祖評之，所謂「望桃花於春水之中，神思何其緜邈！」並未離開原詩文，只是不採吳注「三月桃花水下」一句不痛不癢之訓詁而已。依此推之，其所謂：「鄙意則謂就詩文而加評點，如就經傳而作訓故」，其所謂「就經傳」與「就詩文」相對偶，「就詩文」卽是「就詩之注文」之意，則其「就經傳」，則當然亦是「就經之訓傳」之意。如此了解，解經釋詩，方有根據，不然離開原經原詩而爲批評，豈不大謬。

二、「春水望桃花」一句，吳注但知有典，而不知中國文字之妙用，同一名詞，用在不同句式，意將變化無窮，前人應用之辭，未必就是後人胸中之志趣，一但理路無涉，強爲揷注，此卽章氏所謂：「雖伏鄭大儒不能無強求失實之弊。」無怪章氏回顧吳注，會覺意味索然，其後章氏論離騷，曾本朱子之意曰：「離騷不甚怨君，後人往往曲解」，章學誠云其「洵知言哉」。蓋朱子亦是本離騷原文加以了解，不受他人注文之影響，故有迥然不同於他家之說與論斷，評詩唯其如此，方是正途，不然章氏認爲「大義不明而銖銖作解，此治書者之不如無書也。」

5.後人改詩之是非

後人喜改前人之詩，尤以選本爲甚，集部亦難免，唯改有大改、有小改。有改至面目全非，亦有只改一字者，然不論大小，或因一字而牽連廣大，如本師黃永武先生談敦煌本「古蜀道難」（敦煌中的唐詩），今本作「雄飛雌從繞林間」，敦煌本子作「雄飛從雌繞林間」，「從雌」與「雌從」二字之異，神韻全變，季節亦不同。又其中國詩學鑑賞篇提到王維相思子一詩，後人不但改詩，甚且改題

（註三三）其他例子尚多，不勝枚舉，在此僅提出章學誠的看法：歸納之，章氏的看法有三：

(1)認爲「詩文乃天下公器，點竄塗改，古人不諱，要於一是而已。」（吳澄野太史歷代詩鈔商語）是章氏以爲後人改詩，已成習慣，故古人亦不諱，只要改得好就是。而其所謂好的條件，要如「莊子點竄列子而勝於列子，史遷點竄國策而勝於國策」（仝前）。又如沈佺期「獨不見」七言一首，「本用齊梁舊體，後人改爲七律，較之七古更佳」，（仝前）章氏亦不反對。

(2)認爲「若事關考據，文有取於疏通證明，則雖村書俚說，亦一字不容移易。（仝前）」，此如前舉本師黃永武先生所論之「蜀道難」，因「雄飛從雌」兩字之更動，時間非第有春夏之變，而事關明皇逃難入蜀之時間考據，關係非小，自不宜任意更動。李白固屬古今大家，然若類此事關考據者，章氏認爲雖村書俚說，亦當一體看待，不可竄改。

(3)認爲後人改詩，但有庸妄一流，「任意改易古人面目，自有毫釐千里之別，不容於影附也。」（仝前）「若常建題破山寺後禪院五言，亦齊梁舊格，改爲五律，意致頓減」（仝前），由好詩改爲壞詩，自是庸妄一流點金成鐵之陋，不得影付善改之名，若參看「萬首唐人絕句」與「凌初本」之改王維相思子，「紅豆」改成「紅杏」，「秋」改作「春」，「發幾枝」變成「發故枝」，「多採擷」，變成「休採擷」，題目又改爲「江上贈李龜年」，如此改手，不稱爲庸妄一流可乎？

肆、結論

章氏嘗云「天性不工韻言」，對於詩之一道，則曰「謝不敏焉」（陳東浦方伯詩序），或曰：「鄙人於詩，無能爲役」（吳澄野太史歷代詩鈔商語），姑不論其是否自謙，然唯詩或眞有別材，非學所能至，然無詩才者，未必無詩學也，如鍾嶸論詩，不聞以何詩出名；劉勰言文，詩、騷唯辨，指陳愷切，亦未見以何體勝，近代之評論家，亦往往能評而不能創作，是才實有偏至，兼之爲難，章氏亦其人乎？

然觀其論詩，開及辭及事二例，郭紹虞誇其確論（宋詩話輯佚序），同時見其音調之精，指向之明，或隻言片語，詩之眞僞立判。筆鋒雖屢指向隨園，然文獻可稽，並非虛辭妄彈。防情汨性、重實學以矯別材，推闡詩教以補偏救弊，力挽狂流之心，不無史家經世之志。雖惜其不能兼詩，然精言深論，不離性靈，奇艷之想，寄於清眞，言詩指弊，愛古而不薄今，不溺於評點，主以意逆志，離詩注而論評，學者以此優遊浸潤，含毫沉思之際，起性爲咏之時，必有道可循矣。

【附註】

註一　文史通義，附校讐通義，外篇，與胡雒君論校胡穉威集二簡之第一簡，頁六七四，華世出版社，六九、九。

註二　章氏遺書，文集，柯先生傳，頁三七六，漢聲出版社，六二、元。

註三　文史通義附錄之嘉業堂章氏遺書序，孫德謙云：「先生湛於史，年少時，取左、國諸書，分爲紀、表、志、傳，作東周書，幾及百卷，其書雖不傳，知先生之於史學，殆天性然也。」，頁六九六。

註　四　姚名達著有「章實齋之史學」，刊於國學月報二卷二期（二七、二）。吳天任著「章實齋的史學」，商務印書館，（六八年）徐善同亦有「章實齋的史學」刊於大學生活，（四五、七），其他研究實齋史學者尚多，如錢穆、杜維運、傅振倫等，唯並非本文所要探討之範圍，故從略。

註　五　文史通義，內篇五，史德，頁一四八。

註　六　中國史學名著，下册，錢穆此說，對近人甚有啓示，故學者從事研究章氏文學理論者，已不乏其人，如書麟有「章實齋之文章論」（學術界、第一卷、第三期）、王義良有「章實齋文以史裁的文學觀」、與「王充與章學誠的文學評價論比較」（國學新探創刊號七三、元）師大碩士論文有羅思美之「章實齋文學理論研究」（學生書局，六五、八）。台大博士論文有白安理之「西方漢學家研究文史通義的商兌」，其第二章第五節爲「章學誠的文學觀」。

註　七　文史通義附錄，記鈔本章氏遺書，頁七〇五，錢穆。

註　八　方志略例三，湖北文徵敍例，頁五三九，文章丙集裒合辭章詩賦論。

註　九　校讐通義內篇三，漢志六藝第十三，頁五九〇。

註一〇　同註六。

註一一　全註一，詩教上，頁十八云：「遇有升沈，時有得失，畸才彙於末世，利祿萃其性靈，廊廟山林，江湖魏闕，曠世而相感，不知悲喜之何從，文人情深於詩騷，古今一也。」

註一二　章氏嘗云少時好爲詩賦而不得其似（文集，柯先生傳），又屢自云不善於詩，如云：「鄙人於詩，無能爲役」（校讐通義外篇，吳澄野太史歷代詩鈔商語），又云：「學誠天性不工韻言，既不能學古人詩，而又不敢知紛紜者之詩集，故於斯道謝不敏焉。」（仝上，陳東浦方伯詩序），而其遺書中亦無詩集，只有詩話中十首，格律雖嚴，然言粗意露，乃史家斷語，而非詩人之句，其非詩人，殆可定論。

註一三　詩大序云：「治世之音，安以樂，其政和。亂世之音，怨以怒，其政乖。亡國之音，哀以思，其民困。故正得失，動天地，感鬼神，莫近於詩。

註一四　論語，子路第十三章。

註一五　文史通義外篇三，與喬遷安明府論初學課業三簡頁三五二。

註一六　按章氏「詩話」與「書坊刻詩話後」兩篇，皆針對隨園詩話而發，且多人身攻擊，至於對袁枚之詩藝，章氏亦不得不以「尤稱絕技、備極精能」美之，（見詩話，頁一六四）雖非衷心之頌，却合實情。

註一七　詩人論詩，居於派別好惡，往往難認眞才，如杜甫之聖也，在當世名實不彰，故唐人所自選之唐詩集，不論「國秀集」、「英靈集」、「篋中集」，或「中興間氣集」，無一本選有杜甫之詩，待韋莊撰「又玄集」，方置杜甫爲首，舊唐詩文苑傳云其與李白齊名，時間已到了五代，早一點者，有韓愈、元白之論，也是杜甫死後四五十年之事。

又錢鍾書「談藝錄」指出，隨園詩話云錄及「近日十三省詩人佳句」，然劉石菴有名而無詩，以隨園對其有「餘慊」而存戒心。黎二樵乃粵東之大家，隨園則無一言及之，論孫淵如亦失實。（見新編談藝錄頁五八四）。

註一八　鄭樵通志，樂略之樂府總序曰：「樂以詩爲本，詩以聲爲用，八音六律爲之羽翼耳。仲尼編詩，爲燕亨祀之時用以歌，而非用以說義也。古之詩今之辭曲也，若不能歌之，但能誦其文而說其義可乎？」是主詩樂合一也。其後明朝劉廉在其樂經元義中云：「六經缺樂經，古今有是論矣。愚謂樂經不缺，三百篇者樂經也，世儒未之深考耳。」（律呂精義內篇五引），其主詩、樂不分之主張尤明。

註一九　方志略例三，爲張吉甫司馬撰大名縣志序，頁五〇六。

註二〇　方志略例三，修志十議，議徵文云：「但藝文入志，例取蓋棺論定；現存之人，雖有著作，例不入志，此係御纂續考館成法，不同近日志乘掇拾詩文，可取一時題咏，廣發尺幅者也。頁四八八。

註二一　見中國文學史初稿，王忠林，邱燮友等合著，第八編，清代文學，頁一一〇三，石門圖書公司。

註二二　新編談藝錄，錢鍾書，頁二六三，補訂一，曾曰：隨園主性靈爲詩，而曰「識力最難」；實齋主識力爲學，而曰「性靈獨至」，一以爲無性靈而特模擬堆砌，不足爲詩；一以爲無識力而持記誦才辯，不足爲學。皆欲以內持外，寓實於虛，老子所謂：「無之以爲用」也。

按筆者以爲袁氏所謂「識力爲難」，實非章氏之學問，袁氏所主之識力，乃能見得「以千金之珠、易魚之目，而魚不樂者何也？目雖賤而眞，珠雖貴而僞也。」（答蕺園論詩書）；只問眞僞，不問貴賤，亦有一得，然實不同於章氏才、學、識之學，章氏之原學下云：「然古人不以行事爲學，而以詩書誦讀爲學者，何邪？蓋謂不格物而致知，則不可以誠意，行則如其知而出之也。故以誦讀爲學者，推教者之所及而言之，非謂此外無學也。」很明顯的章氏以誦讀詩書爲學，其不同於袁氏可知矣。

註二三　滄浪詩話，嚴羽著，歷代詩話本，何文煥輯，第一章，詩辯，頁六八八，漢京出版社。

註二四　春秋公羊傳注疏，何休，十三經本，藝文書局。

註二五　苦悶的象徵，日本，厨川白村著，無譯者之名，台北，琥珀出版社，民國五十八年七月出版。

註二六　小倉山房文集，卷三十，答蕺園論詩書。

註二七　章氏攻擊隨園專主男女慕悅淫情，其言是否過火，予參看諸種文獻，不敢以章氏爲全非，如藝林叢錄第三輯，頁二三三二，冼玉清藏黎二樵致袁升父二札，可爲第一手材料，第一札云：「至其詩話（指袁枚），則有似所謂對夫淫妻，對父淫女者……是眞欲以韻語爲宣淫之具矣。」，第二札云：「今此老（亦指袁枚）則惟以淫靡宣著於天下、則以爲才子風流之所不諱者，不復知天下有羞愧之事。」又朱庭珍之「筱園詩話」卷二，（淸詩話續編，頁二三五三）對袁枚之人格與色性，亦有尖銳之批評。近人張簡坤明撰「袁枚與性靈詩論研究」（文化博士論文），文中頗維護袁氏，然亦不諱言其好色，如云：「而其生活放誕，以狎昵倡優自喜。其時狎猖不以爲恥，故先生不諱言之。」然張簡坤明先生似對當時禮法不甚注意，故以「合法」、「不以爲恥」爲袁氏好色辯解，若見章氏婦學篇云：「我朝禮教精嚴，嫌疑愼別，三代以還，未有如是之肅者也。自宮禁革除女樂，官司不設教坊，則天下男女之際，無有可以假藉者矣。其有流倡頓妓、漁色售姦，幷干三尺嚴條，決杖不能援贖。（注云：職官生監，並是行止有虧，永不敘用。）而袁枚性既如此，又嘗自云：「余性通脫，遇繁禮飾貌之人，則以爲苦。」（箋注隨園詩話，卷十）其所苦者何？恐是行止有虧、怕犯三尺嚴條乎？是以不得不早辭官（年三十七），恐亦不得不辭也。由是觀之，章氏之言乃論詩及事，非妄攻人也。

註二八　全註二十二

註二九　其第二首「化爲側媚十分輕」，第六首「不知秉鑑持衡者」，第九首「忽稱少可多排斥」、第十一首「大人自合愼歡嗔」四句，前三字皆成「仄平仄」之調，若在五言句則不可，七言不算落調。

其第八首「一事差堪慰生世」，第一首「詩話推敲半無妄」，第十二首「何以稱文又稱正」，調爲「仄仄平平仄平仄」，皆用單拗當句救法，可見章學誠對於聲調韻律甚熟，雖無詩才，而實有詩學也。

註三〇　校讐通義外篇，吳澄野太史歷代詩鈔，頁六一五。

註三一　湖北文徵敍例，丁集，裒近人詩文論，頁五四〇。

註三二　庾子山集注，卷五，樂府篇「對酒歌」第一句，文苑英華作范零之詩，源流出版社，七二、四

註三三　中國詩學，鑑賞篇，讀者的悟境，頁五十五。

引用書目

1. 詩經，十三經注疏本，藝文印書館，七一、九。
2. 章氏遺書，清，章學誠著，漢聲出版社，六二、元。
3. 新編本文史通義，仝前，華世出版社，六九、九。
4. 新編本談藝錄，錢鍾書。
5. 文學理論資料匯編，華諾出版社，一九八五、一〇。
6. 藝林叢論，谷風出版社，一九八六、九。
7. 中國史學名著，錢穆，台灣商務印書館。
8. 杜詩詳注，杜甫撰，仇兆鰲注，漢京，七三、三。
9. 宋詩話輯佚，郭紹虞，燕京學報專號，文泉閣出版社，六一、四。
10. 中國文學發展史，劉大杰著，華正，六六、五。
11. 中國詩學，業師黃永武先生著，六五、一〇。
12. 隨園詩法叢話，袁枚輯，清流出版社，六五、一〇。

13. 袁枚之性靈詩論研究，張簡坤明，文化大學博士論文。
14. 歷代詩話，清、何文煥輯，漢京，七二、一。
15. 漢學師承記，江藩著，台灣商務印書館，人人文庫。
16. 中國文學史初稿，王忠林，邱燮友等合著，石門圖書公司，六七、一一。
17. 箋注隨園詩話，鼎文書局。
18. 唐詩三百鑑賞，業師黃永武、張高評先生合著尚友出版社，七二、九。
19. 屈萬里先生文存，第一册，（屈萬里全集），聯經出版社，有「先秦說詩的風尚和漢儒以詩教說詩的迂曲」一篇。

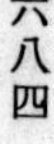

論朱子小學與大學思想之義理根源

林美惠

前言

朱子曾經有過一個夢想——那便是以一個創新的禮教，一種倫理的呼喚，引出人性內在中存在的懿德；此禮教由外而內，漸漸逼近人心根源處之天理；再由內向外，走出一條道德生活的永恒之路。然而這個夢想困惑了朱子一生，最早發於『白鹿洞學規』，想以教育改造人的平凡，已略具道德生活的理念，最終在其儀禮經傳集註（後稱儀禮經傳通解）一書之學禮中才完成了他的理念，建構了他特創的『尊德性之教』，也正是他一生學術之精蘊。

事實上，『學禮』（註一）本是經書裏對於倫理生活意念與內涵的探討，包括『小學學室家長幼之節』與『大學學朝廷之禮經籍之義』，一者爲基礎的倫理教育，一者爲高層次的禮樂生活與政治教育，即是一循序漸進的教育管道；此二者本爲禮學架構，一個古老的遙遠的禮教系統，而朱子却由其中引申出理學性格——小學之教由外培護優良的習性，只爲了使人性內在的善端與外在的善良環境互相啓發誘導；而大學之教則是就已定型的道德行爲裏，一一辨析在你生命之中那至誠至善至眞的道德理由，讓你的生命自己發掘意義所在，進而與發對天理之光的嚮往。換言之，朱子『學禮』是一兼具禮學架構與理學性格的尊德性之教，將古之學禮指點出其中的心性之微，喚起了經義的理學化；而又將理學導入了禮的道德生活裏，使理學學禮化。

朱之言：「古之爲教者，有小子之學，有大人之學；小子之學：灑掃應對進退之節，詩書禮樂射御書數之文是也；大人之學：窮理脩身齊家治國平天下之道是也。」（經筵講義）此尊德性之教正是一項由外而內、自內而外的人性成長歷程，既是以教育引領尊德性之學，也是以尊德性之學引領教育之道，巧妙的將古代學禮與宋代理學作一結合。我們應肯定朱子此教育哲學之貢獻，但也應注意，此種尊德性之教是一種揉合對人性至聖至賢的追求、古代學禮殿堂之仰慕、宋代理學之自我期許綜括而成，如果純以經義原意觀照，他是不徹底的——因爲『學禮』中引用古籍資料相當繁雜支衍；如果以宋代理學觀點來看，他是不純粹的——因爲朱子以教育理念引導尊德性之學（註二），又以尊德性之學帶領古代學禮之綱維，決非一純粹的談心談性之學，他事實上是一種『人性的學政』——人性普遍的道德生活之建構，經由政教合一、道德與教化一體中達成『明明德於天下』。當然，如果以追求聖賢人格的觀點來看，朱子追求的是孔子的仁、孟子的善，而所用的方法却是荀子的『積學』，他決非一個純粹追求先天之仁與善的聖徒，而是一個以後天積靡成山河的小小川流之穿透力來逼近先天自體，最終才一躍而上，上達天道的聖者，他實際是一個充滿夢想而多角度開拓人性荒原的理想主義者。

壹、人性原是在氣質之性中成長

教育是從那裏產生的？學禮是從什麼基礎建立的？道德的講求是爲了什麼理由？答案是：教育是爲了引導人性走向完美，開發人類潛在之良知良能；學禮的基礎建立在人性，人性必須靠道德的講求發潛德之幽光；而『尊德性之教』正是引導人性走向完美，開發人類潛在良知良能，由人性基礎建立天理之光的道德教育。

上古之時，『百姓不親，五品不遜』（尚書舜典），至於『飽食煖衣，逸居而無教，則近於禽獸，聖人有憂之，使契爲司徒，教以人倫：父子有親，君臣有義，夫婦有別，長幼有序，朋友有信。』（孟子滕文公上・亦見於朱子學禮學義篇），朱子承此而言：

蓋五者之理出於人心之本，然非有強而後能者，自其拘於氣質之偏，溺於物慾之蔽，始有昧於其理而不相親愛不相遜順者，於是因禹之讓，又申命契仍爲司徒，使之敬以敷教，而又寬裕以待之，欲其優柔浸漬以漸而入，則其天性之眞自然呈露，不能自已，而無迫切虛僞免而無恥之患矣。（文集六十五・雜著・尚書舜典）

朱子處理人性問題，不純自性善一點著眼，而是將人的存在界中一切可能發生的矛盾一併歸爲考慮範圍，將人性問題最乖劣部份列入人類的社會教育來處理。他赤裸裸剝落了人性外在的矛盾與乖劣，直指人心之本，引起你對道德生命的感情與精神嚮往——人是親愛精誠的，但人也是自私自利的，每個個體都是獨一無二的價值，唯有經由溫潤的教化，人才能立於自己的價值之上與他人作生命的交感，才能將人性固有之德固有之理如實帶出；可是這一番教化勢必碰觸到每個個體內在的尊嚴，與各自的氣質之型，這個碰觸是否幸或不幸，要看朱子究竟如何通過人性普遍的『氣質之偏』與『物慾之蔽』，將天性之眞自自然然揮灑，回到人與人之間的慈愛與眷顧。

朱子原是一個存在的感受者，一方面他肯定人稟受天理以頂天立地，人人各有一太極（註三），人是完整圓滿的，人是莊嚴偉大的；然而人既生而可敬，也堪憂慮——人的形質之構成中造成了各個人之氣質，此氣質之型造成了各人領受天理時個性的通孔，通過此一有限的通孔，感知各人之天命，成全各人之天理，此謂之『氣質之性』（註四）；換言之，人性自受於天理而言是圓滿完整的，但自各自稟受個體特質而去實踐天理而言，則可能因有氣質所稟之清濁，道德實踐上有不充盡之虞。因之，『氣質之性』也許恰能如其本份地接引天理之光，於通孔之中感受宇宙之美陽光之耀眼，但也許各個人之『氣質之性』却是天理的浮光掠影、人欲的斑斑嚙痕，陷溺的想爬升而又不足的無力感陰沈沈的籠罩我心，然則『氣質之性』實堪憂患，朱子言：

蓋自天降生民，則既莫不與之以仁義禮智之性矣，然其氣質之禀或不能齊，是以不能皆有以知其性之所有而全之也，一有聰明睿智能盡其性者出於其間，則天必命之以爲億兆之君師，使之治而教之，以復其性……三代之隆，其法寖備……人生八歲，則自王公以下，至於庶人之子弟，皆入小學，而教之以灑掃應對進退之節、禮樂射御書數之文；及其十有五年，則自天子之元子衆子，以至公卿大夫元士之適子，與凡民之俊秀，皆入大學，而教之以窮理正心修己治人之道，此又學校之教大小之節所以分也……其學焉者無不有以知其性分之所固有、職分之所當爲，而各俛焉以盡其力，此古昔盛時所以治隆於上，俗美於下，而非後世之所能及也。（大學章句序）

由於『氣質之性』的考慮，朱子於人的有限與不足之前提下，提出了『治而教之，以復其性』的構想，以爲惟有通過教育（小學與大學），人才能正確的永久的不變的尊德性，此義即：設定一套倫理生活，一套完美人性的道德生活，使人性於生活中俯仰之間內外之際全是善的感受，潛移默化，日久則習與性成，人欲日消，天理日明，剖出人性之初，抉發那一點眞心，達至天人合一時那全體通明的境界，完成『仁義禮智乃天之所予我，我正恰如其份知其所有，實踐所有之性』的終極理想——此番以『明善而復其初』（學而時習之一句集注）的歷程，即古代學禮——小學學室家長幼之節至大學窮理正心的進展，朱子試爲之討論其中人性的基礎，發現古之教化之道原是通過禮學架構以契接天理之光，如果能接引回人性存在之當下，則古之禮教本是可再創生的道德生活，人性必能經由『學禮』而重新流暢，與天地合其德。由是朱子於五十八歲完成小學書後，六十歲序大學章句，六十七歲那年建構了禮書學禮的教育理念，這一夙願也不過爲了接引人性走回那天人合一、人性猶然純穆不已、日光與地平綫交疊那一點大清明上。

即因人的性理是善，而人的存在却有氣稟與人欲之不能齊，所以雖有超越的主體，實有存在的憂患，因此朱子一轉落爲人性實質問題的討論，產生一種質感實感的尊德性之學，將注意力集中於『氣質之性』的問題上，則引生了一項新觀念：人性原是在氣質之性中成長，氣質成全了才能談性理之全盡。朱子言：

「學之爲言效也，人性皆善，而覺有先後，後覺者必效先覺者之所爲，乃可以明善而復其初也。」（學而時習之集註）

又於『有教無類』（衛靈公）句下註云：

人性皆善，而其類有善惡之殊者，氣習之染也。故君子有教，則人皆可以復於善，而不當復論其類之惡矣。

又於『子曰性相近也』一章（陽貨）註云：

此所謂性，兼氣質而言者也。氣質之性固有美惡之不同矣，然以其初而言，則皆不甚相遠也，但習於善則善，習於惡則惡，於是始相遠耳。程子曰：「此言氣質之性，非言性之本也，若言其本，則性即是理，理無不善，孟子之言性善是也，何相近之有哉？」

吾人可由以上文字疏解出幾個觀念：

之一．朱子『學』之目的，爲復其初——性善作準備，顯然是一道德教育。然而朱子何以不能自人性之開端即肯認人性善，即具有爲善之可能，而必藉『學』以『覺』。以『覺』而『明善』？善之完成於其思想中似是一『學』之工夫所歸趣，而不可能一發即成；換言之，由『學』至『明善』，再漸進至聖賢人格境界，此中之歷程顯然是一曲折的、漸進的、漸修的、曲成的工夫，至最終極那一點時，則不當復論其類之惡。

之二・此中之歷程暗示：人性本善，而其類有善惡之殊則因『氣習之染』——後天環境之殊成爲必然之命限。所以，須經過『有教』以成德，從學習中學到『成法』——過去聖賢人格典範之啓廸，而自『成法』中得善之教訓與啓示，窮其理，熟悉價値取向，以護住心性。經過此一客觀外來之外鑠，向內在之善源逼近，由此引導誘出心靈深處對於生命的感動，感動即是『覺』，以此感動點化整個心靈爲至善。可見一切教育之力量，皆是爲了讓人性的自覺能自力自動效法先覺者，而自我明善。總之，朱子是先教善，然後再復初。

之三・朱子所謂人性皆善之善，是一種性理之善，是超越於人之物質世界之上者。性理之善固人所具有，然無絕對保證必被實踐或完成。至於朱子曾言善人之善則是一種『質善』（鄉黨・子張問善人之道章集注），所謂氣質之善則是人才性氣質中較清明者，人可通過此通孔以踐性知天，即此爲學以成德。而所謂『氣習之染』之善，則是善之第三義，此爲不自覺地於客觀環境中受遷移之善，是外在所加諸人而造就者，於人之學力足夠時或能轉成自覺之善、氣質之美，則與氣質之善同。即謂人先天本具有善理，而於後天教育環境中始被教育力量引出善性情，其初爲不自覺的道德行爲良好習慣，其善無自體獨立義，而朱子不放棄此種由後天學習向先天善源逼近的方法，也一併歸於氣質之善——改變氣質以最謙卑的手法來調整人性，即以荀子『勸學』、『積善』法（註五）夾輔人性之義理根源。凡此善之三義，朱子綜合成一『學禮』，以先天本具之性善揭明教義，而以氣質之善勉人受教，以氣習所染之善性塑造人性，而開展了一個再創人性之新觀念下的新學禮。

貳、小學之理據：童蒙貴養正

學禮學義（禮書卷九）教學之序一節，爲小學之教找到工夫根據——孔子曰：「弟子入則孝，出則弟，謹而信，汎愛衆，而親仁，行有餘力，則以學文。」（學而）可見小學之教首重孝弟親仁，原是一樁實踐的生活的倫理的學習，而小學書卷一立教、卷二明倫、卷三敬身，以及學禮二（弟子職）、三（少儀）、四（曲禮）等篇，皆是爲此倫理生活立一細節，以使童蒙循是而事親事師事長，此學習細節中有朱子之理念，今爲之探析如下，朱子言：

童蒙貴養正，孫弟乃其方，雞鳴咸盥櫛，問訊謹暄涼，奉水勤播灑，擁篲周室堂，進趨極虔恭，退息常端莊，劬書劇嗜炙，見惡逾探湯，庸言戒麤誕，時行必安詳，聖途雖云遠，發軔且勿忙，十五志于學，及時起高翔。（文集四・齋居感興二十首之十八）

『蒙以養正』原是易蒙卦之義理根源，而朱子一筆帶入小學之教中，而養正之細節全是灑掃應對進退、事親事師事長的禮數。所謂『蒙以養正』，正如一座亢立之山，山下被引接出一道清泉，象人性本善；然其流有清有濁，因爲流程中塵土滲入，氣習染其汚而色濁，於天理之光照射下，濁者須加澄治之功，使復其初，方能清澈見底。朱子自卦象悟入道德本體，以爲童蒙是一具體而微的聖人雛型，人性之教育需先消磨其飛揚倔強之氣，使其心性甘於服從禮節，而後開展出幼年之道德倫理生活——

孫弟以事長，灑掃以養勤。此顯然涉及一個問題：何以人不能於當下見證人的性善，而必待教育以養正，始能養其德行而行其德性？換言之，人性必待教育始有道德氣質與道德實踐；所謂道德氣質，或道德實踐，一部份來自天理之光與氣質之善，而一部份則須就各人之氣質之性中加以氣習之養，始能成全氣質，使人於氣質之性中成長，此種理論似來自荀子『禮以養人』（註六）的觀念之啓示，朱子言：

古人設教，自灑掃應對進退之節，禮樂射御書數之文，必皆使之抑心下首以從事於其間，而不敢忽，然後可以消磨其飛揚倔將之氣，而爲入德之階。（文集六十三・答孫仁甫之二）

又言：

蒙以養正，聖功也。蓋言蒙昧之時先自養教正當了，到那開發時便有作聖之功。若蒙昧之中已自不正，他日何由得會有聖功？（語類七十・易六・蒙・淵）

自表層結構觀之，朱子憂慮人之浮燥之氣如散騎四出，心無所主，所以必以灑掃應對禮樂之節規約行爲，凝歛其心智，此非僵固生命，而是先教善，再復初，將一切可能有之飛揚倔將之氣性減而又減，直至伏其心性於孫弟與播灑之中，此中多少含有強制性質，童蒙自身實際上沒有自由意志與自由主體，只可能有聖賢人格之雛型的意義，整個生命之銳氣與創造力全幅平息於一正常教育之下，其中用意也只爲了自正常教育中使童蒙甘心向學，爲未來生活作準備，待準備工夫日益美善，則大學之教便自自然然呈露它的意義它的內容。事實上，朱子既言『人性皆善，而其類有善惡之殊者，氣習之染也。』（衞靈公有教無類章集註）又言『君子有教，則人皆可以復於善。』（同上）可見人性待教而明善：人之最初蒙昧之時之善底清泉是一不夠充份有力的條件，因流程中有善染惡染並不可預知，所以『蒙以養正』的理論一方面是爲了積極涵養德性，消極的來看，也是爲了『惟捍其外誘，以全其眞純。』（周易本義蒙卦）能於最初多作積極性的養正、消極性的捍其外誘，往下之發展便能多作善底掌握。進而言之：所收斂者是一表面層次的人性浮燥之氣，並非根源底道德創造力。所以待其成長後，小學中強恕而行並不會降低其大學之道中創發之能力與道德勇氣，且相反相成——收斂其表面浮燥之氣，正爲培育其根源底貞定與威重，使其內在根源得以排開習染（指不善之染）順遂自長。所以又言：

古者小學已自養得小兒子這裏定已自是聖賢坯璞了，但未有聖賢許多知見；及其長也，令入大學，使之格物致知，長許多知見。（語類七・小學・節）

正因『蒙以養正』的論據，朱子於小學階段只許以實然的經驗——重涵養性、實踐性，而不許以抽象深奧高遠之理，而帶出了另一主張：先涵養，後窮理，其於論語集註子張篇子夏教門人章，贊同灑掃應對進退當爲小子之學，其言云：

學者所至自有淺深，如草木之有大小，其類固有別矣，若不量其淺深，不問其生熟，而概以高且遠者強而語之，則是誣之而已，君子之道豈可如此？若夫始終本末一以貫之，則惟聖人爲然！

又言：

古人初學只是教他灑掃應對進退而已，未便說到天理處，子夏之教門人專以此……只是要他行矣而著，習矣而察，自理會得，須是匡之直之輔之翼之，使自得之，然後從而振德之。今教小兒若不匡不直不輔不翼，便要振德，只是撮那尖利底教人，非教人之法。（語類四十九・子夏之門人小子章・淳）

天命非所以教小兒，教小兒只說箇義理大概，只眼前事，或以灑掃應對之類作段子亦可。每嘗疑曲禮：『衣毋撥，足毋蹶；將上堂，聲必揚；將入戶，視必下。』等叶韻處，皆是古人初教小兒語。列女傳孟母又添兩句，曰：『將入門，問孰存。』」（語類七・小學・淳）

究竟朱子爲何不於最初教人即教以性善之理，而必待小學之教強固之道德行爲基礎奠立後，方始教以天命之理？其實朱子全以人類普遍的教育程序而著眼，是一種以教育理念引導道德成長的主張：就人單純的個體而言，人是應先挺立性理之善，使其直貫人心之善，人才能有一深厚的性善根源可自覺，但就人呱呱墜地到長大成人接受教育而言，人類有一段頗長而依賴父母親的孩提時代，這段年齡，也許可以告訴他人性本善的故事，使其自我啓發善性情（如小學書善行篇），却不能直接點覺他內在中那超越的天理（朱子以爲性善不單是證明人性之善，而根本是整個天道人心的整體洞視，需有智慧開索之功，及格物窮理之條件，非童蒙階段可爲之事），那不是一樁生活中理智能懂的道理，更不是實質的感官經驗所可觸及之理，我們只能憑藉一些生活裏平凡的瑣屑的善的暗示——例如舜的大孝終身慕父母，傳達至孩童的心靈，使其感動使其興發追求道德美的人生，此即『蒙以養正』理據的根源理由，也就是：人性之教化需先涵養德行，再窮究其背後原理，所以又言：

古者初年入小學，只是教之以事，如禮樂射御書數及孝弟忠信之事；自十六七入大學，然後教之以理，如致知格物，及所以爲忠信孝弟者。（語類七・小學・驤）

灑掃應對是小學事，精義入神是大學事，精究其義以入神，正大學用功以至于極致處也。（語類四十九・子夏門人章・寓）

如果我們撥開小學之教強制性質予人的約束感，直入『蒙以養正』的觀念裏涵泳，當可發覺：小學之教所顯發的善良性格其實是與於穆不已的天德相呼應的，天德創生一切宇宙生命既有之意義，賦予生生之德，正如同童蒙於教養正當的軌跡中亭亭秀立；如果於小學之教中能甘於禮教之莊嚴與刻苦，一經貫通其內在精神，便可發現：天理的秩序正是禮的秩序，禮教不過是天道的具體落實，於此貫通吾人之道心，不正是由小學具體之事進入大學精義入神的歷程？因爲一切極卑之禮事畢竟全是『天理之節文』（顏淵問仁章集註），是以小學之涵養工夫是有天理爲根據的，此根據必待大學之教始得以探悉精微，但問題即出在朱子立教之義雖有此內涵，而於教義本身之過程却未醞釀出一個足以使小學工夫落實爲自覺的作道德實踐，而非只是空頭涵養了一副善良好情性與不自覺的道德行爲，即因此『蒙以養正』徹頭徹尾是一種外鑠而待內化的道德習慣，所以此種道德行爲最易落入『空頭涵養』之危機（註七）。依朱子本意推論：小學之教原是一椿淺近的身體力行，爲大學之教作一種進入深刻主體自我覺悟的預備工夫，以求外在儀節與內在主體合一，下學而上達，掌握道德理念步步爲營，一步步逼出道德我。朱子言：

古人只從『幼子常視毋誑』以上，灑掃應對進退之間，便是做涵養底工夫了……但從此涵養中漸漸體出這端倪色，則一一便爲己物，又只如平常地涵養將去，自然純熟……蓋義理，人心之固有，苟得其養，而無物欲之昏，則自然發見明著，不待別求，格物致知亦因其明而明之爾。（文集四十三・答林擇之書之二十一）

蓋理義以養其心，聲音以養其耳，采色以養其目，舞蹈降登疾徐俯仰以養其血脈，以至於左右起居盤盂几杖，有銘有戒，皆所以養之之具可謂備至爾矣。夫如是，故學者有成材，而庠序有實用，此先王之教所以爲盛也。（文集七十四・諭諸生）

朱子所謂『涵養工夫』，非人之主體於日用間靜心體會性善義，而是一種教育上由外鑠——禮樂射御書數、孝弟忠信之教，到內化——存養既熟根基深厚而一躍爲道德氣質的道德教育，也就是將人之日常行爲與客觀環境作一種『道德生活』的安排，使童蒙心性感受『禮』之美育與德育，而自然合於『仁』之條件。當童蒙把生活教育中一切禮節秩序，與規則，都納入自己身心之中自然而然循規蹈矩，不覺得有任何束縛感，也不勉強也不做作，宛如一種習慣，一種慣性，也就是他自身已產生了一種力量——自治力，此自治力便是社會教育之基礎。所以朱子小學書與其學禮之二、三、四卷皆有爲童蒙教育安排『道德生活』的理念，此種『道德生活』不是道德實踐的第一義，却是通向『仁』之表現的必然條件必備條件。

綜括而言，朱子認爲童蒙自身無辨知能力，只有感官之主觀接受與排斥，不能自覺作善惡之抉擇，所以只能以涵養德行與下學工夫來使之習性優美——就是一種雕塑人格的教育手法，以外在環境的高尚烘托出一優良之氣氛，使之潛移默化，習與性成；換言之，只要將性善蘊涵於週遭善良之環境即可，他自會感受自能學習，自能內化為楷模，自能塑造自我之典範。當一切生活都有了規律法則，習性已美，使之進入大學，將孩提時曾有的生活經驗，藉讀書窮理漸次析離其中之文理，使其曾經整體渾融涵養的童年剔開一線天窗，讓眞理之光線透視進來，展現紋路與意義；此時一切皆有了詮釋，有了成長之滿足與欣悅，再加以格物致知——求宇宙一切眞理，與求自我生命之理，以使生命有根源，人格教育與知識教育打成一片，一個道德的知識人、道德的『大學人』一躍而出。

叁、大學之理據：十五志於學

朱子於學禮學義（禮書卷九）教學之序一節，為大學之道找到禮教根據——孔子曰：「與於詩，立於禮，成於樂。」（泰伯）所謂詩、禮、樂，意指某種人生境界，而與、立、成則是引發這三種境界的進路，朱子言：「此三者非小學傳授之次，乃大學終身所得之難易先後淺深也。」此中有朱子對人性成德之教的理念，以下試述之：

孔子曾經無限感動地說：「吾十有五而志於學，三十而立，四十而不惑，五十而知天命，六十而耳順，七十而從心所欲，不踰矩。」（為政）這自述裏純是聖人於求道之歷程中個體內在的訊息，通過六個層次不斷逼近內在中那超越的聲音——性體是一個內在而超越的生命，在內在世界裏呼喊，聖人起一種奔赴的情懷，嚮往道德境界，以一路上不斷內聚的智慧，向生命內部、生命形而上層作一開索之功；即便在這追求中，天道於人之存在裏所喚起的莊嚴感，予人一種不斷提昇自我的仰望與信念，最終天人合一，呈顯了聖心（註八）。而就在這一條心路歷程裏，朱子掌握住了三個要領：

之一・朱子言：「古者十五而入大學……此所謂學，即大學之道也。」（爲政集注）其以爲孔子成德之歷程是經由古代學禮制度（即教育之道）而造就，爲何朱子要將聖人『志於學』這樁生命的學問解爲：『志於大學之道』？事實上，孔子於論語一書從未言及大學制度，他的志學是志於學習歷史文化，建立人文理念，與學禮制度並無關係；然則朱子學禮觀念從那裏來的？

尚書舜典與孟子滕文公皆曾言及古代有司徒之官，教化人民於五倫之道秉守綱常，孟子且言：「設爲庠序學校以教之……皆所以明人倫也。人倫明於上，小民親於下。」這是第一條線索，往下到漢儒之禮記，學記言：「古之教者，家有塾，黨有庠，術有序，國有學。」王制更言：「小學在公宮南之左，大學在郊，天子曰辟廱，諸侯曰頖宮。」不但從中央到地方都有學校，且大小尊卑之制度顯然階級森嚴。至於修學程序，內則言：「六年，教之數與方名。七年，男女不同席，不共食。八年，出入門戶及即席飲食，必後長者，始教之讓。九年，教之數日。十年，出就外傅，居宿於外，學書計，衣不帛襦袴；禮帥初，朝夕學幼儀，請肄簡諒。十有三年，學樂誦詩，舞勺。成童，舞象，學射御。二十而冠，始學禮，可以衣裘帛，舞大夏，惇行孝弟，博學不教，內而不出。三十而有室……四十始仕……五十命爲大夫……七十致事。」此不特將修學程序依次開展，而且將人生全部歷程與教育程序作一結合，顯然是一種政教合一，倫理與學禮合一的思想。其中成童指十五之齡的少年，自十五至四十，這中間有一段頗長的進德修業時間，至四十之時德業俱入佳境，生活經驗足夠，始可擔當政治事務。然此修學程序是一普遍教育原則，基本上，貴族教育與萬民教育的內容仍然有別，在貴族教育中，八歲入小學，學小藝，履小節，業小道，所學有六甲五方書計之事，始知室家長幼之節（註九）；十五入大學，學先聖禮樂，知朝廷君臣之禮，踐大節，踐大義，業大道（註一〇）。至於萬民教育，周禮地官大司徒言：「以鄉三物教萬民，而賓興之。一曰六德：知、仁、聖、義、忠、和。二曰六行：孝、友、睦、婣、任、恤。三曰六藝：禮、樂、射、御、書、數。」六德與六行顯然是道德教育，而六藝則是謀生教育。即從以上種種古代學禮制度之史料裏，朱子掌握住了一個小學之教、一個大學之教兩個觀念，將所有史料所寓之內容分派到小學與大學之教義中消化，也就是將史料作了一項理念上的整合，而但取『立法大意』（註一一）而已。換言之，朱子有意將古代大學之道與聖人志學作一結合，造成一種孔子式的大學之道，或一種學禮式的聖人之學，以此聖人人格提撕大學之道。又言：「吾十有五而志于學；古人於十五以前皆少習父兄之教，已從事小學之中以習幼儀，舞象舞勺，無所不習，到此時節，他便自會發心去做，自去尋這道理。」（語類二十三．子蒙）朱子所指，即是十五以前從事小學之事，將人的情性收束於道德規範裏，由外鑠的他律的父兄之教中，爲大學之道作預備工夫；而十五以後即從小學之事中尋出道德理由，自己發心作一種自律的自我人格教育，啓發了一道德氣質、道德意識，所以又言：「十五志學一章全在志於學上，當思自家是志於學與否？學是學箇甚？

如此存心念念不放，自然有所得也。」（語類二十三・季札）。

之二・朱子以爲人生自十五開始，是一種脫離小學時代——習慣性不自覺的好行爲，進入一個自覺的智慧開案之階段（當思自家是志於學與否？學是學箇甚？請注意『當思自家』有自覺意），其開索智慧之源的方法是：對於『理』這個本體做不斷的逼近的掌握，以及疊進的認知與實踐，使吾人生命中一切接物之間全是『理』——道德生命的激揚，使吾人于自我生命日日燃生著『理』——道德生命的三省，而『窮理盡性』便是朱子對生命的最大期待了——

「窮理只自十五，至四十不惑時已自不大段要窮了；三十而立時便是箇鋪模定了，不惑時便是見得理明也；知天命時又知得理之所自出；耳順時見得理熟；從心所欲不踰矩時又是爛熟也。」（語類二十三・榦）

當我們仰觀天、俯看地，天地萬物生生不息，其中歷經無數寒冬大雪，終不能冰封我們想使生命抽芽璀燦的渴望，霜雪大地啓示吾人在無情天地之背後，原有等待有情天地之期望，儒者掌握的便是那一點生生之意，朱子言：「某謂天地別無勾當，只是以生物爲心，一元之氣運轉流通，略無停間，只是生出許多萬物而已。」（語類卷一・道夫）但這一點能生生不已的道理爲何？儒者思索此宇宙生成之理，將此一生成之理還原至萬物個體上推敲，又從各個物體上還原宇宙生成之理，一個大的『理體』在宇宙生成萬物之源中，而各個小的獨立的『理體』賦生在各個形質之物體裏，理與氣質打成一片，而各自成就各自獨立的『理』，而此一各自成全的『理』事實上是根源於宇宙生成之理；換言之，萬物與吾人皆同承受此理而成長，所以朱子言：「太極只是一箇理字。」（語類卷一・人傑）又言：「合天地萬物而言只是一箇理，及在人，則又各自有一箇理。」（同上・夔孫）於是從十五志學開始，吾人便將天地萬象之表相迸裂撕開，單單探入那深層的奧秘的理體，作一智慧之旅、心靈之遊，此種默契理體之歷程，直到三十歲小有心得，而能立能守；到了四十歲，已能「於事物之理幾微之際毫釐之辨，無不判然於胸中。」（或問）至五十歲時，天道賦予吾人性命之理——這一點已能上契之，所以又言：「蓋天道運行，賦予萬物，莫非至善無妄之理而不已焉，是則所謂天命者也；物之所得是之謂性，性之所具是之謂理，其名雖殊，其實則一而已，故學至於不惑，而又進焉，則理無不窮，性無不盡，而有以知此矣。」（或問）到此時節，往下之歷程，「如春融凍釋」（或問）天理之光全然涵攝了一切生，吾心所關愛之一切遍攝吾人心中那點生生之意，萬物生生之意與吾心之愉悅互相激揚此天命之理——道德生命的互相感通，而此道德生命之照見原是天理之光的內聖而外王，世界到此沒有紛爭怨恨，只有和平，人格到此，便能「聲入心通，無所違逆」（集註六十耳順），更能「大而化之，心與理一，渾然無私欲之間而然也」（七十從心或問），且「隨其心之所欲，而自不過於法度，安而行之，不勉而中。」（集註七十從心）我們可由其中看出一點消息：朱子將人格成長以心智成長之手法為進路，將人格教育看待為智慧歷練，隨歲月增長，生命成長之疊進，而化其知識之外貌，熟而又熟，直探萬理內在而超越之原則，直探天理與人欲的精微處，道問學至是化為尊德性之學，心智之大清明於焉成功。剛開始是苦惱的、冒險的、有痕跡的，最後却是平和的、平常心的、不見痕跡的，由粗開之本質磨礪爲渾然圓潤之本體。今試爲一圖以詮釋此『窮理盡性』之義涵：

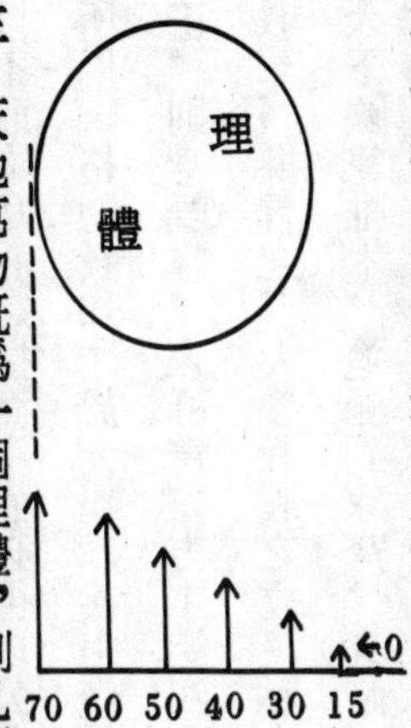

理 體

70 60 50 40 30 15 0

之三・天地萬物既爲一個理體，則凡萬物莫不有理，莫不是理體所賦予，物物各有其生成之理，通過其氣質而成全其性理；既然萬物各有氣質之性理，各有其氣質之性的型態，則吾人爲求人我、物我之感通交流，與客體生命相融而不相隔，必得要放下我的成見，打破個體表相之氣質，探入其深層結構，追究其各自的獨特的價值，而不與之相違，互能尊重契合彼此各自的生成背景，此即吾人入世第一課題——事實上朱子是一個相當重視人在這世界上自我的位置，自我行爲的當否，是否足以及物潤物，也就是說是否能事事與他人之生命求得一和諧（註一二）。而小學之教所辛苦營建的禮教系統，到此刻便需待大學之道以探悉精微，求得一道德理由；而此『求得一道德理由』的方法便是『致知在格物』——我們需求『知』，求宇宙之理、人我之理、自我生命之理、自我實踐之理，朱子言：

> 理有未窮，故其知有不盡，知有不盡，則其心之所發必不能純於義理，而無雜乎物欲之私，此其所以意有不誠，心有不正，身有不脩，而天下國家不可得而治也。昔者聖人蓋有憂之，是以於其始教，爲之小學，而使人習於誠敬，則所以養其德性，收其放心者，已無所不用其至矣；

及其進乎大學，則所謂格物致知云者，又欲其於此有以窮究天下萬物之理而致其知識，使之周徧精切而無不盡也；若其用力之方，則或考之事爲之著，或察之念慮之微，或求之文字之中，或索之講論之際，使於身心性情之德、人倫日用之常，以至天地鬼神之變、鳥獸草木之宜，莫不有以見其所當然而自不容已者，而又從容反覆而日從事乎其間，以至於一日脫然而貫通焉，則於天下之理皆有以究其表裏精粗之所極，而吾之聰明睿智亦皆有以極其心之本體而無不盡矣。

（文集十五・經筵講義）

此段議論延續前之二而來，『窮理盡性』是朱子對大學之教最大的期望，而欲達至『窮理盡性』的方法則是『格物致知』；而『格物致知』的目的是爲求窮究天下萬物之理，以推致到事物之理的極精處，一旦理的精微能掌握，則外至天地鬼神鳥獸草木，內至身心性情人倫日用，都能知所當否，知其存在之理由，吾人以吾心對應之，則知天地萬物原有一個普遍的共通的存在之理，一個公天下的理，吾人是以不敢有私心之揣測，而必得以公心來對應之，如是吾人自然所發意念所動心慮一一皆是誠意正心。所以『格物致知』於大學教義中僅爲一求知之方法，而誠意正心才是一個人最重要的主體，主體能誠正，則身既修，家可齊，方才能四十而仕，於社會國家體系中建立一個性行端正的『社會我』、『政治我』；換言之，大學教義之立足點本來就是爲求一個從裏到外都乾淨的政教人才而設論，所以才會自天下國家推本，追溯到家齊、身脩，再追溯到一個個體獨立的意義——正心、誠意，但問題即在：一個個體之獨立意義不只在其內在之誠正，也在其外在行爲之是非，他的一意一心所發不只有個人之意念，也兼受外界給予他的影響，所以內外道德價值交相往來之下，朱子考慮到『格物致知』必需有一正本清源的交待，必需在一個個體在其十五入大學時，向外知識探索，向內自我省察之始，便要掌握其正本清源的所有『知』。也就是在此一考慮的原則下，朱子以爲所格物理必關涉道德之理、所致之知必關涉道德之知，如是才能將天地萬物作一道德創造，以提昇吾人日日在庸庸碌碌的生活間所淪喪的道心，而能去人欲，發道心，使心之所發行之所止皆是義理，所以又言：「知至而后意誠，須是眞知了方能誠意；知苟未至，雖欲誠意，固不得其門而入矣。惟其胸中了然，知得路逕如此，知善之當好，惡之當惡，然後自然意不得不誠，心不得不正。」（語類十五・大學二）此中『眞知』二字有意別開『良知』，不與當時陸氏言論同，但事實上此『眞知』不可能僅是知識上的判斷，而隱約透露著有良知判斷意味，而朱子竟是以一種求知的態度給處理掉了，造成其學術中常有遺落大本的感覺。換言之，格物致知可以是一項往外求知探索的工夫，但此工夫又不得不爲一項本質上良知判斷的自覺工夫，因爲人不可能僅靠一個單純的求知而作道德判斷，人必得要有根本的知是知非之良知，人才有可能對格物致知作一道德創造，否則必將落爲知識的瞎摸（註一三）。就在此點上，朱子賦予了『格物致知』必得有道德之感覺，却又沒有正視建立良知大本對於『格物致知』的重要性。

我們以爲：朱子的『格物致知』顯然是一『致道德之知』，而非求泛泛外界的客觀知識。從求知本身而言，求知以輔助我們下道德判斷，是一輔助工夫；但從求知當下時時刻刻要求反省自身是非而言，則求知是一整合道德知識爲道德觀念，輔助道德實踐，以求吾心的自慊與安定，又是一項本質工夫，所以又言：「須知即此念慮之間，便當審其自欺自慊之向背，以存誠而去僞。」（文集六十三・答孫敬甫之六）又言：「意誠後，推盪得查滓靈利，心盡是義理。」（語類十五・閎祖）又言：「誠意方能保護得那心之全體。」（同上）可見『格物致知』是一求心安的工夫，而『誠意正心』則是『知至而后意誠』的到達。一旦理體全幅意義展現於吾人生命中，知天之所賦予吾人者爲何，則性理通透，行事當否全依天理之光而通達，如是吾人方可自謂——吾生可以心安矣自慊矣一於善矣。

但格物致知本身無論求內在之性理，或求外在之道德規範的知識，畢竟是一稍隔一層的本質工夫，一項主體——我，與客體——人，兩者相融的相知，而非一自體當下見證良心自立的直覺體證工夫——即因此故，朱子於認取價值觀念時常需經過一段艱辛辯證的歷程，以使價值觀念與我心相融而不相違，而格物致知有一部份力氣便花費在此辯證而脫然的工夫上。此中之手法便是有一段從自然之物體證道德之理，而建構爲『道德物』的轉程——

原來天地萬物既是由理體賦予其性理而生生不已，則此生生不已的原動力必是一生生不已的創造——此創造是天道仁覆萬物的道德創造；進而論之，天地萬物既是由生生之德所賦予其生氣，則生生之德原是天地間自然而然的一種道德化育，天地萬物即是此道德創造、道德化育之中所創生的『德體』，是以萬物自身即爲道德之物——『道德物』，萬物自身於當下便有一潛在的道德理由而存在著，吾人必知其存在之道德理由，以認知之、探索之、進而人我或人物彼此之性理互相體知，體知彼此之價值，知道宇宙間有一公天下的理——萬物各有其理，吾人是以有一公心去對應之，是以相融而不相違，共同止于至善之相知——可見吾人求此道德物各自的理即是一種『致道德之知』『建構自然之物的道德之理而成就爲道德物』的歷程，在此轉換自然物爲道德物的歷程中，一種欣悅的道德生命之激盪於焉興起。另一方面，即使我們不去理會外界萬物是否有其生存上的道德理由，即使自然之物本身不是道德之物，但因一切窮理行爲本身最終極處皆須將外在之知識還原爲理，還原爲道德知識——例如討論萬物中本具的理（語類四：「蜂蟻之君臣」「虎狼之父子」「鳥之知孝，獺之知祭，犬但能守禦，牛但能耕而已。」）將之凝聚爲一『道德知』——萬物各有孝慈忠義之道，人之人倫則是萬物中最具慈孝者，將此引入吾人生活觀念裏，結果自然之物即在吾人體知其理的當下，成爲一『道德物』，此種求知之中已帶有人的價値判斷，由是吾人生活中乃時時有道德經驗之觸及，此即格一物而致一眞知，而產生一道德體知心，體知一切存在的意義，吾人是以在行爲裏處處充滿了道德自省。由是而言，格物致知本身不得不爲一道德心隨時發用的體知主體，此主體非孟子性善原義，而是必需靠許多內外道德觀的夾輔才能成就的眞知心——一個依靠外界給予你反應與批判，使你慢慢自我修正行爲，將自己的行爲慢慢與他人一同合理，慢慢逼近本質逼近『理』——仁、義、禮、智四項標準的本質工夫。此種工夫是蛻化來的，是積漸而明的，是取了荀子『眞積力久則入』（勸學）的方法，朱子言：

積習既多，自當脫然有貫通處，乃是零零碎碎湊合，將來不知不覺自然醒悟，其始固須用力，及其得之也，又却不假用力，此箇事不可欲速，欲速則不達，須是慢慢做去。」（語類十八・大學五・人傑）

由於從道德體知萬物之道德理由，在漸次積累道德經驗之間，將各個經驗之內容一一消化一一剝落原來探索歷程裏的沙石，最後脫去痕跡，蛻化出一道德知，再經此道德知自我不斷辯證，時時以此德智指點求知之行爲，將德性之知與見聞之知不斷牽引到一個『理』的境地，費力的考慮與修正，成爲純粹堅固的『眞知』——合於仁義禮智的標準，此時『衆物之表裏精粗無不到，而吾心之全體大用無不明矣。』（大學補傳格物致知之義）

綜括而言：格物致知於知識範疇上而言，是人之智識層面認知的運作，是一種知識的力量；但於朱子所體知的——萬物爲道德物、凡物之理有其道德之理、認知萬理原是體知道德之理、體知道德之理日久積漸蛻化爲一道德知、道德知日久蛻化爲一眞知、知至而后意誠心正種種曲折的積靡的歷程看來，則求道德知本身，知識即良知即道德，心體不只是認知道德標準的工具，也是體知道德的主體——雖然這一段路走得太幽深曲廻。而此一求眞知的工夫，它的任務在於將小學之教逼顯出一個形上理由、道德根源，語類四十九有一段記載言：

問：「灑掃應對是其然，必有所以然，所以然者是如何？」曰：「若無誠意，如何灑掃應對？」灑掃應對只是小學教義裏當然之事，至大學之教則指點出童蒙能甘於禮教之理由——在於吾人心中原有那一點眞良心的『誠意』，即此『誠意』是人所本有，所以大學之道中格物致知才有可能成爲一種內外雙修的道德體知心，而不致成爲純向外探索的認知道德標準心。

以上三項要領既經朱子之掌握，而後大學之教的義理根源才有一充份說明，而能有一興發於詩、立守於禮、成德於樂的三種境界爲其進路，此三境界經朱子之創造，而豐富了其義涵：

子曰：「興於詩，立於禮，成於樂。」（泰伯）

詩本來是人類感性的昇華，本來是性情的流露，也許是偉大的莊嚴的情操，也許是卑瑣的悲憫的呼聲，本來是作者個人想自我成全此番情感，獨力承擔此莊嚴此悲劇，不涉人間煙火是非，然於儒者之心懷看來：詩人寫下這一首詩篇，或這一篇文章時，他心中最核心那一點愛，到底是同情的，還是變異的？是淚中有光，還是只是灰暗的嗚咽？因爲文學不只是個人的，也是人性的，一種立於普遍人性喜怒哀樂的基礎之藝術，所以既有讀者與觀衆在接收你的訊息，你便不能不考慮文學的正面意義與負面影響，孔子曰：「詩三百，一言以蔽之，曰：思無邪。」（爲政），朱子更爲詩的意義（也就是文學的道德意義）下了一番分析：「詩本性情，有邪有正」（泰伯興於詩集註）又言：「凡詩之言善者，可以感發人之善心，惡者可以懲創人之逸志，其用歸於使人得其情性之正而已。」（爲政思無邪集註）又言：「其言近而易曉，而從容詠嘆之間，所以漸漬感動於人者又爲易入，故學之所得必先於此，而有以發起其仁義之良心也。」（泰伯興於詩或問）更將此番教義納入大學之教的第一步；從文學啓廸人生而言，朱子嘗試以『興發人之情性』的手法引導『大學人』自我開導一己之性情，將己心之中善的念頭、惡的情緒一一自我剖開，悄悄的慢慢的於自我剖白裏逗出天理與人欲之辨析，吾人於當下如實的對自我作一存在的分析，進而將性情引導爲興發向善的原動力——起一種道德情懷追求完美的人格境界，那是感性的道德嚮往，是人生第一步追尋的境界。亦即在此追求歷程裏，吾人如實觸及了人所不知己所獨知——那一點『愼獨』，於此清明自我之氛圍間，朱子言：「欲其察於隱微之間，必吾所發之意由中及外，表裏如一，皆以實而無少自欺也。」（語類十六・釋誠意・銖）又言：「誠意者，好善如好好色，惡惡如惡惡臭，皆是眞情，既是眞情，則發見於外者亦皆可見，如種麻則生麻，種穀則生穀，此謂誠於中，形於外，又恐於獨之時有不到處，故必謹獨。」（同上・節）所以又於詩集傳序（文集七十六）一文言：「察之情性隱微之間，審之言行樞機之始，則脩身及家平均天下之道，其亦不待他求而得之於此矣。」可見『詩教』本身根本是一性情主體在一種強烈內省生活間的道德情境，此情境朱子只暗示與大學誠意之教有關，却未直接於大學章句集註中將之貫通，吾人經由種種朱子言論之關係，而得知『興於詩』原來即是自我格物致知的進路——對自我作一存在的分析以進入自我的世界，進行自我之理的格致，所以朱子又言：「讀詩見其不美者，令人羞惡；見其美者，令人興起。」（語類四十七・小子何莫學夫詩章・節）文學到此已與道德生命連爲一體，通過一感性體知的心靈，文學將吾人帶離純浪漫情懷，而通向一唯美的人文理念，將道德生命至善情境與文學境界至美性靈結合爲一。復論『立於禮』——

禮的產生，最初只爲人性缺少孝慈之道，未將固有之親情適當表達，造成上古之時『百姓不親，五品不遜』（尙書舜典）；爾後聖人制禮作樂，制定了晨昏定省，人類於此禮數下，方才通過野蠻省得天性本有之慈孝，於是始由親情一倫繼續推擴至長幼之序、君臣之義、朋友之信、夫婦之順——儒者便在觀察天地之理與禮教之統後發覺：原來禮的秩序正是天地之理，禮者理也，不過是天地常態的落實，違此天則，即是私意即是人欲，朱子言：「禮者，天理之節文也。」（顏淵問仁集註，中引程子言『非禮處便是私意』）人文世界的理念有父子有夫婦，正如天地萬物各有反哺之道陰陽之理，更如天爲陽爲父爲男性之象徵，地爲陰爲母爲女性之象徵，而『禮』此椿教義便是要使吾人生活於常態裏，從生活教育一草一木間讓你走在一條時代的大方向中，共同爲當時之時代孕育一股整體流行的『禮氣』，古人相信此一禮的完成便可直參化育。由是，大學之教立守於禮，其中便有窮究禮教之理以格致一人文理念，以此人文理念而建立自我於時代中之位置與角色，朱子言：

世間之物無不有理，皆須格過，古人自幼便識其具，且如事親事君之禮、鍾鼓鏗鏘之節、進退揖遜之儀，皆目熟其事，躬親其禮；及其長也，不過只是窮此理，因而漸及於天地鬼神日月陰陽草木鳥獸之理，所以用工也易。（語類十五・大學・僩）

至於禮，則有節文度數之詳，其經至於三百，其儀至於三千，其初若甚難強者，故其未學詩也先已學幼儀矣。蓋禮之小者自爲童子而不可闕焉者也，至於成人，然後及其大者，又必服習之久而有得焉，然後內有以固其肌膚之會，筋骸之束，而德性之守得以堅定而不移，外有以行於鄉黨州閭之間，達於宗廟朝廷之上，而其酬酢之際，得以正固而不亂也。（泰伯立於禮或問）

十五志學之時正是人生情慾未發或初生之時，生命原始之動力此刻正蘊蓄了一股風浪，人子於此之時日日情緒糾雜起伏，爲人父母者如何導引此一顛沛時期，而使吾子提昇此浪漫心懷，孔子所言『立於禮』，朱子之觀照下——似是以禮教系統各各設置於人子之生活間，行其禮便窮究其背後人文理念，藉此穩定吾子性情，助其成長；其初可能勉強且費勁，至其探究到禮之美育與德育時，便能發揚原創生命力，予以自我突破——禮之美育與德育例如舞蹈、例如戲劇、例如射御書數，更如宗廟祭先師先聖之禮，於一藝教與禮教的雙重結合下，將吾子初發的情慾轉爲藝術的、禮教的原創力，蓬蓬勃勃地激揚；此刻，浪漫的生命便被人文理念所昇華了；爾後行之既久，所習愈艱深，所探之理愈接近『誠於中，形於外』的標準，吾子越來越能藉由禮而表達自我之情感，則內有以持守自我，外可以與人感通，杯酒交歡揖讓恭遜之際，整個人文社會便形成了一個堅定的『禮氣』，以參贊『天理之節文』矣。然禮原不只是外在之約束，實是由外在進入內在的古典戒律，再由內在向外在煥發的宗法性情，恰好是配合著小學之教——事親事長灑掃進退，進入童蒙的心靈，成爲其價値觀念；再由『大學人』的內在自我體認此禮之理，而暗契於此古典性情，而能得一超越的『誠』，以誠於中形於外。

再論『成於樂』。事實上，『樂』根本是人性喜怒哀樂之情最赤忸的宣洩，似一聲春雷打醒沈眠於庸庸碌碌之生中的人心，人心方才驚夢那一刻，儒者便提出了警告：當下這音樂是樂而不淫的？哀而不傷的？抑或是亡國之音？鄭衞之風？甚致還直截了當由『樂』的表相進入人生的省察，禮記樂記曰：「人生而靜，天之性也；感於物而動，性之欲也。物至知知，然後好惡形焉，好惡無節於內，知誘於外，不能反躬，天理滅矣。」（選入學禮八）朱子爲之剖析如下：「此言性情之妙，人之所生而有者也。蓋人受天地之中以生，其未感也純粹至善，萬理具焉，所謂性也，然人有是性，則即有是形，有是形則即有是心，而不能無感於物，感於物而動，則性之欲者出焉，而善惡於是乎分矣，性之欲即所謂情也……物至而知，知之者心之感也，好之惡之者情也，形焉者其動也，所以好惡而有自然之節者性也……情之好惡本有自然之節，惟其不自覺，知無所涵養，而大本不立，是以天（案：疑少一理字）則不明於內，外物又從而誘之，此所以流濫放逸而不自知也……此一節正天理人欲之機間不容息處，惟其反躬自省，念念不忘，則天理益明，存養自固而外誘不能奪矣。」（文集六十七・樂記動靜說）由音樂之感發人心，而直指人性之本，原來音樂這一件事情是既內在——作者與聽者以內在的喜怒哀樂之情感而交感；又是外在的——人感於音樂從外來；興起多種情愫，作者掌握聽者可能產生之情愫而將音樂更技巧化，使之更動盪人心；而就在這內外交相激盪間，儒者反省到音樂本身是可看見人性中『心』、『性』、『情』這三層面：性者天理，指涉人性原來稟賦的天命之理；心者感受之主體，能辨認天理與人欲；情者人類本能反應的諸多情動。人性原來是能如理表達中節之喜怒哀樂，但由於外界之事物（諸如音樂）由感官經驗侵入你的心田，你當下感受的主體是要抉擇與外物一同喜樂呢？還是選取一條非感受的心態？或者你只是如實地感性的感受，卻又適切地吟咏，聞而和之，善者善之惡者反躬自省？也或許你還來不及省察，你已經動容了，隨之忘我？音樂感動人心之餘，影射的是人性的幽微，而儒家照顧的便是人存在當下的危精惟一，朱子言涵養知、存養天理、及反躬自省念念不忘，以絕外誘，這個訊息即是：我們如何經由『樂教』而善導人性的情苗？換言之，如何經由正當的平衡的聽樂愛樂，使吾人聽出藝術境界中的至善，而涵養出一副好情性？朱子言：

古人學樂只是收斂身心，令入規矩，使心細而不麄，久久自然養得和樂出來。（語類三十五・

典於詩章・升卿）

是用樂，蓋是教人朝夕從事於此，拘束得心長在這上面，蓋爲樂有節奏，學他底，急也不得，慢也不得，久之都換了他一副當情性。（語類八十六・周禮地官・植）

此是樂教之功效，使人移情養性，最終「幾與理爲一，看有甚放僻邪侈，一齊都滌盪得盡，不留些子。」（語類三十五・賀孫）所以樂教之成德在於：「可以養人之性情，而蕩滌其邪穢，消融其渣滓，故學者之終所以至於義精仁熟，而自和順於道德者，必於此而得之，是學之成也。」（泰伯成於樂集註）又語類三十五有一段記載言：

敬之問：「興於詩，立於禮，成於樂，覺得和悅之意多。」曰：「先王教人之法以樂官爲學校之長，便是教人之本末都在這裏。」

以善的音樂教人，正如同善的文學可以興發人向善的心，於不帶半句言詮的感通裏，作者帶領聽者步入鍾鼓鏗鏘鼓舞人心的境界，人的唯美之情懷唯善之心志全幅湧現，所以『成』字有一種生命的愉悅。

然此樂教之義理核心，實需一清醒的眞知，方能導引人們成德，所以朱子又言：

物之感人無窮，而人之好惡無節，此說得工夫極密，兩邊都有些罪過；物之誘人固無窮，然亦是自家好惡無節，所以被物誘去，若自有箇主宰，如何被他誘去？此處極好玩味，且是語意渾粹。（語類八十七・小戴禮樂記・僩）

此中的『主宰』正是大學之教中再三叮嚀的『知至而后意誠』的『眞知』，又言：「上知字是致知之知」又言：「上知字是體，下知字是用；上知字是知覺者。」（同上・節）當『物至』而『知知』，吾人的道德體知心相應的去感知，雖然萬象紛紜，但吾心中自有一洞悉萬理深知自我的眞知主宰，外物擾擾，我自反躬自省而有餘也。在同樣是愛樂聽樂的情境下，朱子排開衆人之易感生命型態，而聽出了生命的憂歡，那一顆何處不掛心的悲情，直教人肅然起敬。又：『志於道章』也可與此章相印證（註一四），不贅。

通過了興發於詩、立守於禮，成德於樂三種境界，大學教義之義涵方才有了圓滿的成全，而得致『和悅之意多』的道德生命矣。

結論

人性原來便是飽滿至善的，但如何經由教育管道使人類有一道德情感，以創造道德生命，參贊化育而成就道德天地——此是朱子『學禮』之立意所在。『學禮』未必是歷史之事實，更可能是古典儒家一項人文理念，經由朱子之創古，導引吾人感覺人性之眞善美，那份至誠的心靈在歷史大流裏徐徐穿透有限，引來天理之光，吾人拾級而上——由小學灑掃應對進退事親事長之節，至大學格物致知誠意正心身脩家齊國治天下平之道，便涵養其中，以全性之所有。朱子便如是寄望通過一種克己復禮的道德生活，而以禮行仁，讓人的人性光輝透過一樁成德的程序漸次帶出渾沌未開之自然人性質，而表達人的獨特意義，成爲一個文化人。

朱子以爲人性雖善，但不可能處處都能表達完整且清晰，有時我們的生活中少了自我教育的機會，沒有令他人了解你的管道，結果生活中人我隔絕，私欲與天理夾雜不清，所以只有通過『學禮』之歷程，我們才能確切掌握心與性，讓性理之善落實在生活之節文間，使心體知理，如是道德生活始不沈落爲教條生活。換言之，眞正的性善是需通過——對於人性無明一面作一番修持剝落的工夫（相當性惡論中的人性實質通過禮教之維護改善），才能到達光明峻偉的初理（與性善論中的原意已不相當），而即在此天理與人欲之交雜中，人性憑心官之清明（荀子解蔽篇所言『虛壹而靜謂之大清明』），將此斷裂的性靈世界（性善與氣質交互糾擾，最初的理與最本能的情欲兩相起伏）作一道德感的提撕，而後慘淡經營，格物窮理，致道德之知，人性才重新統一，回到了最初的理境。

此種道德教育，便是人類經由矯揉曲折的過程，才能完完全全對自我作一眞切全面的了解，而不是單一的單純的個體道德實踐；而應是通過一種自我在人群各方面的道德努力，求取對自我之眞知，進而達成個體社會化的歷程；如是的實踐一方面有個體人格保證，另一方面有全面社會道德生活爲反省與回饋，則此種道德實踐在人群基礎而言，根基是很穩固的。但問題是：小學之教通過下學工夫以建立道德生活，待大學之教而翻越形下，上契形上之理，此中之翻越而超越，照朱子之意是以大學中的『誠意』爲背後原理（註一五）始得有主宰之根源，但誠意究竟根源於人性何處？因爲『意』不過是『心之所發』，『心』並不等於性善（註一六），則朱子學術之底蘊事實上是有不足之處，此處沒有交待，而只講『眞知』，畢竟是有『大我』之格局，而少一『大本』之講明。

至於大學與小學之義理關係，朱子言：「學之大小固有不同，然其爲道則一而已，是以方其幼也，不習之於小學，則無以收其放心，養其德性，而爲大學之基本；及其長也，不之之於大學，則無以察夫義理，措諸事業，而收小學之成功。是則學之大小所以不同，特以少長所習之異宜，而有高下淺深先後緩急之殊。」（大學或問）從人性基礎而言，小學只是一個前設工夫，大學則是一個完成格局，相爲體用、互爲本末；就教育立場而言，小學至大學是一項『次第之當然』（大學或問）的道德教育歷程；而從教育人性之成長的觀點來看，朱子學禮無疑是教導人性團體爲道德團體，興起吾人道德嚮往，以對自我作一『尊德性之教』的理想主義。

【附註】

註一　見拙作朱子學禮研究一章貳節第二小節古之學禮史料。

註二　牟先生於心體與性體第三冊三章（頁一八六）曾言及朱子以教育程序混同道德實踐，將小學涵養工夫與本體自覺作道德實踐兩事混而爲一，結果造成本質程序被教育程序所取而代之。

註三　語類卷一．理氣上，言：「太極只是天地萬物之理，在天地言，則天地中有太極；在萬物言，則萬物中各有太極。」又卷四。性理一，言：「人物之生，天賦之以此理未嘗不同，但人物之稟受自有異耳，如一江水，你將杓去取，只得一杓，將碗去取，只得一碗，至於一桶一缸，各自隨器量不同，故理亦隨以異。」

註　四　語類卷四。性理一，言：「性如日光，人物所受之不同，如隙竅之受光有大小也，人物被形質局定了，也是難得開廣，如螻蟻如此小，便只知得君臣之分而已。」又言：「氣質之性便只是天地之性，只是這箇天地之性却從那裏過；好底性如水，氣質之性如殺些醬與鹽，便是一般滋味。」又言：「天地間只是一箇道理，性便是理，人之所以有善有不善，只緣氣質之禀各有淸濁。」

註　五、荀子勸學：「學惡乎始？惡乎終？曰：其數則始乎誦經，終乎讀禮，其義則始乎爲士，終乎爲聖人，眞積力久則入，學至乎沒而後止也。」又儒效：「積善而全盡，謂之聖人。」

註　六　荀子禮論：「禮起於何也？曰：人生而有欲，欲而不得，則不能無求，求而無度量分界，則不能不爭，爭則亂，亂則窮，先王惡其亂也，故制禮義以分之，以養人之欲，給人之求，使欲必不窮乎物，物必不屈於欲，兩者相持而長，是禮之所起也，故禮者養也……君子旣得其養，又好其別，曷謂別？曰：貴賤有等，長幼有差，貧富輕重皆有稱者也……孰知夫恭敬辭讓之所以養安也，孰知夫禮義文理之所以養情也。」又勸學：「故君子居必擇鄉，遊必就士，所以防邪僻而近中正也。」儒效：「習俗移志，安久移質。」所言涵養德行之事，皆是不自覺於氣習之養中所造就的美質，非自覺作道德實踐之心志，朱子從此處談童蒙教育雖有實質上之價値，然與孟子談性善原意顯然差距甚大，所以雖同言性善之理，二子之定見却大有出入。

註　七　牟先生心體與性體三冊一八六頁謂：「朱子以小學敬育卽爲『做涵養底工夫』，此卽爲空頭的涵養。此是混教育程序與自覺地作道德實踐之工夫而爲一……人能涵養成一種好習慣，不加鑿喪，其良心得其滋養，亦自能自然生長，隨時容易表露出來，此卽朱子所謂『漸漸體出這端倪來』。但此是自然的不自覺的事，但知其當然而不知其所以然，此是風俗習慣中之好人，于此並無眞正的道德行爲……這良心端倪只是在習氣中，在感性中混雜而流，人于此並不眞能知何者是良心，何者是良心之端倪……實是混習慣與自覺而爲一。」

註　八　此段對於孔子人格之描寫，其主調以朱子窮理盡性的境慧爲本，而開展出一種智者（方以智的性格）的聖境。

註　九　見大戴禮保傅、公羊傳僖公十年何休注文、白虎通義辟雍、漢書食貨志、新書容經、尙書大傳。

註一〇　同上。

註一一　儀禮經傳通解學制法制名號之略下，朱子注言：「古者教人，其立法大意皆萬世通行，不可得而變革者，學者不可不知；若其名號位置節文之詳，則自經言之外，出於諸儒之所記者，今皆無以考其實矣，然不敢有所取舍，姑悉存之，讀者亦不必深究也。」

註一二　參見曾師昭旭朱子格物之再省察一文，鵝湖一二三期。

註一三　同上。

註一四　述而：子曰：「志於道，據於德，依於仁，游於藝。」集注：「志者心之所之之謂，道則人倫日用之間所當行者是也，知此而心必之焉，則所適者正而無他岐之惑矣。據者執守之意，德則行道而有得於心者也，得之於心，而守之不失，則終始惟一，而有日新之功矣。依者不違之謂，仁則私慾盡去而心德之全也，功夫至此而無終食之違，則存養之熟無適而非天理之流行矣。游者玩物適情之謂，藝則禮樂之文、射御書數之法皆至理所寓，而日用之不可闕者也，朝夕游焉以博其義理之趣，則應務有餘，而心亦無所放矣。」惑問：「道德仁藝，人心所當志據依游之地，而不可易者也；以先後之次言之，則志道而後德可據，據德而後仁可依，依仁而後藝可游，以疏密之等言之，則志道者未如德之可據，據德者未若仁之可依，依仁之密乎內又未盡乎游藝之周於外也。詳味聖人此語，而以身體之，則其進爲之序，先後疏密，皆可循序以進，而日用之間心思動作無復毫髮之隙漏矣。」

註一五　語類四十九：問：「灑掃應對是其然，必有所以然，所以然者是如何？」曰：「若無誠意，如何灑掃應對？」（節）

註一六　大學章句集注：「心者，身之所主也。」而語類五（性情心意等名義）則謂：「性便是心之所有之理，心便是理之所會之地。」（升卿）又謂：「心有善惡，性無不善，若論氣質之性亦有不善。」（節）可見心在朱子學術中是一個虛靈之官，能具衆理，也能惟情是行，故有善惡，不能如性之全善也。

孔子之詩教研究

林耀潾

孔子以詩書禮樂教弟子，然四者之中，實以詩爲先。論語季氏篇載：陳亢問於伯魚曰：「子亦有異聞乎？」對曰：「未也。」嘗獨立，鯉趨而過庭，曰：『學詩乎？』對曰：『未也。』『不學詩，無以言。』鯉退而學詩。」又陽貨篇載：子謂伯魚曰：「女爲周南召南矣乎？人而不爲周南召南，其猶正牆面而立也與！」教莫先於子，亦莫重於子，孔子教伯魚爲學，以詩爲先，於詩又特重周南召南，於周南召南又盛稱「關雎樂而不淫，哀而不傷。」於此，蓋可見孔子之施教，必有本末之分，先後之序，夫正其本而萬物理矣。

吾人復考之論語，夫子言易，但言「加我數年，五十以學易，可以無大過矣。」及引「不恒其德，或承之羞。」一恒卦九三爻辭；言書，但言「書云：『孝乎！惟孝友於兄弟。』施於有政，是亦爲政，奚其爲爲政？』（爲政）「子張曰：『書云：高宗諒陰，三年不言，何謂也？』」（憲問）及子張篇引虞書大禹謨及商書湯誥；言禮，但言「執禮」「不學禮，無以立。」如是而已。於詩則異是，其言詩之要旨及引詩以說，竟至十九處之多。而孟子及後儒依託孔子言詩之記載者，益不可勝數，此均見孔子之特重詩教也。大戴禮記魏將軍文子問於子貢曰：「吾聞夫子之施教也，先以詩。」非虛語也。論語爲政篇孔子曰：「詩三百，一言以蔽之，曰：思無邪。」陽貨篇孔子曰：「小子何莫學夫詩？詩，可以興，可以觀，可以群，可以怨，邇之事父，遠之事君，多識於鳥獸草木之名。」「思無邪」者，體也，體也者，詩教之總綱，「興觀群怨邇遠多識」者，用也，用也者，詩教之內容，有體斯有用，體以用顯，用因體成，體用兼具，此孔子之詩教。

壹、思無邪

孔子曰：「詩三百，一言以蔽之，曰：思無邪。」考「思無邪」一語出自魯頌駉篇第四章，駉之詩乃述僖公牧馬之盛，其云「思無疆，思馬斯臧。」、「思無期，思馬斯才。」、「思無斁，思馬斯作。」、「思無邪，思馬斯徂。」皆形容馬之多而美，四者本同爲一例。而「思無邪」一句，語自聖人，心眼迥別，斷章取義，以該全詩，千古遂不可磨滅，然與原詩本旨無涉也。

俞樾曲園雜纂云：「按駉篇八思字並語辭。毛公無傳。鄭以思遵伯禽之法說之，失其旨矣。論語爲政篇引思無邪句，包注曰：『歸於正。』止釋無邪二字，不釋思字。邢疏曰：『思無邪者此詩之一言，魯頌駉篇文也。詩之爲體論功頌德，止僻防邪，大抵皆歸於正，故此一句可以當之也。』亦止釋無邪，不及思字，得古義矣。」俞氏以爲「思無邪」之「思」乃語詞，無義也，然吾人觀夫春秋時人引詩賦詩斷章取義之例，自不必與原詩詩旨同也，孔子引之，亦可作如是觀。蓋思無邪者，思慮無有偏邪，皆歸於正之謂。此以「思」作「思慮」之思解，自較以語詞解「思」字，富饒意趣也。然則，夫子以「思無邪」涵蘊詩三百之義，其眞義究何在哉？蓋「思無邪」者，詩教之體也，其義有二，一曰：重眞情流露，自然質樸之表達，一曰：重歸於人類情性之正。試申述之。

一、重眞情流露，自然質樸之表達

孔子學說固重禮樂教化，然禮樂之所施必有待質樸之本性，蓋「甘受和，白受采，忠信之人，可以學禮，苟無其質，禮不虛行。」（註一）故林放問禮之本，孔子答以「禮，與其奢也，寧儉；喪，與其易也，寧戚。」殆質乃禮之本，與其節文習熟而無哀痛慘怛之實，不如敬哀有餘而禮不備。子夏問素以爲絢兮之理，孔子答以繪事後素，以先有質地方可施以禮文。先進篇孔子更明言曰：「先進於禮樂，野人也，後進於禮樂，君子也，如用之，則吾從先進。」凡此均見孔子之重自然質樸也。其說雖論禮樂，然古者詩禮樂合一，論禮樂亦卽論詩也，推而言之，孔子論詩亦必重眞情流露，自然質樸之表達。試以關雎詩爲例，以申此意，其詩曰：

關關雎鳩，在河之洲。窈窕淑女，君子好逑。
參差荇菜，左右流之；窈窕淑女，寤寐求之。求之不得，寤寐思服，悠哉悠哉，輾轉反側。
參差荇菜，左右采之；窈窕淑女，琴瑟友之。

參差荇菜，左右芼之；窈窕淑女，鐘鼓樂之。

本詩但爲「君子自求良配，而他人代寫其哀樂之情耳。」（註二）無一語及於「后妃之德」，更遑論太姒爲文王求淑女，與共職事，詩序爲求附合政治教化之用，遂不得不以文王后妃爲說也。蓋君子者，有德者之通稱，未必卽指文王，淑女者，「婦德、婦容、婦功、婦言」兼備之善女，未必卽指太姒或文王之妾媵。是以姚際恒詩經通論卷之一，指詩序之疵云：

雎鳩，雌雄和鳴，有夫婦之象，故托以起興，今以爲與君和鳴，不可通一也。淑女君子，的的妙對，今以妾媵與君對，不可通二也。逑，仇同，反之爲匹，今以妾媵匹君，不可通三也。常棣曰：「妻子好合，如鼓琴瑟。」今云「琴瑟友之」正是夫婦義。若以妾媵爲與君琴瑟友，則僭亂；以后妃與妾媵友，未聞后與妾媵可以琴瑟喻者也，不可通四也。

然則，關雎一詩，兩千餘年來，學者仍不脫詩序之束縛者，以「先儒誤以夫婦之情爲私，是以曲爲之辭。」（崔述語）也。而本詩作者則直言不諱，作自然質樸之表達，此其所以可貴也。

王船山云：

文者，白也，聖人之以自白而白天下也。匿天下之情，則將勸天下以匿情矣。忠有實，情有止，文有函，然而非其匿之謂也。「悠哉悠哉，輾轉反側」，不匿其哀也。「琴瑟友之」「鐘鼓樂之」，不匿其樂也。非其情之不止而文之不函也。匿其哀，哀隱而結；匿其樂，樂幽而耽。耽樂結哀，勢不能久而必於旁流。旁流之哀，懰慄慘澹以終乎怨；怨之不恤，以旁流於樂，遷心

移性而不自知。（註三）

「白」者，直寫衷曲，毫無僞託虛假之意。是以，追求窈窕淑女而不得，則「悠哉悠哉，輾轉反側」，哀念之情，躍然紙上；既得之也，則「琴瑟友之」、「鐘鼓樂之」，喜樂之意，溢於言表。以不匿其哀樂之情，故不致旁流而爲㦧慄慘澹，遷心移性而不自知也。程子曰：「思無邪者，誠也。」誠實無妄，眞情流露，此「思無邪」之本質也。

詩以言志，夏書有之，即莊子亦云「詩以道志」。志者，心之所之也，心之所之萬端，或寫男女情思，或記行役勞苦，或懸家國之想，或述禮儀之念，或頌先祖功德，或抒隱居求志，或嘆生年苦短。「夏之日，冬之夜，百歲之後，歸於其居。冬之夜，夏之日，百歲之後，歸於其室。」夫婦悼念悽怛之情存焉。「出其東門，有女如雲，雖則如雲，匪我思存，縞衣綦巾，聊樂我員。」不棄糟糠堅貞之意存焉；爲子而賦凱風，爲臣而賦北門；亦有怨刺上政而作之巷伯、正月。要之，情動於中，而形於言，言之不足，故嗟嘆之，嗟嘆之不足，故永歌之，永歌之不足，不知手之舞之，足之蹈之，但求直述其志，怨慕諷頌，皆無隱匿，非其情之不止而文之不函也，此作詩者眞情流露，一以無邪之思作之者也。

二、重歸於人類情性之正

孔子之詩觀固重眞情流露，自然質樸之表達，然「質勝文則野」，化育文質彬彬之君子人格，方爲孔子立教之深願，故「思無邪」之詩教，亦重歸於人類情性之正。

八佾篇載孔子之言曰：「關雎，樂而不淫，哀而不傷。」試以此中重歸於人類情性之正之意。考關雎詩，其寫哀念之情但止於「悠哉悠哉，輾轉反側」，不致因情殉身，且以左右流動之荇菜比況貞靜淑女之難求，然難求非不可求也，求之不得，退而省其私，充實德慧，冀有以配之，絃外之音另有奮揚蹈厲之志，此哀而不傷也。既得之矣，其寫喜樂之竟則曰：「琴瑟友之」、「鐘鼓樂之」，琴瑟友之者，以友道相待，所謂相敬如賓，以文會友，以友輔仁者也；鐘鼓樂之者，以鶼鰈相況，所謂夫唱婦隨，患難與共，甘苦同享者也，以琴瑟友之也，故有齊眉之敬，以鐘鼓樂之也，故有畫眉之樂，既敬且樂，亦侶亦友，而不致有縱慾淫蕩之失，此樂而不淫也。陰陽以和，萬物以生，而家道成焉。

崔述讀風偶識云：

五倫始於夫婦，故十五國風中，男女夫婦之言尤多。其好德者則爲貞，好色者則爲淫耳。非夫婦之情卽爲淫也。魏文侯曰：「家貧則思良妻，國亂則思良相。上承宗廟，下啓子孫，如之何其可以苟？如之何其可以不愼重以求之也？」知好色之非義，遂以夫婦之情爲諱，並德亦不敢好，過矣。關雎，三百篇之首，故先取一好德思賢篤於伉儷者冠之，以爲天下後世夫婦用情者之準。不可謂夫之於婦，不當爲之憂爲之樂也。若夫婦不當爲之憂樂，則五倫中亦不當有夫婦矣。

是以關雎詩以君子自求良配，而他人代寫其哀樂之情說解亦可致性情之正，不必若毛詩之以文王后妃說解方足以寓敎諭也。以其「樂而不淫，哀而不傷」故可爲「天下後世夫婦用情者之準」矣。歸於人類情性之正，此詩敎「思無邪」之又一大義也。

貳、興觀羣怨

孔子曰：「詩可以興，可以觀，可以群，可以怨，……。」（陽貨）論語集解包咸注：「孔曰：興，引譬連類。鄭曰：觀風俗之盛衰。孔曰：群居相切磋，怨刺上政。」引譬連類者，作詩者因物事起興，以說胸臆之情，讀詩者復因詩以興起，涵暢道德而歆動之也。觀風俗之盛衰者，王者採詩以觀民風，可知民情之殊異，以見得失，自考正也，後之讀詩者，亦得觀周代之民習風情。群居相切磋者，言兄弟朋友之誼，可與共學，可與適道，庶幾免獨學寡聞之弊，而得日就月將，緝熙光明之益，殆猶今之群育教育。怨刺上政者，憫家國之喪亂，哀斯民之無告，其蘊於胸中之感憤有不能已者，遂不得不直斥君上，思有以改革朝政，致民衽席，然孔安國所云但家國之怨耳，人之怨憤復有棄婦之怨、行役之怨者。

然興觀群怨四者非截然分開者，而以「興」爲其樞機，以觀可以興，群可以興，怨亦可以興也。作詩者以無邪之思鋪陳善惡治亂、怨憤喜樂，讀詩者以無邪之思興起其好善惡惡之情，此「興」所以爲樞機者也。

一、詩可以興

論語泰伯篇載孔子之言曰：「興於詩，立於禮，成於樂。」朱注於「興於詩」句下云：「興，起也。詩本性情，有邪有正，其爲言既易知，而吟咏之間，抑揚反覆，其感人又易入，故學者之初，所以興起其好善惡惡之心而不能已者，必於此而得之。」陽貨篇載：「子曰：詩可以興，……。」朱注「興」爲「感發志氣」。朱夫子於此二處之注，其解「興」字雖異其詞，而內涵實相通。蓋朱子論詩重教化之意義，曾言：「修身及家，平均天下之道，其亦不待他求而得之於此矣。」（詩集傳序）欲使學者「卽是而有以考其得失，善者師之而惡者改焉。」（同上）其說得孔門之眞傳，此「詩可以興」之微旨。

「興」有「作詩者之興」有「讀詩者之興」。鍾嶸云：「氣之動物，物之感人，故搖蕩性情，形諸舞詠，……動天地而感鬼神，莫近於詩。」（詩品序）朱子云：「詩者，人心之感物，而形於言之餘也。」（詩集傳序）人生而靜，天之性也，感於物而動，性之欲也；性之欲者，情也。詩人之心因外物之興起，不能不形諸文字，以寫其志氣胸臆，此「作詩者之興」。然「作者用一致之思，讀者各以其情而自得」，「詩無達詁」，未嘗不可引而用之，以興起鼓舞向善之心，此「讀詩者之興」。蓋作詩者讀詩者均得「引譬連類」而興起也。而詩乃出於性情之作，「作詩之興」必繫於情而後能感人，「讀詩之興」必繫於情而後能受用，此孔子所謂「詩三百，一言以蔽之。曰：思無邪。」（爲政）思無邪者，誠也，得性情之正也。

孔子曰：「不憤不啓，不悱不發，舉一隅不以三隅反，則不復也。」（述而）其教人特重啓發式教學法，孔門學詩亦然。蓋切磋琢磨，義取精進；深厲淺揭，意寓知幾；棣華以反而相成；繪事有資於素地。曾子臨終，「戰戰兢兢，如臨深淵，如履薄冰」；子路衣敝縕袍，終身誦「不忮不求，何用不臧」之章；南容謹言愼行，三復白圭。程氏曰：「興於詩者，吟詠情性，涵暢道德之中而歆動之，有吾與點也之氣象。」又曰：「古之學者必先學詩，學詩則誦讀其言，善惡是非勸戒有以啓發其意，故曰興。」（註四）以詩有益於道德，又足以啓發人意，故孔門重讀詩如此。而必如子貢之知切磋琢磨，子夏之悟禮後之旨，孔子方許其「始可與言詩已矣」。

論語學而篇載：

子貢曰：「貧而無諂，富而無驕，何如？」子曰：「可也，未若貧而樂，富而好禮者也。」子貢曰：「詩云：『如切如磋，如琢如磨。』其斯之謂與？」子曰：「賜也，始可與言詩已矣，告諸往而知來者。」

按「如切如磋，如琢如磨。」衞風淇澳之篇也，言治骨角者，既切之而復磋之，治玉石者，既琢之而復磨之，治之已精，而益求其精也。凡嗜欲深者其天機必淺，凡嗜欲淺者其天機必深。貧而諂，以其嗜欲深也；富而驕，以其天機淺也。惟嗜欲淺者能貧而無諂，惟天機深者能富而無驕。斯二者足以自守，而未足以有爲，足以自安，而未足以樂道。蓋內有不足則外有所求，內有所重則外有所輕，孔子教以「貧而樂」，樂道則內足於己，寧肯諂乎？教以「富而好禮」，好禮則內有所重，寧敢驕乎？學問愈學愈精，修道愈修愈密，如切如磋，如琢如磨者，所以益求其學道之精密也。子貢自以無諂無驕爲至矣，聞夫子之言，又知義理之無窮，故引是詩以明百尺竿頭，更進一步之義。蓋舉此切磋琢磨之事以喻彼道理層出之義，其鑒往知來之智，溢於言表，故孔子深致其讚譽。

八佾篇載：

子夏問曰：「『巧笑倩兮，美目盼兮，素以爲絢兮。』何謂也？」子曰：「繪事後素。」曰：「禮後乎？」子曰：「起予者商也，始可與言詩已矣。」

考「巧笑倩兮，美目盼兮，素以爲絢兮。」前二句見衞風碩人，後一句未見，而此條「素以爲絢兮」一句爲其樞機，知孔子時有此一句，後代逸之也。此以素絢喻質文，有質而文有可施之地，卽言有忠信之質而禮文方可加諸其身也。「禮後」爲抽象之理，不比繪素之顯豁，故以「繪事後素」易解之實事比其「禮後」難說之玄理，使常情之詩詞擴而爲人生之大義。子夏如是觸類旁通，孔子非但許其可與言詩，並云「起予者商也」，師弟講習相得之樂有如是者。

陳季立讀詩拙言曰：「詩三百篇，牢籠天地，囊括古今，原本物情，諷切治體，總統理性，闡揚道眞，廓乎廣大，靡不備矣，美乎精微，靡不貫矣，近也實遠，淺也實深，辭有盡而意無窮。」（註五）「近也實遠，淺也實深，辭有盡而意無窮。」詩可以興之謂。蓋人情喜和澤薰風而不喜嚴冰酷暑；以情感人若時雨之化，心志之感沛然莫之能禦也；以理感人若對儼然之師，心存怖懼而戰戰兢兢也。

則其流行有速於置郵而傳命。孔子至聖，識見高卓，其揭「詩可以興」之旨，抑有「以理寓情」之深義乎？

故以文學感人者易，以哲學感人者難，若能以文學作品說之以哲學玄理，即以「理」寓「情」，

二、詩可以觀

王者採詩以觀民風，風俗之盛衰，政治之良窳，可得而觀。而後之讀詩者，亦得因詩以觀周代教化之概況。

1觀風俗之盛衰

一地有一地之土宜，一地之節候，民生其間，披靡濡染，遂有殊異之民情。孔子云：「性相近也，習相遠也。」（論語陽貨）流風遺俗之化人，有不期然而然者。玆舉一例說明之。唐風蟋蟀：

蟋蟀在堂，歲聿其莫，今我不樂，日月其除。無已大康，職思其居，好樂無荒，良士瞿瞿。

蟋蟀在堂，歲聿其逝，今我不樂，日月其邁。無已大康，職思其外，好樂無荒，良士蹶蹶。

蟋蟀在堂，役車其休，今我不樂，日月其慆。無已大康，職思甚憂，好樂無荒，良士休休。

詩序云：「蟋蟀，刺晉僖公也。儉不中禮，故作是詩以閔之，欲其及時以禮自虞樂也。此晉也，而謂之唐，本其風俗。憂深思遠，儉而用禮，乃有堯之遺風焉。」詩序言刺晉僖公，未必爲確，然其詩每章八句，上四句言及時行樂，下四句又戒無過甚，言「憂深思遠」庶近之。

又，唐風山有樞：

山有樞，隰有楡，子有衣裳，弗曳弗婁；子有車馬，弗馳弗驅。宛其死矣，他人是愉。

山有栲，隰有杻，子有廷內，弗洒弗埽；子有鐘鼓，弗鼓弗考。宛其死矣，他人是保。

山有漆，隰有栗，子有酒食，何不日鼓瑟？且以喜樂，且以永日。宛其死矣，他人入室。

方玉潤詩經原始云：「山有樞，刺唐人儉不中禮也。」觀其「宛其死矣，他人是愉。」、「宛其死矣，他人是保。」、「宛其死矣，他人入室。」諸語，蓋深刺唐人吝嗇而不知享樂。此卽匡衡所云「晉侯好儉，而民畜聚。」（註六）藉詩以觀晉國勤儉吝嗇之風也。夫藉詩以觀風俗盛衰，此「詩可以觀」之一義。

2.觀政治之良窳

國風之詩，多男女詠情及敍社會生活之作，二雅及三頌，則多涉政治，朝政之良窳可得而觀焉。茲各舉一例以明之。

小雅鴻雁：

鴻雁于飛，肅肅其羽。之子于征，劬勞于野。爰及矜人，哀此鰥寡。

鴻雁于飛，集于中澤。之子于垣，百堵皆作。雖則劬勞，其究安宅。

鴻雁于飛，哀鳴嗷嗷。維此哲人，謂我劬勞，維彼愚人，謂我宣驕。

詩序云：「鴻雁，美宣王也。萬民離散，不安其居，而能勞來還定安集之，至于矜寡，無不得其所焉。」首章云安撫流民之使臣，劬勞于野，哀矜鰥寡；次章言百堵皆作，流民終有安定之宅；末章言流民感戴使臣，謂其知我流民劬勞，而不以我流民爲傲慢不遜也。詩序所言得其旨。蓋水旱之災，天之所降，有非人力所能控御者，一旦哀鴻遍野，爲政者當體恤民情，安撫協輯，俾民樂其生，而免遭禍咎。夫如此，方足以言善政。

大雅瞻卬：

瞻卬昊天，則不我惠。孔塡不寧，降此大厲。邦靡有定，士民其瘵。蟊賊蟊疾，靡有夷屆。罪罟不收，靡有夷瘳。

人有土田，女反有之；人有民人，女覆奪之。此宜無罪，女反收之；彼宜有罪，女覆說之。哲夫成城，哲婦傾城。

懿厥哲婦，爲梟爲鴟。婦有長舌，維厲之階。亂匪降自天，生自婦人。匪敎匪誨，時維婦寺。

鞫人忮忒，譖始竟背。豈曰不極，伊胡爲慝？如賈三倍，君子是識。婦無公事，休其蠶織。

天何以刺？何神不富？舍爾介狄，維予胥忌。不弔不祥，威儀不類。人之云亡，邦國殄瘁。

天之降罔，維其優矣。人之云亡，心之憂矣。天之降罔，維其幾矣。人之云亡，心之悲矣。

觱沸檻泉，維其深矣。心之憂矣，寧自今矣。不自我先，不自我後。藐藐昊天，無不克鞏，無忝皇祖，式救爾後。

姚際恒詩經通論云：「此刺幽王寵褒姒致亂之詩。」其詩首章言昊天降大禍亂，使我邦無定，士民痛病。次章言巧取豪奪，善惡不分，無辜而入罪，皆由褒姒故也。三章嫉惡褒姒，以其爲鴟爲梟，並言其長舌乃厲禍之階，亂匪降自天，皆生自此婦。四章言婦不應參預政事，而褒姒竟休其蠶織，為亂國政。五章言賢人已亡，天神不祐，邦國將敗矣。六章言天降罪惡之網，我心憂悲。末章言昊天之意可改，冀幽王無忝皇祖，式救爾後，殆尚存希望也。姚氏之言得詩旨。蓋此詩於褒姒極盡其疾惡之詞，小雅巷伯之外又一疾惡之峻語也，以褒姒惑媚幽王，敗壞國政，小人在位，賢者在野，國將不為國矣。此由瞻卬之詩可觀幽王之亂政。

國亂則下民疲病，養生送死之不及，復有征伐行役之苦，此皆政治窳敗所致也。本章第四節「詩可以怨」所述之家國之怨、行役之怨，亦可觀政治之窳敗，此由「怨」以「觀」者也。文中子載：「子謂薛收曰：昔聖人述史三焉。……其述詩也興廢之由顯，故究焉而皆得；……。」所言「興廢之由」卽因詩以觀政治之良窳，此詩可以觀又一義。

3. 觀周代生活之概況

上古簡冊，詳於政治之治變，略於社會之生活，詩經所述亦可為上古社會史之資求。

讀齊風雞鳴「匪雞則鳴，蒼蠅之聲。」及「蟲飛薨薨，甘與子同夢」之句，可以觀古代之生活，雖人君之所居，亦不能脫離草昧，故多蒼蠅之聲，而蟲飛薨薨也。

讀小雅斯干「乃生男子，載寢之牀，載衣之裳，載弄之璋。其泣和和，朱芾斯皇，室家君王。」及「乃生女子，載寢之地，載衣之裼，載弄之瓦。無非無儀，唯酒食是議，無父母詒罹。」之句，可以觀古代重男輕女之風俗。

讀小雅大東「維南有箕，不可以簸揚，維北有斗，不可以挹酒漿。」及魏風葛屨「糾糾葛屨，可以履霜；摻摻女手，可以縫裳」之句，可以觀貧賤家庭之生活苦況。

此由詩經以觀周代生活概況之例，爲「詩可以觀」第三義。

「詩可以觀」有上述三義，人君既以之知得失，自考正，讀詩者觀之亦足以資多識。然觀風俗之盛衰，未嘗不可興起「他山之石，可以攻錯」之心，觀政治之良窳，未嘗不可興起「善者師焉，惡者懲焉」之意，觀周人生活之概況則又能體念先民開物成務、利用厚生之艱辛。詩教之用有在是者。

三、詩可以解

兄弟、朋友爲五倫之二。兄弟如手足，同本而異殊，亦父母之血胤。孔子云：「書云：『孝乎！惟孝，友于兄弟。』施於有政，是亦爲政，奚其爲爲政？」（論語爲政）言孝友兄弟之道，可通於政，蓋孩提之童，無不知愛其親，及其長也，無不知敬其兄，從兄者義之實，故人樂有賢父兄，以其中也養不中，才也養不才。有子曰：「君子務本，本立而道生。孝弟也者，其爲人之本與！」（論語學而）爲人貴立本，其本未立，焉能爲有？焉能爲無？詩經於兄弟之道，多所陳述，以其爲人之本，可通於政，不能忽焉。子夏曰：「四海之內，皆兄弟也。」（論語顏淵）會友輔仁，切磋琢磨，有資於朋友，故論語首章即云「有朋自遠方來，不亦樂乎！」詩經於朋友之道，亦有述焉。「詩可以群」者，取其切磋琢磨，日就月將，而有緝熙光明之益也，殆猶今之所謂「群育教育」。

1.凡今之人，莫如兄弟

孟子曰：「親親而仁民，仁民而愛物。」（盡心上）蓋愛有差等，施由親始，親親者，仁之始也，未有不愛其親而能愛天下之人者。兄弟乃自幼所共處，又血胤相連，感情較諸朋友爲深厚，故小雅常棣詩云「凡今之人，莫如兄弟」、「兄弟鬩於牆，外禦其務。每有良朋，烝也無戎」、「脊令在原，兄弟急難。每有良朋，況也永歎」。

凡今之人，莫如兄弟，則宜永結同心，急難共濟，而不可聽人之閒言，故鄭風揚之水云：

揚之水，不流束楚。終鮮兄弟，維予與女。無信人之言，人實迋女。

揚之水，不流束薪。終鮮兄弟，維予二人。無信人之言，人實不信。

王質詩總聞以此詩爲兄弟爲人所間而不協者所作，直觀詩意，誠爲兄弟不睦，欲求和好之詩，王質所言可從。蓋揚起之水，無深厚根源，不能載一束之楚，以喻無深厚感情之人，其言亦不可信也。既鮮兄弟，維予與汝，宜無信他人之言，而和睦相處也。二人同心，其利斷金，同心之言，其嗅如蘭，兄弟之情，和睦爲貴。兄弟既睦矣，遂有燕飲之樂，故小雅頍弁云「有頍者弁，實維伊何？爾酒既旨，爾殽既嘉。豈伊異人？兄弟匪他」。

蓋兄弟者，天然之朋友，死喪急難，兄弟孔懷，宜和樂且耽，以永今世，而不可須臾間矣。

2.鳥鳴嚶嚶，求其友聲

自天子至于庶人，未有不須友以成者。親親以睦，友賢不棄，不遺故舊，則民德歸厚矣。招招舟子，人涉卬否，人涉卬否，卬須吾友，須友生之章也。故小雅伐木云「伐木丁丁，鳥鳴嚶嚶。出自幽谷，遷于喬木。嚶其鳴矣，求其友聲。相彼鳥矣，猶求友聲，矧伊人矣，不求友生？神之聽之，終和且平」。獨學而無友，則孤陋而寡聞，「以文會友，以友輔仁」之願望，乃人情之所同，冀出幽谷而遷喬木也。然「吾愛吾友，吾更愛眞理。」朋友道絕，不能無怨，故小雅谷風詩云：

習習谷風，維風及雨。將恐將懼，維予與女；將安將樂，女轉棄我。

習習谷風，維風及頹。將恐將懼，寘予于懷；將安將樂，棄予如遺。

習習谷風，維山崔嵬。無草不死，無木不萎。忘我大德，思我小怨。

此能共患難，不能同享樂之怨詞。忘我大德，思我小怨，友道至此，無寧論矣。蓋朋友非有血胤之親，但有義理之合，以其以義理合也，故義理乖絕，友道亦絕矣。君子敬而無失，與人恭而有禮，四海之內，皆兄弟也，若夫無敬無禮之人，疏而遠之，亦何患乎！此「和而不流」之義。觀夫此，兄弟朋友之道，可得而知，未嘗不可興起「和樂且耽，急難共濟」之意，亦詩教之用也。

四、詩可以怨

詩三百五篇大抵爲詩人發憤之所爲作，其人胸有所鬱積，感蕩心靈，非陳詩何以展其義？非長歌何以騁其情？憫朝綱之解紐，傷婣小之亂政，士大夫樂以天下，憂以天下，有不能已於言者，遂有怨家國之詩；載渴載飢，不遑啓居，馬革裹屍固爲生人之至慘，荷戈戍邊亦不勝其傷離怨別，行役之人，憂心烈烈，其積慘傷悲有不可盡言者，是以行役之怨詩作矣；復有始則信誓旦旦，談笑宴宴，終則如風之暴，二三其德者，棄婦之怨詩因以作矣。作詩者固可申其哀怨憂悲，讀詩者亦因以知所怨恨、知所怨刺，此「詩可以怨」之義也。

1.家國之怨

周代有獻詩陳志以諷刺上政之事，此皆政有不善，詩人憫俗傷民之所由作。茲舉例以明之。魏風碩鼠：

碩鼠碩鼠，無食我黍。三歲貫女，莫我肯顧。逝將去女，適彼樂土，樂土樂土，爰得我所。

碩鼠碩鼠，無食我麥。三歲貫女，莫我肯德。逝將去女，適彼樂國，樂國樂國，爰得我直。

碩鼠碩鼠，無食我苗。三歲貫女，莫我肯勞。逝將去女，適彼樂郊，樂郊樂郊，誰之永號？

詩序云：「碩鼠，刺重斂也。國人刺其君斂，蠶食於民，不脩其政，貪而畏人，若大鼠也。」觀其詩文，言在上者賦稅煩重，呑噬無厭，非適樂土樂國，其勢無以自全。全詩不言「怨」，而怨意實已存其中，然止言「爰得我所」、「爰得我直」，但願適彼樂國樂郊，於其君雖怨而不至於怒也。

2.行役之怨

征伐之事，戰士裹糧而景從，或往於楊柳依依之時，而歸於雨雪霏霏之日，或我徂東山，三年不歸，或載飢載渴，不迷其處，或念彼共人，涕零如雨。室家有妻子之悲傷，堂上有父母之永歎，此生人之至慘，有不勝其傷離怨別之情者，行役之章因以作矣。茲舉一例以明之。小雅何草不黃：

何草不黃？何日不行？何人不將？經營四方。

何草不玄？何日不矜？哀我征夫，獨爲匪民。

匪兕匪虎，率彼曠野。哀我征夫，朝夕不暇。

有芃者狐，率彼幽草。有棧之車，行彼周道。

幽王亂政，四夷交侵，中國背叛，用兵不息，何日不行？經營四方。三章之「匪兕匪虎，率彼曠野。」怨毒之意，見於言表。末章則言吾等行役之人已若率彼幽草之野狐，何以獨爲匪民而若禽獸哉？蓋天生斯民，秉性最靈，今若禽獸，其孰致之？豈能不深怨乎！

3.棄婦之怨

吾國婦女幽鬱深忍之由來，於詩三百五篇往往可指掇也，或者曰「女子善懷」，或者曰「我心則憂」，或者曰「以寫我憂」。春秋之時，魯衞爲文化最盛之地，然衞之貴婦也，幽鬱之性特甚，今見於邶鄘衞之詩者，如綠衣、燕燕、日月、終風、泉水、載馳、竹竿之篇，蓋無往而不充滿涕淚。殷憂長愁，悲傷自悼，以涕淚送其歲月。至若淫於新婚，忘其舊恩，遇人不淑，二三其德，見休於夫，衣食無著，棄婦之深怨更有甚於貴婦之長愁，觀夫谷風、氓二詩，其情之哀，讀之酸辛。於此，但舉一例以明之。衞風氓：

氓之蚩蚩，抱布貿絲。匪來貿絲，來即我謀。送子涉淇，至於頓丘。匪我愆期，子無良媒。將子無怒，秋以爲期。

乘彼垝垣，以望復關；不見復關，泣涕漣漣。既見復關，載笑載言。爾卜爾筮，體無咎言。以爾車來，以我賄遷。

桑之未落，其葉沃若。于嗟鳩兮，無食桑葚。于嗟女兮，無與士耽。士之耽兮，猶可說也；女之耽兮，不可說也。

桑之落矣，其黃而隕。自我徂爾，三歲食貧。淇水湯湯，漸車帷裳。女也不爽，士貳其行。士也罔極，三三其德。

三歲爲婦，靡室勞矣；夙興夜寐，靡有朝矣。言既遂矣，至於暴矣。兄弟不知，咥其笑矣。靜言思之，躬自悼矣。

及爾偕老，老使我怨。淇則有岸，隰則有泮。總角之宴，言笑宴宴，信誓旦旦，不思其反，反是不思，亦已焉哉！

首章次章言愛情之悅樂與苦楚，不見所愛，泣涕漣漣，既見所歡，載笑載言，秋以爲期，遂成婚媾。三章言女子容色如未落之桑，其葉沃若，然士之耽猶可說，女之耽不可說也，奈何兩情繾綣，女亦耽之矣。四章言女子雖處貧困，亦不愆其志，奈何以已華落色衰而見棄於夫也。五章言三歲爲婦之勞，曾不我顧，見棄歸家，又爲兄弟所笑，靜而思之，唯躬自悼傷耳。末章言不思昔日之談笑晏晏，信誓旦旦，致不能與我偕老，昔日之不思，復何言哉！寫其怨但云「躬自悼矣」、「亦已焉哉」，殆亦無如之何也。

「詩可以怨」大抵可分家國之怨、行役之怨及棄婦之怨以說之。他若變風變雅之中亦多怨嗟天命之作，而周人所以怨天命者，以政有不善故也，亦可歸入「家國之怨」之中。

觀夫以上所述，詩人有不得於君上，不得於其夫者，皆可一抒己怨，以暢胸中之不平，詩可以怨卽此義也。讀詩者讀之，興起知所怨恨、知所怨刺之心，明惡德亂政之可鄙，則不爲之，知士夫棄婦之悲怨，亦能興悲憫之胸懷，可以蓄德，可以平情，其有益於修德在此，詩教之用亦在此。

綜乎本章所述，興觀群怨之詩教，以「興」爲其樞機，以觀群怨皆可以興發人之心志也。詩可以興者，有作詩者之興，有讀詩者之興，而皆繫之於情；詩可以觀者，君上可觀風俗之得失、政治之興替，後之讀詩者亦可藉以觀周人之教化；詩可以群者，作詩者旣以詩陳其兄弟朋友之道，讀詩者亦因以知之；詩可以怨者，作詩者能抒其怨，讀詩者亦能知其所怨。興觀群怨之詩教，殆關乎作者讀者而言之，此詩教之妙用也。

叁、事父事君

人生內而家，外而國，家國之事卽已分內事，其於家國，不能無惻怛之心，忠孝之情焉。蓋家國之道盡則人倫之道盡，孔子之教最重人倫，而事父事君正人倫之大者，故孔子之詩教亦重事父事君之道。子夏承孔子之教，曰：「事父母能竭其力，事君能致其身。」（論語學而）此卽孔子所云「邇之事父，遠之事君」之詩教也。

一、邇之事父

事父之道含事母之道，以子之血胤乃出自父母者也，所以獨言事父者，舉一足以賅全。事父之道即孝道，孔子云：「夫孝，德之本也，敎之所由生也。」（孝經開宗明義章）此先王以順天下，民用和睦，上下無怨之至德要道也。然事父之道，其所重者爲何？曰能敬也，曰能養也。子游問孝，子曰：「今之孝者，是謂能養，至於犬馬，皆能有養，不敬，何以別乎？」（論語爲政）言能敬有重於能養者，然則能養而後能敬，身體髮膚，受之父母，不敢毁傷，孝之始也，蓋保愛有用之身，以致父母之養，乃人子盡孝之根本，故詩經篇什，人子有不能終其父母之養者，則怨嘆焉，自責焉。於此但舉一例以明之。小雅蓼莪：

蓼蓼者莪，匪莪伊蒿；哀哀父母，生我劬勞。
蓼蓼者莪，匪莪伊蔚；哀哀父母，生我勞瘁。
缾之罄矣，維罍之恥。鮮民之生，不如死之久矣！
無父何怙？無母何恃？出則銜恤，入則靡至。
父兮生我，母兮鞠我，拊我畜我，長我育我，顧我復我，出入腹我，欲報之德，昊天罔極！
南山烈烈，飄風發發。民莫不穀，我獨何害？
南山律律，飄風弗弗。民莫不穀，我獨不卒？

首章次章言父母生我，欲我成蓼蓼之莪，奈何隕越其職，遺父母憂，深愧父母之劬瘁也。三章以瓶無酒，乃罍之恥，比喻父母不得終養乃子女之恥，今父母已棄我久矣，無父無母，何怙何恃？出則含憂，入則不知其所至。四章言父母生養長育之恩如昊天之無有止極，報答不盡。五章六章言民莫不善，何獨我不能終養父母耶？蓋樹欲靜而風不止，子欲養而親不待，此人情之苦也。今人王靜芝氏詩經通釋云：「此孝子哀父母早逝，而自傷不得奉養之詩。」得詩旨也。此詩言失怙之感傷痛極，千古稱之。晉書八十八王裒傳云：「隱居教授，讀詩至哀哀父母，生我劬勞之句，恒三復流涕，門人以此爲廢蓼莪篇。」常言道：「讀諸葛亮出師表而不哭者，其人必不忠；讀李密陳情表而不哭者，其人必不孝；讀韓愈祭十二郎文而不哭者，其人必不慈。」吾人似可增一語之「讀蓼莪詩而不流涕者，其人亦不孝。」以其悽惻哀切，故能感發人之深切親情。

夫人子之所以不能養其父母者，或以己無令善，或因久役於外，或乃父母已逝，至若平居家室之中，既能有口腹之養矣，應出之以敬，蓋孝子有深愛者必有愉色，有愉色者必有婉容，能敬能養方爲至孝也。

二、遠之事君

孔子曰：「書云：『孝乎！惟孝，友於兄弟。』施於有政，是亦爲政，奚其爲爲政！」此雖云盡孝通於爲政，然僅爲間接之從政，而事君與從政則同爲一事。詩敎之於事君，其義有二，一曰盡事君之道，一曰學事君之能，亦卽吾人由詩教之中宜知此遠之事君之二法要也。

事君之道卽盡爲臣之道也，然則人臣當如何盡爲臣之道乎？吾人由詩經之提示中可得如下三者：

1發揮仁心，顧念微賤

仁者與萬物同體，視人飢如己飢，視人溺如己溺，微賤之人乃斯民之無告者，人臣當發揮仁心顧念之。

小雅緜蠻：

緜蠻黃鳥，止于丘阿。道之云遠，我勞如何。飮之食之，敎之誨之。命彼後車，謂之載之。

緜蠻黃鳥，止于丘隅。豈敢憚行？畏不能趨。飮之食之，敎之誨之。命彼後車，謂之載之。

緜蠻黃鳥，止于丘側。豈敢憚行？畏不能極。飮之食之，敎之誨之。命彼後車，謂之載之。

觀其詩文，此篇乃行役者感於帥臣之厚遇而作之詩。行役苦矣，然以帥臣仁心不已，不遺微賤，飮食敎載之，則苦亦不苦。全詩疊詠「飮之食之，敎之誨之。命彼後車，謂之載之。」厚遇之深恩見之矣。

2.忠於職守，靖恭其位

爲人臣者，宜恭其職，匪懈匪怠，庶幾免於尸位素餐之譏。是以卿士盡職，則有緇衣之美，在位貪鄙，則有伐檀之刺，宜鑒於斯，知所懲戒，此事君之詩敎也。玆舉一例以說。鄭風緇衣：

緇衣之宜兮，敝，予又改爲兮。適子之館兮，還，予授子之粲兮。

緇衣之好兮，敝，予又改造兮。適子之館兮，還，予授子之粲兮。

緇衣之蓆兮，敝，予又改作兮。適子之館兮，還，予授子之粲兮。

詩序以此篇爲美武公之詩，言其父子並爲周司徒，善於其職，國人宜之而美其德。觀其詩文，不見美武公之意，然爲美卿大夫盡忠職守之詞，則無疑也。

3.佈其肝膽，勇於勸諫

獻詩諷諫，詩文有之，古籍復有明載，（註七）此即孝經所云：「當不義，則子不可以不爭於父，臣不可以不爭於君，故當不義則爭之，從父之令，又焉得爲孝乎？」（諫諍章）蓋君子之事君也，進思盡忠，退思補過，將順其美，匡救其惡，其有關乎家國之大利大害者，豈得爲保其身而憚於勸諫乎？是以「魚在于沼，亦匪克樂。潛雖伏矣，亦孔之炤。憂心慘慘，念國之爲虐。」刺幽王之亂政失德；「謀猶回遹，何日斯沮？謀臧不從，不臧覆用。」刺幽王之惑於邪謀；「昔先王受命，有如召公，日辟國百里，今也日蹙國百里。於乎哀哉！維今之人，不尙有舊。」勸幽王之任老臣；「婦有長舌，維厲之階。亂匪降自天，生自婦人。」諫幽王之寵褒姒。蓋人臣事君，憫俗傷民，佈其肝膽，勇於勸諫，斧鉞在所不畏，鼎鑊亦所不懼，方足以謂忠臣。

上述三者，詩教有益於事君之道者也。至若學詩以培成事君之能，卽孔子所云：「誦詩三百，授之以政，不達；使於四方，不能專對，雖多，亦奚以爲？」（論語子路）者也。蓋詩本人情，賅物理，可以觀風俗之盛衰，可以知政治之良窳，和合民人之道，安邦治國之理存焉，故有助於達政也。復次，春秋賦詩，儒雅風流，蔚然獨盛，其諸侯卿大夫交接鄰國，每以微言相感，於揖讓之際，必稱詩而諭其志，以別賢不肖而觀盛衰，故誦詩三百有助於出使專對。若不學詩，何以得意於壇坫之間？又何以化干戈爲玉帛，變暴戾爲祥和？子犯之讓趙衰，重耳拜賜；叔向之屈卻子，齊國以全；申包胥哭秦庭七日，聞穆公賦無衣，知必相援；穆子賦匏有苦葉，叔向退而具舟；此其最著者也。若夫高厚歌詩之不類，伯有賦鶉奔之失倫，華定不解蓼蕭，慶封不知相鼠，適足以辱國而召釁耳。孔子曰：「不學詩。無以言。」此學詩有益於培成事君之能者也。

綜本章所述，事父之道在能養能敬，事君之道在能盡守臣道、達政專對，而詩均有以開示焉，此「邇之事父，遠之事君」詩教之大用也。

肆、多識於鳥獸草木之名

詩教「多識於鳥獸草木之名」，其義有三，一曰多識於鳥獸草木之名以作比興之資，一曰由詩文中可多識鳥獸草木之名，以增博物之識，一正一反，均有教育之效焉。

一、作爲比興之資

言語之體有二，一質一文。質言如書，詞達而已。文言如詩，一言可賅而特引申之，直言易達而故含茹之，於是有比興之旨。陳啓源毛詩稽古篇云：「詩人興體，假象於物，寓意良深；凡託興在是，則或美或刺，皆見於興中，故必研窮物理，方可言興。學詩所以重多識也。」蓋篇中之隱，或一叩而語窮；句間無秀，或百詰而色沮；斯並不足於才思，而亦有媿乎文辭，是以詩多比興，以寄其言外之意，苟不重多識，何以諳詩人之奧旨？又何以得興起之志哉？

螽斯比子孫之繩繩，兎罝喩武夫之赳赳，麟趾稱公子之振振，舜華狀女子之娟娟。「我心匪石，不可轉也；我心匪席，不可卷也。」方志向之堅固；「碩鼠碩鼠，無食我黍；三歲貫女，莫我肯顧。」稱上位之貪鄙；「手如柔荑，膚如凝脂，領如蝤蠐，齒如瓠犀。」狀女子之美貌；「如月之恒，如日之升；如南山之壽，不騫不崩；如松柏之茂，無不爾或承。」祝君上之福祿。賤妾上僭，則有綠衣黃裡之怨，有女如玉，則有吉士誘之之喜。

「關雎興於鳥而君子美之，取其雌雄之有別；鹿鳴興於獸而君子大之，取其得食而相呼。」（註八）德如鳲鳩，言均一也；德如羔羊，取純潔也；匪兕匪虎，率彼曠野，慨勞役也；蓼蓼者莪，常棣鄂鄂，知孝友也；葛屨褊而羔裘怠，蟋蟀儉而蜉蝣奢。此均以物興起者也。

以上所舉，皆詩人藉鳥獸草木之名以作爲比興之資者，而讀詩者亦可因鳥獸草木之名而引譬連類，興發志意也。是以「緜蠻黃鳥，止於丘隅。」不過喩小臣之擇仁者依之，孔子推而至於「爲人君止於仁，爲人臣止於敬，爲人子止於孝，爲人父止於慈，與國人交止於信。」「桃之夭夭，其葉蓁蓁；之子于歸，宜其家人。」不過言女子之出嫁，孔子推而至於「宜其家人，而后可以教國人。」「鳶飛戾天，魚躍于淵。」不過喻惡人遠去，而民喜得其所，子思推之「上察乎天，下察乎地。」「潛雖伏矣，亦孔之昭。」不過喻庶民之無所遯逃，子思推而至於「君子內省不疚，無惡於志，君子之所不可及者，其唯人之所不見乎！」此皆讀詩者以鳥獸草木、蟲魚而興發志意者也。

納蘭性德「毛詩名物解序」云：

六經名物之多，無踰於詩者：自天文、地理、宮室、器用、山川、草木、鳥獸、蟲魚，靡一不具，學者非多識博聞，則無以通詩人之旨意，而得其比興之所在。

又，葉向高「六家詩名物疏序」云：

詩之爲比興者，其寄情或深於賦；而比興之物，又必有其義：如關雎之配耦，棠棣之兄弟，蔦蘿之親戚，蜉蝣之娛樂，鴇羽之憂勞，皆非泛然漫爲之說。故善說詩者，擧其物而義可知也；不辨其物而強繹其義，詩之旨日微，而性情日失矣。

蓋假象於物，寓意良深，必研窮物理，方足以通詩人之旨意。然則，三百五篇之作者所言雖皆切於人事，而無以識鳥獸草木之名，亦無以見其比興之深義，此卽葉氏所云「善說詩者，擧其物而義可知」也。

二、增益博物知識

周代並無博物訓解之專著，爾雅非周公所作，故詩經所載鳥獸草木蟲魚之名，亦得以爲考察古代博物之資。皇侃云：「關雎、鵲巢，是有鳥也；騶虞、狼跋，是有獸也；采蘩、葛覃，是有草也；甘棠、棫樸，是有木也。詩並載其名，學詩者則多識之也。」近人胡樸安氏云：「計全詩經中，言草者一百零五，言木者七十五，言鳥者三十九，言獸者六十七，言蟲者二十九，言魚者二十；其他言器用者約三百餘。」（註九）蓋倉庚知其爲陽之候，鳴鵙知其爲陰之兆，桃蟲知其由鷦鷯而化大鵰，狼知其跋前而躓後，此詩教「多識於鳥獸草木之名」必資於博物之第二義也。

作爲比興之資者，於作者言爲其文學表達之技巧，於讀者言可得興發志意之德教；增益博物知識者，則爲純粹知識之學。於此二者，雖不能偏廢，然究以興發人志意以致德教爲主也。

綜本文所述，作詩者以無邪之思作之，讀詩者以無邪之思讀之，「思無邪」者，詩教之體也。有體斯有用，興觀群怨、邇之事父、遠之事君、多識鳥獸草木之名者，詩教之用也。

【附註】

註 一　論語朱注八佾篇繪事後素章引楊氏說。

註 二　崔述讀風偶識卷之一。

註 三　詩廣傳卷一。

註 四　呂氏家塾讀詩記卷第一綱領引。

註 五　陳澧東塾讀書記卷六詩引

註 六　漢書卷八十一匡衡本傳。

註七　參見左襄十四年師曠之語及國語周語邵公諫厲王語、國語晉語范文子戒趙文子之語。

註八　孔子家語好生篇。

註九　詩經學，頁一五五，商務印書館，六七年十二月台三版。

易「九掛處憂患之道」

謝綉治

繫辭下傳：

易之興也，其於中古乎？作易者，其有憂患乎。是故履德之基也。謙德之柄也。復德之本也。恒德之固也。損德之修也。益德之裕也。困德之辨也。井德之地也。巽德之制也。九卦者，履謙復恒損益困井巽，所以處憂患也。然憂患者何？

繫辭下傳：

於稽其類，其衰世之意邪？

易之興也，其當殷之末世，周之盛德邪？當文王與紂之事邪？是故其辭危。

中古乃謂文王之時，衰世則指文王與紂之世也。漢書藝文志：「易道深矣，人更三聖，世歷三古。」顏師古注引孟康曰：「伏羲爲上古，文王爲中古，孔子爲下古。」乃上古之世，庖犧之時，世尚質淳，風氣多厚，教化未開，情僞未形，民純不擾，事簡不雜，雖三畫足以道盡吉凶之變，八卦足以涵括天地之情。然及夫商紂之世，暗君在上，情俗澆浮，巧妄叢生，有聖人之德，處於取捨之際，忠仁爲難之間，操思慮深，而有「憂患」之心生焉。王船山周易內傳：「文王欲弔伐，則恐失君臣之大義；欲服事，則憂民之毒痛。以健順行乎時位者難，故憂之。」（卷六，頁一六）文王處此進退爲艱之時境中，其心路之歷程，多有原委曲直且幽遠難盡者，乃即現實之困屯而欲安頓於天理之分所，故必操心之，必慮患之，然後因情生理，援事設教，鉤深闡微，丁寧詳密；欲使人能自省洞察，於吉凶禍福之微，因果得失之幾，顯穩取捨之際，揚幽飛潛之間，毫釐不失，周備不忒，是以聖人憂患之深，乃切盼人人盡性知命，即有愛之限域而成就無憂之德命也。

然而六十四卦皆自此一意識而闡揚，作易者何以獨取九卦而言之，朱熹曰：「天下道理，只在聖人口頭開口便是道理。偶說此九卦，意思自足，若更添一卦也，不妨更不說一卦也。不妨只就此九卦中，亦自儘有道理。」（朱子語類，周易十二，卷七十六）此見九卦之取似自无心，似出自然（註一）然而何以不取他卦如剝卦明夷卦…等？歷來多所發明，或謂剝則不類文王事，明夷義則太顯。或謂此九卦之要足以賅六十四卦之意（註二）。張載橫渠易說：「繫辭傳獨說九卦之德者，蓋九卦爲德，切於人事。」（卷三）天道之幽，由人事而闡發，人事之顯則本諸天道，天人之間，修防之事畢矣！九卦之行德，本乎天道，應乎人事，使天人合一，則不復有隔閡之情。故處憂患則需盡人事，而人事之盡則易所謂修德之事也。孔穎達周易正義：「以爲憂患，行德爲本也。六十四卦悉爲修德防患之事，但於此九卦，最是修德之基，故特舉以言焉。」（卷八）易之一書，無非明憂患與故及處之之道者，觀諸九卦之義，求其所以，庶幾可得之也。

一、吉凶存乎德性

履上九：「視履考祥，其旋元吉。」程子易傳：「人之所履，考視其終，或終始周完无咎，善之至也。是以元吉。人之吉凶，繫其所履，善惡之多寡，吉凶之小大也。」（卷一）吉凶之小大，視吾人善惡多少而言，此乃天命之予取，亦繫乎人自身行為而定，故吉凶之得失在善與不善，不在福與禍，得天則吉，則為慶祐；悖天則凶，則為悔吝。刁包易酌：「吉凶惟所自取耳！此即所謂作善降祥，作不善降殃也。」（卷十一）祥殃之與取，乃人自覺之事，行德所以定奪之也。故吉凶之應則在人事盡性之功夫。天理昭赫，絲毫不爽也。

㈠履凶之情

履涉人事，險阻叢生。敬則自天祐之，怠則自天禍之。吉凶之道，視所履之情。履九三爻：「眇能視，跛能履，履虎尾，咥人凶。」象曰：「眇能視，不足以有明也；跛能履，不足以與行也。咥人之凶，位不當也。」德能不足又處不當之位，乃情才時位之不相值合，是以履乎危地而遭虎咥之凶也。故繫辭下傳：「噫！亦要存亡吉凶，則居可知矣！」居位不當，吉凶故生。見恒初六爻：「浚恒，貞凶。」象曰：「浚恒之凶，始求深也。」有進退之義，積漸之行，由淺而深，自近而遠，方能久於其道。初九宜微而不宜顯，宜漸而不宜速，是其處位之時情，使違之，則吉凶生焉。蓋易之陰陽剛柔，有其位焉！使出入往來之際，相雜內外幽明之間，皆有其理，至動而至貞，至變而至一。使動而亂之，變而紛之，則有蹈凶之情也。

是知履凶有因，由位之不當也。然君子苟能修德以處雖有不當之位，亦能免凶。若使人事並失，不占而已，必然有凶无吉也（註三）。論語：「子曰：南人有言曰：『人而無恒，不可以做巫醫。』善夫，『不恒其德，或承之羞。』子曰：不占而已矣！」（子路篇）苟無恒德，不需占，其凶必也。恒九三爻：「不恒其德，或承之羞，貞吝。」所行不一而厥德不定，必有見疑之情，而罹之羞辱。是以益上六爻：「莫益之，或擊之，立心勿恒，凶。」善志貴恒，久守其道，苟不如之，則與取不定，二三其心，人必狐疑而傷之，是故凶之道，無非人事之失也。井象曰：「汔至，亦未繘井，羸其瓶，凶。」又復上六爻：「迷復，凶。」復天心之本然，使善端自此而進，然後能井養大利，以濟困窮。今而幾成而敗，反而復失，自是人事之不合，盡性之未誠，遂有險阻爲之昏蔽，有艱難爲之窒礙。去而不返，往而不復，遂使井井之功，生生之德，終將滅絕。此乃人道之失，使天理幾於或息，所謂「獲罪於天，無所禱也。」（論語八佾篇）

㈡履吉之道

君子修德以善，順理不悖，則能洞澈憂患與故而知所趨避，循乎仁義而居其所宜，繼性成善，而安其所當，則有吉而無凶也。履九二爻：「履道坦坦，幽人貞吉。」象曰：「幽人貞吉，中不自亂也。」幽人貞定守善，正心愼獨，明幾不妄，不爲無常所亂，故能內重外輕，而不罹凶危，是以言「貞吉」。乃貞吉則有吉而無凶，此又兼天道人事而爲言也。謙六二爻：「鳴謙，貞吉。」損上九爻：「弗損益之。无咎，貞吉。」益六二爻：「或益之十朋之龜，弗克違，永貞吉。王用享于帝，吉。」益九五爻：「有孚惠心，勿問元吉，有孚惠我德。」能以盛德內充，虛懷誠意，常保貞定，合天不違，則必有大善之慶，信孚之志，而應以佳吉之道也。

是以吉凶之顯，則存乎得失之微。順乎仁義之理則吉，悖之則凶。推闡之，乃聖人告人以趨避之行也。易不貴無過，貴不憚改，故有補過之學。損大象：「君子以懲忿窒欲。」益大象：「君子見善則遷，有過則改。」善爲吾人之天性，過爲天性之害者。故有忿欲，必懲窒之；有善道，必進益之，以此改過遷善，則能無咎也。井六四：「井甃，无咎。」天德必有愼養，天功必修其微。人事之謀，必如通暢流新之井，時刻修治補葺，方能免咎，而備潤澤之慶也。是以履吉之道，無它，盡性備德之事也。

二、修德之方

㈠惄惄戒惕

困上九爻：「動悔，有悔，征吉。」蓋悔者，補過之機，誠改之情。能一念憬覺，修省燭照，則必能日漸增益，改過遷善，新德不已。朱熹周易本義：「悔自凶而趨吉者。（繫辭上傳）以能悔故能憂患存心，修德而防患也。繫辭上傳：「无咎者，善補過也。……震无咎者，存乎悔。」朱熹周易本義：「知悔則有以動其補之心，可以无咎矣！」（同上）是以復六五爻：「敦復，无悔。」象曰：「

敦復无悔，中以自考也。」以有過故有悔，此則復道反善，勤修弗失，故無悔。以迷復故有凶，此則陽道自明，篤敬謹審，故無凶。是以履六四爻：「履虎尾，愬愬，終吉。」處憂患之際，勤勉惕厲，戒懼修省，戰戰兢兢，不敢自安，若臨深淵，若履薄冰，愼細行事，謙誠處物，則不失足步也。謙六四：「无不利，撝謙。」四處多懼之地，亦以恭遜安身，禮讓待人而不敢陵之，出處接物莫不敬畏以德，則無愆忒之失也。故王宗傳童溪易傳：「凡人之情有所畏者，斯寡過。无所畏者，斯多愆。故以震驚而獲无咎者，必以其能悔也。」（卷二十七）畏者，「敬德」之謂，敬然後能謹，謹然後寡過，是以无咎而有吉也。聖人吉凶與民同患，故必昭示失得之報，明吉凶之所以然者，令民皆能齋戒恐懼而不敢忽，是其所謂趨避之道也。

㈡復性存善

復象曰：「復其見天地之心乎？」天地之與我者，則此心。此心可以鑒知，可以明德，於事之端倪，物之幽微存之。蓋天下至動，萬物至紛，氣化消長，世運治亂，人事順逆，自此存養省察，窮理盡性，以至天人之淵鑑，莫非此心使然也。蓋天之道，生生不已；天之德，精誠不二。人得天地之中以生，亦於此初動之幾，加持愼密，研審謹察，保義擴充，順動不遽，剛明行健，自強不息，然後體天與天通，盡性以知命，則能與天地相似而不違，合德而不悖也。

孟子：「萬物皆備於我矣，反身而誠。」（盡心上）萬物之理，在本心之復則靈明存存，更不加損，是以聖人勉人繼性成善，莫不在此善惡之介，念慮之動處而切己體察，反省照鑑，以迪人於寡過之途，啓人於良善之道。李光地周易通論：「夫所謂天地之心者，道心也。一陽在內而甚眇，故道心微。群陰在外而甚盛，故人心危。惟精惟一，則微者著矣，有不善未嘗不知，精也，知之未嘗復行，一也。其殆庶幾乎？言能著其微也。」（卷二，論復心學）道心之微，神明之德也，常自謹惕，修省復誠，則戒惕生命之不陷不溺，審持乎險阻之際，是以能知幾進退，不失其正也。中庸：「莫見乎隱，莫顯乎微？故君子愼其獨也。」於念慮之初動，立志之所之，閑邪存其誠，幾不昧心，物不撓志，存養省察，不容復失矣！

故復心之學，必在一陽之初動處，則加研審之功，治其私欲利誘，不使不善之加諸身也。復大象曰：「先王以至日閉關，商旅不行，作不省力。」謹其復而愼其動，於萬物將發之時，養乎至微，畜乎至深，漸其剛長，順其陽生，一有放心，於不遠之處即反復修身也。復初六爻：「不遠之復，以修身也。」復六五象：「敦復，无悔，中以自考也。」辨之早，審之詳，謹微愼獨，誠敬鑒察，勉乎天心而常觀照，復其本然而下學上達，盡心盡性，知命知天，止於至善而後已。

㈢　定分辨志

人倫有別，各有其理，各有定分。序卦傳：「有天地，然後有萬物；有萬物，然後有男女；有男女，然後有夫婦；有夫婦，然後有父子；有父子，然後有君臣；有君臣，然後有上下；有上下，然後禮義有所錯。」天地尊卑，君民上下，必有禮義爲之辨正，定一身擧措之所宜，然後民乃可得而治也。

履大象：「君子以辨上下，定民志。」先王制禮以定尊卑，則使父能慈，子能孝，君能仁，臣能忠，品物流行，莫不咸亨。故乾彖曰：「乾道變化，各正性命。」詩大雅：「天生烝民，有物有則。民之秉彝，好是懿德。」（烝民篇）君臣、父子、夫婦、長幼、朋友，莫不有則，亦莫不有其禮義。君子立乎性分之正，道德之所，久於其道，則化成天下也。恒大象曰：「君子以立不易方。」王宗傳童溪易傳：「方也者，不易之地也。君子所謂不易之地，何也？大學曰於止知其所止，而其所止之目，則曰為人君止於仁，為人臣止於敬，為人子止於孝，為人父止於慈，與國人交止於信，此不易之地也。」（卷十四）定分既明，倫理既辨，民莫不得其則而志以立，故能保和太和，相互持扶而化乎美俗矣！九卦成諸人道，以踐履為尚，往來實行於倫常之間，處物接世之際，莫非仁義禮智之事也。復卦所謂「天地之心」者也，念念正道，行止中矩，待人有節，接物有則，處世有理，繼之成之，善斯不已。井卦辭：「无喪无得，往來井井」體立於不易之方，故德有定；澤通流乎八方，故德能用。體常盡用，則新新其德。井井至暢，事事物物，無不合則也。王船山周易內傳：「此贊井之德而言，有定位者，有定分。剛柔自成其理，而但在用之者，得其宜也。」（卷三，頁五十六）無喪無德，乃剛柔之理，各有其位，各定其分。而往來井井，則合德之情，致用之全功也。是以秉彝好德，大化莫不流行，萬物莫不咸宜也。

㈣損益偕時

天地之情，終始不已。一動一靜，一屈一信，一往一來，一闔一闢，一損一益，一消一息。盈虛升沉，循環不已。皆始乎至微，而成乎至顯。是以君子體之，精義入神以致用，利用安身以崇德，亦隨時反復其道，與時偕行也。恒象曰：「天地之道，恒久而不已也。……終則有始也。日月得天而能久照，四時變化而能久成，聖人久於其道而天下化成；觀其所恒，而天地萬物之情可見矣！」天地之道，恒久不已也。其所以然者，終則有始也。陰陽剛柔，闔闢往來，幽明死生，和摩相盪，推移互動，感運移化，所以「恒久」也。恒久成爲變化之中，來來往往，反反復復，故日月能久照、四時能久成，日往而月來，月往而日來，寒往而暑來，暑往而寒來。日月循環，順行不悖，故能久照，故成歲功。聖人窮理盡性亦貞誠於變化之中，日生日長，新新其德，久於其道而化成天下也。故恒久之道，即在變化反復之中，運行不已，更代不窮，往而復反，終而復始，井條不紊，動順有則，是以聖人精誠不二，感天地而契通之，則窮變達化，不失其正，鼓舞之，利用出入，民皆得其所生也。

蓋天地之情，曾不能以一瞬，虧益流變有之，損益盈虛有之。謙象曰：「天道虧盈而益謙，地道變盈而流謙，鬼神害盈而福謙，人道惡盈而好謙。」損象曰：「二簋應有時，損剛益柔有時。損益盈虛，與時偕行。」益象曰：「凡益之道，與時偕行。」盈而有虧，損而有益；盈未必益，虧未必損；損時行損，益時行益，則損是天道，益亦是天道，損益伏倚，相因相成；故有是非之相爲賓主，有利害之相爲推變，有失得之相爲償報，有因果之相爲循環，亦是無常無定者。故君子處此治亂盛衰之際順乎時宜，反復從道，損時與天地同其損，益時與天地同其益。張浚紫巖易傳：「君子有順止之道焉。欽脩厥德，不與力爭，以待其復，是謂順。……君子體中德以法天，無先時後時之失，是以於剛能止。

蓋盛衰相仍，天道常理，箕子遜以避難，爲道不爲身。其後爲武王陳洪範聖道，益明而利及天下後世。凡以尚消息盈虛，而其行合於天也。」（卷三）有衰世行儉德以避難，是時使之然也；有盛世行聖道興利以益民，亦時使之然也。以是，君子乃能敦尚時宜，不失其機，然後與鬼神合乎吉凶矣！

㈤專精致一

損六三爻：「三人行則損一人，一人行則得其友。」象曰：「一人行，三則疑也。」天地之理，無不相對，無不爲二，然此二則致一之道，化育之功也，精醇專一，生生之本也。程子易傳：「天地之氣，相交而密，則生萬物之化醇。醇，謂醲厚，猶精一也。男女精氣交構，則化生萬物，唯精醇專一，所以能生也。一陰一陽，豈可二也？故三則當損，言專致乎一也。」（卷五）陰陽二氣，其究也一，張載正蒙：「一物兩體氣也。一故神，兩故化，此天之所以參也。」（卷一，太和篇）天地之情，唯二端，摩之盪之，變化無窮，故有時位之錯綜，有陰陽剛柔之體，並具其中而參兩爲一也。故王船山曰：「聖人成天下之盛德大業，於感通之後而以絪縕一氣。和合之，體修人事，即以肖天德。」（正蒙注，卷一，太和篇）又：「人物之生，皆絪縕一氣之仲聚，雖聖人不能有所損益於太和。而二氣既分吉凶，善不善。以時位而不齊，聖人貞其大常，存神以御氣，則爲功於變屈伸之際，物無不感，而天亦不能違之。」（同上）又：「其在於人，剛柔相濟，義利相裁，道器相需，以成酬酢萬變之理而皆協於一。自其神而言之則一，自其化而言之則兩，神中有化，化不離乎神，則天一而已，而可謂之參。」（正蒙注，卷一，參兩篇）天下之理，莫不有自然之對，感通之，莫非生生之事，故以至誠則不貳，以至純則不雜，以貞定夫萬紛之中，則皆一也。朱震漢上易傳：「兩則變，一則化，是謂天地生生之本，非致一其能生乎？」（卷四）必有絪縕二端盡其變化，然後能存神專精以成生化之功也。此君子所以參天地之化育，必以純一其德爲之輔相者，在貞夫天下之動，定夫萬物之紛也。

恒大象：「君子以立不易方」，繫辭下傳：「恒雜而不厭」天下之至賾而不可惡者，至動而不可亂者，即在恒德之永貞，立乎不易之方，定分之所，然後能處人世之紛紛，物利之攘攘，而不動其志也。故聖人精誠不二，居雜不厭，處變不亂，是以能正志行道，順乎變化之情，往來之際，而行一仁義，盡一本分，則所謂生化之大功，繼性成善之大志，悉皆備於此矣！故言易者，生德之本，性命之事也。君子必於此中盡之，然後能體其精蘊也。

㈥至誠孚謙

恒象曰：「日月得天而能久照，四時變化而能久成，聖人久於其道，而天下化成。」王宗傳童溪易傳：「夫誠者，天之道也。日月之照，所以能久者，以其得天之誠也。使其不得天之誠，則照臨之功，安能與天地相爲長久哉？故日月得天而能久照。天之道，惟其誠也。故以此誠妙而爲四時不窮之用，所謂變化也。」（卷十四）天地日月所以能久照久動，聖人所以盡性不倦，則此不容不已之德，自強不息故也。益象曰：「益動而巽，日進无疆，天施地生，其益无方。」繫辭下傳：「益長裕而不設」天地以至誠不息，動順行漸，故能成其大。王宗傳童溪易傳：「則大凡益之爲道，本於順理而動，而極於天地，其大旨又可以一言而盡也，何也？曰誠而已矣！」（卷十九）張子正蒙：「益物必誠，如天之生物，日進日息。自益必誠，如川之方至，日增日得。施之妄，學之不勤，欲自益且益人，難矣哉！易曰益長裕而不設，信夫！」（卷九，乾稱篇下）天命不息，人得之，亦成其至誠不息之志，以之盡性，必乾乾夕惕，不怠不妄，不懈不廢，日益仁義而天道日增，至乎參贊化育之事，則義無不精，物無不體，誠意全備而天下皆得也。

誠之，天命人事之理盡矣！故有損之時，行損道，亦必孚之以誠，雖二簋之薄而不害也。損卦辭：「有孚，元吉，无咎，可貞，利有攸往。曷之用？二簋可用享。」損己益人，損下益上，無其誠，則嫌於暴戾。然而，誠以孚之，則仁德被化，民樂不疲。王宗傳童溪易傳：「夫苟誠敬，則於其享祀也，雖二簋之簡且薄亦可用矣！何者？以有孚故也。」（卷十九）享祀爲禮之大者，然以至誠，則雖薄不害，推乎人事，無不然者。

君子處於困中，亦必輸誠相感，契通於天，事事物物，盡禮不違，懇懇摯摯，謙遜不息，故能解乎其情而亨通其道也。困九二爻：「困于酒食，朱紱方來，利用享祀。」程子易傳：「在困之時，利用至誠如享祀，然其德既誠，自能感通於上。自昔賢哲，困於幽遠，而德卒升聞，道卒爲用者，唯有守至誠而已。」（卷五）至誠則感通天人，契合神明，物雖不碩，道雖遇窮，不害其志，不損其情，乃此誠意故也。

困九四爻：「來徐徐，困于金車，吝，有終。」陽居陰，說而巽，剛以就柔，上以下下，內文明而外柔順，明乎處困之時，孚于謙卑自養之意。位高而巽，以謙德爲物之所與，故能解其困頓而延天祐人也。

是以致誠盡禮，於人事則無不周全也！巽九二爻：「巽在床上，用史巫紛若，吉，无咎。」盡其禮而巽順再三，疑有太過，然不害其爲道之正者，何也？以其由中而發，戒愼人事之有所未備故也。程子易傳：「苟至誠，安於謙巽，能使通其誠意者多，則吉而无咎，謂其誠足以動人也。」（卷六）蓋禮稍有簡陋，於人事則嫌於未盡，故必謙謹致敬，感通幽隱，達其誠意於神明也。張浚紫巖易傳：「夫士君子之於巽，建中以用之，度義以爲之，至誠以行之，則志信於上而民說於外矣！」（卷六）唯以謙誠，孚於萬物，聖人乃所以能久化天下而成其美俗也。

㈦行乎中正

中則不偏，正則剛貞。中正則無過與不及，順天而不失其則。履象曰：「剛中正者，履帝位而不咎，光明也。」人君之臨天下，過則夬履貞厲，不及則柔弱不振，非治天下之道也。蓋易主中道，固以柔說而履，必有剛中之明存乎其中，不容或缺也。謙象曰：「天道下濟而光明，地道卑而上行。……謙尊而光，卑而不可踰。」天道以高從下，愈自晦而德愈光，地道以順而含貞，愈卑而人愈莫敢踰，高則抑之，卑則益之，君子立乎其間，思其極，亦以中道彌綸之，而施謙之德也。謙大象曰：「地中有山，謙。君子以裒多益寡，稱物平施。」聖人行謙，損人欲之多而益天理之寡，則能躬修厥德，以高下下，以貴下賤，使有餘則能以富濟貧，以賢益不肖，故能道德光輝，普照萬物。蓋利益天下之事，非中正之德則不能。井九五爻：「井洌，寒泉食。」象曰：「寒泉之食，中正也。」張浚紫巖易傳：

「夫中正，本之身，達之天下。人君誠能恭己无爲，以行吾之中正，則天下莫不日用而默化之，相與去惡化善。」（卷五）人君以純德自牧，高潔其操；以之養民，亦質清味甘，精醇不雜。故能常清不濁，善存不涸，泉流不竭，而井養不窮矣！巽象曰：「剛巽乎中正而志行。」張浚紫巖易傳：「如是二五剛中遜志，以順入乎中正之道，曰剛巽乎中正。君臣以中正行欲於正，固有以感動人心而變易風俗。」（卷六）剛秉中正之位，體盈虛之理，亦能謙巽下施，柔懷服民，民則能感其善而孚之以惠，上下合德，裁相資輔，以成風俗之美也。

人君遵之而共進於道，共成美俗。天下國家循之，而中立不倚，正位不偏。君子依之修身，則行德隨時、順道承位，而可趨吉避凶也。復六四：「中行獨復。」於復之時，獨從其道，時中者也（註四），故能與天地同其德也。恒九二爻：「悔亡」象曰：「九二悔亡，能久中也。」恒爲終始不已之道，處變化之中，本當有悔，然以其能隨時制宜，因物付物，故能久守中道而亡其悔也。蓋君子剛貞守中則性命安固，以之應外則權變通達，是以生死禍福，窮否得喪，皆不能撓其心也。君子涉履世道，所以能亨暢者，以中正之德也。

㈧順理不悖

易之生德，潛運於人道當中，進退行止無不當者，所謂盡性知天之事也。復象曰：「復亨，剛反。動而以順行，是以出入无疾，朋來无咎。」此「剛」，生生之仁。動之以順，所以成其仁也。順乎道德之義，爲中正之極致者。乾文言：「亢之爲言也，知進而不知退，知存而不知亡，知得而不知喪。

其唯聖人乎！知進退存亡而不失其正者，其唯聖人乎！」天地之情，死生，晝夜，盈虛，消息皆爲一理，知進退存亡而不失其正也。此乃順天道之常，成性命之始終也。易體生德隨時而用，不滯不礙，人能和順之，居處動作無不合宜，所謂出入无疾，朋來无咎，則日用語默，接物處世，天理流行其中也。

恒象曰：「雷風相與，巽而動，剛柔皆應，恒。」剛柔推運，不違其理，日月往來，其動有序，漸行不遽，順道不矯，此天地之行，所以能長久也。蓋象曰：「益，動而巽，日進无疆，天施地生，其益无方。凡益之道，與時偕行。」王宗傳童溪易傳：「益動而巽，則凡有所動，順乎理之謂也。夫循理而動則人僞去盡而誠意有餘，以此爲益，則其進也，日進而无已也。」（卷十九）品物流行，順於理而成乎自然，如日月四時，雲行雨施，莫不順道而行，偕時而運也。於人事言之，則至誠不息之德也。說卦傳：「和順於道德而理於義，窮理盡性以至於命。」又「昔者聖人之作易也。將以順性命之理，是以立天之道，曰陰與陽。立地之道，曰柔與剛。立人之道，曰仁與義。」天地之間，往過來續，生生不已。人事效之，亦如之，曰誠而已。以陰陽、剛柔、仁義爲和順窮盡之階，則天道性命相通，我不戾道，道不乖我，道我爲一，則爲事理圓融之化境也。朱熹周易本義：「至此則體道之極功，聖人之能事，可以與天地參矣！」（繫辭上傳）聖人參贊化育，無他，順性命之理而已。若繫辭上傳：「廣大配天地，變通配四時，陰陽之義配日月，易簡之善配至德。」「配」之，則順道之義盡矣！

巽象曰：「剛巽乎中正而志行，柔皆順乎剛。」又大象曰：「隨風巽。君子以申命行事。」巽者，順而入之之義也。若風之被物，無所不入而無所不至。君子順剛中正之道，則與時位合功而運用也。蓋人秉天地之中以生，繼性成善，和順窮盡，則莫非天道仁德之顯也。雖生物不測，然爲物不貳；雖生生長長，然貞一不紊，此所謂易知簡能，爲人所依行不悖者，順理之事也。人道秉易而生，易落實於人事，皆順應冥合之功也。兌象曰：「是以順乎天而應乎人。」則天人合一，精誠純粹，於穆不已。君子和順道德，窮理盡性，至乎天地萬物，則皆備也。乾文言：「夫大人者，與天地合其德，與日月合其明，與四時合其序，與鬼神合其吉凶。」天道之全善，人繼之，爲仁義禮智之本，亦全善而無惡。人順其性命之正，所作獻替與天地、四時、日月、鬼神合而不違，從隨而不逆，則見物來無距，衆來無忤，渾然爲一融洽之理境。

(九)持之以恒

君子之道德學問，尤戒有始無終也。謙象曰：「謙尊而光，卑而不可踰，君子之終也。」至虛謙懷，履善恭讓，莫不誠懇敬摯，始終如一，然後能全其德也。恒象曰：「天地之道，恒久而不已也。……聖人久於其道，而天下化成。」恒久不變之德，雖處憂患之中，亦能固守不渝。此所以盡性必日生日長，新新不已也。大畜象曰：「乾健篤實輝光，日新其德。」凡吾平日點滴，一纖而不懈，一刻而不慢，至誠不貳，至純不雜，不舍人事，不息修德，，則天命之賦予我者，即由我之下學上達而至，故天命終則有始，人則和順不息。

人體天德之無疆，盡性必不可怠者。王船山周易內傳：「有一日之生，則盡一日之道。」（卷二，頁五十四）天命不廢而行其功，人事更不可不用其力矣。恒九三爻：「不恒其德，或承之羞，吝。」益上九爻：「莫益之，或擊之，立心勿恒，凶。」無恒心則無恒德，無恒德則二三其志，不能愼終，不能固德，故有凶吝之事臨之，乃由乎人事之未備也。井象曰：「汔至，亦未繘井，未有功也。羸其瓶，是以凶也。」井雖有其德，泉雖有其水，人自違之，猶不得其養也。若掘井九刃而不及泉，猶爲廢井；有濟物之用而未及物，猶无有也。鄭東谷易翼傳：「盡性者，不可一日而不用其力也。譬諸井，雖有水，若汔至而未繘井，乃羸其瓶，則井非我有矣。人雖有性，若所習有作輟之異，所存有人欲之私，則性非我所有矣！」所性加以不息之功，然後生養不盡，悠遠無疆。胡炳文周易本義通釋：「澤无水爲困，命也。澤雖无水，而井則有水，性也。知困之義則知安命，知井之義則知盡性。易，性命之書也。……汔至，未繘井而羸瓶。人之於性，知之行之有未盡也，其猶是乎？嗚呼！是不可不敬也。」（卷二）不備器用，固是人事未備，持之無恒，亦同乎無功者也。蓋君子之道，貴乎有恒，羸其瓶而失之，幾成而敗，生生之德亦幾於滅息矣！故知之行之有未盡，必再加勉，終其懿善而後已。此圓始善終爲易自強不息之旨也。

(十)致命遂志

君子憂道而不憂貧也。道者天，貧者身。仁義禮智根於天，天有所失，性則迷而不復，是其憂也。故論語：「德之不修，學之不講，聞義不能徙，不善不能改，是吾憂也。」（述而篇）及憂其德行學問之尚未盡致也。反若身有貧困，此非宜憂，則守貞正之德，自處以安，可也。蓋君子憂其所憂而樂其所樂。吉凶得喪、死生禍福、夭壽窮通，有時是也。其困自天，其凶亦天也（註五）。君子居易俟命，安土敦仁，平處若常，惟德命之爲守，爲堅志之爲遂，素患難而行乎患難，无入而不自得也。若履初爻：「素履往，无咎。」君子之行，貞志不二，盛行不加，窮居不損，主常不憂其變，應變不失其常。故其憂是道，其樂亦此道也。是故君子必有所憂，然後能至於無憂（註六）。蓋修養之道，必自於深思慮患，防慝修微，明德至善，然後能言內省不咎，不憂不懼也。王船山周易外傳：「使憂之，盡道而抵於無憂也。」（卷五，頁七）乃君子之憂，以能操心之，盡道之，然後能至於亨達也。困象曰：「險以說，困而不失其所亨，其唯君子乎！」蓋君子困心衡慮，動心忍性，篤志信道，守正不阿，故處憂患，則戰兢警惕，冰淵自懍，反觀內省，切己體察，知己操微，明勢識時，謹動其念，愼發其行，故能以其所當憂而進德於不憂之地也。何楷古周易訂詁：「困而德始辨焉，遭非意之變而所造因以日精日徹，故曰辨。……此一句乃三陳九卦之本旨。」（卷十二）九卦乃憂患底卦，非因困方能益德，乃因其能感深激奮，所以進德者切矣！孟子：「人之有德慧術知者，恒存乎疢疾，獨孤臣孽子，其操心也危，其慮患也深，故達。」（盡心篇上）於恒過中淬勵，孤臣孽子所以能深思謀慮以正視現實之困頓，從而修身加勉以進德也。蓋用心艱辛而操志至貞，則能臨事而懼，好謀而成，然後用以變窮塞爲通達也。繫辭下傳：「困窮而通」乃君子時懷警策，時予進修，故能致命遂志，樂天不憂處困而不失安泰，居阨不改其暢悅之情也。

三、九卦之德成

君子體仁，亦於此道而長人。九卦德目雖異，然生德則一，皆使人能安其德目於天地之中，往來上下，無入而不自得矣！蓋益吾身於永貞不患者，唯善耳！履以行禮，謙以致恭，復以反本，恒以固德，損以修慝，益以裕德，困以辨志，井以居常養潤，巽以稱權博施，此九卦無非安身立命之道也。是故處憂患者，九卦足以盡之矣！擧一德而擴充之，則衆善無不完備也。所謂：「範圍天地之化而不過，曲成萬物而不遺。」（繫辭上傳）也。

㈠富有大業，日新不窮。

聖人之至仁，唯一己生命至乎天下之鉅細，願使其皆得所養也。恒象曰：「聖人久於其道，而天下化成。」蓋以天心，澈盡天道，於幾動之處存養之，盡己之性而日新不已；然後擴充之，盡物之性以參贊化育而成其富有大業也。損上九爻：「弗損，益之，无咎，貞吉。利有攸往，得臣无家。」益九五爻：「有孚惠心，勿問元吉。有孚惠我德。」施惠以德，則不費而博，不勞而厚，蓋仁者立象成器，備物利用，要皆以善爲養耳！養之以善德，則孚于天地生生之仁，乃令萬物皆得其性命也。繫辭下傳：「益以興利」井象曰：「井養而不窮也」其所以不盡不窮者，乃聖人之誠，與萬物同體而不遺，使有限之域（註七），成就無疆之德。故設辭用勉，立道興利，莫非化育之極致，自強不息之情。井上六爻：「井收，勿幕。有孚，元吉。」備器利用，在德不在物，聖人不忍一物不善，一事不全，故以「勿幕」言之，乃仁心之無限，德養之無窮也。欲使盡性之事，日生又生，日長又長，博厚高明，悠深久遠也。乾文言：「乾始能以美利利天下，不言所利，大矣哉！」又繫辭上傳：「盛德大業至矣哉！富有之謂大業，日新之謂聖德。」於大業之中，見其利養之盛德；於盛德之中，則成就其進潤之大業。故君子立己立人，成己成物，必至誠不已，精粹不二，日日不息，日日無忘，新新其德也。大學所謂：「在明明德，在親民，在止於至善。」

㈡道神德行，至盛無疆

九卦至巽，乃合功輔善，爲道神德行之極至。若天均之行，萬物之化，無心無爲，感而遂通，生成化育，流行普施。天地之間，莫不祥和，品物理序，莫不成亨。自處憂患至成盛德，無非體用盡致，仁義皆備也。是以九卦以巽爲終，乃作易之用心，義精仁熟之造極也。孫奇逢讀易大旨：「至於巽，則心之入理甚深而稱物甚當，即達守而權，無非天理人情之至履且化矣！」（卷三）蓋九卦行乎履而成乎巽，使道神德行諸義成乎人事之中，則所謂禮義仁智之德也。人繼其所性，成之盡之，存存弗失，智德圓滿，仁配天地，妙贊化育，莫非道德踐履之全涵也。

故知九卦之發揚，易之全書已道盡無遺。憂患意識之極致，不啻防患趨避，乃更在盛德之悉備，神明之大用，貞夫中正而盡變體常，酬酢汔應而滑然無際，至乎惠澤無形而德行無迹，施用無方而其益無疆，卒與宇宙之全幅大道，同乎流行而後已。楊萬里誠齋易傳：「自易之既作有憂患者，可以處，可以忘。无憂患者，可以備，可以消。學者受文王罔極之恩矣！」（卷十八）九卦合德，則盡禮順道，

動靜合宜，曲制事應，達權通變，無處不入，無時不可也。故何楷古周易訂詁：「九卦雖以處憂患言，然易道至此備矣！」（卷十二）

結論

張浚紫巖易傳：「嗚呼！至矣哉！卦之取九，蓋變通之道，終始而不息焉者。」（卷八）感深斯言，於易之全蘊，豁然貫通矣！其道盡憂患與修德之「原始要終」，爲九卦之最要宗旨也。易以變化，故道吉凶悔吝。蓋盈虛之際，消息之間，違失一幾，則與天地不相彌綸，與萬物不相酬酢，故有吉凶之事生焉。王船山所謂志道與時位之不相値耳（註八）！然而觀天地之運轉，四時之推移，品物之流行，大化之生生，無事不亨，無物不長，日日夜夜，年年歲歲，皆以變而通之，故能循環不已，悠遠無盡也。此變易莫非又是天道生德之恩也！然何以天道不言吉凶，而言乎人事？嗚呼！至矣！其委曲原故，又不可一言而盡也。聖人即於此中（註九）而憂，必望成德於此中，以至於無憂也。是以演易，自吉凶而導入憂患，則戒人以知幾審微，敬德持修。又自憂患而超拔出此吉凶之域，則再勉人以日盡又盡，至乎天命也。

故雖令吾人之身有所謂生化變滅，周旋萬殊，然令吾人之靈明則貞固至一，永恒不已。其中雖不可爲典要，實有典要存之者，乃「德性」之事也。蓋有事理之圓融者，神迹不二，道器無別；援天道以召人事，盡人謀以契天道；天人之間，一以貫之，實無異旨。此所以聖人懇切再三，明「憂患與故」

及「處之之道」者，實恐人迷復致與天地相違，而使人自人，天自天，天人阻隔，不復為一，則有吉凶之情見矣！是故聖人之憂患，又不僅為一己而憂，乃更為參贊之事而致慮。以此，乃知世有無限之憂，故有無限之盡性；以無限之盡性，故其達己達人，開務成務，亦是無限也。因此，體用之學，在變易不易之間，使聖人立乎其中，即事而成德，不隔而成能，則援「簡易」以為則，俾人而有依據而遵循也。以是立德漸修，然後能至天地萬物而不遺。此則李光地周易通論：「蓋其間變而未及之際，人事之可施者爾！是故舉其中間，略天道而專人事之意也。」（卷四，論序卦三）人事以日新而日長，日成而富有，至於盡性體天，修德不悖，其在天地則有終始反復之情，在君子則有新德不息之志。此張紫巖所謂：「卦之取九，蓋變通之道，始終不息焉者。」是以憂患九卦之精義，無非在明天人之理，性命之淵蘊。然着乎人世之日用行止之間，則又以貞、吝、悔、吝、吉、凶、禍，福來戒警昭示，以明得失之報，取決於當事者自身行為之善否，德性之美惡，以為之定奪也。此作易之心，雖用吉凶為之垂戒，要在勉人持敬修德，行善去惡也。故所謂吉凶則又非關生事之榮辱毀譽，實更在合天參贊，隨時慎中，善其所變，貞其履遷，乃至義精仁熟，樂天安命也。至此，吉凶又不足以道也。

以是，九卦則循此一理路，由變化而生吉凶，由吉凶而明憂患，由憂患而明道，由明道而主敬，然後日進日修，崇德廣業，冥合天地萬物而後已。此聖人之憂患，由消極之處視之，則示人趨吉避凶之道，由積極之處言之，則在順性命之理，通幽明之故，盡天地之情，而成開物成務之道也（註一〇）。也。至此，與萬物同流，天下同化，然後聖心可以言無憂也，可以言至仁也。

【附註】

註一　胡炳文亦認爲九卦爲夫子偶卽。見周易本義通釋卷六。

註二　參見楊萬里誠齋易傳十八，張浚紫巖易傳卷八。

註三　參見姚振黎孔子的憂患意識，第二十一卷，第十期。

註四　參見高懷民易學中的「中道」思想，哲學與文化月刋，第五卷，第八期。

註五　此乃孟子有命焉之謂也。君子行法以俟天，故吉凶則與天地鬼神合。是以天降凶，其凶亦爲天之情，我則盡人事而已。

註六　參見陳大齊自有憂以入於無憂，孔孟月刋，第七卷，第八期。

註七　指現象之世，有生則有死，有得則有失，有全則有缺，是其境域之有限而有憾耳！

註八　見王船山周易內傳卷三，頁五十一。

註九　指世象之變化生滅，周流遷徙而言，以其無常，故有憂患。

註一〇　繫辭上傳：「夫易，何爲者也？夫易，開物成務，冒天下之道，如斯而已者也。」

寓教於笑的諷世短劇集——《博笑記》

林鶴宜

一、前言

宋元戲文發展到明代，蛻生出傳奇的新形制。明中葉以後，崑弋二腔正式大張旗鼓，在不同的階層散播開來，聲勢之壯，很快襲捲了整個劇壇，締創了傳奇的極盛時代。北曲雜劇傳自金元的嚴密組織，在這樣的情勢之下，開始瓦解變質，因而有了「南雜劇」的產生。

所謂「南雜劇」，據張全恭「明代的南雜劇」一文指出，其詞始見於明代胡文煥的《群音類選》，蓋指「明中葉以後以南曲塡製的雜劇」（註一），從張氏的討論可知，他所認定的南雜劇，係指以南曲爲主，偶雜北套、南北合套或混套，折數在十折以下，長短自由的劇體。由於這種「南雜劇」的篇幅較傳奇來得短，早先盧前的《明清戲曲史》（註二）便逕稱爲「短劇」，而不稱「南雜劇」。但盧氏並未對「短劇」作明確的定義，故其後張全恭「明代的南雜劇」便把短劇當作「單折的雜劇」來對待，這顯然和盧氏的原意有很大的距離。直到曾師永義《明雜劇概論》，對短劇一詞才有個明確的交待。他認為短劇有廣狹二義，「狹義的短劇」，專指三折以下的雜劇。」；廣義則和前面我們對南雜劇的說明沒有不同。由此，可知「南雜劇」和「短劇」指的其實是同樣的東西，前者係就其體製傳承而言，後者則專對篇幅而發。

南雜劇的創作在明代後期發展到高峯，當時著名的傳奇作家，頗不乏染指於此者。這種南北曲交化之下的新形制，既沒有北曲組套缺乏變化的束縛，也沒有南曲傳奇篇幅冗長，結構散漫的缺弊，它雖然有案頭化的趨向，仍然產生不少成就頗高的好作品，《博笑記》正是其間的大手筆。

中國戲劇絕大多數屬於兼具悲、喜情節的悲喜劇，純粹的悲劇或喜劇絕少，而除了那些專事雜要逗笑的地方小戲之外，文人的作品中，難得有喜劇的創作，像《博笑記》這樣短小活潑，情味雋永的喜劇作品，更是麟鳳一毛，彌足珍貴了。

沈璟是明嘉、萬年間（1553-1610 A.D）領導劇壇的大家，所作《屬玉堂傳奇》十七種，今存《紅渠記》、《埋劍記》、《雙魚記》、《義俠記》、《桃符記》、《墜釵記》、《博笑記》等七種，殘存的有《分錢記》、《十孝記》兩種，又有散曲、曲論、南北曲選輯多種（註三），其所製訂的《南九宮十三調曲譜》尤為劃時代的鉅製，製曲者奉為圭臬。這部曲譜是為貫徹其對戲劇的主張而作的，沈氏的主張對當時劇壇有很大的影響，與「予意所至，不妨拗折天下人嗓子」的湯顯祖分庭抗禮，形成研究者所謂「吳江派」與「玉茗堂派」對峙的「湯沈之爭」。

沈璟對於戲劇的主張，主要見於《博笑記》前的「二郎神」套曲，以及當時人對其言論之記錄與批評，和他表露在各劇作中的零星意見。根據孫小英「沈璟與湯顯祖之曲論比較」一文的歸納，沈璟對戲劇的主張有以下三點：

㈠嚴守格律。

㈡崇尚本色。

㈢重視綱常。

底下謹就本事、旨趣、曲白、結構、音律五點，論析《博笑》，並據此瞭解其理論與作品實踐間的關係。

二、本事

《博笑記》全本共二十八齣，首出爲副末開場，二致二十八齣計敷演十個故事，每事二至四齣不等，這種體例承自沈璟的另一作《十孝記》，呂天成《曲品》（註四）云：

《十孝》，有關風化，每事以三齣，似劇體，此自先生創之。……

又云：

《博笑》，體與《十孝類》雜取《耳談》中事譜之，輒令人絕倒，先生遊戲，至此神化極矣。

實則一記分數截，不必自《十孝》始，明初戲文《四節記》已開其端（註五）。只是沈璟用之以結合短劇，包含的單元更多。《十孝》敷演黃香、張孝張禮兄弟、緹縈、韓伯瑜、郭巨、閔損、王祥、張氏、薛包、徐庶等十件孝行（註六），題材來源不一。《博笑》亦演十事，其題材根據前引呂天成《曲品》，謂本自明代筆記小說《耳談》。《耳談》今已亡佚，但從明馮夢龍編《古今譚概》多次徵引輯錄《耳談》所載的故事來看（註七），當時確有其書，且流傳頗廣。茲依《博笑》首齣家門下場詩所題，列其所演十事並齣目如下：

1.巫舉人癡心得妾（巫孝廉）二—四
2.乜縣佐竟日昏眠（乜縣丞）五—六
3.邪心婦開門遇虎（虎扣門）七—八
4.起復官遘難身全（假活佛）九—十一
5.惡少年誤鬻妻室（賣嫂）十二—十四
6.諸蕩子計賺金錢（假婦人）十五—十七
7.安處善臨危禍免（義虎）十八—二十一
8.穿窬人隱德辨冤（賊救人）二十二—二十三
9.賣臉客擒妖得婦（賣臉人捉鬼）二十四—二十五
10.英雄將出列行權（出獵治盜）二十六—二十八

括弧內文字係依每事末齣或前一齣之介紹，如第一個故事演完的第四齣末尾，有「（末又上）巫孝廉事演過，乜縣丞登場。（下）」的提示。可視為每劇之簡稱。由於《耳談》已佚，這十劇之本事，就不那麼容易知道了，鄭振鐸「博笑記跋」（註八）曾有所提示：

《博笑》所載故事十則，頗多諷勸，不僅意在解頤而已。其中『惡少年誤鬻妻室』一則，夢覺道人曾演爲平話，見其所著《幻影》中。『起復官遘難身全』一則，敍僧人陷官吏爲活佛事，『安處善臨危禍免』敍船人謀財害命爲虎所殺事，並見明人小說中。其他諸作，殆皆詞隱寓言也。

鄭氏或者未嘗見呂天成《曲品》，因爲他顯然不知《博笑》十事本諸《耳談》，以爲除「假活佛」、「義虎」二事外，皆「詞隱寓言」的創設。

《幻影》又名《三刻拍案驚奇》，此書實與凌濛初的兩拍無關，其刊行年代，根據鄭振鐸的考訂（註九），在明崇禎十六年。雖較《博笑記》晚出，但是我們很難確定它是否受了《博笑記》「賣嫂」一劇的影響，只能說，二者都取材自明代筆記雜談。

中國筆記雜談，轉載鈔錄的現象很普遍，故《耳談》雖佚，我們從其他筆記中，仍可尋出相關的記載。以下且依十劇先後，先敍其劇情梗概，再述其本事，以明二者之關係：

㈠巫孝廉一劇，譜舉人巫春元於會試候榜之時，路遇騎驢婦美而悅之，尾隨至家，經人撮合，以百五十金爲聘，得美婦歸。未料撮合者即美婦之夫，計趁新婚之夜率衆誆殺巫春元，幸婦爲巫春元眞心所感，告以實情，相攜逃匿。後惡夫果至，知貪財失妻，憤而撞牌樓以死。尋逢揭榜，巫與友人並得進士。此事曾經凌濛初演爲平話，見《初刻拍案驚奇》卷十六「張溜兒熟布迷魂局，陸蕙娘立決到頭緣」，譚嘉定《三言兩拍資料》引趙景深《讀曲隨筆》，認爲《初拍》與《博笑》同述一事，有一個共同的來源，但也沒有找到來源所在。

㈡乜縣丞一劇，譜崇明縣新任縣丞乜老爺，荒誕昏瞶，笑話頻傳，一日，鄉宦來拜，適值其打盹乃留帖而去。乜丞聞知還拜，因候鄉宦更衣，不覺又入睡，鄉宦出見乜丞熟睡，對座亦睡。乜醒，見鄉宦對座睡，復入睡。鄉宦醒見乜臣睡，又睡。乜再醒，天已晚，遂潛去。

此劇本事據曾師永義《明雜劇概論》第五章指出，原見於明浮白齋主人《雅謔》。實則此條又見於馮夢龍《古今譚概》「癖嗜部」，傳抄轉載，原是筆記傳統，不足爲怪，但不知孰先孰後，茲錄《雅謔》「睡丞」條如下：

睡丞

華亭丞謁鄉紳。見其未出。座上鼾睡。頃之主人至。見客睡不忍驚。對座亦睡。俄而丞醒。見主人熟睡。則又睡。主人醒。見客尚睡。則又睡。及丞再醒。暮矣。主人竟未覺。丞潛出。主人醒。不見客。亦入戶。張東海作睡丞記。

㈢虎扣門一劇，譜龍潭地方多虎，有婆媳皆寡，相依爲命，一日，婆探女外出，媳獨守家，此媳滿口貞烈，實意志不堅。是夜，有路人名常循理者，懼虎求宿，媳允令棲身門外草堆，尋虎至，以爪扣門，媳以爲常循理，喬詈之，而虎扣門至於再三，媳心悅，開門納之，竟爲虎所噬。天明人覺，欲送常至官，常力辯，適婆歸，乃同鄰衆步血跡尋殘骸而去。此劇本事待查。

㈣假活佛一劇，譜某官服滿起復，入京候補。途經寺廟求宿，遇惡僧以毒鴆之，令失聲癱瘓，養之至肥，詐稱活佛騙財。地方太守知有異，請回衙內供奉，後見活佛動指索飲，始視破姦計，將惡僧法辦，並遣送官人回鄉。

清代筆記《採異錄》卷七有「活佛升天」一條，即敍此事。此書雖出清代，然據作者胡源祚書前「弁言」，其內容大抵為「古書中所載忠孝節義并及奇聞異事」，則此條或出明人筆記，茲錄其文如下：

活佛升天

江南某生客遊儀舟。江滸登岸。獨自游覽。信步至一蘭若。門其無人。見內殿壁板所畫山水人物甚工。以手摩挲。不覺巧觸其機。壁上門忽洞開，內有婦女數輩。正與髡奴擲倒為戲。瞥見生。叱問何人。生大駭急趨而出。僧徒三五人躡跡馳追。將生挽回。生泣哀之曰。乞師慈悲。恕我無知。誓不饒舌。僧衆叱曰。汝自尋死地。尚望生耶。一僧曰。搤之便。一僧曰。搤之不如烹之較易滅迹。生聞而觳觫。料不能脫。再三哀之曰。小生冒犯。自知無再生理。求師慈悲。賜全要領。其功德勝於浮屠合尖矣。一僧曰。吾佛慈悲。姑念無知。其言也哀。將來送活佛升天。吾輩可藉漁利。較為得計。僉曰。善。遂將生髮剃淨。幽諸密室。飲以瘖藥。日給淡食。不入粒鹽。百日肌膚肥白如瓠。且腰脚柔輭。不能行立。乃於郊外架木為高臺。謂某日活佛肉身趺坐臺上。涅槃示寂。藉火化。以生天。舉國男女聞之。扶老携幼。不遠而來。皆香花頂禮。瞻拜祈禱。一唱百和。舞蹈若狂。郊外距邑城密邇。邑令某公。健吏也。耳其事。率幹役數人微服自往洞察。

見臺高丈餘。一僧戴昆盧帽。面白皙如滿月。身披五色袈裟。趺足坐榻上。閉目。淚涔涔下如雨。臺下僧衆百數十人。各執魚鈑鼓磬笙簫琴阮旌旛羽蓋。循環旋繞。喃喃唪經禮懺。衆男女從其後。同宣佛號。一體膜拜。臺前後左右置薪芻。間雜栴檀紙帛。高等邱陵。待時至。舉火送活佛升天。公謂活佛升天。復何流淚。豈尚有塵緣難割耶。初固疑其妄睹此益信。亟遣幹役馳白主僧曰。邑侯聞活佛升天歡喜無量。親來拈香。諭衆暫緩舉火。僧衆素知公威嚴。不敢有違。亟含笑答曰。邑主肯賜降臨。爲我佛增光。僧等曷勝榮幸。理合敬候。公亟反署。盛設儀仗而至。僧衆合掌前迎。公問活佛何在。主僧笑指臺上。謂趺坐者即是活佛。並詳述其平日清修高行。公嘖嘖稱嘆謂今日天刑活佛升天。恐未能遽登極樂世界。暫請改期何如。主僧答稱。此活佛自訂日期。未便擅改。公笑曰。活佛未曾留意憲書。下官忝主一邑。合爲改正。明日天赦。升天最吉。請活佛在敝衙暫住一夜。藉使署中細弱得遂瞻拜。主僧答稱。活佛功行圓滿。即絕口不言。又肉體尊重。不便行動。礙難進署。公笑稱。我自有法。乃命健兒數人將活佛舁至署中。僧衆箝口相視。莫不敢阻止。又莫測公喜怒。殊切懸慮。活佛既至署中。公命安置內記室。夜半潛自研詰。其涕淚交幷。言動俱絕心知有異。因問能作字否。活佛點首。亟命將筆硯至。活佛胖輭臂不能舉。惟以指蘸墨書紙上。歷敍顚末。公閱之。大怒。命活佛安心藥食調治。俟差僉牒。送回藉。翌旦。諭寺僧齊集臺下。毋許擅離。又密牒騎尉督營卒多人。乘僧等出後。圍寺窮搜。果獲婦女多人。所藏金珠衣物甚富。公至臺下。僧衆請迎活佛。公笑曰。活佛有命。請主僧代替生天。

主僧大懼。跽稱知罪求宥。公叱左右。將主僧縛擲臺上。又指主謀助虐數人。謂當追配。亦命同縛。擲臺上。叱令擧火。火烈風猛。一轉瞬俱成灰燼。僧衆環視面如死灰。觀者聞知其事。同聲稱快公。命將餘僧笞責。諭令蓄髻歸農其婦女各歸親屬。乃將寺改爲義塾。即變易其金珠衣物以資膏火云。

㈤賣嫂一劇。譜弟兄三人，長兄外出經商，多年無音訊，弟怨其多佔家財。意誑稱兄病歿，賣嫂予富賈爲妾。囑富賈迎婚之夜但強擁載白布髻者上轎，以防其嫂不從。後因分銀不均，幼弟心生不平，遂密告其嫂令設法躱避。嫂急中生智，計令長弟媳與己換孝髻。富賈率衆來，果誤搶弟媳而去，翌日，適兄歸，長弟羞憤難當，離家不返。

前揭胡祚源《探異錄》卷六有「白髻巧易」一條，即敍此事，其言聞諸同舟之江西人，則或爲流傳久遠之民間故事，茲錄其文如下：

白髻巧易

道光二十四年夏歸自寶應。同舟彭二尹者。江西人說。新城王氏兄弟甲乙同居。甲妻李。乙妻陳。陳美而賢。李妒而狠。而貌亦中人。乙爲土寇所掠。數年無音耗。甲與李謀曰。乙久不歸。其殆死矣。今有婦在幃。而能食。不如嫁之。且姿美可得厚聘。他日示意於陳。不可。強之。以死自誓。由是變易素服深自謹飭。李言於夫曰。是不可以善處。若與媒氏議之。第求多金。強載而去何患不從。甲曰。善城有富人將納妾。以百金聘之。甲既得金。私與媒氏約曰。陳善作僞語。以爲妾必不願。若夜以火入。見白飾髻髮者。載之及城。而後改裝焉。事則諧矣。屆期。甲先出。若爲不知者。陳氏將臥。聞門外喧擾聲。旣又刺。刺作私語。竊聽一二。知有變。急滅燈火。爲投環計。李遽闖入。曳陳出。陳不從。互相支柱。兩人假髻皆墮地。時迎娶之人摧促擾攘。李曰勿亟行。即出矣。匆遽間足蹴地有物。拾之。髻也戴之而出衆見髻髮白飾。洶洶扶曳登輿。李呼誤。衆皆不聞。及城易粧。李復自辨非是。富人擧酒笑曰。是遁辭也。新人豈有誤者。即誤不可返矣代解衣扣。遂與成婚。明日甲歸。大恚。陳初不解其故。至是始知李之誤代己行也。甲欲反婦。詐索富人多金。不允。將訟諸官。衆人調停未定。而乙竟還家。陳訴知變服之由。相持大哭。甲聞乙返。棄妻於富室而遁。終身不敢復歸。

㈥假婦人一劇。譜江蘇地方無賴老李相、小火囤、能盡情三人、與一乾伶串通，令假扮婦人，夜投僧寺，正陪酒之際，由二人闖入，指其不軌以詐財。天明，另一人佯打抱不平欲告官，僧不欲張揚，又破財告饒。後思己實未嘗與婦人有私，不甘一再失財，終告於官，無賴與乾旦皆受處置。

此劇本事待考。

㈦義虎一劇。譜池州建德縣多虎患，又遇年荒，有孝子安處善，向財主借得米穀若干，以奉老母。返途中遇虎，乃跪地求虎，允於奉母後供虎充飢，虎遂去。時有夫婦二人，因窮困搭便船至建德縣謀生，船家覬婦美，誆其夫上岸覓居處而害之，歸告婦人其夫爲虎所食，婦人求覓殘骸，由船家領至謀害其夫處，不意虎竟出現，銜船家而去。婦人方欲自盡，聞其夫實未嘗死，遂與團圓。一方安處善依約至虎前。見虎口銜一人，拋地而去。安處善欲葬之，得其衣袋中銀二十六兩，適夫婦至，認出此尸即船家。知天理有報，遂同處善歸。

此劇情節實合二故事而成，俱見明陳繼儒《虎薈》。《虎薈》爲老虎故事之合集，其中，孝子遇虎，告以奉養老母而得活者，有以下二則，見卷四：

成都章惠仲與妹壻邱生偕赴試。出峽舟覆。邱死焉。章登第。調并研主簿。還及峽。聞弟死舍舟。乘馬疾行。過萬州日黑。馬仆墜厓下。虎來銜章髮。章謂虎曰。汝靈物。當聽吾語。吾母八十。生子二人。女一人。往年妹婿死於江。今年弟死於室。獨吾一身存。將竊升斗祿養母。汝食我。奈母老何。虎聞遽捨之。天明章攀木而上。迺得歸。章赴官。母卒未幾亦卒。乃知一念之善。脫於虎口。爲母故也。

朱泰家貧養母。百里鬻新。親極滋味。戴星伐木。虎負之去。朱厲聲曰。食我不惜。母無托耳。虎棄泰於地去。泰竟不死。里人以爲孝感。遽金遺之。目爲虎殘。

建德縣夫婦事見卷六，地名稍有出入，情節皆同。此條據張全恭「明代的南雜劇」，謂見於明顏茂猶《廸吉錄》，此筆記雜談傳抄載錄之又一例，茲錄《虎薈》原文如下：

義與某人攜妻往歷陽附一舟。長年悅其妻欲圖之。方艤舟。給其人曰。吾此地多相識。留若妻舟中。吾與若先登陸。同行至山下被毆死。長年即還舟刼其妻曰。而夫死於虎。而無苦。當與吾偶。妻哭謂尋得遺齒當從汝。長年不得已。漫挈之往。塗間遇虎。徑攫長年而去。婦見虎謂夫果死。慟哭於途。人問得其故。云適自邑中來。見人愬爲舟人歐死復甦。豈爾夫耶。婦詣尋之。果其夫更生云。

㈧賊救人一劇。譜夫婦二人，夫好賭，家財典當殆盡。一日，夫贏錢歸，婦勸夫戒賭不果，心生絕念，適有竊賊潛入，見婦自縊，高聲驚醒其夫，挽回婦命。賭夫由此覺悟，決心戒賭，竊賊得賭夫贈金，亦決心向善。後有結義弟兄二人掘銀窟，雇用向善之竊賊爲挑夫，二人實各懷鬼胎，一以毒酒一以利刃相害，而終皆喪命。

此劇似合二事而成，本事待考。

㈨賣臉人捉鬼一劇。譜員外古吾言有女爲妖魅纏身，出帖求解。一夜，有賣臉子者遇雨求宿，爲古所拒，無奈暫棲簷下，置臉子於面、手、膝上以烘烤，適妖魅至，以爲神，小販乘機恫嚇，知其爲水塘黑魚精，正係惑魅古女者。明日，登古府，遣人捕黑魚烹殺之，遂與古女諧婚配。

馮夢龍《古今譚概》「妖異部」有「鬼畏面具」一條，當即此劇之本事：

鬼畏面具

金陵有人擔面具出售，即俗所謂鬼臉子者，行至石灰山下，遇雨沾溼，乃借宿大姓莊居，莊丁不納，權頓簷下，愁不能寐，而面具經雨將壞，乃拾薪爇火熯之，首戴一枚、兩手及兩膝各冒其一、以近燎、至三更許、有一黑大漢，穿一黑單衣、且前且却、其人念必異物懼其面具而然、乃大聲叱之、黑漢前跪曰、我黑魚精也、家何在、曰在此里許水塘中、與主人之女有交、故每夕來往、不意有犯尊神、望恕其責、其人叱之使去、明旦、訪主人之女、果病祟、遂告之故、竭塘漁之、得烏魚。重百餘觔。乃醃而擔歸。

(十)出獵治盜一劇，譜二盜燒殺良民，又刼一女，爲恐人盤問，置女井中，上覆大石，約天晚來取，適一少年將軍出獵，聞聲救女，又以捕獲之豺狼置井中，天晚，盜果來，不意井中爲獸，遂遭呑殺。女爲報恩，乃與少年將軍結秦晉之好。此劇本事待考。

總結《博笑》十劇，得其本事者五，餘五劇待考。

三、旨　趣

《博笑記》是中國古典喜劇文學的重要作品，這點是毫無疑問的。必須注意的是：在一片笑聲的背後，實際上寄寓了深刻的諷世勸善之意。這從《博笑記》副末開場的「西江月」下片已可見端倪：

未必談言微中，醉頤亦自忘勞；豈云珠玉在揮毫，但可名揚爲博笑。

又，《博笑記》篇首有天啓癸亥茗柯生之題詞，尤充分揭舉了這樣的意圖：

……顧歡場快聚，義取忘憂耳。資鬫忿而必務出於悲涼激烈，似亦不免傷懷損氣，矧得古賢之名貌，正人之爲，其事愈眞，其語愈莊，而其爲藝假也乃愈甚，豈若事事獻嘲，語語挑調之爲善謔乎？此詞隱先生博笑記所由作也……此記……既不若雜劇之拘於四折，又不若傳奇之強爲穿插，能使觀者靡不仰面絕纓，掀髯撫掌，而似譏似諷，可歎可悲之意，又未始不悉寓其間…。

前面我們曾經提到沈璟的戲劇主張，重視綱常，勸善懲惡，正是其間重要的思想。誠如曾師永義在《明雜劇概論》中的意見，《博笑》十劇，除「乜縣丞」和「賣臉人」、幽默的氣氛掩過了勸善外，餘八劇都是以諷世教化爲主。

明代的筆記小說，說教意味本較前幾個朝代來得濃厚（註一〇）。《博笑》十劇旣取材自明代筆記小說《耳談》—這十劇在其筆記小說的原貌時，想必已具有說教的寓意。這點由前面我們找到的幾則劇本的本事，如「義虎」等，可以得到證明。因此，在我們探討《博笑》的主題思想時，不應從各劇的情節來考慮，而應該瞭解作者爲什麼選取這樣的材料？以及，作者對這些材料做了怎麼樣的處理和變動？這才眞正是屬於沈璟個人的創作旨意。

由前面的敍述，可明曉沈璟所以選擇這些題材，正爲了和自己對戲劇的主張相配合。《博笑》十劇，除「乜縣臣」、「賣臉人」外，「巫舉人」、「假活佛」、「賣嫂」、「假婦人」和「賊救人」的下半，都在說明貪財、詐財的人沒有好下場。而「虎扣門」、「義虎」和「出獵行權」等劇，則說明了僞善、害人者必得惡報。另一方面，「賊救人」中，竊賊的改過向善；「虎扣門」中，常循理的不爲色所動；「義虎」中，安處善的孝心及婦人的貞潔，都是沈璟稱許的對象，這些內容，眞是十足的懲惡揚善的！

從幾個找得到本事的短劇中，我們可以看到沈璟對材料做了怎樣的處理。如「賣嫂」一劇，在筆記「白髻巧易」（見第一節）中，白布髻是在匆忙中因墮地而誤戴的，到了沈璟筆下，却變成兄嫂將計就計，誘使無辜不知情的弟媳和自己交換，致使弟媳被富賈強娶而去，弟媳雖無辜，由於有一個惡毒的丈夫，竟受到牽連。撇開編劇技巧的問題不談，由此可看出沈璟懲惡的態度是多麼嚴厲！相反的，如「賣臉人」一劇，在筆記「鬼畏面具」中，聰明機智的小販所得到的，不過是一條大醃魚，到了沈璟筆下，小販不僅娶到員外的千金，還得到一筆錢財，由此又可以看出作者揚善的態度又是多麼的極積！另外，如「義虎」一劇，沈璟在原有的教化勸善之外，安排第二十齣土地公出場，說明這一切都是因果報應云云，又不免迷信之譏。

當然，我們也不可忽略《博笑記》「笑」的本質，也就是它「趣」的一面。在這些劇本通向教化目的的過程中，處處爆發著笑聲，除了故事情節本身的逗笑，與作者作劇手法有莫大的關係。歷來對《博笑》題旨與幽默性的討論，都在情節上大書特書（註一一），這些情節既然是筆記素材原來所具備的，似乎，便不應該是我們探討《博笑》幽默手法的重點。除卻情節的奇巧和關目的趣味，筆者以爲，《博笑》的喜劇手法尚表現在：

㈠誇張的形容：《博笑》十劇塑造得最靈活的趣味人物，是那位癡心成狂的巫孝廉和愛打盹的乜縣丞，由於沈璟對這兩位人物極盡誇張的形容，使這兩位人物在我們腦海中留下了深刻的印象。巫春元在路上撞見美婦，竟然就急急燥燥地追趕，率然下聘，千金不惜，當人好心告誡，他還罵道：「好胡謅！千金買笑猶不偶！」（第三齣賺曲），眞是萬死不悔了。乜縣丞竟日只知睡覺，有名叫張鈇的人來拜見，他竟把張鈇看成「長鈇」，說：「如今都用古折束，不用長帖」。由上舉二例，可見沈璟誇張的形容手法之一斑。

㈡對比的描寫。對比的描寫是最引人發笑的手法，以「虎扣門」一劇爲例：口是心非的寡婦，誤將老虎當作常循理，當老虎第一次扣門，她還作態，駡道：

走！你這天殺的！好意容你投宿，免落虎口，却這等立心不端，就來敲門，我這樣貞潔的一個婦人，你敢近前來覷一覷兒！

當第三次老虎連扣了十幾下門，寡婦便喜出望外露出原形唱道

萍水遭，應是天緣巧，急性郎君休焦燥，多情自合相傾倒，快開門便了！快開門便了。

另外，如「賊救人」一劇，賭夫對妻子的態度，在妻子自縊前後形成對比；結拜掘金礦的朋友，表面的虛榮和內心的陰謀也成對比，這些都是《博笑記》的精采處。

㈢機智幽默的語言。這表現在曲辭和賓白兩方面，對於全劇的氣氛與人物形象的塑造，有莫大的影響。這部分在下一節「曲白」將有詳細的說明。

《博笑》在手法上還有一特色，那就是人物命名的寓意。正面人物的名字如：常循理、安處善、祁遇將軍，都暗示他們的爲人與遭遇；反面或滑稽人物如：乜縣臣、小火囤、老孛相，則表露這些人的荒誕行徑。這種有所寓意的命名，特別是用在正面人物上，很顯然，其目的是在於勸善；用於反面人物，除懲惡外，或有較多的調笑意味，然亦嫌露骨。故此一手法，並不適合放在幽默的範圍來討論，唯其間有一例外，那便是「賊救人」一劇的賽范張和勝管鮑，擁有這樣名字的兩個人，爲了金銀互相

謀殺，反諷的效果是非常強烈的。

四、曲白

這一節要談的是《博笑記》對語言的運用。曲白包括有音樂的語言——曲辭，和不配樂的賓白。崇尚本色，是沈璟重要的戲劇主張之一。《博笑》的語言，可以做爲這項主張最佳的詮釋者。鄭西諦「博笑記跋」曾有這樣的話：

詞隱論曲貴本色而貶繁縟，故《博笑》曲白並明白如話，無一艱深之語，蓋場上之劇曲，而非僅案頭之讀物也。

「曲白並明白如話」，可謂道盡了《博笑》語言的特色。《博笑》絕多數唱辭的文字是口語的，所不同只是它押了韻。在沈璟的眼中，這些曲子的作用和賓白並沒有太大的差別，因此造成了《博笑》曲辭在演唱方式上的一大特點，那即是獨唱極少，合唱分唱的運用則到了極點。有些曲子如果去掉音樂成分（曲牌），從文字上根本很難斷定它是曲是白，如「假婦人」一劇，假婦人和年輕道士共飲，老孛相和小火囤兩個無賴適時出現敲詐，唱「駐雲飛」曲。

老旦（道士）唱：多謝伊家，玉手相親徹骨麻，

小旦（假婦人）唱：雖是蒙相迓。

老旦、小旦合唱：猶恐人禁架，

淨（老孛相）、丑（小火囤）唱：嗏，還不把拴拔。

老旦、小旦唱：乞容納。

老旦唱：若不相嫌，留此同一話，

小旦唱：休當眞呵！只當耍。

從韻文學的角度來看，這樣的曲子簡直毫無文采，且由這麼多人分唱，顯然並不準備讓任何脚色好好表現唱工。這類例子在《博笑》中俯拾即是，像這樣對白化的內容和處理方式，造成曲辭通俗、淺白的特色，用來掌握《博笑》十劇詼諧滑稽的內容，是再適合不過了！

《博笑》中的絕妙好詞，很有一己的特點。如第二十八齣兩支榴花泣，韻脚完全相同，而一以回憶未報仇時的迷惘，一以敍述雨過天清的喜悅。漁家燈二曲，韻脚亦同，分別由男女主脚自述心情，造成一種照應的趣味。而運用得最成功的，應該算是「假婦人」中打棗杆一曲（第十六齣），此曲是老孛相（淨）、小火囤（丑）、能盡情（小丑）三個無賴，在前往乾旦家的路途所唱，老孛相一路貶損戲子，小火囤和能盡情二人偏偏和他唱反調，如下：

（淨）小官每第一來不要跟人串戲。（二丑）小官每第一來須是跟人串戲，（淨）有三兄和四弟。費盡酒和食。（二丑）與三兄和四弟輪辦酒和食。（淨）擔不得輕，負不得重，一生狼狽。（二丑）擔什麼輕，負什麼重，怕什麼狼狽？（淨）從他學到老，終是小官們劣氣質。（二丑）從他學到老，終成得小官好氣質。（淨）打壞了那蓬蓬也，且不要說他起。（二丑）打慣了那蓬蓬也，都是學串戲時節起。

一來一往，等於將這曲子唱了兩次，煞有妙趣。又如「乜縣丞」一劇的兩支清江引，寫縣丞睡了醒，醒了又睡，用頂眞體增強效果，亦別出心裁。這些曲子雖無釆藻，也算得上活潑流暢了。

注重音律，是沈璟最重要的戲劇主張（詳下文）。正因爲如此，在詞釆、音律不能兩全下，沈璟總是犧牲詞釆，以此也出現了一些相當低劣的句子，擧其最明顯者，如第二齣「五供養犯」，押先天韻，有這樣的句子：

生唱：心中展轉。欲待追踪，苦無一蹇。

淨丑白：什麼喚做蹇？

生白：是驢了。

第十八齣「刮鼓令」曲，押魚模韻，也有類似情形：

外唱：縱逃生，終被撲。況已許於菟。

老旦白：什麼喚做於菟？

外白：就是老虎。

爲了押韻而削足適履，是沈璟固執音律之病。

賓白方面，同樣以淺易生動取勝。像《牡丹亭》那種見於對話的凝練文章，《博笑記》是看不到的，沈璟走的是通俗、生活化的路線，這正是他風格所在。且看「虎扣門」中，那位口是心非的寡婦，聽到扣門聲以後的自白：

（小丑）走！你這天殺的，好意容你投宿，免落虎口，却這等立心不端，就來敲門，我這樣一個貞潔婦人，你敢近前來覷一覷兒？（聽介）呀！這廝被我說了幾句，也就住了。（虎又扣兩下介）（小丑）你休要來老虎頭上做窠，明日婆婆回來，說與他知道，決不與你干休。（聽介）呀！這廝被我一唬，想是去睡了。（虎又扣三下介）（小丑笑介）客官，你果有心在我身上麼？（虎連扣十來下介）（小丑起身唱）萍水遭，應是天緣巧，急性郎君休焦燥，多情自合相傾倒，快開門便了，快開門便了。

對於寡婦的心理掌握得十分微妙。

五、結構

前面三節都是偏重內容的討論，底下將由結構、音律兩方面，探討《博笑記》在形式上的表現。討論中國古典戲曲的結構，必須包括布局、排場兩個因素。先說布局，所謂布局，係指劇作家對題材的取捨運用，以及情節的布置安插。《博笑》是一部短劇的合集，其間每劇短則兩齣，長也不過四齣，所敷演的，都是取材自筆記小說《耳談》的簡單故事。材料上，並不需要太複雜的剪裁融和，也沒穿插情節等問題。因此，它的布局，比起傳奇或正規的北雜劇都來得單純。

整體而言，《博笑》的布局是很成功的，它總是在一番適當的鋪敍之後，將情節帶向高潮，高潮一過，旋即嘎然而止，簡捷有力，毫不拖泥帶水。「巫孝廉」、「乜縣丞」、「假活佛」、「賣嫂」、「賣臉人捉鬼」等劇都是如此。採用傳奇的家門，是南雜劇的特色（註一二），《博笑》是一部短劇的合集，它以第一齣的家門概括十劇，故其最後一劇「出獵治盜」，雖然高潮出現在第二十七齣，但並不即作結束，而又有第二十八齣生旦締結良緣的場面，這未始沒有傳奇末齣生旦大團圓之意，此劇的布局，基本上並未偏離上述的原則。

「義虎」和「賊救人」都是結集兩個故事而成，前者採雙線進行，最後（第二十一齣）再連結成一體；後者採銜接式，一事完了再敍一事，這兩劇的高潮都不止一個，起伏較多，處理上，同樣是成功的。

比較例外的是「虎扣門」一劇，此劇僅兩齣，由寡婦假意作態到原形畢露而遭虎啗，在第七齣全演完。第八齣只用來敍述衆人如何反應，最後當然是放走安處善，因爲安分守己的人必得好報。這顯然是沈璟「教化」的觀念在作祟，使得此劇後半鬆懈無力。

所謂排場，指劇作家對一劇情節、音樂、與脚色運用的綜合設計，這是專就劇場來考慮的。平心而論，《博笑》的排場搭配既不靈活，亦欠妥貼，這可由其表現在組套的三個特點來說明：

㈠換宮必換韻，引子與過曲必同宮調。換宮換韻是傳奇組套的一個大致原則，事實上，換宮多有不換韻的，而且只要排場上需要，不換宮也可換韻（例如使用集曲）。至於引子的使用更自由，它不必定和同套中的過曲同宮調，甚至不必同韻。《博笑》的組套每換宮調必跟著換韻，每套的引曲又必定和過曲同宮同韻。這雖然不足以構成它的缺失，但也可見其組套但知嚴守規則而欠缺變通。

㈡喜以重疊隻曲組套。使用隻曲重疊，加引尾或不加引尾組套，佔《博笑》一半以上。隻曲疊用，多半表現獨立場面，使用過多，對於呈現情節與上場脚色的轉變，自然是不利的。如第八齣連用六支劉袞，敍述衆人欲治安處善之罪，幸邪心婦的婆婆及時返家，始得無事。又如第十九齣連用五支鎖南枝，敍述銅陵縣夫婦險被船家陷害，幸老虎出現，銜走船家，夫婦得以團圓的經過。但從曲牌上，絲毫看不出場面的轉折變化。

㈢少用贈板細曲及集曲。細曲是傳奇作者集中筆力之所在，也是脚色表現唱腔的重心；集曲合衆曲之美聽，多用以鋪敍別緻的情景，更是衆所矚目的焦點。然統計《博笑》所用過曲共五十六個曲牌（一百二十四支），其中加贈之細曲只有九個曲牌（註一三），集曲也只有五供養犯、榴花泣、江水帶撥棹、園林沈醉及北曲雁兒落帶得勝令。這和《博笑》偏重次要脚色的運用（詳後），且偏好多脚分唱的演唱方式有很大的關係。配合著簡短詼諧內容的需求，少用細曲集曲本不足爲病，但也由此可見其動聽之曲並不會太多。

當然，《博笑》亦非沒有好的排場，如第三齣，前半以仙呂套敍娶親，而後生旦獨處場面則改爲黃鍾套。又如第十七出，前半中呂駐雲飛套譜道士受訛詐的經過，後半改用雙調玉抱肚套譜道士不甘心告官，將無賴正法。

然而，眞正値得一提的是《博笑》對脚色的運用，有不少突破傳統的地方。首先，且看各劇中重要人物的脚色分配：

巫孝廉——巫春元（生）、婦人（旦）、婦人夫（淨）。

乜縣丞——乜縣丞（小丑）、鄉宦（丑）、蔣敬（末）、張鈇秀才（小生）。

虎扣門——常循理（末）、邪心婦（小丑）、婆婆（老旦）。

假活佛——官人（外）、空空寺僧（淨）、小僧（小丑）、縣爺（生）。

賣嫂——大嫂（旦）、兄（生）、弟（丑）、么弟（小丑）、二嫂（小旦）、幫閒（末）、客商（淨）。

假婦人——老孛相（淨）、小火囤（丑）、能盡情（小丑）、乾旦（小旦）、無名觀住持（末）、道士（老旦）、長州縣官（生）。

義虎——安處善（外）、安母（老旦）、貧人（生）、貧人妻（旦）、船夫（淨）。土地公（末）。

賊救人——賊（小丑）、賭徒（末）、賭徒妻（老旦）、賽范張（淨）、勝管鮑（丑）。

賣臉人——古吾言（外）、賣臉人（小生）、鯉魚精（淨）、古女（小旦）

出獵治盜——祈遇將軍（生）、婦女（旦）、強盜（淨）、強盜（丑）。

古典戲曲中，南戲的男女主脚，例由生、旦擔任；北雜劇的男女主脚，則由末、旦來擔任。南雜劇由於受了南曲影響，脚色名稱依循南戲。但是我們看《博笑》各劇，其中，「虎扣門」、「賊救人」

二劇之重要人物，並無生脚，且脚也只用老旦。而除了「巫孝廉」和「出獵治盜」二劇以生為第一主脚，餘各劇的生皆非第一主脚，「乜縣丞」、「賊救人」甚且還以小丑為第一主脚。這說明《博笑》對脚色的運用，並不死守傳統慣例，各劇人物，完全依照性格來決定脚色的分派，故每劇不必皆有生旦，也不必定以生旦為第一主脚。而歸根究底，其原因在於《博笑》敍述這十個故事，並不一味從正面人物著眼，例如「假婦人」敍述三個惡棍受教訓的經過，「乜縣丞」極盡其能寫縣丞的昏愚，都將筆力集中在反面人物身上。配合題材與體製，作者能在脚色方面作這樣靈活的運用，殊為難得。李笠翁《奈何天》傳奇之以丑為第一主脚，正可以與此呼應。

尤其值得注意的是。《博笑》各劇人物出場，大多拋棄了中國戲曲一上場便自我介紹的傳統，眞正擺脫了說唱文學的包袱，令觀者或讀者能馳騁其心靈，自由自在地在《博笑》所造設出的情境間『探險』，從人物的言行掌握其性格人品，而不是讓劇中人自己向觀衆報告。這種完整的代言，尤是傳統戲曲中難得一見的。

六、音律

對於「寧協律而詞不工，讀之不成句，而謳之始「叶」的沈璟而言，恪守音律是非常要緊的事。因有鑑於蔣孝不敷所需，至令曲壇一片蓁蕪，沈璟乃重為考訂，又增譜新調，成《南曲全譜》，（又名《南九宮曲譜》，或《南九宮十三調曲譜》），此譜一出，製曲者無不奉為圭臬。在曲韻方面，沈璟主張依從周德清《中原音韻》，爲此，他選錄明初以來南曲爲《南詞韻選》，作爲塡曲的模範。名爲「韻選」，乃因「不韻不選」，而所謂「韻」，沈璟在凡例中說得很清楚：

是編以《中原音韻》爲主，故雖有佳詞，弗韻弗選也。

儘管，南曲譜到後代，日有進展，如《九宮大成》之博，吳梅《簡譜》之精，皆沈譜所不及。而到了清沈乘麐完成《韻學驪珠》之後，南曲更有了專屬的韻書。後出轉精是學問研究的必然情形，但評價一時代的作品，却不適合以後來才產生的新標準來過濾。因此，我們檢斠《博笑》按律是否謹嚴，係以沈璟《南曲譜》，及其主張的《中原音韻》爲主要準繩，而以其他有關著作爲參考。北曲在《博笑》所用一百二十四支曲子中，只佔九支，悉依鄭騫先生《北曲新譜》（註一四）

查斠的項目，包括字數、句數、句法、平仄、正襯、對偶、韻協等。在全本一百三十九支曲子中，完全合律者佔六十六支，剩下的五十八支，屬於正襯問題的，又佔去四十二支，正襯的錯誤，版本因素常常遠大於製曲者。換句話說，眞正有問題的，只有十六支，其間，失韻者六，如下

第十六出北曲「寄生草」押庚青，第三句韻脚「臏」，失韻。

第十八出「刮鼓令」第二支押魚模韻，第四句韻脚「粥」，失韻。

第二十一出「小桃紅」押眞文韻，第七、八、九句韻脚分別爲「骸」、「膚」、「虎」，皆失韻。同出，「下山虎」押眞文韻，第三句韻脚「侯」，失韻（此句吳梅簡譜不押韻）。

第二十六出「雁兒落帶得勝令」北曲，押眞文韻，第二句韻脚「亘」，出韻。

第二十七出「水底魚兒」押庚青，其第三、七句韻脚「變」、「算」，皆失韻。

句法不合者十，如下：

第三出「八聲甘州」首支第二句「那靈禽」，當作上三下二五字句。

同出賺曲二支第十句「來歸咎」與「能輻輳」皆當作四字句。

第九出「駐馬聽」第四支缺第七上四下三七字句。

第十三出「月上海棠」第二支第六句「却慮催粧在一晌」。

第十七出「駐雲飛」第五支第五句「也是命煞」當作上二下三五字句。

第二十五出「柰子花」第二支末句「即是此魚膏脂」當作上三下四七字句。

同出「一江風」第二支末句「不怕能插翅」當作六字折腰一句。

第二十八出「漁家燈」二支第六句「合把身相殉」、「誓把微軀殉」當作六字折腰句。

衡諸當時曲壇的創作情形，這樣的成績，誠屬難得。特別是支思與齊微二韻、眞文、庚青、侵尋三韻，寒山、桓歡、先天、監咸、廉纖五韻多能分辨不相混淆，更屬不易，實不愧爲曲壇盟主，後生楷模。

七、結　語

無論就形式或內容來看，《博笑記》都是沈璟現存劇作中極特出的一部。這種二至四齣，各自獨立的簡短形式，爲沈璟在南雜劇的創作領域中，爭得了一席地位。他以輕鬆、幽默的態度，一面頌揚人性的良善，一面痛詆人性的黑暗面，這種詼諧諷世的手法，尤爲沈璟作品中重視綱常的一貫意旨，開拓了新風貌。

《博笑》的題材，來自明代筆記小說《耳談》，從作者的選材與對原材料的處理，我們瞭解了作者創作的旨趣，爲了配合這些題材，作者使用平淺口語的文字，同時，以精審的音律製曲，使一切在舞台上付諸實現。所有的這些，都向我們說明，《博笑記》正是沈璟戲劇理論的實踐。

【附　註】

註　一　見該文引言及第一章第二節。張氏並未對「南雜劇」一詞作直接的定義。「明代的南雜劇」見（嶺南學報）陸卷一期。完稿於一九三六年・五月。

註　二　盧氏（明清戲曲史），據青霜「中國文學史書目新編」，最早於民國廿二年由南京鍾山書店出版。

註　三　沈氏散曲有《情痴寱語》、《詞隱新詞》，又曾翻元人北詞爲南調，曰《曲海冰青》，論曲則有：《唱詞當知》、《正吳編》、《論詞六則》俱不傳。又嘗選輯南、北詞如《南詞韻選》、《北詞韻選》、《古今南北詞林辨體》、《古今詞屬》等，除《南詞韻選幸存，餘俱未見。（以上參考羅錦堂《明代劇作家考略》。）

註　四　此條見呂天成《曲品》下卷「新傳奇品」，由於清高奕著作亦名《新傳奇品》，歷來傳鈔，多將二書相混，此條亦誤爲高奕所有，茲依《中國古典戲曲論著集成》歸諸呂氏。

註　五　《四節記》分四季以四名人配四景，各敘一故事，分別爲「杜子美曲江記」、「謝安石東山記」，「蘇子瞻赤壁記」與「陶秀實郵亭記」。

註　六　《十孝》今不見全本，以上名目見莊一拂《古典戲曲存目彙考》引傅惜華「十孝記逸文」，前此，研究者多誤以張孝，張禮兄弟爲二事而漏張氏孝婦。

註　七　《耳談》，《古今譚概》每作《耳譚》，如「謠知部」中「乘驢婦」一條即明列其目。全書多見徵引。

註　八　《全明傳奇》、《博笑記》本無此跋，以上見張全恭「明代的南雜劇」一文引。

註　九　見孟瑤《中國小說史》第二冊引鄭氏意見。

註一〇　參見劉葉秋《歷代筆記概述》第六章。台北，木鐸，刊印年代不明。

註一一　如張全恭「明代的南雜劇」第四章「沈璟和葉憲祖」，及凌靜濤《沈璟及其作品研究》第五章「沈璟之戲劇作品」皆然。凌書見屏東，太陽城出版社，民國六十六年版。

註一二　見張全恭前揭論文第一章「南戲興盛下的雜劇」。

註一三　依許之衡《曲律易知》及曲牌在聯套之前後判斷。

註一四　《北曲新譜》係歸納分析元人及明初北曲而成，最接近北曲原貌。

尉教授素秋八秩嵩慶

踵謝道韞詠柳絮才高名著黌宮齒尊上壽

傳李易安比黃花句美譽流翰苑詞譜秋聲

國立成功大學中國文學系全體 仝仁 受業 敬賀

素秋教授八十壽辰誌慶

素志秉忠貞耄齡伉儷相期成篋綈緗傳巨典
秋陽佈浩蕩此日師生同慶滿城絃管譜新詞

施之勉敬賀

聯語八則

許景重

成功湖

此處有小小池臺，何妨嘯傲。
那廂是深深庭院，可以棲遲。

又

亭小翼如屏，無吳卉嘉葩，別有詩情畫意。
樹高圓似蓋，有小橋流水，豈無墨客詞人。

榕園

夕照浸樓臺，睥睨風煙，一曲銅琶，唱大江東去。
人歸閒院落，徜徉花木，數聲玉笛，說小苑春回。

又

大樹可擎天，偶來促膝談心，避暑閒眠，致足樂也。

小亭宜待月，儻有一杯在手，迎風遠眺，方爲佳耳。

又

瀦一泓清水漣漪，石畔紅橋，橋邊儷影。
閒幾處垂楊披拂，亭前碧草，草上情歌。

文學院館

絳帳列層樓，庋圖府書城，亭毒經綸翰墨。
玉軒如砥柱，育春華秋實，維持名教綱常。

又

樓藏中外古今典籍圖書，辯證鑽研，無非學問。
座擁縱橫上下池臺花木，遊觀欣賞，都是文章。

又

喜階前玉樹芝蘭，看裙屐繽紛，來往戲嬉佳子弟。
得院裡朱樓結構，聽絃歌風雅，切磋創作好文章。

恭賀尉師素秋八秩大壽

唐亦男

先生真是女中豪，正直持躬百不撓，氣度清風兼朗月，詞心碧水復金膏；一生仁恕能推愛，到處門徒爭服勞，歷史應添師友傳，姓名千載獨君高。

尉師任教各大學，待學生如親子弟，學生對師亦愛戴逾恒，有事爭相奔走，不遺餘力，今年仲秋吉辰，値 先生八十大壽，成大中文系門生，乃倡議編印祝壽論文集，以玆慶賀。當此世風澆薄，師道衰微，學生一出校門，卽視師如陌路，則尉老師師生關係，足以勵世。我國史書中有無「師友傳」，余愧謭陋，尚未知之，若否，則應增設，而近時代之傳文，以尉師爲首，無疑義矣。

賀尉師素秋八秩大壽

梁冰枬

絳帳東風數十春。
萬千桃李沐慈親。㈠
漢旌插遍神州日，
再會金陵㈡賀壽辰。

註：㈠尉師關愛學生猶若子女，學生敬之亦如師如母。
㈡金陵既是我國首都，亦尉師母校中央大學所在地也。

尉師辭諸生賀壽因以敬呈

吳榮富

賀壽深辭國運艱，諸生無語慰愁顏。
新亭對泣終何用？絕學重光未可刪。
海外文章憑一脈，天涯憂患任千般。
酒籌已作邦籌計，筆陣寧輸劍陣斑！

（尉師答詩眞迹於後）。

宏揚詩教

丁卯詩人節全國詩人聯吟大會

榮富學弟：

論文集的出版，應是我們師生之間真情的融會，你們的心血心聲，我極欲欣賞聆听，我也有心中的蘊積，擬藉此向你們傾吐。諒也為你們所樂聞，請緩以時日。

感冒未痊，手頭不能多寫，昨夜成「踏莎行」一闋，錄如次。

答榮富

一片赤誠，纔行歸字，新詩遠託飛鴻寄。
燈前讀罷久低徊，毫端難盡拳拳意。
肺腑文章，真純道義，集成原自堪欣慰。
期能稍待莫匆匆，筆耕留我一塵地。

素秋 十一月廿五日

鼓吹中興

中華民國傳統詩學會
理事長 吳松柏 敬贈

一半兒

梁冰枏

秋聲㈠漱玉㈡傲群倫。喜借湖山當教本㈢。八旬嵩壽心自春。採門人。一半兒糖蓮一半兒文。㈣

註：㈠「秋聲」爲尉師所作詩詞曲集名。
㈡「漱玉」爲李清照詞集名。
㈢當年尉師常帶領學生郊遊，返校後以爲習作題材。
㈣尉師雖已退休，家居中和；然對成大中文系舊情深摯，不辭旅途勞頓，有請必應；且每南下，總不忘携來糖果蓮子等零食分享系友，令人感動。

水龍吟 幷序

劉紀華

尉師素秋，以才思敏銳，馳名詞壇。執教南北各大學，三十餘年，對弟子之啓發、教導、獎助與提拔，不遺餘力。是以受教者皆能奮發向上，各有所成。余自民國五十一年以來，時侍於側，習詩、習詞、習曲，久被教澤。尤覺吾師之仁厚，如和風、如煦日，動萬物以誠，暖大地以愛。福德所及，又豈一人！今值尉師八十華誕，謹獻此詞，虔敬祝賀。

從心所欲多年，春風化雨增身健。瞻前在後，循循善誘，誨人不倦。譽滿方嶠，德音時被，杏林名苑。但栽培灌溉，不求收穫，苗新秀，人稱羡。桃李滿門千萬，見芊芊、都成英彥。立功立德，立言明教，經師清範。不老喬松，南山高載，壽增無限。百歲時待到，齊祝共拜，把蟠桃獻。

小重山

——賀尉師素秋八十大壽

吳榮富

疑是瑤池阿母身。凡間渾忘却，又華辰。無邊化雨晚來勻。滋桃李，艷門武陵春。不老赤心真。鄭梅曾夜逗、踰牆巡（註）。今朝祝嘏舉杯頻。疏影裏，又有暗香聞。

註：民國五十六年深冬，明月皎潔之夜，尉師興至，曾偕蘇雪林、吳振芝、趙璧光諸友好，與宋鼎宗、楊文雄諸生，夜探臺南延平郡王祠中鄭王所遺古梅。祠門夜閉，殘垣得踰，乃皆入。古者剡溪訪戴，以不至爲美，今古祠尋梅，當以此爲雅云。

賀尉教授素秋八秩大慶

蘇雪林

詞家今見女坡仙，領袖騷壇五十年，綺麗金荃能抗手，新清漱玉可隨肩，談鋒快若并州翦，思緒澄如歷下泉。喜見華筵開八秩，祝君福壽更綿綿。

如山師道屹岧嶢，豈許紛紛惡俗搖！百鍊精金寧斷折，千重魔障自潛消；杏壇風氣全清肅，黌舍絃歌更樂陶，一代女師圭臬正，臺瀛處處仰清標。

案頭課卷積如林，批抹隨心實費心，始信靈思生慧腕，能教頑鐵變精金；當年病友荷恩重，此日青衿受益深。絳帳春風吹拂處，萬千桃李蔚成陰。

杖履陪遊杜若汀，師生同樂欲忘形，一生癖好唯風月，到處湖山養性靈；只恨關河成阻隔，遂教踪跡類浮萍。昨宵庭際觀乾象，耿耿文星是婺星。

尉素秋教授二三事

吳振芝

尉素秋教授是我大學的學姊，當年她所住南京中央大學的女生宿舍，人稱紅樓；樓中有金陵十二金釵，素秋姊乃其中之一。聽了她的雅號，再讀她的詩詞，想像其人當然是婉妙芬芳；其實她也有豪邁瀟灑的一面。

記得有一次，成功大學中文系遊關仔嶺，那時上山沒有汽車道，只有由好漢坡拾級而上，山路陡斜，我比素秋姊年輕些，尚且不敢攀登，而她久病初癒（她曾患腿疾），竟然與學生去爬山，以致在中途休克。其時上山不得，下山不能，大家都很驚慌，後來慢慢地扶她到一座涼亭休息，稍稍恢復精神。恰巧有一位遊客，也來亭中休息，其人是一位詩人，於是素秋姊率學生與之吟詩唱和，給學生上了難忘的一課，全忘却自己的病情。

又有一次，素秋姊去臺中會晤系友，因車禍折臂，方寓臺中友人處。我趕往探視，見她臂纏沉重的石膏紗布墊板，却忍住疼痛，笑盈盈地說：我要出車禍，上帝已經告訴我了。問其所以，她說：昨晚我與系友談新豐折臂翁，今天我就折臂了。素秋姊養傷之時，學生多有去探望的，以致其臺中友人之稚女說：做老師眞好，太陽餅還沒有吃完，又有學生送來了。

素秋姊是基督徒，某日，將去教會青年團契證道，不意遽發高燒，人勸她不必去教會了，並說，你的上帝何以會教你去證道又讓你發燒？她以有約在先，抱病仍去教會，回家以後，對人說，我的上帝能讓一個發燒的人爲祂證道！

愛神、愛人、自愛而不自憐，這就是我的老學姊。

記可敬的長者

——尉老師和她的一席話

謝金美

第一次聽到關於尉老師的長者風範是在外子葉政欣的敍述裏。當時我們結婚不久，聊起在學生活時，外子提到一位成大的女老師——尉素秋教授，她愛護學生猶如子女，除了教學、研究、寫作之外，把時間都給了她的學生，所以她儼然是成大中文系學生的共同媽媽。中文系的學生有了困難或面臨重要的抉擇，無不向她傾訴、請教，她總是很有耐心地傾聽，盡心竭力地爲學生剖析事理，啓發爲人處世的道理，所以學生與她傾談後，總是充滿著信心與勇氣，可以迎向一切的困難與挑戰。她又能欣賞學生的長處，並樂於爲他們介紹適當的工作，像外子回母校服務，就是由她的推介促成的。這使我對尉老師，除了敬佩之外，又多了一份感恩。

由於個人生性疏懶，加上工作與家務的繁忙，雖然對尉老師滿懷仰慕與感激，卻未主動去親近她，而僅止於「高山仰止」一般的仰慕而已。而外子與其他系友的往來，也因尉老師的成爲聯絡中心而顯得相當密切。他們活動的方式，或聚集一堂，談詞論文（尉老師可稱爲當代女詞人，在系裏一直開設「詞選及詞作」課程，經她潤飾過的學生習作，已編印了一本學生詞選呢！）或乘興旅遊，盡興而歸。

許多名勝古蹟，都留下了他們同遊的足跡。師生原本濃郁的情誼，自然更加深厚了。記得有一次，他們師生共遊墾丁公園，小兒耕柏那時才三歲，也跟著爸爸去了，路上「亦步亦趨」，沒有跟不上，更沒有要大人抱的要求，尉老師因此大爲讚賞，如今小兒已就讀成大建築系三年級，尉老師每想起此事，還津津樂道呢！

筆者很幸運地於民國五十六年考入成大中文系，成爲夜間部第一屆的學生，雖然白天仍在台南啓聰學校任教，但對課業，卻不敢絲毫鬆懈。在母校各師長教導下，紮下日後研究國學的根基。只是很遺憾的，在成大五年的求學生涯裏，竟未上過尉老師的課，然而可慶幸的是——我們畢業那年，她是我們中文系的系主任，在校園裏，在系館裏，時常可以看到她那略顯富泰的高高身影，端莊樸實的衣著，給人和靄可親的感覺，卻又不失威嚴。由於她自民國六十年暑期起負責系務，使系上同學們都有了聆聽教益的機會。在尉老師許多富於人生哲理的訓誨中，給我印象最深刻的一次，是我們畢業時，尉老師給我們的臨別贈言，她要我們不要做沈默的大衆，她說：「如今你們都已經大學畢業了，算是知識份子了，應該在社會上負起領導者的責任。移風易俗，推動進步，你們都應該體認到『責無旁貸』。將來你們到社會上，會發現許多人有不道德的作爲，社會上有許多不合理的現象，作爲一個知識份子，都應該鼓起道德勇氣，加以指責，不要做沈默的大衆，默默地忍受無理的對待。社會的所以不夠完美，就是沈默大衆太多，大家都做鄉愿，不願得罪人，所以才使壞人囂張猖狂。希望大家能記住這句話：不要做沈默的大衆。……」當時我聽了這席話，深深地感受到她對社會的關懷，對國家的熱愛，眞正表現了讀書人的道義與擔當，使我不自覺地挺了挺胸，似乎身上的勇氣增加了，肩上的責任也加重了。一向覺得個人在整個社會中非常渺小，實不足以造成任何的影響力，但聽了尉老師的訓勉後，不敢再妄自菲薄，決定終身服膺，努力實踐。

從此，當我看到社會上有不守秩序，排隊時插隊的，便敢於鼓起勇氣加以指責。在大庭廣衆之前，遇有徵詢意見時，也敢伴隨著急速的心跳，發表自己的見解，而不再因膽怯而保留自己的看法，如此幾次之後，就發現「不做沈默的大衆」並不如想像中的困難，即使你所發表的看法不很成熟，亦可由此抛甎引玉，使討論的問題找到更周全的答案。

由於機緣，筆者在讀完研究所的課程後回到今日的台南師院擔任教職，因而有很多機會參加各種研討會，在研討開始時，或許由於大家謙讓，總難免有一段時間的冷場。此時，雖自知口才不佳，也必野人獻曝似地提出個人淺見，一則可解主持人之困境，再則大多可由個人的言詞中引發其他與會者的思緒，使主題由討論中明顯起來，終於達成座談會的任務。這是個人常以爲做得有意義的事，這也可以說是尉老師給我的影響。

近年來，社會風氣日趨低下，違背倫常、投機取巧、好勇鬥狠的事件層出不窮，令人不得不慨歎世風日下，人心不古。若社會上每個人都以爲保持緘默是明哲保身的作爲，那麼如何能扭轉世風，倡導道德呢？近來頻繁的暴亂事件，一般民衆的備受騷擾，有關單位的容忍退讓，都讓人覺得理性的社會不該如此，也使我想起尉老師的臨別贈言，她眞是具有睿智卓見的長者啊！

尉老師於民國六十五年從成大中文系退休，較長期地離開台南，然而她的心並沒有離開成大中文系師生。每年七月，成大中文系老師到台北參加大學聯考閱卷工作，必定前往她中和圓通路的家中拜望她和師丈任卓宣教授，接受他們的親切款待。在台南，每年成大中文系學辦鳳凰樹文學獎評審會（鳳凰樹文學獎，就是當年她當系主任時創辦的。）或校慶活動，尉老師也多不辭辛勞地南下參加，而且來使總不忘帶些台北的名產，請學生和他們的孩子們品嘗。她的記憶力很好，那位學生的孩子怎麼樣，她都記得清清楚楚，以前課堂上的一些趣事，她也如數家珍般常提起，不會遺忘。如今她已退休十一年了，她的受業弟子散佈在各階層，許多且已取得碩士、博士學位了，也已在中文系擔任教職，並各有其弟子，但是她還是成大中文系師生最敬愛的師長。

今際尉老師八秩大壽前夕，個人謹虔誠地記述對尉老師的認識及她一席令人難忘的訓勉。我們作爲她學生的，除了應學習尉老師的爲師風範之外，更應該記住尉老師的訓勉——不要做沈默的大衆，希望大家都能發揮道德勇氣，形成輿論的力量，制裁不合法與不道德，使我們能成爲社會安定的力量，而不容少數人胡作非爲，影響大衆安寧的生活，讓我們的社會更臻理想。

師道山高

胡紅波

民國六十年秋，我們班升上大四，在學校剩下最後一年，尉老師就在這時南下主持系務，同時擔任我們的導師，並爲我們講「曲選暨習作」這門課。我們有幸在行將畢業之前受到老師的薰風沐化，常見她公務繁忙，但卻從未忽視對我們的關注及承諾，心心念念常記罣著班上的大小事務。大家印象最深的莫過於那年中秋節，老師興致盎然，竟從台北家裡帶了許多的點心，準時參加我們的月光晚會。事後我們才知道，那時老師府上實在是有極重要的事而不容分身的，她還是依約南下。寒假裡畢業旅行，老師以六三高齡和大家一起度越橫貫公路，清水斷崖，……跋山涉水，精神一直很好。旅程的最後一個節目，則是老師在家裡準備的豐盛水餃晚會。前後一年間只要有團體活動，她一定和我們在一起。——大四，原以爲是最惶惑孤寂的一年，大家反而過得充實而愉快，因爲老師常不拘形式地鼓舞大家的士氣，增強大家的信心，這是我們在書本以外，所獲得最珍貴的東西。

畢業兩年後，能再親炙教誨，原是自己做夢都沒想到的，而這機會正由老師的錯愛提攜乃有，我得以更深刻地認識老師也是自此開始的。當時老師已辭卸了系主任職務，使我看到的老師仍然是以前的老師，中間免去一層行政關係的阻隔。老師雖然辭去行政工作，但對系的關懷熱情未曾稍減，尤其對她創辦的鳳凰樹文學獎，更不遺餘力地繼續灌溉扶植。當時的基金微薄可憐，全靠老師的鼓吹連絡，常見早期系友斷斷續續分從南北各地或海外滙款捐獻，使評獎的工作得以賡續不輟，對提振學生的寫作風氣及全系的向心力有莫大影響。這棵「鳳凰樹」由老師一手栽植，多年來迭經全系師生共同灌溉，如今已枝榮葉茂，每年五月可看見她繁花競妍，帶給整個成大校園極大的喜悅與奮與光彩。

老師於民國六十五年夏退休，一時間離開了成大，揮別了台南，但她常說：「對這裡的土地和人都有一份難以言喻的濃厚感情；我到過的地方很多，但總覺得此地特殊，所以雖然退休，我的一顆心始終還是成大的！」記得在學生們的歡送會上，充滿了依依離情，她卻反轉來勉勵大家莫作會別可憐的感傷，只要大家永遠將心靈連繫在一起，一時的分手應該是往後力量的擴張。她愛把學生視作子弟，比爲羊群，常以善牧者自許，而將她的慈藹普遍照拂他們。因此，雖然退休了，她卻更進一步把這份關愛擴展到畢業的系友；中文系系友聯誼會就在她的關心下組織起來。從此系友的力量得以藉此凝聚，彼此心靈的聯繫更使大家在社會上成家立業之際增加了一份溫馨。老師時常垂詢歷屆系友的動態，樂於分享大家的成就與喜樂，尤其關心大家的失意與挫折。許多系友不論有沒有上過她的課，都樂於向老人家傾訴自己的成敗得失；見過她的人都有共同的感覺：老師具有特殊的慈暉散放出來的自然親和力。也因此，雖然退休了，她並不清閑，還常說：「看到你們，我就覺得年輕。」對於許多早期系友的情況，老師比誰都還要清楚，原因就在這裡。

這些年雖然親師請益的機會不多，但對她卻有另一面的認識。以往只感受到她對我輩學子的關愛，後來才領會到老師的愛心十分廣博，對家人、對青年、對學生固不必說，她對這個社會，對這個歷經苦難的國家尤其關心熱愛，進而常在她的言談行止間可領略一份對一切生命寄予尊重的愛，以及對「上帝」的感恩之情。這種博愛親仁的涵養，一方面源自她具有中國傳統知識份子的擔當意識，一方面她又是虔誠的基督徒。這些固常見諸老師平日的言行之間，也常在她的詞章裡自然流露。只是我自己早先涉世未深，無由領會，最近翻看老師的「秋聲集」，更覺得老師的涵養原非偶然致之，更不是我們輕易能說效法的。

老師閱歷過整個中華民國建國以來的滄桑史，從大時代充滿巨變的浪濤中航行過來，其間的苦難艱困大都目睹身經，因此面對困阨挑戰的那份艱忍，往往不是我們這一代在安定漸至優裕的環境成長的青年所能想像，這股艱忍的毅力使老師對環境很能隨遇而安，對事情始終充滿樂觀自信。老師在中和一住三十幾年，公館周圍早已大廈連雲，而那棟二樓瓦房依然往日風貌，相襯之下，難免顯得侷促寒傖，但這裏卻溫暖過無數的青年學子，去過的人沒有不常存懷想的。老師寬厚待人，卻自奉淡泊，這除了因戰亂歷練養成，還因為她曾立志做一名小學教師，所以物質方面的享受，始終自勵應以恬淡如小學教師之生活為度。過去常有機會替老師安排車票，她從不指定車種、車班，總考慮到經辦人的方便。偶而為了利用時間，指定要的卻是午夜的對號快臥補票，旁人總覺得太辛苦，但她卻安之若素，常將逃難的倉惶做對照，認為相較之下已經太好了。台灣的火車也有臥鋪，說起來，恐怕今天很多人都不曉得哩！

老師總能從多方面角度看事情，因此對她來說，沒什麼解不開的結。例如：有些學生由於本地方言習慣使然，國語發音不甚準確。她了解這種情形，不但不以爲缺憾，轉而從另外角度來看，認爲這類人往往鄉土味較重，而感情較深，與人相交亦多誠信可靠。這樣的說法不一定完全正確，但卻充分顯現了老師包容「無異的缺陷」的雅量。但對一些事情，卻又相當堅持原則，爲此固然難免要開罪於人，但老師無不坦然面對。三年系主任任內，總算爲系樹立一些良好制度，諸如公開全系課程的安排及鐘點的調配，妥愼規劃日夜間部課程等，諸多措施無不從整體構想，一切廓然大公，沒有不能攤開來討論的，朗朗如光風霽月。

老師的詞曲之學直接得自吳瞿安、汪旭初、汪辟疆諸大師嫡傳，數十年來創作不斷，每有新作則常印贈同好，單純的詠物寫景作品較少，這應和前面所提老師格外注重人性以及社會關懷的涵養有密切關係。近年或見國際局勢丕變，國內社會屢受激盪；或有感於國事杌陧，尤有値得憂患者，老師皆一一發爲詞章，興寄之間，常多激勵鼓舞之義，而不爲一般感時傷懷之作。詞、曲，是老師在文學創作上的事業，對此，她偶而也流露一份憾然的神色，爲的是衆多的系友中，眞能潛心學好詞曲的實在不多，畢了業而能繼續寫的更少。系友中也僅梁冰枏，劉紀華等一二學長算是眞能紹述其學而卓然有成的。我自問受老師照拂獨多，但論到詞學曲學，卻只有在一旁愗然汗顏的份。

老師的觀察敏銳、詞章優美是文學家，愛護青年、有教無類是教育家，慈藹親和是宗教家，感情質樸純眞有若你我家人，思想深邃、言行一貫又儼然哲人風範。我原不敢冒然將她加以刻畫描摩，以上的敍述只能表達個人對老師的一片孺慕之思。這些年來，每逢教師節也接到過學生的敬師卡，記憶中自己竟從未對老師表達過類此任何形式的敬謝之意。今年欣逢老師八十大壽，壽辰又正值教師節前，系友會有編印祝壽文集的盛事，我不揣言訥辭拙，寫下這篇文字，期望能藉以虔心表達對老師的敬謝暨祝賀之忱。

吟宋詞、念紅樓、憶良師

楊麗香

光陰似箭，鳳凰花開了又謝、謝了又開，離開培植我的沃——成大中文系，已有十八年的時光了，而紅樓依舊，遙念雍容華貴、和藹可親，流露詩人氣質的尉師素秋，當年講解宋詞的情景，記憶猶新——解說明暢而達意、分析透徹而深刻，吟咏的時候，更是音韵諧和，渾然忘我，把我們學生帶進了一個旋律優美，抒情自然的高遠境界。

記得老師吟咏晏殊的浣溪沙時，其中「無可奈何花落去，似曾相識燕歸來。」二句，是那麼溫雅、那麼蘊藉，如今重尋紅樓、回憶故舊，使人聯想到自身就好比是燕子一般翩然歸來，不由得惆悵萬端，令人不免有風物未改，人事全非之感。

又記得老師曾吟咏范仲庵的蘇幕遮時，「明月高樓休獨倚」句，如今思前憶舊，又是讓人挑起往日紅樓一幕，台南是我的第二個故鄉，成大亦是我第二個娘家，一輪明月，反而引起愁懷，倚也不是，不倚也不是，倚和不倚之間，眞是「欲倚還休，欲休還倚。」

另外老師吟咏到李清照的如夢令時，

「昨夜雨疏風驟，濃睡不消殘酒。
試問捲簾人，卻道海棠依舊。
知否？知否？應是綠肥紅瘦！」

易安難以捉摸的心思，含蓄之中，表露無限的悽惋，如今想起，自不免增添幾分淒楚哀怨的感傷情懷。

再記起老師吟詠過陸游的釵頭鳳：

「紅酥手，黃滕酒，滿城春色宮牆柳。
東風惡，歡情薄。
一懷愁緒，幾年離索。錯！錯！錯！
春如舊，人空瘦，淚痕紅浥鮫綃透。
桃花落，閒池閣。
山盟雖在，錦書難托，莫！莫！莫！」

陸游在沈園寫下他這首著名的「釵頭鳳」，詩人用筆雖然委婉含蓄，但內蘊很深，對於當時社會若干禮教，也有抨擊揭露的作用。讀了這一首詞，令人產生對陸游和唐琬遭遇不幸的深厚同情，也鄙棄造成這場婚姻悲劇的不良制度。

由於有良師諄諄的啓蒙、指導，宋朝的文學，不論「詩」或「詞」，至今我個人仍愛不釋手，欣逢恩師八十大壽，學生謹以「瑤池春不老、壽域日方長。」來祝賀尉老師福如東海，壽比南山。

天錫純嘏・比翼遐齡

余鶴清

欣逢尉素秋老師八秩榮慶，海內外校友，以此良辰，同撰賀詞，永留留念。鶴清亦忝屬程門受業，謹撰蕪文，以誌其盛。

尉老師不但是我的業師，也是師母。這比其他學生更感榮耀。猶記四十三年，我考取政治作戰學校第四期（當時稱政工幹部學校），尉師的先生任卓宣老師，教我們兩個科目，一是「三民主義新論」（任師自著，約五六十萬字），二是「五權憲法」。那時任老師宣公雖已六十歲左右，但看上去還十分年輕，而有精神。十年前，在宣公八秩華誕時，我曾以「廣春風時雨之施」爲題，寫過一篇慶賀文，刊出於青年戰士報副刊。對任師的道德修養，和平日對學生的親和態度，敍述甚詳（此文不久即被編入「任卓宣先生八秩華誕紀念文集」之內。）想不到幹校畢業了十五年之後，我又參加大專聯考，幸運地考取成功大學中文系夜間部。尉老師這時是我們的系主任，使我好高興，感到他們二位老人家都能先後教育我，更覺此生莫大的榮幸。任老師至今雖已過九十高齡，仍健在，二位師長同享福壽，能不令人欣慶同樂。

在成大所修讀的課，因是中國文學系，多以我國文學和哲學有關的書。哲學方面如孔孟老莊之學及文學的唐詩宋詞元曲之類，都是必修的科目。各科教授都是飽學之士，學養都令人敬仰，並值得學習。尉老師教我們「詞」。談到詞，尉師還是國內最有權威的名詞學家，寫過許多詞，也出過詞集。她不但文學根底好，四五十年前，二三十年代的大陸時期，就在全國各報章雜誌上，發表不少文章。我讀高中時，就已拜讀過尉師不少的大作。到台灣來，她所發表的文字更多。她不但是一位教育家，也是一位名作家。

尉師爲我們講詞，常能引經據典，詳爲解釋，娓娓動聽，誨人不倦，而其學者風度，至今猶現於腦際而不忘。她對學生十分親切慈祥，她教學的態度嚴謹中有輕鬆的一面，使同學們受益不少。尉老師最喜歡「秋」景，不但尊名「素秋」，更寫過無數感人極深，有關「秋」的描寫。這是人所共知，她對秋的喜好，可從下面所述看出：「秋夜最是讀書人的好時光，一年四季中，任何一個時節都比不上它。我想一切不朽的作品，可能都是在秋夜裏寫出來的。我最愛在秋天夜靜的時候寫文章，這時人群都入夢寐之鄉，一燈相對，文思如潮，從心靈到指端，從筆尖到紙上，挑起思緒，如剝繭抽絲般地一直寫下去。寫到終篇，往往總是兩三點鐘以後了。這時不覺疲倦，只覺輕鬆，起來倒一杯開水，泡一團冷飯，對影而啜之，眞是『茶甘飯軟』，是一種異樣的享受。——走出庭前，仰望天空，覺得秋天之高，秋氣之爽秋月之明，秋風之清，都令人有脫俗之感。」（國魂二五四期「從欣賞到創作」文）。

尉師從不擺教授架子，也從不嘮叨說教，平易得就像一位任何人最信得過的朋友。日子一久，連最頑皮的同學，也變得十分順服，不敢亂來。我們所以能對文學有很大興趣和進步得尉師之力不少。

記得尉師在爲我們上課時，也常勉勵同學做人做事的道理，和處世的經驗。有一次，尉師對我全班同學說了一段話，使我永遠銘記：「立德、立功、立言皆是使個人生命不朽。可是能夠立德、立功、立言的個人，大都是在良好的教育中產生出來的。人的內心深處，都蘊藏著智慧與熱情，要用教育的力量爲之啓迪發掘，然後纔能創造出事業來。」在成大入學前，我就在教育界擔任教職，畢業後一直到今天，仍還是一名教育工作者，所以這一段以「教育爲樹人之大計」的有啓發性的哲理睿語，對我來說是所感極爲深厚。惟因個人智能有限，雖已任教二十餘年，而且教育的都是聽障學生，要用高度耐心和愛心，沒有盡到尉師所示的理想之境，使我內心深感不安和歉疚。可見要做一位十全十美的教師，多麼的不容易，而尉老師是當之無愧的。

尉師在教界服務半個世紀，以愛心培育千萬學生，可說桃李滿天下。記得民國卅六年底，我正在故鄉讀高一，先母曾訂了一本「婦女月刊」，按月從南京寄到家裏。這個刊物水準很高，社址在南京國府路梅園新村，由陸翰芩主編。因該刊常有尉師的文章，在那時，我就對尉師有了深刻的印象。來台之後，開始喜歡買書，也買了不少絕版舊書。一次在台北牯嶺街逛舊書攤，發現一家書攤上有幾十本「婦女月刊」，如見舊友，好不高興，不計高價，全買了回來，其中三本就有尉師的文章，後來都奉獻給尉師作紀念，當時老師心裏也很高興。

已是好幾年前的事，（這時尉師剛退休）尉師到台南來參加一個聚會，第二天乘莒光號回台北（

尉師家住中和鄉圓通路），那天，我和內子也上這班車去台北，就有這麼巧，尉老師的座位，就與我們同一排，尉師見到我們十分欣喜。我向內子介紹老師，內子也十分高興，並請尉師同我坐一起，她換到老師的座位（隔一通道），一路上就與老師閒談起來，一直到台北，長長的五小時，尉老師仍是精神飽滿，口若懸河，使我獲益不少。是一次難忘的長談。平時除了在成大上課，很少有機會在一起聆聽她的親切訓言。一個普通人如果能接觸到偉大的生命時，會使生命的內容充實，生命的境界提高，這次聆受尉師的許多經驗之談，眞有「聽君一席談，勝讀十年書」的感受，令人難忘的一刻。在車上，老師取出十幾張在台南由學生們為她所拍的照片給我看，還蒙老師在其中選出一張個人相片送我做紀念，使我萬分欣喜。也感到此生莫大的榮幸。

尉師是一位教育家，所以她尊敬教師，也崇仰工程師。她說：「在這個世界上，我最歌頌的有兩種人。一是工程師，一是教師。工程師把宇宙所蘊藏的物質力量發掘出來使這個世界有光、有熱、有力。滿足人類的物質需要，改善人類的生活環境。燧人、伏羲、神農、大禹都屬此類。教師把人心所蘊藏的精神力量發掘出來，使他有智慧、有熱情、有能力，滿足人類的精神需要，改善人心和社會環境。孔子、孟子都屬此類。一切政治、經濟的設施，都要以上述的物質文明精神為基礎，不可或缺，缺一則社會必趨紊亂。」可見尉師思想的正確和人格的偉大了。尉師對求學和讀書，也有明智的看法，她說：「我們讀一首詩，一篇文，第一步先要對它有明確的認識，清楚的了解，這是入手的第一步。陶淵明所謂『好讀書不求甚解』，是他老年讀通了以後，用自己的心靈與作者的心靈相遇，不注重外形的字句，只把握其全神和精髓而去。在文字和語言運用未純熟，了解未透徹之前，若不求甚解，就走不進文學之宮。」（國魂二五四期）這是對文學欣賞的至理名言，値得我們深體。

另外又有一件令人難忘的事。民國六十年間，我的第一本散文集「登高望遠的日子」，由三信出版社爲我出版。那時我還在成大讀書，出版前，我把這本三四年來在報紙副刊發表的剪集，面呈尉師，請求她老人家爲此書寫一篇序文，老師毫不考慮的答應了下來。使人感動的蒙她在第二天利用回台北的火車上一口氣看完各篇，並隨記要點，回到家立即寫成序文，用掛號合併剪貼一起寄回台南。可惜的是此書只出了一版，不久就買不到書，而出版社方面不久停歇，因此十五六年來，沒有再版過。還好在今年六月，蒙文帥出版社負責人王文興先生的贊助，一口氣要爲我出版五本書，其中一本就是「登高望遠的日子」。另「七年之喜」，是我的第三本散文集，初版，另外三本原由水芙蓉出版，今再重出。寫本文時，五書同時送印刷廠排版中，而對「登高」一書的再版，意義最深，値得在此一提，聊表對尉師的感激。

茲恭逢尉師任師母八秩華誕，欣値仙侶並壽佳辰，喜歌天保九如之句，恭賀二位恩師同心比德，福慧雙修，竹苞松茂，眉壽萬年。

從尉老師主持系務的理想
——談中文系經營的幾個新觀念

蔡保暟

爲尉素秋老師寫八十八壽的感懷文字，比起其他同學，我不夠接近老師，根本不夠資格；但是我輩經常在閒聊中，認爲尉素秋老師時期的成大中文系是全國最優秀的中文系，而我們是中文系學生中最幸運的一群。所以我把這種感念的心懷，和身爲中文系學生的反省聯想起來，擬出「從尉素秋老師想到經營中文系的幾個新觀念」的題目，頗具我平日和同學談話的風格：「求變而誇張」。同學們如猶未忘，必會擊掌相和，贊成我以此觀點來表達我們對慰老師的敬愛。

在談主題前，我尚須爲這個題目提出兩個解釋：

其一：採用「經營」兩字，係因我以爲在「消費時代」、「行銷時代」中，教育也應重視「整體經營」的觀念。

其二：在寫作態度上，我有意強化「大衆化」和「商業包裝觀念」。

不變的中文系

民國六十一年我進入成大中文系迄今，台灣經歷中國有史以來最高度經濟成長的十五年，社會享受高度物質繁榮，文化觀念處於檢討、轉變、重整時期；對照之下，成大中文系七十五的新生轉系率仍高達百分之三十以上，與十五年前相同；三年級的學生多數仍不知何去何從，與十五年前相同；課程規劃，除「電腦」外，大同小異，雖然中國文學研究方法上，聽說有「科際整合」新觀念者，唯課程方面却不見科際整合端倪；大體而言，十五年前中文系學生的困惑，至今仍然令人慨嘆。社會的變動大，中文系的變動小，此之謂「自其不變者觀之」的境界。

等待中文系的遽變

八〇年代的台灣國際化脚步愈加快速，文化失調和社會價值的混亂現象愈見清晰，中文系素以肩負文化傳承自命，此其時更應瞭解情勢所趨，加緊變化脚步，期啓導台灣新文化的形成，並扭轉中文系長久以來社會地位的頹勢；變與不變，以及變的速度，值得深思。

論者習慣把中文系病因歸咎於工業社會體質和功利主義作祟，其變這樣的說辭如同把商品喪失市場佔有率，歸咎於競爭商品的出現同樣單純。

現代教育的目的之一，也爲現實主義服務。中文系解不開現實主義的結，正如提到藝術價值，只以永恒作爲一切批評的標準同樣極端。

我分析中文系泰然不變的根本病因有下列三點：

一、自信心沒有恢復。

二、距離社會愈來愈遠，喪失時代性。

三、過度向縱深挖掘，廣度不夠，難以返回現實作用。

尉素秋老師時期成大中文系的特質

恢復中文系學生的自信心作法有二個方向：一是在社會發生作用利，提升了社會地位；二是關懷中文系學生活動內容，擴大其活動空間。

關於前一點的作法，必須全面性，要長時間作用。至於第二點作法，我深以為尉老師執掌成大中文系時的作為，深具啓示和實際。

假如把中文系的經營分為兩個階段，大一、二是安定期，大三、四是目標培養期。中文系的新生懷著社會沈重壓力的矛盾心情走進中文系，即使是有志於文學者，也因為社會普遍不認定的眼光而忐忑不安，此時期最需要心理撫慰。

尉老師喜歡主動找學生的眞性情，發揮個人的安定力量。在系會活動方面，激勵積極參予的精神，又舉辦辯論比賽，擴大成大中文系報，更新文心系刊，創辦鳳凰樹文學獎，所有工作都發動學生策劃執行，藉以磨練學生獨立思考的習慣。以至後來於張恒豪等人斥資舉辦「天姆詩境」，全國首創現代詩和現代舞意境結合的第一次舞台表演，確實開濶中文系的視野。

尉老師在課程規劃方面，兼容現代文學，增開大一的「文學概論」、大二的「文藝習作」、大三的「小說選」。大三增開「新聞寫作」，應該是全國中文系的創舉，並打開面對就業問題的窗扉。

分析尉老師時期的成大中文系至少有三種特質：「關懷」、「包容」、「鼓勵」。此三種態度原本是簡明的教育原則，無如能眞正徹底奉行的却極稀少。「關懷」、「包容」和「鼓勵」的態度，給學生極大的尊重，極微妙的激勵，形成那時期成大中文系學生極活潑的動力和極強烈的自信心。

我以爲恢復中文系的自信心，是經營中文系的首要任務。套用孫中山先生名言：不恢復自信心無以挽救中文系。

經營中文系的幾個新觀念

從經營目標分期來看，大三、四的重點要擺在幫助學生製訂目標。繼續更高層次的學術研究，抑或準備就業？我認爲幫助學生製訂目標，不在於如何選擇？或選擇什麼？而在於提供選擇的環境和視野。

我有四個基本觀念：

一、重建中文系的世界觀。

二、鼓勵接觸大衆文化。

三、促使文字研究專業技術化。

四、注入應用文學的世界觀念。

重建中文系的世界觀

從世界人口比率來觀察，中國人有主導二十一世紀的可能。尼克森也警告二十一世紀中期，中國大陸可能躍升經濟、軍事強國。太平洋盆地的經濟奇蹟意味中國文化的影響力。中國文學研究，未來可能成爲重要科學。以大腦生理學的發展趨勢來看，中文的圖象趣味，已被世界採用爲對右腦想像力開發的訓練工具之一，而想像力似乎是二十一世紀人類最重要的能力。

在這樣遽變環境下，中文系的功能和目標必須重新評估，中文系的世界觀必須重新調整，而中文系的新定位也需要經此世界觀發展出來。

鼓勵接觸大衆文化

管理學大師彼得杜拉克曾說現代文化的特色具有短暫性。

中文系長年浸淫時間文學中，追求精粹永恒，對短暫特質的大衆文化素來不加重視。然而沒有現在就沒有將來，是文化的本質之一，而且文化的演變是全面互動的，大衆文化更具有時代的表徵性和顯微性。不瞭解現代大衆文化，如何深入前人的文化世界。

此處提到的大衆文化包括：現代電影、流行樂曲、電視、通俗小說（推理小說、歷史小說）、暢銷圖書等。

促使文字研究專業技術化

中文系最引起錯誤認識莫過於：中文任何受教育的中國人都會寫？此即技術性不夠所導致。中國文學研究中，文字技巧的研究佔有重要地位。唯從前文字技巧的研究太偏重藝術價値，沒有把文字技巧研究的領域廣及非文學的領域，或與文學相關的領域。獨立的專業技術觀念，是要求文字技術的應用層次，使之技術化、方法化，發展成中文系獨有的專業技能。

文字研究的專業技術化以前也有，比如應用文就是；現在的新聞寫作、廣告文學、商業文學、語文教材、翻譯文學等都是文學研究技術化的方向。

注入應用文學的新觀念

肆應多元速變的時代，文學的類型、功能都在擴大之中，小說、散文、詩歌、戲劇的界限隨著視聽科技的發展而模糊；文學嚴肅的意義同樣需要軟化豐富。應用文學如商業文學、廣告撰文、新聞寫作等早已有百年的歷史，內容足以獨立成個別研究的科學。更要緊的，是應用文學不僅涉及文學科目，以廣告撰文爲例，其廣泛的涉及行銷學、經濟學、社會學、心理學等，深具科技整合的意義，實質開濶中文系的研究領域和方法。所以注入應用文學的觀念，使中文系在廣度方面，符合時代性。

重新擬定中文系的經營策略

重視中文系的時代性和實用性，方法上應具備全新觀念。近來董陽孜的書法，汲取現代美術設計觀念，在佈局和美觀作用上淋漓發揮，爲書法注入時代性和實用性的新生命，展現書法的新境界。

在消費文化主導的行銷時代，中文系的經營亟應重新擬定策略，使中文系學生眞正活在現代社會，即使不在中國文學學術研究方面更深入，也能因爲中文系所寫而在社會發揮眞正作用，並引以爲榮，則尉老師八十壽誕的精神感召，益加顯示其意義非凡

尉老師，我們敬愛您

林建農

第一次見到尉老師，是在歡送她榮退的茶會上。

那已是十一年前的事了，民國六十五年十月，我剛註册爲成大的學生。茶會在我們開學後不久舉行，大一新生向來是系會抓公差的對象，尤其身爲中文系男生，更受學長們偏愛。

記得頂清楚，我這個班長「號召」了幾位同學，先到格致堂去幫忙，學長們已忙得不可開交。我加入貼海報行列，眼看上面有「歡送尉老師榮退」等等字樣，不禁脫口而出：「ㄨㄟ」老師。這時，擔任系會總幹事的蔡海塔學長立刻糾正我：「尉」這個姓應讀作「玉」聲。害得我臉紅了半天，怪自己眞沒學問。

不知道是不是這段緣由，雖然沒給尉老師教過，對她的印象始終相當深刻。

那晚，在系主任吳璵老師主持下，歡送茶會極爲溫馨感人。尉老師的慈藹，深印我的腦海。事隔多年，我仍然時常想起，晚會結束之前，尉老師要求我們與她合唱：長亭外，古道邊，芳草碧連天。晚風拂柳笛聲殘，夕陽山外山。天之涯，地之角，知交半零落。一壺濁酒盡餘歡，今宵別夢寒。

如是不斷重唱數遍，好多位學長學姊，眼中閃著淚光，我們這些新生都受到感動，會場依依離情。那晚是太匆促了，我沒有多少機會進一步認識尉老師，幸好此後總算還有機會彌補這個缺憾。大一當過班長，我在系會循序「晉升」，由副總幹事而總幹事，實際參與過鳳凰樹文學獎評審會的承辦工作，也正式成立了中文系系友聯誼會。

那時候的鳳凰樹文學獎評審會，只限中文系學生參加，也只能在玻璃教室舉行，參選作品只能刻鋼版油印。這些，大概都不是目前在學的學弟妹們所能想像的。

儘管受制經費，我們辦得很拮据，但却更能體會這個後來成爲全校性大活動，創辦之初的篳路藍褸。

當初，創辦鳳凰樹文學獎的正是尉老師當系主任的時期。她和系上老師們自掏腰包，捐資鼓勵學生創作。由於老師的播種、栽培，鳳凰樹才能成長、茁壯，孕使學子享受無數文藝果實。

猶記得，尉老師在退休後，曾回來參加文學獎評審會，我到火車站接她，殷殷垂詢我是否投稿了？作品有沒有得獎？她老人家握著我的手，拍著我的手臂，使我年青的心，受到多麼大的感動。

尉老師的學生，對她的懷念特別多。系友聯誼會成立時，我是當時系會總幹事，學長們在籌備時，即決議邀請尉老師回來，她所受的愛戴，眞是盡在不言中。

畢業後服役期間，我也由學生成爲系友了。有個星期日，從嘉義趕回來參加聯誼會，尉老師也親自南下。當我向她行軍禮後，她握住我的手，毫不猶豫地說：「我知道，你是那個總幹事。」她的記性是那麼地好，即使是不曾教過的學生，也如此關愛。

從另一件事可以看出尉老師對學生的愛護之情。陳登山是早我四期的一位優秀學長，不幸在臺中發生車禍去世。尉老師痛惜之餘，親撰一付輓聯致祭，並告訴我陳學長在校時的種種，就像個慈母在談她的子女般……。

緣份說起來是很奇妙的，從事新聞工作的我，有次在臺南市採訪四川同鄉會，在簽名簿上意外發現尉老師的大名，立刻跑到後臺，請服務人員幫我傳話。

多年未見，我眞怕尉老師不認得我了。但她一轉出舞臺布幔，拉住我的手直說：「林建農，我記得，我記得你當過總幹事。」

當天時間倉卒，尉老師說她過幾天要回系裏看看學生，到時要通知我。果然沒多久，她寫了封信給我，將在某天南下，找我一起聚餐，眞使我受寵若驚。

最近這次和尉老師見面，是在今年五月間，她應邀回來評審文學獎。我帶一位實習的女學生去作專訪，請她回憶創辦鳳凰樹文學獎的經過。

尉老師說的：「人才需要培養，正如鳳凰樹需要播種、澆溉，才能成長、茁壯。」

第十五屆了，眼看當年播下的種籽，如今已茁壯成枝葉繁茂的大樹，尉老師說她心中實在高興。

但其實，我們在成長、學習的歷程中，飲水思源不禁感念著：尉老師，我們敬愛您！

七十六年十月

高山欽仰止

——續「一個平凡的教書人」

宋鼎宗

「一個平凡教書的人」，是尉師自述成長、求學及服務青年學子的心路歷程，雖說是平凡的，但在字裏行間，處處洋溢著教育家的深情與理智，無畏與眞知。在一群深受師恩薰沐的學生們讀來，無疑是一帖溫潤而且能即時發酵的砭己濟時的良方。五十五年，鼎宗有幸，得到門牆，廿二年來，步履趨馳，言辯酬唱；點點滴滴，倍感溫馨。今値此慶，願略述一二，用博尉師一哂。

尉師來台後，卜居台北中和，而受聘於台南的成功大學，爲中文系教授，主講詞、曲選。尉師上課時，少作歷史考據工夫，而直指詞心，注意血脈氣息的暢通流轉，眞能令蘇東坡、辛棄疾豪放於講台，更能使李易安、李後主灑淚於堂前。使諸生領會詞、曲的超妙境界，進而沉醉低徊不已。

尉師不僅教詞，也以詩詞作爲一生表情達意的工具。因此，對諸生的習作，要求甚嚴。但也考慮到學生們沒有生活的體驗，那來創作的靈感。於是，同學們的郊遊、烤肉，甚至暑假的軍訓，只要有請，尉師莫不排除萬難，欣然赴會。而在同餐共話之後，歌聲暫歇之時，樂罷歸來，篇篇佳作，亦隨之噴灑而出。中古時代的詞、曲，就這樣子，在諸生的身上再生了。由先後出版的師生唱和詞集，與今日在各大學講授詞曲選者，如成大的梁冰枏、政大的劉紀華等，莫不是尉師的高足，就是薪傳最好的證明。

五十五年，鼎宗有幸，得列門牆。雖因尉師在台中意外發生車禍，課業因之中輟，但二十首的折肱亂唱，至情至性，感人之深，較諸課堂的長吟遠慕，猶有勝之。

次年深冬，尉師與蘇師雪林、吳師振芝等，興起一探鄭王古梅的雅興，於是在鼎宗的安排下，夜訪延平郡王祠。不意，大門深鎖。不得已，乃從殘垣一角，翻牆而入，是夜拱橋流水，竹影搖曳，嬋娟共賞，師生盡興，在當今儒林，應不失爲一段佳話。

五十六年十二月，鼎宗負責籌辦畢業旅行，時系主任施老先生基於安全考慮，堅持要有一位專任教授領隊，始准放行。時導師孫教授生病，而尉師車禍，身體剛剛復元，實在不敢勞駕。其餘師長，又忙著授課，無法參加。當我們正在爲領隊而煩惱之際，沒想到，事爲尉師所悉，馬上不顧自身健康，慨允擔任領隊。誰知歷屆學長，在獲知消息後，在各地紛紛安排盛宴，使我們一路上飽嚐各地的山珍海味，更滿載了中文人濃濃的情意。當車到台北時，同學本來已因旅途勞頓，疲累已極，又逢寒流來襲，呼呼北風，更有飢凍之苦，那知尉師家裏的火鍋，早已沸騰以待了。

在大禹嶺的那夜，正是一年一度的聖誕佳節，住在救國團簡陋的招待所裏，只有兩個大床舖，男女各一。外面是冰天雪地，每個人都凍得不敢外出，躲在房仔裏烤火。尉師坐在小板凳上，一面烤火，一面與大家聊天。從文化的薪傳、詩詞的藝術，到神的信仰，無所不談。同學們則個個聚精會神，唯恐聽漏了。就在輕鬆的聊天，只聽到尉師一個人爽朗的，充滿愛與智慧的聲音。當最後一首聖詩唱完時，大家方從遙遠的古典中醒來。回頭一看，才發現除了同學外，竟然還有大批的榮民兄弟也圍在我們的旁邊聽講。這眞是個別開生面的聖誕夜。

五十七年，我們班畢業了，想想，今後要再聆聽尉師充滿智慧的聲音，恐怕沒有那麼容易了。但是，世事竟是如此的巧合，不，該說上蒼竟是如此的厚愛於我。當次年的秋天，鼎宗進入師範大學國文研究所進修的那天，就在師大的校門口碰上了尉師，原來尉師也離開了成大，轉教於師大了。這次意外的見面，眞令人興奮不已。從此，在尉師的指導下，我們辦了幾次成大中文系旅北系友會，甚至還在尉師的家裏，熱熱烈烈的慶祝了成大的校慶。而新竹以北的系友，從此有了聯誼的地方。不但凝聚了彼此的感情，也交換了工作的經驗。而在台北數年間，得屢侍尉師賞花於陽明山，漫步於鵝鑾鼻，弔古戰場於四重溪，都是令人難以忘懷的。猶記得在古戰場的斷橋上，高談古今英雄，開台血淚時，有青蛇一條，亦來橋邊聽講，師生不禁莞爾。

六十年八月，尉師又應聘回成大，此番是要她老人家主持系務。一向只認眞理，不認其它的尉師，在行政上仍然有她的堅持。於是，得罪了不少人。幸好，邪不勝正，是千古以來不變的眞理。

尉師在系務的推動上，認爲中文系的學生，不僅要會讀、還要會寫，更要會講。這些主張，深獲學生的愛戴與擁護。於是，在積極帶動讀書風氣之餘，乃創辦了中文系報，作爲學生發表文章的園地；提倡辯論會，以訓練同學的思考、膽識及口才。又因中文系的學生，一向文質彬彬，弱不禁風。於是提倡系運動會、院運動會。每次活動，尉師莫不親自參與，或坐鎮指揮。而同學們則個個熱情洋溢，踴躍參與。啊……沉悶的中文系，終於動起來了。

尉師並不以此爲滿足，先是自掏腰包，後來各發動在系服務的系友，也各掏腰包，成立了鳳凰樹文學獎。在簡陋的玻璃教室，拿著同學們嘔心瀝血的作品，請幾位古道熱腸的老師，面對面的討論，批評缺失，也讚美優點。然後頒給那有限的獎金。物質雖是非常的貧乏，但精神的鼓舞却是無限的。消息傳出之後，散居各地的系友，開始捐款了，基金會於焉成立。雖然，還是這麼的脆弱。但是，鳳凰樹文學獎却開了全國各大專院校風氣之先。如今，鳳凰樹壯大了，枝葉也茂盛了。而各大專院校，各報系也相繼成立了各項文學獎，已蔚爲當代文壇的盛事。而尉師當年的苦心策劃，默默耕耘，不但汗水沒有白流，更顯現老人家的眞知與遠見。

現在，尉師退休了。但同學們有事，只要一通電話，尉師必不辭旅途勞頓，大包小包，不是瓜子，便是蓮糖，又到了台南。家家戶戶，噓寒問暖，某家的孩子上大學了，某家的新居落成了。老人家總是如數家珍。同樣的，同學們到了台北，也總不忘到中和，看看親如慈母的尉師。這時，尉師又是餃子，又是鷄湯，總擔心同學們餓壞了肚子。

尉師除了在成大執教外，也先後在師大、政大、中央、東海及文化等院校執教。所到之處，莫不桃李成蔭，提拔後進，不計其數。話雖是如此，尉師始終以成大人自居。

走筆至此，想想，尉師果然是「平凡」的，只是這種「平凡」，儘管我們奮力步趨，却永遠瞠若乎在後！

作者簡介

施之勉　元篆敦臨，以字行，江蘇無錫人。畢業於國立南京高等師範學校，歷任中央政治學校研究員，國立邊疆學校教授，無錫縣立中學校長，成功大學教授、系主任等。著有古史摭實，史記會注考證訂補，史漢疑辨，後漢書集解補等，今年登耄耋猶讀書著述不輟。

蘇雪林　安徽太平人，一八九九年生，「北京高等女子師範學校」畢業，法國「里昂國立藝術院」研究，歷任滬江大學，東吳大學、安徽大學、武漢大學、師範大學、成功大學教授。文學作品有「綠天」、「棘心」、「蘇綠漪創作選」等多種，學術著作則有「天問正簡」、「楚騷新估」、「遼金元文學」、「中國文學史」等。

吳振芝　浙江杭縣人，國立中央大學史學系畢業，民國三十七年遷臺，即任教於成功大學，擔任教授，系主任，文學院長等職。現在雖已退休，但猶讀書著述不輟。

許景重　字照廬，江蘇塩城人，上海正風文學院畢業，曾任國立成功大學教授，著有書法通史、韓文校注辨正、論語十辨、照廬詩文集等。

王禮卿　山東諸城人，曾任成大中文系教授，後轉任國立中興大學中文系教授。著有歷代文約選詳評、文心雕龍通解、遺山論詩詮證等書。今已退休，仍著述不輟。

黃振民　字起人，江蘇銅山縣人，民國十三年生。國立中央大學畢業。先後執教於江蘇省立徐州師範、臺灣省立師範學院附中、海軍官校、成功大學等校，現任國立臺灣師範大學國文系教授。著有嵇康研究、四大詞人及其詞、南唐二主詞釋解、國學概論、歷代詩評解、詩經研究、學庸虛字研究等書行世。

謝秀文　山東省嶧縣人，民國二十三年生，成功大學中文系四九級畢業。嗜春秋，每有心得輒於孔孟學報、孔孟月刊、中華文化復興月刊等刊物披露。已出版專書計有：中國文字之創造及演變、老子韻、春秋三傳考異等書。現任陸軍官校文史系教授兼系主任。

史墨卿　山東孟都人。成功大學中文系四九級畢業。歷任講師、副教授、教授、中央研究院訪問研究學人。現職國立高雄師範學院國文系教授，兼中國國學總編輯。講授「墨學專題研究」「戰國文學研究」、「楚辭」、「應用文」等課。著有岑參研究、墨學探微、大學應用文、離騷引義、青年書簡指引、楚辭文藝觀等書。論文有宗教與文學、道通爲一、文學與哲學、大同論原、孟子修辭觀、戰國諸子散文特色、從中國歷史看美的傳統與創新等數十篇。

沈秋桂　臺灣彰化人。成功大學中文系畢業，現任成功大學講師。

葉政欣　民國廿八年生，臺灣高雄縣人。成功大學中文系畢業，臺灣師範大學國文研究所碩士、博士。曾任成功大學講師兼秘書、副教授。著有春秋左氏傳杜注釋例、賈逵春秋左傳遺說探究、杜預及其春秋左氏學等書。現任成功大學中文系教授。

林壽宏　臺灣臺南人，民國二十九年生。成功大學中文系五二級畢業。曾任臺南金城國中與南臺工專訓導主任。現任南臺工專副教授兼夜間部主任。著有今傳唐代總集考、老子思想探賾、柳宗元之生平與學術等書。

陳怡良　臺灣省嘉義縣人，民國廿九年生，成功大學中文系五二級畢業。曾任中學教師、成大助教、講師，現任國立成功大學中文系副教授。著有楚辭天問研究、陶淵明研究等書。論文有離騷的建築建構及藝術成就、楚辭招魂篇析論、天問的創作背景及其創作意識、天問的思想內容及其文學價值、天問體製特色及其淵源淺探、楚辭哀郢篇研究、楚辭涉江哀郢創作藝術之比較、屈原的狂熱與執著、文學研究方法論，及有關陶淵明研究論文多篇。

鄭正浩　臺灣雲林人，一九六四年，成功大學中國文學系五三級畢業，一九七五年，東京大學大學院人文科學研究科、中國哲學專攻博士課程畢業。現任岡山大學文學部外籍教授。主要論著有關於嵇康音樂思想中的「和」、中國古代的鄉黨儀禮——以鄉飲酒禮與鄉射禮爲中心、樂神一考——臺灣的田都元帥與西秦王爺的信仰、中國的宗教、思想與科學（合著）等及其他論文十數篇。

梁冰枬　江蘇吳縣人，民國三十年生。成功大學中文系五三級畢業，臺灣師範大學國文研究所碩士。曾任德明專校、臺南家專講師，現任成功大學中文系教授。著有樂章集校箋、孟子通叚文字考釋、莊子內聖外王之道及其八大學說詮證、紫簫記與紫釵記兩劇的比較研究等書。

林博一　臺灣臺北人，民國三十一年生，成功大學中國文學系五四級畢業。歷任南女、樹中、頭中國文教師。現任臺北市立古亭女中教師。

宋鼎宗　臺灣省南投縣人，民國三十一年生，成功大學中文系五七級畢業，臺灣師範大學國文研究所碩士。曾任成功大學講師、副教授。現任成功大學中文系教授。著有春秋左氏傳賓禮嘉禮考、春秋胡氏學、春秋宋學發微等書及文史論文若干篇。

楊文雄　筆名楊逸。臺灣省彰化縣人，民國三十五年生。國立成功大學中文系畢業，曾任私立再興中學國文教員、成大中文系助教、講師及成大課外活動組主任。現執教本系，擔任「現代散文」、「現代詩」課程。

邱德修　臺灣省苗栗縣人，民國三十六年生，成功大學中文系五九級畢業，臺灣師範大學國文研究所碩士博士。曾任師範大學講師，現任師範大學副教授。

施炳華　臺灣省彰化縣鹿港鎮人，民國三十五年生。省立嘉義師範學校、國立成功大學中文系畢業、國立政治大學中文研究所碩士。曾任小學、中學教師，現任成功大學中文系講師。著作論文有「毛傳釋例」、「毛傳興義述例」、「王充之創作論」、「淮南子袪疑五則」。

廖國棟　臺灣臺北縣人，民國三十七年生。成功大學中文系六一級畢業，政治大學中文研究所碩士、博士。曾任成功大學中文系助教、講師。現任成功大學中文系副教授。著有「張衡生平及其賦之研究」、「魏晉詠物賦研究」等書。

胡紅波　臺灣省新竹縣人，民國三十八年生，成大中文系六一級畢業，現任成大中文系副教授。著作及論文有：「樂府相和歌暨清商曲研究」、「兩漢三國之郊廟樂舞」、「巴渝舞考述」、「歌謠之雙關義」、「臺灣西北部客家農村的八音」等。

江建俊　臺灣省彰化縣人，民國三十八年生。成大中文系六一級畢業，政大碩士，文大博士，現任成大中文系副教授。著有：建安七子學述、漢末人倫鑑識之總理則、漢晉學術論稿、郭象之莊子學、魏晉玄理與玄風之研究等書。

雷日晶　福建省上杭縣。成功大學中文系畢業，高雄師範學院國文研究所暑期班研究，中山大學語文中心高級英文選讀班結業。曾任中等學校國文兼音樂教師共十五年。現任省立鳳山高中教師。著有：中國民歌選集、民謠選粹、雷日晶詩書畫印文曲集。

黃亦眞　臺灣省嘉義縣人，民國四十一年生。國立成功大學中文系六三級畢業（民國六十三年畢），私立文化學院中文研究所碩士（民國六十六年畢），曾任私立國際商業專科學校講師、國立成功大學助教，現任成功大學中文系講師。著有白居易詩研究、文心雕龍比喻技巧研究及論文若干篇。

李玉珉　浙江鄞縣人，民國四十三年生，成大中文系六四級畢業，美國俄亥俄州立大學（Ohio State University）東亞語文系碩士（一九七七年十二月），美國俄亥俄州立大學美術史系博士（一九八三年八月）。曾任美國俄亥俄州立大學美術史系講師（一九八三—一九八四），國立藝術學院美術系兼任副教授（民國七四—七五），東吳大學歷史系兼任副教授（民國七十四年九月—七十五年二月）。現任國立故宮博物院書畫處副研究員，國立臺灣大學兼任副教授。重要著作有The Maitreya Cult and Its Art in Early China（博士論文）“Ketumati Maitreya and Tusita Maitreya in Early China”, National Palace Museum Bulletin, vol. XIX, nos. 4 and 5.「半跏思惟像」再探（故宮學術季刊，第三卷第三期頁四一—五七），「隋唐彌勒信仰及圖像」（藝術學，第一期頁九〇—一一七），「金銅佛造像特展目錄」（臺北・故宮博物院，民國七十六年）。

林金泉　臺灣省高雄縣人，民國四十年生。成功大學中文系六四級畢業，師範大學國文研究所碩士。著作：周秦陰陽五行家思想研究、文心雕龍作品分析論蠡測、齊詩學之三基四始五際六情說探微、詩緯星象分野考。現任成功大學中國文學系講師。

陳昌明　臺灣省基隆市人，民國四十三年生，成大中文系六八級畢業，臺大中文研究所碩士班畢業，臺大中文研究所博士班肄業。現任清華大學兼任講師，著有六朝「緣情」觀念研究一書及論文若干篇。

黃宗義　臺灣省雲林縣人，民國四十年生，成大中文系六九級夜間部畢業，現任臺南師範學院講師。著有楷法初階（民國七二）、國字點畫類名研究（民國七五）、文字與書法—九成宮醴泉銘碑別字研究（民國七六）、歐陽詢書法之研究（民國七六）及其他有關語文、書法等論述若干篇。本文摘自拙著〈歐陽詢書法之研究〉一書。

吳文璋　臺灣省基隆市人，民國四十六年生。成功大學中文系七〇級畢業，師範大學國文研究所碩士，現任成大中文系助教。著有「荀子樂論在其思想上之重要性」一書及論文若干篇。

吳榮富　臺灣省臺南市人，民國四十年十月二十日生，國立成功大學中文系七〇級畢業（夜間部第十屆），就讀於成大歷史語言研究所中文組，現任成大中文系助教，著有「青衿詩集」、「雲庵詩稿」。

林美惠　福建省惠安縣，民國四十六年生。國立成功大學七〇級夜間部中文系畢業，七十五年高雄師範學院國研所碩士。曾任崑山工專國文講師，現職成大中文系助教。著作：朱子學禮研究。

林耀潾　臺灣省臺北縣人，民國四十九年生，成大中文系七十一級畢業，高雄師範學院國文研究所碩士，曾任少尉軍官、高工教師，現任成大中文系助教。著有「先秦儒家詩教研究」一書，及論文若干篇。

謝綉治　臺灣省臺南市人，民國四十九年生。成功大學中文系七二級畢業，師範學院國文研究所碩士。著有周易憂患九卦之研究。現職臺南縣嘉南藥專講師。

林鶴宜　臺灣省臺北縣人，民國四十九年生，成功大學中文系七二級畢業，私立東海大學中文研究所碩士，現肄業於國立臺灣大學中文研究所博士班，專攻中國古典戲曲。

余鶴清　筆名余我、余青，浙江紹興人，民國二十年生，政治作戰學校第四期，成功大學中文系畢業，政治大學教育研究所進修。從事寫作三十餘年，出版二十二本書，近年來勤練書法。曾獲中國文藝協會文藝獎章。現任省立臺南啓聰學校訓導主任，青溪文藝學會南市分會常務理事，臺灣省文藝作家協會臺南市分會理事。

謝金美　臺灣省臺南縣人，民國三十三年生。先後畢業於臺灣省立臺南師範學校及國立成功大學中國文學系夜間部。六十七年，獲國立高雄師範學院國文研究所碩士學位。曾任小學、中學教師及省立臺南師專講師等職。現任省立臺南師範學院語文教育學系副教授，並兼代圖書館館長。著有古今書信研究、崔東壁及其洙泗考信錄等書。

劉紀華　山東郯城縣人，民國三十二年生，成功大學中文系五四級畢業，政治大學中文研究所碩士。曾任政大講師，現任政治大學中文系副教授。著有張炎詞源箋訂、王符與潛夫論、漢魏之際文學之形成與內容等書。

楊麗香　臺灣省嘉義縣人，成大中文系五十九級畢業。曾任嘉義私立宏仁女中、省立豐原高商教師，現任臺中私立曉明女中教師。於傳統中醫針灸頗有心得，曾於一九八七年八月卅一日在丹麥哥本哈根發表論文，獲頒一九八七年第廿五屆世界醫學大會——中國傳統醫學榮譽博士學位。

蔡保嵦　臺灣省臺中縣人，民國四十八年生，國立成功大學中文系畢業。曾任順天傳播公司副總經理。現任腦力開發事業公司總經理、商雲建設公司總經理，中文系友會現任會長。

林建農　臺灣省臺南縣人，民國四十六年生，成功大學中文系六九級畢業。現任中華日報記者。

編後記

戊辰之秋，欣逢尉師素秋八秩榮慶，系友爲表孺慕之情，乃共商慶祝事宜，並禀告尉師。師一再以「國難當頭，不敢言壽」辭。幾經研商，乃以出刊論文集方式，以賀尉師與師丈杖履優遊，同登耄耋。且示諸生課業講習，不敢因尉師退休而中輟，期能仰副尉師期許於萬一。並假斯篇以尊師重道爲世倡。尉師聞斯旨，亦莞爾而不辭。

系友會經議決由鼎宗負責徵集論文，消息傳出，各屆系友，奔相走告，熱烈提供稿件，以襄盛事。而尤爲同學感動者，則是：已退休之施師之勉、蘇師雪林、吳師振芝、王師禮卿，及轉任師大教席之黃師振民，本系唐師亦男等，皆紛表支持，或提供賀辭聯語，或提供精心論著。而許師景重既作壽聯、壽序，並以工楷大字寫出。諸師之盛情美意，不僅潤澤生輝，其無限鼓舞，尤感人肺腑。

今論文集已編輯完成，系友會會長蔡保嵦、前會長林壽宏及諸系友協助良多。諸師長、學長，揮汗寫稿，最爲辛苦。吳榮富、林耀潾二學弟於編輯校勘時，最爲偏勞。而國之大老、藝壇宗師長沙朱玖公，惠賜墨寶，以顏簡耑；臺北文史哲出版社經理彭正雄先生慨允出版，最爲厚愛。並在此深致謝意。

尉素秋教授八秩榮慶論文集

編著者：國立成功大學中文系
出版者：文史哲出版社
登記證字號：行政院新聞局局版臺業字〇七五五號
發行所：文史哲出版社
印刷者：文史哲出版社
台北市羅斯福路一段七十二巷四號
郵撥〇五一二八八一二彭正雄帳戶
電話：三五一一〇二八
精裝定價新台幣九二〇元
中華民國七十七年十月初版

壽壽壽壽壽壽壽壽壽壽
壽壽壽壽壽壽壽壽壽壽
壽壽壽壽壽壽壽壽壽壽
壽壽壽壽壽壽壽壽壽壽
壽壽壽壽壽壽壽壽壽壽
壽壽壽壽壽壽壽壽壽壽
壽壽壽壽壽壽壽壽壽壽
壽壽壽壽壽壽壽壽壽壽
壽壽壽壽壽壽壽壽壽壽
壽壽壽壽壽壽壽壽壽壽